桥 梁 抗 震 研 究

（第二版）

王克海　编著

中　国　铁　道　出　版　社
2 0 1 5 年 · 北　京

内 容 简 介

本书详尽介绍了我国地震活动情况、国内外桥梁震害资料、基于性能的抗震设计概念，综述了桥梁抗震计算与抗震评价方法，用实例形式阐述了梁桥的抗震分析技术，结合本书作者攻读硕士、博士学位期间的研究成果阐述了斜拉桥抗震与减震技术，结合实例介绍了高墩桥梁抗震分析方法及减震技术措施，详细比较了国内外几个主要的桥梁抗震规范，详细论述了桩-土-结构相互作用的研究方法和桥梁抗震加固技术，简要介绍了作者开发的桥梁抗震可视化软件，最后介绍了作者对桥梁抗震所涉及一些问题的思考与建议。

本书可供桥梁设计、科研人员使用，也可作为桥梁专业在校师生等人的参考用书。

图书在版编目(CIP)数据

桥梁抗震研究/王克海编著．—2版．—北京：中国铁道出版社，2014．3(2015．12重印)
ISBN 978-7-113-18012-6

Ⅰ．①桥…　Ⅱ．①王…　Ⅲ．①桥梁结构-防震设计-研究　Ⅳ．①U442．5

中国版本图书馆CIP数据核字(2014)第023240号

书　　名：桥梁抗震研究(第二版)
作　　者：王克海

策　　划：
责任编辑：张　悦
封面设计：马利　王镜夷
责任校对：龚长江
责任印制：陆宁　高春晓

出版发行：中国铁道出版社(100054，北京市西城区右安门西街8号)
网　　址：http://www.tdpress.com
印　　刷：中国铁道出版社印刷厂
开　　本：850 mm×1 168 mm　1/32　印张：22．25　字数：562千
版　　本：2007年6月第1版　　2015年12月第2版第2次印刷
书　　号：ISBN 978-7-113-18012-6
定　　价：70．00元

第二版前言

本书的第一版成稿于2006年底，2007年6月出版，2013年售罄。2008年发生了汶川地震，之后作者一年之内17次去四川调研、咨询等，2010年又发生了玉树地震，作者也有机会两次去灾区参加调研、咨询，对这两次地震的调研、咨询，以及2007年后从事的桥梁抗震课题的研究，使作者对桥梁抗震的认识得到深化。本书第一版出版后，作者有幸主持了国家自然科学基金项目“碳纤维-聚丙烯纤维混凝土桥墩的抗震性能研究”、国际科技合作项目“高烈度地震区公路结构物震害与恢复重建技术研究”、西部交通建设科技项目“公路桥梁抗震设计新技术研究”及《公路桥梁抗震性能评价细则》的编制；参加了西部交通建设科技项目“汶川地震公路震害评估、机理分析及设防标准评价”和“高烈度地震区中小跨径公路桥梁抗震设计关键技术研究”。这些研究的一些成果、一些作者的新观点想在第二版时与读者分享。

本书第二版对第一章增加了2005年后我国的地震活动概述及作者对地震动区划图的新认识；第二章增加了2005年后桥梁震害资料，特别是汶川地震和玉树地震的一些桥梁震害以及作者对震害的新思考；第三章、第四章基本保持了第一版的内容；第五章增加了作者对基于性能认识的一些新观点；第六章结合作者对中小跨径桥梁抗震的认识做了修改；第七章主要是作者在攻读硕士、博士学位期间的研究成果，基本没有修改；第八章做了简单修改；第九章～第十二章基本保持了第一版的内容；增加第十三章：桥梁抗震中若干问题的思考与建议。

本书第二版稿的编写过程中，常菲菲硕士生协助我整理了第一章、第二章的稿件；李冲博士生协助我整理了第五章、第六章、第八章的稿件；惠迎新博士生也协助整理了部分稿件。本书得到自然科学基金(50778085)、科技部国际科技合作项目(2009DFA82480)、西部交通建设科技项目(200231800028、2009318223094、200831800098、2009318000096)及交通运输部标准项目(JTG-C-201012)的资助，在此一并致谢。

由于作者学识有限，不当之处在所难免，恳请读者批评指正(邮箱：kehaiwang@263.net 或 kh.wang@rioh.cn 或 QQ：235988147)。

王克海

2013 年 11 月于北京

第一版前言

我国位于世界上两大地震带——环太平洋地震带和亚欧地震带之间，是全球大陆区域中最活跃的地震区之一。目前我国经济建设迅速发展，同时也带动了公路工程、铁路工程及市政工程等的发展，可以说当今世界上最大的土木工程建设在中国。在公路、铁路、市政工程等中，桥梁是生命线工程，国内外大量震害资料一再证明了桥梁抗震研究的重要意义。

作者1989年师从著名抗震专家朱晞教授攻读硕士、博士学位，开始进入桥梁抗震领域，之后有机会于1999年师从著名抗震专家范立础院士做博士后研究工作。2001年到交通部公路科学研究院工作，很荣幸有机会作为第二承担单位项目负责人完成了交通部“西部交通建设科技项目——桥梁抗震性能评价及抗震加固技术研究”其中两个子项目(本课题共五个子课题)的研究，同时完成了20余座桥梁设计中的抗震咨询项目。本书是在总结作者上述几个阶段的研究成果的基础上完成的，全书共分12章，第1章简要介绍了我国的地震活动情况；第2章简要介绍了国内外一些大地震中桥梁的震害情况；第3章从不同角度叙述了地震工程学的发展状况；第4章综述了桥梁抗震计算与抗震评价方法；第5章介绍了基于性能的抗震设计；第6章分析了梁桥的抗震实例；第7章介绍了斜拉桥抗震与减震研究，本章融入了作者攻读硕士、博士学位期间的研究成果；第8章介绍了高墩抗震分析及减震措施研究；第9章介绍了国内外几个桥梁抗震规范的比较；第10章介绍了桩-土-结构动力相互作用；第11章介绍了桥梁抗震加固技术；第12章主要介绍桥梁抗震可视化的思路和作者组织开发的“桥梁抗震可视化智能系统”。本书一些章节有作者的体会和见解，一些是作者多年来从事抗震研究的研究成果，作者希望本书能为从事土木工程科研、教学、设计、施工人员提供一些指导和帮助。

作者衷心感谢著名抗震专家朱晞教授和范立础院士两位恩师的悉心指导和辛勤培养。感谢同事李茜硕士协助整理了全书的稿件，韦韩硕士整理了第12章的稿件，季金文硕士整理了第6章的稿件。感谢交通部公路科学研究院的院领导、科教处领导、道桥部领导对我工作的支持。

我想借本书出版之机感谢我妻子十多年来对我学业和工作的支持。

由于作者学识有限，偏见、疏忽、不当之处在所难免，恳请读者批评指正（邮箱：kehaiwang@263.net 或 kh.wang@rioh.cn）。

特别需要说明的是：本书的出版得到西部交通建设科技项目和交通部公路科学研究院创新基金的资助。

王克海

2006年12月于北京

目　　录

(每一章的参考文献见于该章末处)

第1章　全国地震活动概况

我国位于世界上两大地震带，即环太平洋和亚欧地震带之间，是全球大陆地区中最活跃的地震区之一。地震在空间上往往沿着构造活动带呈带状分布，形成地震带。全国境内有23个地震带，东部主要有郯城—庐江地震带、河北平原地震带、陕西汾渭地震带、燕山—渤海地震带、东南沿海地震带；西部主要有北天山地震带、南天山地震带、祁连山地震带、昆仑山地震带、喜马拉雅山地震带；中部有斜穿大陆腹地的南北地震带。另外还有我国台湾地区地震带，属西太平洋地震带的一部分。有史以来，全国地震活动频繁。据历史记录，破坏性地震数以千计，造成了严重的灾害，在水、旱、震、风、虫、雹和瘟疫等七大自然灾害中占很大的比重。纵观近两千多年全国地震活动情况，具有频次高、强度大且分布广的基本特点。本章将对全国地震活动的基本特性及1949年以来的地震活动特点以及震害情况作简要综述。

1.1　全国地震活动的基本特征

(1)全国地震活动具有频次高、强度大的特点

我国历史上关于地震的记载十分丰富。但是由于不同历史时期、不同地区发展程度的不同，地震记载的详尽程度亦不相同。例如，公元1500年以前的记载不多，主要集中在黄河中下游和长江中下游地区，明代开始才较为丰富，公元1900年以前，我国西部地区的记载仍然较少。1900年至今的100余年，特别是20世纪30年代以来，由于有了地震记录仪，我国地震资料已趋于完整和系统化。

根据上述情况，20世纪以前的地震资料均以历史文献记载及部分考察为主，而20世纪以来的地震资料，则以仪器记录和现场

考察为主，两个阶段资料的完整情况有着明显差异(特别是对 6 级以下的中强地震)。分别统计 1900 年前后全国地震活动的基本情况，其结果如下：

1900 年以前有记录的地震：共发生 8 级以上地震 8 次，最大地震为 1668 年在山东莒县、郯城间发生的 8.5 级地震；7.0～7.9 级地震 32 次；6.0～6.9 级地震 144 次；4.75 级以上地震共 581 次。

1900～1988 年共发生 8 级以上地震 9 次，其中大陆 7 次，台湾地区 2 次，最大地震为 1950 年发生在西藏察隅附近的 8.6 级地震和 1920 年发生在宁夏海原的 8.5 级地震；7.0～7.9 级地震 94 次，其中，大陆 59 次，台湾地区 34 次；6.0～6.9 级地震 446 次，其中，大陆 271 次，台湾地区 175 次；共发生 4.75 级以上地震约 3 756 次。

1989～2000 年未发生 8 级地震；共发生 7 级以上地震 11 次，其中大陆及近海发生 7 次，台湾地区 4 次；6 级以上地震共 106 次，其中，大陆及近海发生 66 次；5 级以上地震发生 528 次，其中，大陆及近海发生 32 次。

按上述统计结果，20 世纪以来，全国 7 级以上地震的年平均发生率为 1.14 次/年，其中，大陆为 0.73 次/年，台湾地区为 0.4 次/年；6 级以上地震的年平均发生率为 5.52 次/年，其中，大陆为 3.37 次/年，台湾地区为 2.15 次/年。

从上述情况不难看出，全国地震活动具有频次高、强度大的特点。与全球地震活动相比，我国强震活动占较大的比例。例如，1897～1977 年期间，全球共发生 7 级以上地震 1 529 次，平均每年发生 18.9 次，其中我国约占 6.5%，而在全球陆地的地震中，我国强震所占的比例明显增大，约占 1/4～1/3。

我国的地震分布十分广泛(见图 1-1)。除浙江、贵州两省外，其他各省和自治区皆有 6 级以上强震发生，其中的 18 个省和自治区均发生过 7 级以上大震，占全国的 60%；台湾地区是我国地震活动频繁发生的地区之一，在 1901～1988 年全国 549 次 6 级以上地震中，台湾地区为212次，占38.6%。大陆地区的地震活动主要分布在青藏高原、新疆及华北地区，而东北、华东、华南等地区分布较少。绝大部分地区的地震主要是浅源地震，东部地震的震源深度一般在30 km之内，西部地区则在50～60 km以内，而中源地震则分布在靠近新疆的帕米尔地区（100～160 km）和台湾地区附近（最深为270 km），深源地震很少，只发生在吉林、黑龙江东部的边境地区。

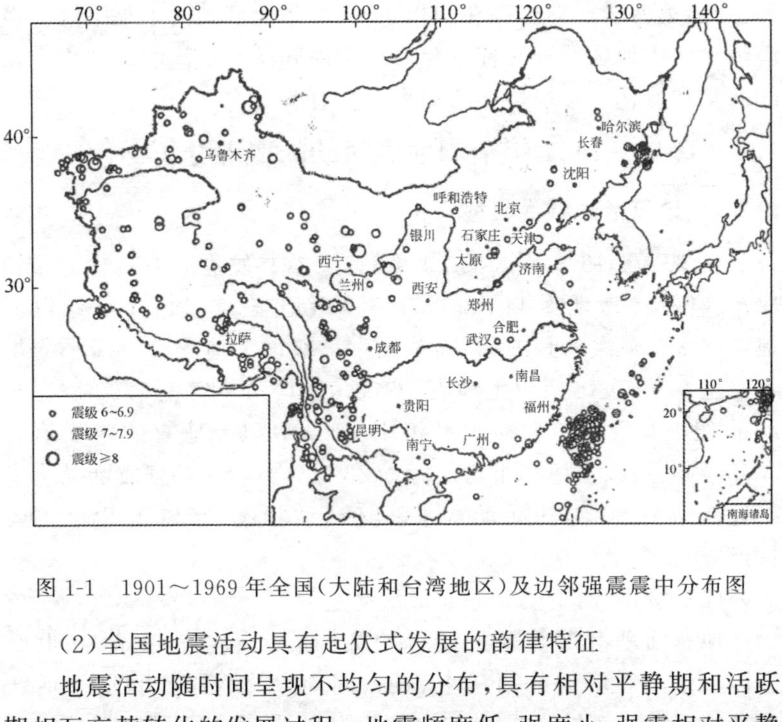

图1-1　1901～1969年全国（大陆和台湾地区）及边邻强震震中分布图

（2）全国地震活动具有起伏式发展的韵律特征

地震活动随时间呈现不均匀的分布，具有相对平静期和活跃期相互交替转化的发展过程。地震频度低、强度小、强震相对平静的时段可称为平静期，而地震频度高、强度大、强震相对活跃的时段称为活跃期，按此原则可将全国各主要地震区的地震活动起伏特点加以划分。各地震区呈现的平静—活跃—平静过程具有较为清晰的韵律特点，各地震区的活动水平亦有较大的差异，台湾及青藏南部地震活动期的时间较短，为几十年，新疆中部和青藏中部的活动期为百年左右;而华北、青藏北部的活动期较长,约为300~400年。20世纪我国大陆的强震活动大体可以分为平静期(平均为14年)和活跃期(平均为16年)的3~4个轮回。

不同地震活跃期中的强震活动有着各自相对集中的地区,即活动主体地区,而且伴随活跃期的演变,其活动主体地区也发生明显的转移。20世纪初全国7级以上地震集中在新疆西北部,第二活跃期转移到甘、宁至新疆北部,第三活跃期的强震以青、藏地区为主,而第四活跃期出现在四川、贵州和华北部的两个集中区。强震活动主体地区的规律性变化与全国内陆构造块体的区域应力场的调整和变化及板块边界的动力因素有关。

1.2 1949~1981年全国地震活动的概况分析[1]

1.2.1 地震活动基本特征

自1949~1979年底的30年间,全国共发生8级以上地震3次;7.0~7.9级地震44次;6.0~6.9级地震215次;4.75级以上地震约2 510次。其中,大陆共发生7级以上地震27次,平均每年发生0.90次;6级以上地震167次,平均每年发生5.22次。与20世纪100余年的活动水平相比(即7级以上地震的年均值为0.75次,6级以上地震年均值为3.83次),本阶段的强震活动水平明显高于前50年的活动水平。其活动状况,有以下几个主要特点:

(1)经历了两个明显的起伏活动过程

地震活动有着显著的韵律特征:1947~1955年是20世纪全国大陆强震活动的第三个轮回(周期)中的活跃期,这个活跃期持续了9年,这是20世纪全国大陆地震活动水平最高的一个时段,共发生8级地震2次(1950年西藏察隅8.6级和1951年西藏当雄8.0级),7.0~7.9级地震11次。1956~1965年是强震相对平静的阶段,只发生1次7级地震,年释放能量的平均值约为前一个活跃期年均值的1.8%;自1966年开始,我国陆区的强震活动进入了第四个活跃期,先后持续了11年,共发生7级以上地震 15 次，最大地震为 7.8 级(1976 年唐山)；与第三个活跃期的活动水平相比较，6 级以上地震无论是最大强度、还是释放能量都明显偏低，唯有 7 级以上地震的总频次仍保持较高的水平。1977～1984 年，我国陆区的强震活动又趋于平静，没有 7 级以上地震发生；以 1985 年新疆乌恰地震为起点，我国大陆又开始了一个新的强震活跃时段，至 1990 年已发生 7 级以上地震 4 次。

(2)强震分布显示了西部多、东部少的突出差异

图 1-2 显示了 1949～1981 年底全国 6 级以上地震的分布情况，可以明显看出在大陆各地区，强震的绝大多数主要分布在东经 107°以西的西部地区，而东部地区较少。据统计，在此期间发生的 27 次 7 级以上地震中，西部为 20 次，占 74%，而东部只有 7 次，占 26%，对于 6 级地震，东部所占的比例则更少。据统计，在 1895～1985 年期间我国陆区发生的全部 7 级以上地震中，西部占 87%，其应变释放占 90.8%，可见 1949 年后 60 多年的强震分布特点与

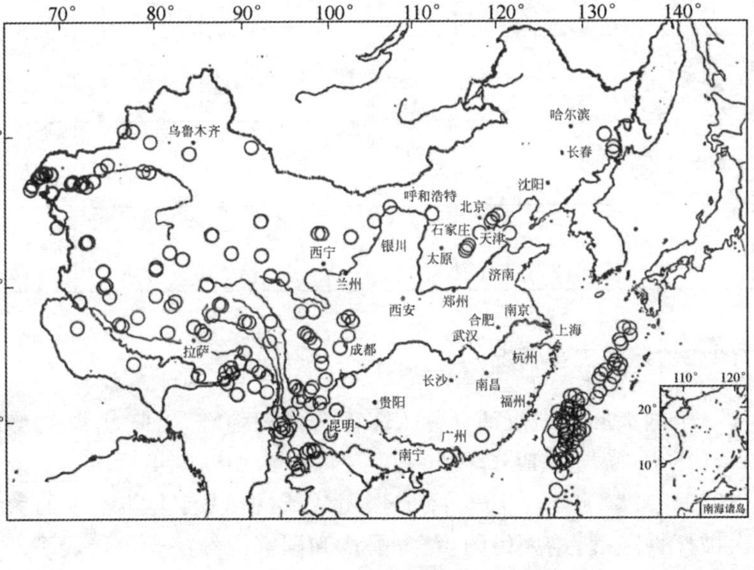

图 1-2　1949～1981 年全国(大陆和台湾地区)及边邻 $M_S \geqslant 6$ 的地震震中分布图

较长时间的状况是大体一致的。

(3)强震活动继承了全国地震活动分布广、不均匀的基本特点

全国地震活动具有分布广的特点,6 级以上地震几乎遍布全国。1949 年以来,这一特点仍然很明显,全国有 16 个省和自治区发生过 6 级以上地震,占 53%;有 12 个省和自治区发生过 7 级以上地震,占 40%。然而,地震活动的分布是不均匀的,其活动水平亦有较大的差异。据统计分析(见表 1-1),台湾、西藏、新疆、云南、四川、青海、河北集中了 1949～1981 年发生的绝大多数强震,其中,6 级以上地震占总数 251 次的 92%,7 级以上地震占总数 46 次的 87%。显然,1949～1981 年,全国地震活动呈现明显的西多、东少,分布极不均匀的特点。

表 1-1　1949～1981 年全国部分地域地震活动情况

地　域	震　级	次　数	地　域	震　级	次　数
台湾地区	>6	90	云南省	>6	28
	>7	19		>7	5
西藏自治区	>6	45	四川省	>6	18
	>7	4		>7	4
新疆维吾尔自治区	>6	29	青海省	>6	13
	>7	4		>7	1
河北省	>6	8	合　计	>6	231
	>7	3		>7	40

1.2.2　地震灾害情况

全国大陆的地震活动绝大多数为浅源地震,因此,历史上数以百计的强震均造成了不同程度的震害。1949 年后的 30 余年(1949～1981 年),经历了两个强震活跃的阶段,大陆发生的数百次破坏性地震,给人民的生命、财产和国家的经济建设造成了严重的灾害。据统计,自 1949 年 10 月至 1981 年 12 月,全国大陆有 95 次 5 级以上地震造成了不同程度的破坏和损失,涉及 22 个省和自

治区，受灾面积广、灾害损失严重，而且统计结果表明，虽然强震主要发生在我国西部，但是由于东部地区的经济发达、人口稠密，因而，对于同等强度的地震，发生在东部的震害损失要比发生在西部大得多。

在统计的 95 次震害中，以 11 次 7 级以上的地震震害最为严重，其主要损失情况列于表 1-2，其中以 1966 年河北邢台 7.2 级、1970 年云南通海 7.8 级、1973 年四川炉霍 7.6 级、1975 年辽宁海城 7.3 级和 1976 年唐山 7.8 级五次地震的损失最大。这五次大震造成的死亡总数占 95 次震害死亡总数的 98%之多，房屋倒塌 92%。分析其震害严重的主要原因，首先是地震震级大，造成震中地区烈度高（均大于Ⅸ度）、高烈度面积大（Ⅵ度区长轴半径超过 100 公里）；其次，5 次大地震均发生在人口相对稠密和建筑物较为集中的地区，尤其是唐山与海城地震发生在大、中城市附近；第三，这 5 个地震地区，特别是邢台、通海和炉霍地区，房屋建筑、桥梁结构的抗震性能很差或者根本不具备抗震能力，建筑物的破坏十分严重，人员伤亡也更为惨重。这 5 次地震也向我们警示在人口稠密地区，尤其是大、中城市附近应是防御 7 级以上大地震的重点地区，这些地区需要加强抗震、防震及地震监视预报工作，最大限度减轻地震震害及造成的社会影响。

表 1-2　1949.10～1981.12 全国大陆发生 7 级以上地震灾害统计表

序号	震区	时间	震级	受灾面积	死亡人数	伤残人数	房屋倒塌	大牲畜
1	四川	1955.1.11	7.5	5 000	84	224	636	无统计
2	新疆	1955.4.15	7	16 000	18	无	200	无统计
3	河北	1966.3.22	7.2	23 000	7 938	8 613	1 191 643	791
4	云南	1970.1.5	7.7	1 777	15 621	26 783	338 456	16 638
5	四川	1973.2.6	7.9	6 000	2 199	2 743	47 100	40 427
6	云南	1974.5.11	7.1	2 300	1 641	1 600	66 000	2 000
7	辽宁	1975.2.4	7.3	920	1 328	4 292	1 113 515	811
8	云南	1976.5.29	7.6	无统计	73	279	48 700	151

续上表

序号	震区	时间	震级	受灾面积	死亡人数	伤残人数	房屋倒塌	大牲畜
9	河北	1976.7.28	7.8	32 000	241 501	169 208	3 219 186	32 515
10	四川	1976.8.16	7.2	5 000	38	34	5 000	2 800
共　计			10 次	91 997	270 445	213 776	6 030 436	96 133

注：本表不包括破坏轻微的 5 次 7 级地震：(1)西藏当雄 7.5 级(1952.8.18)；(2)甘肃山丹 7.5 级(1954.2.11)；(3)甘肃民勤 7.0 级(1954.7.31)；(4)青海阿兰湖 7.0 级(1963.4.19)；(5)西藏玛尼 7.3 级(1973.7.14)。

1.3　1982 年以来全国地震活动概况

(1)1982 年地震活动概况[2]

1982 年是从 1977 年之后全国大陆地区连续无 7 级以上强震的第六年。1982 年全国发生 5 级以上地震 24 次，其中大陆 16 次，台湾地区 6 次，南海和东海海域各 1 次；6 级以上地震 5 次，其中大陆地区 2 次，台湾地区 3 次。大陆最大地震是 1 月 23 日西藏 6.6 级地震，而台湾地区最大地震是 1 月 23 日台湾东的 6.5 级地震。

大陆地区 5 级以上的 16 次地震分布为：西藏 5 次、云南 5 次、新疆 2 次、青海、宁夏和四川各 1 次，可见，西藏、云南、新疆占大陆地震总数的 75%。

(2)1983 年地震活动概况[3]

1983 年是从 1977 年之后全国大陆连续无 7 级以上强震的第七年。类似的活动出现在 1907～1913 年和 1956～1962 年，这是强震相对平静时段的一个显著标志。

1983 年全国(包括边境地区)共发生 5 级以上地震 24 次，6 级以上地震 7 次。在 24 次地震中，发生在新疆及其边境附近的有 10 次，占 42%；发生在台湾地区及其附近海域的 7 次，占 29%，其他地区的地震 7 次，占 29%。大陆地区 6 级以上地震的释放总能量比 1982 年有明显的增强，与 1979～1981 年的活动水平相当。

年内最大地震是 2 月 13 日发生在新疆乌恰附近的 6.8 级地震和 6 月 24 日与 9 月 22 日发生在台湾地区附近的两次 6.8 级地震。

(3)1984 年地震活动概况[4]

1984 年是 1966～1976 年地震高潮后相对平静的第八年。本年地震活动水平偏低。5 级以上地震是 1968 年后的最低点，共发生 5 级以上地震 10 次，其中，台湾地区 3 次，大陆及其沿海 7 次；6 级以上地震 1 次，最大震级为 6.2 级。与 1968 年(陆区发生 7 次 5 级以上地震)类似。

1984 年中强地震的空间分布发生明显变化，近年中强地震活跃的川、滇、新疆和华北地区几乎没有 5 级以上地震，大陆 5 次 5 级以上地震的 4 次集中在甘、宁、青及其交界地区。

(4)1985 年地震活动概况[5]

1985 年与前 8 年有了明显的变化，共发生 5 级以上地震 24 次，其中大陆 17 次，台湾地区 7 次；6 级以上地震 6 次，最大地震是 8 月 23 日新疆乌恰附近的 7.4 级地震，从而显示强震相对活跃的状态。

本年大陆的 17 次地震有 15 次发生在东经 105°以西地区，特别是云、贵地区至青藏构造块中北部至南天山西部的北西向弧形构造带上，地震更为集中，先后发生 11 次强震，占大陆地区总数的 65%。活动性较高的川、滇地区，从 1983 年 5 月后出现了突出的平静，在近两年没有 5 级以上地震。东部地区活动水平不高，仍保持 1977 年以来中强地震活动为主的状态，只发生 2 次 5 级地震，最大为 5.3 级。

(5)1986 年地震活动概况[6]

1986 年全国地震活动在 1985 年明显增强的背景下又有了新的发展，无论是大陆还是台湾地区，中强地震出现异常的活跃，这一状态在近十年里是很少见的。

1986 年全国发生 5 级以上地震 64 次，其中 6 级以上地震 14 次。大陆发生 5 级以上地震 32 次，其中大于 6 级地震 4 次，是 1977 年以来的最大值，而且是 1904～1984 年平均地震活动频次(13.8 次/年)的 2.3 倍，表明中强地震活动频繁。最大地震为 8 月 22 日在青、藏交界唐古拉山的 6.7 级地震和 8 月 26 日甘、青交界门源 6.7 级地震。

大陆的中强地震主要集中在全国西部地区,共发生 27 次 5 级以上地震,占大陆地震总数的 84%,其中,青海 12 次、新疆 6 次、西藏 4 次、四川 3 次、云南 2 次。我国东部发生 5 次 5 级地震,最大为 5.5 级,总的活动水平类同前几年;大陆地区的 32 次 5 级以上地震,属于双震或者群震类型的地震 21 次,占总数的 68%,这些类型的地震广布于由东部到西北到西南的广大地区。

台湾地区及其附近海域共发生 5 级以上地震 32 次,其中大于 6 级地震 10 次,最大地震是 11 月 15 日花莲附近海域的 7.6 级地震。

(6)1987 年地震活动概况[7]

1987 年是 20 世纪第五个地震活跃时段开始的第三年,是 1985 年地震活动增强的背景下中强地震活动相对下降的一年。全国发生 5 级以上地震 29 次,其中大陆地区 20 次,台湾地区 9 次;6 级以上地震 4 次,其中大陆地区 3 次,台湾地区 1 次。最大地震为 1 月 24 日新疆乌什 6.4 级地震。

1987 年我国大陆地震活跃开始阶段地震起伏增强的特点,西北地区中强地震活动尤其活跃,共发生 13 次 5 级以上地震,包括 3 次 6 级以上地震,青藏构造块北部边缘中强地震活动明显增强,本年内新疆地震处于全国首位。我国东南沿海也出现了少有的活跃期,并出现双震或群震型地震。川滇和华北地区持续平静。

(7)1988 年地震活动概况[8]

1988 年全国发生 5 级以上地震 56 次,其中大陆 43 次,台湾地区 13 次;6.0～6.9 级地震 7 次,其中大陆 5 次(均为余震),台湾地区 2 次;7.0 级以上地震大陆 3 次,最大为 11 月 6 日云南澜沧 7.6 级地震;台湾地区最大地震为 6.2 级地震。

1988 年前十个月大陆地震活动处于相当低的水平,最大地震为 5.6 级。大陆地区经历 18 个月无 6.0 级以上地震的低活动水平后,在 1988 年 11 月 5 日和 6 日在唐古拉山、澜沧、耿马连续发生了 7.0、7.6、7.2 级地震,强震活动的突发以及频度和强度的急剧增强是历史罕见的,是 1976 年唐山、松潘地震后没有过的。

全国西部地区，特别是青藏构造块及其边缘地带中强地震活跃，东部地区相对平静，中强以上地震基本发生在南北地震带以西地区，主要集中于川滇西部—青藏交界—新疆南天山一带。大陆5级以上地震分布如下：云南5次、新疆8次、西藏4次、宁夏2次、青海1次、四川1次、甘肃2次、广西北部湾1次。

(8)1989年地震活动概况[9]

1989年全国发生5级以上地震36次，其中大陆30次，台湾地区6次；6.0级以上地震9次，其中大陆7次，台湾地区2次。大陆最大地震是4月16日和4月25日的四川巴塘地震6.7级地震，台湾地区最大地震为6.0级地震。

大陆地区中强地震频度、强度呈现较高水平，释放的总能量超过1次7.0级地震。大陆5级地震以川滇两省为主，四川省发生了8次5～6级地震和5次6级以上地震，这是大陆中强地震活动最集中的地区，能力释放占整个大陆地区的90%以上。东部地区在前十年平静的背景下，山西大同发生了6.1级群震，包括4次5.0～5.9级地震和1次6.1级地震，这是唐山地震后华北地区最大的一次地震。大陆地区5级以上地震分布如下：四川13次(其中6级以上5次，最大6.7级)，山西5次(其中6.1级1次)，云南3次(其中6.2级1次)，新疆3次，西藏2次，甘肃、青海、内蒙、宁夏各1次。

1988年11月至1989年11月在云南、四川和华北所发生的一系列地震如澜沧—耿马地震、巴塘地震以及大同地震，均以群震形式出现，反映我国大陆地震活动增强的特点。1989年全国虽然没有发生7级以上地震，但从中强以上地震的频度、能量释放，以及地震群震出现的特征，可见我国大陆地区进入了新的活跃期。

(9)1990年地震活动概况[10]

1990全国发生5级以上地震47次，其中大陆19次，台湾地区27次，南海地区1次；6级以上地震15次，其中大陆4次，台湾地区10次，南海地区1次。大陆最大地震是4月26日青海发生的6.9级地震，而台湾地区最大地震是12月14日台湾花莲的

7.1级地震。

1988年全国进入地震活跃期以来，大陆的地震频度、能量一直处于较高活动状态，这三年地震频次分别为22、28和19。大陆6级以上地震北迁，由前两年的川滇逐步北迁到青、藏构造块北缘甘、青及新疆地区，青海1次、甘肃2次、新疆1次，川滇藏地区相当平静，该区最大为5.4级地震。大陆周边地区地震活动明显增强。东部地区出现了一系列引人注目的中小震，主要因为地震发生在人口稠密，经济发达地区，同样的震级在东部的震害远高于西部地区。

1990年全国破坏性地震造成127人死亡，受伤2 187人，倒塌损坏房屋46.4万间。受灾以西部为主，以东经107.5°划分，90%地震发生在西部，东部为10%。损失最大的是4月26日青海共和、兴海的6.9级地震，死亡119人，伤2 049人。造成一定人员伤亡，直接经济损失上亿的地震有甘肃天祝6.2级地震和江苏常熟太仓5.1级地震。

(10)1991年地震活动概况[11]

1991年全国发生5级以上地震43次，其中大陆27次，台湾地区15次，南海海域1次；6级以上地震4次，其中大陆地区1次，台湾地区3次。大陆最大地震是2月25日新疆柯坪6.5级地震，而台湾地区最大地震是3月26日台东的6.7级地震。

1991年我国大陆中强地震活跃、强震少、强度低。空间分布集中在北纬35°以北地区，华北北部中强地震有所增加。大陆中强地震频繁，5级以上地震27次，超过20世纪30年代以来年平均18次，但是强度低。60%的5级以上地震和90%以上的地震能量释放集中在华北北部、甘宁青及新疆天山地区，改变了从1988～1990年中强地震集中在南北地震带的分布特点。27次地震主要分布在新疆7次，青海6次，内蒙古4次，云南、西藏各3次，山西2次、四川和河北各1次。这27次地震多发生在老震区，同时，大陆周边地区继续显示地震活动增强趋势。

20世纪80年代末期，全国地震经历了10年平静期后，进入了相对活跃期。1989～1990年先后发生了大同阳高(6.1级)，巴塘(6.7级)、小金(6.6级)、青海共和(6.9级)、新疆阿勒泰(7.3级)以及常熟太仓(5.1级)中强、强地震，造成重大经济损失。1991年全国破坏性地震造成3人死亡，受伤554人，倒塌房屋68.7万间。其中新疆柯坪地震5人受伤，经济损失巨大。损失最大的是5月29日唐山5.5级地震，死亡2人。

(11)1992年地震活动概况[12]

1992年全国发生5级以上地震31次，其中大陆16次，台湾地区13次，南海海域2次；6级以上地震6次，其中大陆1次，台湾地区5次；大陆最大地震是7月30日西藏拉萨6.5级地震，而台湾地区最大地震是4月20日花莲的6.8级地震，经济损失最大是11月26日的福建连城5.0级地震。

大陆地区中强地震频度较低、强度弱，主要发生在东经105°以西地区，西南地区活动加强，西藏是1992年最活跃的地区，此外，境外周边地区强震继续活跃。大陆5级以上的16次地震分布，除了东部福建、黄海、台湾海峡(大陆架内)各发生1次5级地震外，其余13次均分布在西部，其中，西藏、新疆各4次，云南2次，甘肃、青海和四川各1次。

(12)1993年地震活动概况[13]

1993年全国发生5级以上地震27次，其中大陆19次，台湾地区8次。从1990年青海共和7.0级地震后，大陆无7级地震活动，但是，6级地震活动显著增强，1993年发生6次6级以上地震，高于20世纪以来平均的3.8次，也高于1966～1976年4.8次的平均水平。大陆最大地震是3月20日西藏拉孜6.6级地震和10月2日新疆若羌6.6级地震，而台湾地区最大地震是12月10日6.1级地震。

大陆19次5级以上地震全部在西部，包括拉孜6.6级地震后的1次5.2级余震和若羌6.6级地震后的2次5.5级余震，其余16次地震，与20世纪每年14次5级以上地震的平均水平相当。西藏地区6级以上地震以及云南地区5级以上地震活动显著增强，5级以上地震分布为：云南5次，新疆4次，西藏、青海和四川各2次。本年内台湾地区地震活动水平异常低落。

与过去震害相类似，受灾以西部为主，主要集中在云南、四川、西藏、青海和新疆5省，震害主要由中等地震造成。据12次震害统计，大陆震害造成9人死亡，48人重伤，333人轻伤，房屋建筑9.2万m^2毁坏；63.7万m^2严重破坏；151.2万m^2中等破坏；223.7万m^2轻微破坏，直接经济损失上亿元；这12次震害，涉及77个乡镇，灾区人口54万。伤亡最大的是2月3日新疆和静5.4级地震，4人死亡；西藏拉孜6.6级地震，直接经济损失巨大。

(13)1994年地震活动概况[14]

1994年全国发生5级以上地震48次，其中大陆29次，台湾地区19次；6级以上地震9次，其中大陆及近海4次，台湾地区5次。大陆最大地震是台湾海峡7.3级地震，而台湾地区最大地震是5月24日和6月5日两次7.0级地震。

大陆中强以上地震活动频度和强度明显增强，大陆地震活动空间上分布相对集中，主要在青海、新疆和东南近海。大陆5级以上的29次地震（含余震）分布为：青海11次，东南近海8次，新疆5次，西藏2次，云南、四川和黄海各1次。

据收集的资料有11次5级以上地震成灾。据震害统计，大陆震害造成4人死亡，225人重伤，1 153人轻伤，房屋建筑6.7万m^2毁坏；25.7万m^2严重破坏；131.6万m^2中等破坏；3 592万m^2轻微破坏。受灾多在西部，西部地震灾害分布在青海、四川、云南和西藏。东部地区两次地震灾害占全部的一半以上。震害最大是9月16日台湾海峡7.3级地震，福建、广东沿海4人死亡，814人受伤。主要的原因是地震时过分恐慌造成的。青海先后发生5次5.0级以上地震，造成了巨大的经济损失。

(14)1995年地震活动概况[15]

1995年全国发生5级以上地震48次，其中大陆及其近海30

次，台湾地区 17 次，南海 1 次；6 级以上地震 8 次，其中中缅边境、云南、北部湾、青海各 1 次，台湾地区 3 次。大陆最大地震是 7 月 12 日中缅边境的 7.3 级地震，台湾地区最大地震是 2 月 23 日花莲 6.6 级地震。

大陆地震中强以上地震活动的频度和强度连续 2 年保持较高活动水平和增强趋势，中缅边境 7.3 级地震打破内陆地区 7 级地震的平静，7 级强震呈现连发趋势。大陆中强地震分布较广泛，云南强震活跃，四川 6 级地震平静，东部地区的地震从南方移到了北方，东部北方打破了 1992 以来的平静，出现了山东和唐山的地震。大陆 5 级以上的 30 次地震分布为：云南 8 次、新疆 6 次、青海 6 次、广西 3 次、福建 2 次，甘肃、西藏、四川、山东和河北各 1 次。

据收集的资料有 17 次地震成灾，受灾主要在西部，占总数的 88.2%。地震灾害加重。据震害统计，大陆震害造成 85 人死亡，985 人重伤，140 39 人轻伤，房屋建筑 39 万 m^2 毁坏；156.6 万 m^2 严重破坏；473.8 万 m^2 中等破坏；1 435.5 万 m^2 轻微破坏，直接经济损失 10 亿元以上。涉及 194 个乡镇，261 万人口。震害最大是 10 月 24 日云南武定 6.5 地震，其死亡人数和直接经济损失占全年的 2/3。1995 年云南震害是 1989 年以来最大的一年，遭受了 4 次地震灾害，占当年总损失的 80%以上，受灾最多的是新疆(5 次地震灾害)。

(15)1996 年地震活动概况[16]

1996 年全国发生 5 级以上地震 38 次，其中大陆 26 次，台湾地区 12 次；6 级以上地震 11 次，其中大陆 8 次，台湾地区 3 次。大陆最大地震是喀喇昆仑山 7.1 级地震，而台湾地区最大地震是 9 月 6 日兰屿以南海中 7.1 级地震。

全国地震活动总体水平比 1995 年明显增强。大陆中强以上地震活动的频度和强度连续 3 年保持高活动水平和增强趋势，新疆、云南 7 级强震活跃，华北地震活动明显增强。地震成带状分布，存在 3 条北东向地震带：新疆西部、西藏谢通门至内蒙包头、川滇地震带。大陆5级以上的26次地震分布为：新疆8次，云南7次，西藏4次，青海2次，内蒙、甘肃、四川和南黄海各1次。

地震灾害比过去几年明显加重，损失的大部分由严重破坏性地震造成，城市地震灾害加重。受灾主要在西部地区，震害最大的是云南，其次是内蒙，新疆、四川震害加重，甘肃的震害有所减轻。据收集的资料有12次地震成灾，大陆震害造成365人死亡，40 267人重伤，13 789人轻伤，房屋建筑217.5万m^2毁坏；653万m^2严重破坏；1 347.5万m^2中等破坏；2 127万m^2轻微破坏，直接经济损失近50亿元。地震灾害涉及228个乡镇，375万人口。震害最大是2月3日云南丽江7.0地震，其死亡人数占全年的90%，直接经济损失占全年的50%。其次是包头地震，人员伤亡占总数的3%，经济损失占1/3。

(16)1997年地震活动概况[17]

1997年全国发生5级以上地震54次，其中大陆44次，台湾地区10次；6级以上地震8次，均发生在大陆。从1994年以来，大陆地区活动水平持续4年高活动水平和增强趋势，6级以上强震频度高、强度大。大陆最大地震是11月8日的西藏玛尼7.5级地震。台湾地区地震水平很低，最大地震为3次5.4级地震。

地震活动西强东弱，西藏、新疆尤其活跃，新疆伽师在4个月6级以上地震有7次，是大陆历史上少有的强震群地震灾害，7级强震连发、地震高潮活动明显。地震呈现带状分布，格局发生变化，北东地震活动带减弱，而新疆伽师经青藏至川滇的北西地震带成为主要地震带。大陆5级以上地震分布为：新疆和西藏各18次，云南3次、青海、四川、内蒙、福建、江苏各1次。

受灾主要在西部地区，震害最大的是新疆，其次是云南、福建、广东、重庆、西藏、四川、甘肃、青海，老震区趋于平静；东部地区的地震从北方移到南方，广东、福建的两次震灾发生在经济发达地区，震级小，经济损失较大。据收集的资料有 10 次地震成灾，大陆震害造成 21 人死亡，10 人重伤，139 人轻伤，房屋建筑 213 万 m^2 毁坏；212.7 万 m^2 严重破坏；465.3 万 m^2 中等破坏；525.7 万 m^2 轻微破坏，直接经济损失 10 亿元以上。涉及 110 万人口。震害最大是 1 月 21 日至 4 月 16 日新疆伽师强震群造成的，其伤亡人数占全年的 78%，死亡人数占全年的 100%，直接经济损失占全年的 75%。

(17)1998 年地震活动概况[18]

1998 年全国发生 5 级以上地震 34 次，其中大陆 30 次，台湾地区及其南海 4 次；6 级以上地震 10 次，大陆 9 次，台湾地区 1 次。大陆 6 级地震的频度高，最大地震是新疆伽师 6.6 级地震，见图 1-3。

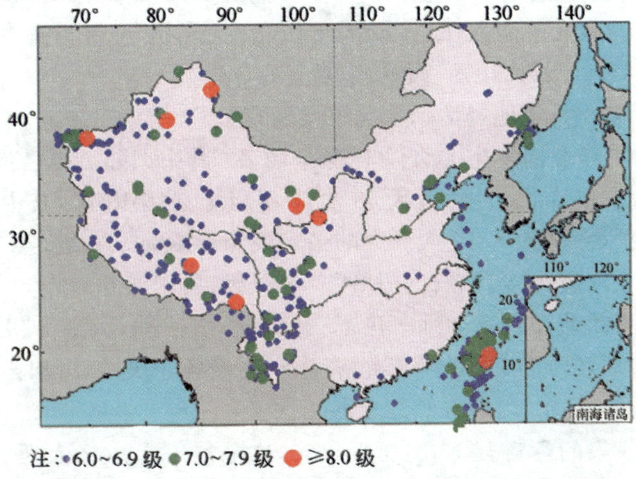

图 1-3　1900～1998 年全国(大陆和台湾地区)及边邻强震分布图

地震空间分布集中、成带，大陆 5 级以上地震，除了张北 6.2 级地震外，其余 29 次地震集中发生在新疆西南部—西藏中西部—川滇交界—北西方向带，其地震分布为：新疆 9 次(其中 6 级 4 次)，西藏 15 次(6 级 3 次)，云南 5 次(6 级 1 次)，河北 1 次(6 级 1 次)。

1998 年地震活动比 1997 有所降低，但震害损失比 1997 年多。据收集的资料有 16 次地震成灾，大陆震害造成 59 人死亡，622 人重伤，13 014 人轻伤，房屋建筑 215.1 万 m^2 毁坏；303.5 万 m^2 严重破坏；507.5 万 m^2 中等破坏；687.2 万 m^2 轻微破坏，直接经济损失近 20 亿元。地震灾害涉及 120 个乡镇，154 万人口。震害最大是 1 月 10 日发生在张北的 6.2 级地震，造成 11 488 人伤亡，占全年的 83.88%，死亡人数 49 人，占全年的 83.05%，直接经济损失近 10 亿元，占全年的 44.62%，救灾投入 8.36 亿元。主要由于房屋结构及其建筑房屋选址不合理，房屋的建筑质量和抗震性能差，而且正值冬天，救灾投入费用大。云南震害仅次于河北，5 次地震造成 1 608 人伤亡，其中死亡 5 人，重伤 222 人，轻伤 1 381 人。受云南地震影响，四川死亡 1 人，23 人重伤，464 人轻伤。新疆震灾共 7 次，造成 101 人伤亡，其中 4 人死亡，10 人重伤，87 人轻伤，经济损失占全国的 15.86%。另外，山西、西藏、宁夏等地各受灾 1 次。

(18)1999 年地震活动概况[19]

1999 年全国发生 5 级以上地震 72 次，其中大陆 21 次，南海 2 次，东北深震 1 次，台湾地区 48 次；6 级以上地震 13 次，其中东部深震 1 次，台湾地区 12 次。大陆最大浅源地震为 5.6 级，共 5 次，大陆最大地震为 4 月 8 日吉林珲春 7.0 级，属于深源地震。

地震活动在新疆伽师—玛尼—宁蒗一线活动，大陆 5 级以上的 21 次地震分布为：新疆 7 次，青海和西藏各 3 次，四川和云南各 2 次，山西、河北、内蒙古和辽宁各 1 次。

据收集的资料有 15 次地震成灾，大陆震害造成 3 人死亡，23 人重伤，114 人轻伤，房屋建筑 2.78 万 m^2 毁坏；14.12 万 m^2 严重破坏；77.70 万 m^2 中等破坏；281.09 万 m^2 轻微破坏，直接经济损失近 5 亿元，涉及 51.1 万人口。震害最大的是 11 月 1 日发生在山西大同—浑源的 5.6 级地震，造成 70 人受伤，占全年伤亡人数的 50%，直接经济损失 1.31 亿，占全年的 29%，救灾投入 940 万元。本年度灾害损失不大，但社会影响较大，其中河北张北、山西大同—浑源和辽宁的岫岩均处于首都圈的外围，对整个首都圈影响非常大。

(19)2000 年地震活动概况[20]

2000 年全国发生 5 级以上地震 50 次，其中大陆 29 次，台湾地区 21 次。大陆最大地震为 9 月 12 日青海兴海—玛多间的 6.6 级地震。6 级以上地震 7 次，其中大陆 2 次，台湾地区 5 次。

地震活动水平明显高于 1999 年，地震空间格局呈现集中分布的特点，华北和新疆地震活动水平偏低。大陆地区 5 级以上地震分布为：青海 13 次，西藏 8 次、云南 4 次，新疆 2 次，甘肃和辽宁各 1 次。

据收集的资料有 10 次地震成灾，虽然地震成灾事件少于 1999 年，但地震灾害经济损失远远高于 1999 年。据统计，大陆震害造成 10 人死亡，120 人重伤，2 857 人轻伤，房屋建筑 2.77 万 m^2 毁坏；59.27 万 m^2 严重破坏；446.76 万 m^2 中等破坏，直接经济损失 15 亿元左右，涉及 170 万人口。震害最大是 1 月 15 日发生在云南姚安的 5.9 级和 6.5 级地震，造成 7 人死亡，2 528 人受伤，占伤亡总数的 95%；直接经济损失 10 亿元左右，占全年的 74%，灾害较重的原因是由于震区人口稠密，城镇密集；震源深度较浅，涉及范围广；两次地震的发生时间短，震害叠加严重。这次地震使 9 个县的电力、交通、通信、水利设施、供水等生命线工程遭受了不同程度的破坏。4 月 29 日河南内乡发生的 4.7 级地震，造成 1 人死亡，28 人受伤。主要是因为农村住宅建设没有考虑抗震设防，几百余间房屋倒塌，3 万余间成为危房，从而造成人员伤亡。

20 世纪 80 年代末，全国地震活动经历了 10 年平静期后进入了第五个活跃期，表 1-3 列出了 1990～2000 年间主要的震害统计数据。从 11 年的主要震害统计结果中可以看出，1990～2000 年共造成 126.92 亿元的经济损失，平均每年 11.54 亿元，1996 年是地震成灾最重的一年，其经济损失和人员伤亡都是 1990 年以来的最大值；2000 年的灾害损失基本与 1997 和 1998 年持平。同时对比 1990～2000 和 1980～1989 年两个时段的震害损失，可以看出 1990～2000 是 1980～1989 年间的 2 倍，人员伤亡是 4 倍。从表 1-4 看出，1999 年是 1990 年以来没有发生 6.0～7.0 级地震的唯一一年，其成灾地震由4.5～5.6级地震造成，因此灾害损失较小。

表1-3　1990～2000年全国主要震害统计数据

年　　度	死亡人数	受伤人数	直接经济损失/亿元
1990	127	2 187	6.7
1991	3	554	4.4
1992	5	480	1.6
1993	9	381	2.8
1994	4	1 348	3.3
1995	85	15 024	11.6
1996	365	17 722	46.0
1997	21	149	12.5
1998	59	13 636	18.4
1999	3	137	4.7
2000	8	2 690	14.7
1990～2000	689	54 338	126.9
1980～1989	1 112	12 402	59.8

表1-4　1990～2000年全国大陆地震及其成灾地震事件统计

年　　度	5.0～6.0级	6.0～7.0级	7.0～8.0级	成灾地震
1990	15	3	1	9
1991	16	1	0	8
1992	14	1	0	8
1993	12	6	0	12
1994	18	3	0	11
1995	22	3	0	16
1996	18	6	2	12
1997	36	7	1	10
1998	31	9	0	16
1999	22	0	1	15
2000	30	2	0	9
总计	239	47	12	126

(20)2001 年地震活动概况[21,22]

2001 年全国共发生 5 级以上地震 35 次，其中大陆 23 次，台湾地区 12 次(图 1-4)；6 级以上地震 5 次。大陆最大的地震是 11 月 14 日发生在青海昆仑口西的 8.1 级地震，结束了自 1951 年 11 月 18 日察隅大地震以来全国大陆一直无 8 级地震发生的历史；台湾地区最大地震为 6 月 14 日苏澳以东海中的 6.4 级地震。

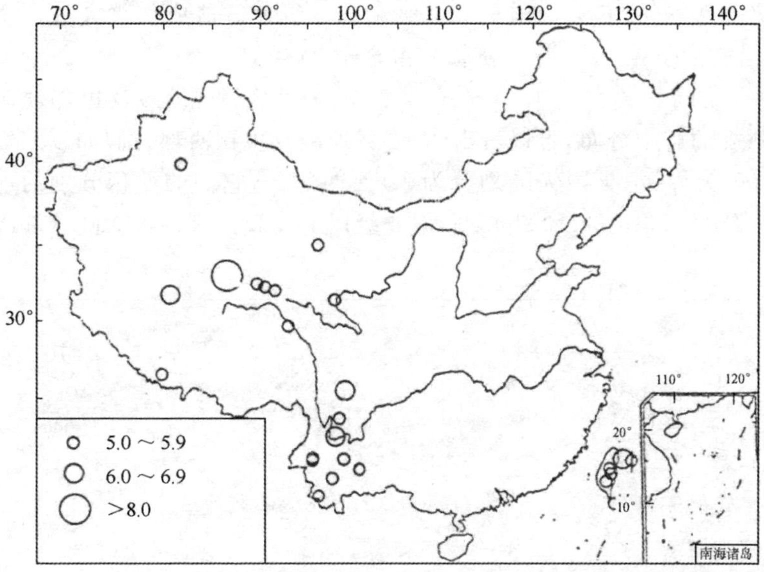

图 1-4　2001 年全国 5 级以上地震震中分布

2001 年 5 级以上地震活动的空间分布有序，中强地震主要分布在川滇地区和青藏块体，2001 年 2 月至 10 月，川滇地区共发生 5 级以上地震 11 次，其中 6 级地震 2 次，尤其是云南地区，3 月至 10 月间共发生 9 次 5 级以上地震，东部地区地震活动明显较弱。2001 年大陆 5 级以上地震全部发生在西部地区，其中青海 10 次，云南 8 次，四川和新疆各 3 次，西藏 2 次，甘肃 1 次。

1990～2001 年地震共造成人员死亡 700 人、受伤 5.6 万人，直接经济损失141亿元，平均每年11.83亿元。2001年大陆地区有12次地震成灾事件，是由14次破坏性地震造成的。据统计，本年度地震灾害共造成150万人受灾，受灾面积约2.5万平方公里；死亡9人、重伤41人，轻伤700人；地震灾害直接经济损失近15亿元。2001年地震灾害损失程度略高于近十多年的平均水平，人员伤亡人数低于历年平均水平。本年度地震灾害主要集中在云南，因地震造成的经济损失约占全年总损失的84%，其中，4月10日和4月12日云南施甸5.2级和5.9级地震造成伤亡人数占全年总数的31%，直接经济损失占全年34%。

图1-5给出了1901～2001年全国（大陆和领海）及边邻浅源强震的震中分布，可以看出，大多数地震发生在西部。假如以东经107°为界，把全国大陆划分为东、西两部分，它们的面积分别约占大陆总面积的45%和55%，而6级以上浅震分别约占大陆全部浅

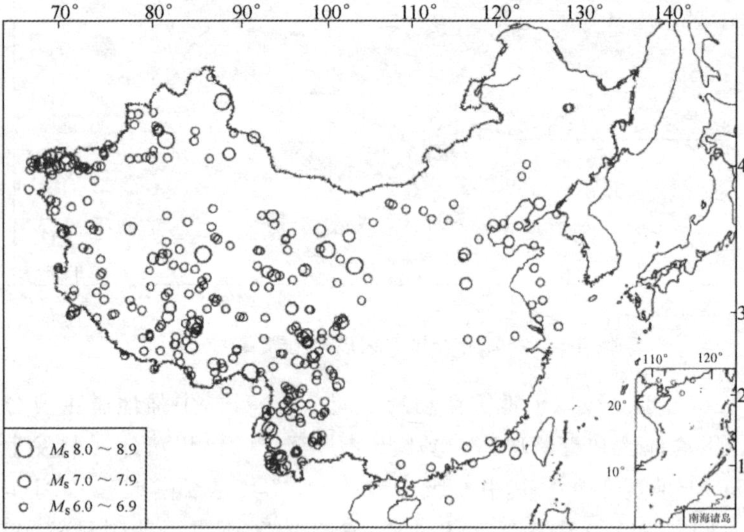

图1-5　1901～2001年全国（大陆和领海）及边邻浅源强震（$M_s \geqslant 6.0$）震中分布图

震的 12%和 88%（表 1-5），即西部 6 级以上浅震的年平均活动频度约是东部的 7 倍。

表 1-5　1901～2001 年全国大陆浅源强震震中地理分布频次（N）统计（$M_S \geqslant 6.0, h \leqslant 70$ km）

M_S	大陆地区	大陆西部	大陆东部	平均复发时间/a
8.0～8.9	7	7(100%)	0(0%)	14.4
7.0～7.9	59	51(86%)	8(14%)	1.71
6.0～6.9	351	308(88%)	43(12%)	0.29
≤6.0	417	366(88%)	51(12%)	0.24

分析 1901～2001 年全国大陆 7.5 级以上浅源强震震中分布，可以看出，不同时间段的地震活动群集在一个主体地区内；并且，不同时间段的地震群体活动地区是不重复的。在 1902.1～1916.12 时间段中，群体活动地区在新疆南北天山；在 1920.1～1947.3 时间段中，群体活动向东迁移到在宁夏—甘肃—青海地区；在 1947.7～1988.12 时间段中，群体活动地区向南迁移到西藏东部—四川—云南；在 1997.1～2001.12 时间段中，1997 年玛尼和 2001 年昆仑山口西大地震发生在西藏北部和青海 2 新疆交界处。

(21)2002 年地震活动概况[23]

2002 年全国共发生 5 级以上地震 28 次，其中大陆 9 次，台湾地区 19 次（图 1-6）。2002 年全国大陆中强度地震的频度和强度都远远低于以往的年平均水平，在这 9 次地震中，有 2 次深源地震，7 次浅源地震。7 次浅源地震的空间分布为：青海 3 次，西藏、四川、甘肃和新疆各 1 次，大陆最大的地震为 6 月 29 日青海治多 5.9 级和 12 月 14 日甘肃玉门 5.9 级地震，台湾地区最大地震为 3 月 31 日台湾以东海中 7.5 级地震。

2002 年度地震灾害共造成大陆地区约 17 万人受灾，受灾面积约 5 316km^2；死亡 2 人、重伤 3 人、轻伤 357 人；造成房屋毁坏 4 010m^2，严重破坏 3 万 m^2，中等破坏 36.567 万 m^2。

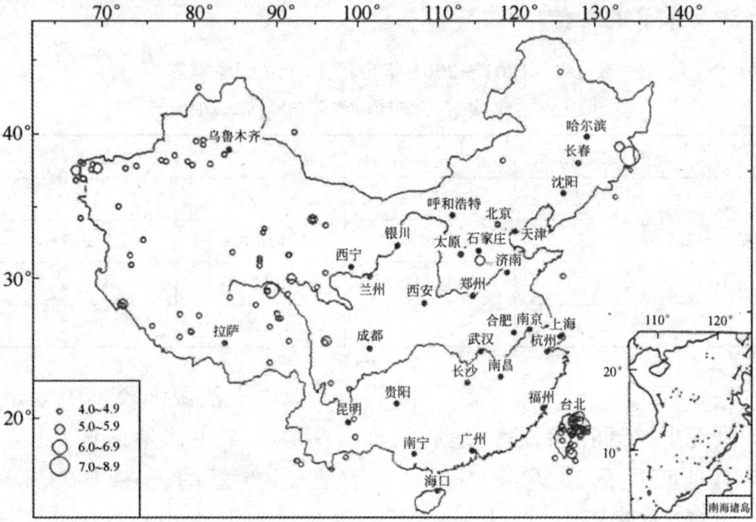

图 1-6　2002 年全国(大陆和台湾地区)及边邻 4 级以上地震震中分布图

(22)2003 年地震活动概况[24]

2003 年全国发生 5 级以上地震 37 次,其中大陆地区 27 次、台湾地区 9 次、南海 1 次。2003 年全国共发生 6 级以上地震 8 次,其中大陆地区 6 次,台湾地区 2 次。大陆地区最大地震为 2 月 24 日新疆巴楚—迦师间 6.8 级;台湾地区最大地震为 12 月 10 日台湾东北近海 7.0 级。大陆地区的 6 次 6 级以上地震浅源地震的空间分布为:新疆维吾尔自治区 1 次,青海省 1 次、西藏自治区 1 次、云南省 2 次,甘肃省 1 次,分布情况见图 1-7。

2003 年大陆地区有 21 次地震成灾事件。根据有关省(自治区)地震局的地震灾害评估统计结果,2003 年地震灾害共造成约 298 万人受灾,受灾面积约 78 143 km^2;死亡 319 人、重伤 2 332 人、轻伤4 815 人;造成房屋毁坏 3 285 047 m^2,严重破坏 4 836 877 m^2,中等破坏 10 064 238 m^2,轻微破坏 19 094 967 m^2;地震灾害总的直接经济损失 46.6 亿元。造成震害的原因主要是

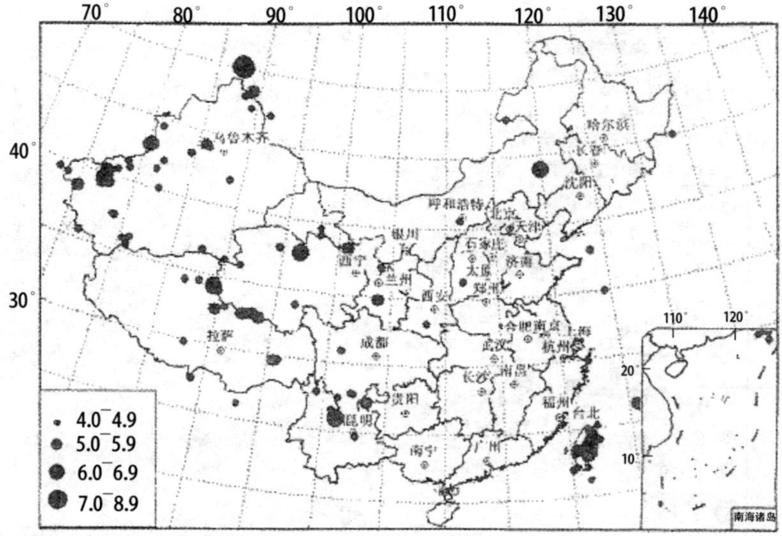

图 1-7　2003 年全国(大陆和台湾地区)及边邻 4 级以上地震震中分布图

房屋抗震能力极差,或是抗震设防烈度偏低,加之施工质量、震害叠加、液化等使灾害加重。2 月 24 日发生的新疆巴楚—迦师 6.8 级地震造成 268 人死亡,受伤 4 853 人;直接经济损失为 13.98 亿元,占本年度新疆生产总值(约 1 875 亿元)的 0.7%,这次地震是本年度大陆地区最严重的,也是 1996 年丽江 7.0 级地震以来最严重的。

(23)2004 年地震活动概况[25]

2004 年全国共发生 5 级以上地震 34 次,其中大陆地区 22 次,台湾地区 12 次。2004 年全国共发生 6 级以上地震 5 次,其中大陆地区 2 次,台湾地区 3 次,分别为 5 月 19 日台湾以东海域 6.7 级、10 月 15 日台湾以东海中 6.2 级和 11 月 8 日台湾以东海中 6.5 级地震,见图 1-8。

2004 年大陆地区地震强度和地震频次都处于正常活动状态。2004 年 5 级以上浅源地震的频度与 1900 年以来大陆地区的年均水平(20 次)相当,低于 2003 年的水平(27 次),见图 1-9。2004 年

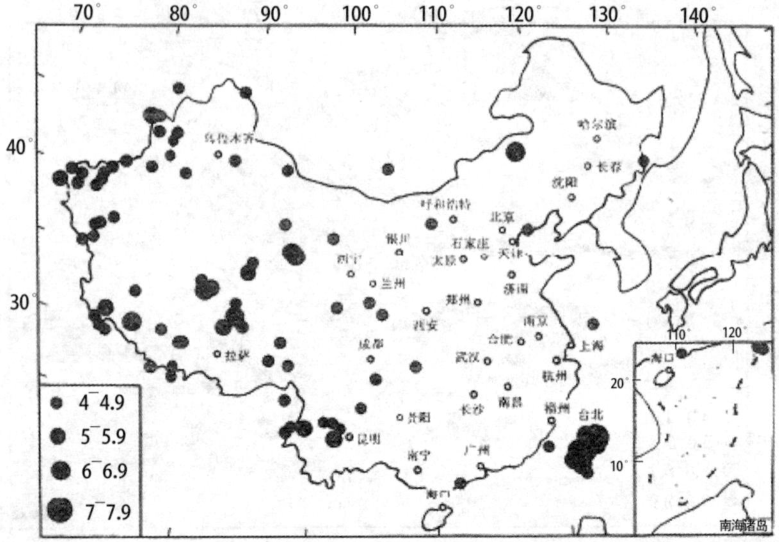

图 1-8　2004 年全国(大陆和台湾地区)及边邻 4 级以上地震震中分布图

最大地震为 7 月 12 日西藏仲巴 6.7 级地震，略低于 2003 年的水平(2003 年 2 月 24 日新疆伽师 6.8 级地震)，2004 年浅源地震的能量释放低于 2003 年，但与平均水平相当。台湾地区 2004 年地震活动水平也不是很高，处于 2003 年 12 月 10 日台湾 7.0 级地震后的衰减调整状态。

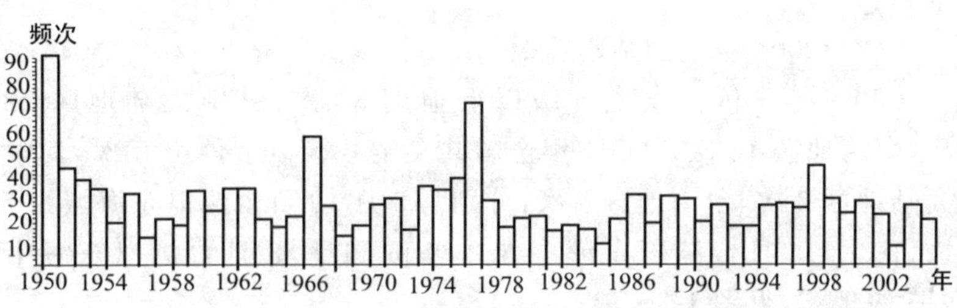

图 1-9　1950～2004 年全国大陆地区 5 级以上浅源地震频次图

2004 年大陆地区发生的 5 级以上地震主要分布在近几年发生过 5 级以上的地震区域，呈现继承性特征。中强震群活动显著，其中青藏交界乌兰乌拉湖发生 7 次 5 级以上地震、青海德令哈发生 5 次 5 级以上地震。

2004 年大陆地区有 11 次地震成灾事件。根据有关省(自治区)地震局的地震灾害评估统计结果,2004 年地震灾害共造成约 95 万人受灾,受灾面积约 20 815 km^2;死亡 8 人、重伤 209 人、轻伤 479 人;造成房屋毁坏 153 548 m^2,严重破坏 817 194 m^2,中等破坏 2 054 527 m^2,轻微破坏 5 902 267 m^2;地震灾害直接经济损失 9.5 亿元。云南省地震灾害最重,共有 5 人死亡,633 人受伤,占全年人员伤亡总数的 92%;直接经济损失 5.78 亿元,占全年经济损失的 61%。

表 1-6 列出了 1990～2004 年全国主要震害统计数据,从这 15 年的主要震害统计结果中可以看出,1990 年～2004 年共造成 199.34 亿元的经济损失,平均每年 13.29 亿元,1996 年和 2003 年地震造成的灾害是 1990 年以来最严重的,其经济损失、人员伤亡都是 1990 年以来的较高值。同时对比 1980～1989 年、1990～1999 年、2000～2004 年三个时间段的地震灾害损失数据的对比分析表明,随着经济、社会的发展,破坏性地震对灾区造成的经济损失也随之加重。

表 1-6　1990～2004 年全国主要震害统计数据

年度	死亡人数	受伤人数	直接经济损失/亿元
1990	127	2 187	6.74
1991	3	554	4.42
1992	5	480	1.60
1993	9	381	2.84
1994	4	1 378	3.29
1995	85	15 024	11.64
1996	365	17 956	46.03
1997	21	150	12.52
1998	59	13 631	18.42

续上表

年度	死亡人数	受伤人数	直接经济损失/亿元
1999	3	137	4.74
2000	10	2 977	14.68
2001	9	741	14.84
2002	2	360	1.48
2003	319	7 136	46.60
2004	8	688	9.50
2000～2004	348	11 902	87.19
1990～1999	681	51 878	112.24
1980～1989	1 112	12 402	49.81

(24)2005 年地震活动概况[26]

2005 年全国共发生 5 级以上地震 22 次。其中 6 级以上地震 4 次,大陆 2 次,分别为 2 月 15 揉新疆乌什 6.2 级和 4 月 8 日西藏仲巴 6.5 级地震,台湾 2 次,分别为 3 月 6 日台湾宜兰沿岸 6.3 级和 9 月 6 日台湾花莲以东海域 6.0 级地震,见图 1-10。

2005 年大陆地区有 11 次地震成灾事件。根据有关省(自治区)地震局的地震灾害评估统计结果,2005 年地震灾害共造成约 208.4 万人受灾,受灾面积约 15 039.7 km^2;死亡 15 人、重伤 90 人、轻伤 777 人;造成房屋毁坏 3 457 153 m^2,严重破坏 543 515 m^2,中等破坏 9 916 280 m^2,轻微破坏 10 624 541 m^2。江西省是 2005 年地震灾害最重的省份,12 人死亡,613 人受伤,占全年人员伤亡总数的 71%。

(25)2006 年地震活动概况[27]

2006 年全国共发生 5 级以上地震 34 次,包括大陆地区 14 次,台湾地区 20 次。其中 7 级地震 1 次,为 12 月 26 日台湾南部海域 7.2 级地震;6 级地震 4 次,分别为 4 月 1 日台湾台东 6.5 级、7 月 28 日台湾莲花以东海中 6.0 级、10 月 9 日台湾南部海域 6.3 级地震和 12 月 26 日台湾南部海域 6.7 级地震。大陆地区未发生

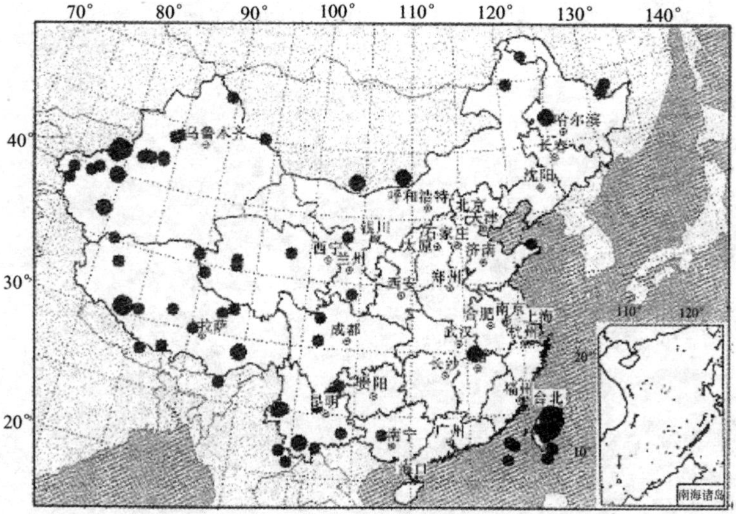

注: 4~4.9 级 5~5.9 级 6~6.9 级

图 1-10　2005 年全国(大陆和台湾地区)及边邻 4 级以上地震震中分布图

6 级以上地震,最大地震的震级为 5.6 级,共发生 3 次,分别为 4 月 14 日青海治多与西藏班戈间的 5.6 级、4 月 20 日西藏班戈 5.6 级和 7 月 19 日青海玉树 5.6 级地震,见图 1-11。自 2001 年昆仑山西口 8.1 级地震后全国大陆已连续 5 年未发生 7 级以上浅源地震。

2006 年大陆地区有 10 次地震成灾事件。根据有关省(自治区)地震局的地震灾害评估报告统计结果,2006 年地震灾害共造成约 66.69 万人受灾,受灾面积约 7 168 km^2;死亡 25 人、重伤 34 人、轻伤 170 人;造成房屋 54 808.4 m^2 毁坏,93 966.9 m^2 严重破坏,3 376 644.9 m^2 中等破坏,987 092.7m^2 轻微破坏;地震灾害总的直接经济损失约 8 亿元。云南省是 2006 年地震灾害最重的省份,24 人死亡,182 人受伤,约占全年人员伤亡总数的 90%;直接经济损失 5.523 亿元,约占全年地震灾害直接经济损失的 69%。

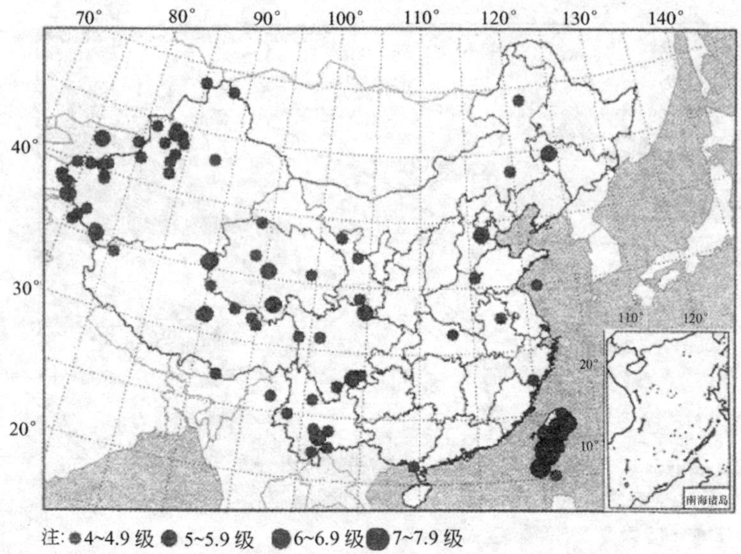

图 1-11　2006 年全国(大陆和台湾地区)及边邻 4 级以上地震震中分布图

(26)2007 年地震活动概况[28]

2007 年全国发生 5 级以上地震 13 次,大陆地区 6 次,台湾地区 7 次。其中 6 级以上地震 3 次,分别为 5 月 5 人西藏日土、改则交界地区 6.1 级地震、6 月 3 日云南宁洱 6.4 级、9 月 7 日台湾宜兰以东海中 6.3 级,见图 1-12。

2005 年以来大陆地区 5 级以上浅源地震的频次明显低于 1950 年以来的平均水平(20 次/年),见图 1-13,其间仅发生 4 次 6 级以上地震,也远低于 1900 年以来年均 4 次的水平。特别是 2007 年仅发生 6 次 5 级以上地震,为 1950 年以来最低。2007 年 7 月 20 日新疆伊犁地区特克斯县 5.7 级地震后,大陆地区出现了超过 150 天 5 级以上地震平静时段,是 1950 年以来显著的平静时段。

2007 年大陆地区有 3 次地震成灾事件。根据有关省(自治区)地震局的地震灾害评估报告统计结果,2007 年地震灾害共造

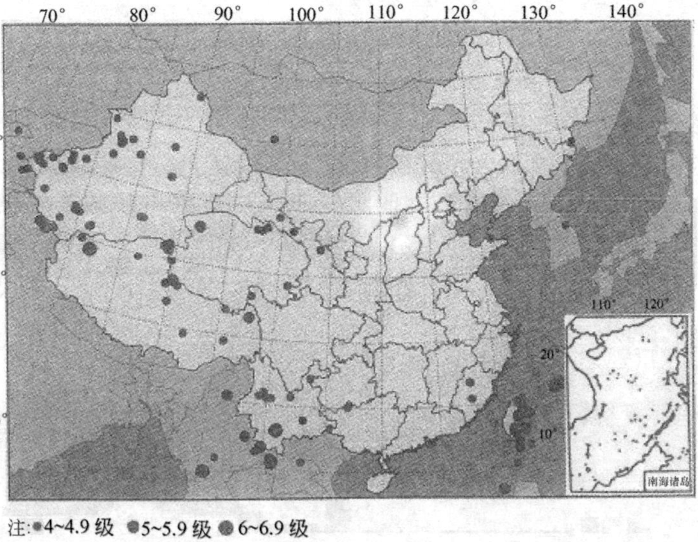

图 1-12　2007 年全国(大陆和台湾地区)及边邻 4 级以上地震震中分布图

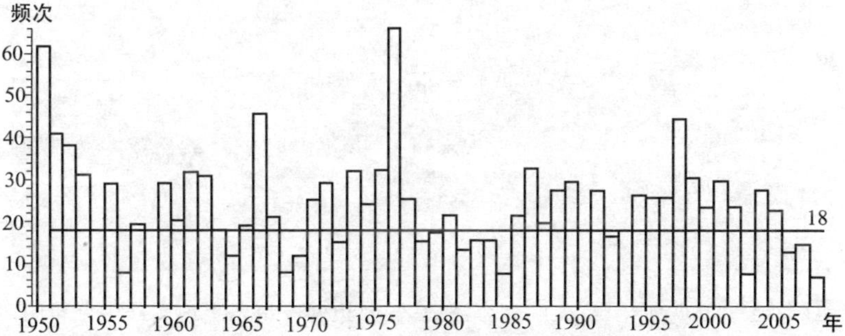

图 1-13　1950～2005 年全国大陆地区 5 级以上地震年频次直方图

成约 76.70 万人受灾,受灾面积约 8 258 km^2;死亡 3 人、重伤 28 人、轻伤 391 人;造成房屋 1 370 605 m^2 毁坏,301 919 m^2 严重破坏,5 809 546 m^2 中等破坏,2 817 720 m^2 轻微破坏;地震灾害总的直接经济损失约 20.19 亿元。云南省是 2007 年地震灾害最重的省份,3 人死亡,419 人受伤,直接经济损失 18.99 亿元,约占全年地震灾害直接经济损失的 94%。

(27)2008 年地震活动概况[29]

2008 年全国境内共发生 5 级以上地震 99 次(大陆地区发生 87 次,海域和台湾地区发生 12 次),8.0 级以上地震 1 次,7.0～7.9 级地震 1 次,6.0～6.9 级地震 19 次,5.0～5.9 级地震 78 次最大地震为 2008 年 5 月 12 日发生在四川省汶川县的 8.0 级地震。汶川地震序列中 8.0 级以上地震 1 次,6.0～6.9 级地震 8 次,5.0～5.9 级地震 34 次,占全年大陆 5.0 级以上地震发生次数的一半,见图 1-14。

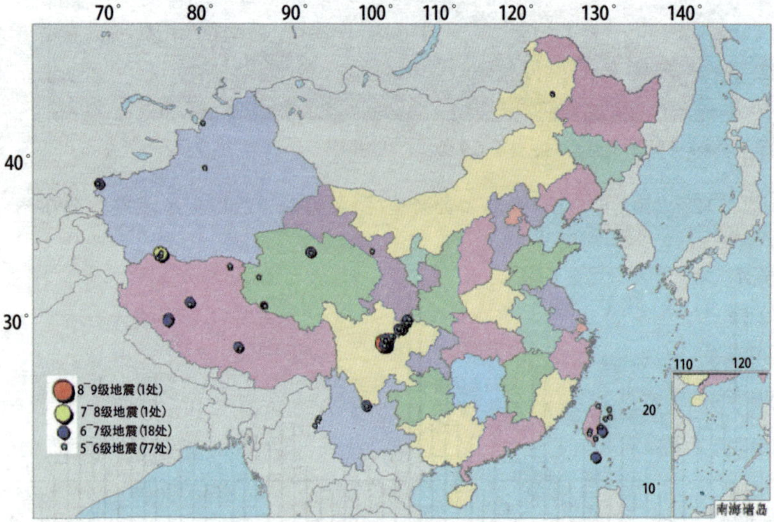

图 1-14　2008 年全国(大陆和台湾地区)及边邻 5 级以上地震震中分布图

2008 年大陆地区有 17 次地震成灾事件。其中四川汶川 8.0 级地震造成近 69 227 人死亡,17 923 人失踪,373 643 人受伤,地震造成直接经济损失 8 451 亿元。汶川 8.0 级地震是全国 30 年来遭受的最为严重的地震灾害,是近 10 年来最为严重的自然灾害,全国各地、南亚、东南亚等地均有震感,四川省、甘肃省、陕西省、重庆市、云南省、宁夏回族自治区等地不同程度受灾。

除四川汶川 8.0 级地震外，全国大陆地区还发生了 16 次地震灾害事件，其中重大地震灾害事件 1 次（西藏当雄县 6.6 级），较大地震灾害事件 1 次（四川攀枝花市—凉山州交界 6.1 级），一般地震灾害事件 14 次，共造成 56 人死亡，1 227 人受伤。17 次地震灾害事件共造成大陆地区约 10 730.53 万人受灾，受灾面积约 501 283 km^2；造成房屋 168 626 623 m^2 毁坏，61 086 254 m^2 严重破坏，535 588 185 m^2 中等破坏，172 140 594 m^2 轻微破坏。

1.4 本章小结

自 1949 年以来，全国地震观测系统建设迅速。20 世纪 50 年代中期，在全国范围建成一批达到当时世界水平的国家地震台站，20 世纪 60 年代中到 70 年代，全国的地震观测台站建设迅速发展，台站趋近 600 个。中美合作建设由 9 个台站（后来发展到 10 个）组成的全国数字地震台网（CDSN），在 1983 年 6 月开始全面建设，并于 1986 年正式投入运行，有力地促进了全国数字地震学研究，扩大并加深了我们对地壳、地球内部构造和地震震源过程的认识，有助于地震预报和减轻地震灾害的研究工作，国家共设 48 个台站，台网分布见图 1-15[29]。

我国是多地震国家，自从有地震记录以来，经历了 5 个地震活跃期，地震活动具有频度大、强度高、分布广的特点。本章介绍了 1949 年以来全国地震活动情况。从地震灾害中，我们也总结了其中的经验和教训，同时也给了我们一些启示：

首先，强烈地震多集中在东经 107°以西的广大地区，这些地区交通、经济并不发达，而且正处于建设的关键时期，地震造成的灾害不仅给人们的生活带来不便，同时也阻碍了该地区的经济发展。因此，在这些地区更应该重视地震带来的负面影响，同时考虑经济损失和人员伤亡。

其次，应建立健全防灾计划体系、完善防灾减灾组织体系、应急机制；完善灾害情报和通信体系，特别在山区，应准确、及时传达

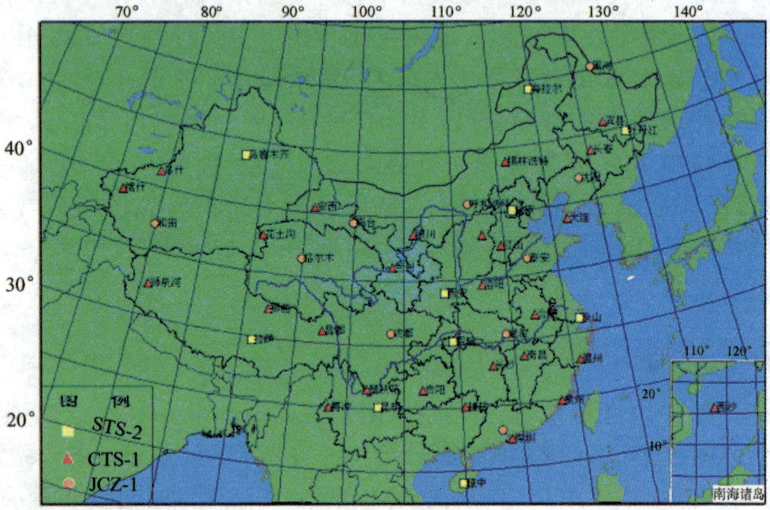

图 1-15　国家地震观测台网分布图[29]

救援状况，保证安全的避难路线；纳入国家计划加大对防灾减灾的投入。

再者，国家对地震灾害非常重视，但是，我们注意到一些地方认为地震离自己还很远，认为不可能发生地震，对地震知识匮乏，没有足够认识，一旦地震发生，将会造成重大的人员伤亡和经济损失。因此，应进一步强化抗震设防意识，提高抵御灾害的能力。

最后，从我国强震震中的分布比较可以看出，公元 1900 年前全国的强震主要集中在中东部省份，而 1900 年后我国的强震主要集中在中西部省份，特别是在 1976 年 7 月 28 日发生 7.8 级唐山大地震（在此之前，唐山地区为Ⅵ度区）和 2005 年 11 月 26 日发生在江西九江（按地震动区划图震区峰值加速度不超过 0.05g）的 5.7 级地震也让作者意识这种现象，作者在本书第一版时，提到“地震区划图应具有一定的时效性”，在汶川地震、玉树地震后作者对这一现象的认识逐步深化，汶川地震后作者相继在《公路交通科技》、《震灾防御技术》及《工程力学》等期刊[31-35]上发表作者的观点和看法。我们应该正确认识和使用我国地震动区划图，我国现行地震动区划图是依据历史记录的地震情况，结合有限的地震地质资料，以地震重现期475年(50年超越概率10%)的概率地震危险性分析为基础，并考虑该地区社会重要性及经济条件而确定的，地震是偶然、随机的极端事件，可能出现，实际发生的地震重现期远大于475年的情况，这样实际地震烈度就会远大于抗震设防烈度。地震历史资料显示，Ⅵ度区也存在发生强烈地震(大震)的风险，近数十年来，我国在Ⅶ度地震设防区、甚至Ⅵ度地震设防区发生了较大地震、甚至特大地震。事实上，《中国地震动参数区划图(GB 18306)》给定的是一个中震水平的地震动参数。我国学者李祥根先生在文献《中国地震构造运动》[36]中提出：地震活动强度的时空变化特征，中国大陆地震有迁移性，中国大陆及邻区5个强震活动频发期区内强震活动的空间分布有随时间推移而迁移的特征。可以说，人类对地震的认知还很肤浅，针对重大工程应做详尽的地震安全评价。虽然地震预测预报仍存在技术上的困难，但通过唐山地震、汶川地震的地震经验表明经过抗震设计和采取抗震措施的结构，震害相对较轻，同时建议在抗震规范与抗震条例中取消“Ⅵ度区不设防或简易设防”的提法。

参考文献

[1] 中国地震年鉴(1949～1981). 北京：地震出版社，1990.

[2] 国家地震局地球物理研究所编. 中国地震台网观测报告(1982). 北京：地震出版社，1986.

[3] 中国地震年鉴(1983). 北京：地震出版社，1985.

[4] 中国地震年鉴(1984). 北京：地震出版社，1986.

[5] 中国地震年鉴(1985). 北京：地震出版社，1986.

[6] 中国地震年鉴(1986). 北京：地震出版社，1987.

[7] 中国地震年鉴(1987). 北京：地震出版社，1988.

[8] 中国地震年鉴(1988). 北京：地震出版社，1990.

[9] 中国地震年鉴(1989).北京:地震出版社,1991.
[10] 中国地震年鉴(1990).北京:地震出版社,1992.
[11] 中国地震年鉴(1991).北京:地震出版社,1992.
[12] 中国地震年鉴(1992).北京:地震出版社,1993.
[13] 中国地震年鉴(1993).北京:地震出版社,1995.
[14] 中国地震年鉴(1994).北京:地震出版社,1996.
[15] 中国地震年鉴(1995).北京:地震出版社,1997.
[16] 中国地震年鉴(1996).北京:地震出版社,1998.
[17] 中国地震年鉴(1997).北京:地震出版社,1999.
[18] 中国地震年鉴(1998).北京:地震出版社,1999.
[19] 中国地震年鉴(1999).北京:地震出版社,2000.
[20] 中国地震年鉴(2000).北京:地震出版社,2001.
[21] 中国地震年鉴(2001).北京:地震出版社,2002.
[22] 傅征祥.中国大陆百年(1901~2001年)浅源强震活动及生命损失回顾与分析.地震学报,2005,27(4).
[23] 中国地震年鉴(2002).北京:地震出版社,2003.
[24] 侯建盛等.2003年中国大陆震害述评.自然灾害学报,2004,13(3).
[25] 任雪梅.1950年以来中国大陆5级以上地震原地(区)连发地震组的空间特征及意义.地震,2005,25(3).
[26] 张晓东,张国民.2004年中国大陆地震活动概况.国际地震动态,2005(3).
[27] 李纲,刘杰,余素荣.2004震情述评.中国地震 2005,21(1).
[28] 中国地震信息网.http://www.csi.ac.cn.
[29] 中国地震台网中心 http://www.csndmc.ac.cn.
[30] 中国地震台网中心 http://www.csndmc.ac.cn
[31] 王克海,李茜,韦韩,等.汶川地震对我国地震区划图与桥梁抗震设计的启示.工程力学.2010,6.
[32] 王克海,韦韩,李茜,等.中小跨径公路桥梁抗震设计理念.土木工程学报.2012,9.
[33] 王克海,李悦,颜文晖,等.关于在基础设施抗震规范中规定最低设防要求的一点建议.震灾防御技术.2012,7.
[34] 王克海,孙永红,韦韩,等.汶川地震后对我国结构工程抗震的几点思考.公路交通科技.2008,11.
[35] 王克海,李刚,韦韩,等.关于抗震设计规范与地震动区划图的有关探讨.震灾防御技术.2008,12.
[36] 李祥根.中国地震构造运动.北京:地震出版社,2010.
[37] 王克海,韦韩,李茜,李悦.中小跨径公路桥梁抗震设计理念.土木工程学报.2012,45(9).

第2章 桥梁震害

地震对桥梁造成的破坏系统地揭示了结构在设计和施工方面的缺陷,可以说震害显示的是1∶1客观真实的足尺试验结果,因此,调查研究在地震中破坏的和幸存下来的结构对于改进结构设计理论和施工方法都具有极大的价值。

最近30年以来,是桥梁抗震设计理论取得长足进展的时期。许多经过专门抗震设计的现代桥梁在遭遇低于设计强度的地震时就发生倒塌或严重破坏。如1989年Loma Prieta地震和1994年Northridge地震以及日本1995年阪神地震等。这种情况引起人们的普遍关注,有关专家和学者也纷纷对过去的抗震设计原则和设计方法进行反思,提出了一些新的抗震思想,如基于性能的抗震设计理论(Performance-Based Seismic Design),本章简要回顾由几次破坏性大的地震造成的桥梁震害情况。

2.1 典型地震及桥梁震害

2.1.1 1923年日本关东大地震

1923年9月1日以东京—横滨为中心的都市地带发生8.2级大地震,震源深度10 km。地震发生时正逢人们用火峰期,起火事件多,造成巨大的火灾。这次地震的震中离东京约100 km。由于地震强度大,震源浅,再加上当时东京地区经济发达、人口密度大、老旧建筑多、木结构房屋多、商业区与居民区混杂和居民多用煤油灯等因素,房屋建筑倒塌、烧毁极其严重,完全损坏的房屋近13万户,部分损坏的近13万户,烧毁44万户;死亡14.3万人,伤10.4万人,50万人无家可归。此次地震伴随火灾、山崩、泥石流次生灾害的发生,造成大量人员伤亡和经济损失。

关东大地震时引发的火灾东京最为严重，当时整个东京地区一片火海。东京市区内发生火灾事件 120 起，烧毁面积约 3 830 公顷；东京市被火烧毁房屋户数为当时总户数（44 万户）的 70%；横滨发生火灾事件约 60 起，住宅约 75%（950 公顷）面积被火灾烧坏，烧坏房屋 6 万户，占总户数约 60%。图 2-1～图 2-3 是此次地震中一些桥梁的震害图片。

图 2-1　Bankoku Bridge 端部销栓移位[1]

图 2-2　Hokoku (Yoyokumi)Bridge 桥台失效并且发生上部桁架跌落[1]

图 2-3 Morito Bridge 桥墩倾斜[1]

2.1.2 1960 年智利地震

1960 年 5 月 22 日智利发生 8.5 级强烈地震，震中烈度超过Ⅺ度。自 5 月 21 日至 6 月 22 日，沿海岸南北长 1 400 km 的狭长地带，持续发生数百次强烈地震，其中超过 8 级的有 3 次，超过 7 级的 10 次，同时还引起剧烈的海啸，猛烈的火山喷发，由此造成 5 700人死亡。在震中地区，有 15.8 万余栋房屋遭到破坏，占全部房屋的 50%。在地震波的横扫之下，许多城市被夷为平地，许多

图 2-4 横跨 Rio Valdivia 的桥梁在东侧桥台处发生沉降[1]

图 2-5 位于 Rio Valdivia 之上的桥在西侧桥台处的桥面发生破坏[1]

湖泊消失的同时又出现不少新的湖泊。图 2-4～图 2-6 是这次地震中部分桥梁的破坏情况。

2.1.3 1976 年唐山地震[2,3]

我国唐山地震发生在 1976 年 7 月 28 日，震级为里氏 7.8 级，震中位置在市区东南部，震源深约 11 km，有明显的地震断裂带贯通全市。唐山大地震中，唐山市区大部分陷入地震烈度高达Ⅺ度的极震区，结构物普遍倒塌，所剩无几，震害极为严重，为世界地震史上所罕见。此次地震造成 24 万余人死亡，重伤约 16 万人，经济损失非常巨大。地震造成如此惨重的损失，主要内因是唐山市没有进行抗震设防，唐山地震之前，唐山地区的抗震设防烈度被划分为Ⅵ度区，按当时抗震规范与抗震条例，Ⅵ度区不设防或

图 2-6 拱桥南边桥台严重下沉[1]

简易设防，结构物都未经过抗震设计，以致在强烈地震作用下酿成大灾，这是一个极为惨重的教训，而到20世纪90年代的抗震规范或条例中“Ⅵ度区不设防或简易设防”的条文被保留下来，作者认为这是一件非常遗憾的事情。有学者一方面认为人类现今还无法准确预报地震，另一方面又认为“Ⅵ度区不设防或简易设防”。而由于这种对抗震设防的误导，给唐山(及后来的其他地区，特别是受汶川地震影响的四川地区)造成了灾难性后果。非常遗憾的是，主导规范和条例的学者还没有从中吸取教训。

震后调查统计结果表明，在烈度Ⅺ度及Ⅹ度区内，公路、铁路桥梁普遍倒塌或严重破坏；在Ⅹ度区，桥梁破坏较重；位于Ⅷ度区的桥梁，多数受到不同程度的损坏，少数破坏严重，个别倒塌；在Ⅶ度区，少数桥梁遭到严重破坏，部分桥梁中等破坏或轻微损坏。位于Ⅶ度至Ⅺ度区内的130座公路梁式桥，倒塌18座，占13.86％；严重破坏20座，占15.36％；中等破坏34座，占26.15％；轻微损坏25座，占19.23％；完好或基本完好33座，占25.38％。中等以上破坏，需要经过整修加固后才能正常使用的桥梁共72座，占总数的55.38％。在倒塌的18座桥梁中，有15座主要是由于不同程度的岸坡滑移、地基失效等原因造成的；其余3座主要是由于桥墩断裂、支座破坏、梁体碰撞、相邻墩发生过大的水平相对位移造成的。基本震害现象有：①落梁：发生落梁主要是由于桥墩倾斜，或是梁与桩柱之间纵向相对错动超出盖梁宽度，或是横向移动较大；②桩墩震害：桩墩单向倾斜，下端开裂、折断，桩墩呈八字形或倒八字形倾斜而产生的破坏；③支座震害：油毡支座从梁底拉出，摆柱支座倾斜、压碎，简易辊轴支座滚动脱落，弧形钢板支座脱落，焊缝剪裂，锚固螺栓剪断，橡胶支座移位；④桥台与河岸滑移现象突出，地震中出现河岸滑移的桥梁共24座，主要的震害是桩柱式桥台的桩柱倾斜、折断、开裂，重力式桥台的胸墙开裂、滑移、下沉、转动，挡土板倾斜、下沉，侧墙开裂，桥头引道下沉等。

(1)拱桥震害

唐山地震中，位于Ⅷ度区的许多单孔石拱桥和双曲拱桥，在地基良好的条件下，即使是延性很差的圬工拱桥，都表现出良好的抗震能力，大多基本完好或仅有轻微损坏。但建于较差地基条件的单孔拱桥和采用柔性桩墩的多孔连拱桥，震害较严重，主要表现为拱上建筑和腹拱破坏，拱圈在拱脚、拱顶产生破损裂缝，拱圈整个隆起变形，甚至倒塌。在震后调查的32座拱桥中，有6座倒塌，占调查总数的18.75%；2座严重破坏，占6.25%；8座中等破坏，占25%；6座轻微损坏，占18.75%；10座基本完好，占31.25%。震后需要重建或修复的拱桥占总数的50%，而梁桥中在震后需要重建或修复的则占55.59%。拱桥的震害图例如下：

唐山市冶里红旗桥，为单孔钢筋混凝土双曲拱桥，重力式U形石砌桥台，扩大基础，跨长36 m。两台台顶向河心倾斜，东台和西台分别为22.5°和6°，导致整个孔上部结构坠毁河中(图2-7)。

图2-7　唐山市冶里红旗桥，震后倒塌

唐山市刘官屯双曲拱桥，单跨40 m，重力式U形石砌桥台，扩大基础，跨径缩短0.86 m，南台相对北台下沉16.4 cm，整个上部结构坠毁(图2-8)。

唐山市东矿区赵各庄桥，为36 m单孔双曲拱桥，基岩基础。石砌重力式桥台，扩大基础。出现轻微的裂缝，震后未做加固(图2-9)。

唐山市郊后屯石拱桥，上部结构为19孔跨径1.8 m实腹式石拱桥，下部墩台为重力式，扩大基础，河床铺砌。地震后，两岸路堤均下沉，岸坡滑移，使得两岸桥台和6个边墩向河心位移，导致台顶和墩顶严重开裂，缝宽 2 cm（图 2-10）。

图 2-8　唐山市刘官屯双曲拱桥，震后倒塌

图 2-9　唐山市东矿区赵各庄桥，基本完好

图 2-10　唐山市郊后屯石拱桥，中等破坏

卢龙县石门石拱桥，上部结构为7孔6 m空腹式石拱桥，重力式石砌墩台，扩大基础，地震后中等破坏，一岸边边拱圈$L/4$附近严重开裂，缝宽6 cm，拱上腹孔沿拱脚处剪断错位，剪切位移5 cm(图2-11)。

图2-11　卢龙县石门石拱桥，主拱圈断裂，腹拱与主柱连接处错移

(2)铁路简支梁桥震害

唐山地震区地形平坦，地基比较松软，因此桥梁高度低，基础型式复杂。各铁路线上的桥梁全部为简支梁式桥，石砌或混凝土

图2-12　滦县余庄京山复线上行线(Ⅹ度区，钢筋混凝土梁震落，钢轨悬空)

重力式桥墩(台),最大跨度为 62.8 m 钢桁梁,桥墩最大高度10 m (图 2-12、图 2-13)。其震害特点主要有:①河岸塌滑,造成桥梁的严重破坏;②桥台震害多于桥墩;③ 桥头路堤下沉是一种普遍的震害现象;④桥梁的支座破坏主要是由于桥墩、台位移大造成的;⑤桥梁横向移动破坏;⑥未处理的混凝土施工缝错移破坏。

图 2-13　唐遵线 K2＋955(Ⅹ度)陡河桥,3～16.0 m 钢筋混凝土梁,地表为饱和粉细砂,钻孔桩基。桥长缩短 3.70 m,素混凝土桥墩、桥台折断

京山线 K210＋827(Ⅸ度)蓟运河上行桥,2×20.0 m 上承板梁,2×62.8 m 下承桁梁,淤泥质砂黏土地基,沉井基础。1 号、3 号墩沉井较 2 号墩浅,1 号、3 号墩相对 2 号墩分别下沉0.68 m和 0.57 m,全桥下承桁梁成折线(图 2-14～图 2-16)。

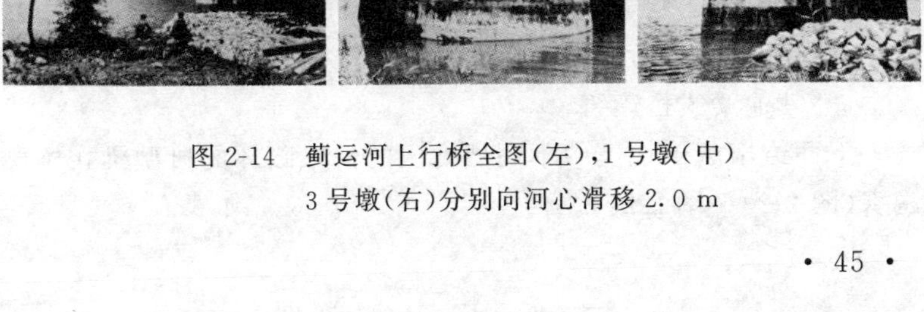

图 2-14　蓟运河上行桥全图(左),1 号墩(中)
3 号墩(右)分别向河心滑移 2.0 m

图 2-15　山海关一侧重力式桥台向河心移动,板梁支座破坏,
梁端顶死桥台背墙(左);混凝土桥墩折断(中);
2 号墩折断近景(右)

图 2-16　山海关一侧重力式桥台向河心滑移约 1.6 m(左上);
北京一侧工字梁顶入桥台胸墙(右下)

京山线 K194＋048(Ⅶ度)永定新河上行桥,2×23.8 m,预应力钢筋混凝土梁,软塑砂黏土地基,钻孔桩基础。该桥支座、桥台破坏严重,图 2-17～图 2-22 显示了防止落梁措施的效果。

(3)其他梁式桥震害

下面给出唐山地震中不同烈度区的桥梁破坏的典型梁式桥梁震害(图 2-23～图 2-29)。

图 2-17　永定新河上行桥，震后各墩台标高无显著变化

图 2-18　13 号桥墩附近河滩滑移裂缝

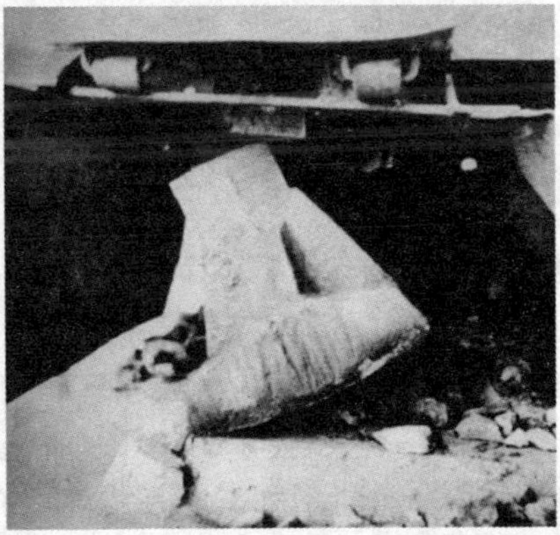

图 2-19　13 号桥墩移动，活动支座摇轴脱位

图 2-20　桥台移动，15号墩支座锚固螺栓剪断

图 2-21　山海关侧耳墙式桥台折断图

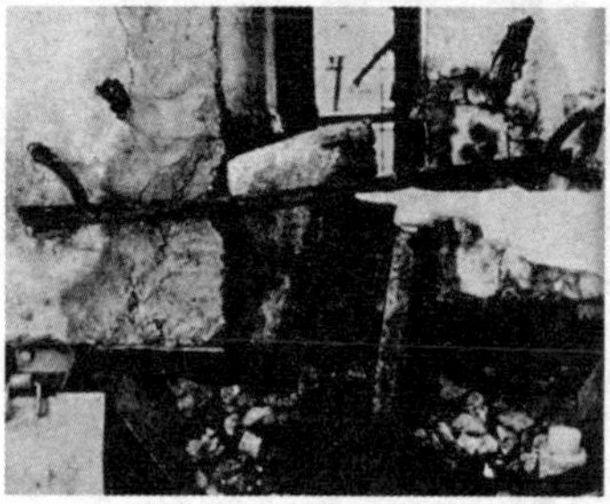

图 2-22　京山线 K194+048（ⅦⅡ度）永定新河上行桥，震前用 φ26 钢筋环连接梁端吊环，起到了防止落梁的作用（左），但这种措施不能承受压力，梁端混凝土撞碎（右）

唐山胜利桥位于唐山市东南，东西向跨越陡河。该桥于1966年建成，为钢筋混凝土结构，5孔，双柱式钻孔灌注桩桩墩。地震位于Ⅺ烈度区，造成该桥桥台向河心滑移、墩身倾斜、上部结构纵向位移等破坏性变位。接着又经同日7.1级地震作用，最终造成该桥自西向东倾斜15°，4号桥墩柱折断及相邻两孔落梁的严重震害（图 2-30）。

图 2-23　左图显示京山线 K266＋926(Ⅸ度),3～19.0 m 上承板梁桥,震前用钢板将相邻梁端加劲角钢连接,地震时起到了阻止桥台向河心移动的作用;右图显示震前在梁端支座上板间焊接 $\phi26$ 弧形钢筋,作为防落梁措施,震后钢筋拉断

图 2-24　京山线 K267＋334(Ⅹ度),浆砌片石挡土墙向凌空面倾斜,最大位移 20 cm

图 2-25　左图是京山线滦河大桥(Ⅸ度),下行第 20 孔上承板梁山海关端活动支座倾斜;右图是上行第 20 孔上承板梁北京端活动支座锚固螺栓剪断并弯曲

图 2-26　左图显式通坨上行线 K3+157(Ⅸ度),1～8.0 m 钢筋混凝土梁桥,曲线外侧梁向外错动 0.5～1.2 m;中图显示通坨上行线 K2+704(Ⅸ度),1～23.8 m 预应力钢筋混凝土梁桥,梁向曲线外侧移动 0.5 m;右图显示通坨上行线 K2+271(Ⅸ度),1～12.0 m 钢筋混凝土梁桥,曲线外侧梁向外横移 75 cm

唐山市利民桥位于Ⅺ烈度区,桥墩用方石砌成,桥面为钢筋混凝土结构。1947 年由唐山电厂兴建,仅为三孔。1953 年由城建局西接两孔,东接一孔。桥面长 45.3 m,宽 6.7 m。震后,除西桥墩左端倾斜外,破坏轻微(图 2-31)。

图 2-27　通坨上行线 K2+600(Ⅸ度),1×23.8 m 预应力钢筋混凝土梁桥,饱和粉细砂地基,扩大基础,位于 R=600 m 圆曲线上,曲线外侧梁坠落河中

图 2-28　通坨上行线 K2+600,通侧桥头路堤下沉 3.0 m

唐山市北的屈庄桥,烈度为Ⅹ,震害为二类,为钢筋混凝土简支梁桥,双柱式墩,拱形石砌桥台。地震后,东台后 20 m 路面下沉较多,西台河岸开裂、滑移、下沉。桥孔总压缩 1.13 m。桥台拱圈 $L/4$ 处开裂(图 2-32)。

图 2-29　通坨上行线 K2＋945(Ⅸ度)，1×8.0 m 钢筋混凝土梁桥桥头路堤下沉，轨道悬空

图 2-30　唐山市胜利桥在地震中严重破坏

唐山电厂七一桥，烈度为Ⅹ，震害为二类，为 5 孔简支梁桥，平面钢板支座，石砌重力式墩台，木桩基础。震后 6 个桥墩均向北倾斜，双柱墩身及石砌墩身底部开裂(图 2-33)。

唐山市大众桥，烈度为Ⅹ，震害为二类。原为 3 孔连续梁重力式墩台，扩大基础下打木群桩。后折线接长 3 孔简支梁，桩墩。河

图 2-31　唐山市利民桥(地震破坏轻微)

图 2-32　唐山市屈庄桥,桥面与桥台发生相对位移

图 2-33　唐山电厂七一桥,桥墩倾斜

岸开裂、滑移，桥孔压缩，左台向河心滑移，墩帽被钢梁推裂，桥墩倾斜，桩墩底部多处开裂(图 2-34)。

图 2-34　唐山市大众桥，1 号墩根部开裂约 15 cm

唐山市女织寨桥，为钢筋混凝土简支梁，六边形双柱墩烈度为Ⅹ，震害为一类。两岸滑移，台后有多道顺河向的裂缝，桥孔压缩，桥台向河心倾斜，墩柱顶混凝土裂碎，露筋，西边墩断倒，其他墩均向西倾斜(图 2-35)。

图 2-35　唐山市女织寨桥，桩柱顶部错位，桩柱倾斜

唐山市越河桥位于唐山市东，为钢筋混凝土简支梁，六边形双柱墩。烈度为Ⅺ，震害为一类。两岸向河心滑移，顺河向裂缝，桥孔压缩，桥台向河心倾斜，西 2 号墩无倾斜，其余均向两岸对称倾斜，在地面处断裂，柱顶开裂较重(图 2-36)。

图 2-36　唐山市越河桥，灌注桩简支梁，
岸坡向河心滑移，桥墩倾斜

丰南县稻地村桥为 3×16.80 m 微弯板，弧形钢板支座，石墩台，八字形翼墙，木桩基础。烈度为Ⅹ，震害为一类。震后河岸开裂，向河心滑移，路面下沉，桥孔压缩，墩台向河心倾斜，南岸边孔和中孔落梁(图 2-37)。

图 2-37　丰南县稻地村桥，两孔落梁

滦县雷庄沙河公路桥，东岸为12×11.4 m 的 T 型梁，西岸为 7×10.6 m 空心板，双柱式墩台。烈度为Ⅸ，震害为一类。震后西河滩沿桩身喷水冒砂，桩与地基分离，东桥头路面下沉。第 12 号墩在盖梁底向西断倒，桥墩对称向 11 孔倾斜，第 12、13 孔落梁，梁向河心纵移(图 2-38)。

图 2-38　滦县雷庄沙河公路桥，桥墩倒塌

天津汉沽蓟运河大桥位于Ⅹ度区，为 11 孔(跨度 16 m)钢筋混凝土 T 形板梁桥，弧形钢板支座，三柱式墩台，钻孔桩基础。震后河岸开裂滑移，桥墩由西向东递增倾斜，东部墩最大 17.3°，河底柱身开裂，全桥向东纵移，桥面多处起伏错动，6 号和 11 号墩灌注桩折断，破坏严重(图 2-39)。

图 2-39　天津市汉沽区蓟运河公路桥，桥墩倾斜，墩顶与桥面接触处一侧脱开

天津市汉沽芦台大桥全长 176 m，全桥 9 孔，两端对称为简支梁，中孔 54 m 钢筋混凝土系杆拱组成。主孔为摆柱支座，其余为钢板支座。两侧各有两个双排架桩墩，中间为薄壁轻型桥墩。混凝土群桩基础，高桩承台。地震后两岸均有地裂缝，河岸滑移。各墩有较大的相对沉陷。1 号墩被落梁砸坏，斜桩弯断，其余各桩墩开裂。主孔堕入

河中，摆柱支座倒毁。梁两端混凝土积压、碰撞，剥落露筋（图 2-40）。

图 2-40　天津市汉沽芦台大桥，中部 54 m 系杆拱坠落。伸缩缝处桥面纵向拉开（左下）及挤压（右下）

迁安县爪村滦河大桥位于Ⅷ度区，为 31 孔 22.2 m 装配式钢筋混凝土简支 T 形梁桥，全桥总长 695 m，桥面宽 8.5 m，每孔 5 片主梁，梁端部设横隔板，中部设两道横系梁。中墩位两根钻孔桩基础，钢筋混凝土承台，浆砌片、块石墩身。南岸为石砌重力式 U 形桥台，北岸为单柱式桥台。该桥 7.8 级地震时未发生明显震害,同日下午 7.1 级地震时,该桥造成两孔落梁,一个桥墩倾倒及多孔变位的严重震害。其中的 10 号桥墩折断,10 号、11 号孔落梁,10 号墩向北倒塌,墩帽落在第 11 孔桥面上。桥面成南高北低阶梯状。梁向北纵移,撞击固定支座垫石,混凝土局部破碎(图 2-41)。

图 2-41 迁安县滦河大桥地震破坏,右下图显示 10 号墩墩帽落在第 11 孔桥面上

滦南县王土村泄洪道桥为 3×8.6 m 空心板,油毡支座,双柱墩台,钻孔桩基础。地震后桥头下沉,台向河心滑移,桥孔压缩,东台和东墩向西倾斜。柱身多道裂缝,柱底最宽,东端落梁,中孔梁

图 2-42 滦南县王土村泄洪道桥落梁

向西纵移。(图 2-42)

滦县京榆公路滦河大桥位于Ⅷ度区,全长 600 余米,宽约 8 m。1974 年 8 月竣工。桥墩由方石砌成,上部结构为钢筋混凝土简支梁。7.8 级地震时虽遭破坏,但仍能通车;7.1 级地震时,桥墩折断,桥面塌落。从西岸起 2～24 孔向西端落梁,均是主梁西端落入河床,东端仍搁在残墩上。其中第 9 孔梁中部压在 9 号墩承台上,呈双悬臂状,使梁跨中断裂。未落梁的各跨所有摆柱支座都向东倾斜,桥面形成东高西低的阶梯状。落梁的 23 孔中有 12 个桥墩向东倾斜倒塌,承台以上 60～120 cm 有二道水平环裂(图 2-43、图 2-44)。

图 2-43　京榆公路滦河大桥地震破坏图

宝坻县八道沽青龙湾大桥位于Ⅶ度区,为南北架设的钢筋混凝土单排双柱式灌注桩墩梁式桥。该桥建于 1971 年,全桥总长 239.7 m,17 跨。震后两岸桩向岸倾斜,辊轴支座脱落,梁有纵横向位移,梁端与盖梁局部酥落。距北桥头 20 m 的伸缩缝处发生水平及垂直位移,位移量各为 21 cm。距南桥头 20 m 的伸缩缝处,同样发生水平及垂直位移,位移量各为 17 cm(图 2-45)。

唐山地震中仍有一些桥发生轻微破坏或保持完好,如钢铁公司钢厂桥、西窑桥等(图 2-46～图 2-48)。

2.1.4　1989 年美国 Loma Prieta 地震[4-7]

美国 Loma Prieta 地震发生在 1989 年 10 月 17 日,震级为 M7.0,震中位于加利福尼亚州 Santa Cruz 山脉东北大约 16 km 处,距旧金山市东南大约 100 km,强震总共持续时间大约为15 s。

(a) 第 4 孔破坏近景

(b) 第 5 孔破坏近景

(c) 第 6 孔破坏近景

(d) 第 10 孔破坏近景

(e) 第 11 孔破坏近景

(f) 第 11 孔破坏近景

图 2-44　滦河大桥局部破坏近景

图 2-45　宝坻县八道沽青龙湾大桥桥头地震破坏

(左图为北桥头,右图为南桥头)

图 2-46　唐山钢铁公司钢厂桥，5×10.6 m，木桩基，承台以上为钢筋混凝土空腹墩台，震后完好

图 2-47　唐山市城子庄 17 孔条石梁漫水桥，石砌墩台，三合土木群桩基础，震后完好

这次地震使旧金山海湾地区的大量桥梁和建筑遭受破坏，地震共造成 64 人死亡和 3 757 人受伤，1 万 2 千余人无家可归，直接经济损失总计约为 70 亿美元，震后用于修复桥梁的费用估计约为 20 亿美元。

在地震发生后，美国应用技术委员会(ATC)和地震工程研究所(EERI)组成了一个联合调查组，对位于地震区内的所有桥梁立刻进行调查。尽管大多数桥梁没有遭受破坏，但与位于同样地震区内的建筑相比，桥梁结构的抗震性能不近人意。在地震中，有 3 座按 20 世纪 50～60 年代 AASHTO 规范设计的桥梁部分塌落，

图 2-48 唐山市西窑桥，2×15.55 m，现浇钢筋混凝土单悬臂梁。木桩基，素混凝土墩台，两孔连续梁，震害轻微

10 座桥梁因遭受结构破坏而关闭，还有 3 座跨越旧金山海湾的大型钢桥发现支承连接的破坏现象，其中，旧金山—奥克兰海湾大桥因连接螺栓毁坏而导致一跨落梁。

旧金山—奥克兰海湾大桥建成于 1934 年，该桥为悬索和桁架组合体系的双层钢桥。在此次地震中，桁架部分有一跨发生落梁现象(图 2-49)。据分析，梁体塌落的主要原因是设计低估了相邻桥墩间的相对位移，地震产生 7 in. 的纵向位移，而梁支座仅提供 5 in. 的空间，致使连接螺栓剪断。

在此次地震中，最严重的震害出现在高速公路 880 号线塞普里斯(Cypress)高架桥。该桥建成于 1957 年，是加州境内第一座双层框架连续高架桥，上层框架柱底普遍采用与下层框架铰接的形式。由于桥墩箍筋含量明显不足，该桥在地震发生之前，已按加州运输局(Caltrans)的第一阶段加固计划在相邻梁跨间安装了纵向约束装置，在 1990～1992 年对下部结构再进行了加固。地震中，该桥有一段 800 m 长的上层桥面因桥墩断裂塌落在下层桥面上，上层框架完全毁坏(图 2-50)，或者框架帽梁与墩柱节点剪切破坏。位于该桥附近的两个地震台站，其中一个记录到的地面水平和竖向运动加速度峰值分别为 0.26g 和 0.16g，另一个记录到的地面水平和竖向运动加速度

图 2-49　旧金山—奥克兰海湾大桥一跨落梁

峰值分别为 0.29g 和 0.07g。推测塞普里斯高架桥塌落的外部原因，主要与软土地基上建造柔性结构有关；结构本身的内因主要有三：梁柱节点配筋不足；框架横向刚度不连续；桥墩横向箍筋明显不足。

由于缺少足够的剪切箍筋导致墩柱的脆性剪切破坏，塞普里斯高架桥的失效出现在墩柱和横梁的连接部分和部分桥面塌陷到下层。20 世纪 60 年代，混凝土结构都未考虑延性设计（少量的钢筋及其箍筋）。不足的细部设计及其少量的横向箍筋是塞普里斯高架桥墩柱失效的主要原因。

图 2-50　Cypress 大街的Ⅰ-880 线反应了过去设计理念的不足

地震中一个严重的后果是大量连接盖梁和桥墩的节点发生剪切破坏。通过节点传递的单元力，其水平和竖向节点剪力可能达到连接单元的数倍。在桥梁设计中通常不考虑这些剪力，没有这部分剪力配筋，很容易发生节点剪切破坏。图 2-51 左图中塞普里斯高架桥的一座排架节点处的斜裂缝和右图中内河码头（Embarcadero）高架桥的一座排架（I-480）节点区域裂缝的形成都说明了这一点。节点剪切破坏是造成 1.6 km 长的塞普里斯高架桥倒塌的主要原因。在这次悲剧中造成了 43 人死亡。

在 Loma Prieta 地震中由于盖梁底部钢筋数量及长度不足造成了严重破坏。图 2-52 是塞普里斯高架桥的一个未倒塌部分，由于 18 号钢筋（直径 57 mm）伸入节点区域900 mm所提供的锚固作用不足，在一根柱子的内侧面形成了一条很宽的弯曲

图 2-51　塞普里斯高架桥上层框架塌落

图 2-52　1989 年 Loma Prieta 地震，
柱内侧可见帽梁严重的正弯矩裂缝

裂缝。虽然不同的设计规范所要求的锚固长度不同，但 15 倍的钢筋直径显然不够。盖梁钢筋锚固不足也是塞普里斯高架桥破坏的主要原因之一，当柱子中的钢筋扭转脱出后，盖梁顶板和底部的钢筋都完全暴露了。横向地震力能导致框架节点上有可能产生较大正弯矩。

另一处 San Francisco 的 China Basin/Southern 的双层高架 I-280 截面处，由于下层路面与支承上层路面的立柱之间预留 150 mm的间距不足，两者之间在地震中发生了碰撞。桥梁构件之间的冲击力相当大，单元内部的剪切力增大到发生脆性剪切破坏的程度(图 2-53)。

图 2-54 中地震使得桥跨成为悬臂结构，导致箱梁支座的过大位移，图中底部的两个孔本来是同一位置的。

图 2-53　China Basin/Southern 高架桥 I-280 处受撞击破坏

图 2-54　San Francisco 处的细部

此次地震中还有两座桥的地震反应值得注意，其中一座是位于高速公路101号线、距震中南部约18km的Struve Slough桥，另一座是距震中北部97 km的Sierra Point桥。Struve Slough桥建于1964年，是一座20跨、2车道、总长244 m的肋板桥，其上部结构分四跨一联，每联之间设置一道伸缩缝。地震中，桥墩与盖梁节点首先发生弯剪破坏，引起上部结构过大的相对位移，使桥墩与盖梁脱开，并穿透桥面(图2-55)。该桥有1联塌落，其余联也均遭受严重破坏，但桥面却仍保持连续，在这里，纵向约束装置发挥了作用。在该桥桥址附近记录到的地面水平运动加速度峰值(PHA)为0.39g，竖向运动加速度峰值(PVA)为0.66g，均远远超过设计预期的地震动水平。

图2-55　Struve Slough Bridge桥墩穿透桥面

Sierra Point桥建于1957年，是一座10跨、8车道、总长188 m的简支钢箱梁跨线桥。据评估，该桥桥墩的抗剪能力只能达到预计可能遭受的最大剪力的1/6。因此，该桥在1984～1985年进行了抗震加固，主要采取了两种加固措施：一是在原来简支的钢箱梁两侧，安装纵向约束装置；另一是把原来安装的钢支座换为铅芯橡胶支座。地震中，在桥墩底部、墩顶铅芯橡胶支座下方和铅芯橡胶支座上方记录到的纵向水平加速度峰值分别为 0.09g(设计铅芯橡胶支座时预计 PHA 可达 0.6g、0.42g 和 0.33g),该桥在震后没有发现任何的结构损伤。

Santa Cruz 附近一座 20 世纪 30 年代的旧式钢筋混凝土桥(图 2-56)发生了局部破坏。桥侧向移动导致过大的跨端裂缝,并且侧面的混凝土栏杆发生压屈。桥面沉陷,桥堤的土沉陷也产生了相应的裂缝。桥梁失效是由于支撑的桩柱横向脱离箱梁。

图 2-56　Santa Cruz 附近一座钢筋混凝土桥

总结 Loma Prieta 地震中桥梁的震害现象发现:①严重破坏的桥梁都是按 1971 年以前的规范设计建造的,而且以后也没有经过抗震加固;②按较新的设计规范(1971 年后的规范)设计建造的桥梁,在此次地震中表现良好;③按加州运输局第一阶段加固计划安装的纵向约束装置,在地震中发挥了防止落梁的作用;④铅芯橡胶支座的抗震性能经受了初步考验;⑤早期总结的震害规律在这次地震中仍得到反应,但也增加了一些新的特点,如桥墩框架节点的剪切破坏现象。

2.1.5　1994 年美国 Northridge 地震[8-12]

美国加州 Northridge 地震(也称洛杉矶地震)发生在 1994 年

1月17日，震级为M6.7，震中位于加州洛杉矶市中心西北大约32 km处，地震动总共持续了大约20 s，其中10 s为破坏性的震动。地震共造成65人死亡，至少5千人受伤，2万5千余人无家可归，直接经济损失估计在200亿美元左右，是美国有史以来造成经济损失最为惨重的一次自然灾害。

从地震动现场附近和结构物上都记录到前所未有的地面运动加速度峰值，在San Fernando北部地区，记录到的地面水平运动加速度峰值一般都在$0.5g$～$1.0g$之间，远远超过美国现行规范规定的设计地震动水平。这次地震尤其引人注目的地方，在于它包含了一个持续约1 s、峰值高达$1.0g$左右的加速度脉冲。地震对洛杉矶地区高速公路系统的破坏十分严重，出入洛杉矶市区的干道有近半在震后立刻陷入混乱状态，四条主要干道部分关闭了几个月，其中包括全美交通流量最大的州际10号公路和加州南北交通大动脉州际5号公路。

在加州境内，共有12,176座由加州运输局负责的桥梁，其中位于洛杉矶市内的有2 523座。这些桥梁均是在20世纪70年代之前或70年代初期修建的，在Northridge地震发生之前，已有120座桥梁经过加州运输局第二阶段的抗震加固（主要对桥墩进行加固）。据估计，在地震中，洛杉矶市内有将近1 600座桥梁位于地面运动加速度峰值超过$0.25g$的强震区内，其中包括约60座经过第二阶段抗震加固的桥梁；约有20座经过第二阶段抗震加固的桥梁位于地面运动加速度峰值超过$0.5g$的地区。在地震发生后，加州运输局立即详细调查了640座桥梁，发现其中有9座桥梁遭受严重破坏（包括5座桥梁部分塌落或完全倒塌），占调查总数的1.4%；2座中等程度破坏，占0.3%；17座轻微破坏，占2.7%；其余基本保持完好。对60座经过第二阶段抗震加固的桥梁的震后调查发现，除了一些桥梁的上部结构在靠近节点附近出现少量混凝土剥落现象外，其余的都没有遭受破坏。以下简要介绍此次地震中遭受严重破坏的部分桥梁的震害现象及其原因。

(1)州际5号公路/14号国道互通立交

州际 5 号公路/14 号国道互通立交设计于 1968 年，在施工时遭受 1971 年 San Fernando 地震破坏，但直到 1974 年该桥建成为止，始终都没有对原设计方案作大的改动。在此次地震中，该立交枢纽上层跨线段和北接线段部分塌落。部分倒塌的上层跨线段，采用现浇后张预应力混凝土箱梁，上部结构支承在 Y 形独柱式桥墩上。地震中，靠近桥台的矮墩首先发生剪切破坏，桥台翼墙和剪力键随后破坏，失去支承的两跨上部结构完全坠毁(图 2-57)。震后调查显示，破坏的矮墩配有 20 根直径 57 mm 的主筋和直径 16 mm的箍筋，箍筋间距 305 mm，远低于现行 Caltrans 规范的要求。

图 2-57　州际 5 号公路/14 号国道互通立交上层跨线段部分跨塌落

北接线段上部结构由 10 跨箱梁组成，同样采用独柱式桥墩支承，桥墩净高从 8 m 变化到 23 m 不等，截面形式为 2.4 m×1.2 m 的八角形。地震中，靠近桥台的桥墩发生剪切破坏，引起相邻两跨上部结构坠落(图 2-58)。震后调查显示，破坏的桥墩净高 8 m，配有 42 根直径 57 mm 的主筋和直径 12.7 mm 的箍筋，箍筋间距 305 mm，计算方向的体积配箍率约为 0.2%，只及现行 Caltrans 规范最低要求的 1/3～1/4。分析该立交枢纽部分塌落的原因，主要归结于桥墩中箍筋含量不足以及挂梁牛腿连接处的支承面过窄。

图 2-58　州际 5 号公路/14 号国道互通立交北接线段部分跨塌落

(2)I118-Mission Gothic 跨线桥

该桥设计于 1973 年,建成于 1976 年,上部结构为现浇后张预应力混凝土箱梁,支承在 Y 形双柱式排架墩上。桥墩下部截面为外径 1.8 m 的正八边形,在墩顶宽度渐变为 3.6 m,配有 45 根直径 35.6 mm 的主筋和直径 16 mm 的螺旋箍筋,箍筋间距为 89 mm,体积配箍率约为 0.5%。地震中,该桥桥墩大量遭受破坏,并导致部分倒塌。震后调查显示,桥墩破坏可以归类为两种模式:一是在墩顶截面突变处发生的弯剪破坏,另一是在墩顶截面加宽段发生的弯曲破坏。据分析,该桥桥墩所配箍筋足以保证在墩顶首先形成弯曲塑性铰,但在弯曲塑性铰形成后,因塑性铰区抗弯强度超强和截面抗剪能力大大下降,共同造成一些桥墩在墩顶截面削弱处的弯剪破坏(图 2-59);该桥桥台处也发生破坏(图 2-60)。

SR118 线的破坏是由于过大的地面加速度与场地失效造成

图 2-59　Mission Gothic 跨线桥桥墩典型破坏情况

图 2-60　Mission Gothic 跨线桥东南桥台支座处的破坏情况

的(图 2-61)。塌陷处东边由于永久的地面变形、断层造成了结构物的破坏。破坏的内因是:建筑物没有足够的钢筋和强度以抵抗地震作用。

(3)La Cienega-Venice 跨线桥

该桥建于 1964 年,上部结构支承在直径 1.2 m 的圆柱墩上,桥墩配有 12～48 根直径 35.8 mm 的主筋和直径 12.7 mm 的环形箍

图 2-61　国道 I-118 破坏图

筋，箍筋采用搭接，间距为 305 mm，体积配箍率约为 0.15%。地震中，一些桥墩在柱顶受到严重破坏，另一些则在柱底受到严重破坏（图 2-62）。显然，箍筋不足是桥墩遭受严重破坏的主要原因。

(4)Gavin Canyon 跨线桥

该桥建于 1967 年，上部结构由两个分离的钢筋混凝土箱梁组成，支承在双柱式桥墩上，桥轴方向与下部支承成 24°斜交。该桥

图 2-62　La Cienega-Venice 跨线桥桥墩遭受严重破坏

共有 5 跨，中跨连续，两端各有短的悬臂，左右边跨均为悬臂梁结构，伸臂部分一端支承在桥台上，另一端通过牛腿搭接在中跨梁上，牛腿宽度仅为 20 cm（按现行 Caltrans 规范要求，这里的牛腿宽度至少应为 76 cm），该桥在 1974 年安装了纵向约束装置。地震中，该桥第二和第四跨完全塌落（图 2-63），斜交和牛腿连接处过窄的支承面是其主要原因；纵向约束装置也遭受破坏，没有发挥出作用。

图 2-63　Gavin Canyon 跨线桥两跨落梁

总结这次地震中桥梁的震害现象，发现：①钢筋混凝土桥墩遭受严重破坏，是这次地震中桥梁震害的最主要特征，6/7 的桥梁结构破坏的原因是墩柱的剪切破坏。所有遭受严重破坏的桥墩，都是按 1971 年以前的规范设计的（见图 2-64），而且没有经过 Caltrans 第二阶段的抗震加固，这些桥墩明显缺少延性能力；②遭受严重破坏的桥墩，既有独柱式的，也有多柱式的；③位于强震区内经过第二阶段抗震加固的桥梁，基本只遭受轻微破坏；④纵向约束装置在防止落梁方面的有效作用再次得到证实，但同时也暴露出一些自身设计方面的问题；⑤按较新的设计规范设计建造的桥梁，

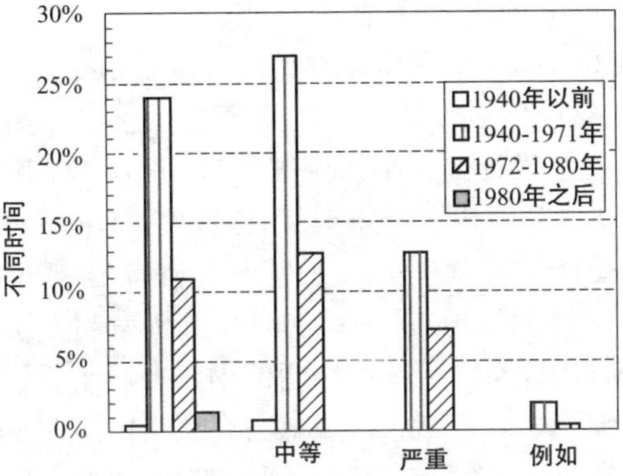

图 2-64　破坏桥梁分布情况(按设计年份)

在这次地震中没有遭受结构破坏,但这些桥梁基本没有受到强震作用,因此还需要未来地震的进一步考验;⑥近场地震大速度脉冲对结构位移反应的影响重新得到重视[13]。

除此之外,这次地震再次暴露出支承连接的易损性,再次突出了细部设计缺陷对桥梁抗震性能的影响。

2.1.6　1995 年日本阪神地震[1,14-17]

日本阪神地震发生在 1995 年 1 月 17 日,震级为 M7.2,震中位于淡路岛的东北部,距神户市中心西南大约 20 km,地震总共持续了大约 20 s,记录到的最大地面水平运动加速度峰值约为 0.8g,竖向运动最大加速度峰值约为 0.3g。这次地震使神户地区所有铁路、公路和快捷交通系统均遭受严重破坏,陆上对外交通系统几乎全部中断,都市机能完全陷于瘫痪状态。地震共造成 6 千人死亡和 3 万 4 千余人受伤,30 多万人无家可归,是日本自 1923 年关东大地震之后损失最惨重的一次自然灾害,也是世界上现代化都市前所未遇的地震灾害,预计灾后重建和恢复的费用至少将需要1 000亿美元,除此之外,这次地震对日本今后经济发展的产生了较大的负面影响。

在地震发生之后,日本道路协会(JRA)对神户及其周围 6 个城市的数千座桥梁进行了震害调查，包括 4 157 跨上部结构、3 396座桥墩和 5 741 个支座。在被调查的桥墩中，有 81%的桥墩是根据 1964 年或更早的设计规范设计的，仅有 2%的桥墩是根据 1990 年设计规范设计的。根据调查结果，共有 320 座桥梁遭受破坏，其中约 27 座公路桥梁严重破坏，除此之外，还有大量的支座和伸缩缝也遭受严重破坏。表 2-1 列出了桥墩震害调查统计的结果。从表 2-1 中可见，地震中，钢筋混凝土桥墩和钢桥墩的破坏情况十分严重，其中，倒塌和不可修复的钢筋混凝土桥墩和钢桥墩分别占调查总数的 8%和 4%，严重破坏的分别占 5%和 10%，中等程度破坏的分别占 25%和 39%。图 2-65 和图2-66显示钢筋混凝土桥墩的破坏情况。经过大阪、神户两市的新干线铁路高架桥的框架桥的墩柱、横梁等多次发生断裂和剪切破坏。

表 2-1　桥墩破坏情况统计（按所依据的设计规范年份分类）

破坏程度		倒塌和不可修复的破坏	严重破坏（可修复）	中等程度破坏	轻微破坏或无损坏	总计
桥墩类型	依据规范					
钢桥墩	1964(+)	15(15%)	9(8%)	72(67%)	12(11%)	108
	1971	—	14(13%)	45(43%)	45(43%)	104
	1980	—	11(9%)	19(15%)	97(76%)	127
	1990	—	2(13%)	2(13%)	12(75%)	16
	小计	15(4%)	36(10%)	138(39%)	166(47%)	355
钢筋混凝土桥墩	1964(+)	233(9%)	143(5%)	672(25%)	1600(60%)	2648
	1971	2(2%)	15(5%)	63(34%)	106(57%)	186
	1980	—	1(1%)	22(13%)	144(86%)	167
	1990	—	—	—	40(100%)	40
	小计	235(8%)	159(5%)	757(25%)	1890(62%)	3041

注：1964(+)表示 1964 年和之前的设计规范。

Chugoku 高速路上 Takarazuka 高架桥，没有足够的横向钢筋提供桥墩的延性，导致纵向剪切脆断。

在此次地震中，最严重的桥梁震害出现在阪神 Hanshin 高速公路神户段内，Hanshin 高速路修建于 20 世纪 60 年代中后期。Hanshin 高速路是主干道，长 40 km。大部分由单个大体积混凝

(a) 墙式墩在施工缝处剪切破坏　　(b) 独柱墩弯剪破坏

图 2-65　钢筋混凝土桥墩严重破坏情况

图 2-66　框架桥的墩柱震害

土墩柱支撑，间距 32 m。地震中有 20 多千米长度的墩柱发生剪切或弯曲破坏。一座高架桥共有 18 根独柱墩被剪断，长 500 m 左右的梁体向一侧倾倒（图 2-67）。破坏不仅使 Hanshin 高速路关闭，而且影响其下部高速路的通行。模拟分析结果表明，由于在桥墩 20%高度处 33%的纵筋被切断引起了桥墩的破坏。由于约束钢筋较少，较强的承台所提供的约束作用对于桥墩在地震中幸存与否起到了至关重要，但是由于纵筋的过早切断，迫使塑性铰在桥墩底部之上形成，而对此处承台起不到约束作用，柱墩剪切破坏导致重量较大的梁体侧倾，使独柱墩完全剪断。混凝土桥面的破坏比钢桥上部结构的破坏大。两部分的接合处，混凝土路面拖动临近部分的倾覆。

图 2-67　阪神高速公路神户段内高架桥部分倾覆

图 2-68 是 Haishin 高速路上一座桥墩弯曲破坏的例子，这种破坏是由靠近墩底相同位置处大量的对头焊接破坏造成的。由于拉应力的迁移作用，使墩底到距墩底一半墩柱直径高度范围内配筋应力峰值近乎为一个常数。Hanshin 高速路上因为焊接破坏的墩柱有 50 多根。

图 2-68　左图：墩柱纵筋焊接破坏；右图：桥墩纵向钢筋焊接失效（Hanshi 高速路 500 m 倾覆桥段）

图 2-69 中的破坏是由于水平荷载和较大轴向荷载共同作用造成的。

立交的公路在日本一般是单跨，一边固定，一边铰支。为了节

图 2-69　Hanshin 高速路破坏墩

省空间，采用独柱墩悬臂梁结构。很多结构的支座宽度、墩柱抗剪箍筋和纵向钢筋的搭接长度都不够。

与 1994 美国 Northridge 地震的情况一样细部设计不足，日本的设计采用大墩柱，其刚度是美国结构的两倍。日本的设计要采用多于 50％的钢筋，并采用矮墩。但是由于延性不够而容易导致脆性破坏。日本从 1971 年后对旧桥进行加固，Hanshin 高速路上的部分墩柱采用了包钢加固，见图 2-70 和图 2-71。虽然包钢混凝土墩出现了临界破坏，但是比未包钢混凝土墩的抗震能力增强了许多。

图 2-70　Hanshin 高速路上包钢混凝土墩的压屈破坏

图 2-71　包钢墩(前部)与未包钢混凝土墩(右部)的破坏对比

图 2-72　一座悬索拱桥的东端破坏细图

Wangan 高速路修建于 20 世纪 60 年代中后期,跨越了几座大的桥梁。其中一些桥梁地震时正在建设中。高速路桥采用钢结构,桥面板用支座支承,支座位于钢或混凝土墩上。Nishinomiya 至 Rokko 岛的桥梁严重破坏,伸缩缝处支座失效(图 2-72)。

这些桥梁包括拱桥和悬索桥位于软土和人工回填土上。由于土壤的侧向延展,在桩基附近沉陷,从几厘米到 1.5 m 不等。因为土壤的失效导致了部分墩柱的扭转,或上部结构的落梁。

由于地基的大位移沉陷,图 2-73 中的墩柱失效,6 个墩中的两个严重破坏。图 2-74 中的桥梁是 Wangan 高速路上 250m 跨径的 Nishinomiya—Ko 拱桥连接跨的破坏情况,地震造成过大的横向、纵向位移,使机械支座失效,下面两图是落梁两端支座处的情况。在设计时,简支梁桥的支座在地基沉陷的情况下可以调整其标高,但在地震中,由于地基液化和沉陷,连接跨和拱支承的抗拉约束被破坏。拱桥支承发生大幅位移,最终导致连接跨的落梁破坏。落梁东侧桥墩周围出现沉陷,见图 2-75;主跨三向支座发生劈裂破坏,见图 2-76。

图 2-73　墩柱失效

图 2-74　Nishinomiya-Ko 大桥落梁破坏

图 2-75　桥墩周围沉陷

图 2-76　支座劈裂破坏

图 2-77 中左图的桥梁由于地基土的液化和延展，导致桥墩 1 m的侧向移动。右图是因土壤的侧向延展和纵向位移导致排架发生扭转。

Wangan 高速路的一端，连接 Rokko 岛，一座 200 m 拱桥破坏。该桥侧移 30 cm，几乎从南端的桥墩落梁。桥面未锚固的混凝土栏杆和人行道侧向滑移 1.2 m，主要由支座失效引起，见图 2-78和图 2-79。

Wangan 高速路的许多引桥的失效是由于地基土的沉陷、墩柱的扭转和详细设计不足造成的，这些在软土上的设计规范有待改进，见图 2-80。

图 2-77　Wangan 高速路的 Shukugawa 桥

图 2-78　Wangan 高速路上的钢结构拱桥(桥面板不连续,桥向右倾斜)

此次地震最受世人瞩目的结构是位于震中附近正在建设的明石 Akashi-Ohashi 海峡大桥。地震时,主跨 1 990 m 的悬索桥主缆已架好,正待吊设钢梁。地震中,该桥桥塔和锚台均发生偏位,幸运的是,塔、锚台由于地面运动导致的位移并不大,原结构基本完好。断层由两个塔中间通过,两个桥台的相对位移达到 1 m。

Port Island 桥在桥墩周围也出现了沉陷,桥梁转弯处落梁,桥

图 2-79　Wangan 高速路上的钢结构拱桥全桥图(最近端桥跨支座破坏)

图 2-80　Wangan 高速路上连接 Rokko 岛和大陆的大桥

(50 cm 的桥面板在接缝处沉陷)

图 2-81　桥墩周围土体沉陷

图 2-82　转弯处发生落梁

梁南端伸缩缝宽度超过 1 ft，见图 2-81～图 2-83。

总结这次地震中桥梁的震害现象发现：①阪神地震重复了美国 Northridge 地震中桥梁的震害规律，但在这次地震中，神户地区高架桥的大量钢筋混凝土桥墩遭受严重破坏，给人留下深刻印象；②支座损坏的比例相当高，占调查总数的 28%；③在神户港湾人工岛上，多处地基出现液化现象，但几乎没有发生因液化导致落梁的震害；④防落梁措施（纵向约束装置和支承连接件）充分发挥了其有效作用；⑤大跨径桥梁的行波效应在这次地震中得到反应；⑥按较新规范（指 1980 年及以后）设计的桥梁，总体上表现良好，仅有几座严重破坏的桥梁，也是起因于地基液化引起的岸坡滑移，这是工程难以抗

图 2-83　伸缩缝张开

拒的；⑦与桥梁震害严重的神户地区相比，大阪地区的同类桥梁仅遭受轻微破坏。在该地区记录到的加速度峰值基本不超过 0.3g，与设计地震动水平相近。

2.1.7 1999 年土耳其地震[1,18]

1999 年 8 月 17 日，伊斯坦布尔南 80 km 发生里氏 7.4 级地震，地震在 Izmit 南 11 km 处，该地区人口稠密，许多建筑物破坏。人员伤亡 17 000 人，23 984 人受伤，50 000 人无家可归。1999 年 11 月 12 日，在 Izmit 断层的端部 Duzce 附近发生了里氏 7.2 的地震。Duzce 位于 8 月 17 日地震的东部边缘。这次地震的死亡人数为 260 人，1 282 人受伤，102 座建筑物被损害。

震中区跨断层建筑物破坏严重，震中区的 Colcuk 镇的最大水平位错为 3.8 m，垂直位错 3 m，地表破裂带的最大宽度达 51 m，位于软土沉积层上的阿达帕扎勒市（距震中约40 km）附近跨断裂的 TEM 高架桥倒塌。TEM 是连接土耳其与欧洲大陆的运输高速路。从 Izmit 到 Arifiye，位于阿达帕扎勒市的南面。也称为 E80，4 车道。图 2-84 左为部分路段的落梁，主要由于断层直接通过桥下。断层的错动使底座宽度不够，导致了落梁，同时拖动相近的 3 跨落梁。图 2-85 右为桥梁附近的地质错动。

图 2-84 TEM 的落梁

阿达帕扎勒市地区附近的 E80 公路桥梁桥面因地基的沉陷不均匀（从 100 mm 到 500 mm 不等）使地震路面起伏不平。图2-85右中栏杆平移了 2.8 m 的距离，但桥面保持了连续。

图 2-85　阿达帕扎勒市地区附近的 E80 公路桥面的起伏

Sakarya 河上的 4 座桥(负责 E80 西线运输),图 2-86 为 10 跨简支预应力箱梁桥,橡胶支座,挡块在箱梁的端部抑止横向运动,橡胶支座提供纵向温度位移。垂直断层的地面运动及塔的竖向加速度使挡块破坏,发生落梁。东线并行的桥受到的损伤少,只是部分失去支承,没有完全落梁,仍可以使用。

图 2-86　Sakarya 河上 E80 西线桥

图 2-87　Sakarya 河的东线(左),西线(右)

图 2-87 中 Sakarya 河的东线桥(左),西线桥(右),西线桥发生移动及落梁,东线桥只是部分破坏,没有落梁。

地震中也有桥梁倒塌,见图 2-88。

图 2-88　地震中倒塌的桥梁

2.1.8　1999 年中国台湾集集地震[1,19]

1999 年 9 月 21 日,在中国台湾集集地区发生里氏 7.6 级地震,整个台湾岛都能感觉到。五个县成为主要的震害地区,死亡 2 405人,10 718 人受伤。8.2 万座房屋受损或倒塌,60 万人无家可归。

集集地震灾害的特点:

(1)场地效应

在中国台湾集集地震中,地震记录资料表明在距震中 150 km 的台北地区盆地效应较为明显。

(2)地震烈度分布与地震加速度的实际分布不一致

高地震动强度区呈条带状分布,条带方向虽与断层走向一致,但与发震断层地表破裂延展线并非完全重合,且与断层距离小于 30 km 的范围内,地震动强度变化十分复杂,没有明显的衰减,这也表明地震烈度分布与地震加速度实际分布的关系在近场更为复杂。同时在这次地震中,近场纪录不仅地震动加速度峰值大,地震动速度及位移峰值也相当大,速度峰值高达 330 cm/s。

(3)断层作用

跨发震断层—车笼埔断层的建筑物几乎完全毁坏,而离开此断层一段距离(甚至是几百米)的建筑物的损伤就小很多。此次地震中,地表破裂位错水平方向及垂直方向最大值均接近和超过 10 m,平均位错约为 4 m,跨断层的建筑物很难承受如此巨大的地动位移,而地震的地表破裂长度又超过 100 km,因而造成巨大的破坏。

图 2-89 为位于断层上的 Fengyuan Pi-feng 桥,右边的桥墩位于断层的上盘,左桥墩位于断层的下盘,由于地基错动,中间的桥墩已经倒塌,导致两跨落梁。图中瀑布一样的水流是由于断层的错动产生的。

图 2-89 Fengyuan Pi-feng 桥

图 2-90 Tungshih Shi-wei 桥

3 号省道,Tungshih Shi-wei 桥,西部的两跨和东部的一跨落梁,桥墩向河心倾斜,东部的挡土墙向河心移动,图 2-90 为东部的远视图,修建了临时公路,路堤上喷射了混凝土。

图 2-91 为 Takeng 河上的 Takeng Feng-Jia 桥,图片右面是损

害的桥，左边为新建的桥。

图 2-91　Takeng Feng-Jia 桥

图 2-92　Takeng Bu-zi-keng 桥

Takeng Bu-zi-keng 桥，主梁不均匀移动，产生了横向裂缝，见图 2-92。

国道 129，Taiping，E-jian 桥，断层通过南部的桥台，该处附近的建筑物全部倒塌了，左下图中汽车由河床通过，蓝色的桥墩正在建设中，见图 2-93。

图 2-93　Taiping，E-jian 桥修复情况

Tsoutun Wu-hsi 桥（3 号省道），断层附近的两跨落梁，一些桥墩发生剪切失效，见图 2-94～图 2-96。

图 2-94　Tsoutun Wu-hsi 桥破坏情况

Tsoutun Yan-feng 桥（14 号省道），梁在桥台处错动，图 2-97 中是桥的一边在进行修复。

Tsoutun Ping-lin 桥（14 号省道），1969 年建成的旧桥，抗震性能比较差，墩柱基本倒塌（图 2-98）。

Chushan Ming-tsu 桥（3 号省道），桥跨塌陷，见图 2-99。

图 2-95　Wu-hsi 桥落梁端部破坏情况

图 2-96　桥墩剪切破坏(Wu-hsi 桥)

图 2-97　Yan-feng 桥的修复

图 2-98　Tsoutun Ping-lin 桥破坏情况

图 2-99　Chushan Ming-tsu 桥破坏情况

位于集集西部的 Jyi-Lu 斜拉桥的混凝土桥塔发生混凝土剥落(图 2-100)。

图 2-100　混凝土剥落

2.1.9　2004 年日本新潟地震[17,20]

当地时间 10 月 23 日,新潟县发生里氏 6.8 级地震,造成 31 人死亡,另有 3 400 多人受伤。截至 27 日早晨,该地区已经发生了 440 多次余震,27 日上午又发生一次里氏 6.1 级余震。

日本位于著名的太平洋环火山带的地震活动板块边界。由于几个主要和次要的构造板块相互运动关系,包括太平洋板块、菲律宾板块、鄂霍次克海板块以及阿穆尔河板块,导致日本经常发生地震。日本有破坏性地震的记录始于公元 400 年。据地震资料,日本一年间有感地震数目约 1 000～3 000 次,8 级或 8 级以上地震每 15 年发生 1 次,7～8 级地震每年 1～2 次,6～7 级地震每年 15 次左右。从近几十年破坏性地震统计来看,每 3～4 年日本发生 1 次严重破坏性地震。地震是两板块间界面滑动或离板块边缘有一定距离的一些断层滑动的结果。

此次地震发生在东日本海大约 350 km 的鄂霍次克海板块内,在那里太平洋板块被挤压到鄂霍次克海板块之下。1933 年新潟地区发生的 6.1 级地震,1964 年发生的 7.5 级新潟地震,与此次发生的地震一样，均是褶皱带中的一个断层错位所致。如此引发的地震会造成楼房倒塌，损失惨重。如果震源在海底，还会引发海啸，加重损失。

这次地震造成道路 1 057 处受损，山体滑坡 89 处，新潟县住宅倒塌 602 座，部分受损 2 217 座。地震造成 200 多处道路受到不同程度的毁坏，很多村庄处于交通瘫痪状态。地震发生后，日本新干线一列行驶在浦佐至长冈间的列车“朱鹮 325”号的两节车厢还发生脱轨事故，见图 2-101。这是 40 年来新干线首次发生脱轨事故。据日本道路公团称，由于北陆、关越两条高速公路出现路面高低差异、开裂、护栏斜面崩落等状况，新潟县内继续实行封路。国道等普通道路也有 200 处以上出现损坏或塌陷，禁止通行的区段不断增多。

图 2-101　新干线两节车厢发生脱轨

震后国道 252 与县道 418 交叉口，上越线高架地震后桥面情况，见图 2-102。国道 252 的上越新干线高架桥震害情况见图

图 2-102　上越线高架桥桥面破坏情况

图 2-103　上越新干线高架桥桥墩震害情况

2-103，桥墩周围有冒水现象。

县道 333 的上越新干线，鱼野川附近的桥墩破坏，在桥墩高度 1/3 处（较矮墩）和中部（较高墩）发生混凝土剥落，横向环箍搭接破坏，纵向钢筋被压屈，核心混凝土被压碎，见图 2-104、图 2-105。

国道 17 · 南津桥附近桥面下沉，见图 2-106，桥墩出现裂缝（图 2-107 裂缝处已经修复）。

国道 17 · 鱼野川，饭山线桥墩折断，一是在距底部约 1/3 处，见图 2-108；一是在桥墩顶部，见图 2-109。

2.1.10　2007 年秘鲁地震[21]

2007 年 8 月 15 日当地时间下午 6 时 40 分，秘鲁中部沿海

图 2-104　桥墩破坏情况

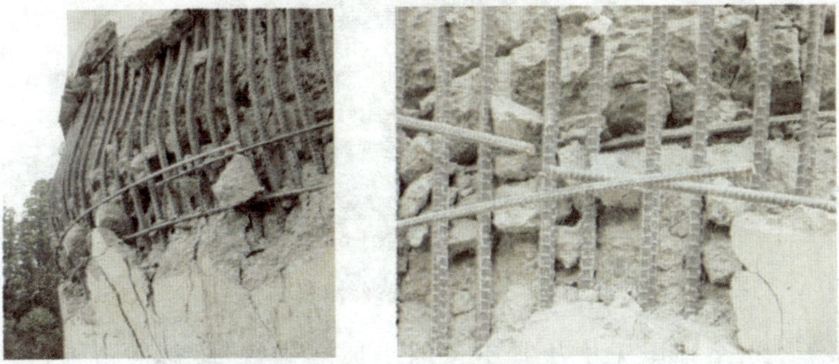

图 2-105　钢筋和混凝土破坏情况

地区发生 8.0 级地震。地震造成了 Pisco、Ica、Canete 和 Chincha 等城市的严重破坏，秘鲁首都 Lima 震感明显。从地震学观点上

图 2-106　桥面下沉

图 2-107　桥墩出现裂缝(已修复)

来看,Pisco 地震无论从其引发的土地液化数量、对城市地区和交通基础设施破坏的程度上来讲,都是一次十分重大的地震灾害。

根据秘鲁国防部的报道,截止到 9 月 3 日,地震共造成了 519

图 2-108　桥墩折断

人死亡，至少 42 人下落不明，1 874 人受伤。54 926 幢建筑物倒塌，20 958 座严重受损。震中 Pisco 城内约有 80%的建筑物倒塌或者遭受了严重的破坏。地震还引发了海啸。

在 Ica 地区，地震对公路系统所造成的破坏不及其对楼房造成的破坏严重。秘鲁公路系统中最为重要的主干路——Pan-American 公路曾一度在多点发生中断，但经数星期完成了基本修复。唯一例外的是 Huamani Bridge，它在震后六周仍然处于关闭状态，见图 2-110。

图 2-109　桥墩顶部发生错位

(1) Huamani Bridge

Huamani Bridge 是公路系统中十分重要的连接部分，地震使其通车功能中断。它位于 Pan-American 公路的 224 km 标记处，在震中的正东方向。这是始建于 1950 年的混凝土结构桥梁，横跨 Pisco 河连接了 Pisco 城市北部和 San Clemente 村庄。桥长

图 2-110　桥梁在震后 5 周仍然处于关闭状态

136 m，两车道宽 6.7 m，按 H-15 AASHTO 规范进行了荷载设计，最大载重量 36 t。

尽管此桥的五跨仍然保持原样，我们仍然可以发现土地液化以及剧烈摇摆的痕迹，见图 2-111～图 2-118。在墩帽顶端、混凝土挡土墙以及剪力块等部位均留有裂缝，并且显然是由于上部结构的水平位移所引起的。合理布置剪力块结构使得这座桥的上部结构仅仅产生轻微的变形。如果桥梁不是作为交通运输生命线工程来考虑的话，这座桥的地震反应应该算可以接受的。它没有倒塌并且成功阻止了生命的流失，尽管有严重的损坏，依然属于可修

图 2-111　由土地液化和堤坝侧移所引起的路面塌陷破坏

图 2-112　桥墩出现裂纹

图 2-113　上部结构的横向位移

图 2-114　横向位移节点处的裂缝

图 2-115　由横向错动引起的围挡破坏

图 2-116　上部结构的侧向力使结构发生剪切破坏

(a) 内纵梁底部出现裂纹

(b) 大梁侧面出现裂纹

图 2-117　混凝土梁出现裂纹

(a) 支撑南端的桥面

(b) 正在进行重建的南桥墩

图 2-118　Puente Huamani Bridge(横跨 Rio Pisco)

的范围之内。这座桥梁的损害可以归结为以下几点:①一个桥墩的严重开裂;②横向混凝土挡土墙的严重开裂;③关于水平的剪力块和墩帽的轻微至严重的开裂和剥落;④桥台顶部朝向河床倾斜(约 100 mm);⑤上部结构产生横向位移(约 100 mm);⑥通向桥梁的路面破损,特别是在桥梁南端。

(2)Puente Huachinga

Puente Huachinga 修建于 1966 年,这座钢桁架桥的支撑弦杆在地震中受到周围山体落石的冲击而产生了严重的破坏,见图 2-119～图 2-122。

(3)Puente Los Molinos

位于 Rio Ica 河道上的 Puente Los Molinos 修建于 1932 年,

图 2-119　Puente Huachinga(建于 1966 年)

图 2-120　受到落石的冲击

是一座五跨的单车道桥梁,它的上部结构十分简洁,仅包括两个现浇的混凝土梁。这座本已在 1998 年的洪水中受损的桥梁在此次地震中显得更加脆弱。1 号桥墩的冲刷腐蚀超过 2m,2 号桥墩亦

图 2-121　刚架变形

图 2-122　节点处的裂纹很容易会引起脆性破坏

产生了倾斜。在三处不同的地方，出现了一些新的剪切裂缝，这些裂缝很可能是由于水平应力作用于梁而产生的节点变形破坏。尽管没有产生过多的位移变形，但是这种破坏形式就像地震作用一样会引起水平荷载，见图 2-123～图 2-128。

图 2-123　桥墩的冲刷破坏和桥墩倾斜

图 2-124　桥面由两根大梁支撑(无多余结构)

图 2-125　1998 年洪水引起的桥墩倾斜

图 2-126　混凝土梁在 1 号桥墩支座处产生新裂缝

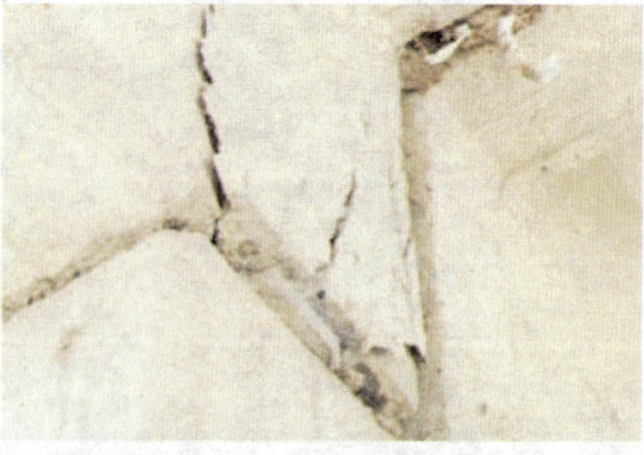

图 2-127　地震水平力作用下产生的严重剪切裂缝

图 2-128　上部结构产生横向错动

2.1.11　2008 年汶川地震中的桥梁震害

大量文献中已详细描述分析了汶川地震，在这里只做简单介绍。龙门山断裂带是这次汶川大地震的元凶，它绵延长约 500 km，沿着四川盆地西北缘底部切过，位置十分特殊，地壳厚度在此陡然变化，在其以西为 60～70 km，以东则在 50 km 以下。它的东部仅 100 km 外就是人口密集、工业发达的成都平原地区和大城市群。资料显示，龙门山地震带近一万年以来一直非常活跃，半个世纪以来，发生 7 级以上的破坏性地震多达 10 余次(如表 2-1 所示)，其中 1933 年 8 月 25 日，茂县发生震级为 7.5 级的大地震；1976 年 8 月 16 日松潘发生过 7.2 级的大地震；2008 年 5 月 12 日 14 时 28 分，汶川 8.0 级大地震，震中烈度达到Ⅺ度，而根据《中国地震动峰值加速度区划图》这一地区的峰值加速度为 0.1g，实际烈度与远远大于抗震设防烈度。

表 2-1　近百年来龙门山断裂带大于 7.0 级的地震

地震日期	时间	纬度	经度	震源深度	震级
1917 年 7 月 30 日	23:54	29.000	104.000	不详	7.3
1923 年 3 月 24 日	12:40	30.553	101.258	25	7.2
1933 年 8 月 25 日	07:50	31.810	103.541	25	7.3
1947 年 3 月 17 日	08:19	33.000	99.500	不详	7.5

续上表

地震日期	时间	纬度	经度	震源深度	震级
1948 年 5 月 25 日	07:11	29.500	100.500	不详	7.2
1950 年 8 月 15 日	14:09	28.500	96.500	不详	8.6
1955 年 4 月 14 日	01:29	29.981	101.613	10	7.5
1967 年 8 月 30 日	04:22	31.631	100.232	8.1	7.0
1973 年 2 月 6 日	10:37	31.361	100.504	6.6	7.4
1976 年 8 月 16 日	22:06	32.70	104.001	29	7.2

汶川地震后，作者 10 余次深入灾区调查、收集了大量震害资料，拟出专著讨论汶川地震的震害及作者的认识，这里将只列出，汶川地震的典型震害，不再按桥梁名称列出桥梁震害。汶川地震的震害主要表现为：整体垮塌（图 2-129、图 2-130），落梁（图 2-131），梁体移位（图 2-132，图 2-133），碰撞（图 2-134），挡块剪切损坏（图 2-135），桥墩剪切震害（图 2-136），支座损坏（图 2-137）。

图 2-129　井田坝大桥（两跨拱桥）整体倒塌

汶川地震带给我们的启示如下：

（1）应尽量采用刚度和质量均匀的结构形式；

（2）对于跨越断层带的桥梁，应尽量采用简支梁桥体系，避免地震中出现全桥垮塌现象；

（3）对于两岸基础条件良好、特别是两侧边坡存在潜在地质灾害的情况，建议采用拱桥，以提高桥梁抵御落石的能力；

（4）对于连续梁结构，上下部结构之间的构造连接应尽量均匀，以便把地震力均匀分布给各个桥墩，避免某个桥墩出现受力过大而破坏的现象；当连接构造必须采用固定连接时，应对下部结构进行特殊处理，如增加纵筋、加密箍筋等措施；

(5)当选用刚构桥型时，应注意“保险式丝”单元的设计，在便于检测、修复的部位预设结构薄弱位置，以便结构耗散地震能量，同时便于震后修复；

(6)对于无法避免的曲线桥，应尽量使结构的刚度和质量分布均衡，对连接构造和下部结构进行专门设计；

(7)设计时最好能考虑地震动的传播方向，汶川地震中，映秀镇的跨河桥震害轻微，而顺河桥全部垮塌。

图 2-130　小渔洞大桥(四跨拱桥)破坏

图 2-131　庙子坪大桥简支梁桥段发生一跨落梁

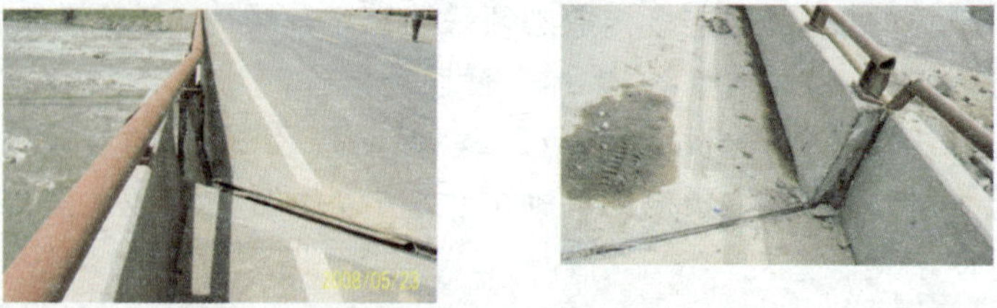

图 2-132　汶川绵池大桥横向移位

图 2-133　高店大桥纵向、横向移位

图 2-134　梁体碰撞

图 2-135　桥台剪切震害

图 2-136　绵阳机场站前桥，桥墩剪切震害

图 2-137　支座移位脱空

2.1.12　2010 年玉树地震中的桥梁震害

2010 年 4 月 14 日晨，青海省玉树藏族自治州玉树县发生两次地震，最高震级 7.1 级，地震震中位于县城附近。北纬 33.1°，东经 96.6°，震源深度 14 km。这次地震的震害主要是：梁体移位，支座脱落、移位，挡块剪裂，未发现桥墩严重开裂等震害，以下是作者实地考察过的几座桥梁的概况与震害。

巴塘 1 号桥 5×20 m 预应力混凝土空心板梁桥，下部为双柱式墩，桩基础，桩接盖梁式桥台，主要震害为支座偏移、脱空(图 2-138)。

巴塘 2 号桥 4×20 m 预应力混凝土空心板梁桥，下部为双柱式墩，桩基础，重力式 U 形桥台扩大基础，在曲线段。主要震害：挡块剪切破坏、梁板横向移位在 30～40 cm、支座偏移、脱空，桥面连续处开裂图(2-139)。

禅古寺 1 号桥，5×20 m 的预应力混凝土空心板梁，下部为双柱式墩，桩基础。主要震害：桥台挡块剪裂、梁横向移位、支座移位、脱空，桥台护坡震坏(图 2-140)。

图 2-138　巴塘 1 号桥支座脱落与移位

图 2-139　巴塘 2 号桥支座脱落与移位梁体横移挡块剪坏

图 2-140　禅古寺 1 号桥桥台护坡震裂错动

可以说，汶川地震、玉树地震带给我们一个非常有益的启示：采用板式橡胶支座的中小跨径桥，其支座和挡块的损伤保护了下部结构。

2.1.13 2010年智利地震[22]

北京时间2010年2月27日14时34分16秒，智利发生里氏8.8级大地震，震中位于南纬35.8°，西经72.7°，震源深度为33 km。地震引发的海啸横扫了约200 km的海岸线，在有些地方甚至冲进了离岸2 km的地方。地震造成了795人死亡，200多万人流离失所。智利地震致使灾区部分房屋倒塌，交通中断，电力供应暂停，通信不畅，大约造成50万座民宅损毁严重，为智利近50年来最严重的灾害。美国地质勘探局测定震后发生51次余震，震级在里氏4.9级至6.9级之间。

对震后智利的实地调查发现，其桥梁破坏主要有三种形式[9]：一是因为一些桥梁缺少横隔梁或者侧面支承结构的设置使结构整体性较差而导致的桥梁破坏，见图2-141；二是一些斜交桥的桥面缺乏转动约束而发生破坏，见图2-142；另外，一些没有设置抵抗横向和竖向位移结构机制的桥梁也免不了发生损坏，见图2-143。

(a) Llacolen Bridge

(b) Llacolen Bridge

图2-141 破坏形式一组图

大地震震塌了位于海边小渔村Tubul河上的一座重要桥梁，这座桥梁被地震震断成若干节，看起来好像一连串被推倒的多米诺骨牌一样，见图2-144。

(a) Lo Echeveres Bridege

(b) Hospital Bridege

(c)

图 2-142 破坏形式二组图

(a)

(b)

图 2-143 破坏形式三组图

(a) 远望图

(b) 俯视图

(c) 近看图

图 2-144　Tubul Bridge 的破坏

在智利首都 Santiago 以南 112 英里，Camarico 镇 Claro 河上一座古老的石拱桥发生了坍塌，见图 2-145、图 2-146。

图 2-145　坍塌的 Rio Claro Bridge

图 2-146　石柱上的裂缝

Jan Pablo Ⅱ Bridge 的柱子和横梁发生了多种形式的破坏，见图 2-147。

另外，在 Santiago 郊外一座过街天桥发生了倒塌，见图 2-148。

在对智利地震中桥梁震害资料的收集过程中发现，与 20 世纪 90 年代之前修建的桥梁相比，近期修建的桥梁由于缺少横隔梁的设置损坏情况更加严重。横隔梁是良好的抗震性能构件，能够显著增加结构的抗侧移刚度，见图 2-149。

图 2-147　Jan Pablo Ⅱ Bridge 的破坏

图 2-148　过街天桥的破坏

图 2-149　早期与近期修建的桥梁对比

在本次地震中，许多公路立交桥遭受到了非常严重的破坏，见图 2-150。

2.1.14　2010 年墨西哥地震[23]

2010 年 4 月 4 日当地时间 22 时 40 分 42 秒，墨西哥北部下加利福尼亚州北部地区发生了 7.2 级地震，震中（北纬 32.25°，西经 114.287°）位于墨西哥下加利福尼亚州（Baja California）瓜达卢佩—维多利亚西南偏南方向 26 km，距美国亚利桑那州圣路易斯市西南 64 km，震源深度 10 km，美国加利福尼亚州南部地区、亚利桑那州和内华达州部分地区均有震感。这是此地自 1892 年来所发生的最大地震，此前最大一次为 1940 年发生的 6.9 级地震。

下加州州府墨西卡利市（Mexicali）受损最严重，有两人因墙体坍塌丧生，另有 100 余人受伤。地震发生两小时内，已发生 20 多起余震。墨西卡利老城区部分建筑遭破坏，一处老旧的公共设施在地震中倒塌，多处水管爆裂，大部分地区断水断电，部分民房因为年久失修在地震中倒塌。地震还引起天然气泄漏，几处建筑发生火灾。地震使 Mexicali Valley 地区和美国-墨西哥边境地区的桥梁遭受了严重破坏。

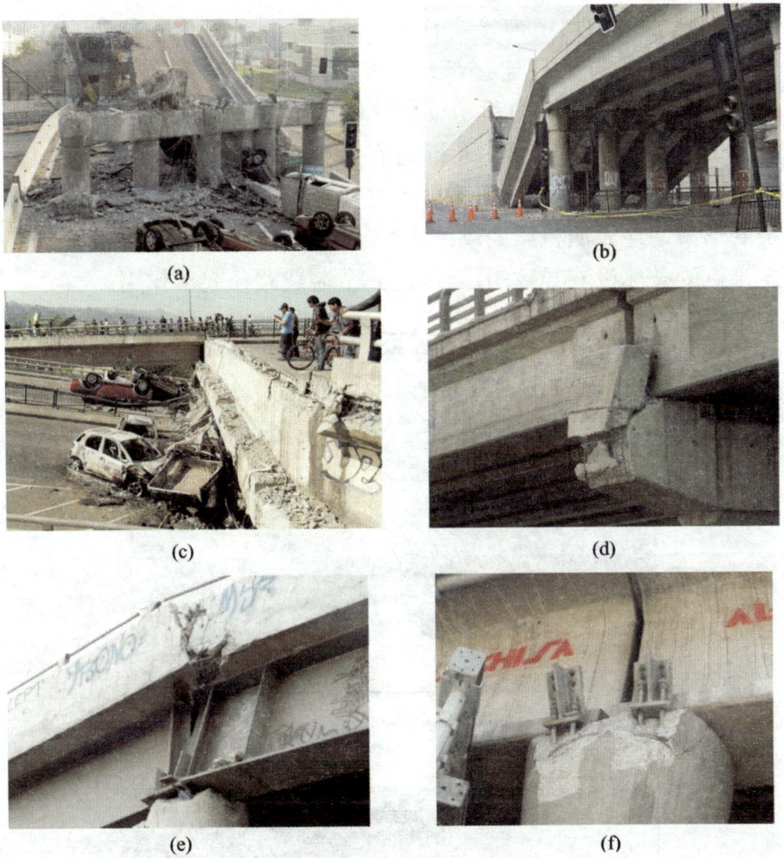

图 2-150　立交桥破坏组图

(1)Universidad Autónoma de Baja California(UABC)Pedestrain bridge

UABC 人行天桥位于 Monte Morelos Avenue,这所新建成不久的过街天桥由长为 53 m 的钢拱与大直径混凝土桥柱连接组成,见图 2-151。在桥面板两端有横向钢管支柱以抵抗地震力的纵向作用。钢管支柱末端刚性连接在桥柱上,所有支柱与混凝土桥柱之间的螺栓连接都发生了破坏。支撑螺旋坡道结构的混凝土柱也产生了裂缝，基础周围也发现了土地液化的现象。由于过多的纵向地震力施加于连接支柱上，加上桥桩在液化土体里产生了位移至使桥柱与支柱连接部位不能满足扭矩需求而发生断裂破坏，见图 2-152。桥墩的移动也使桩墩表面和土体剥离并且地表面产生了裂缝，见图 2-153。人行道在桥梁的中轴处也产生了裂缝。另外，悬杆由于向桥体两侧滑移而产生了变形，见图 2-154。这些残余变形清楚地表明桥梁的拱跨产生了纵向变形，而且十分明显的是连接点的破坏没有导致坍塌，因此冗余荷载路径起了作用。

图 2-151 拱跨的全貌

图 2-152 桥墩与支柱连接部位的破坏

图 2-153　地面的裂缝

图 2-154　悬杆的变形

在 2 号公路沿线距 Mexicali 大约 24 km 处，一座高速架桥发生了破坏。这是一座长 76 m、两跨由混凝土圆柱和排架盖梁支撑的预应力梁桥，见图 1-155。经调查发现，桥体的损害包括由于剪力机制破坏而致盖梁处产生裂缝，见图 2-156。由上部结构平动和转动引起的节点处的膨胀破坏，桥墩护坡的破裂和沉降，桥墩上支撑梁端的混凝土垫块的碎裂，以及桥梁支座的永久变形等。

许多 5 号高速公路上的高架桥也都遭受了轻微的损坏，这些桥普遍为新建的典型预应力混凝土桥梁，见图 2-157。这些

图 2-155　立交桥全貌

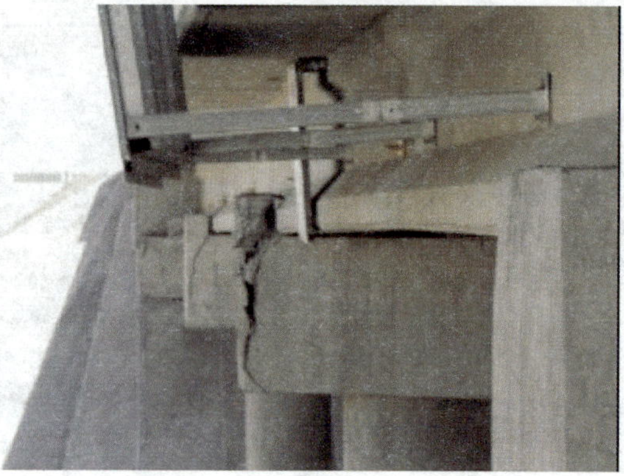

图 2-156　盖梁的剪力破坏

桥没有桥头搭板或者纵向约束，所以在地面震动过程中，是高强的纵向力本质上使梁体产生了移动，并且显出受弯剥离现象，见图 2-158。

引桥处的路基顶部破坏失效，见图 2-159。而且，引桥的桥面沉降现象也十分明显，见图 2-160。大部分这些架桥是东西走向的，桥梁的破坏形式中不包括剪力机制破坏、明显的桥体位移或者引桥处纵向的沉降。因此，桥体最为严重的破坏作用方向均与地面运动的方向一致，且与断层破裂方向垂直。

图 2-157　5 号高速路的高架桥

图 2-158　大梁的剥离

图 2-159　路基顶部破坏失效

图 2-160　引桥的桥面沉降

地震使 Puente San Felipito 的一跨坍塌，这是一座建在科罗拉多河流上的铁路桥梁，见图 2-161。这座桥主体建成与 1962 年，距离 Guadalupe Victoria 东南部约 8 km，在下加利福尼亚州和索诺拉州边界附近。桥长约 198 m，三条预应力大梁支撑于混凝土桥柱之上。由于上部结构与纵向桥柱的一致横向位移使大梁完全剥离，见图 2-162。此外，桥梁的深基支撑着桥体并且承担土体中的载荷，很好地抑制了沿桥梁纵轴方向土体的变形。尽管如此，地

图 2-161　Puente San Felipito 铁路桥

震亦是两桥墩产生了横向错动，见图 2-163。

图 2-162　大梁剥离

图 2-163　两桥墩的横向错动

2.1.15　2010 年新西兰地震[24]

2010 年 9 月 4 日，新西兰当地时间 4 时 35 分发生了 7.1 级地震。震中位于南岛最大城市克赖斯特彻奇(Christchurch)以西 30 km 处,震源在地表以下 33 km 处。克赖斯特彻奇拥有人口 37.5 万,是新西兰第二大城市。克赖斯特彻奇拥有人口 37.5 万,是新西兰第二大城市。这是新西兰即 1931 年 Hawke's Bay7.8 级地震以来的第二大地震,然而幸运的是,在此次地震中仅有两名重伤者,并无死亡报告。这很大程度上得益于新西兰制定并且严格执行的现代建筑结构规范,大约十五年前政府就进行了区域规划来降低在自然灾害作用下主要基础设施结构和生命线工程的易损性。

总体上看,震区桥梁的破坏并不严重,这是因为:

①大多数桥梁是小跨的柔性结构,这些结构凭借自身的有限反应质量在地震作用下依然强健稳固。

②同震区其他建筑和基础设施一样,桥梁的设计抗震能力大于此次地震产生的地震力。

③桥梁具备共同的设计特点使之具备良好的抗震能力。

图 2-164 展示的是位于 Christchurch 的 Avon River 上的 Gayhurst 公路桥,在这座桥的周围发生了大范围的土地液化。河床出现多处沙涌现象,地表因土体横向移动而出现大裂缝,许多当地民屋也因不同程度的地面沉降而遭重创。

(a) (b) (c)

图 2-164 Gayhurst 公路桥的损坏

连接 South Brighton 和 Christchurch 的 Bridge Street 也遭受

了类似的破坏。特别指出，在这个震害案例中，桥墩因受到水平冲击力而在与桥面板接触节点处产生转动，由此桥墩出现转动破坏，橡胶支座也发生了破坏和侧移变形，如图 2-165(a～c)所示。从图 2-165(d～e)中可以清楚地看到桥墩顶部与梁相接处的支座的原始位置。另外，由于沙土液化沉降，两个桥墩相对距离缩短了。

图 2-165　Bridge Street 的损坏

在一些案例中，由于土地液化的影响，导致一些桥梁的强度和刚度降低，不足以抵抗其遭受的地震作用，比如：

①在 Christchurch 一座横跨于 Avon River 上的钢架行人桥的轴向产生了扭转变形，见图 2-166。这是由于流土层土体的横向移动使桥墩产生位移而致的。

②同样位于 Avon River 上，一座人行拱桥的南部桥台发生轻微转动，某拱跨的中心部位有少许裂纹，并且因为土地液化使得位

于桥墩底部的排水管道暴露，见图 2-167。此外，在平行于桥梁轴线的方向，桥墩下土体甚至地表都产生了裂缝。

(a) (b)

图 2-166　Pedestrian Bridge，River Rd-Avonside Dr，Christchurch 的损坏

(a) (b)

图 2-167　Pedestrian Bridge，Christchurch 的损坏

③在 Christchurch 北部的 Kaiapoi 有一座由废弃的铁路桥而改造的人行桥，它由钢梁支撑于木桩上，受地震影响这座桥部分桥体失效，见图 2-168。桥桩的垂直面都开裂，同时连接各跨之间的锚固螺栓也都变形失效。在桥桩一侧的土体和桥桩之间有较大裂缝，这就是说明了有横向的力施加于桥桩之上使其极限破坏。

位于 Kaiapoi 的 Waimakarini River 上的 Mandeville 悬索桥修建 1874 年，在地震中也遭受了很大的损害。由于它的一个悬塔的竖向振动超越了其稳定极限使其失稳，从而导致悬塔一侧的桥面向下折断，而另一侧的桥面则向上折断，见图 2-169。

图 2-168　Pedestrian Bridge，Kaiapoi 的损坏

图 2-169　Mandeville Bridge，Kaiapoi 的损坏

2.1.16　其他地震中的桥梁震害

(1)日本 Fukui(福井)地震[17]

1948 年 6 月 28 日，日本 Fukui 发生 7.3 级地震，位于 Fukui 市北部 Kuzuryu River 上的 Nakatsuno Bridge 上部结构塌落，见图 2-170。Koroba bridge 桥墩在地震中发生开裂，见图 2-171。Kuzurya bridge 由于混凝土桥墩钢筋设置不足及桥墩基础失稳造成桥梁倒塌，见图 2-172。

(2)1976 年危地马拉地震[1]

1976 年 2 月 4 日在危地马拉发生 7.5 级地震，地震中，Agua Caliente Bridge 上部结构纵向移位，见图 2-173，有 3 跨发生落梁，见图 2-174。

图 2-170 Nakatsuno Bridge 混凝土桥面和钢梁塌落

图 2-171 Koroba Bridge 桥墩开裂

(3)2003 年日本 Tokachi-oki 地震[17]

当地时间 2003 年 9 月 26 日在日本北海道地区发生 8.3 级地震。至少 589 人受伤,破坏范围广,在 Hokkaido 东南部许多公路遭到破坏。Hokkaido 东南沿海引发了浪高约 4 m 的海啸。地震中桥墩破坏明显,Chiyoda-Ohashi Bridge 桥墩底部、中部出现裂

图 2-172　Kuzurya Bridge 倒塌

图 2-173　上部结构移位

图 2-174　三跨发生落梁

缝，见图 2-175。桥墩周围出现沉陷，墩身倾斜，见图 2-176。

Tokachigawa-Kako Bridge 具有两种结构形式，见图 2-177。

图 2-175　Chiyoda-Ohashi Bridge 桥墩开裂

图 2-176　Chiyoda-Ohashi Bridge 桥墩周围沉陷

两种形式结合处发生横向移位，约 60 cm。桥台支座处也发生轻微破坏，见图 2-178。

图 2-177 Tokachigawa-Kako Bridge

图 2-178 桥台支座处破坏情况

(4)2007 年日本新潟地震

2007 年 7 月 16 日日本当地时间 10 点 13 分新潟发生里氏 6.8 级地震。震中位于新潟县中越地区(北纬 37.5°，东经

136.6°)，震源深度 17 km。日本总务省消防厅数据显示，地震共造成了 11 人死亡，177 人受重伤，1 809 人受轻伤，1 046 栋房屋建筑在地震中完全倒塌，1 600 栋房屋半坏，18 410 栋房屋部分受损。据日本气象厅观测，这一地区又发生了 4 次有强烈震感的余震，而本次震源位置与 2004 年 10 月新潟县中越地震接近，上一次地震中已有大量能量释放，所以本次余震数量显著减少。

(a) Toyota Bridge

(b) A1 桥台　(c) 回填土沉降

(d) 桥墩滑移　(e) 弹性支座的永久变形

图 2-179　Toyota Bridge 的震害组图

组图 2-179 所示为位于日本国道上的 Toyota Bridge 的受损情况。Toyota Bridge 为连续三跨弯桥，桥面由弹性支座(长 700 mm、宽 700 mm，高 250 mm)支撑，此支座有比为 1∶1 的橡胶和钢板组成。桥面总长 160 m，总宽 12 m[7]。

与 Toyota Bridge 平行的方位，Nagomi Bridge 也受到类似破坏，该桥长 100 m、宽 10 m，桥面同样被弹性支座支撑，如图 2-180 所示。

(a) Nagomi Bridge

(b) 路堤滑移

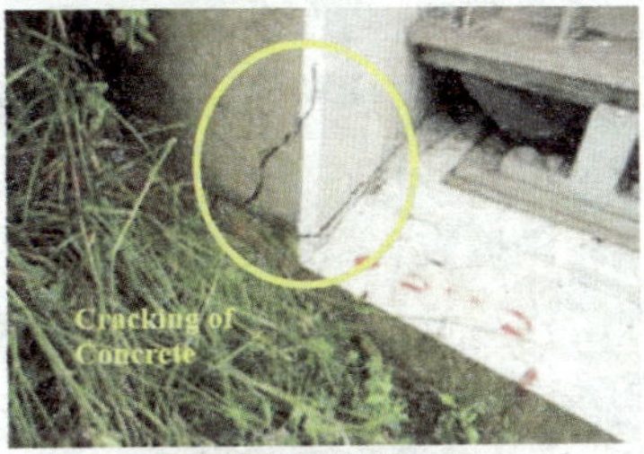

(c) 混凝土开裂

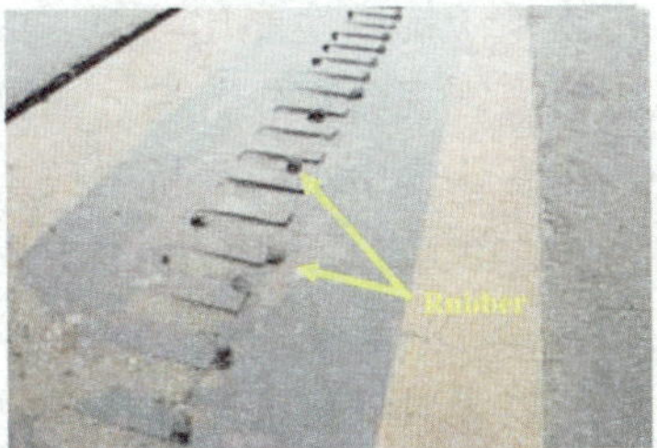

(d) 伸缩缝处橡胶被挤出

(e) 弹性支座永久变形

图 2-180　Nagomi Bridge 的震害组图

2.2 桥梁震害内因

这几次国内外大地震使桥梁结构遭到严重破坏，但也为桥梁抗震设计理论、方法的研究提供了宝贵的资料。大量震害分析表明，引起桥梁震害的原因主要有四个：(1)发生的地震强度超出抗震设防标准；(2)地震引起地基失效或地基变形；(3)桥梁结构设计、施工不合理；(4)桥梁结构本身抗震能力不足。从结构抗震设计的角度出发，可以将桥梁震害归为两大类，即地基失效引起的破坏和结构强烈振动引起的破坏。以下从桥梁震害的内因出发，总结结构设计和细部构造等不合理引起的震害。

2.2.1 桥梁上部结构震害

自身震害：在发现的少数震害中，主要是钢结构的局部屈曲破坏；

移位震害：在破坏性地震中极为常见，一般在设置伸缩缝的地方容易发生，这种震害表现为桥梁上部结构的纵向移位、横向移位以及扭转移位；

碰撞震害：桥梁在地震中的碰撞，相邻跨上部结构的碰撞、上部结构与桥台的碰撞以及相邻桥梁间的碰撞是比较典型的。

2.2.2 桥梁支座震害

桥梁支座历来被认为是桥梁结构体系中抗震性能比较薄弱的一个环节，在历次破坏性地震中，支座的震害现象都较普遍。通过对汶川地震、玉树地震的观测和思考，作者认为中小跨径桥梁的普通橡胶支座在大地震时发挥了“保险丝式单元”的作用，由于支座的震损，传到桥墩和桩基上的地震力大大减少，支座的震损保护了桥墩和桩基础，从这方面讲，这些支座的损坏对桥梁的整体抗震是有利的，需要配套的是挡块和连梁装置的合理设计，以确保支座损坏后不落梁。

2.2.3 桥梁下部结构震害

墩柱弯曲破坏：这种破坏在破坏性地震中是非常常见的震害形式，弯曲破坏是延性的，多表现为开裂、混凝土剥落压溃、钢筋裸露和弯曲等，并产生很大的塑性变形，主要是约束箍筋配置不足、纵向钢筋的搭接或焊接不牢等引起的墩柱的延性能力不足；

墩柱剪切破坏：墩柱的剪切破坏在历次大地震中都不少，剪切破坏是脆性的，往往会造成墩柱及上部结构的倒塌，震害较为严重；

墩柱的承台破坏：这种震害虽然很少见，但一旦出现，则可能导致墩梁倒塌的严重后果；

框架墩的震害：主要表现为盖梁破坏、墩柱破坏以及节点破坏；盖梁的破坏形式有剪切强度不足引起的剪切破坏、弯曲破坏以及钢筋锚固长度不足引起的破坏；节点主要表现为剪切破坏；

桥台震害：桥台的震害在历次地震中也是较为常见的，地基丧失承载力等引起的桥台滑移、台身与上部结构的碰撞破坏和桥台倾斜是桥台震害的主要表现形式。

2.2.4 桥梁基础震害

桥梁基础震害是国内外许多地震的重要震害现象之一，大量震害资料表明：地基失效（如土体滑移和砂土液化）是桥梁基础产生震害的主要原因。扩大基础的震害一般由地基失效引起，桩基础的震害，除了地基失效这一主要原因外，还有上部结构传下来的惯性力所引起的桩基剪切、弯曲破坏，更有桩基设计不当所引起的震害。

2.3 本章小结

分析桥梁震害，可以对桥梁抗震设计理论和设计方法进行检讨、修正和发展，使桥梁抗震设计水平不断地得到提高。总结桥梁震害教训，可以得到以下关于桥梁抗震设计的启示：

• 重视桥梁结构的总体设计，选择较理想的抗震结构体系；

• 重视延性抗震，并且必须避免出现脆性破坏；

• 重视结构的局部构造设计，避免出现构造缺陷；

• 重视桥梁支承连接部位的抗震设计，同时开发有效的防止落梁装置；

• 对复杂桥梁应进行空间动力时程分析；

• 重视采用减隔震技术，提高结构的抗震能力；

• 可以说汶川地震、玉树地震给我们的最大启示是，墩顶采用盖梁的中小跨径桥梁的板式橡胶支座发挥了较好的隔震耗能作用；

• 在总结这些 1∶1 足尺试验震害的基础上，特别是经历了对汶川地震、玉树地震的震害调研、分析的基础上，作者将桥梁抗震基本理念总结为："因地制宜选择桥型""多道设防、分级耗能""一可三易(即：损伤部位及损伤程度可控；损伤部位或构件易检、损伤部或构件位易修、损坏部位或构件易换)"。可控是目标；易检、易修、易换是实现可控的手段。这一理念将在本书其他章节结合具体情况展开论述。

参 考 文 献

[1] Earthquake Engineering Research Center, web site: http://nisee. berkeley. edu.

[2] 刘恢先. 唐山大地震震害. 北京：地震出版社，1986.

[3] 国家地震局地质研究所. 中国八大地震震害摄影图集. 北京：地震出版社，1983.

[4] EERI. Loma Prieta Earthquake Reconnaissance Report. Earthquake Spectra, 1990, Supplement to Vol. 6: 1-280.

[5] NZNSEE. The Loma Prieta, California, Earthquake of October 17, 1989. Report of the NZNSEE Reconnaissance Team. Bull. New Zealand Nat. Soc. Earthquake Eng., 1990, Vol. 23(1): 1-98.

[6] Housner, G. W., Thiel, C. C. Competing against Time: Report of the Governor's Inquiry on the Loma Prieta Earthquake. Earthquake Spectra, 1990, Vol. 6(4): 681-711.

[7] Mitchell, D., Tinawi, R., Sexsmith, R. G. Performance of Bridges in the 1989 Loma Prieta Earthquake-Lessons for Canadian Designers. Can. J. Civil Eng., 1991,

18:711-734.

[8] EERI. Northridge Earthquake Reconnaissance Report. Earthquake Spectra, 1996, Supplement C to Vol. 11:1-372.

[9] NZNSEE. Northridge Earthquake Reconnaissance Report. Report of the NZNSEE Reconnaissance Team on the 17 January 1994 Northridge, Los Angeles Earthquake. Bull. New Zealand Nat. Soc. Earthquake Eng., 1994, Vol. 27(4):235-356.

[10] Housner, G. W., Thiel, C. C. The Continuing Challenge: Report on the Performance of State Bridges in the Northridge Earthquake. Earthquake Spectra, 1995, Vol. 11(4):607-636.

[11] Mitchell, D., Bruneau, M. and Williams, M. et al. Performance of Bridges in the 1994 Northridge Earthquake. Can. J. Civil Eng., 1995, 22:415-427.

[12] Eguchi, R. T., Goltz, J. D. and Taylor, C. E. et al. Direct Economic Losses in the Northridge Earthquake: A Three-year Post-event Perspective. Earthquake Spectra, 1998, Vol. 14(2):245-264.

[13] Basoz, N. I., Kiremidjian, A. S. and King, S. A. et al. Statistical Analysis of Bridge Damage Data from the 1994 Northridge, CA, Earthquake. Earthquake Spectra, 1999, Vol. 15(1):25-54.

[14] NZNSEE. The Hyogo-ken Nanbu Earthquake (The Great Hanshin Earthquake) of 17 January 1995. Report of the NZNSEE Reconnaissance Team. Bull. New Zealand Nat. Soc. Earthquake Eng., 1995, Vol. 28(1):1-98.

[15] Anderson, D. L., Mitchell, D. and Tinawi, R. G. Performance of Concrete Bridges during the Hyogo-ken Nanbu (Kobe) Earthquake on January 17, 1995. Can. J. Civil Eng., 1996, 23:741-726.

[16] Rourke, T. D. O. Lessons Learned for Lifeline Engineering from Major Urban Earthquake. In: Proc. 11th World Conf. Earthquake Eng. Acapulco, Mexico: Elsevier Science Ltd, 1996, Paper No. 2172.

[17] Department of Civil Engineering, Tokyo Metropolitan University, Soil Mechanics Laboratory, web site: http://geot. civil. metro-u. ac. jp.

[18] John B. Mander, Overview of Highway Damage: Kocaeli, Turkey Earthquake, August 17, 1999, Mceer Research mceer, information is posted on web site : mceer. buffalo. edu/research/turkeyeq.

[19] Taiwan Chi-Chi earthquake information comes from web site: www. edm. bosai. go. jp/Taiwan1999/survey1/brid. html and www. eas. purdue. edu/physproc/1999_chi_chi_taiwan. htm.

[20] The picture of the shinkansen in Japan Niigata earthquake come from web site: http://www. sina. com. cn.

[21] Jerome S. O'Connor, Lucero Mesa and Monique Nykamp: Damage to the highway system from the Pisco Peru Earthquake of August 15, 2007. Technical Report MCEER-07-0021.

[22] PEER, The Pacific Earthquake Engineering Research Center, Damage of Transportation Facility due to 2010 Chile Earthquake.

[23] EERI, The EI Cucapah, Baja California Earthquake April 4, 2010.

[24] http://eqclearinghouse.org/20100903-christchurch/reports-from-the-field/preliminary-report-on-bridge-damage-from-the-darfield-new-zealand-m7-1-earthquake-of-september-4-2010-%E2%80%93-draft-of-2010-09-13/.

[25] 王克海，李茜，韦韩，等. 汶川地震对我国地震区划图与桥梁抗震设计的启示. 工程力学. 2010，6.

[26] 王克海，韦韩，李茜，李悦. 中小跨径公路桥梁抗震设计理念. 土木工程学报. 2012，9.

[27] 王克海，李悦，颜文晖，等. 关于在基础设施抗震规范中规定最低设防要求的一点建议. 震灾防御技术. 2012，7.

[28] 王克海，孙永红，韦韩，等. 汶川地震后对我国结构工程抗震的几点思考. 公路交通科技. 2008，11.

[29] 王克海，李刚，韦韩，等. 关于抗震设计规范与地震动区划图的有关探讨. 震灾防御技术. 2008，12.

第3章　国内外地震工程学的发展历程

地震作为一种严重的自然灾害，对人类的威胁随着人类物质文明的不断积累而越来越大。1976 年的唐山地震、1994 年美国 Northridge 地震、1995 年日本阪神地震、1999 年中国台湾集集地震、1999 年土耳其伊兹米特地震、2004 年日本新潟地震、2004 年印度洋海啸、2008 年汶川地震、2010 年玉树地震等，给人类带来了大量的人员伤亡和巨大的经济损失。这使得各国政府对减轻地震灾害损失的工作及其相关研究越来越重视，也引起社会的广泛关注。地震工程主要由工程地震、结构抗震、社会学等部分组成，经过一个世纪的萌芽、形成和发展，已公认是一门学科。其萌芽可追溯到 19 世纪末到 20 世纪初，欧洲工程师们在强地震震害现场调查中对房屋震害程度评述、探讨原因、研究预防、设计标准。这门学科在日本发轫于 1923 年的关东地震，在美国开始于 1933 年 Long Beach 地震，20 世纪 50 年代中期，地震工程纳入我国国家计划，开展了当时工程建设中有关重要问题的研究，在世界范围地震工程学系统的发展也是 20 世纪 50 年代的事情。

3.1　地震工程学发展的几个阶段

3.1.1　第一阶段——地震工程学发展的萌芽阶段[44,46]

这一阶段为 19 世纪末到 20 世纪 50 年代，此阶段的特点或标志是新建工程（特别是房屋建筑）的经验性抗震设计，其经验性表现在以下几个方面。

(1)设计原则

工程的抗震设计原则和具体规定主要根据从强震震害现场总结出来的宏观的、定性的、经验性的规律，后来也引入了一些理论的、定量的重要规定，如反应谱理论，但仍以经验为主，主要有以下表现：

第一，地震荷载以地震烈度表示，或以等效地震动峰值加速度 a 与重力加速度 g 的比值 $k=a/g$ 表示。19 世纪末，工程师在调查意大利强震破坏现场时，提出了按照 $k=0.05$ 或 0.1 进行抗震设计的设想；到 20 世纪 20 年代，日本工程师根据这一设想设计的房屋经受了 1923 年日本关东大地震的考验。1924 年日本《市街地建筑物法施行规则》规定 $k=0.1$，这是工程抗震设计的第一个法规性规定，在日本一直沿用到 20 世纪 80 年代初。

第二，在设计地震动的估计上，采用历史上发生过的最大地震动或地震烈度。

第三，在结构计算上，采用的是等效静力法，将结构所受的地震惯性力 $F=ma=kW$（这里 m 与 W 分别是结构的质量和重量）视为静力，大小与方向均不变，系数 k 与结构性能无关。

第四，结构抗震设计以从强震的宏观经验中总结得到的构造措施为主。

(2)工程观点

这一阶段地震工程学的研究对象以房屋建筑抗震为主，抗震构造措施和主要的抗震设计方法和数据，一般可以直接用于房屋建筑，后来逐渐将这些方法和经验扩展到构筑物及其他工程中，可以说地震工程学是从房屋抗震发展起来的。

(3)静力方法

当时人们已经具备振动知识，在强震现场调查中指出过结构动力特性的重要性，但由于缺乏地震动加速度与结构地震反应的仪器观测数据、缺乏足够的实际震害数据、缺乏复杂振动过程的分析计算方法与工具等原因，使人们的认识不能达成一致。1924 年今村明恒根据 1923 年的关东大地震的地震仪记录，所测东京地震动的最大位移为 4.43 cm，平均周期为 1.35 s，按照简谐振动计算，地震动最大加速度大约为 $0.1g$。这是当时非常普遍的观点，形成这种观点的主要原因在于当时仪器选频特性太强，过滤掉了对工程起主要作用的高频振动分量，使本来十分复杂的地震加速度过程接近于低频的简谐波的形状，因而给出的地震动峰值加速度过小。1927 年佐野利器提出刚性结构的观点，认为强地震动的主要周期在 1.0～1.5 s 之间，刚性结构可以有效地抵抗这种低频地震动；而真岛健三郎则主张采用柔性结构，他认为结构物越刚，所受到的地震力越大，而且在产生破坏之后，结构物的自振周期会加长更接近地震动的周期，从而加大结构反应。到 1940～1950 年间积累了许多地震动加速度过程记录之后，人们才认识到地震动的卓越周期一般在 0.1～1.0 s 之间。

20 世纪 50 年代地震工程学的重要进展之一是反应谱理论的提出和应用。Biot，M. 与 Benioff，H. 在 20 世纪 40 年代初就提出了地震动反应谱的概念，但直到 10 年后有了一些地震动加速度过程的记录以及数值积分计算方法和工具之后，才由 Housner 提出了可供工程使用的反应谱，这也说明地震工程的发展需要足够的定量的基础数据和近代的科技方法与工具。

3.1.2 第二阶段——地震工程学发展的成熟阶段[44,46]

这一阶段为 20 世纪 60～80 年代。本阶段是以震害经验为基础、以测试和分析为辅的半定性半定量的阶段。其特点有：从以房屋建筑为主扩展到各类工程；从新建结构的设计扩展到已建结构的抗震鉴定与加固；从地上工程扩展到地下工程和从单体到生命线系统工程，主要成就有以下 7 个方面：

(1)抗震设计的规范化

世界上第一个抗震设计规范始于 1924 年。1960 年，第一次出版了“世界抗震规范汇编”，共收集了 13 个国家或地区的抗震设计规范。以后，又于 1963、1966、1970、1973、1980、1984、1988、1992 年出版了类似的汇编，1992 年的汇编包括了几乎布满全球地震区的 37 个国家或地区的规范，我国于 1982 年由地震出版社出版了《九国抗震设计规范汇编》[48]。

(2)反应谱理论的普及

根据 1985 年的统计，当时收集到的 33 个国家或地区的规范中，除了葡萄牙之外，都采用了反应谱理论。

(3)抗震设计的动力理论已经形成

1972 年纪念 San Fernando 地震一周年的学术讨论会上，人们意识到，在考虑反应谱的同时，还应考虑强震动持续时间的影响，从而推行了按照地震时间历程、在时域内逐步积分，进行动力分析，并已在较重要的、非弹性反应显著的、特殊或新形结构的设计中得到应用。反应谱理论的实际应用得力于几十条地震动加速度记录，而到 20 世纪 80 年代全世界的这种记录则已经积累了几千条。因此，才有条件提出适用于各种具体条件的地震动加速度反应谱。

(4)砂土液化的定性和定量分析

砂土液化的定性和定量分析特别得力于 1964 年的日本新潟地震和同年的美国 Alaska 地震的经验教训，也得益于砂土液化动力试验和理论的结果。

(5)地震危险性的概率分析法趋于成熟，并得到实际应用

概率法是 20 世纪 60 年代末提出的。到 20 世纪 80 年代末，许多国家或地区的地震区划图是根据这一方法编制的。我国在 20 世纪 80 年代初引入这一方法，并在重大和特殊工程的地震危险性分析中和 1990 年全国地震烈度区划图的编制中修正后采用。这一进展得力于地震学的一些成就，如板块构造理论、古地震、震源动力学、强震观测和历史地震资料的积累，以及计算技术的迅速发展。

(6)生命线地震工程研究方向的确定

生命线地震工程包括各种线性系统组成的工程，如各种地下地上管网、公路和铁路等交通运输网、输电网、通讯电视网等。这种工程系统与一般工程不同，它有一个很重要的特色，即：除了结构破坏以外，还有服务功能是否破坏的问题，从而将网络技术应用于地震工程。

(7)震害估计及减灾对策的提出

减灾已经确立为地震工程的最终目标，在本阶段又进行过许

多城市的地震小区划与震害预测和对策的研究，1984 年第八届世界地震工程大会上提出，后经联合国批准的以 20 世纪最后十年为国际减灾十年，这以力图实现减灾目标的国际性举措，标志着下一阶段的开始。

3.1.3 第三阶段——地震工程学发展的扩展阶段[44,46]

这一阶段于 20 世纪 90 年代开始。除了在工程方面继续深入提高和发展之外，突出之处在于从工程向社会的扩展。这一扩展是一个飞跃，它使地震工程的减灾目的针对整个社会，因为在以大城市为主体的现代社会中，强地震的社会、经济、人身、政治方面的损失并不低于工程损失。

(1)本阶段的特点

本阶段的特点是防震减灾全面的重视和执行。从单体工程到生命线系统工程再到社会；从结构验算到真正的结构设计——结构振动控制；从基于确定性方法到基于概率统计方法的全面考虑；强震地震学——地震学家与工程师的密切结合到他们与行政管理和社会经济学家的结合。

地震工程的发展过程中，地震学家与工程师有着密切的结合而且成绩显著：在萌芽阶段，他们共同开创了宏观地震学；在深入发展阶段，又共同开创了强震地震学，提出了地震危险性分析的概率方法和模拟地震加速度过程方法；在现阶段，又在进一步发展强震地震学使之进入工程实用，并与减灾管理和保险业结合。回顾一下我们对设计地震动的认识，就更容易理解这一点。20 世纪 60 年代，多数学者认为地震动峰值加速度的上限可能是 $0.5g$；20 世纪70～80 年代，认为震中可能高达 $1.0g$ 以上；而在震中实际记录到地震动峰值加速度为 $0.5g$(1966)、$0.5g$(1967)、$1.25g$(1971)、$1.2g$(1976)、$0.87g$(1978)、$1.7g$(1979)、$0.75g$(1985)这些令人迷惑的矛盾现象。1985 年下半年墨西哥一次 8.1 级大地震的大片震中区内多个台上记录到的地震动峰值加速度不超过 $0.3g$，所用仪器是数字仪，高频特性良好，记录可信。这至少说明，仅用震级这个简化的量是远不足以描述震源复杂的动力特性；另外，地震动峰值加速度是一个随机性很大的量，既难以估计，又不是决定震害的唯一参数，因而不宜用作抗震设计的唯一指标。工程上究竟应该采用哪些设计地震动参数以及如何估计这些参数，必须由地震学家和工程师密切合作才能解决。

(2)本阶段发展的动力和条件

首先它是社会发展的必然结果。目前世界上人口在千万以上的城市已有几十个，在百万以上者更多。1989 年美国加州 Loma Prieta 地震中共造成 64 人死亡和 3 757 人受伤，1 万 2 千余人无家可归。不少强震发生于现代大城市附近，1976 年我国唐山 7.8 级地震是一例，此次地震造成 24 万余人死亡，重伤约 16 万，经济损失无法估量。唐山市几乎全毁，损失惨重。1994 年美国的 6.7 级 Northridge 地震发生在洛杉矶附近，地震共造成 65 人死亡，至少 5 千人受伤，2 万 5 千余人无家可归，是美国有史以来造成经济损失最为惨重的一次自然灾害。1995 年日本的 7.2 级阪神地震发生在神户市附近，这次地震使神户地区所有铁路、公路和快捷交通系统均遭受严重破坏，陆上对外交通系统几乎全部中断，都市机能完全陷于瘫痪状态。地震共造成 6 千人死亡和 3 万 4 千余人受伤，30 多万人无家可归。因而使人们不得不考虑下述两种情况：①大地震发生在大城市引起的经济社会方面的损失，普遍会超过 1906 年美国旧金山地震、1923 年的日本关东地震、1976 年我国唐山地震；②发生可能性大的中小地震对大城市可能引起的经济损失，特别是间接经济损失，可能超过我们现在的估计。针对这种情况，科学家和行政管理部门已经采取了措施，不少发达国家已经在一些大中城市制定了抗震防灾的预防、应急和救灾以及恢复重建的计划，联合国还根据地震工程学术讨论会上的建议，制定 20 世纪的最后十年为“国际减灾十年”，以地震灾害为主，进行国际合作，达到减灾的目的。这正是地震工程学发展第三阶段开始的十年。

其次，新技术是为地震工程的发展提供了必要的工具。计算机技术的发展，对地震工程学现阶段的形成和发展有重要的意义。其一是计算机的普及，20 世纪 40～50 年代的工程师人手一把计算尺，20 世纪 60～70 年代人手一个计算器，现在则是科技人员人手一台计算机了；其二是图形管理功能的提高，自从计算机发展到工作站后，计算机就不再是计算的机器，而已经具备监测、管理、图形分析与显示等许多功能，为网络分析、震害预测、模拟地震的动力和拟动力试验、人机交流提供了方便；其三是小型化，计算机的小型化使得试验数据的量测快速、精确、自动化，使地震动加速度过程的现场量测、结构振动控制中的实时量测和控制成为可能。地理科学近几十年在取得地理信息和处理图形方面获得很大进展，如利用卫星的遥感技术，不但可以取得地表（如地形地貌）信息，还可以取得近地表的地下（如断层）信息，为取得地质信息提供了很大方便；在表示和分析地理信息方面，提出了地理信息系统 GIS，它在地震工程与地震社会学方面，既可以用来表示多种地质构造、地震、工程地质情况的地理分布，又可以用来表示可能引起震害的工程和社会环境的地理分布；进而表示震害和减灾对策效果的地理分布，对实际减灾决策起着重要的作用。除此之外，自动化技术，在动力和拟动力试验方面和结构振动控制方面，是必不可少的，如 CT 技术已经应用在工程地质分层方面。

新学科的发展和渗透也促进了地震工程的发展。在防震减灾工作全面开展的推动下，人们吸取借鉴了计算科学、可靠度理论、运筹学和决策论、信息论、控制论、优化、人工智能、专家系统等学科的成就。

三个发展阶段都面临着一些需要做出选择或决策的问题，前两个阶段中遇到的是工程设计方案的选择（工程师们用经验性的判断方法去解决）；现阶段遇到的是社会对策的决策（人们是用专家判断的人工智能系统处理的，其实质是经验性判断方法的一种新发展）。

3.1.4 其他划分

也有学者将地震工程的发展归纳为五个阶段，这里简单介绍以供读者参考。

(1)第一阶段为1930年以前，这一阶段未考虑结构的抗震。在世界各地仍有少数这一时期建造的建筑，Harries考察了这些建筑，发现它们具有一些共性，比如采用轻质混凝土和设计成为可以耗散地震能量的节点等，使其经历了多次地震后，仍然展现在世人面前。我国的北京故宫博物院，是明成祖永乐年间(公元1406年)开始建造，工期14年建成的皇宫，其中心向下约5～6 m地方是煮过的糯米和石灰的混合物，这柔软的糯米层有显著的隔震作用。美国1755年Boston地震、1811年New Madrid地震和1886年Charleston地震中未导致工程结构的破坏，19世纪末出现了第一部建筑规范，在1906年San Francisco地震中，由于结构施工质量和个别结构工程水平的原因，出现了工程结构的破坏。1891年在日本Mino-Owari地震导致142000间房屋破坏，7 273人在地震中丧生，此后日本地震工程开始发展起来。

(2)第二阶段为1930年至1950年，这一阶段又分为两个时期。在1930年～1940年之间，发生了1933年美国Long Beach地震和1932年新西兰Napier地震。在1923年日本关东地震发生后，加利福尼亚掀起了研究地震工程的热潮。这个阶段有人研究了侧向力的计算表达式，并提出由风和地震引起的侧向力应在设计中予以考虑，他们建议的地震荷载为相应于0.1g的水平，如果低于这一水平，则由风荷载控制。

(3)第三阶段为1950年至1960年，在这一时期，研究的重心放在结构动力的研究上，反应谱方法在此阶段发展起来。Anderson等首次建议侧向力应是结构周期的函数，从而代替结构层数。

(4)第四阶段从1960年至1990年。地震工程的发展主要集中在20世纪60年代至80年代，在20世纪60年代，人们发现结构在超过弹性水平的地震中幸存下来，提出了延性抗震设计的概念，并在20世纪70年代至80年代，被许多建筑规范采纳。在这一阶段第一次提出了将位移作为主要的设计参数。Priestley、Mander和Uang等针对延性的问题作了大量的研究，许多理论仍延用至今。

(5)第五阶段是从1990年至今，进入了基于性能的工程研究阶段。在第四阶段中，确定了位移和延性的重要性后，第五阶段的目标是如何设计在假定地震水平下，产生特定破坏的结构，这对工程师们体出了更高的要求。

3.2 现阶段地震工程学发展情况[44]

(1)大中城市的防震减灾

城市是一个地区的政治、经济和文化中心，是物质和精神财富高度集中的地方。近年来，城市规模越来越大，工程类型越来越多，公用设施越来越现代化，生命线系统的地位越来越重要。因此，一旦受到破坏，其影响将波及到整个地区、国家。从历次国内外发生的典型地震来看，震害损失有70%～90%发生在城市，我国海城与唐山两次地震的经济损失之和占1949年以来历次地震损失总和的85%。

城市的防震减灾除了预防灾害之外，还必然会带动相关学科的发展，如包括工程和社会在内的复杂大系统的动态分析。其涉及的内容广泛，主要包括：①根据城市的地震环境判断城市地震危险性及分布特征，估计遭遇地震时城市的震害以及经济损失和人员伤亡情况，据此确定应采取的对策；②将城市分解为若干个子系统，分别研究每个子系统的抗震能力。根据维持社会功能的要求，对支撑城市社会功能的建筑物、构筑物、生命线、次生灾害等进行易损性估计，进而对城市的易损性和震害进行总体评价。

美日两国在城市减灾研究方面投入最多，1995年，两国正式启动“城市减轻地震灾害合作研究计划”，拟定了5个研究领域：

①考虑功能的设计与工程建设;②社会科学与多个相关学科的综合研究;③近代钢结构;④岩土工程系统;⑤高技术应用研究。此外,两国在研究中心之间开展“震后城市重建策略研究”,“用于减轻震害的高技术研究”等。高技术领域的研究将突破传统的减灾方法,目标是采用高技术手段发展新的减灾策略。在减轻城市地震灾害中高技术应用研究的主要内容:①鉴别、评估、推动并改进适用于城市减轻地震灾害的高技术;②发展综合实时监测系统,用于探测震后火灾与破坏;③发展计算机辅助响应支持系统,用于震后危急管理;④发展原型机器人,用于搜寻与救援、消防、应急修复与拆除工作。

(2)防震减灾计划的制定和执行

我国一些城市已经制订了相应的防震减灾的计划,但仍有更多的城市尚在制订过程中。即使已制订计划,其内容也不是很全面。有的进行了地震小区划或震害预测,但这只是防震减灾的前期工作,防震减灾计划的主体应该是减灾对策,其基础是地震危险性分析(SHA)和工程与社会目录的调查及其抗震能力评价或易损性分析(VUL)。美国国家研究委员会地震工程委员会下属的地震损失估计方法小组在1989年提出了一个报告,分实用要求、地震动危险性、房屋损坏和损失、次生灾害、特殊设备和城市系统的损坏和损失、间接损失、震后损失快速评估等方面全面阐明了推荐的方法。损失估计并不是全部防震减灾工作,它只是其工作量最大的部分,通过这些工作可以发现成灾的因素和成灾的重要环节或薄弱环节,以及工程和社会的抗震能力改变之后相应的损失变化;加强薄弱环节或提高抗震能力的方法和行动才是防震减灾对策,是震前防御对策。减灾对策还包括震后恢复,如政府或社会的支援与救济、社会保险等。因此,防震减灾工作应该是一项以科学技术为基础的政府社会决策行动。理想的计划至少包括下述几项主要内容:①完善防震减灾立法,发挥政府与社会多方面的作用;②通过宣传教育,使领导、管理人员和群众了解抗震减灾的基本知识,了解地震趋势,了解防灾计划的必要性,提高减灾意识;

③调查收集地震和地质环境以及工程和社会现况并建立目录，必要时对未来的环境发展做出预测，以了解地震危险性和遭受地震影响的财产（SOC）；④根据经验和分析，评定各项工程和社会系统的抗震能力（VUL），即在各种可能的地震动或地震烈度作用下出现各种损坏的可能性；⑤进行地震危险性 SH 分析；⑥根据上述数据，按以下方法的估计震害 SR，$SR = SH \times \sum_{i} [VUL \times LS \times SOC]_i$，式中 SH 是该城市可能遭受地震烈度或地震动 Y 的概率矢量；VUL 是在地震动 Y 作用下第 i 项工程可能出现某种程度的概率，即破坏概率矩阵；LS 是发生某种破坏程度的人身和经济损失矩阵；⑦分析薄弱环节，寻求对损失起主要作用的工程项目和社会子系统；⑧采取适当措施或对策，使上述薄弱环节所引起的损失降到最低程度。可能的对策有：对工程的加固或拆除，对人的组织训练、提高防灾意识和应变能力，制订震前的提高工程质量、强震发生时的应急抢救、强震后的恢复发展等计划，组织各级政府和社会力量相互支援，如震灾保险，以及加强对社会系统的管理；⑨分析各项措施或对策的效益，有计划地执行防震减灾措施。值得强调的是：制订和执行防震减灾措施，不但强震时能减轻地震灾害，而且有助于减少其他突发灾害带来的损失。

(3)强震观测

强震观测是地震工程的基础性工作，以 1933 年在美国长滩取得世界上第一个强震记录为标志，强震观测至今已有 80 多年。随着强震观测器的不断更新和向数字化、大动态、宽频带、高精度、智能化方向的飞速发展，强震观测数据的积累以及数据处理技术的不断提高，其成果日益受到地震学家和工程学家的重视。

据统计，全球现有约 1 万多台强震仪，其中大部分分布在美国、日本和中国，最密集的地区是我国的台湾地区，约 700 台。经过各国科学家的努力，已发展了包括场地影响台阵、结构台阵、断层监测台阵、三维井下台阵等多种用途的台阵，为研究震源特性、场地影响、地震动时空变化规律、结构振动特性等积累了大量的数据。极大的推动了地震工程和相关学科的发展，其中以台湾SMART-1台阵及其台阵资料最为著名，受到国际地震工程学界的广泛重视。我国大陆的强震观测站筹划于1961年，次年在关东新丰江水库建立了我国第一个实验性强震观测站。中美合作建设由9个台站（后来发展到10个）组成的中国数字地震台网（CDSN），在1983年6月开始全面建设，并于1986年正式投入运行，有力地促进了我国的数字地震学研究，2011年底中国地震学会成立了强震动观测技术与应用专业委员会、并组建了中国地震局强震动观测学科组。

现阶段的强震观测工作在强地震动特性研究、结构抗震分析、结构监测、结构动态特性识别以及结构控制等的研究中发挥着重要作用，也就是说强震观测工作正向着观测与综合应用的阶段发展。此外，引入GPS和GIS技术，使强震观测向着可靠、易维护、小型化、智能化方向发展。

(4)结构振动控制

结构的振动控制包括主动控制和被动控制。基础隔震属于被动控制，强震经验表明隔震效果明显，特别是隔离高频震动；美国已将之列入SEAOC(1990)抗震设计规范建议中。迄今为止，抗震设计实际上只是一种校核或验算，并不是设计；结构振动控制则是真正的设计，它使得结构采取针对地震的特殊布局。在被动控制中是增加可产生变形而不影响结构功能的装置或耗能机制；在主动控制中是随时监测结构地震反应，估算下一步的结构振动，通过外加能源，向结构施加理想的外力，使结构按设计的方式振动。由于近代计算机、自动化、控制元件的发展，使这一理想得到了初步的实现。还有介于被动和主动两者之间的半主动控制，它不用外加能源，而是用一种装置将强震动过程阶段的地震动能量存储起来，在适当的时刻、适当的位置、适当的方向，按设计者的设计施加于结构物上，以达到振动控制的目的。

结构振动控制还可以克服现行抗震设计的不足。由于地震活动很复杂，现有的科学水平不能对今后几十年的地震危险性估计。例如唐山地震之前，我们没能估计到那里会发生 7.8 级地震；在 1985 年以前，国际专家恐怕也未能估计到 1985 年墨西哥海湾 8.1 级强震震中区的峰值加速度会达到 2.0g 左右。现在多次记录到 1.0～2.0g 的地震动峰值加速度，致使设计者难以在安全和经济之间做出决策。结构振动控制却为此提供了一个方法，即结构可以按一般要求进行常规设计，而所要求的特殊控制系统可以在强烈的地震发生时才发挥作用，以保证结构不倒塌。这在地震高烈度区的重大工程的防震减灾方面是一种有效可行的方案。

美国、日本等经济发达国家，对主动控制的研究多一些，俄罗斯、中国、新西兰等国家由于投入的经费较少，对被动控制研究得更充分一些。针对 AMD 等主动控制装置结构复杂、体积大、耗能多的弱点，变刚度和变阻尼半主动控制技术的发展已成为振动控制研究的焦点，尤其是采用新型智能材料，实现振动控制，也逐步受到学术界的重视。已研制和开发的多种隔震减震装置，已在我国数十座桥梁上得到应用。

1997 年，Housner 对结构控制的研究课题提出了如下建议：① 用于非线性系统的被动、主动、半主动和混合控制的元件与控制算法，重点是有效能量法和发展能处理强输入信息的硬件；②非线性土木基础设施系统的模拟与识别；③发展创新的高性能和智能材料系统；④土木基础设施系统的监测、状态评价和破坏检测；⑤用于分布测量和弥散系统控制的智能传感器研究；⑥近场强地震动研究，它对结构控制的应用有重要影响；⑦对大尺度结构试验开展国际合作研究。

(5)特殊和重大工程的抗震设防

随着经济、建设、高科技的飞速发展，不少高耸、长跨、大型的重要工程结构拔地而起，它们在城市、交通、企业、工业、通讯等方面都起到重要作用。我国近年来，每年都有上百栋几十层高的建筑物在城市中建成；大跨、高墩的公路和铁路桥、悬索桥、斜拉桥在丛岭、江河、海滨等大量建设；大型挡水坝拦江耸立；几百米高的电视塔、通讯塔遍及各地；城市中遍布着大型储罐，罐内存储易燃或有毒的液体或气体；高炉、通廊、架空管线遍及各大型工矿企业；地下输油、输气管线贯通东西南北；海洋平台与核电站也在沿海岸兴建，所有这些工程结构都向地震工程学提出了新的课题。日本在建造其九州一四国大跨悬索桥时，制订了不同于一般规范的专门的抗震设计准则。

特殊和重大工程的抗震设防及其设计与一般工程的区别表现在以下几个方面：

①地震动参数。高耸、长跨、大型的重要工程结构常有较长的自振周期，长者可达几秒，甚至十几秒，一般建筑物的工程抗震设计规范规定的设计反应谱终止于 6 s，不能满足设计需要。对于地下直埋管线，由于控制设计的不再是一般规范要求的惯性力，而是地基变形，所以需要给出的是地震动速度或应变。对于多支墩长跨桥梁，各支墩的地震动可能不同，因而需要给出各支墩地震动的差异。

②具体场地与地震条件的考虑。一般工程的抗震设计强调简单，而精度不高，将复杂的场地与地震条件加以简化。对于性能特殊和重要性高的工程而言，要求根据具体的场地和地震环境来规定适当的设计地震动参数，考虑地基抗震稳定性，如砂土液化、变形、滑坡，并对工程场地附近的断层，研究其位置、走向、特性和规模，以及断层位错量的估计，汶川地震表明，结构的震害、特别是桥梁结构震害与地震动的传播方向关系密切。

③结构抗震设防标准。我国抗震设计规范规定，对一般工程，采用超越概率分别为 50 年 63%、10%、2%～3% 的三个水准设防，以达到小震不坏，中震可修，大震不倒的目标，作者认为作为结构工程师应细化这一目标，根据地震作用水平（地震重现期 100 年、500 年、1500～2500 年的地震水平），针对结构不同部位、不同构件制定不同的设计目标，明确设计构件所用的强度、延性参数指

标，否则谈这个指标没有任何意义[54,55]。对特殊重要的工程，如核电厂，我国规范按照国际惯例，规定采用年超越概率为1/10 000进行极限安全设计，以满足大震安全停堆的要求，并采用不小于大震的1/2的地震动加速度进行运行安全设计，以满足小震安全运行的要求。

从重大工程抗震问题的研究内容上看，它涉及近场波动模拟、土-结或桩-土-结相互作用、结构反应等诸多领域。近场波动数值模拟的基本问题是近场区域内波动的离散模拟和近场区域边界的处理。近年来随着计算机的飞速发展，解析方法与数值计算相结合得更紧密，尤其是采用时空离散技术（有限元或有限差分）构成了处理波动问题的方法。土-结相互作用的研究经过十几年的努力，在二维情况下有了工程上可接受的模型并在实际中得到应用。今后研究的焦点将集中在边界上如何处理土的非线性本构关系，以及发展解决三维土-结相互作用的应用软件。

（6）生命线系统工程的抗震设防

自从1971年提出生命线地震工程以来，它已经发展成为地震工程学的一个重要分支，日益显示其对现代生产和生活的重要意义，它包括：交通运输（铁路、公路、水路、空中），通讯、能源输送（供电、输油输气）、给排水等系统。1989年美国Loma Prieta地震破坏了旧金山、奥克兰之间的海峡大桥和奥克兰附近的高速公路桥，使得重要交通枢纽被迫中断、煤气与供水管线多处破坏，严重影响生产和生活，损失惨重。1994年美国Northridge6.7级地震造成桥梁破坏、煤气管道破坏引起的火灾、供水管道破坏引起的水灾、供电中断等致使损失巨大。与结构抗震技术的成熟程度相比，生命线系统抗震是地震工程中研究比较薄弱的一个领域。30年前，生命线系统工程尚未受到重视，所以其震害经验远比房屋少，直到在土耳其召开的第七届世界地震工程会议上，才把生命线地震工程作为一个专题列入会议文集。此后，在美、日、欧、中国都分别召开过以生命线地震工程为专题的双边、三边或国际会议。1994年在我国召开的第二届中、日、美三边生命线地震工程讨论会，并于1998年召开第三次讨论会。此领域的研究集中在以下几个方面：

①新的设计地震动参数

生命线系统工程不仅包括各种工程结构物，而且覆盖面很广。城市的交通系统和供水系统均覆盖全国，范围可以达到几十甚至几百平方公里；长输油、输气管线则跨越数千公里。对于埋入地下的管线结构，与土壤相互作用，管线长度与直径之比很大，其抗震能力取决于管线的变形能力，地震时系统各部分所受地震动的大小与特性不同，因此，对管线结构需要采用与房屋不同的地震动参数。

②地震灾害十分重要

由于生命线系统工程跨越的地震地质条件复杂，必须考虑断层错位、滑坡、砂土液化和场地的不均匀沉陷等地质灾害的影响，因而要对这些灾害引起的地形变位做出评估。

③结构破坏与功能损失双指标

组成生命线系统工程的管线和节点，与房屋建筑一样，也需要进行抗震设计。在强震时，生命线系统工程又具有应急救灾的作用，由于其复杂的网络冗余特性，一条线段或一个节点的破坏并不会使整个网络丧失全部功能。因此在结构破坏之外，又提出功能损失研究的新问题。

④生命线系统工程抗震设防标准

由于震害后果的严重性和震时抗震救灾需要的迫切性，生命线系统工程的抗震设防标准应高于一般房屋，究竟高多少就需要系统研究。目前，生命线系统工程中，地下部分与地上部分分别按不同的工程抗震设计规范进行设计，缺乏统一的标准。

⑤生命线系统工程的恢复与重建对社会生产、生活具有十分的重要意义，因此，对生命线系统工程的设计、修复，应进行社会、经济效益分析。

生命线系统工程的网络分析及功能失效、易损性评估、多点地震动输入下管网的动力反应分析、断层、土与管线的相互作用、地基失效对管网的影响以及立交桥、电视塔和通讯、电力、交通系统中的高柔长大结构的地震响应分析等问题将是今后研究的重点。可以预言，在不久的将来会建立一套完整的生命线系统地震损失评估的科学方法和相应的工程应用软件，并与 GIS 技术相结合，在动态管理和可视性方面有较大突破，为震前预防和政府应急提供强有力的技术服务。

(7)结构破坏分析与震害估计

结构破坏分析和防倒塌设计之所以长期受到重视，除了要利用结构物的非弹性阶段的耗能作用以达到经济和安全的防倒塌目的之外，还有一个重要的原因，即近代观测数据多次表明，建筑物有可能遭受到预料不到的特大地震动峰值加速度，如 1994 年初美国的 Northridge 地震，震级不超过 6.7 级，就有一处记录到 1.8g，另有四处记录到 0.9g 的地震动峰值加速度，与我国地震动区划图相比，唐山地震、汶川地震也都是超预期地震，2006 年 4 月在美国召开的纪念旧金山地震 100 周年的学术会议暨美国第八届地震工程会议上有学者提出，未来发生的地震可能会以浅源地震为主。因此，对于安全性需要高的工程，不能忽视这种可能。

结构非线性和破坏性分析已经研究了几十年，取得了很多重要的进展。20 世纪 60～70 年代，人们首先认识到非弹性变形和极限变形能力的重要性，从而在抗震设计中引入了延性或韧性系数，即最大变形与弹性极限变形之比，Newmark 详细研究过不同延性系数的非弹性反应谱。20 世纪 80 年代，人们进一步认识到结构物的破坏积累效应或低周疲劳破坏，这在结构反应进入非弹性阶段后尤其重要。这种破坏有两个指标，即极限强度或变形和能量积累。到 20 世纪 80～90 年代之交，费特若等对结构物的非弹性设计提出了更详细的要求。他再次明确，延性不能完全表达结构的抗震能力，还必须考虑结构积累损伤的能力。根据许多震害现场经验、室内试验和强震观测数据，他们提出应同时考虑地震动的输入总能量谱、非弹性设计反应谱、积累滞回耗能谱。他们的研究是合理的，但在工程中应用还需要简化。

鉴于当今先进的计算技术，虽然非弹性地震反应的计算已经不成问题，但在其他方面还存在一些难点：第一，结构非线性反应对地震动加速度过程十分敏感，而震动过程的细节目前又难以预测；第二，结构和构件在地震作用下的非弹性滞回特性非常复杂；第三，地震动具有六个自由度，即三个平动和三个转动，所有构件的截面经常处于复杂的应力状态，而且状态还在不断变化，随着观测数据的进一步积累与试验技术的进步，将可能在足尺模拟地震动试验台上进行试验，来确定截面或构件的非弹性滞回曲线，以克服拟动力试验中静力试验的缺点，即在试验中考虑阻尼作用，进而得到构件真正的动力性能。值得注意的是：目前国内建了不少振动台，但做大比例尺或足尺试验寥寥无几，希望在做振动台试验时充分考虑其非线性结构的相似比效应，考虑一下我们的试验手段能否达到我们的试验目的，作者认为小比例尺(1/4 以下的模型)的振动台试验，去做结构的非线性地震响应研究意义不大，其结果没有可信度。

(8)地基破坏与变形的估计

地基抗震稳定性中研究最多的是边坡滑动和砂土液化，目前研究的难点是：缺乏地震动加速度过程和土体相互作用的全面、详细的认识，主要的原因是土体除了动力性能复杂，难以测量或预测外，其组成不均匀，土的本构关系离散性很大。第一，土体由固体颗粒、液体、气体组成，虽具格式但有很大的随机性，与钢材、混凝土相比，颗粒的分布很不均匀；不同颗粒的物理化学性能不相同，同一类土所含的颗粒成分不完全一样，故性能差异较大。第二，土体状态受自然和人为环境变化的影响很大。河道的迁移、湖泊的改变、天然降雨、人工用水等使地下水发生变化，从而引起土体性能的变化。不同山坡抗滑稳定性的巨大差异即为一例，由于雨水的影响，有的山坡无地震也会滑坡，而少数山坡强震时也不会滑动。第三，地基滑动与变形引起的结构破坏。虽然对地基变形有一些分析估计的方法，但并不能达到要求。砂土液化引起的土体滑移以及不均匀土层产生的地基不均匀沉陷，都会引起工程破坏。总之，如果不能确切掌握土体内物质组成、分布及其动力特性，特别是非弹性变形特性，地基破坏与变形的估计仍将困难重重。

(9)基于性能的抗震设计

基于对美国 1989 年 Loma Prieta 地震，1994 年 Northridge 地震和 1995 年日本阪神地震的反思和总结，国际地震工程学界于 20 世纪 90 年代初提出了基于性能抗震设计这一新概念，代表着 21 世纪结构抗震设计理论新的发展方向。震害经验表明，现有的抗震设计理论难以保障结构和人类生命安全已不能完全满足社会要求，往往在地震时产生巨大的损失。因此，为减少地震带来的损失，有必要研究新的抗震设计理论和方法。基于性能的抗震设计的基本出发点是要通过多级抗震设计、位移控制、非线性分析以及非结构构件和设备的抗震分析，综合考虑设计、施工、验收等各个环节。使抗震结构达到预期性能、满足使用者预期的功能要求。目前，美国学者已经提出了基于性能抗震设计的理论框架，并从特定类型结构入手，对基于性能抗震设计的实施进行了一系列探索，研究成果已经纳入有关的抗震设计规范。我国一些学者也在着手 Pushover 静力非线性分析、位移控制抗震设计方法、非线性反应谱应用以及含性能要素在内的规范研究。

(10)地震应急和震后的救灾技术

各国的地震实践说明，建立震情和损失评估快速处理体系，对于政府按照应急预案采取快速应急反应与对策，减少地震造成的损失，都是十分重要的。1995 年的阪神地震，由于日本政府对震灾损失估计不足，导致救灾迟缓，受到世界各国批评就是一个例子。地震发生后，采用得力的救灾措施和技术是减少人员伤亡的有力手段，目前世界各国对此研究都很不够，今后应该加强这一方面的研究，尤其是着重研究和开发一批寻人和救人技术与装备。同时，在我国还需重点加强快速响应基础数据库的建设，包括断层活动、地震分布等地震环境内容，也包括建筑物、生命线、重要工程、人口分布、经济活动等内容，并研究与现场调查相结合的计算机损失评估系统和对策系统。可以预计，在 21 世纪，在地震研究水平总体处于先进的国家(美、日、中等)，将建立一套完整的包括地震监测、震灾估计、地震应急等内容，用空间信息技术(GIS、GPS)支撑的信息处理和管理系统，并应用于指导抗震救灾。

3.3 我国地震工程学发展研究[45,46]

我国地震工程的发展分为三个阶段，即：创建阶段(20 世纪 50～60 年代)、发展阶段(20 世纪 70～80 年代)和横向发展阶段(20 世纪 90 年代开始)。

3.3.1 创建阶段

20 世纪 50 年代中期，地震工程纳入国家计划，开展了当时工程建设中有关重要问题的研究，包括：砌体结构、混凝土坝、地基土壤、建筑材料动力性能以及我国传统建筑的抗震性能的现场实测、模型实验、理论分析和计算，与之相配合振动量测仪器和激振器开始研制。1956 年前后李善邦主持编制了我国第一个地震区划图，利用当时的地震活动和地震地质资料编制的这副图，首次提供了基本反映我国烈度分布基本面貌的图件，此图未赋予烈度以时间概念，从而把全国高烈度区定得太广，故未被建设部门采纳。1957 年我国制定了第一个地震烈度表，1959 年我国第一个工程抗震设计规范的草案编制形成。地震烈度区划图并未使用，规范则在工程设计中得到试用。在 20 世纪 50 年代末到 60 年代初有了新的进展，根据地震破坏经验、理论分析和仪器记录，我国地震工程学者早于美国和日本十余年提出场地条件对地震动的影响，提出在地震动方面应该调整反应谱，而不是调整峰值加速度，在设计措施方面应该对软弱地基采取地基加固措施，而不是提高设计烈度，这些建议纳入了 1964 年工程抗震设计规范草案，并在设计中得以使用，在恢复制定抗震设计规范时，纳入 1974 年我国建筑抗震设计规范。1964 年规范中的等效地震动加速度 k_c 改为结构系数与实际地震动加速度 $k=a/g$ 的乘积，具有明确的物理意义，沿用至今。20 世纪 60 年代初，我国还开展了地面和结构的随机振动理论的研究，并应用于建筑物脉动分析，还结合工程实际，研究了多种构筑物和坝体的地震反应。1962 年召开了第一次全国"建筑物抗震问题学术会议"，1962 年和 1965 年由工程力学研究所主编出版了地震工程研究报告集。

概括来说，这一阶段主要结合我国当时的工作实际问题，广泛吸收包括美国和日本在内的国外经验，并重视不同专业的配合，建立了自己的科研队伍，是个良好的开端。

3.3.2 发展阶段

十年文革期间，我国地震工程事业几乎陷于停顿，开展的主要工作是地震现场调查。在此期间我国发生了几次强震，如 1967 年河间地震、1969 年渤海地震、1970 年通海地震以及 1975 年海城地震和 1976 年唐山地震，经过现场详细的调查，地震工程取得了一些进展。由结构抗震和地震地质两个专业的人员共同开展了大量的现场调查，历时一年多，提出了非发震断层并不加重震害的结论，后经 1973 年永善-大关地震、1975 年海城地震和 1976 年唐山地震的现场考察证实了这一经验，并应用于我国工程抗震设计规范，改变了在断层上都要提高设计烈度的观念。在 1964 年的工程抗震设计规范(草案)的基础上，1974 年我国有了第一个正式的国家抗震设计规范《工业与民用建筑抗震设计规范(TJ 11—74)》，随后又有一些部级的其他专业抗震规范颁布。

这一阶段的重点内容有：(1)1975 年海城地震的成功预报，减少了人民生命损失，但是工程损失仍未减少，而紧接着的 1976 年唐山地震则带来了百年未有的巨大损失；(2)抗震试验室的建立，包括模拟地震动试验台以及拟动力试验装置；(3)我国工程地震学的迅速发展，其中包括：将1957年的地震烈度表修订为1980年烈度表；取得一批有用的地震动加速度过程记录，提出了从两地区地震烈度衰减关系对比，将有强震加速度过程观测记录转换为无强震加速度过程观测记录地区的地震动衰减关系的方法，此法可以提供反应谱衰减关系，改进了过去从地震烈度转换地震动峰值加速度的局限性；1977年颁布了由邓起东主持编制《中国第二代地震烈度区划图》，并及时用于工程设计，该图采用基本烈度表示地震危险程度，基本烈度则定义为未来百年内在平均场地条件下可能遭遇的最高烈度；对许多城市，如北京，进行了地震动和地基失效的小区划；在1987年至1990年间由高文学和时振梁主持编制了第三幅区划图，该图仍采用烈度表示地震危险程度，但是，对预测的烈度除赋予时间概念外，还赋予了概率含义；(4)不确定性分析与可靠度理论的研究和应用，主要成果包括：概率法的地震危险性估计的引入；考虑我国大量地震数据后的地震危险性综合概率法；不同于美国的分位数—概率法的、考虑多种不确定性因素的综合概率地震危险性分析法；在工程抗震设计规范中引入可靠度理论。(5)工程抗震设计规范的更新和细化，如1974年、1978年和1989年建筑抗震设计规范，1978年水工建筑物抗震设计规范，1978年室外给水排水和煤气热力工程抗震设计规范，1978年煤炭工业抗震设计规定等，1989年公路工程抗震设计规范，已经形成了一个基本完整的体系；(6)小震不坏、大震不倒的二级抗震设计思想已纳入我国1989年建筑抗震设计规范。虽然小震不坏、中震可修、大震不倒的三级设计思想早已存在，但是在工程抗震设计规范中，具体采用的先是日本建筑抗震设计规范(1980年)，我国《建筑抗震设计规范(GBJ11—89)》是第二个采用。大体上说，相当于50年超越概率10%的设计地震是中震，它的1/3是小震，小震的5倍是大震。20世纪80年代初在海南岛召开1978年建筑抗震设计规范的第一次修订会议时，胡聿贤院士曾指出，根据我国 1978 年以及之前的抗震设计规范，结构系数 C 约为 1/3，进行强度验算，即为小震不坏，以前规范按 $C=1$ 进行变形验算，应该大体相当于中震可修，二级抗震设计隐含了三级设计的实现；(7)可靠度的形式应用于工程设计规范中；(8)我国重大工程的兴建促进了地震工程的发展，特别是核电厂，其中包括：地震危险性分析中的地震地质、地震活动性、地震衰减关系、地震危险性的确定性与概率性分析方法、由反应谱人造地震动波、不确定性分析等；(9)开展了地震区重要工程的抗震鉴定和加固，1977 年制定了工业与民用建筑抗震鉴定标准；根据 1977～1989 年建设部的统计，全国加固了 2.15 亿多平方米建筑，费用达 33.5 亿元。

这一阶段的大发展同样是来自我国工程建设的推动和工程与地震两学科的结合。

3.3.3 横向发展阶段

地震工程学一般被认为是关于地震的工程问题，或考虑地震的工程设计、鉴定和加固问题，是工程师和地震学家的事，人们所定义的范畴随着认识的发展而变化。地震工程这一学科在 20 世纪 90 年代得到了更多的关注，除工程师和地质地震学家之外，社会、经济、行政管理、高新科技方面的人员加入了这一学科的研究，地震工程学科研究工程对象已从单一工程发展到单体和群体并重，所以称这一阶段为横向发展阶段。下面简单介绍上世纪最后十年里，我国地震工程的重要进展。

我国第一部规范防灾减灾工作的重要法律《中华人民共和国防震减灾法》于 1998 年 3 月 1 日起执行，它标志着我国防灾减灾工作已经纳入法制化管理轨道。在国际减轻自然灾害十年之末，这势必推动我国地震工程的实际应用和发展。1999 年批准了国家标准《工程场地地震安全性评价技术规范》，编制震害评估、预测与减灾的规定。

吸收国外经验，加强了与社会、经济、高技术和灾害管理人员的合作，应用地理信息系统(GIS)，以 ARC/INFO 为工作平台，配合音像显示，对近十个大中城市开展样板震害预测与防灾减灾工作。包括北京在内的首都圈震害预测与防震减灾工作开始，其中除了上述震害预测与防震减灾工作之外，还包括重要工程的鉴定和加固。

地震工程的新应用、新理论与新方法。我国在近 20 年的经济建设持续稳定发展中，工程建设有了较快发展，建造了一些特殊的、重大的工程，如核电厂、高挡水坝、主跨长达千米的大桥、高度为几百米的房屋和电视塔。它们的安全设计都对地震工程提出了新的要求，为此，开展了有关问题的研究，并制定了相应的规范。在建筑抗震设计规范修订版中，对基础隔震结构有了相应的规定。同时，我国学者也开展了被动和主动控制的抗震结构的研究和应用。

根据《中华人民共和国防震减灾法》提出的、为一般工程使用的抗震设防要求形成中国地震动参数区划图(2001)。与 1990 年中国地震烈度区划图相比，它所采用的参数，从古老的、宏观定性的、非物理量的地震烈度，过渡到直接以地震动参数表示的，可以直接为工程抗震设计规范使用的、可定量的物理量。它克服了我国上一代地震区划图不能反映地震大小、远近对反应谱形状影响的缺点。区划图有两张，一张是二类场地 50 年超越概率 10%的峰值加速度，另一张是二类场地反应谱特征周期分区图，对于其他场地按照给出的表格规定进行调整。

我国《建筑抗震设计规范》(GB 50011—2001)于 2001 年 7 月 20 日发布，2002 年 1 月 1 日正式实施。为了与《中国地震动参数区划图》(2001)配套，适应基本建设的发展，新规范对原有 GBJ11—89 规范在抗震设防水准、设防目标、抗震设计基本要求、场地评估、概念设计、设计反应谱、结构地震反应分析方法等基本问题上均有重大修改，并增加隔震和耗能减震设计、钢结构、非结构构件的内容。

3.4 国内外生命线地震工程的研究[52,53]

生命线主要包括电力、煤气、给排水、交通、通信与热力工程等网络系统，现代城市的人口、高层建筑物、财富、生产与各种生命线工程系统均高度集中，大的地震灾害发生后，城市生命线工程一般都会遭受严重的破坏。因此，研究城市生命线地震工程及其震后恢复有重要的理论与实用价值。

生命线与生命线地震工程是 20 世纪 70 年代初期提出的。1971 年 2 月 9 日，美国发生了 San Fernando 地震，加利福尼亚大学的 Duke 教授考察了灾区的电力、煤气、给排水、交通和通信等系统后，提出了生命线（Lifeline）和生命线地震工程（Lifeline Earthquake Engineering）的概念。1975 年，在美国召开的地震工程国际会议上，他发表了题为《生命线地震工程评价指南》的学术论文，进一步阐述了生命线、生命线地震工程及其评价方法。1974 年美国土木工程学会设立了生命线地震工程技术委员会（Technical Council on Lifeline Earthquake Engineering ，TCLEE），这是世界上第一个关于生命线地震工程的学术性组织。

日本是地震灾害较严重的国家，而且全国半数以上的人口集中在城市，因此，比较重视城市生命线地震工程的研究与实践工作。近些年来，多次召开以生命线地震工程为主要议题的国际会议，取得了较多的学术研究成果。1991、1998 年编辑出版了《生命线地震工程》、《地震与城市生命线系统的诊断与恢复》等专著。特别是阪神地震后，无论在理论上还是实践上都进行了深入的研究工作，取得了许多重要的研究成果。在《土木学会论文集》、《自然灾害科学》、《防灾系统》等日文期刊和相关论文集上，发表了大量学术论文，比较全面地总结了阪神地震生命线系统震害与震后恢复的经验与教训。

1976 年 7 月 28 日我国发生了唐山大地震，唐山市区的生命线系统几乎完全瘫痪，天津市的生命线系统也受到不同程度的破坏。我国广大地震工作者和电力、煤气、市政工程、交通、通信等专业的科研、工程技术人员和有关领导亲临地震灾区抗震救灾第一线，对唐山地震灾区（包括天津市、北京市）的城市生命线系统进行了广泛、深入的考察，取得了极为宝贵的研究成果。可以认为，我国对城市生命线地震工程的系统研究始于唐山地震，唐山地震以后，我国成为世界上城市生命线地震工程研究较为活跃的国家之一。20 世纪 90 年代初，国家地震局工程力学研究所成立了生命线工程研究室。1994 年赵成刚等出版了《生命线地震工程》、2001 年苏幼坡等出版了《城市生命线系统震后恢复的基础理论与实践》等专著。

据对 1991～2000 年《中国地震科研课题总览》的统计，我国完成的高层次的城市生命线地震工程科学研究成果有几十项。我国城市生命线地震工程的科学研究工作，已经深入到许多重要研究领域，研究课题紧密结合我国的国情和地域特征，突出创新性、理论性、实用性和学术性。为解决城市生命线地震工程的重要理论与实用问题提供科学依据。我国的生命线地震工程研究工作，取得了举世瞩目的成果，得到国外同行专家的高度评价。

城市生命线系统科学研究工作的不断深入发展，促进了该领域国际间学术交流活动。1976 年美、日两国在东京召开了以城市生命线地震工程为重点研讨内容的地震工程学术会议。此后，美国土木工程学会和美国机械学会每隔一、两年就举办一次生命线地震工程领域的国际会议。1998 年我国首次在昆明市召开了生命线地震工程国际会议。

地震时常因道路、桥梁、机场、港口破坏，造成交通阻断，影响救援，所以交通系统是生命线地震工程的主要环节。1971 年 San Fernando 地震由于桥梁抗震能力不够，5 座桥梁塌落，42 座桥梁损坏。1976 年唐山地震滦河大桥倒塌，公路破坏占总长度的 62％。1994 年 Northridge 地震造成立交落梁，独柱墩弯曲。1995 年阪神地震阪神四条公路 63.8％桥墩损坏。1999 年中国台湾 921 大地震，桥梁塌落，墩柱倾斜，支座分离，有的道路被迫关闭。

1973 年加州公路局考虑了断层活动，场地土壤条件和桥梁振动特性，改进了桥梁抗震设计准则（CALTRANS），1975年纳入美国公路桥梁规范（AASHTO），Gates，J. H.（1976年、1979年）对加州公路桥梁规范又增进了若干系数，1981年纳入应用技术委员会的规定（ATC），1989年作为AASHTO标准规范，1991年作为AASHTO公路桥梁抗震设计导则，主要是考虑了若干因素对桥梁地震反应的影响，如桥梁至活动断层的距离，活动断层最大可信地震，地震动引起桥梁的地震反应，场地土的动力特性，增加延性和危险性，按不同的情况分别采用三种分析方法，即地震系数法，单一振型法和多振型反应谱法，以后又有补充。Mancari，G. D.为防止落梁和加强桥梁的整体性，提出纵向和横向限位装置。Zelinski，R.，Dubovik，A. T.（1991）用非线性分析加州桥梁的地震反应，建立受拉模型和受压模型，分别分析铰的受拉和受压状态，然后加强上部结构的连接。对下部结构，增加柱子箍筋及与基础的锚固，扩大墩台尺寸。编制程序STRUDL，对加州12000座桥梁逐年加固。Chen，Y.（1992）以时程法分析连续梁式桥，地震反应高于AASHTO规定的单一振型反应谱和多振型反应谱会得到高的地震反应。美国Northridge地震后，Gaus，M. P.（1994）运用GIS技术识别桥梁震害，得到较好结果。Mander，J. B.，Basoz，N.（1999）提出快速识别桥梁震害和评估震害损失的方法，称为Fragility Curve理论，根据大量地震地质参数，不同型式桥梁结构动力特性，编制HAOZUS程序，供评估和加固使用。但是场地情况千差万别，此方法的应用还应进一步讨论。Ettouney，M.（2002）用频域分析大跨度桥梁在非一致地震动时的特性，其结果使其共振位移大，桥梁内力重分配，使桥梁的抗震研究进一步深化。

我国在唐山地震中，桥梁破坏严重，去往唐山地区的交通瘫痪，使运输物资、救援伤员遭受极大阻力，此后交通系统的抗震分析和研究得到了发展。全国各专业研究所对桥梁震害进行了大量调查研究，这些调查报告为分析不同桥梁体系抗震性能，为研究合理设计方法，提供了基础资料。

3.5 本章小结

20 世纪 90 年代,美国政府在国家科学基金会(NSF)的推动下建立了三个互补的地震工程研究中心:①伊利诺大学(Urbana)的“美国中部地震中心”(Mid America Earthquake Center,MAEC);②纽约州立大学(Buffalo)的减轻地震损失的高技术地震工程研究中心(Earthquake Engineering Research Center for Advanced Technologies for Earthquake Loss Reduction),现更名为“多学科地震工程研究中心”(Multidisciplinary Center for Earthquake Engineering Research,MCEER),这反映了地震工程研究的跨学科性质;③加州大学伯克利分校(Berkeley)的“太平洋地震工程研究中心”(Pacifica Earthquake Engineering Research Center,PEERC)。各研究中心把工作重点放在对减轻地震灾害有重大意义的问题上,美国国家科学基金会与地方政府每年各资助每个中心 200 万美元。此外,美国国家科学基金会从 2000 年开始,用了 4 年时间,投资 8000 多万美元组织 18 所大学和研究机构,启动了一项“地震工程模拟网络(NEES)”十年计划(2004～2014),将大型的实验设备联网,旨在通过宽带网整合和分享研究资源,开拓地震工程合作研究和教育培训的新纪元。

可见当前地震工程研究的发展特点:在内容上由传统做法逐步转向高新技术的应用;在组织形式上从以单体研究为主过渡到组织合作研究,从工程师单方面研究过渡到工程师与地震学家、地质学家、社会学家联合研究。学科的交叉、融合及扩展,材料科学、信息技术等新成果的应用,是现阶段工程科学发展的重要特征。

我国由于科研体制和机制的原因,相关部委还很难稳定一支抗震科研队伍,唐山地震后几乎各相关部委的科研单位都成立了抗震研究机构,由于科研项目来源不稳定、与土木工程的其他专业比从事抗震科研人员的收入过低等原因,到上世纪末,相关部委抗震研究机构保留下来的就屈指可数了,现在国内的相关部委只有中国水利水电科学研究院工程抗震研究中心保留下来了,目前有

20多人的研究团队，这些是值得科研管理机构及其领导反思的。抗震研究的门槛比较高，研究人员需要的知识结构和知识沉淀很多、需要对结构静动力行为有深刻认识和研究，汶川地震后相关部委列了不少抗震方面的科研项目，但拿到这些科研项目的人，有多少是有抗震科研积累的人？作者建议，我们应取消抗震方面科研项目的投标招标制、同时也不应强行规定科研项目3～5年结题，如：强震观测是一项需要常年资助的日常科研课题，这类课题就不能设置结题期限，各相关部委应稳定一支科研团队，长期、滚动资助抗震方面的研究，这是一件意义重大但很难做到、非常困难的事情。

参考文献

[1] History of the NSF Earthquake Hazard Mitigation Program, October 7, 1999.

[2] Ad Hoc Interagency Workin Group for Earthquake Research. (December, 1968) *Proposal for a Ten-Year National Earthquake Hazards Program: A Partnership of Science and the Community*. Washington, DC: Federal Council for Science and Technology.

[3] Ad Hod Panel on Earthquake Prediction (May, 1965) *Earthquake Prediction: A Proposal for a Ten Year Program of Research*. Washington, Office of Science and Technology.

[4] Advisory Committee of the National Earthquake Hazards Reduction Program (1993) *Report of the Advisory Committee of the National Earthquake Hazards Reduction Program (NEHRP)*. Washington: Federal Emergency Management Agency. January 1993.

[5] Anderson, William (May 31, 1991). PRESSS Phase Ⅱ. (Dear Colleague letter).

[6] Anderson, William A. "A History of Social Science Earthquake Research: From Alaska to Kobe". In *The EERI Golden Anniversary Volume 1948-1998.* Oakland, CA, Earthquake Engineering Research Institute. p. 29-33.

[7] Andrews, Richard, (1990) Statement in *The Loma Prieta Earthquake: Lessons Learned*. Hearing, Subcommittee on Science, Research, and Technology. Committee on Science, Space, and Technology. U. S. House of Representatives. 101st Congress, 1st Session. December 4, 1989. Washington: U. S. Govt. Printing Office. 1990.

[8] Belanger, Dian Olson (1998). *Enabling American Innovation: Engineering and the*

National Science Foundation. West Lafayette, Indiana: Purdue University Press.
[9] Building Seismic Safety Commission(1999) About BSSC. Online at.
[10] http://www.bssconline.org/ab/index.html. Accessed September 9, 1999.
[11] California Department of Planning and Research. (May, 1990). *Competing Against Time: Report to Governor George Deukmejian from The Governor's Board of Inquiry on the* 1989 *Loma Prieta Earthquake*. (George W. Housner, chair). North Highlands, California: California Department of General Services, Publications Section.
[12] Committee on Earthquake Engineering Research(1982). *Earthquake Engineering Research-1982.* Washington: National Academy Press.
[13] Dunne, Thomas(1975) Letter to Senator Frank E. Moss. In U. S. Congress. Senate Committee on Aeronautical and Space Sciences. *Earthquake Research and Knowledge*, Hearing, April 26, 1975. 94th Congress, 1st Session. Washington, U. S. Govt. Print. Off. 1975. p. 214-216.
[14] Earthquake Engineering Research Center(1972). *Earthquake Simulator Laboratory Dedication*. Berkeley, CA: College of Engineering, University of California, Berkeley.
[15] Earthquake Engineering Research Institute(1989) *Loma Prieta Earthquake October 17, 1989: Preliminary Reconnaissance Report.* El Cerrito, CA: Earthquake Engineering Research Institute.
[16] Earthquake Engineering Research Institute (September, 1995) *Assessment of Earthquake Engineering Research and Testing Capabilities in the United States*. Oakland, CA: Earthquake Engineering Research Institute.
[17] EQE International (April, 1995) *The January 17, 1995 Kobe Earthquake: An EQE Summary Report.* Available online at http://www.eqe.com/publications/kobe/kobe.htm.
[18] Executive Office of the President(1978). The National Earthquake Hazards Reduction Program. June 22, 1978. Signed by Jimmy Carter.
[19] Expert Review Committee(1987) *National Earthquake Hazards Reduction Program: Commentary and Recommendations of the Expert Review Committee*. Washington: Federal Emergency Management Agency.
[20] Federal Emergency Management Agency(1998) *National Earthquake Hazards Reduction Program—FY99 Budget.* Washington: Federal Emergency Management Agency.
[21] Federal Emergency Management Agency(December 1996). *Reducing the Effects of Earthquakes in the United States: National Earthquake Hazards Reduction*

Program, *Fiscal Years 1995-1996.* Report to Congress. Washington: Federal Emergency Management Agency.

[22] Freeman, Sigmund A. "Analytical Tools, the Early Days". In *The EERI Golden Anniversary Volume 1948-1998.* Oakland, CA, Earthquake Engineering Research Institute. p. 19-22.

[23] Gaus, Michael(1999), telephone interview, June 10, 1999.

[24] General Accounting Office, (September 11, 1972) *Need for a National Earthquake Research Program*. Washington, D. C..

[25] Governor's Board of Inquiry on the 1989 Loma Prieta Earthquake (May 31, 1990) *Competing Against Time*. Report to Governor George Deukmejian. North Highlands, CA, California Office of Planning and Research.

[26] Hall, John F. (1994) Testimony in *Lessons Learned from the Northridge Earthquake*. Hearing. Committee on Science, Space, and Technology. U. S. House of Representatives. 103rd Congress, 2nd Session. March 2, 1994. Washington: U. S. Government Printing Office. p. 301-305.

[27] Hanson, Robert D. (1999) Personal interview, February 5, 1999.

[28] Holmes, William T. (1998) The History of U. S. Seismic Code Development. In *The EERI Golden Anniversary Volume 1948-1998.* Oakland, CA, Earthquake Engineering Research Institute. p. 13-18.

[29] Holmes, William T. (1998) The History of U. S. Seismic Code Development. In *The EERI Golden Anniversary Volume 1948-1998.* Oakland, CA, Earthquake Engineering Research Institute. p. 13-18.

[30] House Committee on Science(1997) Report 105-238, on Earthquake Hazards Reduction Act Of 1977 Reauthorization. Washington, U. S. Goverment Printing Office. August 1, 1997.

[31] Housner, George W. (1997) Connections: The EERI Oral History Series. Stanley Scott, Interviewer. Oakland, CA: Earthquake Engineering Research Institute.

[32] Hudson, Donald E. (1988) "Nine Milestones on the Road to Earthquake Safety" in *Proceedings of the Ninth World Conference on Earthquake Engineering*, August 2-9, 1988, Tokyo-Kyoto, Japan. Vol. 11. p. Ⅱ-3-11.

[33] Kramer, Steven L. (1998) "The Development of Geotechnical Earthquake Engineering," In *The EERI Golden Anniversary Volume 1948-1998.* Oakland, CA, Earthquake Engineering Research Institute. p. 3-7.

[34] Liu, S. C., W. Anderson, C. Astil, and L. Weber (August, 1998). "The NSF Earthquake Disaster Mitigation Research Program", *Earthquake Spectra 14*: *3*, 433-440.

[35] Merrow, Edward W. , and Kathy Rosenblatt(April 1987). *A Balanced Earthquake Engineering Program*. RAND Note N-2573-NSF. Prepared for the National Science Foundation.

[36] Mileti, Dennis S. (1990) Statement in *The Loma Prieta Earthquake: Lessons Learned*. Hearing, Subcommittee on Science, Research, and Technology. Committee on Science, Space, and Technology. U. S. House of Representatives. 101st Congress, 1st Session. December 4, 1989. Washington: U. S. Govt. Printing Office. 1990. p. 258-268.

[37] Narita, Nobuyuki(1988)"Two Decades of Accomplishments and Challenges for the Future. " Paper presented at the 20th Joint Meeting, U. S. -Japan Panel on Wind and Seismic Effects, UJNR, May 17-20, 1988, Washington, DC.

[38] National Academy of Engineering, Committee on Earthquake Engineering Research (1969)*Earthquake Engineering Research*. Washington, National Academy Press.

[39] National Academy of Science(1969) Seismology: Responsibilities and Requirements of a Growing Science. Washington: National Academy Press.

[40] National Academy of Sciences(1969) Toward Reduction of Losses from Earthquakes: Conclusions from the Great Alaska Earthquake of 1964. Washington, National Academy Press.

[41] Mahin S. (ed.). U. S. Japan Workshop on Cooperative Research for Mitigation of Urban Earthquake Disasters: Learning from Kobe and Northridge Recommendation and Resolutions[C], Pro. UCB/EERC-97/03, 1995, Berkeley.

[42] Shinozuka M. (ed.). The Second U. S. Japan Workshop Cooperative Research for Mitigation of Urban Earthquake Disasters[C], Pro. , University of Southern California, Los Angeles, 1997.

[43] Housner G W, Bergman L A, Caughey T K, etc. (eds.). Structural Control: Past, Present, and Future[J]. Journal of Engineering Mechanics, 1997, 123(9): 897-971.

[44] 胡聿贤,冯启民. 地震工程学的发展和趋势. 第四届全国地震工程会议论文集, 1994.

[45] 刘恢先. 地震工程学科在中国的发展、回顾与前瞻. 地震工程与工程振动, 1988, 8(2).

[46] 胡聿贤. 地震工程学. 北京:地震出版社, 1986.

[47] 国家基本建设委员会建筑科学研究院,四川省建筑工程局建筑科学研. 工业与民用建筑抗震设计规范(TJ11—74). 北京:中国建筑工业出版社, 1974.

[48] 冶金工业部建筑研究总院工程抗震研究室. 九国抗震设计规范汇编. 北京:地震出版社, 1982.

[49] 中华人民共和国国家标准. 建筑抗震设计规范(GBJ11—89). 北京:中国建筑工业出版社,1989.
[50] 胡聿贤,时振梁,冯启民等. 工程场地地震安全性评价技术规范(GB17741—1999). 北京:中国标准出版社,1999.
[51] 中华人民共和国国家标准. 建筑抗震设计规范(GB 50011—2001),北京:中国建筑工业出版社,2001.
[52] 苏幼坡,苏经宇,苏春生,刘瑞兴. 城市生命线系统震后恢复的基础理论与实践. 北京:地震出版社,2001.
[53] 赵成刚,冯启民. 生命线地震工程. 北京:地震出版社,1994.
[54] 王克海,韦韩,李茜,李悦. 中小跨径公路桥梁抗震设计理念. 土木工程学报. 2012,45(9).
[55] 王克海,李悦,颜文晖,等. 关于在基础设施抗震规范中规定最低设防要求的一点建议. 震灾防御技术. 2012,7.
[56] 胡聿贤. 在抗震规范中不用地震烈度的一个建议. 建筑结构学报. 1983.1(1):32-39.

第 4 章　桥梁抗震计算与抗震性能评价方法综述

历次大地震造成重大灾害的同时，也给人类展现了 1∶1 足尺试验的结果，使人类对地震作用机理的认识逐步加深，桥梁结构地震分析方法也随之经历了从静力法到动力法（包括反应谱方法和时程分析方法）的演变过程。桥梁抗震的设计方法也从地震经验中得到了不断的改进与发展，由起初的单一强度控制到强度、位移双标准控制，归纳起来，桥梁的抗震设计方法主要有基于强度设计、基于位移设计、基于能量设计以及能力抗震设计方法。

4.1　结构抗震动力学基本概念

桥梁结构的地震响应的分析本质上是一个结构动力学问题。对桥梁结构进行抗震分析时，必须从结构动力学出发来思考、解决问题。因此，首先要确立结构动力学的基本概念，如结构运动方程、结构动力特性等概念。

4.1.1　运动方程

以一座桥墩为例说明地震作用下结构运动方程的建立。实际上，桥墩是无限自由度体系，在工程中这样考虑不仅困难，而且也是不必要的，因此通常将桥墩连续分布的质量以及与其耦联的质量简化成集中于若干个质点上的多自由度系统。$\{\ddot{x}_g\}$为地震时水平地面运动加速度时程，它使桥墩产生振动，忽略轴向力的作用及结构的内阻尼，振动时在桥墩的质点 i 上有惯性力 F_{Ii}、弹性恢复力 F_{si} 和外阻尼力 F_{Di} 作用。根据达朗伯尔（D'Alembert）原理，这三种力应组成一个平衡力系，则有：

$$F_{Ii}+F_{si}+F_{Di}=0 \tag{4-1}$$

式中，桥墩质点 i 的惯性力仅仅取决于该自由度的绝对加速度，为 $F_{Ii}=-m_i(\ddot{x}_i+\ddot{x}_g)$，$\ddot{x}_i$ 是质点 i 的相对加速度。对桥墩每一质点均可得到这样的平衡方程，从而得出地震作用下多自由度系统的运动方程为：

$$[\boldsymbol{M}]\{\ddot{x}\}+[\boldsymbol{C}]\{\dot{x}\}+[\boldsymbol{K}]\{x\}=-[\boldsymbol{M}]\{I\}\{\ddot{x}_g(t)\}=P \tag{4-2}$$

式中，$[\boldsymbol{M}]$是质量矩阵；$[\boldsymbol{C}]$是阻尼矩阵；$[\boldsymbol{K}]$是结构刚度矩阵；$\{x\}$、$\{\dot{x}\}$和$\{\ddot{x}\}$分别为位移、速度和加速度向量；$\{I\}$为单位列阵；$\{\ddot{x}_g(t)\}$为地震时水平地面运动加速度时程；式(4-2)右边项 P 表示地震时地面加速度引起结构振动的外因，定义为所有质点的等效荷载。

$$[\boldsymbol{K}]\{x\}=P \tag{4-2a}$$

$$[\boldsymbol{M}]\{\ddot{x}\}+[\boldsymbol{K}]\{x\}=0 \tag{4-2b}$$

$$[\boldsymbol{M}]\{\ddot{x}\}+[\boldsymbol{C}]\{\dot{x}\}+[\boldsymbol{K}]\{x\}=-[\boldsymbol{M}]\{I\}\ddot{x}_g(t) \tag{4-2c}$$

$$[\boldsymbol{M}]\{\ddot{x}\}+[\boldsymbol{C}]\{\dot{x}\}+[\boldsymbol{K}]\{x\}=-[\boldsymbol{M}]\{I\}\ddot{x}_g(t)+[\boldsymbol{H}]\{U(t)\} \tag{4-2d}$$

$$([\boldsymbol{M}]+[\boldsymbol{M}_d])\{\ddot{x}\}+([\boldsymbol{C}]+[\boldsymbol{C}_d])\{\dot{x}\}+([\boldsymbol{K}]+[\boldsymbol{K}_d])\{x\}=-([\boldsymbol{M}]+[\boldsymbol{M}_d])\{I\}\ddot{x}_g(t) \tag{4-2e}$$

通常所说的结构地震反应分析，就是建立结构在地震作用下的运动方程，式(4-2)，然后通过求解运动方程得到结构地震反应(位移、内力等)的过程，根据求解方法的不同，就产生了不同的分析方法，如振型分解法、反应谱法、时程分析法等。

事实上，静力分析和动力分析的方程统一起来可以由公式(4-2)来表示，只需根据讨论的问题，从中选出几项进行分析计算。如果是静力问题，公式中只有弹性恢复力项和外荷载项，即式(4-2a)。如果是结构动力特性的问题，就不包含阻尼力项和外荷载项，即式(4-2b)。如果是动力反应分析，就要涉及到惯性力项、阻尼力项、弹性恢复力项及外荷载项，即式(4-2c)，如果将位移反应表示为广义坐标的形式(即按照振型分解)对运动方程解耦求解，再将各振型反应迭加起来，以获得总反应的方法称为振型迭加法；如果直接对运动方程的增量形式进行求解，就是时程分析法，这里通常采用的数值求解方法有两类，一类是差分算法(如中心差分法)，另一类是积分算法(如 Newmark-β 法、Wilson-θ 法)；时程分析法和振型迭加法都可以求出结构全时程的动力反应，如果我们只关心最大值，在振型迭加法的基础上，就可以采用简单的反应谱法。桥梁结构的振动控制问题也是围绕着运动方程展开的，受控结构的运动方程可写为式(4-2d)的形式，式中，$[\boldsymbol{H}]$为控制力作用位置矩阵，$\{U(t)\}$为控制力矢量，如果讨论的是结构被动控制问题，其核心内容是阻尼矩阵的处理，其运动方程可写成式(4-2e)的形式，式中，$[\boldsymbol{M}_d]$、$[\boldsymbol{C}_d]$和$[\boldsymbol{K}_d]$分别为被动耗能装置提供的质量、附加阻尼矩阵和附加刚度矩阵；如果是主动控制问题，实现主动控制最关键的问题就是控制器的设计，随之提出了许多控制算法，如经典利卡提控制、瞬时优化控制、随机化控制、独立模态空间控制、滑动状态控制等。本章详细叙述了这些求解运动方程的理论和方法的形成和发展过程，关于结构振动控制的问题，在本书第 7 章结合斜拉桥的减震控制进行详细介绍。

我们可以从哲学的角度分析一下这个运动方程，这个方程的左边，包括$[\boldsymbol{M}]$是质量矩阵、$[\boldsymbol{C}]$是阻尼矩阵、$[\boldsymbol{K}]$是结构刚度矩阵，这是结构本身所固有的，是矛盾的内因；方程的右边是外荷载，可以是地震荷载、风荷载、温度荷载、车荷载等，这是矛盾的外因。根据哲学原理“内因是变化的根据、外因是变化的条件，内因通过外因而起作用”，这正是结构动力方程中蕴含的哲学思想。

4.1.2 结构动力特性

4.1.2.1 自振频率和振型

式(4-2)是一个微分方程，它的解包含两部分：一个是式(4-2)对应的齐次式的通解；另一个是式(4-2)的特解。前者代表结构的固有振动或自由振动，后者代表地震作用下的强迫振动。结构的动力反应与结构动力特性密切相关，分析多自由度系统动力反应的第一步，是计算系统作自由振动的频率和相应的振型函数。

自由振动时，式(4-2)右侧荷载项为0，又由于阻尼对体系自由振动频率和周期影响不大，将阻尼项忽略，则有：

$$[\boldsymbol{M}]\{\ddot{x}\}+[\boldsymbol{C}]\{\dot{x}\}+[\boldsymbol{K}]\{x\}=0 \tag{4-3}$$

假定自由振动是简谐振动，对于多自由度体系来说，位移向量可以写成：

$$\{x\}=\{\hat{x}\}\sin(\omega t+\theta) \tag{4-4}$$

式中，$\{\hat{x}\}$为位移幅值向量，是由各位移自由度处质点振动幅值组成的向量，不随时间变化；ω是自由振动的圆频率。将式(4-4)对时间求二阶导数得到：

$$\{\ddot{x}\}=-\omega^2\{x\} \tag{4-5}$$

将式(4-4)和式(4-5)代入式(4-3)即可得到振型方程：

$$|[\boldsymbol{K}]-\omega^2[\boldsymbol{M}]|\{\hat{x}\}=0 \tag{4-6}$$

式(4-6)是特征值问题的一种表示形式，ω^2为特征值，也就是自由振动的圆频率的平方，$\{\hat{x}\}$为特征向量，也就是振型，通常要化为标准振型，即使广义质量矩阵为1。由Cramer法则可知，要求式(4-6)有非零解，则可以得到频率方程或特征方程：

$$|[\boldsymbol{K}]-\omega^2[\boldsymbol{M}]|=0 \tag{4-7}$$

求解式(4-7)即可确定结构的自振圆频率和相应的振型。

4.1.2.2 结构阻尼

阻尼是产生振动系统能量耗散的原因，人们对结构振动的耗能机理并不十分清楚，一般认为是材料分子间相对运动引起的摩擦产生的能量耗散，虽然已经提出许多材料阻尼的数学模型，但是都有其适用范围和局限性。从工程角度来讲，通常采用的是简单的经典阻尼(比例阻尼，正交阻尼)，其中的Rayleigh阻尼模型广泛应用。经典阻尼适用于阻尼特性分布较均匀的工程结构，在其他情况下，无阻尼振型矩阵关于总阻尼矩阵不再存在加权正交关系，称之为非经典阻尼(非比例阻尼，非正交阻尼)，形成非经典阻尼矩阵较为复杂。实际上，在地震、风等动力作用下，结构的动力反应只由少数低阶振型控制，Rayleigh 阻尼能够满足多数工程结构动力分析的需要[1]。

分析式(4-2)描述的多自由度线性体系地震反应的比较有效的方法是振型分解法，它适用于阻尼矩阵是经典阻尼的情况。经过振型分解后，可得到 N 个独立的广义坐标方程：

$$\boldsymbol{M}_j^* \ddot{q}_j + \boldsymbol{C}_j^* \dot{q}_j + \boldsymbol{K}_j^* q_j = F_j^*(t)(j=1,2,\cdots,N) \tag{4-8}$$

或写成：

$$\ddot{q}_j + 2\xi_j\omega_j\dot{q}_j + \omega_j^2 q_j = P_j(t)(j=1,2,\cdots,N) \tag{4-9}$$

式中，$\boldsymbol{M}_j^*$、$\boldsymbol{C}_j^*$、$\boldsymbol{K}_j^*$、$F_j^*(t)$分别为第 j 阶振型的广义质量、广义阻尼、广义刚度和广义等效荷载；$\xi_j=\boldsymbol{C}_j^*/2\boldsymbol{M}_j^*\omega_j$ 为第 j 阶振型的阻尼比，对具有经典阻尼的线性体系分析时，由阻尼比来确定阻尼比求阻尼矩阵要方便很多[1]。

这里简单说明一下，具有非经典阻尼体系可采用基于体系状态方程的非经典振型分解法(或称复模态分析法)得到，这种方法的基本思想是 Foss 在 1956 年提出的。体系的自振频率和振型可以求解自由振动下的状态方程，若自由度为 N 则有 $2N$ 个特征值，一般情况下，它们都是复数，进而得到非经典振型矢量[2]。

4.2 桥梁结构地震反应分析方法

大量的震害资料表明：合理的结构型式和较强的抗震能力可以大大减轻甚至避免震害的产生。为了使结构具有抗震能力，必须研究结构抗震计算的地震作用理论和抗震设计的破坏准则，二者密切相关[3,20]。

地震作用理论研究地震时地面运动对结构物产生的动态效应，结构的地震反应取决于地震动和结构动力特性两个方面，因此，地震反应分析方法的发展是随着人们对这两方面的认识逐渐深入而提高的。地震反应分析的发展经历了静力、反应谱和动力三个阶段，在动力阶段中又有弹性和非弹性两个阶段，随机振动和确定性振动是这一阶段中并列出现的两种分析方法，目前世界各国的桥梁抗震设计规范中普遍采用的是确定性地震反应分析方法。

4.2.1 静力阶段

4.2.1.1 弹性静力法[4,20]

(1)静力理论发展阶段

这一阶段从19世纪末至20世纪40年代,始创于意大利,发展于日本。日本位于环太平洋地震带上,遭受过多次大地震的袭击,蒙受了巨大的损失。从1891年日本发生7.4级浓尾地震后,开始组织对工程结构的抗震研究工作。1899年,大房森吉在其报告《砖柱和柱状物翻倒调查(人造地震动试验报告)》中明确提出抗震设计的静力法概念[4],假设结构各个部分与地震动具有相同的振动,因此,地震力大小为$F=kW$(其中,W为结构重量,$k=\ddot{x}_g/g$为水平地震系数,日本称为震度,$\ddot{x}_g$为地震动水平加速度峰值)。1916年佐野利器发表《家屋耐震构造论》,首次引入震度法的概念,并根据震害调查结果,把设计震度k取为0.1。由此,奠定了水平静力震度法(即静力法)的基础。在日本1923年关东大地震之后,震度法理论被纳入到日本《市街地建筑物法施行规则》中,其考虑地震力的这种方法被日本公路桥梁抗震设计沿用至今。

震度法假定结构物是刚性的,但结构振动研究表明,结构实际是可以变形的,有其自振周期。因此,20世纪20年代至30年代,在佐野利器与真岛健三郎之间引发了一场刚柔理论之争,这一“刚柔”之争一直持续到了40年代仍无结论,争论虽无结果,但对于促进抗震研究却起了良好的作用。

在这一阶段,值得一提的是当时日本学者所提出的另外三个抗震理论的雏形:绝缘理论(又称免震、消震、隔震或减震理论)、能量耗散理论和能量理论。由于当时对地震动和结构振动性能均不够了解,这三种抗震理论并未受到应有的重视,但是它们对后来的抗震理论起了重要的推动作用。

美国也是一个地震多发国家,但在静力理论发展阶段,美国除了强震观测工作外，其余都落在日本后面。1906 年 San Francisco 发生 8.3 级大地震，虽然损失惨重，但是震后美国并未重视抗震工作，仅是将原有的设计能力提高了 30 lb/ft^2（约 15 kN/m^2），用于考虑地震侧向力效应；在 1925 年 San Babara 地震之后，美国才开始了有组织的抗震研究，提出了地震系数的概念，并在 1927 年的建筑结构设计规范中，首次引入抗震设计要求；1933 年 Long Beach 地震之后，才正式采用水平静力震度法设计，取 $k=0.02\sim0.08$，之后进行修改和补充，逐步考虑动力特性，但仍是静力法的模式。

静力法将地震加速度作为结构地震破坏的唯一因素，从动力学角度来看，这种方法忽略了结构的动力反应特性，在理论上存在极大的局限性。只有当结构物的基本固有周期比地面运动卓越周期小很多时，结构物在地震时才可能几乎不产生变形，可以近似地视为刚体，弹性静力法才能成立。不过，弹性静力法概念简单，对于整体刚度较大的结构或构件是适用的，至今在桥台和挡土结构的抗震设计中仍采用静力法。

(2)弹性静力法

静力法以地震荷载代替结构在地震强迫振动下的激励外因，作用于结构计算静力效应代替结构在地面运动激励下的动力效应。它假设结构各个部分与地震动具有相同的振动，把结构物在地面运动加速度 $\ddot{x}_g$ 作用下产生的惯性力视作静力作用于结构物上做抗震计算。因此，结构因地震作用引起的惯性力——地震力就等于地面运动加速度与结构总质量的乘积；再把地震力视为静力作用在结构上，进行结构线弹性静力分析计算。地震力的计算公式如下：

$$F=M\cdot\ddot{x}_g=\frac{W}{g}\cdot\ddot{x}_g=k\cdot\ddot{x}_g \tag{4-10}$$

式中，M 为结构物的质量，W 为结构重量，$\ddot{x}_g$ 为地面运动加速度。

4.2.1.2 非线性静力分析

大震时，结构可能会进入弹塑性工作阶段，而弹性反应谱分析方法无法直接反映结构的一些非线性特性。对于非线性动力时程分析方法,因该方法的复杂性和耗时性,不易于实际工程抗震设计应用。基于上述因素,静力弹塑性分析方法(Pushover 分析方法)发展起来。Pushover 分析方法在国外研究较早,但是单纯的 Pushover 分析并不能直接得到结构的地震响应,需要与其他方法如:弹性反应谱、非弹性反应谱法等相结合才可以,因此未引起足够的重视。该方法是基于结构在预先假定的一种分布侧向力作用下,考虑结构中的各种非线性因素,逐步增加结构的受力,直到在结构中形成机构为止,在这个分析过程中,得到结构的力与变形的全过程曲线。尽管侧向分布力是一种静力荷载,但整个分析过程可以近似反映结构在地震作用下某一瞬间的动力响应。

该方法最先引起人们注意是在 1975 年,当时 Freeman 等人为美国海军抗震工程项目做简化评估时提出对结构进行弹塑性分析的能力谱方法(Capacity Spectrum Method)[5],并为 TriService 两水准抗震设计规程所采用。20 世纪 90 年代初,美日学者提出了基于性能/位移的抗震设计思想后,Pushover 分析方法激发了广大学者的兴趣,一些研究人员对其适用条件、特点及局限性进行研究和修正[6-12],提出许多分析方法以得到结构地震响应,借助 Pushover 这种分析手段,对结构的抗震性能进行评估,如能力谱方法[5-10]、P. Fajfar 提出的 N2 方法[13],[14]、FEMA-273 推荐采用的位移影响系数法[15]、适应谱法[16]、模态 Pushover 分析方法[43]等。

能力谱法是应用较广的一种方法,这是由于该分析方法允许针对不同性能目标和地震运动准则进行分析,允许考虑不同材料的非线性特性和其他一些条件。能力谱法分析过程首先是借助于 Pushover 分析得到结构的荷载—变形曲线,并转换成对应的“能力曲线”,其次根据等效单自由度体系的等效刚度、等效阻尼比由设计地震下的弹性反应谱确定结构的“需求曲线”,最后将两者一同画在加速度位移谱(ADRS)中进行比较,两条曲线交点就是结构在对应水准地震作用下的响应峰值。基于此还可进一步判别结构、构件在对应地震作用下的损伤状态。

非线性 Pushover 分析方法作为一种简单而有效的抗震性能评估方法应用于建筑结构抗震设计中，在桥梁抗震性能评估方面已有不少的应用实例，但基本还没有被应用于设计分析中，对这种方法如何应用于桥梁抗震设计分析，还需要更多的实践经验[18]。这种分析方法的操作过程和相关问题将在本章第 4.4 节进行探讨。

4.2.2 反应谱法

4.2.2.1 反应谱理论发展阶段

1920 年左右日本学者曾研究过结构物在简谐振动下的地震反应，由于缺乏对地震动的了解，没能摆脱静力理论的束缚。从 1931 年起，美国开始逐步进行强震观测台网的布置，积极开展强震观测工作，并在 1933 年 Long Beach 地震中，得到了第一批强地震动过程的记录。随后，在 1940 年 5 月 18 日 Imperial Valley 地震中，又成功地收集了包括著名的 El Centro 地震在内的大量地震加速度记录资料。这些强震记录，为以后抗震动力学方法的发展提供了宝贵的材料。

反应谱理论的发展阶段是从 20 世纪 40 年代被提出一直到 60 年代。M. A. Biot 于 1943 年提出了反应谱的概念，并给出世界上第一条弹性反应谱曲线，即单自由度弹性振子对应某一个强震记录情况下，体系的周期与绝对加速度、相对速度和相对位移的最大反应量之间的关系曲线。1948 年，G. W. Housner 提出基于加速度反应谱曲线的弹性反应谱法。1952 年，加州首先把反应谱理论引入该年发布的《地震力与风侧力规范》中，但是，为了适应传统经验和应力设计中的安全系数，降低了反应谱值。1956 年，N. M. Newmark 率先把该法应用于墨西哥城拉丁美洲大厦的抗震设计，这座大厦经历了随后发生的墨西哥大地震（里氏 8 级）的考验，使弹性反应谱法得到了验证。自 1958 年第一届世界地震工程会议之后，这一方法被许多国家所接受，并逐渐被采纳应用到结构抗震设计规范中。

动力反应谱法采用“地震荷载”的概念，从地震动出发求结构的最大地震反应，但同时考虑了地面运动特性和结构的动力特性(自振周期、振型和阻尼)之间的关系，比静力法有很大的进步，但是，在设计中仍然把地震惯性力视为静力，以弹性分析为主。

正因为弹性反应谱的概念简单，易于接受和采纳，所以人们希望在复杂的非线性地震反应分析中也能沿用这一概念进行非线性抗震设计，1971 年，Newmark 等曾将反应谱推广为非线性谱，但目前除了新西兰规范以外，非线性反应谱在其他国家的结构抗震设计规范中基本没有直接得到应用。

反应谱方法也存在一些缺陷，例如：反应谱是弹性范围内的概念，当结构在强烈地震下进入塑性工作阶段时不能直接应用；另一方面，地震作用是一个时间过程，而反应谱方法只能得到最大反应，不能反映结构在地震动过程中的时间经历和地震动持时效应；对多振型反应谱法，由于反应谱仅能给出结构各振型反应的最大值，不能反应出最大值的正负和时间，给振型组合造成混乱。

反应谱方法通过反应谱概念巧妙地将动力问题静力化，概念简单、计算方便，可以用较少的计算量获得结构的最大反应值。因此，世界各国规范都把它作为一种基本的分析手段。国内外不少学者在扩大反应谱法应用范围方面进行了很多研究，主要集中在以下几个方面[22]：①长周期设计反应谱值的正确估计；②反应谱组合方法的研究：先后提出的反应谱组合方法有：SRSS，CQC，IGQC，SUM，DSC，分组法等。③非弹性反应谱的研究：随着延性抗震研究的不断深入，人们对非弹性反应谱的兴趣逐渐增强，讨论这方面问题的文献也在增多；④考虑地震动空间变化的反应谱方法。尽管不少学者对反应谱方法做了很多改进，但对于复杂、大跨桥梁的地震反应，反应谱方法目前仍然不能很好地考虑各种复杂的影响因素。如应用反应谱方法对复杂、大跨桥梁进行地震反应分析时，有时会由于计算的频率阶数不够多而得不到正确的结果，或判断不出结构真正的薄弱部位。因此，反应谱方法只能作为一种估算方法，或一种校核手段。

4.2.2.2　反应谱的概念及特性

地震动反应谱建立了地震动特性与结构动力反应之间的桥梁。在本质上，地震动反应谱反映了地震动频谱特性，同时，它又描述了一般结构地震反应的某些基本特征。

(1)反应谱的概念

反应谱的概念可以通过单自由度体系的地震响应来阐明。单自由度体系的质量、刚度和阻尼系数分别表示为 m、k 和 c，其基础受到地面运动加速度为 $\ddot{x}_g$ 的地震作用，单自由度体系的地震振动方程为：

$$m(\ddot{x}_g+\ddot{x})+c\dot{x}+kx=0 \tag{4-11}$$

利用阻尼比 $\xi=c/2m\omega$ 及无阻尼圆频率 $\omega=\sqrt{k/m}$ 的概念，上式可进一步表示为如下形式：

$$\ddot{x}+2\xi\omega\dot{x}+\omega^2x=-\ddot{x}_g \tag{4-12}$$

设初始条件为 $x(t=0)=\dot{x}(t=0)=0$，对于线性体系，上述运动方程的解可以用杜哈美(Duhamel)积分公式给出：

$$x(t)=-\frac{1}{\omega_d}\int_0^t e^{-\xi\omega(t-\tau)}\ddot{x}_g(\tau)\sin[\omega_d(t-\tau)]\mathrm{d}\tau \tag{4-13}$$

对(4-13)式分别求一次和二次导数，可得单自由度质点地震作用下的相对速度和绝对加速度反应的积分公式，由于阻尼比很小，有阻尼圆频率 $\omega_d=\omega\sqrt{1-\xi^2}\approx\omega$，可进一步简化得到：

$$\dot{x}(t)=-\int_0^t e^{-\xi\omega(t-\tau)}\ddot{x}_g(\tau)\cos[\omega_d(t-\tau)+\alpha]\mathrm{d}\tau \tag{4-14}$$

$$\ddot{x}(t)+\ddot{x}_g(t)=\omega_d\int_0^t e^{-\xi\omega(t-\tau)}\ddot{x}_g(\tau)\sin[\omega_d(t-\tau)+2\alpha]\mathrm{d}\tau \tag{4-15}$$

式中，$\tan\alpha=\xi/\sqrt{1-\xi^2}$，由于阻尼比与1相比较小，因此，$\alpha=0$，式(4-14)和式(4-15)可以得到进一步简化。由式(4-13)～式(4-15)可知，对于线性单自由度体系结构，只要知道地震动加速度过程 $\ddot{x}_g$ 以及结构本身的频率特性 ω 和阻尼特性 ξ，就可以得到结构地震反应。反而言之，结构反应体现了地震动特性与结构自振特性两种因素。

对不同频率特性和阻尼比的单自由度体系，在选定的地震加速度 $\ddot{x}_g$ 输入下，可以获得一系列的相对位移 x、相对速度 $\dot{x}$ 和绝对加速度 $\ddot{x}_g+\ddot{x}$ 的反应时程曲线，从中可以得到它们的最大值：

$$|x(t)|_{\max}=\left|-\frac{1}{\omega_d}\int_0^t e^{-\xi\omega(t-\tau)}\ddot{x}_g(\tau)\sin[\omega_d(t-\tau)]\mathrm{d}\tau\right|_{\max} \tag{4-16}$$

$$|\dot{x}(t)|_{\max}=\left|\int_0^t e^{-\xi\omega(t-\tau)}\ddot{x}_g(\tau)\cos[\omega_d(t-\tau)]\mathrm{d}\tau\right|_{\max} \tag{4-17}$$

$$|\ddot{x}(t)+\ddot{x}_g(t)|_{\max}=\omega_d^2|x(t)|_{\max} \tag{4-18}$$

考虑结构频率特性不断变化，即 ω 值沿坐标值不断变化，从而得到连续的不同频率下的最大值：

$$S_d(\omega,\xi)=|x(t)|_{\max} \tag{4-19}$$

$$S_v(\omega,\xi)=|\dot{x}(t)|_{\max} \tag{4-20}$$

$$S_a(\omega,\xi)=\omega_d^2S_d(\omega\xi)\doteq\omega^2S_d(\omega,\xi) \tag{4-21}$$

式中，$S_d(\omega,\xi)$为相对位移反应谱(SD)，$S_v(\omega,\xi)$为相对速度反应谱，$S_a(\omega,\xi)$为绝对加速度反应谱。

由以上的介绍可以看出，任何一条反应谱曲线都是具有不同动力特性的结构对一个地震动过程的动力反应最大值，因此，反应谱曲线并不反映结构的特性，而是反映了地震动过程不同成分频率含量的相对关系。从另外一个角度来说，曲线上的每一点是通过单自由度体系的最大动力反应来描述地震动的频谱特性的，这就建立了地震动特性与结构动力特性的一道桥梁。

当地震动过程相当长时，式(4-16)和式(4-17)中 $\sin[\omega(t-\tau)]$ 与 $\cos[\omega(t-\tau)]$两因子只相差一个相位，当仅考虑最大值时 $\pi/2$，将两者互换差别不大，又由于 $\omega=2\pi/T$，所以用 T 表示与用 ω 表示是等价的，即式(4-16)～式(4-18)表示的谱可以写成：

$$S_d(T,\xi)=\frac{1}{\omega_d}S_v(T,\xi)\doteq\frac{1}{\omega}S_v(T,\xi) \tag{4-22}$$

$$S_v(T,\xi)=\left|\int_0^t e^{-\xi\omega(1-\tau)}\ddot{x}_g(\tau)\sin[\omega_d(t-\tau)]\mathrm{d}\tau\right|_{\max} \quad (4\text{-}23)$$

$$S_a(T,\xi)=\omega_d^2 S_a(T,\xi)\doteq\omega^2 S_a(T,\xi)=\omega S_v(T,\xi) \quad (4\text{-}24)$$

这样计算的相对速度反应谱称为拟相对速度反应谱(PSV),相应的绝对加速度反应谱称为拟绝对加速度反应谱(PSA)。

(2)反应谱特性

反应谱的形状特征反映了不同类型结构动力最大反应的特点,从式(4-16)、式(4-17)、式(4-18)中还可以看出,反应谱具有以下特性:

①对于低频系统(小于 0.1 Hz),最大位移反应趋近于地面最大位移,当为无限柔性结构($\omega=0$)情况时,$SD=\delta_{g\max}$,$SV=\dot{\delta}_{g\max}$,$SA=0$;

②对于高频系统(大于 10 Hz),最大加速度反应接近于地面最大加速度,当为绝对刚性结构($\omega=\infty$)情况时,$SD=0$,$SV=0$,$SA=\delta_{g\max}$;

③对于中频系统(0.1 Hz~10 Hz),最大反应均比地面运动大,即存在动力放大效应。

4.2.2.3 设计反应谱

一个场地记录到的地震动与多种因素有关,比如场地条件、震中距、震源深度、震级、震源机制和传播途径等等。由于诸多随机因素的影响,使得由不同记录得到的加速度反应谱具有很大的离散性。从工程抗震设计角度出发,将不同地震动记录的反应谱曲线加以统计平均、平滑拟合,基于安全、经济因素的修正,得到供设计使用的规范反应谱曲线。也就是说,设计反应谱并不是某个特定地震的地面运动的描述,而是基于对大量地震动表现的综合认识所做出的对结构地震力的一种规定。

我国现行《公路工程抗震设计规范》[19](JTJ—89)所采用的反应谱曲线是由动力放大系数表示的,常称为标准反应谱,它是在对 1050 条国内外地震加速度记录反应谱进行统计分析的基础上,针对四类不同场地条件给出的,如图 4-1 所示。图中的反应谱就是以动力放大系数的形式给出的。动力放大系数定义为:

$$\beta(T,\xi)=\frac{PSA(T,\xi)}{\ddot{x}_{g\max}}=\frac{|\ddot{x}+\ddot{x}_g|_{\max}}{\ddot{x}_{g\max}} \tag{4-25}$$

需要指出的是,阻尼比是影响反应谱值的一个重要参数。规范反应谱曲线是取阻尼比为 5%绘出的,当结构阻尼比与 5%明显不同时,就应该考虑修正。

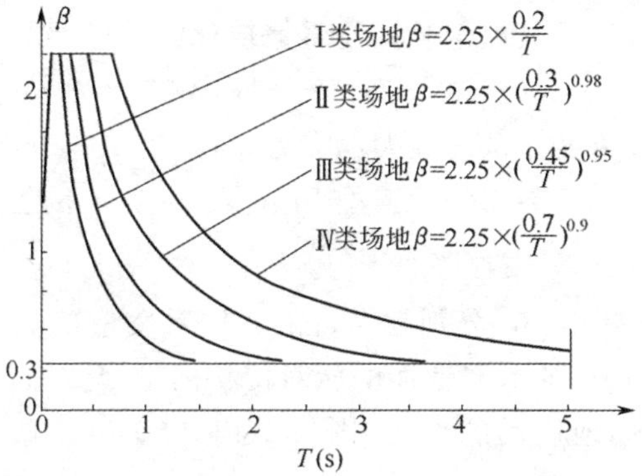

图 4-1　标准反应谱曲线

4.2.2.4　弹性反应谱分析方法

(1)单质点体系的最大地震力计算

单自由度体系的质量、刚度和阻尼系数分别表示为 m、k 和 c,其基础受到地面运动加速度为 $\ddot{x}_g$ 的地震作用,则最大地震惯性力(质量与绝对加速度的乘积)为:

$$P=m|\ddot{x}_g+\ddot{x}|_{\max}=m\cdot g\,\frac{|\ddot{x}_g|_{\max}}{g}\cdot\frac{|\ddot{x}_g+\ddot{x}|_{\max}}{|\ddot{x}_g|_{\max}} \tag{4-26}$$

若定义:

$$k_H=\frac{|\ddot{x}_g|_{\max}}{g} \tag{4-27}$$

$$\beta=\frac{|\ddot{x}+\ddot{x}_g|_{\max}}{\ddot{x}_{g\max}} \tag{4-28}$$

则式(4-26)可写为:

$$P=k_H\cdot\beta\cdot W \tag{4-29}$$

式中：g 为重力加速度，W 为体系的总重量；k_H 为水平地震系数，根据抗震设防烈度选用；β 为动力放大系数，根据选定的反应谱曲线及体系的自振周期确定。

地震中，允许结构部分构件进入塑性阶段，此时，结构的延性将起耗能作用，会减弱地震反应。在桥梁抗震设计规范中，引入综合影响系数，以反映理论计算与震害现象的差异，则：

$$P=C_z\cdot k_H\cdot\beta\cdot W \tag{4-30}$$

(2)多自由度体系的最大地震力计算

在第 4.1 节已经得到，地震作用下多自由度体系的运动方程为：

$$[\boldsymbol{M}]\{\ddot{x}\}+[\boldsymbol{C}]\{\dot{x}\}+[\boldsymbol{K}]\{x\}=-[\boldsymbol{M}]\{I\}\ddot{x}_g(t) \tag{4-31}$$

式中，$[\boldsymbol{M}]$、$[\boldsymbol{C}]$和$[\boldsymbol{K}]$分别为多自由度体系质量矩阵、阻尼矩阵和刚度矩阵；$\{x\}$为质点对地面的相对位移向量，是时间 t 的函数；如仅考虑纵桥向地震动的作用，则$\{I\}$为对应于纵桥向自由度取 1，其余为 0 的列阵；$\ddot{x}_g(t)$为地面地震动时程。

假设阻尼矩阵为经典阻尼，则微分方程组(4-31)可用振型分解法求解，即利用振型的正交性，将微分方程组分解为一系列相互独立的方程，于是将多自由度体系的复杂振动分解为各个振型的独立振动，利用单质点体系的反应谱理论来计算各振型的最大反应。

设位移列向量$\{x(t)\}$分解为：

$$\{x(t)\}=\sum_{i=1}^{n}\{\phi\}_iY(t)_i=[\Phi]\{Y(t)\} \tag{4-32}$$

式中：$[\Phi]=[\{\phi\}_1,\{\phi\}_2,\cdots,\{\phi\}_n]$为振型矩阵；$\{\phi\}_i$ 为第 i 阶振型列向量；$\{Y(t)\}=\{Y_1(t)Y_2(t)\cdots Y_n(t)\}^T$，$Y_i(t)$是不同的时间函数，称为振型坐标，为广义坐标。

利用振型的正交性条件，可以得到以下几个独立的振动方程：

$$\ddot{Y}_i(t)+2\xi_i\omega_i\dot{Y}_i(t)+\omega_i^2Y_i(t)=-\gamma_i\ddot{\delta}_g(t) \tag{4-33}$$

式中：$\gamma_i=\dfrac{\{\phi\}_i^T[M]\{I\}}{\{\phi\}_i^T[M]\{\phi\}_i}$，定义为第 i 阶振型的振型参与系数。

将第 i 阶振型 j 质点的位移 $x_{ji}(t)=\phi_{ji}Y_i(t)$，带入(4-33)式，有：

$$\ddot{x}_{ji}(t)+2\xi_i\omega_i\dot{x}_{ji}(t)+\omega_i^2x_{ji}(t)=-\gamma_i\phi_{ji}\ddot{x}_g(t) \tag{4-34}$$

上式与单自由度体系的地震运动方程相比，仅在右端多了常数因子 $\gamma_i\phi_{ji}$。由此可以推得，j 质点纵桥向，由第 i 阶振型引起的最大地震力为：

$$P_{ji}=C_zK_h\beta\gamma_i\phi_{ji}W_j \tag{4-35}$$

各个振型所引起的反应最大值不一定同时发生，不能直接求代数和，必须考虑不同振型最大反应值的组合问题。国内外学者提出了多种反应谱组合方法。目前应用最广泛的是基于随机振动理论提出的各种组合方案，如 CQC、SRSS 方法等。

假设地震过程是平稳的随机过程，根据随机振动理论，结构动力反应最大值与各振型反应最大值的关系可用式(4-36)近似描述，这种振型组合法即为 CQC 方法。

$$R_{\max}=\sqrt{\sum_{i=1}^{n}\sum_{j=1}^{n}\rho_{ij}R_{i,\max}R_{j,\max}} \tag{4-36}$$

式中：ρ_{ij} 为振型组合系数

$$\rho_{ij}=\frac{8\sqrt{\xi_i\xi_j}(\xi_i+\gamma\xi_j)\gamma^{3/2}}{(1+\gamma^2)^2+4\xi_i\xi_j\gamma(1+\gamma^2)+4(\xi_i^2+\xi_j^2)\gamma^2} \tag{4-37}$$

其中 $\gamma=\omega_j/\omega_i$。

通常若满足(4-38)关系式，则可认为体系的自振周期相隔很远，此时 $\rho_{ij}=0(i\neq j)$，而振型自相关系数等于 1。于是，振型组合式简化为式(4-39)，即 SRSS 组合法。

$$\omega_i<\frac{0.2}{\xi_i+\xi_j+0.2}\omega_j \quad (i<j) \tag{4-38}$$

$$R_{\max}=\sqrt{\sum_{i=1}^{n}R_{i,\max}^2} \tag{4-39}$$

一般来说，梁式桥等中小跨度桥梁一般可以采用 SRSS 方法组合；大跨度桥梁为振型密集型结构，一般宜采用 CQC 方法组合。在多方向地震动作用下，利用反应谱方法计算结构的地震反应时，还涉及到空间组合问题，即各个方向输入引起的地震反应的组合，目前还是采用经验方法组合。

综上所述，采用反应谱方法计算结构动力响应包括两个基本步骤：首先是将结构运动方程进行振型分解，根据场地或规范反应谱求出各阶振型反应的最大值；其次，结构反应的最大值可以通过SRSS或CQC方法将各振型反应最大值组合得到，在分析中所考虑的自由度数和振动模态数应确保在纵向和横向获得90%的振型贡献率。

4.2.2.5　等效线性化方法

在罕遇地震作用下，桥梁结构通常会进入弹塑性变形阶段，为了满足强震作用下结构的性能要求，需要分析和计算结构的非弹性变形能力。虽然可利用非线性动力时程分析来估算结构的非线性地震反应，但分析过程相当复杂。因此，等效线性化方法作为一种非常有效的非线性静力分析方法被广泛采用。采用这种方法的优点在于：(1)等效线性化将非线性问题转化为线性问题，计算速度快，过程简单；(2)等效线性化方法可采用由反应谱确定的地震荷载，而不是确定的地震动时程，大大简化了计算，因此，把这种方法也归类到反应谱方法中。这种方法被AASHTO[46]、Caltrans[47]、ATC-40[48]、FEMA-274[49]及我国建筑抗震设计规范(GB 50011—2003)[50]采用近似计算地震反应。

非线性系统的等效线性化一般有两种作法：一种是基于实验规律分析总结，另一种是基于随机振动理论。常用的等效线性化方法有：Rosenblueth & Herrera[51]方法，Gulkan & Sozen方法[52]，Iwan & Gates方法[53]，Kowalsky方法[54]等。

1964年，Rosenblueth和Herrera第一次提到等效线性化方法，等效刚度取割线刚度，等效阻尼由滞回耗能原理得到，见式(4-40)和式(4-41)。

$$T_{eq}=T\sqrt{\frac{\mu}{1-\alpha+\alpha\mu}} \tag{4-40}$$

$$\xi_{eq}=\xi_0+\frac{2}{\pi}\left[\frac{(1-\alpha)(\mu-1)}{\mu-\alpha\mu+\alpha\mu^2}\right] \tag{4-41}$$

式中，T_{eq} 为等效周期；T 为结构周期；μ 为结构体系延性系数；α 为第二刚度系数；ξ_0 为结构体系弹性阶段阻尼比；ξ_{eq} 为等效阻尼比。

1974 年，Gulkan 和 Sozen 利用 Takeda 滞回模型和小型钢筋混凝土框架结构的振动台试验得到等效黏滞阻尼比与位移延性系数之间的回归公式，见式(4-42)和式(4-43)。在此基础上，Shibata 和 Sozen[55]还进一步把该方法推广到多自由度非线性系统。

$$\xi_{eff}=0.02+0.2\left(1-\frac{1}{\sqrt{\mu}}\right) \tag{4-42}$$

如果非线性系统具有双线性滞回特性，则等效刚度也可以确定：

$$K_{eff}=\frac{1}{\mu}K_0 \tag{4-43}$$

式中，K_{eff} 和 K_0 分别为非线性系统的等效刚度和初始弹性刚度。

1979 年，Iwan 和 Gates 以一种最优等效线性系统为标准，对当时已有的九种等效线性化方法应用于双线性体系产生的误差进行比较，其中有三种是随机等效线性化方法，即平稳随机等效线性化方法(SREL)、平均周期和阻尼法(APD)、平均刚度和能量法(ASE，见式(4-44)、式(4-45))。通过比较发现，基于随机等效线性化的平均刚度与能量法精度最好。随后，Iwan 等人采用最小二乘法优化等效线性参数，建立了等效线性参数的经验计算公式[56]，见式(4-46)和式(4-47)。

$$T_{eq}=\begin{cases}T_0 & X_m\leqslant X_y\\ \dfrac{T_0}{\sqrt{\alpha+(1-\alpha)\dfrac{X_y}{X_m}\left(1+\ln\dfrac{X_m}{X_y}\right)}} & X_m>X_y\end{cases} \tag{4-44}$$

$$\xi_{eq}=\begin{cases}\xi_0 & X_m\leqslant X_y\\ \dfrac{\left[1+\left(\dfrac{X_y}{X_m}\right)^2-\dfrac{2X_y}{X_m}\right](1-\alpha)\dfrac{X_y}{X_m}}{\pi\left[\alpha+(1-\alpha)\dfrac{X_y}{X_m}\left(1+\ln\dfrac{X_m}{X_y}\right)\right]}+\xi_0 & X_m>X_y\end{cases} \tag{4-45}$$

$$T_{eq}=T[1+0.121(\mu-1)^{0.939}] \tag{4-46}$$

$$\xi_{eq}=\xi_0+0.0587(\mu-1)^{0.371} \tag{4-47}$$

1994 年，Kowalsky 利用割线刚度推导等效周期，根据等效周期和 Takeda 滞回模型，同时考虑卸载刚度系数 0.5 和第二刚度系数 α 推导出等效阻尼比。

在获得非线性系统的等效黏滞阻尼比 ξ_{eff} 和等效刚度 K_{eff} 后，可近似认为结构体系的地震反应与线性系统的反应一致，这样就可以直接应用弹性反应谱法求出最大地震力和最大位移。

4.2.3 动态时程分析法

4.2.3.1 动力理论阶段

20 世纪 60 年代前后，随着计算机的普及和动力试验技术的发展，人们对结构物在地震作用下反应的全过程有了更全面的了解，人们也逐渐意识到，反应谱法并不能保证核电站、近海平台、输油管等特殊的工程结构的安全，加之地震动记录数据和结构震害资料的不断丰富，使抗震研究开始向真正的动力理论阶段过渡。

在国外，动态时程分析方法在 20 世纪 60～70 年代得到迅速发展；在国内，于 20 世纪 70 年代末和 80 年代初期大量开展这方面的研究工作。Housner 在 20 世纪 50 年代末将地震记录输入到结构上，计算结构的地震反应，这种方法即为最初的动态时程分析方法。日本则于 20 世纪 60 年代初，在武藤清教授的领导下，开始进行这种研究。从地震动的振幅、频谱和持时三要素来看，抗震设计的静力理论只考虑了高频振动振幅的最大值，反应谱理论虽考虑了振幅和频谱，但持时则始终未能得到明确的反映。1971 年美国 San Fernando 地震一周年的学术研讨会上，多数人认为反应谱理论只说出了问题的一半，对重大工程结构应采用动态时程分析方法，做详尽的地震响应分析。

动态时程分析法以输入适合的地震动为出发点，其中考虑了结构、土和深基础相互作用、地震波相位差及不同地震波多分量多点输入等因素，采用多节点多自由度的结构有限元动力计算模型建立地震振动方程，然后采用逐步积分法对方程进行求解，计算地震过程中每一瞬时结构的位移、速度和加速度反应，从而可以分析出结构在地震作用下弹性和非弹性阶段的内力变化以及构件逐步开裂、损坏直至倒塌的全过程。由于此法是对运动方程直接求解，又称为直接动力分析法，直接动力分析包括确定性动力分析与非确定性动力分析两大类。

动态时程分析法是随着强震记录的丰富和计算机技术的广泛应用而发展起来的。动力理论考虑了反应谱不能概括的其他特性，对于复杂的结构体系，振型密集将产生耦联，以及结构发生强烈非线性反应的情况下，一般采用动力理论进行地震反应分析和抗震设计。但是，动态时程分析法计算量大、耗时多。并且需要对结果进行统计分析，因此，大多数国家的抗震设计规范对中小跨度桥梁仍采用反应谱方法计算，对重要、复杂、大跨的桥梁抗震计算建议采用动态时程分析法。

迄今为止，结构非线性动力时程分析方法仍在进行大量的研究，虽然计算方法已经相当成熟，但依然存在一些难于解决的问题。这些问题包括[18]：输入地震动问题；结构-基础-土相互作用问题；结构构件的非线性动力特性和屈服后的行为。这些问题在很大程度上影响了非线性动力时程分析的结果，因此，一般要求在线性范围内能够对分析结果进行解释，并与反应谱分析结果进行相互比较和校核。然而，随着计算手段的不断进步和对结构地震反应认识的不断深入，动态时程分析方法已越来越受到重视。对体系复杂的桥梁的非线性地震反应，动态时程分析方法还是理论上唯一可行的分析方法，最新的日本与美国规范都已将此方法列为规范采用的分析方法之一。

4.2.3.2 动态时程分析方法

4.2.3.2.1 时域分析方法计算结构地震响应

应用有限元方法时，结构的地震反应动力方程是一个二阶微分方程组，而且方程阶数通常很高（几千阶甚至几万阶），因此在工程结构有限元动力分析中，经常采用的数值算法可分为两类：一类是差分算法（如中心差分法），另一类是积分算法（如 Newmark-β 法、Wilson-θ 法）。一般情况下，这些方法是同时有效的，因此在选择方法时不仅要考虑结果的精度还要考虑计算的时间。不论是哪种算法，都遵循以下基本步骤：

a)将求解的时间段$[0,T]$分为多个离散点$0,\Delta t,2\Delta t,\cdots,t+\Delta t$；

b)将这些离散的时间点上引用动力平衡方程；

c)在Δt微小的时间段内，假定某些反应量的变化规律；

d)假定t时刻的位移、速度和加速度已知，给出$t+\Delta t$时刻位移、速度和加速度的计算方法。

(1)中心差分法[1,21]

单自由度体系的运动方程可以写成：

$$m\ddot{u}+c\dot{u}+f_s(u,\dot{u})=p(t)\text{或}-m\ddot{u}_g(t) \tag{4-48}$$

初始条件：$u_0=u(0)$，$\dot{u}_0=\dot{u}_0(0)$，在缺乏阻尼信息的情况下，尤其是在地震动幅值非常大时，可假设体系有线性黏滞阻尼。

将求解时间段离散后，离散的时间点t_i时的运动方程为：

$$m\ddot{u}_i+c\dot{u}_i+(f_s)_i=p_i \tag{4-49}$$

这里，$(f_s)_i$是此时的侧向抗力，对于线性体系$(f_s)_i=ku_i$，对于非线性体系它是t_i时的位移和速度的函数。

中心差分法是位移对时间导数的有限差分方法中较为常见的一种差分格式，在等时间间隔时，$\Delta t_i=\Delta t$，如图4-2所示，在$i-\frac{1}{2}$和$i+\frac{1}{2}$时刻的速度用中心差分格式可以表示为：

$$\dot{u}_{i-\frac{1}{2}}=\frac{u_i-u_{i-1}}{\Delta t},\dot{u}_{i+\frac{1}{2}}=\frac{u_{i+1}-u_i}{\Delta t} \tag{4-50a}$$

则加速度用中心差分格式可以表示为：

$$\ddot{u}_i=\frac{\dot{u}_{i+\frac{1}{2}}-\dot{u}_{i-\frac{1}{2}}}{\Delta t}=\frac{u_{i+1}-2u_i+u_{i-1}}{\Delta t^2} \tag{4-50b}$$

将式(4-50)代入式(4-49)得到：

$$\hat{k}u_{i+1}=\hat{p}_i \tag{4-51a}$$

式中

$$\hat{k}=\frac{m}{(\Delta t)^2}+\frac{c}{2\Delta t} \tag{4-51b}$$

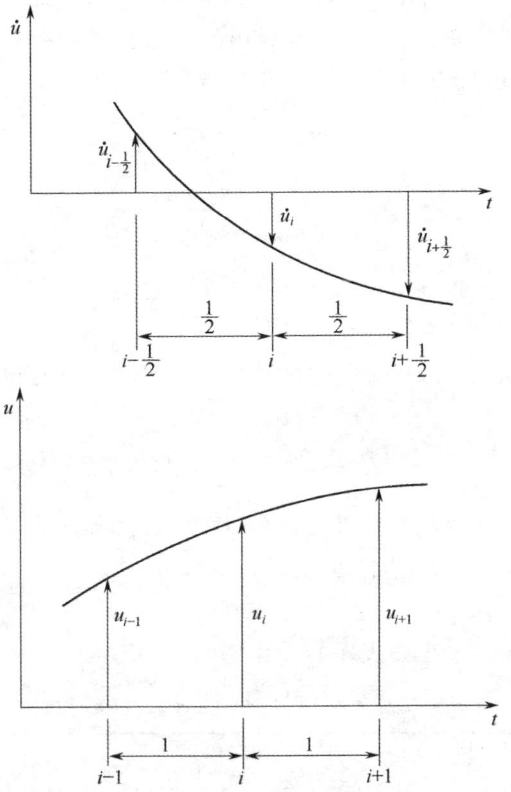

图 4-2　中心差分法图示

$$\hat{p}_i = p_i - \left[\frac{m}{(\Delta t)^2} - \frac{c}{2\Delta t}\right]u_{i-1} - \left[k - \frac{2m}{(\Delta t)^2}\right]u_i \quad \text{（线性分析）} \tag{4-51c}$$

$$\hat{p}_i = p_i - \left[\frac{m}{(\Delta t)^2} - \frac{c}{2\Delta t}\right]u_{i-1} - (f_s)_i + \frac{2m}{(\Delta t)^2}u_i \quad \text{（非线性分析）} \tag{4-51d}$$

非线性分析时，侧向抗力$(f_s)_i$是位移和速度的函数，但是，我们可以看到，它是显式的形式给出的，也就是说它与时刻的响应有关，不需要已知$i+1$时刻的响应，这就给计算带来很大的方便。

由式(4-51)看出 u_{i+1} 需要已知 u_i 和 u_{i-1}，因此在计算 u_1 时，我们还需要已知 u_0 和 u_{-1}，前者由初始条件可以获得。为了确定 u_{-1}，可通过(4-50)得到，当 $i=0$ 时，式(4-50)写为：

$$\dot{u}_0=\frac{u_1-u_{-1}}{2\Delta t} \tag{4-52a}$$

$$\ddot{u}_0=\frac{u_1-2u_0+u_{-1}}{(\Delta t)^2} \tag{4-52b}$$

将式(4-52a)代入(4-52b)整理后得到：

$$u_{-1}=u_0-\Delta t(\dot{u}_0)+\frac{(\Delta t)^2}{2}\ddot{u}_0 \tag{4-53}$$

式中 $\ddot{u}_0$ 为式(4-49)中 $i=0$ 时的加速度，在已知此时位移和速度的情况下为：

$$\ddot{u}_0=\frac{p_0-c\dot{u}_0-(f_s)_0}{m} \tag{4-54}$$

中心差分方法是条件收敛的，要求 $\Delta t/T\leqslant 1/\pi=0.318$，$T$ 是自振周期。一般情况下，需要设定 $\Delta t=0.01\sim 0.02$ s，才能获得精确的解。

中心差分法的过程如表 4-1 所示。

表 4-1　中心差分法计算过程

(Ⅰ)初始条件计算

$$\ddot{u}_0=\frac{p_0-c\dot{u}_0-(f_s)_0}{m}$$

$$u_{-1}=u_0-\Delta t(\dot{u}_0)+\frac{(\Delta t)^2}{2}\ddot{u}_0$$

$$\hat{k}=\frac{m}{(\Delta t)^2}+\frac{c}{2\Delta t}$$

$$a=\frac{m}{(\Delta t)^2}-\frac{c}{2\Delta t}$$

$$b=k-\frac{2m}{(\Delta t)^2}\text{或 } b=(f_s)_0-\frac{2m}{(\Delta t)^2}$$

(Ⅱ) 时刻 i 时响应的计算

$$\hat{p}_i=p_i-au_{i-1}-bu_i$$

$$u_{i+1}=\hat{p}_i/\hat{k}$$

如果需要：$\dot{u}_i=\dfrac{u_{i+1}-u_{i-1}}{2\Delta t}$；$\ddot{u}_i=\dfrac{u_{i+1}-2u_i+u_{i-1}}{\Delta t^2}$

(Ⅲ) 计算下一时刻的响应，重复Ⅱ

(2) Newmark-β 法[21,22]

Newmark-β 法属于积分法的一种，可由式(4-55)和式(4-56)表达：

$$\dot{u}_{t+\Delta t} = \dot{u}_t + \int_t^{t+\Delta t} \ddot{u}(\tau)\mathrm{d}\tau \tag{4-55}$$

$$u_{t+\Delta t} = u_t + \int_t^{t+\Delta t} \dot{u}(\tau)\mathrm{d}\tau \tag{4-56}$$

即时刻 $t+\Delta t$ 的速度表示为时刻 t 的速度加上 t 到 $t+\Delta t$ 时间段上的积分，位移与此类似。各种积分方法的关键就是设法处理式中的积分项。

1959 年，N. M. Newmark 建议将其表示为：

$$\dot{u}_{i+1} = \dot{u}_i + [(1-\gamma)\Delta t]\ddot{u}_i + (\gamma\Delta t)\ddot{u}_{i+1} \tag{4-57}$$

$$u_{i+1} = u_i + (\Delta t)\dot{u}_i + [(0.5-\beta)(\Delta t)^2]\ddot{u}_i + [\beta(\Delta t)^2]\ddot{u}_{i+1} \tag{4-58}$$

式中参数 γ 控制积分区间起始加速度和终了加速度对速度变化过程的影响，参数 β 控制起始加速度和终了加速度对位移变化过程的影响。一般情况下，参数 γ 控制逐步积分过程中产生的人工阻尼，当 $\gamma=1/2$ 时，可以认为没有人工阻尼；参数 β 取值在 1/6 和 1/4之间。当 $\gamma=1/2, \beta=1/4$ 时，Newmark-β 法就是常加速度法；当 $\gamma=1/2, \beta=1/6$，时，Newmark-β 法就是线性加速度法，和常加速度法一样，线性加速度法被广泛应用于实际工程中，不同的是这种方法是条件收敛的，收敛条件是 $\Delta t/T \leqslant \sqrt{3}/\pi = 0.55$，对于单自由度体系，为了得到精确解，时间步一般都会小于 $0.55T$，因此很容易满足收敛条件，这一点与中心差分法是相同的。可见这两个参数本质上对反应加速度的变化规律作了某种假定。

由于式(4-57)和式(4-58)表示的 Newmark-β 法是隐式的形式，它在求解各时间段的终了加速度时非常不方便，所以通常要将其转化成显式形式，这种转化是通过增量形式来实现的，其过程如下所述。

定义

$$\Delta u_i \equiv u_{i+1} - u_i, \Delta \dot{u}_i \equiv \dot{u}_{i+1} - \dot{u}_i, \Delta \ddot{u}_i \equiv \ddot{u}_{i+1} - \ddot{u}_i \tag{4-59a}$$

$$\Delta p_i \equiv p_{i+1} - p_i \tag{4-59b}$$

基于上式，可以将式(4-57)和式(4-58)写为：

$$\Delta \dot{u}_i = (\Delta t)\ddot{u}_i + (\gamma \Delta t)\Delta \ddot{u}_i \tag{4-60a}$$

$$\Delta u_i = (\Delta t)\dot{u}_i + \frac{(\Delta t)^2}{2}\ddot{u}_i + \beta(\Delta t)^2 \Delta \ddot{u}_i \tag{4-60b}$$

$$\Delta \ddot{u}_i = \frac{1}{\beta(\Delta t)^2}\Delta u_i - \frac{1}{\beta \Delta t}\dot{u}_i - \frac{1}{2\beta}\ddot{u}_i \tag{4-60c}$$

将式(4-60c)代入式(4-60a)得到：

$$\Delta \dot{u}_i = \frac{\gamma}{\beta \Delta t}\Delta u_i - \frac{\gamma}{\beta}\dot{u}_i + \Delta t\left(1 - \frac{\gamma}{2\beta}\right)\ddot{u}_i \tag{4-61}$$

线性运动方程的增量形式，如式(4-62)

$$m\Delta \ddot{u}_i + c\Delta \dot{u}_i + k\Delta u_i = \Delta p_i \tag{4-62}$$

将式(4-60c)和式(4-61)代入到上式，则有：

$$\Delta u_i = \frac{\Delta \hat{p}_i}{\hat{k}} \tag{4-63a}$$

式中

$$\hat{k} = k + \frac{\gamma}{\beta \Delta t}c + \frac{1}{\beta(\Delta t)^2}m \tag{4-63b}$$

$$\Delta \hat{p}_i = \Delta p_i + \left(\frac{1}{\beta \Delta t}m + \frac{\gamma}{\beta}c\right)\dot{u}_i + \left[\frac{1}{2\beta}m + \Delta t\left(\frac{\gamma}{2\beta} - 1\right)c\right]\ddot{u}_i \tag{4-63c}$$

在得到 Δu_i 后，就可以通过式(4-60c)和式(4-61)得到 $\Delta \ddot{u}_i$ 和 $\Delta \dot{u}_i$，进而通过计算式(4-59a)可以得到 u_{i+1}，$\dot{u}_{i+1}$ 和 $\ddot{u}_{i+1}$，当然 $\ddot{u}_{i+1}$ 也可以由式(4-64)计算得到。

$$\ddot{u}_{i+1} = \frac{p_{i+1} - c\dot{u}_{i+1} - ku_{i+1}}{m} \tag{4-64}$$

表 4-2　线性分析时 Newmark-β 法的过程

(Ⅰ)初始条件计算 $$\ddot{u}_0=\frac{p_0-c\dot{u}_0-ku_0}{m}$$ 确定 Δt 计算　$\hat{k}=k+\frac{\gamma}{\beta\Delta t}c+\frac{1}{\beta(\Delta t)^2}m$ 计算　$a=\frac{1}{\beta\Delta t}m+\frac{\gamma}{\beta}c$；$b=\frac{1}{2\beta}m+\Delta t\left(\frac{\gamma}{2\beta}-1\right)c$
(Ⅱ)时刻 i 时响应的计算 $$\Delta\hat{p}_i=\Delta p_i+a\dot{u}_i+b\ddot{u}_i$$ $$\Delta u_i=\frac{\Delta\hat{p}_i}{\hat{k}}$$ $$\Delta\dot{u}_i=\frac{\gamma}{\beta\Delta t}\Delta u_i-\frac{\gamma}{\beta}\dot{u}_i+\Delta t\left(1-\frac{\gamma}{2\beta}\right)\ddot{u}_i$$ $$\Delta\ddot{u}_i=\frac{1}{\beta(\Delta t)^2}\Delta u_i-\frac{1}{\beta\Delta t}\dot{u}_i-\frac{1}{2\beta}\ddot{u}_i$$ $$u_{i+1}=u_i+\Delta u_i,\dot{u}_{i+1}=\dot{u}_i+\Delta\dot{u}_i,\ddot{u}_{i+1}=\ddot{u}_i+\Delta\ddot{u}_i$$
(Ⅲ)计算下一时刻的响应，重复Ⅱ

上面讲述的是针对线性体系的 Newmark-β 法其过程见表 4-2。对于非线性体系，运动方程的增量形式表示为：

$$m\Delta\ddot{u}_i+c\Delta\dot{u}_i+(\Delta f_s)_i=\Delta p_i \tag{4-65}$$

式中

$$(\Delta f_s)_i=(k_i)_{\sec}\Delta u_i \tag{4-66}$$

上式中$(k_i)_{\sec}$为割线刚度，由于 u_{i+1} 未知的缘故，它是不能确定的。如果在微小的时间步 Δt 内，割线刚度则可以由切线刚度代替，如图 4-3 所示，这样式(4-66)就可以写成：

$$(\Delta f_s)_i\cong(k_i)_T\Delta u_i \tag{4-67}$$

这样一来，就可以得到与线性体系相似的形式，计算过程也可以仿照线性体系进行。

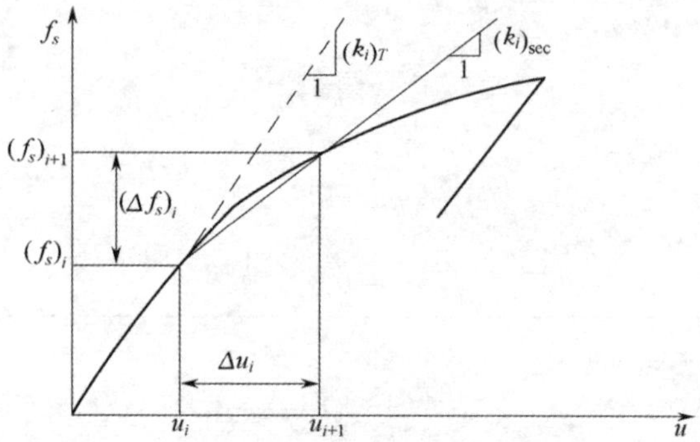

图 4-3 割线刚度与切线刚度示意图

值得注意的是,整个积分过程中,时间步是常量时,将导致很大的积分误差,这主要是由于切线刚度代替割线刚度引起的;再者采用不变的时间步在力-位移关系中,当速度变向时会出现滞后的现象。对于第二种情况,如图 4-4 所示,在时刻 i 时的响应为 a 点对应的位移和速度为 u_i 和 $\dot{u}_i$,如果在 i 时刻的速度是正的,而到 $i+1$ 时速度反向,为负,则在此时间段内有一点 b',此时的速度为 0,如果我们不考虑这一点,那么在 $i+1$ 时的响应为 c 点对应的位移和速度,也就是说 c 点对应的位移和速度将作为下一时间

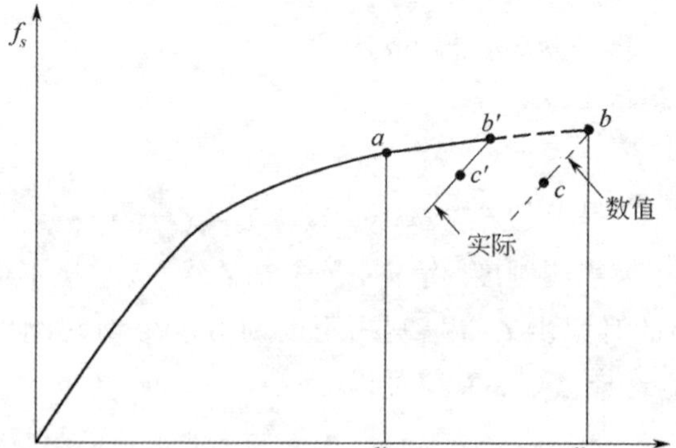

图 4-4 滞后的现象示意图

段的起始点，而实际上根据力-位移关系曲线可知，在 $i+1$ 时的位移和速度应是 c' 对应的值，这就使数值结果偏离了实际的曲线。这种现象在速度变向时总会出现，同样在力-位移关系曲线中的转弯点处也会出现滞后现象，导致误差的出现。为了避免出现由此而造成的误差，可以通过在 t_i 到 t_{i+1} 时间段，采用小一些的时间步（比如 $\Delta t/4$）重新进行积分。

对于由切线刚度代替割线刚度所造成的误差，如图 4-5 所示，可通过在积分时段内增加一个迭代过程（如 Newton-Raphson 迭代法）来使误差最小，下面以修正的 Newton-Raphson 迭代法说明，修正的 Newton-Raphson 迭代法迭代过程如图 4-6 所示。第 1 步迭代是由式（4-68）计算位移增量 $\Delta u^{(1)}$（相应于图 4-5 中的 b 点），最终要得到的为 Δu（相应于图 4-5 中的 b' 点）。与 $\Delta u^{(1)}$ 对应的力为 $\Delta f^{(1)}$，它小于 $\Delta\hat{p}$，定义残余力 $\Delta R^{(2))}=\Delta\hat{p}-\Delta f^{(1)}$ 进而由 $\hat{k}_T\Delta u^{(2)}=\Delta R^{(2)}=\Delta\hat{p}-\Delta f^{(1)}$ 得到对应于残余力的附加位移 $\Delta u^{(2)}$，这样又可以得到残余力和附加位移，如此反复，直至收敛，这一迭代过程见表 4-3。

$$\hat{k}_T\Delta u^{(1)}=\Delta\hat{p} \tag{4-68}$$

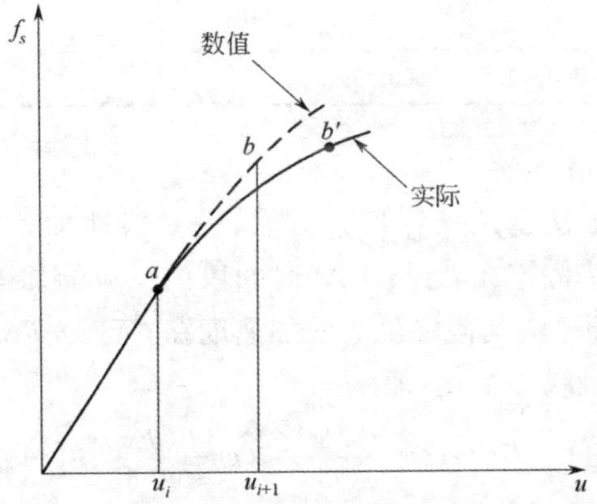

图 4-5　切线刚度代替割线刚度造成误差示意图

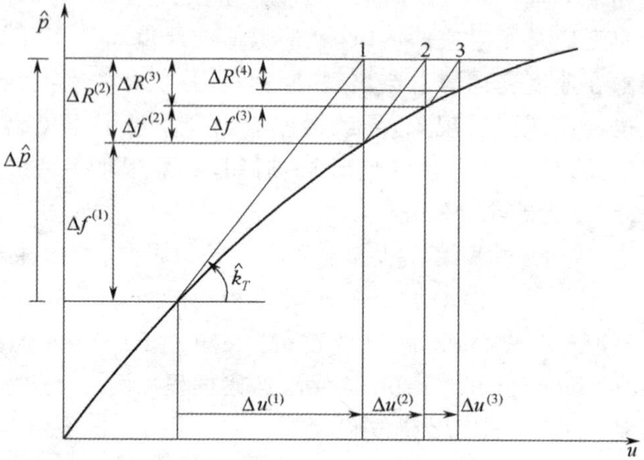

图 4-6　修正的 Newton-Raphson 迭代法迭代过程示意图

表 4-3　修正的 Newton-Raphson 迭代法迭代过程

（Ⅰ）初始条件计算：$u_{i+1}^{(0)}=u_i$，$f_s^{(0)}=(f_s)_i$，$\Delta R^{(1)}=\Delta\hat{p}_i$，$\hat{k}_T=\hat{k}_i$
（Ⅱ）计算每一迭代步，$j=1,2,3\cdots$ $\Delta u^{(j)}=\Delta R^{(j)}/\hat{k}_T$ $u_{i+1}^{(j)}=u_{i+1}^{j-1}+\Delta u^{(j)}$ $\Delta f^{(j)}=f_s^{(j)}-f_s^{(j-1)}+(\hat{k}_T-k_T)\Delta u^{(j)}$ $\Delta R^{(j+1)}=\Delta R^{(j)}-\Delta f^{(j)}$
（Ⅲ）计算下一步迭代：重复Ⅱ，直至 $\Delta u^{(j)}/\Delta u<\varepsilon$

（2）Wilson-θ 法

Wilson-θ 法也是一种积分方法，它是线性加速度法的扩展。线性加速度法假定在 t 到 $t+\Delta t$ 时间段内反应的加速度呈线性变化，而 Wilson-θ 法是假定反应的加速度在 t 到 $t+\theta\Delta t$ 时间段内反应的加速度呈线性变化，即：

$$u(t+\theta\Delta t)=u(t)+\theta\Delta t\dot{u}(t)+\frac{(\theta\Delta t)^2}{3}\ddot{u}(t)+\frac{(\theta\Delta t)^2}{6}\ddot{u}(t+\theta\Delta t) \quad (4\text{-}60a)$$

$$\dot{u}(t+\theta\Delta t)=\dot{u}(t)+\theta\Delta t\,\frac{\ddot{u}(t)+\ddot{u}(t+\theta\Delta t)}{2} \quad (4\text{-}60b)$$

与式(4-69)联立求解即可得到$\ddot{u}(t+\theta\Delta t)$，再内插求$\ddot{u}(t+\Delta t)$，最后将结果代入式(4-70)即可求得 $u(t+\Delta t)$和 $\dot{u}(t+\Delta t)$。

$$m\ddot{u}(t+\theta\Delta t)+c\dot{u}(t+\theta\Delta t)+ku(t+\theta\Delta t)=p(t+\theta\Delta t) \quad (4\text{-}69)$$

$$u(t+\Delta t)=u(t)+\Delta t\dot{u}(t)+(\Delta t)^2\frac{\ddot{u}(t)}{3}+(\Delta t)^2\frac{\ddot{u}(t+\Delta t)}{6} \quad (4\text{-}70)$$

$$\dot{u}(t+\Delta t)=\dot{u}(t)+\Delta t\frac{\ddot{u}(t)+\ddot{u}(t+\Delta t)}{2} \quad (4\text{-}71)$$

Wilson-θ 法中，只要 $\theta\geqslant 1.37$，不管 Δt 取值怎样都是稳定的(即这种算法是无条件稳定的)，只不过 Δt 过大，精度相对要降低，因此，Wilson-θ 法是实用价值很高的出色的算法，虽然增加了参数 θ，看起来稍有复杂，但是计算量与线性加速度法和 Newmark-β 法差不多。有关参数 θ 的取值，不宜取得过大，否则影响精度，因此，推荐的合理 θ 值为 1.4[45]。对于非线性体系，可以参考前面介绍的 Newmark-β 法。

以上介绍了在求解单自由度体系运动方程的数值解法，了解了中心差分法、Newmark-β 法和 Wilson-θ 法的特点和计算过程，对于线性和非线性多自由度体系的运动方程，表 4-4～表 4-6 给出了计算过程，推导过程与单自由度体系相同，这里不再赘述。

为了便于理解表 4-4～表 4-6，简单介绍一下线性多自由度体系的运动方程：

$$\boldsymbol{m}\ddot{\boldsymbol{u}}+\boldsymbol{c}\dot{\boldsymbol{u}}+ku=\boldsymbol{p}(\boldsymbol{t})\text{或}-\boldsymbol{ml}\,\ddot{u}_g(t) \quad (4\text{-}72)$$

节点位移可以写成主要振型的线性组合：

$$\mathbf{u}(t)\cong\sum_{n=1}^{J}\boldsymbol{\varphi}_n q_n(t)=\boldsymbol{\Phi q}(t) \quad (4\text{-}73)$$

将式(4-73)代入式(4-72)，经过整理后得到：

$$\boldsymbol{M}\ddot{\boldsymbol{q}}+\boldsymbol{C}\dot{\boldsymbol{q}}+\boldsymbol{Kq}=\boldsymbol{P}(t) \quad (4\text{-}74)$$

式中

$$\boldsymbol{M}=\boldsymbol{\Phi}^T\boldsymbol{m\Phi};\boldsymbol{C}=\boldsymbol{\Phi}^T c\Phi;\boldsymbol{K}=\boldsymbol{\Phi}^T\boldsymbol{k\Phi};\boldsymbol{P}(t)=\boldsymbol{\Phi}^T\boldsymbol{p}(t)。 \quad (4\text{-}75)$$

表 4-4　求解线性多自由度体系运动方程的中心差分法的计算过程

Ⅰ 初始条件

$$(q_n)_0=\frac{\boldsymbol{\varphi}_n^T\boldsymbol{m}\boldsymbol{u}_0}{\boldsymbol{\varphi}_n^T\boldsymbol{m}\boldsymbol{\varphi}_n};(\dot{q}_n)_n=\frac{\boldsymbol{\varphi}_n^T\boldsymbol{m}\ \dot{\boldsymbol{u}}_0}{\boldsymbol{\varphi}_n^T\boldsymbol{m}\ \dot{\boldsymbol{\varphi}}_n};\boldsymbol{q}_0^T=\{(q_1)_0,\cdots(q_J)_0\};\dot{\boldsymbol{q}}_0^T=\{(\dot{q}_1)_0,\cdots(\dot{q}_J)_0\}$$

$$\boldsymbol{P}_0=\boldsymbol{\Phi}^T\boldsymbol{p}_0$$

由 $\boldsymbol{M}\ddot{\boldsymbol{q}}_0=\boldsymbol{P}_0-\boldsymbol{C}\dot{\boldsymbol{q}}_0-\boldsymbol{K}\boldsymbol{q}_0$ 计算 $\ddot{\boldsymbol{q}}_0$

选取适当的时间步 Δt

$$\boldsymbol{q}_{-1}=\boldsymbol{q}_0-\Delta t\dot{\boldsymbol{q}}_0+\frac{(\Delta t)^2}{2}\ddot{\boldsymbol{q}}_0$$

$$\hat{\boldsymbol{K}}=\frac{1}{(\Delta t)^2}\boldsymbol{M}+\frac{1}{2\Delta t}\boldsymbol{C}$$

$$\boldsymbol{a}=\frac{1}{(\Delta t)^2}\boldsymbol{M}-\frac{1}{2\Delta t}\boldsymbol{C};\boldsymbol{b}=\boldsymbol{K}-\frac{2}{(\Delta t)^2}\boldsymbol{M}$$

Ⅱ 第 i 个时间步的计算

$$\boldsymbol{P}_i=\boldsymbol{\Phi}^T\boldsymbol{p}_i$$

$$\hat{\boldsymbol{P}}_i=\boldsymbol{P}_i-\boldsymbol{a}\boldsymbol{q}_{i-1}-\boldsymbol{b}\boldsymbol{q}_i$$

由 $\hat{\boldsymbol{K}}\boldsymbol{q}_{i+1}=\hat{\boldsymbol{P}}_i$ 计算得到 $\boldsymbol{q}_{i+1}$，如果需要还可以得到：

$$\dot{\boldsymbol{q}}_i=\frac{1}{2\Delta t}(\boldsymbol{q}_{i+1}+\boldsymbol{q}_{i-1});\ddot{q}_i=\frac{1}{(\Delta t)^2}(q_{i+1}-2q_i+q_{i-1})$$

从而得到：$\boldsymbol{u}_{i+1}=\boldsymbol{\Phi}\boldsymbol{q}_{i+1}$

Ⅲ 第 $i+1$ 个时间步的计算

将 $i+1$ 替换 i，重复第 Ⅱ 步

表 4-5　求解线性多自由度体系运动方程的 Newmark-$\boldsymbol{\beta}$ 法的计算过程

Ⅰ 初始条件

$$(q_n)_0=\frac{\boldsymbol{\varphi}_n^T\boldsymbol{m}\boldsymbol{u}_0}{\boldsymbol{\varphi}_n^T\boldsymbol{m}\boldsymbol{\varphi}_n};(\dot{q}_n)_0=\frac{\boldsymbol{\varphi}_n^T\boldsymbol{m}\ \dot{\boldsymbol{u}}_0}{\boldsymbol{\varphi}_n^T\boldsymbol{m}\boldsymbol{\varphi}_n};\boldsymbol{q}_0^T=\{(q_1)_0,\cdots(q_J)_0\};\dot{\boldsymbol{q}}_0^T=\{(\dot{q}_1)_0,\cdots(\dot{q}_J)_0\}$$

$$\boldsymbol{P}_0=\boldsymbol{\Phi}^T\boldsymbol{p}_0$$

由 $\boldsymbol{M}\ddot{\boldsymbol{q}}_0=\boldsymbol{P}_0-\boldsymbol{C}\dot{\boldsymbol{q}}_0-\boldsymbol{K}\boldsymbol{q}_0$ 计算 $\ddot{\boldsymbol{q}}_0$

选取适当的时间步 Δt

$$\hat{\boldsymbol{K}}=\boldsymbol{K}+\frac{1}{\beta(\Delta t)^2}\boldsymbol{M}+\frac{\gamma}{\beta\Delta t}\boldsymbol{C}$$

$$\boldsymbol{a}=\frac{1}{\beta\Delta t}\boldsymbol{M}+\frac{\gamma}{\beta}\boldsymbol{C};b=\frac{1}{2\beta}\boldsymbol{M}+\Delta t\left(\frac{\gamma}{2\beta}-1\right)\boldsymbol{C}$$

Ⅱ 第 i 个时间步的计算

$$\boldsymbol{P}_i=\boldsymbol{\Phi}^T\boldsymbol{p}_i$$

$$\Delta\hat{\boldsymbol{P}}_i=\Delta\boldsymbol{P}_i+\boldsymbol{a}\dot{\boldsymbol{q}}_i+\boldsymbol{b}\ddot{\boldsymbol{q}}_i$$

由 $\hat{\boldsymbol{K}}\Delta q_i=\Delta\hat{\boldsymbol{P}}_i$ 计算得到 $\Delta\boldsymbol{q}_i$

$\Delta\dot{q}_i=\frac{\gamma}{\beta\Delta t}\Delta q_i-\frac{\gamma}{\beta}\dot{q}_i+\Delta t\left(1-\frac{\gamma}{2\beta}\right)\ddot{q}_i$；$\Delta\ddot{q}_i=\frac{1}{\beta(\Delta t)^2}\Delta q_i-\frac{1}{\beta\Delta t}\dot{q}_i-\frac{1}{2\beta}\ddot{q}_i$ $q_{i+1}=q_i+\Delta q_i$，$\dot{q}_{i+1}=\dot{q}_i+\Delta\dot{q}_i$；$\ddot{q}_{i+1}=\ddot{q}_i+\Delta\ddot{q}_i$ 从而得到：$u_{i+1}=\Phi q_{i+1}$
Ⅲ第 $i+1$ 个时间步的计算 将 $i+1$ 替换 i，重复第Ⅱ步

非线性多自由度体系经典模态分析不再适用，因此只能由 N 个自由度的原始运动方程（式 4-76）来求解。表 4-6 给出的是用 Wilson-θ 法求解非线性多自由度体系运动方程的计算过程，其中的迭代过程采用的是修正的 Newton-Raphson 法，详细过程可参考前面单自由度体系运动方程的求解。

$$m\ddot{u}+c\dot{u}+f_s(u,\dot{u})=p(t)\text{或}-ml\,\ddot{u}_g(t) \tag{4-76}$$

表 4-6　求解非线性多自由度体系运动方程的 Wilson-θ 法的计算过程

Ⅰ初始条件 由 $m\ddot{u}_0=p_0-c\dot{u}_0-(f_s)_0$ 计算 $\ddot{u}_0$ 合理选择 Δt 和 θ $a=\frac{6}{\theta\Delta t}m+3c$；$b=3m+\frac{\theta\Delta t}{2}c$
Ⅱ第 i 个时间步的计算 $\delta\hat{p}_i=\theta(\Delta p_i)+a\,\dot{u}_i+b\,\ddot{u}_i$ 确定切线刚度矩阵 k_i $\hat{k}_i=k_i+\frac{3}{\theta\Delta t}c+\frac{6}{(\theta\Delta t)^2}m$ 由 $\hat{k}_i$ 和 $\delta\hat{p}_i$ 迭代求 δu_i $\delta\ddot{u}_i=\frac{6}{(\theta\Delta t)^2}\delta u_i-\frac{6}{\theta\Delta t}\dot{u}_i-3\ddot{u}_i$，$\Delta\ddot{u}_i=\frac{1}{\theta}\delta\ddot{u}_i$ $\Delta\dot{u}_i=(\Delta t)\ddot{u}_i+\frac{\Delta t}{2}\Delta\ddot{u}_i$，$\Delta u_i=(\Delta t)\dot{u}_i+\frac{(\Delta t)^2}{2}\ddot{u}_i+\frac{(\Delta t)^2}{6}\Delta\ddot{u}_i$ $u_{i+1}=u_i+\Delta u_i$，$\dot{u}_{i+1}=\dot{u}_i+\Delta\dot{u}_i$，$\ddot{u}_{i+1}=\ddot{u}_i+\Delta\ddot{u}_i$
Ⅲ第 $i+1$ 个时间步的计算 将 $i+1$ 替换 i，重复第Ⅱ步

基于振型叠加法的动力时程分析方法也是时域内的确定性方法，这一方法只适用于线性问题，在线性条件下，应用这一分析方法可以有效地减少具有很多自由度的复杂结构地震反应计算时间，且精度相当。结构的任何振动都可以表示为结构自振振型的线性组合，则可以变换为一系列关于振型广义坐标的独立微分方程，选用适合的数值解法，求出广义向量后，进而得到结构的动力相对位移 $\boldsymbol{Y}$。假定在支座处的第 i 自由度场位移为 $\tilde{v}_i$，则由支座处各节点的自由场位移引起的整个体系的拟静态位移可以表示为式(4-77)，结构体系的总位移为动态相对位移和拟静位移之和。

$$\boldsymbol{Y}_s = \sum_{i=1}^{m} \boldsymbol{\alpha}_i \tilde{v}_i \tag{4-77}$$

式中，$\boldsymbol{\alpha}_i$ 为第 i 阶拟静模态向量。

4.2.3.2.2　振型叠加法计算结构地震响应

线性体系的时域分析方法是从对输入离散化进行体系动力反应的分析，振型叠加法是通过对结构振动特征的离散化来实现体系动力反应的离散化，然后，根据需要选取主要的特征反应，运用叠加原理求解结构动力反应。对主要的特征反应量的计算可以采用时域分析方法，也可以采用频域分析方法。其计算步骤如下：

(1)用子空间迭代法求系统的前一部分特征值及相应的振型；

(2)形成特征矩阵，见式(4-78)，并建立各振型基坐标下的动力方程，见式(4-79)；

$$[\Phi]_{n\times q}=[\{\varphi_1\}\{\varphi_2\}\cdots\cdots\{\varphi_q\}] \tag{4-78}$$

$$\ddot{Y}_i+2\xi_i\dot{Y}_i+\omega^2 Y=f_i(t) \tag{4-79a}$$

$$f_i(t)=\{\varphi_i\}^T\{F(t)\}/m_{ii} \tag{4-79b}$$

$$m_{ii}=\{\varphi_i\}^T[M]\{\varphi_i\} \tag{4-79c}$$

(3)求解运动方程，并经过坐标转换后得到结构的动力响应。

对大型结构进行时程反应分析常采用振型叠加法，传统的方法是求得结构的前几阶或几十阶振型，然后将所求得的全部振型响应用于振型叠加。作者在文献[45]中提出了改进的振型叠加法，即在进行振型叠加以前，对振型特征进行分析，特别是对振型贡献率进行分析，选出一些主要振型进行叠加，其步骤如下：

(1)用子空间迭代法求结构的前 m 阶周期及相应的振型与各个方向的振型贡献率，从中取出 q 个振型作为研究对象，组成 $n\times q$ 阶的振型矩阵：

$$[\Phi]_{n\times q}=[\{\phi_1\}\{\phi_2\}\cdots\{\phi_q\}] \tag{4-80}$$

(2)建立振型主坐标的动力方程为：

$$\ddot{Y}_i+2\xi_i\dot{Y}_i+\omega^2 Y_i=f_i(t)\quad i=1,2,\cdots,q \tag{4-81a}$$

式中

$$f_i(t)=\{\phi_i\}^T\{F(t)\}/m_{ii} \tag{4-81b}$$

$$m_{ii}=\{\phi_i\}^T[M]\{\phi_i\} \tag{4-81c}$$

(3)求解动力方程式(4-81)

(4)进行基坐标变换后，求得结构得动力响应

动态时程分析法可以使桥梁的抗震设计从单一的强度保证转入强度、变形(延性)的双重保证，同时使桥梁工程师更清楚结构地震动力破坏的机理和正确提高桥梁抗震能力的途径。

但是，弹塑性动态时程分析方法需要耗费大量的计算时间，输出大量的计算数据，这些都不利于工程师进行结构设计。因此，对于大量常规的桥梁结构，一般不采用这种分析方法，在很多情况下仅限于进行弹性动力时程分析；只有特别复杂和重要的桥梁，才需要使用弹塑性动态时程分析方法。

4.2.4 随机振动方法

20 世纪 60 年代中抗震理论的另一重要成果是随机振动理论的应用。地震发生的时间、空间和强度特征不仅随时间变化，而且具有明显的随机性。这种随机性主要表现在：同样的基本条件下得到的地震动时程曲线都不相同，每一个具体的时程曲线相当于随机过程的一条样本曲线。认识了地震动的这一特征之后，随机振动方法应运而生。随机振动理论不但为振型组合提供了普遍接受的方法，更重要的是为抗震设计概率理论奠定了基础。

与确定性反应分析不同，随机地震反应分析的特点在于分析的目的是确定反应量的概率分布特征，而不是确定具体的反应时程或反应量的最大值。目前应用于地震反应分析的随机振动方法分为时域随机振动方法和频域随机振动方法。时域随机振动方法是将利用蒙特卡罗方法选取能够代表地震动统计特性的若干条地震动时程曲线样本作为输入，按照时程分析方法计算结构的反应，然后将一系列反应进行统计分析，得到结构地震动反应特性。这一方法可以较精确地计算结构的地震反应，而且可以考虑结构的非线性特性，但是计算工作量很大，即使是在如今计算机技术非常强大的条件下也无法利用这一方法进行复杂结构的地震分析。因此，时域随机振动方法应用的不是很广泛。频域随机振动方法是通过建立地震动输入和结构地震反应输出的功率谱函数之间的关系，得到结构地震反应的统计特性(主要是方差)。这一方法较之时域随机振动方法，计算量相对较小，尤其是虚拟激励方法的诞生推动了这种方法的应用。

地震动输入与地震反应输出之间的关系是通过频域传递函数来描述的，以线性单自由度体系为例，这种关系可以表示为：

$$Y(\omega)=H(i\omega)X(\omega) \tag{4-82}$$

式中，$H(i\omega)$即为系统的频域传递函数。频域传递函数是一个复数，可以写成模与幅角的形式见式(4-83)。模$|H(i\omega)|$表示系统反应与激励在频域内的比值幅值之比，称为增益因子；幅角表示反应与激励之间的相位差，称为相位因子。

$$H(i\omega)=|H(i\omega)|e^{-\varphi(\omega)i} \tag{4-83}$$

频域方法进行线性体系地震反应分析的一般步骤为：

(1)根据动力方程，求出频域传递函数$H(i\omega)$；

(2)采用快速傅立叶变换将输入量$\ddot{u}_g(t)$转化成频域内的函数$P(\omega)$，$P(\omega)=\int_{-\infty}^{\infty}\ddot{u}_g(t)e^{-i\omega t}dt$；

(3)应用频域传递函数对每一频率分量求出反应量$u(\omega)$，$u(\omega)=H(i\omega)P(\omega)$；

(4)采用快速逆傅立叶变换将反应量转化成为时域反应 $u(t)$，$u(t)=\frac{1}{2\pi}\int_{-\infty}^{\infty}u(\omega)e^{i\omega t}d\omega$ 。

4.2.5 分析和设计方法总结

弹性静力理论输入的地震动为由历史震害估计的地震动最大加速度，忽略地震动特性和结构的动力特性，只对可视为刚体的结构有效，如桥台等。复杂桥梁可以采用非线性静力分析方法对结构的抗震性能进行评估，计算非线性反应的需求和能力。

反应谱理论输入的反应谱是规定的或按场地条件规定的平均反应谱值，只规定地震动的最大加速度，只能反映地震动的频谱特性，而对于持时的影响是无法反映的。对于规则桥梁，采用等效线性化方法可估计非线性系统的最大反应，但仍需更多的实践检验。

动力理论的输入地震动要求给出符合场地情况的、具有概率含义的加速度时间函数，能够反映地震动振幅、持时和频谱特性，地震反应分析方法考虑了结构反应的全过程，并能够考虑非一致激励和结构的非线性，理论上，动力理论可以得到更可靠的分析和设计。

一些规范针对不同的分析情况给出不同的分析方法，不仅包括静力法和反应谱方法，并将非线性静力分析方法[23,24]、非线性动力时程分析方法作为一种常规的分析方法予以引入，且针对不同的分析方法对结构分析模型[25]的建立也给出一些必要的规定。

从抗震设计方法上来看，目前国内外主要规范，如美国的 AASHTO 规范[26]、欧洲的 EUROCODE8 规范[27]以及我国的公路和铁路工程抗震设计规范[19,28]都是采用基于强度的抗震设计方法。基于强度的抗震设计方法首先是根据反应谱或等效静力法考虑综合影响系数或反应修正系数计算地震作用效应，然后根据地震作用效应检算或设计结构构件的强度。

然而，从实际地震中注意到：强度不足不一定是导致结构倒塌，只要结构的初始强度能够基本保持不变，不出现因非弹性变形的加剧而导致强度骤降，结构就能在地震中幸存。20 世纪 60 年代，以 N. M. Newmark 为首的研究者们提出用“延性”这个简单概念来概括结构物超过弹性阶段的抗震能力，延性大小是结构物抗震能力强弱的重要标志。在 1971 年美国 San Fernando 地震之后，延性设计理论逐渐被人们接受并发展起来。

出于经济因素的考虑，许多规范在设计地震作用下允许结构发生塑性变形。这种情况下，单一强度指标只适合于脆性构件或不允许发生非弹性响应的构件。由于变形（或位移）比强度更能体现结构在地震作用下的性能，因而基于位移的抗震设计方法比传统的基于强度的抗震设计方法更加实用。基于位移的设计方法在 20 世纪 50 年代就有人提出[29]，直到 20 世纪 90 年代初期，美国加州大学 Berkley 分校 J. P. Moehle[30,31] 提出了基于位移的抗震设计理论，主张改进目前基于承载力的设计方法，这一全新的概念最早应用于桥梁设计。他提出基于位移的抗震设计要求进行结构分析，使结构的塑性变形能力满足在预期地震作用下的变形要求。此后，这一理论的构思影响了美国、日本及欧洲土木工程界[32-35]。基于位移的设计方法已被 Caltrans 抗震设计准则[36] 所采用。从基于位移的抗震设计提法的历史沿革来看，基于位移抗震设计思想经历了从仅仅是局限于抗震结构体系的优选，强度与位移分阶段进行，到完全基于位移的抗震设计的发展过程。这种抗震设计方法对于延性结构或延性构件是可取的，但是，对于由强度控制设计的脆性结构或延性结构中的脆性构件，采用这种方法也是不适合的。因此，基于结构性能的抗震设计理论在基于位移设计理论的基础上发展起来。

此外，一些学者[37-39] 还提出基于能量的设计方法，该方法是以输入结构的能量为设计依据，将结构设计成为能够吸收从地面输入的能量而不致破坏。目前有许多人对此进行了研究，但还没有达到实用阶段。

除上述设计方法，还有一个目前正为世界各国规范所逐渐接受的抗震设计方法——能力设计方法[40-42]。能力设计原理最早是由新西兰学者 Park 等人 20 世纪在 70 年代中期提出的，该方法的定义是：对于结构的非弹性响应设计，首先布置可能出现塑性较的位置，使结构屈服后形成一个合理的耗能机构；对塑性铰区进行专门的设计，以提供足够的延性能力，对于其他非塑性铰区，根据塑性铰所具有的超强强度，确定被保护构件的设计强度，从而保证被保护构件在结构塑性铰形成后仍保持弹性。简而言之，能力设计方法的基本思想在于：在结构体系中的延性构件和能力保护构件之间建立强度安全等级差异，以确保结构不会发生脆性的破坏模式。能力设计方法是结构动力概念设计的一种体现，它的主要优点是可以预定塑性铰出现的位置和布局，而且可以预测结构整体抗震性能，这是传统抗震设计方法所达不到的。此外，根据能力设计方法设计的结构具有很好的韧性，对结构避免倒塌发生提供保护能力，同时也降低了结构对许多不确定因素的敏感性。

4.3 桥梁抗震性能评估及分析方法

当桥梁结构在地震后发生破坏需要修复，或颁布新规范时，通常需要对已建低标准的桥梁结构进行抗震性能的评估。通过评估，可以掌握结构抵御未来地震的能力，如果其性能不能满足要求，就需要及时进行加固，以提高构件及桥梁整体的抗震性能，避免损失的扩大。对既有桥梁进行抗震性能评估主要是依据现行规范的抗震设防标准，结合投资效益分析，确定哪些桥梁危险程度比较高，需要马上加固，哪些桥梁抗震能力略有不足，但可延后加固。抗震评估一般包括两个阶段：首先确定最危险的、最急需加固的结构，即确定加固的优先权；其次是对需要加固的桥梁进行详细的结构分析。

4.3.1 确定加固优先权

正如前面所述，我们并不是对所有抗震性能水平不足的桥梁结构同时进行抗震加固，这是因为，有些桥梁在地震中可能会发生一定的破坏，但仍能满足运营要求，或者在降低车辆荷载等级后无需维修仍可继续使用。桥梁结构加固优先权的确定，除了最危险的桥梁需优先考虑之外，同时也要视桥梁的重要性、结构的实际破

坏情况和经济实力等来选择。在筛选需要优先加固的桥梁结构时,需要考虑以下几点:

(a)桥梁建设场地地震危险性,包括强度、发生概率、砂土液化的可能性、场地土的类型等。

(b)桥梁结构的重要性,重要的桥梁在损坏或失效后会产生严重的社会后果,因此,需要重视其抗震能力,以保证震后救援和震后经济恢复等需求。这里需要了解交通量、跨越情况、生命线意义及桥梁关闭所造成的影响等。

(c)结构易损性分析,包括结构形式、桥龄及采用的抗震设计标准和方法等。

(d)进行费用-效益分析,优化配置资金。

以上各方面影响可以通过加权组合的方法来实现,但是加权系数会因地区的不同产生较大的差异,因此,应根据当地统计的信息作为确定这些系数的主要依据。图 4-7 为美国加州交通局所采用的系数。

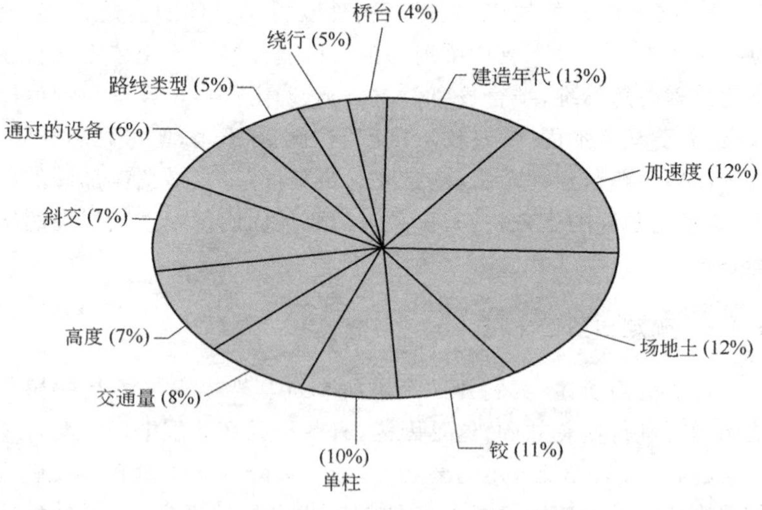

图 4-7 确定优先权的因素及加权系数[57]

4.3.2 结构抗震性能评估分析

在粗略地确定需要加固的桥梁之后，必须对其抗震性能进行详细的评估，并以此为依据选择加固方法，评估内容包括评估分析方法的选择、明确需要加固的部位和加固目标，加固费用分析比较，确定加固方案等。对抗震性能评价中，建议采用正常使用极限状态、破坏控制极限状态和倒塌极限状态三种极限状态。

(a)正常使用极限状态，在这个极限状态下，要求结构在地震后不经维修应立即投入使用，构件在弹性范围内，重点分析强度。

(b)破坏控制极限状态，要求桥梁结构的地震反应限制在某一范围内，如果超出就意味着修复是不经济的或会遇到技术上的困难。

(c)结构倒塌极限状态，即使震后桥梁破坏严重，无法修复，也不能发生倒塌，必须保证在重力等作用下保持稳定而不造成生命及财产的损失。

由第 2 章桥梁震害可知，对桥梁的抗震性能评估应重点考虑：桥墩塑性铰的抗弯、抗剪强度及变形能力，桥墩纵向钢筋搭接截面的抗弯强度，钢筋的连接与锚固性能，盖梁的抗弯能力及延性，节点处的抗震性能，桩基的强度，承台的抗剪及抗倾覆性能，桥梁支座连接与变形能力，桥台的抗震性能及与上部结构的连接性能。

对结构进行评估分析时可采用反应谱法、非线性静力分析法、非线性时程分析法。反应谱法概念简单易行，但是只限于弹性结构的地震反应分析，为了能够采用反应谱法分析结构进入塑性后的反应，可通过强度折减系数来实现，但是折减系数未考虑结构形式及尺寸的影响，使分析结果不能够真实地反映出来。采用非线性时程分析法是进行桥梁抗震性能评估较准确的方法，但是应用这种方法必须对结构进入塑性工作状态（如弯剪相互作用、滞回模型等）有充分的认识和了解。因此，非线性静力分析方法成为结构抗震性能评估的一种被广泛采用的、有效的方法，它将相邻伸缩缝之间的结构作为空间框架来考虑，通过对其逐步加载，得到桥墩塑性铰产生、发展、失效的整个过程。下面对这种方法的基本思想、分析过程进行详细叙述。

4.4 非线性静力弹塑性分析

前面4.2.1节提到非线性静力方法，鉴于它在抗震设计、分析中的重要地位本节进一步详细介绍。同时，作者在进行西部交通建设科技项目时提出了基于模态分析的Pushover分析方法[43]，其思想也在本节内容中体现。

4.4.1 能力谱方法

能力谱方法(Capacity Spectrum Method)，实质上就是通过地震需求曲线和结构能力曲线的叠加来评估结构在给定地震作用下的反应特性。

该方法是美国ATC-40(Applied Technology Council，1996)采用的方法，也是日本新的建筑基准法(BSL2000)采用的方法。其基本思路是，建立两条相同基准的谱曲线：一条是由荷载—位移曲线转化为承载力曲线(即能力曲线)，另一条是由加速度反应谱转换为ADRS谱(即需求曲线)，将两条线放在同一个图中，两者交点定为“目标位移点”，在同位移容许值相比较，确定是否满足抗震要求，见图4-8。

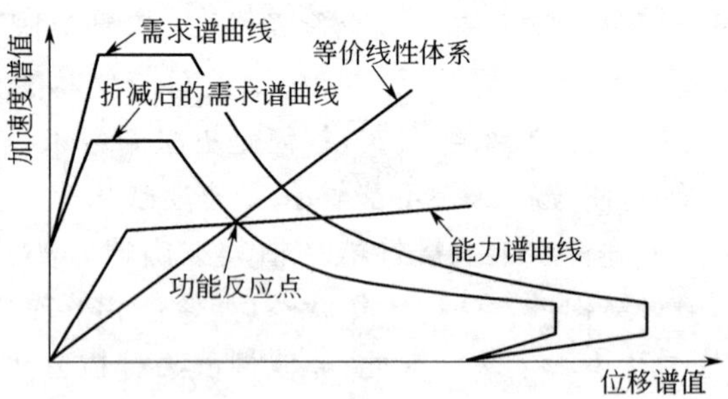

图4-8 能力谱方法示意图

能力谱方法中包含了几个基本假定：即Pushover分析中的侧向荷载分布以及将这些结果如何转化为能力谱均以弹性体系的基

本振型为基准;弹塑性单自由度体系的地震响应是由一系列等效线性单自由度体系的逐步迭代而确定的,避免直接对弹塑性单自由度体系进行动力分析。

在 ACT-40 中给出了三种不同的求解方法,归纳起来可分为如下几步:

1)用 Pushover 分析方法得出基底剪力和顶部位移的关系曲线;

2)按照以下公式将 Pushover 分析曲线(Pushover Curve)转化为能力谱(Capacity Curve):

$$A=\frac{V_{\mathrm{b}}}{M_1^*}\quad D=\frac{D_t}{\Gamma_1\phi_{N1}} \tag{4-84}$$

式中,A 为拟加速度谱,D 为拟位移谱,V_{b} 为基底剪力,D_t 为顶点位移,M_1^* 是相对应基本振型的有效质量(即模态质量),Γ_1 为基本振型的振型参与系数,ϕ_{N1} 为基本振型在顶部的振幅,即:

$$\Gamma_1=\frac{\sum_{j=1}^{N}m_j\phi_{j1}}{\sum_{j=1}^{N}m_j\phi_{j1}^2}\qquad M_1^*=\frac{\left(\sum_{j=1}^{N}m_j\phi_{j1}\right)^2}{\sum_{j=1}^{N}m_j\phi_{j1}^2} \tag{4-85}$$

式中,m_j 为节点的集中质量,ϕ_{j1} 为基本振型 ϕ_1 在 j 节点的振幅,N 是节点数。

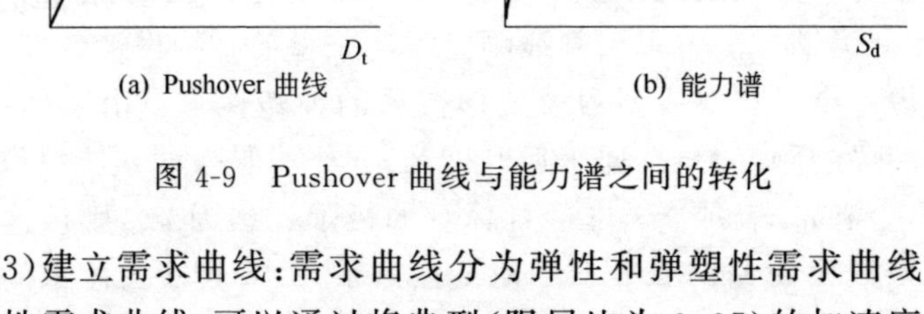

(a) Pushover 曲线　　(b) 能力谱

图 4-9　Pushover 曲线与能力谱之间的转化

3)建立需求曲线:需求曲线分为弹性和弹塑性需求曲线。对于弹性需求曲线,可以通过将典型(阻尼比为 0.05)的加速度反应谱与位移反应谱画在同一坐标系上，根据弹性单自由度体系在地震作用下的运动方程，将弹性加速度反应谱转化为加速度位移谱（ADRS），作为地震需求，其关系式为：

$$S_d = \frac{T^2}{4\pi^2} S_a \tag{4-86}$$

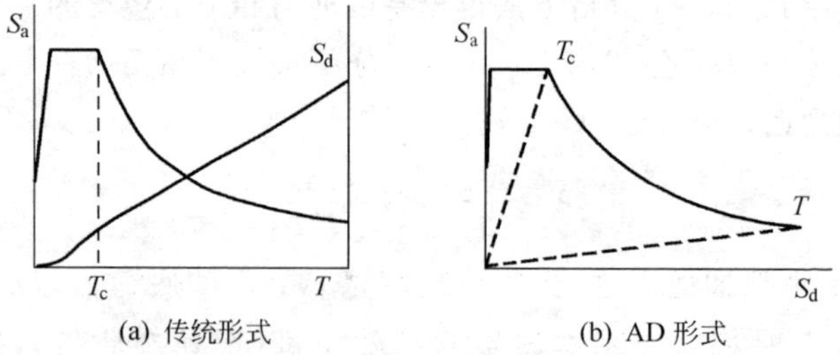

图 4-10　典型弹性加速度谱与位移谱

4）将代表地震需求的加速度-位移反应谱与结构能力谱绘制在一起；

5）对多折线的能力谱进行线性近似，其近似原则采用等能量原则；

6）确定地震位移响应，在这一步中实际上包括了对结构非线性的近似处理，即采用一系列等效线性体系的迭代分析，逐步改变结构固有周期和等效黏制阻尼；

7）将第 6 步确定的位移响应通过式（4-84）转换为顶点位移。

能力谱方法的几个技术细节：

（1）等效线性体系

结构弹塑性地震响应可以通过等效线性体系的近似分析确定，在能力谱方法中采用割线刚度方法来检验结构设计的安全性。即考虑一个具有双线型力－变形关系的弹塑性单自由度体系，其弹性阶段的刚度为 K，屈服后刚度为 αK。屈服强度和屈服位移分别用 f_y 和 u_y 表示。若非线性体系的极限位移为 u_m，则该体系的延性系数为 $\mu = u_m / u_y$。对于双线型体系，其等效线性体系的等效刚度取割线刚度 K_{sec}，等效周期为：

$$T_{eq}=\frac{1}{2\pi}\sqrt{\frac{m}{K_{\rm sec}}}=\frac{1}{2\pi}\sqrt{\frac{m}{f_y/u_y}}\sqrt{\frac{\mu}{1+\alpha\mu-\alpha}}=T_n\sqrt{\frac{\mu}{1+\alpha\mu-\alpha}} \tag{4-87}$$

式中，T_n 为双线型体系在弹性阶段($u\leqslant u_y$)的自振周期。

确定等效黏滞阻尼最普遍的方法是利用非弹性体系的滞回耗能与等效线性体系的耗能相等的原则。基于这一概念，将等效黏滞阻尼表示为：

$$\xi_{eq}=\frac{1}{4\pi}\frac{E_D}{E_S} \tag{4-88}$$

其中，非线性体系的耗能 E_D 表示为：

$$E_D=2[2u_y(\mu-1)(1-\alpha)\cdot f_y]=4f_y\cdot u_y(\mu-1)(1-\alpha) \tag{4-89}$$

等效线性体系的应变能 E_S 表示为：

$$E_S=\frac{1}{2}K_{\rm sec}u_{\rm m}^2=\frac{1}{2}f_y\cdot u_y\cdot\mu(1+\alpha\mu-\alpha) \tag{4-90}$$

代入(4-88)式得：

$$\xi_{eq}=\frac{2}{\pi}\frac{(\mu-1)(1-\alpha)}{\mu(1+\alpha\mu-\alpha)} \tag{4-91}$$

采用如下修正形式计算等效线性体系的整体黏滞阻尼：

$$\xi_{eq}=\xi+k\xi_{eq} \tag{4-92}$$

其中，ξ 为双线型体系在弹性阶段的黏滞阻尼比，一般取 $\xi=0.05$。要求 $\xi_{eq}\leqslant0.45$。阻尼修正系数 k 取决于体系的滞回特性，表现为三种型式：A 型表示滞回特性稳定；有较丰满的滞回圈；C 型代表有退化的滞回圈；而 B 型表示位于两者之间。对双线型体系可采用 A 型。

(2)等效恢复力的确定

在结构 Pushover 分析中，通常人们习惯直接将图 4-11 所示的结构基底剪力/结构重量(Q/W)-顶点位移/总高度($\Delta t/H$)曲线进行简化，得到二折线型的等效恢复力关系(Q^r-X^r)的骨架图(图 4-12)。

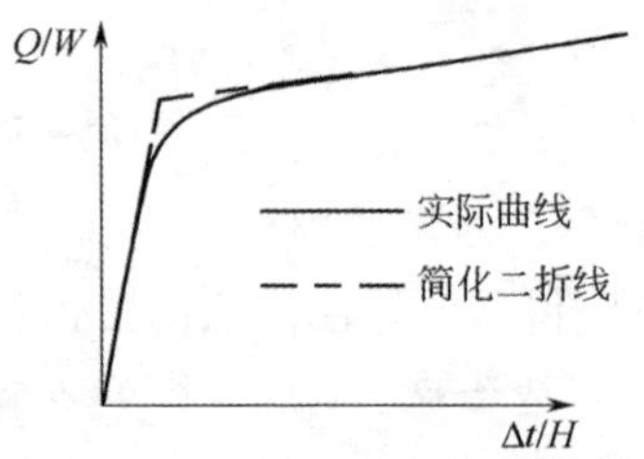

图 4-11　结构基底剪力/结构重量—顶点位移/总高度关系图

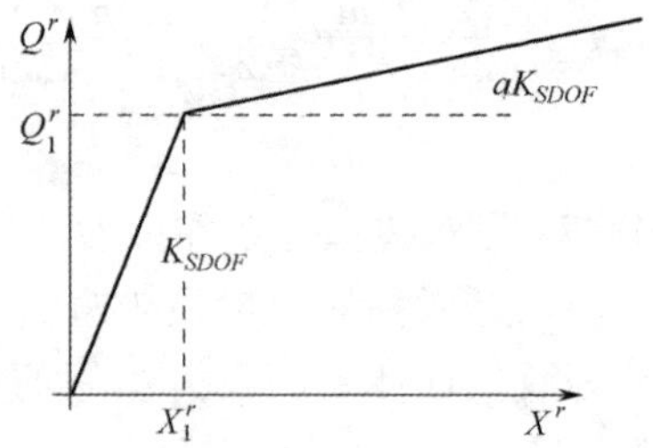

图 4-12　等效 SDOF 力—位移关系图

4.4.2　位移影响系数法

位移影响系数法是利用 Pushover 分析和修正的等位移近似法来确定结构的最大位移。FEMA-273(1997)推荐采用位移影响系数法来确定结构顶层的非线性最大期望位移,最大期望位移即定义为目标位移。

FEMA-273 采用"目标位移法"用一组修正系数,修正结构在"有效刚度"时的位移值,以估计结构非线性位移。多自由度体系 MDOF 的顶层位移可以由它的屈服位移乘以延性系数得到。即:

$$X_{t,\max}=\mu X_{t,y} \tag{4-93}$$

假定多自由度体系 MDOF 和其等效单自由度体系 SDOF 的延性特性相同,即等效单自由度体系的延性系数也为 μ,可以利用强度折减系数与延性系数的关系来计算单自由度体系的延性系数。强度折减系数 R_μ 定义为弹性强度需求 $F_{e,eq}$ 与屈服强度需求 $F_{y,eq}$ 之比。即:

$$R_\mu=\frac{F_{e,eq}}{F_{y,eq}} \tag{4-94}$$

式中,$F_{e,eq}$ 是在给定地面运动下为避免系统屈服所要求的侧向屈服强度,$F_{e,eq}=S_a(T_{eq})$;$F_{y,eq}$ 是当系统承受给定地面运动时为保持位移延性系数 μ 小于或等于预定的目标延性系数要求的侧向屈服强度,$F_{y,eq}=Q_y^r/M^r$。其中,S_a 为弹性反应谱值,T_{eq},Q^r 和 M^r 的含义同前。

下面给出一种强度折减系数 R_μ 与 μ,T 的关系表达式：

$$\begin{cases} R_\mu=(\mu-1)\dfrac{T}{T_0}+1 & T\leqslant T_0 \\ R_\mu=\mu & T\geqslant T_0 \\ T_0=0.65\mu^{0.3} & T_0\leqslant T_g \end{cases} \tag{4-95}$$

式中,T_g 为地面运动的特征周期,T 为结构的自振周期。为简化起见,可定义 $T_0=T_g$。这样,在延性系数较低的情况下,对于短周期结构($T_0\leqslant T_g$)的强度折减系数计算会相对保守些。

位移影响系数法的计算步骤：

1)建立结构的计算模型,确定各单元的恢复力曲线；

2)选择某一分布模式的侧向荷载,对结构进行静力弹塑性分析,得到结构的顶层位移－基底剪力关系曲线并转化成二折线形式,确定顶层屈服位移 $X_{t,y}$；

3)将结构等效为一单自由度体系,计算等效单自由度体系的延性系数 μ；

4)计算多层结构的顶层位移。

结构实际设计过程中为了方便设计人员应用,将位移系数法确定目标位移通过如下几个系数来表示：

$$\delta_t=C_0C_1+C_2+C_3+S_a\ \frac{T_e^2}{4\pi^2}g \tag{4-96}$$

式中,T_e—结构在考虑方向上的有效基本周期,单位秒;C_0—相关谱位移和可能的结构顶点位移修正系数;C_1—短周期结构最大弹性变形与非弹性变形间的修正因子;C_2—滞回环形状对最大位移反应的影响系数;C_3—动力 P-Δ 效应位移增加修正系数;S_a—反应谱加速度。

有效基本周期 T_e 由下式确定：

$$T_e=T\sqrt{\frac{K}{K_e}} \tag{4-97}$$

式中,T—弹性基本周期,由弹性动力分析确定;K、K_e 分别为结构弹性侧向刚度和结构的有效侧向刚度。这里 K、K_e 的确定方法为：将 Pushover 分析所得的荷载-位移曲线用双线型折线代替，初始刚度即为 K，在曲线上 0.6 倍屈服剪力处的割线刚度则作为有效刚度 K_e。另外其他参数的计算方法均详见 FEMA-273。

4.4.3 适应谱 Pushover 方法

前面介绍的两种方法，为了能利用反应谱，必须将多自由度体系等效成单自由度体系；而目前的规范中的反应谱都是线弹性的，所以又必须将非线性体系等效成线性体系。这两部分等效关系必然会带来一定的误差。从本质上讲，能力谱法和位移影响系数法都是基于弹性反应谱，将结构简化为等效单自由度体系，它主要反应了第一周期的性质，因而能力谱方法和位移系数法只适用于中低层结构，对于高阶振型影响不能忽略的结构则不适用。

适应谱 Pushover 方法（adaptive spectra-based Pushover procedure）则克服了以上的不足。这一方法与传统的 Pushover 分析方法相比，最主要的区别在于以下两个方面：(1)直接利用反应谱来定义加载特性；(2)施加的侧向荷载始终随着结构的动力特性变化而改变。也就是说，整个的加载模式虽然是静力加载，但同样能体现出结构反应的动力特性。更能体现出结构和地震频谱特性的耦联效应。

方法的基本步骤：

1)建立结构的力学模型；

2)确定结构各层的力-位移关系；

3)计算输入地震动的弹性反应谱 S_a；

4)计算初始弹性阶段结构的周期与振型，并按下式确定第 j 振型的振型参与系数 Γ_j：

$$\Gamma_j = \frac{1}{g}\sum_{j=1}^{N} W_i \phi_{ij} \tag{4-98}$$

式中，W_i 为第 i 层的重量；ϕ_{ij} 为第 j 振型相应于 i 质点的值，并归一化满足 $\sum W\Phi^2 = 1$。

5)计算各层的侧向荷载：

$$F_{ij}=\Gamma_j\phi_{ij}W_iS_a(j) \tag{4-99}$$

式中，F_{ij}—相应于第 j 振型（$1\leqslant j\leqslant n$）在第 i 层的侧向荷载；$S_a(j)$—相应于第 j 振型的最大绝对加速度；Γ_1、W_i 和 ϕ_{ij} 的含义同上。

6）将上式得到的侧向荷载作用于结构上，计算振型基底剪力 V_j：

$$V_j=\sum_{i=1}^{N}F_{ij} \tag{4-100}$$

7）考虑多个振型的影响，将上一步得到的振型基底剪力用平方和开平方的方法确定基底剪力 V：

$$V=\sqrt{\sum_{j=1}^{N}V_j^2} \tag{4-101}$$

8）将第 6 步得到的基底剪力 V_j 分成若干个增量逐步施加到结构上：

$$\overline{V}_j=S_nV_j \tag{4-102}$$

式中，S_n 定义为增量系数，$S_n=\dfrac{V_{\mathrm{b}}}{N_sV}$。其中，$V_{\mathrm{b}}$ 为基底剪力估计值，N_{s} 为加载步数。

9）用上一步求得的相应于各振型的荷载增量 $\overline{V}_j$ 对结构进行静力 Pushover 分析。

10）计算对应于每一振型荷载增量的层位移、层间位移、层间剪力等量，并将各振型所得到的值平方和开平方，得到这一步的层位移、层间位移、层间剪力增量值，并加到前一步的结果中。

11）在每一个循环结束时，比较计算得到的层间剪力与相应的层间剪力屈服值。如有某一层或某几层已屈服，则重新调整刚度矩阵后回到第 4 步计算新的特征值和特征向量后，继续下面步骤。

12）重复以上步骤，直到达到规定的最大位移值或最大基底剪力。

很显然，适应谱 Pushover 方法中每一步施加的荷载增量都是基于结构瞬时的动力特性。只要有某一层或某几层屈服,就需要修正刚度,重复以上的反应谱分析。即使对于强度或刚度分布不均匀的结构,这样的加载模式也可以合理地反映出结构在各瞬间的反应特性。而且这一方法考虑了多振型的组合,因而给出的惯性力的分布形式是可信的,该方法不需要进行一系列的等效过程,所得到的是多自由度体系的能力。

4.4.4 模态 Pushover 分析方法

Pushover 方法主要基于下面两个假定:多自由度结构的反应与等效单自由度体系的反应存在某种关系;结构沿高度的变形由形状向量{Φ}表示,在整个地震反应中,不管结构的变形大小,形状向量{Φ}保持不变。

这种假设就暗示了:结构反应由单一振型控制,并且在整个时程反应过程中该振型保持不变。这种假设是不合理的,但许多研究表明,如果多自由度结构的反应是由单一振型控制的话,该方法可以很好的预测多自由度结构的最大地震反应,也就是说这种方法限于非线性行为是沿结构高度分布的、低矮的和中等高度的结构。为了克服这一点,许多研究学者提出了适应性力的分布形式,试图采用与惯性力接近的随时间变化的分布形式,这种适应性的力的分布形式虽然可以很好的估计结构在地震作用下的地震需求,但是这种方法由于概念、计算复杂很难应用到结构工程中。同时,由 ATC-40 提供的方法有时会发生不收敛的情况。针对这一不足,Chopra 于 1999 年以 ATC-40 方法为理论基础提出了改进的能力谱方法,该方法利用弹塑性反应谱作为需求反应谱,能够给出相对某条弹塑性设计谱的位移值,同时又保留了 ATC-40 中图解法的优点。但是,Chopra 的改进方法并没有改变多次迭代的过程,且需要绘出多条折减后的弹塑性反应谱,计算过程十分繁杂,不利于实际工程应用。为了克服以上缺点,Chopra 在 2001 年提出了一种改进的方法——模态 Pushover 分析方法。

(1)线弹性结构体系模态 Pushover 分析

依据结构在水平荷载 $\boldsymbol{f}_{n0}=\Gamma_n \boldsymbol{m}\boldsymbol{\varphi}_n A_n$ 下静力分析得到的结构峰值反应与基于模态的 Pushover 分析的结果一致，得到用于 Pushover 分析的侧向水平荷载，沿结构高度的分布为：

$$\boldsymbol{s}_n^* = \boldsymbol{m}\boldsymbol{\varphi}_n \tag{4-103}$$

对应于原结构第 n 阶振型的结构顶层位移峰值：

$$u_{rn0} = \Gamma_n \phi_{rn} D_n \tag{4-104}$$

式中，$\boldsymbol{m}$ 是质量矩阵；$\boldsymbol{\varphi}_n$ 是第 n 阶振型；第 n 阶模态对应的弹性单自由度体系的顶点变形 $D_n = A_n/\omega_n^2$；A_n 是对应于第 n 阶模态的弹性单自由度体系的拟加速度；D_n 和 A_n 可以很容易地由反应谱分析得到；Γ_n 是第 n 阶振型质量参与系数；ϕ_{rn} 是第 n 阶对应于顶层的振型。

所有模态的峰值反应通过组合方法（SRSS 方法、CQC 方法）进行组合得到。可以看出对于线弹性体系，基于模态的 Pushover 分析方法和反应谱法是等效的。

（2）非弹性结构体系模态 Pushover 分析

沿结构高度方向，侧向水平力的分布形式同线性结构体系，将结构“推”至顶层位移峰值 u_{rn0}，计算公式同线性结构体系，不同的是 D_n（$D_n(t)$的峰值）是由方程（4-105）得到的，或是由非弹性反应谱计算得到。

$$\ddot{D}_n + 2\xi_n\omega_n\dot{D}_n + \frac{F_{sn}}{L_n} = -\ddot{u}_g(t) \tag{4-105a}$$

$$F_{sn} = F_{sn}(D_n, sign\dot{D}_n) = \boldsymbol{\varphi}_n^T \boldsymbol{f}_s(D_n, sign\dot{D}_n) \tag{4-105b}$$

进而可以估计反应的峰值，如底层位移、层间位移、节点转角、塑性铰的转角等。

非弹性体系模态 Pushover 分析步骤：

1）计算多自由度线弹性结构的固有频率，ω_n，和振型 ϕ_n；

2）针对第 n 阶模态，在侧向水平荷载 $\mathbf{s}_n^* = \boldsymbol{m}\boldsymbol{\varphi}_n$ 作用下，做 Pushover 分析，得到基底剪力-顶层位移（$V_{bn} - u_{rn}$）曲线；

3）可以按照 FEMA-273 的方法将（$V_{bn} - u_{rn}$）曲线变成理想的

双线型曲线如图 4-13；

4)将($V_{bn}-u_{rn}$)曲线转化成(F_{sn}/L_n-D_n)曲线，转化公式见公式(4-106)～(4-110)，转化后的曲线见图 4-14；

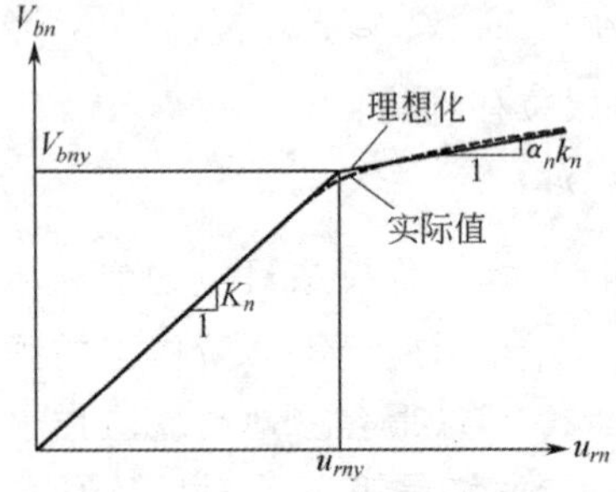

图 4-13　将 Pushover 曲线理想化

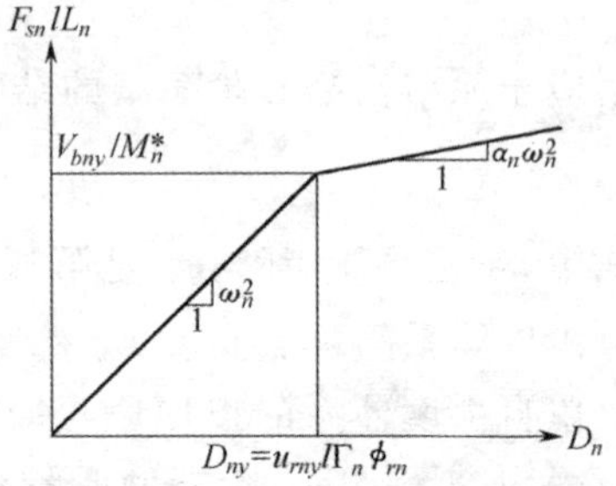

图 4-14　将($V_{bn}-u_{rn}$)曲线转化成(F_{sn}/L_n-D_n)曲线

5)在上一步的基础上，计算对应于第 n 阶模态非弹性单自由度体系(见图 4-15)的变形峰值 D_n，它可以通过公式(4-105)计算得到，或由非弹性反应谱得到，当由公式(4-105)计算时，它和力之间的关系已由上步求出；

6)计算对应于第 n 阶模态非弹性单自由度体系顶层位移峰值 u_{rn0}，由公式(4-111)计算；

7)由 u_{rn0} 时，求出其他的响应 r_{n0}；

8)重复第 3 步—第 8 步，计算足够的模态响应；

9)采用 SRSS 方法组合，公式(4-112)，由以上步骤中求出的响应峰值，由塑性铰处的转角总和减去屈服时的转角得到塑性转角。

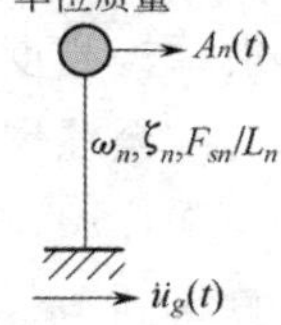

图 4-15　非弹性单自由度体系(SDF)动力分析

$$F_{sn}=\frac{V_{bn}}{\Gamma_n}\quad D_n=\frac{u_{rn}}{\Gamma_n\phi_{rn}}\tag{4-106}$$

对应($V_{bn}-u_{rn}$)屈服点处的 F_{sn}/L_n 和 D_n：

$$\frac{F_{sny}}{L_n}=\frac{V_{bny}}{M_n^*}\quad D_{ny}=\frac{u_{rny}}{\Gamma_n\phi_{rn}}\tag{4-107}$$

$$\frac{F_{sny}}{L_n}=\omega_n^2 D_{ny} \tag{4-108}$$

$$T_n=2\pi\left(\frac{L_n D_{ny}}{F_{sny}}\right)^{1/2} \tag{4-109}$$

$$k_n=\omega_n^2 L_n \tag{4-110}$$

式中，有效模态质量 $M_n^*=L_n\Gamma_n$；T_n 是对应第 n 阶单自由度体系的弹性振动周期；$L_n=\boldsymbol{\varphi}_n^T\boldsymbol{ml}$；$\Gamma_n=\frac{L_n}{M_n}$；$M_n=\boldsymbol{\varphi}_n^T\boldsymbol{m}\boldsymbol{\varphi}_n$；影响向量 $\boldsymbol{l}$ 的每个元素均为 1。

$$u_{rn0}=\Gamma_n\phi_{rn}D_n \tag{4-111}$$

$$r_0\approx\left(\sum_{n=1}^{N}r_{r0}^2\right)^{1/2} \tag{4-112}$$

4.4.5 基于模态分析的 Pushover 方法

正如前面所述，进行 Pushover 分析时侧向荷载分布形式有均匀分布、倒三角形分布、广义乘方分布、抛物线分布等，其中，均匀分布模式只适用于刚度较大的少数结构，倒三角型分布模式适合于第一阶振型占主导的结构。大量研究表明，桥梁结构跨度大、桥墩高，仅考虑第一阶振型是远远不够的，为了考虑高阶振型的影响，作者提出了基于模态分析的 Pushover 分析方法。

4.4.5.1 基本思想

在用振型叠加法计算桥梁结构地震响应时，涉及到取用多少振型参与计算的问题，振型参与系数、振型质量和振型贡献率在一定程度上体现各振型反应在总反应中的相对大小，因此是决定参与叠加计算的振型数目的重要参数。在日本本四连络桥抗震设计规范中，当采用振型叠加法计算地震响应时，规定上述的总贡献率不得小于 95%，这是个相当严格的规定。根据作者对各种桥梁大量的分析研究，由于中小跨径桥梁顺桥向和横桥向振型贡献率收敛较快，前十几阶振型参与计算即可得到较高的精度，而对于大跨度桥梁结构和高墩桥梁，具有柔度较大，振型密集等特点，高阶振型不容忽视，此时为了得到可靠的结果，可能会取到几百阶振型参与计算，这样一来工作量增大、耗用时间也随之增加。为了克服这种缺陷，作者提出对结构的动力特性进行分析，特别是对振型贡献率进行分析，选出主要的振型参与组合[44]，作为 Pushover 方法的侧向荷载分布模式。

其计算步骤如下：

(1)振型贡献率是振型质量与总质量的比率，是决定该振型参与动力反应大小程度的重要参数，用子空间迭代法求结构的前 m 阶周期及相应的振型与各个方向的振型贡献率；

(2)取出顺桥向(或横桥向)振型贡献率不小于某值(本文取 1%)的 q 个振型，分别计算桥墩各个质点的侧向荷载；

FEMA-273 中指出：侧向荷载分布模式与地震时结构惯性力的分布情况应尽量保持一致。因此本文参照《公路工程抗震设计规范》(JTJ004-89)第 4.2.2 条款规定，相应于第 j 阶模态，桥墩质点 i 顺桥向(或横桥向)的侧向荷载计算方法见公式(4-113)：

$$F_{ij}=K_h\beta_j\gamma_j\phi_{ij}G_i \tag{4-113}$$

式中，F_{ij} 是相应于第 j 阶模态，作用于桥墩质点 i 的侧向荷载；K_h 是水平地震影响系数；β_j 是相应于桥墩顺桥向(或横桥向)第 j 阶周期的动力放大系数；γ_j 是第 j 阶振型的参与系数；ϕ_{ij} 是相应于第 j 阶振型，桥墩顺桥向(或横桥向)振型；G_i 是桥墩质点的重力。

(3)将选出的 q 个振型按照适当的组合方式，计算桥墩质点 i 顺桥向(或横桥向)侧向荷载，进行 Pushover 推倒分析。

4.4.5.2 基于模态分析的 Pushover 方法的算例

以某连续梁桥为例，说明基于模态分析的 Pushover 方法的实施过程。该桥结构采用 8～30 m 跨径预应力先简支后连续箱梁，全桥共一联，两桥台处设伸缩缝。预应力混凝土箱梁为 C50 混凝土，盖梁、墩台身为 C30 混凝土。本桥共有 7 个桥墩，墩高情况如下：1 号墩 19.98 m，2 号墩 32.23 m，3 号墩 40.41 m，4 号墩 49.16 m，5 号墩 45.11 m，6 号墩 31.56 m，7 号墩 17.35 m。1 号、2 号、7 号桥墩采用混凝土实心墩，其他桥墩采用混凝土空心墩。墩顶与主梁之间的支座设置情况为：1号、6号桥墩采用四氟滑板支座，2号～5号桥墩采用圆型支座，桥台处采用四氟滑板支座。地震烈度为Ⅷ度。根据大桥的设计资料，采用我们自主研发的BAS计算软件建立计算模型。主梁和桥墩用梁单元模拟，支座用线性弹簧单元模拟，墩底固结。

(1)结构自振特性分析

本文计算了该桥的结构自振特性，该桥取前176阶振型时，X(顺桥向)、Y(横桥向)、Z(竖向)方向振型贡献率达到90%以上。前176阶三个方向振型贡献率分布情况见图4-16，X方向前63阶累计振型贡献率达到了90.5%，Y方向前84阶累计振型贡献率达到了90.3%，而Z方向较慢。

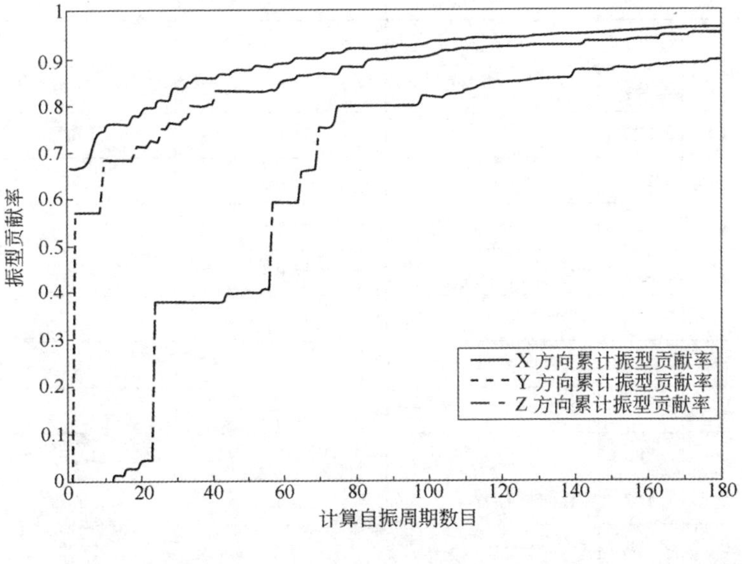

图4-16　振型贡献率分布图

由于篇幅限制，仅列出前40阶周期和三个方向的振型贡献率，见表4-7(加粗者为超过1的数值)。

表 4-7 结构自振特性

模态号	周期	X向振型贡献率(%)	Y向振型贡献率(%)	Z向振型贡献率(%)
1	1.471 9	**66.46**	0	0
2	1.026 3	0	**56.92**	0
3	0.642 7	0.32	0	0
4	0.611 1	0	0.23	0
5	0.603 2	0.62	0	0
6	0.560 7	0.86	0	0
7	0.526 5	**3.36**	0	0
8	0.471 7	**1.94**	0	0
9	0.397 9	**1.07**	0	0
10	0.386 8	0.00	**11.16**	0
11	0.364 3	**1.45**	0	0
12	0.335 3	0	0	0
13	0.321 9	0	0	**1.07**
14	0.289 3	0	0	0
15	0.255 0	0	0	0
16	0.252 6	0	0	**1.45**
17	0.219 9	0	0	0
18	0.211 2	**1.85**	0	0
19	0.202 4	0	**2.97**	0
20	0.193 6	0	0	**1.58**
21	0.187 7	**1.75**	0	0
22	0.174 1	0	0	0.22
23	0.168 0	0	**1.19**	0
24	0.164 4	0	0	**33.53**
25	0.162 8	**1.60**	0	0

续上表

模态号	周期	X 向振型贡献率(%)	Y 向振型贡献率(%)	Z 向振型贡献率(%)
26	0.160 9	0	**2.67**	0
27	0.153 8	0	0	0
28	0.145 9	0	**1.21**	0
29	0.138 5	**2.46**	0	0
30	0.133 8	0	0	0
31	0.130 1	0	0	0
32	0.126 9	0	**1.14**	0
33	0.116 5	**1.28**	0	0
34	0.109 1	0	**2.57**	0
35	0.106 0	**1.00**	0	0
36	0.104 8	0	0	0
37	0.102 6	0	0	0
38	0.100 2	0	0	0
39	0.095 3	0	0.52	0
40	0.094 5	0	0	0

(2)计算桥墩各质点侧向荷载

■ 纵桥向荷载

经过对结构振型贡献率的分析，在前 176 阶模态中，顺桥向振型贡献率不小于 1%的模态有 1、7、8、9、11、18、21、25、29、33、35、63，选取的 12 阶总的振型贡献率达到 85.28%。

按照公式(4-108)计算第 j 阶振型，桥墩各质点 i 的顺桥向荷载 F_{ij}，将选出的 12 个振型按照 SRSS 法组合，得到桥墩各质点 i 的顺桥向荷载 F_{ix}，其中 4 号墩和 7 号墩顺桥向荷载模式见图 4-17(a)、图 4-17(b)。同时选取前 80 阶该方向累计振型贡献率达到 90%的全部振型进行组合，得到桥墩各质点 i 的顺桥向荷载 F'_{ix}，其中 4 号墩和 7 号墩顺桥向荷载模式见图 4-17(c)、图 4-17(d)。7 号墩墩高 17.35 m，侧向荷载分布基本为倒三角型式，4 号墩墩高 49.16 m，由于高阶振型的影响，不再是倒三角型式。

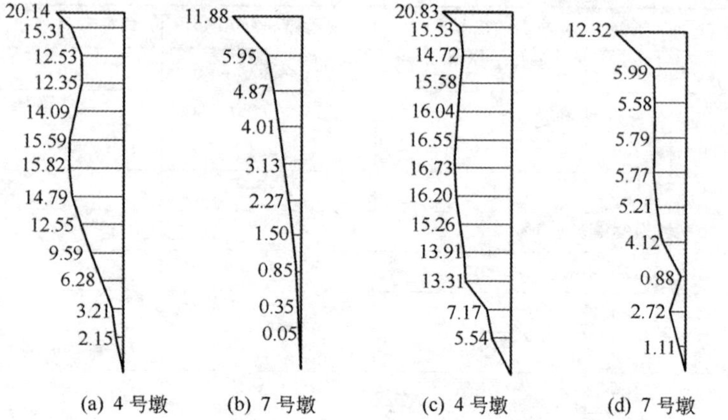

图 4-17　4 号墩和 7 号墩桥墩各质点 i 的顺桥向荷载(kN)

(a)和(b)选出 12 个振型组合得到的荷载 F_{ix}；

(c)和(d)前 80 阶振型组合得到的荷载 F'_{ix}

■ 横桥向荷载

横桥向振型贡献率不小于 1%的模态有 3、10、19、23、26、28、32、34、41、59、76、83，选取的 12 阶总的振型贡献率达到 85.06%。计算方法同纵桥向荷载，选出的 12 个振型按照 SRSS 法组合，得到桥墩各质点 i 的横桥向荷载 F_{iy}，其中 4 号墩和 7 号墩横桥向荷载模式见图 4-18(a)、图 4-18(b)；选取前 84 阶该方向累计振型贡献率达到 90%的全部振型进行组合，得到桥墩各质点 i 的横桥向荷载 F'_{iy}，其中 4 号墩和 7 号墩横桥向荷载模式见图 4-18(c)、图 4-18(d)。

(3)Pushover 分析及结构抗震性能评价

结构抗震性能的评价采用能力谱法，该方法是美国 ACT-40 采用的方法。按照能力谱法对该桥的顺桥向和横桥向施加前面计算得到的侧向荷载，进行推倒分析，并将荷载-位移曲线转化成能力谱曲线，与地震需求曲线画在同一图内，得到性能点，进而评价结构的抗震性能。

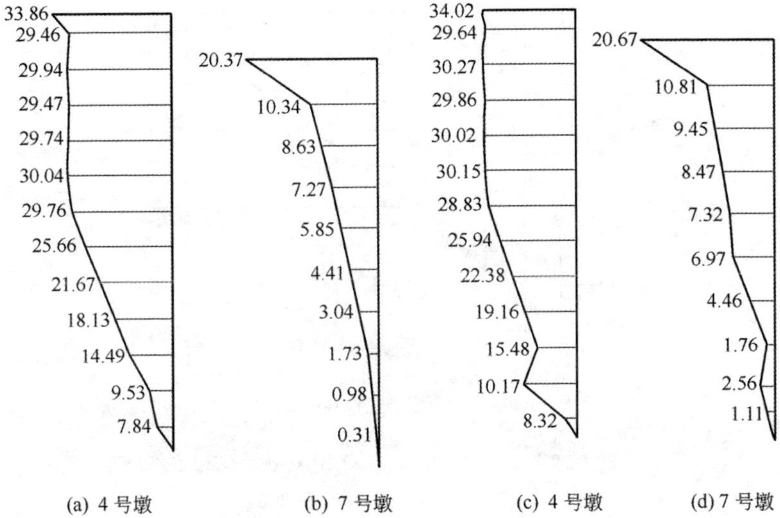

图 4-18　4 号墩和 7 号墩桥墩各质点 i 的横桥向荷载(kN)

(a)和(b)选出 12 个振型组合得到的荷载 F_{iy}；

(c)和(d)前 80 阶振型组合得到的荷载 F'_{iy}

■ 纵桥向

纵向桥分两种工况，对结构进行顺桥向 Pushover 分析，计算该桥在设计地震作用下的顺桥向位移，并对其结果进行分析比较。

经反应谱分析后，4 号墩墩顶位移较大，因此，在进行 Pushover 分析时，以 4 号墩墩顶位移为横坐标，绘制结构能力曲线。经 Pushover 分析，工况 1(选出的 12 个振型组合得到的侧向荷载＋重力)和工况 2(前 80 阶振型组合得到的侧向荷载＋重力)顺桥向墩底剪力—4 号墩墩顶位移曲线如图 4-19 所示，两种工况下曲线基本吻合。

将两种工况下结构能力曲线和地震需求曲线画在谱坐标内，能力谱曲线与地震需求谱曲线的交点即为性能点。经分析后，能力谱曲线与需求谱曲线有交点，说明结构抗震性能满足要求，结构抗震性能分析结果见表 4-8，谱坐标下能力谱曲线和地震需求谱

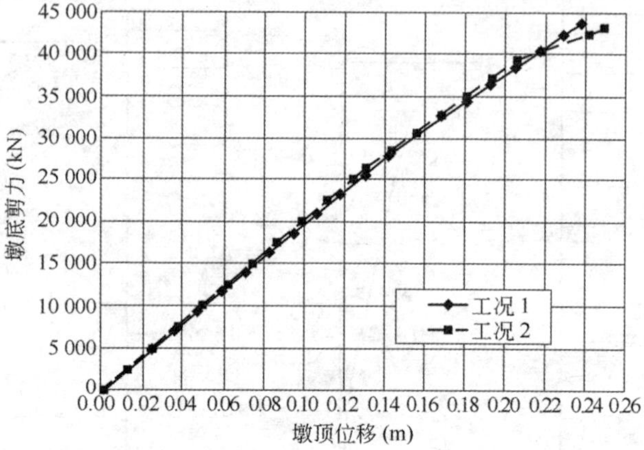

图 4-19　工况 1 和工况 2 作用下顺桥向墩底剪力—4 号墩墩顶位移曲线

表 4-8　两种工况下结构顺桥向抗震性能分析结果

工　　况		选出的 12 个振型组合得到的侧向荷载＋重力	前 80 阶振型组合得到的侧向荷载＋重力	误差（%）
性能点	加速度 s_a 谱值	0.381	0.368	3.53
	位移 s_d 谱值	0.084	0.080	5
对应性能点的墩底剪力 V_b(kN)		28 648.05	27 818.957	2.98
对应性能点的 4 号墩墩顶位移 D_t(m)		0.147	0.140	5

曲线见图 4-20。结果表明：工况 1 作用下分析结果与工况 2 基本吻合，即经过模态分析后得到的侧向荷载模式与选取更多振型参与计算的情况下的结果吻合，因此，基于模态分析的 Pushover 方法不仅减少了工作量，而且其结果是可信的。

■ 横桥向

横向桥分两种工况，对结构进行横桥向 Pushover 分析，计算该桥在设计地震作用下的横桥向位移，并对其结果进行分析比较。

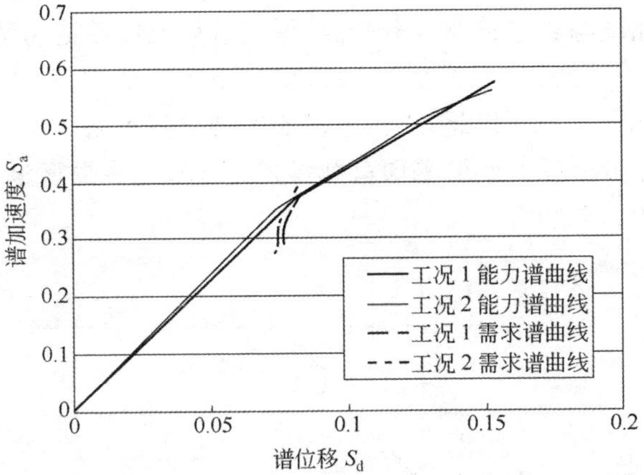

图 4-20　两种工况下能力谱曲线和地震需求谱曲线

经 Pushover 分析，工况 1(选出的 12 个振型组合得到的侧向荷载＋重力)和工况 2(前 84 阶振型组合得到的侧向荷载＋重力)横桥向墩底剪力—4 号墩墩顶位移曲线如图 4-21 所示，两种工况下曲线基本吻合。

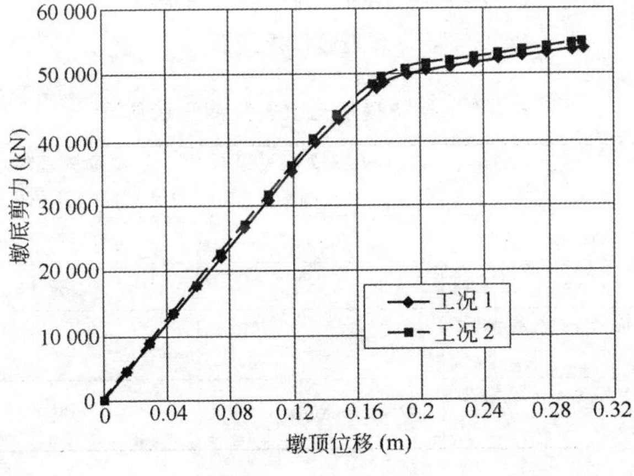

图 4-21　工况 1 和工况 2 作用下横桥向

墩底剪力—4 号墩墩顶位移曲线

将两种工况下结构能力曲线和地震需求曲线画在谱坐标内，能力谱曲线与需求谱曲线有交点，说明结构抗震性能满足要求，结构抗震性能分析结果见表 4-9，谱坐标下能力谱曲线和地震需求谱曲线见图 4-22。结果表明：工况 1 的结果与工况 2 基本吻合，即经过模态分析后得到的侧向荷载模式与选取更多振型参与计算的情况下的结果吻合。

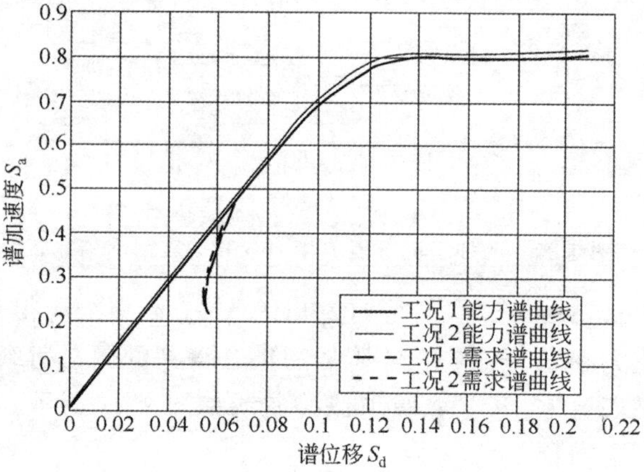

图 4-22　两种工况下能力谱曲线和地震需求谱曲线

表 4-9　结构横桥向抗震性能分析结果

工　况		选出的 12 个振型组合得到的侧向荷载＋重力	前 80 阶振型组合得到的侧向荷载＋重力	误差（%）
性能点	加速度 s_a 谱值	0.478	0.483	1.04
	位移 s_d 谱值	0.067	0.067	0
对应性能点的墩底剪力 V_b（kN）		28 738.07	29 131.45	1.35
对应性能点的 4 号墩墩顶位移 D_t（m）		0.098	0.097	1.03

这种基于模态分析的侧向荷载分布模式，可以考虑高阶振型的影响，同时将研究方向的主要模态进行组合，消除了其他模态的

影响，在评价桥梁结构的抗震性能方面可以达到选取全部模态的效果。这种选择性的进行振型组合的思想，即只选取振型贡献率大于某一标准的模态进行组合，也可以用在计算地震反应的振型组合方法和结构控制（参见本书第 7.4.4 节）研究中，可以有效地降低方程阶数。

4.5 本章小结

自从 1899 年日本学者大房森吉首次提出用于抗震设计的静力法以来，结构地震反应分析方法从一次次的地震灾害中总结经验和教训，逐渐走向成熟，发展成了今天的动力分析方法。本章介绍的静力法、反应谱法和时程法广泛地应用在国内外规范中，各种方法的适用范围也在本书第 4.2.5 节中进行了描述。再创建新的地震反应分析理论并非朝夕之事，目前的主要任务是如何将精确的动力分析方法、非线性静力法等不能被结构工程师应用的方法进行简化处理。由于地震是非常复杂的随机事件，地震动的输入有极大的不确定性，我们不可能把地震响应定量的计算清楚，但是，通过结构抗震计算分析得到结构内力、位移的地震响应，我们从这种响应中可以判断结构地震响应的分布，以便在结构设计时确定哪些部位或构件设计的强一些、哪些部位或构件设计的弱一些，哪些部位或构件可以作为耗能部位或构件，实现结构抗震的概念设计，尽量实现“多道设防、分级耗能”，损伤部位和损伤构件及其损伤程度“可控”、损伤部位要“容易检测”、损伤构件要“容易维修”，破坏构件要“容易更换”，作者总结为“一可三易”的抗震设计理念，同时应考虑牺牲局部保护整体，在容易检测、容易维修、容易更换的部位或构件，有意设计一些薄弱元件，起到“保险丝式单元”的作用，比如采用普通板式橡胶支座的中小跨径梁桥，作者认为普通板式橡胶支座就是很好的“保险丝式单元”，大地震发生时，支座优先损伤，有利于保护桥墩和桩基，挡块可以设计成两层，起到分级耗能、防止落梁的作用[59]。

作者提出的基于模态分析的 Pushover 方法的初衷是想通过

模态的挑选，抓住影响反应的主要模态，不必将所有模态的反应进行组合，这样不仅可以达到降阶的目的，同时还能够考虑高阶模态的影响，这种思想已经运用于作者的博士论文中。

参 考 文 献

[1] 范立础. 桥梁抗震. 上海：同济大学出版社. 1997. 11.

[2] 欧进萍，王光远. 结构随机振动. 北京：高等教育出版社. 1998，5.

[3] 李国豪. 桥梁结构稳定与振动. 北京：中国铁道出版社. 1992，10.

[4] 胡聿贤. 地震工程学. 北京：地震出版社，1988.

[5] S. A. , Freeman, J. P. , Nicoletti, and J. V. , Tyrell, Evaluations of Existing Buildings for Seismic Risk-A Case Study of Puget Sound Naval Shipyrad Bremerton, Washington, Proc. 1st U. S. National Conf. Earthquake Engng. , EERI, pp113-122, Berkeley, 1975.

[6] G. G. , Deierlein, S. H. , Hsieh, Seismic Response of Steel Frames with Semi-Rigid Conncetions Using the Capacity Spectrum Method, Proceedings Of Fourth U. S. National Conference On Earthquake Engineering, Palm Springs, California, Vol. 3, May 20-24, 1990, Pp. 863-872.

[7] G. Faella, Evaluation of the R/C Structures Seismic Response by means of Nonlinear Static PUSH-OVER Analysis, Proc. Of 11th WCEE, Paper No. 1146, 1996.

[8] H. , Krawinkler, G. D. P. K. , Seneviratna, "Pros and Cons of a Pushover Analysis of Seismic Performance Evaluation", Engng. Struct, Vol. 20. , No. 4-6, 1998, Pp. 452-464.

[9] S. A. Freeman, Development and use of Capacity Spectrum Method, Proc. 6th U. S. National Conf. Earthquake Engng. , Seattle, CD-ROM, EERI. , Oakland, 1998.

[10] Peter Fajfar, Capacity Spectrum Method Based on Inealastic Demand Spectra, Earthquake Engineering and Structural Dynamics, Vol. 28, 1999, Pp. 979-993.

[11] M. , Aschheim, J. , Maffei, E. , Black, Nonlinear Static Procedures and Earthquake Displacement Demands, Proc. 6th U. S. National Conf. Earthquake Engng. , Seattle, CD-ROM, EERI. , Oakland, 1998.

[12] Vojko Kilar And Peter Fajfar, Simple Push-Over Analysis Of Asymmetric Buildings, Earthquake Engineering And Structural Dynamics, Vol. 26, 1997, Pp. 233-249.

[13] Peter Fajfar, Peter Gaspersic, A Simplified Nonlinear Method for Seismic Evaluation of RC Bridges, Proc. 6th U. S. National Conf. Earthquake Engng. , Seattle, CD-ROM, EERI. , Oakland, 1998.

[14] Fajfar P. , Gaspersic P. . The N2 Method for the Seismic Damage Analysis of R/

C Buildings. EESD. 1996,(25):31-46.

[15] The Federal Emergency Management Agency. NEHRP GUIDELINES FOR THE SEISMIC REHABILITATION OF BUILDINGS. 1997. 10.

[16] Balram Gupta, M. EERI, and Sashi K. Kunnath. Adaptive Spectra-Based Push-over Procedure for Seismic Evaluation of Structures[J]. Earthquake Spectra, 2000,16(2).

[17] Anil K. Chopra, Rakesh K. Goel, Capacity-Demand-Diagram Methods for Estimating Seismic Deformation of Inelastic Structures: SDF Sys2tems[R]. Report No. PEER-1999/02, Pacific Earthquake Engineering Research Center, University of California, Berkeley, 1999.

[18] 范立础,王志强. 桥梁减隔震设计. 北京:人民交通出版社,2001.

[19] 公路工程抗震设计规范(JTJ004-89). 北京:人民交通出版社,1990.

[20] 范立础,卓卫东. 桥梁延性抗震设计. 北京:人民交通出版社,2001.

[21] Anil K. Chopra. *Dynamics of Structures Theory and Applications to Earthquake Engineering*. 北京:清华大学出版社,2005.

[22] Ray W. Clough. Dynamics of Structures, 2003.

[23] M. , Aschheim, J. , Maffei, E. , Black, "Nonlinear Static Procedures and Earthquake Displacement Demands", Proc. 6th U. S. National Conf. Earthquake Engng. , Seattle, CD-ROM, EERI. , Oakland, 1998.

[24] G. Faella, Evaluation of the R/C Structures Seismic Response by means of Nonlinear Static PUSH-OVER Analysis, Proc. Of 11th WCEE, Paper No. 1146, 1996.

[25] Eurocode 8 Structures in Seismic Region-Design, Part2, Bridges, Draft, 1993.

[26] Standard Specifications for Highway Bridges 16 Edition, 1996.

[27] Eurocode 8-Design Provisions for Earthquake Resistance of Structures-Part 2: Bridges, 1994.

[28] 铁路工程抗震设计规范(GBJ 111-87). 北京:中国计划出版社,1988.

[29] 刘恢先. 论地震力. 土木工程学报, Vol. 5, No. 2, 1958.

[30] J. P. , Moehle, Displacement-Based Design of RC Structures Subjected to Earthquakes, Earthquake Spectra, Vol. 8, No. 3, 1992, Pp. 423-428.

[31] J. P. , Moehle, Displacement-Based Seismic Design Criteria, Proc. Of 11th WCEE, Paper No. 2125, 1996.

[32] M. J. N. Priestley, Myths and Fallacies in Earthquake Engineering-Conflicts between Design and Reality, Bulletin Of The New Zealand National Society For Earthquake Engineering, Vol. 26, No. 3, 1993, Pp. 329-341.

[33] M. J. , Kowalsky, M. J. N. Priestley, G. A. , Macrae, Displacement-Based Design of RC Bridge Columns in Seismic Regions, Earthquake Engineering And Struc-

tural Dynamics, Vol. 24, 1995, Pp. 1623-1643.

[34] Nagao T., Mukai H., Nishikawa D.. Case Studies on Performance Based Seismic Design Using Capacity Spectrum Method. 12WCEE, CD-ROM, Paper No. 1694.

[35] 小谷俊介. 日本基于性能结构抗震设计方法的发展. 建筑结构. 2000, 30(6).

[36] Caltrans, Caltrans Seismic Design Criteria Version 1.1, July 1999.

[37] A., Kiyama, Earthquake Resistant Limit-State Design for Buildings, University of Tokyo Press, 1985.

[38] V. V., Bertero, State-of-the-art Report on: Design Criteria, Proc. Of 11th WCEE, Paper No. 2005, 1996.

[39] A., Kiyama, A Prospect for Future Earthquake Resistant Design, Engng. Struct, Vol. 20, No. 4-6, 1997, Pp447-451.

[40] T., Paulay, M. J. N., Priestley, Seismic Design of Reinforced Concrete and Masonry Buildings, John Wiley & Sons, New York, 1992.

[41] M. J. N. Priestley, F. Seible, G. M. Calvi, Seismic Design and Retrofit of Bridges, Wiley & Sons, Inc., 1996.

[42] H., Bachmann, P., Linde and T., Wenk, Capacity Design and Nonlinear Dynamic Analysis of Earthquake Resistant Structures, 10th European Conference on Earthquake Engineering, Duma (ed.), Balkema, Rotterdam, 1995, pp. 11-20.

[43] 王克海，李茜. 基于模态分析的 Push-over 方法在桥梁工程中的应用. 铁道学报. 2006 年第 28 卷，第 2 期.

[44] 王克海. 斜拉桥结构基于模态分析的减震控制研究. 博士学位论文. 1999.

[45] R. W. Clough and K. J. Bathe. Finite Element Analysis of Dynamic Response, Advances in Computational Methods in Structural Mechanics and Design, UAH press, 1972.

[46] Guide Specification for Seismic Isolation Design, AASHTO, Washington, D. C., 1991.

[47] Caltrans, Caltrans seismic criteria version1.2, 2001.

[48] Applied Technology Council (ATC). Seismic evaluation and retrofit of concrete buildings, Report No. SSC 96-01. Applied Technology Council, Redwood City, California, 1996.

[49] The Federal Emergency Management Agency (FEMA). NEHRP COMMENTARY ON THE GUIDELINES FOR THE SEISMIC REHABILITATION OF BUILDINGS, FEMA Report 274. The Federal Emergency Management Agency, Washington, D. C., 1997.

[50] 中华人民共和国国家标准. 建筑抗震设计规范(GB 50011-2001). 北京：中国建筑工业出版社，2001.

［51］ E. Rosenblueth & I. Herrera. On a Kind of Hysteretic Damping. Journal of Engineering Mechanics Division ASCE,1964.

［52］ P. Gulkan & M. Sozen. Inelastic Response of Reinforced Concrete Structures to Earthquake Motions. ACI Journal,1974.

［53］ W. D. Iwan & N. C. Gates. Estimating Earthquake Response of Simple Hysteretic Structures. Journal of the Engineering Mechanics Division, ASCE, Vol. 105, No. EM3,1979.

［54］ Kowalsky MJ.. Displacement-Based design-a Methodology for Seismic Design Applied to RC Bridge Columns. Master's Thesis, University of California at San Diego,La Jolla,California,1994.

［55］ Shibata,A. and Sozen,M. A.. Substitute-Structure Method for Seismic Design in R/C. Journal of the Structural Division,ASCE,Vol. 102,No. ST1,1976.

［56］ W. D. Iwan & Jr. A. B. Manson. Equivalent Linearization for Systems Subjected to Non-Stationary Random Excitation. International Journal of Nonlinear Mechanics,Vol. 15,1980.

［57］ 范立础,李建中,王君杰. 高架桥梁抗震设计. 北京:人民交通出版社,2001.

［58］ 王克海,李茜,韦韩,等. 汶川地震对我国地震区划图与桥梁抗震设计的启示,工程力学 2010. 6.

［59］ 王克海,韦韩,李茜,等. 中小跨径公路桥梁抗震设计理念,土木工程学报,2012. 9.

［60］ 王克海,李悦,颜文晖,等. 关于在基础设施抗震规范中规定最低设防要求的一点建议,震灾防御技术,2012. 7.

［61］ 王克海,孙永红,韦韩,等. 汶川地震后对我国结构工程抗震的几点思考,公路交通科技 2008. 11.

［62］ 王克海,李刚,韦韩,等. 关于抗震设计规范与地震动区划图的有关探讨,震灾防御技术.

［63］ Ian Buckle,Ian Friedland,John Mander. 王克海,李茜,等译. 公路结构物抗震加固改造手册. 北京:人民交通出版社,2008.

第5章　基于性能的抗震设计

在建筑物的寿命期内，破坏性地震通常是偶然发生的，若把结构设计成在这种极端地震下不发生破坏，是极为不经济而又不必要的，因此，工程结构抗震的重要任务就是容许结构在遇到破坏性地震时有一定的破坏，但要保证生命安全。然而，近代的几次地震灾害中，人员伤亡减少了，经济损失却非常大，于是各国地震工程研究者就对过去长期视为正确的设计思想进行反思，认为抗震设计不仅应考虑人身安全，而且应控制结构破坏所造成的巨大经济损失，基于性能的抗震设计就是在这种背景下产生的[1]。这是工程抗震发展史上的一个重要的里程碑，抗震设计的重点从“力”的设计转换到建筑物整体抗震性能的设计。

基于性能的抗震设计理论是逐渐形成的，最早是由美国的Bertero在总结1989年美国加州的Loma Prieta地震后提出来的。20世纪90年代初，美国应用技术理事会(ATC)、联邦紧急事务管理局(FEMA)和加州结构工程师学会(SEAOC)这三家机构围绕基于性能的抗震设计理论开展了一系列的研究。此外，美国地震工程研究中心(EERC)和国家地震工程研究中心(NCEER)也针对基于性能的抗震设计理论开展了研究。

1995年，美国加州结构工程协会(SEAOC)提出基于性能的抗震工程(PBSE)，也就是从项目的提出开始，直到结构寿命结束的全过程，包括地震危险性分析、性能水平和性能目标选择、场地适应性决策、概念设计、初步设计、最终设计、设计可行性检查、设计重复检查、施工质量保证和结构寿命期内的维护，每一步都是性能工程成功的关键，必须达到与选择的性能目标相适应的水平。基于性能的地震工程中的一个主要组成部分是结构设计，它包括了一系列的步骤，在设计之前，必须选择一个合适的方法，以便达到选定的性能设计目标。

5.1 基于性能的抗震设计基本概念

5.1.1 定　义

基于性能的抗震设计理论（Performance-based Seismic Design，即 PBSD）是 1995 年由美国加州结构工程协会（SEAOC）在 Vision 2000 文件中正式阐明的，美国应用技术理事会（ATC）和美国联邦紧急事务管理厅（FEMA）也给出了比较权威的解释[2,3]。SEAOC 对基于性能抗震设计的解释是“性能设计应该是选择一定的设计标准，恰当的结构形式，合理的规划和结构比例，保证建筑物的结构与非结构的细部构造设计，控制建造质量和长期维护水平，使得建筑物在遭受一定水平地震作用下，结构的破坏不超过一个特定的极限状态”。ATC 对基于性能抗震设计的解释为“基于性能抗震设计是指结构的设计标准由一系列可以取得的结构性能目标来表示，主要针对混凝土结构并且采用基于能力的设计原理”[2,4]。FEMA 对基于性能抗震设计的解释为“基于不同强度地震作用，得出不同的性能目标。在分析和设计中采用弹性静力和弹塑性时程分析来得到一系列的性能水平，并且采用建筑物顶点位移来定义结构和非结构构件的性能水平，不同的结构形式采用不同的性能水平”[3,4]。可见，尽管不同的机构对基于性能的抗震设计描述不完全相同，但是这些论述中有一共同思想，就是基于性能抗震设计的主导思想，即：采用合理的抗震性能目标和合适的结构抗震措施进行设计，使结构在各种水准地震作用下的破坏损失，能为业主选择和承受，通过对工程项目进行生命周期的费用一效益分析后达到一种安全可靠和经济合理的优化平衡。我国现行规范的“小震不坏、中震可修、大震不倒”，从一定意义上讲也是一种性能目标，只是这种目标笼统，没有针对工程类别和工程重要性进行分类。

5.1.2 研究内容

在基于性能的结构抗震设计理论框架中，多个国家的规范给出了建议的结构抗震性能水准，如表 5-1 所示。选择合适的性能目标是基于性能抗震设计理论的核心内容，设计性能目标的确定是根据功能要求、使用情况以及设防地震水平等标准来确定相应最低性能目标的基础。从目前研究来看，基于性能的结构抗震设计的理论框架已基本形成，国内外众多研究者也取得了丰硕的研究成果，然而其中至关重要的抗震性能水准的定义及其量化的性能指标问题，目前仍处于探讨研究的阶段。下面以 Vision 2000 文档[5]介绍基于性能的抗震设计。

表 5-1 结构抗震性能水准比较

性能水准	结构性态或使用功能				
	Vision2000	ATC-40	FEMA-273	日本	CECS 160：2004
水准 1	完全正常使用	正常使用	正常使用	正常使用	充分运行
水准 2	正常使用	立即入住	立即入住	易修复	运行
水准 3	生命安全	生命安全	生命安全	生命安全	基本运行
水准 4	接近倒塌	结构稳定	接近倒塌	—	生命安全
水准 5	—	—	—	—	接近倒塌

注：CECS 160：2004 为建筑工程抗震性态设计通则。

Vision 2000 文档[5]（OES，1995）的核心是把“抗震性能目标”定义为“期望性能水平与地震地面运动的期望水平的结合”。

（1）抗震性能等级

结构的抗震性能是多种因素综合作用的结果，因此结构的性能水平就应根据结构类型、结构构件、非结构构件、室内设施等加以规定。Vision 2000 定义了四个抗震性能等级，即：

完全正常使用：功能完整，使用不受影响；

正常使用：功能受较小的损害，结构可继续使用；

生命安全：基本保证生命安全，损坏范围较大；

接近倒塌：结构损坏严重，生命安全受到威胁，但结构不倒塌。

看起来好像水平 2“可靠控制”与水平 3“生命安全”性能水平之间的差距太大，而水平 3“生命安全”与水平 4“不倒塌”之间又太小。许多参与者表示要定义一些与损坏损失相关的“损坏控制”性能水平的形式。

Otani[6]吸取了 1995 年神户地震后建筑物的维修经验，注意到尽管根据弱梁/强柱原理设计的框架建筑物在地震中能免于倒塌，但是对塑性铰区的维修费较高，很不经济。建议采用具有更少非弹性作用的结构体系，比如结构墙的维修费用就经济得多。采用能力设计原理和足够的局部延性需求，Otani 还提出了延性柔性楼层的机构能防止剪切破坏的可能性，对降低维修费用来说，这种机制是一种非常吸引人的方法。Poland 和 Hom[7]提出在性能设计水平的定义中考虑维修费用的必要性。他们还强调了在设计公式中要包含商业费用的必要性。Kawashima[8]也吸取了 1995 年神户地震的教训，提出考虑残余变形在定义损坏控制的必要性，在 1996 年日本桥梁抗震设计说明书[9]中明确要求考虑残余变形，这显然是一个重要的考虑，但在可靠的变形频谱获取之前，还要做许多基于实际滞回规律和真实地震记录的研究。在这些专题讨论中能量法和累积损坏模型并未引起人们的注意。Cosenza and Manfredi[10]注意到累积损坏标准对于现存的设计不良的结构是非常重要的，但是对现代设计良好的结构并不是很重要。这一点与 CEB 工作组达成共识，并在《抗震设计》上发表[11]。

(2)设防地震分级

设防水准是指在工程设计中如何根据客观的设计环境和已定的设防目标，综合考虑具体的社会经济条件来确定采用多大的设防参数，或者说，应选择多大强度的地震作为防御的对象。合理的设防水准，应考虑到一个地区的设防总投入和由社会经济条件决定的设防目标来确定。Vision 2000 在关于结构性能设计的研究报告中，建议设防地震分为四级，即：

水准 1 常遇地震，重现期为 43 年，30 年内超越概率 50%；

水准 2 偶遇地震，重现期为 72 年，50 年内超越概率 50%；

水准 3 罕遇地震，重现期为 475 年，50 年内超越概率 10%；

水准 4 非常地震，重现期为 970 年，100 年内超越概率 10%或 50 年超越概率 5%。

(3)结构抗震性能目标

结构的抗震性能目标是针对某一地震设防水准而期望达到的抗震性能等级。抗震设防目标的建立需要综合考虑场地特征、结构功能与重要性、投资与效益、震后损失与恢复重建、潜在的历史或文化价值、社会效益及业主的承受能力等诸多因素。美国学者建议将结构抗震性能目标分为三个等级，即基本目标、提高目标 1 和提高目标 2。对于一般结构可选择基本目标，对于重要的结构（如医院）选择提高目标 1，而对于会引起严重次生灾害的结构（如核电站）一般选择提高目标 2。规范提出的抗震性能目标是最低标准，结构抗震性能目标可以根据业主的要求采用高于规范规定的设防标准。结构的性能目标与设防地震等级、抗震性能等级的关系见图 5-1，其中 SP(Structural Performance)为结构构件性能，NP(Nonstructural Performance)为非结构构件性能。

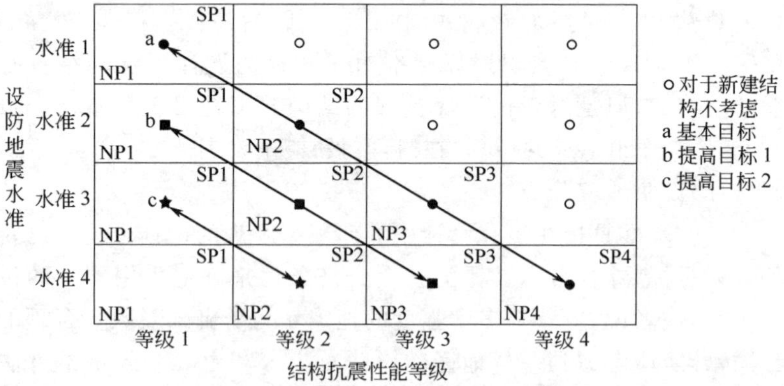

图 5-1　结构的性能目标与设防地震等级、抗震性能等级的关系

选择合适的性能目标是基于性能的抗震设计理论的核心内容，确定设计性能目标就是如何根据功能要求、使用情况以及设防地震水平等来确定相应的最低性能目标。结构抗震性能目标的确定，目前认为合理的方法是采用“投资—效益准则”，使设计结构处于考虑安全性和经济性的合理平衡上。文献[4]提出了一种确定结构性能目标的方法，具体分为三步：确定结构最小初始造价与结构性能等级的关系，便于采用直接优化的方法确定结构性能目标水平；在结构造价一定的条件下，采用优化的思想，确定结构各种性能目标水平的合理关系；在前面分析的基础上，采用优化的思想，确定结构性能目标。

5.1.3 特　　点

与目前的抗震设计理论相比，基于结构性能的抗震设计理论具有如下特点：基于结构性能的抗震设计理论提出了多级设计的理念。与现行设计理论相似，它可以用小震、中震和大震来描述设防地震等级，但不同的是，确定结构的抗震性能目标应包括人身安全和财产损失两方面，而且非结构构件和内部设施的破坏在财产损失中占有很大的比重，在设计中应进行全面的分析，选择经济效果最佳的抗震设计方案。结构的抗震性能目标以规范规定为底线，根据实际情况可选择抗震设防目标。

5.2 基于性能的抗震设防标准和方法

基于性能的抗震设计作为一种更合理的设计理念，代表了未来结构抗震设计的发展方向，引起了各国广泛的重视。目前，基于性能的抗震设计理论仍为世界各国研究的热点之一，研究的内容主要集中于两大方面，基于性能的抗震设防标准研究和基于性能的抗震设计方法研究两方面。

5.2.1 国外抗震设防标准

(1)美　国

基于性能的抗震思想自美国 Bertero 提出后，20 世纪 90 年代，由联邦应急管理署（FEMA）和国家自然科学基金会自主开展了一项 6 年得行动计划，ATC、FEMA 和 SEAOC 围绕“基于性能的抗震设计理论”开展了一系列的研究。1992 年美国应用技术委员会 ATC-33 率先将基于性能的设计思想引入在用结构的抗震加固；1995 年 SEAOC 完成了加州紧急事务管理署委托的 Vision 2000 的制定工作，详细阐述了基于性能的概念及框架，把性能设计的概念延伸到新建建筑的设计中；1996 年 ATC-40 也引入了基于性能的抗震设计方法，美国联邦应急管理署资助的国家地震减灾项目 NEHRP 提出了在用结构基于位移的抗震评估及加固方法，于 1997 年出版了《房屋抗震加固指南》（FEMA273/274）；提出了一系列性态目标以及实现这些目标的设计和分析方法，形成国际建筑规范版本的基础；美国国际规范委员会（ICC）1997 年出版的《国际建筑规范 2000（草案）》[IBC2000（Draft）]强调了与结构位移设计有关的内容；2003 年美国 ICC（International Code Council）发布了《建筑物及设施的性能规范》，系统介绍了结构性能要求的有关内容，给出了基于性能设计的总体框架。

(2)日　本

1995 年阪神地震后，开始进行了为期 3 年的“建筑结构的新设计框架开发”研究项目，并在研究报告“基于性能的建筑结构设计”中总结了研究成果；1996 年日本宣布建筑法标准按基于性能要求进行修订，已达到国际一体化的要求；1998 年《日本建筑法规》（Building Standard Law of Japan）修改完成，并与 2000 年实施，在这部规范中正式采用了基于性能设计概念的能力谱法，给出了性能设计的准则。目前，日本与美国开展了多项关于基于性能设计的联合研究。

(3)欧　洲

1998 年欧洲 CEB 出版《钢筋混凝土结构控制弹塑性反应的抗震设计：设计概念及规范的新进展》，提出了用基于位移的方法评估在用结构的抗震性能和进行抗震加固设计，将构件塑性铰区的曲率转化为对混凝土极限压应变的要求，以此设计塑性铰区的约束箍筋，避免纵筋压屈并保证混凝土有能力达到要求的极限压应变。欧洲混凝土协会(CEB)于2003年出版了“钢筋混凝土建筑结构基于位移的抗震设计”报告。澳大利亚则在基于性能设计的整体框架以及建筑防火性能设计等方面做了许多研究，提出了相应的建筑规范(BCA 1996)。

5.2.2 国内抗震设防标准

我国地震工程界在国际上提出基于性能的抗震设计概念不久，就开始进行相关的研究。国家自然科学基金“八五”重大项目“城市与工程减灾基础研究”的有关专题就开始涉及到这方面的研究。国家自然科学基金“九五”重大项目“大型复杂结构体系的关键科学问题和设计理论”的子专题“基于性态的抗震设防标准”，展开了基于性能的抗震设防标准的一列列研究。2008年，在国家自然科学基金重大研究计划“重大工程的动力灾变”重点项目“重大工程结构地震损伤破坏的控制原理与方法”中也立项开展“重大工程结构-隔震/耗能减震体系性态设计与损伤控制”及“重大工程结构——半主动和主动智能体系的抗震性态控制”的研究工作。中国工程建设标准化协会标准《建筑工程抗震性态设计通则》(CECS160:2004)，首次以设计通则的形式提出了抗震性能设计的概念，推荐了抗震性能设计的基本原理、原则和方法。

我国现行的《公路桥梁抗震设计细则》(JTG/T B02-01-2008)(简称《08细则》)在借鉴欧美日等国桥梁抗震设计规范的基础上，采用了较为先进的延性抗震设计和能力保护原则的理念，达到了二水准设防和二阶段设计的目标，实现了与国际先进抗震设计理念和设计方法的接轨。《城市桥梁抗震设计规范》(CJJ 166-2011)参考美国AASHTO规范，提出了两种类型的抗震体系。然而，欧美日等国的中小跨径公路桥梁与我国实际建造的公路桥梁在传力体系等方面有较大差异，这造成了虽然采用了较为先进的抗震设计理念但并不一定适用于我国公路桥梁抗震设计的问题。详细分析见 5.3 节，在抗震设防标准方面应注意以下两方面的问题。

(1)为适应抗震设计规范多级设防、多阶段设计的发展需要，地震动参数区划图编制部门应直接提供多水准的地震动参数区划图，即：不同地震重现期的地震动区划图。建议地震行业主管部门借鉴国外经验(特别是美国 USGS 编制的地震动区划图)修订我国下一代地震区划图；在条件允许的情况下，借鉴美国加州地震危险性分布图，给出我国地震断裂带的具体分布情况和最大可信地震，供业主和工程设计人员合理选址、确定抗震设防目标、进行可靠的抗震设计。例如哪些部位、构件在中震作用水平(地震重现期约 500 年)下在弹性范围内，哪些部位、构件在中震作用水平下可以进入延性；哪些部位、构件在大震水平下(如：地震重现期 1 000～2 500 年)才进入延性，如果这些部位、构件进入延性，应明确不同地震水平作用下这些部位、构件的强度、延性参数指标。

(2)我国规范已经采用了两水准两阶段设计，而烈度是基于强度设计的一水准一阶段设计的产物，应在规范中取消地震烈度的使用。由于地震烈度、震级、地震动强度很容易造成错误的理解，建议彻底取消地震烈度的概念，以清晰、直接的地震重现期对应的地震动参数来描述地震强度，进行抗震设计。

烈度是基于强度设计的一水准一阶段设计的产物，抗震设计中“提高 1 度”实际上也是基于强度设计的一水准一阶段设计的产物，目前已经进入“多水准多阶段”的抗震设计时代，再用“提高 1 度”说法就不合理了。最早的烈度区划图或后来的地震动区划图都是以 50 年超越概率 10%制订的，也就是说按中震水平制订的，某地区基本烈度为Ⅷ度，其地震重现期 475 年对应的地震动峰值加速度为 $0.2g$，提高 1 度后烈度为Ⅸ度，地震动峰值加速度为 $0.4g$，也就是说中震设计峰值加速度是原来的 2 倍，提高 1 度对应的重现期可能是 700 年，也有可能是重现期为 1600 年，如果中震按 $0.4g$(对应的重现期可能是 1600 年)，那么大震(罕遇地震)应该对应的地震动参数可能达到 0.8g 甚至更高，可见“提高 1 度”的说法是不科学的。

5.2.3 基于性能的抗震设计方法

抗震设计方法是基于性能抗震设计理论的主要内容之一，是实现基于性能设计的重要步骤。基于性能的抗震设计方法主要包括：基于位移的设计方法（Displacement-based Seismic Design，简称 DBSD）、综合设计法（Comprehensive Design Approach）、基于可靠度的设计方法等。

（1）基于位移的抗震设计方法（DBSD）

基于位移的抗震设计方法主要包括两种方法，一种方法是间接的基于位移的设计方法，例如延性系数设计法和能力谱方法，该方法先按照传统的基于力的分析方法进行设计，再利用变形和损伤等参数进行评估和校核极限位移；另一种方法是直接基于位移的设计方法，基于某种性能估计结构的位移或变形，来分析结构并指导结构的反应分析。以上两种设计方法之间的区别主要在于：是否直接将结构目标位移作为其设计的目标，前者虽然将位移作为一个重要的评判标准，但是主要是作为校核之用，并不是根本的设计依据。

直接基于位移的抗震设计方法是直接以位移为设计参数，针对不同的地震设防水准，制定相应的目标位移，并且通过设计，使得结构在给定水准作用下达到预先指定的目标位移，从而实现对其地震行为的控制。在设计的整个过程中，位移始终处于控制地位，针对不同的功能目标，可以方便的对位移向量进行调整，进而对整个设计过程做出调整，从而设计出满足不同功能的结构。该方法目前主要有两种思路：基于弹性位移谱的方法，基于弹塑性位移谱的方法。

与基于延性的设计方法不同的是，基于位移的抗震设计方法更侧重于目标位移的实现过程，即如何通过设计，使给定的目标位移在设计水准地震作用下能够得到实现。从这个意义上讲，直接基于位移的抗震设计方法更能有效地实现基于性能的抗震设计思想。基于位移的抗震设计方法与传统的基于力的抗震设计方法相比有以下优点：不要求估计结构体系的弹性周期；主观确定的力的折减系数不参与设计过程；实际地震中观测到的位移是影响结构损伤的主要参数并控制设计的过程。直接基于位移的设计方法与其他基于位移的方法的相似之处在于：

①利用位移作为描述损伤和地震需求的指标；

②需要对每一座桥梁指定一定的延性，而在基于力的设计中，桥梁的延性能力是通过力折减系数体现的。

③利用能力设计原则使损伤只发生在预先定义好的部位。

尽管有许多相似之处，直接基于位移的设计方法(DDBD)和其他基于位移的设计方法的不同之处在于：

①DDBD 直接利用目标位移求得所需的强度，而在其他方法中是先假设一个强度，然后通过验算位移能力和需求，通过迭代来完成；

②DDBD 利用等效线性化原则或弹塑性位移反应谱，而其他方法采用位移修正，例如在设计谱的等速度区段采用等位移原则。

1)间接基于位移设计法

①延性系数设计法

经过 20 世纪 60 年代和 70 年代的发展，人们认识到大地震作用下的非弹性反应的重要性。通常，这种非弹性变形能力可以用位移延性能力 μ_Δ 来表示，因为它与力－变形折减系数 R 相关，μ_Δ 被选择为一个有用的指标，R 用来将底部剪切强度由期望的弹性水平降低至可接受的设计水平。如图 5-2(a)所示，地震反应的等效位移近似表示为：

$$\mu_\Delta = R \tag{5-1}$$

这种方法存在的问题在于：等效位移的近似不合适于过短周期或者过长周期的结构，即使是中等周期结构，如果非弹性的滞回特性明显偏离弹塑性其适用性也不能确定。对屈服和最终位移的合理定义方面，研究人员很难达成一致意见。如图 5-2(b)所示，屈服位移对极限变形定义可选择范围更大，由不同研究人员可给出不同的定义，所以在评价结构的位移延性能力时可定义的范围也更大。

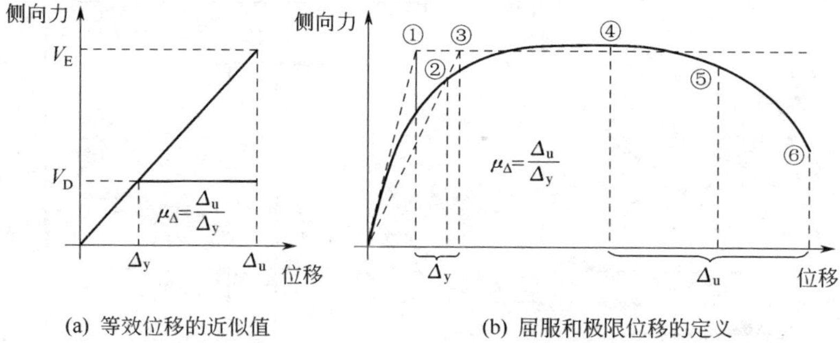

图 5-2　延性能力定义的问题

采用力折减系数来确定强度要求时，假定结构系统具有一定的延性能力并考虑对力的折减系数。混凝土和砌体结构的延性能力取决于轴力和弯矩的比率、配筋率和结构几何特性等因素，基础刚性也能明显影响结构的延性。对桥梁结构在这些方面的讨论可参见 Priestley 与 Park 论文，即文献[14]，他们的研究基于极限应变能力，塑性铰长度和基础条件，提出了计算桥梁子结构的位移能力。他们的研究成果自 20 世纪 80 年代中后期，在新西兰被广泛采用，后来，被美国设计规范(ATC 1996)采用。Kowalsky[15] 给出了一个结构几何特性对位移延性能力的影响的实例，见图 5-3，比较了两个桥墩在同样的断面尺寸，轴向荷载和相同的钢筋细部构造，不同高度的情况下的位移延性能力。两柱子位移延性系数相差约两倍，这是由于塑性铰长度和塑性转角对墩柱高度的依赖性并不强，而弹性残余变形率与高度成正比。

后来，在建筑结构的研究中，Moehle[16] 建议一种与 Priestley 与 Park 类似的方法。通过计算结构的延性能力要求，并根据设计中相应的抗震设计水准和力折减系数，校验延性要求，这些方法克服了单纯基于强度设计中的一些缺陷。

基于位移的抗震设计方法是指用量化的位移设计指标来控

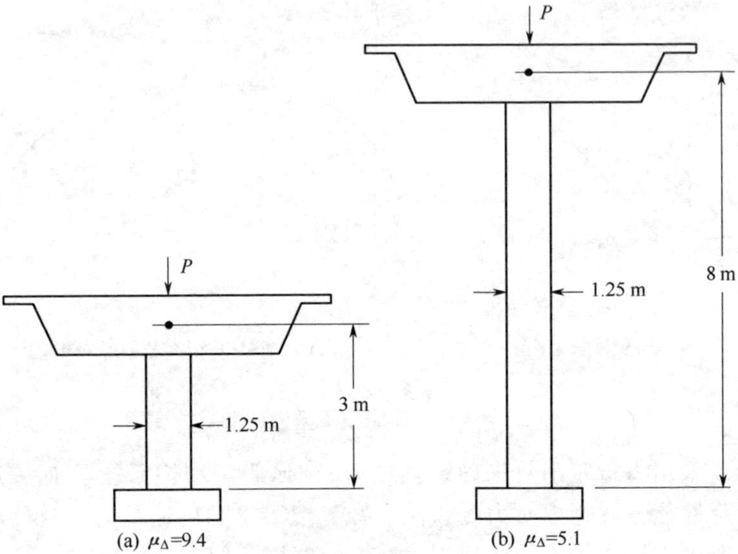

图 5-3 高度对圆形桥墩位移延性能力的影响

制建筑物的抗震性能。与传统的基于承载力或强度的抗震设计方法相比，基于位移的抗震设计方法是一种全新概念的抗震设计法。其基本思想是，首先确定结构的目标位移，再根据目标位移进行数值迭代反求结构的屈服位移，反复进行直到满足给定的精度。也就是说，基于位移的抗震设计方法的设计顺序是位移→承载力，构件的强度、刚度及配筋等只是设计的最终结果。

②能力谱方法

能力谱方法是由 Freeman[13] 提出，并经过近 20 年的发展，这种方法的实质是采用基于力的设计方法并对结构变形进行校核。在能力反应谱方法中，没有专门涉及损坏指标。纵坐标为加速度、横坐标为变形。在能力谱图中，使需求和能力（表示为推倒曲线）在同一图形中绘制出来。关于能力谱方法，详见本书的 4.4.1 节。

2)直接基于位移设计法

直接基于位移设计法根据在一定水准地震作用下预期的位移计算地震作用,进行结构设计,以使结构达到预期内力、变形、位移。一般认为,直接基于位移的抗震设计方法是基于性能的抗震设计方法中最好的方法。该方法采用相应破坏标准的位移作为结构性能指标,与传统设计方法相比,基于位移的抗震设计方法从根本上改变了设计过程。1991 年 Moehle 提出钢筋混凝土结构基于位移的设计方法,这种方法采用强度设计,而用结构的位移能力进行校核,因此在设计过程的开始就缺少直接控制结构破坏的能力。Wallace 等人采用类似于 Moehle 的方法,在结构墙体的设计中,首先完成强度设计,然后采用位移校核细部构造是否满足要求。研究结果表明,将位移仅仅作为一种校核是远远不够的,应将结构位移作为设计的出发点。1993 年,Priestly 给出直接基于位移设计方法的框架,建议应在给定的不同阻尼位移反应谱和滞回阻尼关系下,以指定的位移水平进行结构的设计。Kowalsky 等人在 1994 年,寻求如何将 Priestly 提出的方法应用在桥梁墩柱的设计上,结果表明,对于单墩体系可以按照指定的位移进行设计,但是,设计过程因结构体系和目标位移的选择而受到限制。以下讨论基于力的设计/位移校验存在的一些概念和原理问题:

(1)因为延性并不是一个较好的反映潜在损伤的指标,采用力折减或者延性系数设计将导致不一致的结论。对不同的两个建筑物进行设计时,即使采用相同设计规范和相同力折减或者延性指标,在给定地震作用下,将造成不同的损伤水平,这似乎与一致风险设计谱的设计原理是矛盾的。

(2)Paulay 曾指出,基于力折减系数的设计没有完全考虑扭转作用,对于不限扭转的延性系统,将低估扭转作用。而对于延性扭转受限制的系统,将高估扭转反应。

(3)一般认为损伤是既与应变相关的(对于结构构件),又与偏移量相关的(对于非结构构件),强度和损伤的关系还不清楚。

(4)结构构件中的力将按照初始刚度分配,对于混凝土和砌体结构,初始刚度有时采用毛截面刚度,有时为了考虑截面开裂而采用开裂刚度。这样,对于一个给定毛截面的构件,结构刚度不依赖强度,并且屈服位移或者屈服曲率与强度成正比,见图 5-4(a)。详细分析(图 5-5)和试验数据表明这个假设不成立,实际刚度与强度成正比,屈服位移和曲率与强度无关,见图 5-4(b),不同钢筋混凝土构件的屈服曲率可采用以下的关系[27,28]:

梁(矩形或者带凸缘的) $\phi_y=1.70\varepsilon_y/h_b$ (5-2a)

圆形柱 $\phi_y=2.25\varepsilon_y/D$ (5-2b)

矩形柱 $\phi_y=2.10\varepsilon_y/D$ (5-2c)

矩形混凝土墙 $\phi_y=2.00\varepsilon_y/l_w$ (5-2d)

矩形砌体墙 $\phi_y=2.10\varepsilon_y/l_w$ (5-2e)

其中,h_b、D、h_b、l_w 分别是梁高度、柱直径、柱高度、墙断面长度,$\varepsilon_y=f_y/E_s$ 是断面的纵向钢筋的屈服应变。

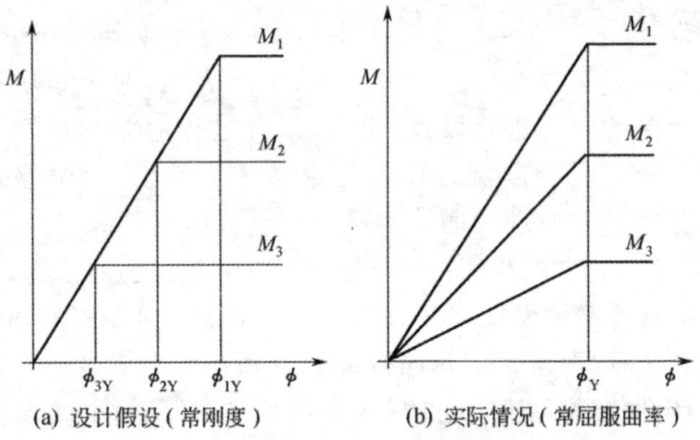

图 5-4 强度对力矩—曲率曲线的影响

直接位移设计法是一种侧重于结构性能的设计方法,设计概念简单,可根据在给定地震等级作用下预期的位移计算地震作用,进行结构设计,使构件达到预期的变形,结构达到预定位移。传统设计方法的顺序是承载力到位移,变量是结构的强度和刚度,而基

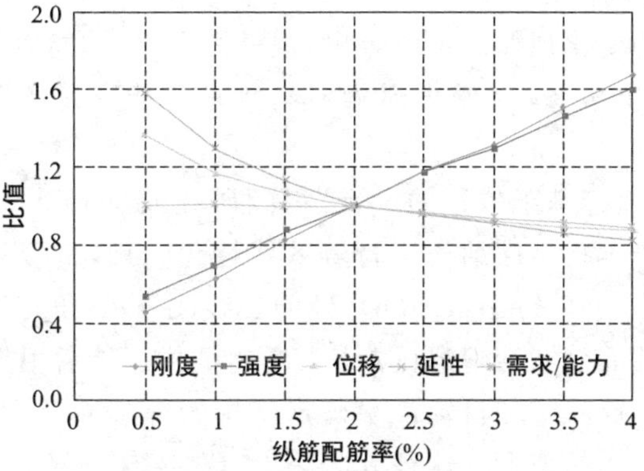

图 5-5　配筋率对延性影响变化规律

于位移的设计顺序是位移到承载力，构件的强度、刚度及配筋只是设计的最终结果。基于强度设计中依靠提高强度而提高安全性是没有根据的，图 5-5 表示了不同配筋率（0.5%～4%）下刚度、强度、延性等变化规律。

由图 5-5 可知，随着纵向配筋率的增大，强度基本呈线性增大，变化幅度在 0.5～1.8 之间（选择 2%的纵向配筋作为基准）；刚度并不是如图 5-4（a）中保持常数，而是同强度一样，呈线性增长，并且变化幅度与强度接近。位移能力与基于强度设计中的观点-位移能力随着强度的提高而增大相反。当纵向配筋率为 0.5%时，位移能力比配筋率为 2%时的大 37.4%，当纵向配筋率为 4%时，位移能力比配筋率为 2%时的小 12.2%。

屈服位移与强度并不成比例变化，因为刚度与强度是相互依赖的。延性系数的变化速度比位移能力的变化速度快一些。弹性刚度与强度呈正比，强度增加，刚度也增加，结构周期变小（$T=2\pi\sqrt{\frac{m}{K}}$），位移需求也变小（$\Delta_{(T)}=\frac{T^2}{4\pi^2}a_{(T)}g$）。假设不同强度水平结构的自振周期落在加速度反应谱的等速度区段（在位移反应谱中，在等速度区段，位移与周期成正比），因此位移需求与

$1/K^{0.5}$成比例。图 5-5 中表示了位移需求与位移能力的比值随配筋率增加的变化规律。可以看出,位移需求/位移能力变化幅度较小,当配筋率从 0.5%变化到 4%时,需求与能力比值变化范围为 1～0.90。

目前“直接基于位移的设计”得到研究人员的重视[23,29,30],该方法首先对单自由度结构进行等效线性化处理,直接基于位移设计通过最大位移 $\boldsymbol{\Delta}_d$[图 5-6(b)]处的切线刚度 $\boldsymbol{K}_e$ 和非弹性反应滞回能吸收的等效粘性阻尼比 $\boldsymbol{\xi}_{eff}$ 来描述结构。然后根据相应的弹性设计位移反应谱和目标谱来确定结构的等效周期[图 5-6(c)],以便确定结构的强度。这种方法基于“替代结构”分析,由 Shibata 和 Sozen[31] 提出。

这种等效自由度结构,最大反应位移处的有效刚度 K_e 可以由单自由度结构的自振周期的反演出来,即:

$$T_e = 2\pi \sqrt{\frac{m_e}{K_e}} \tag{5-3}$$

可得:

$$K_e = 4\pi^2 m_e / T_e^2 \tag{5-4}$$

其中,m_e 是有效质量。

单自由度体系等效线性化方法设计过程如下:

(1)选择初始参数,如质量、构件长度、材料强度、弹性模量等。

(2)确定设计初始参数,如目标位移 Δ_u,初步设定屈服位移 Δ_y,并计算位移延性系数 μ。

(3)计算等效阻尼比 ξ_{eff}。

钢筋混凝土剪力墙,桥梁

$$\xi_{eff} = 0.05 + 0.444\left(\frac{\mu - 1}{\mu\pi}\right) \tag{5-5}$$

钢筋混凝土框架结构

$$\xi_{eff} = 0.05 + 0.565\left(\frac{\mu - 1}{\mu\pi}\right) \tag{5-6}$$

摩擦滑动体系

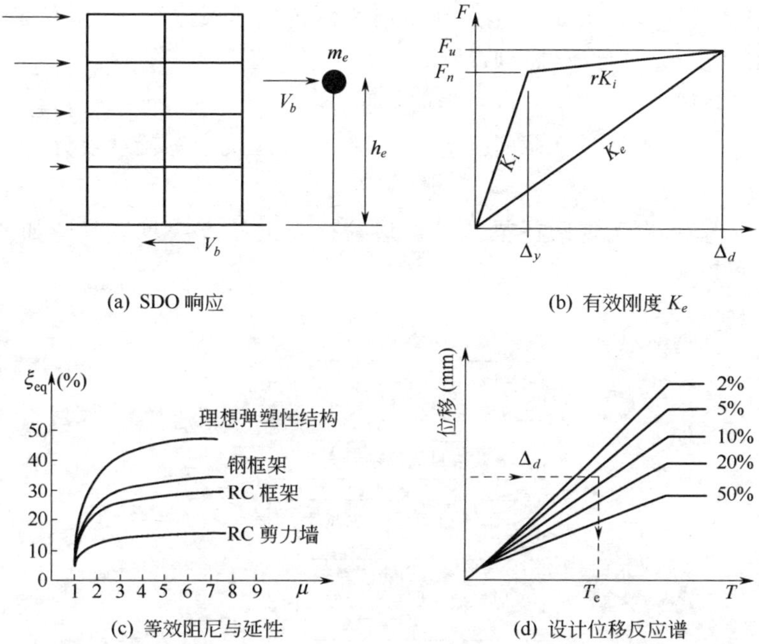

图 5-6 直接基于位移设计原理

$$\xi_{eff}=0.05+0.670\left(\frac{\mu-1}{\mu\pi}\right) \tag{5-7}$$

双线性隔震体系

$$\xi_{eff}=0.05+0.519\left(\frac{\mu-1}{\mu\pi}\right) \tag{5-8}$$

(4)选择设计弹性位移反应谱,得到等效周期 T_{eff}。

(5)由等效周期 T_{eff} 计算等效体系刚度 K_{eff}。

(6)根据目标位移计算设计力。

(7)结构构件尺寸估算,并计算钢筋用量,若钢筋用量不符合规范规定,调整构件尺寸。

(8)确定结构构件截面惯性矩和开裂刚度 K_{ecr}。

(9)根据开裂刚度 K_{ecr} 重新计算屈服位移，如果与第 2 步的屈服位移误差大于 5%，则用新求出的值替代屈服位移，重复第 2～第 9 步，直到计算结果收敛为止。

(10)对结构构件进行横向配筋。

(11)进行包括截面抗剪、非塑性铰铰区抗弯等延性设计能力方面的验算。

多自由度规则桥梁基于位移的抗震设计方法具体步骤如图 5-7 所示。

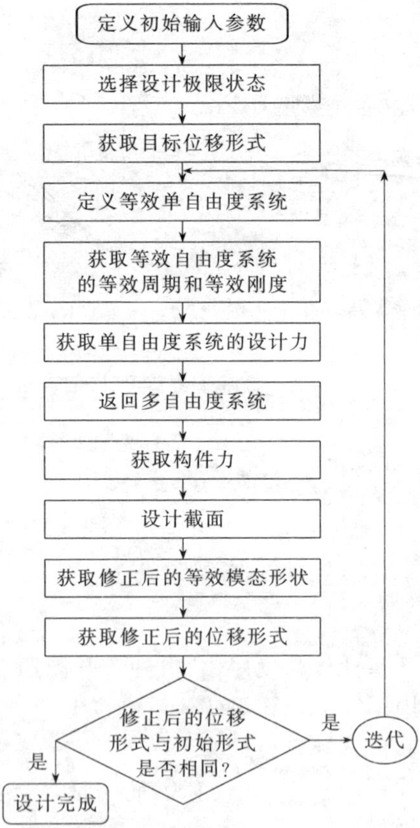

图 5-7　多自由度规则桥梁结构基于位移的抗震设计流程图

(2)综合设计方法

综合设计法(comprehensive design approach)是由美国学者 Bertero 等人提出的，并被加州结构工程师协会 SEAOC Vision 2000 委员会采纳。该方法包括以下内容：

1)选择形态目标：结构工程师与业主讨论性态水平的要求，并根据结构的重要性、功能等情况确定业主所能接受的最低性态目标。

2)场地的适宜性评价：根据所选择的性态目标及地震危险性分析的结果，对场地的适宜性作出评价

3)总体概念设计：针对场地适宜性评价的结果，若适于在该地建房或建桥，则结构工程师从总体上和概念上确定结构的类型、采用的建筑材料、基础形式及非结构构件形式等。

4)综合数值分析：包括初步设计和最终设计两个阶段。初步设计又分为建立设计地震动和数值初步设计两个过程。数值初步设计的内容包括初步分析、初步设计和对初步设计进行分析，是一个反复迭代的数值计算过程，最终确定结构和非结构构件的尺寸[17]。

(3)基于性能的可靠度设计方法

地震作用和结构抗力具有很大的不确定性，因此基于性能的抗震设计应该以可靠度为基础。基于可靠度的抗震设计方法是考虑结构体系的可靠度，直接采用可靠度的表达形式，将结构构件层次的可靠度水平过渡到考虑不同功能要求的结构体系可靠度水平上；采用基于可靠度的结构优化设计方法，包括基于“投资—效益”准则的结构目标功能水平优化决策和结构方案的设计。美国学者文义归等人提出把可靠度与基于性能的设计相结合的设计方法，引入基于 Push-over 分析的等效单自由度方法，提出了一致危险性反应谱的概念，把结构的两种概率极限状态(使用极限状态和最终极限状态)转化为相应的基于位移的确定性极限状态，并提出了两阶段可靠度的设计方法。我国欧进萍等在随即反应谱的基础上，提出了“概率 Push-over”分析方法，并采用该方法快速评估结构体系抗震性能可靠度。

5.3 中小跨径梁桥基于性能的抗震设计方法

5.3.1 国内外桥梁体系、震害与规范

(1)美　国

1994 年美国北岭地震(Mw6.7 级)中,桥墩墩顶或墩底遭到严重破坏[35](如图 5-8),主要原因为箍筋不足,缺少延性能力。美国在中小跨径公路桥梁领域大量应用的是整体式桥台桥梁(Integral Abutments and Jointless Bridge)(见图 5-9 所示),这种桥梁类似于刚构桥的结构型式。由于这种桥梁结构型式取消了伸缩缝,避免了渗漏现象,降低了桥梁所需的维护费用,延长了桥梁构件(墩台支座、上部结构)的使用寿命。因此,这类桥梁比传统有伸缩缝的桥梁具有更好的使用性能。截至 2004 年,美国正在使用中的整体式桥台桥梁约有 13000 座,其中带有钢桩(H 形钢桩、钢管桩)的全整体式桥台桥梁约 9000 座,约占 70%。整体式桥台桥梁的上部结构与下部结构形成一体,并通过下部基础结构与土的相互作用释放温度应力和平衡车辆荷载的制动力。在地震时,整体式桥台桥梁克服了传统桥梁上部结构落梁的风险,并且通过加大冗余度和连续性增强了桥梁的抗震能力,但由于需要通过桥梁下部结构(桥墩、桥台和桩基)耗散地震能量,因而增加了对这些部位抗震能力的需求。整体式桥台桥梁主梁和墩柱刚接,在桥台处设置摩擦系数较小的滑动支座,地震时将相对位移引至桥台后伸缩缝处,在桥台或伸缩缝处有足够的防落梁长度或利用位移限制装置将上部结构的位移限制在防落梁长度,防止落梁。这种体系受力最不利的部位位于桥墩顶部或底部,在地震作用下,整体式桥台桥梁能够较好的保证传力路径不间断,依靠柔性桩基将地震荷载传入周围的土层中,并通过在其桥墩的顶部和底部产生塑性铰耗散地震能量,提高桥梁整体的延性性能(见图 5-10)。

2005 年 Illinois 州交通运输部门(IDOT)开始进行合理抗震体系的研究,并于 2006 年底开始实施。《AASHTO Guide Speci-

(a) Vcnicc Boulcbard跨线桥　　(b) Mission Gothic跨线桥

图 5-8　桥墩破坏

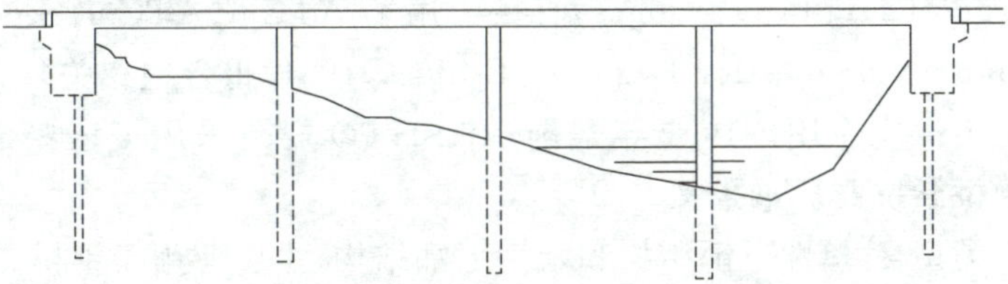

图 5-9　美国常见桥梁结构形式图

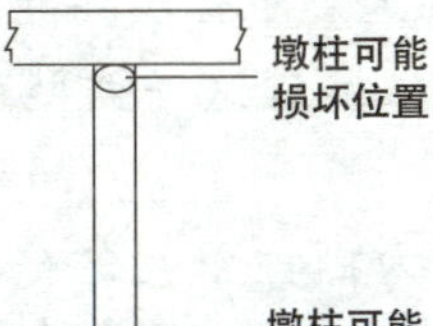

图 5-10　整体式桥台桥梁结构地震破坏模式

fications for LRFD Seismic Bridge Design》(2007)修订时采用了这一概念,并强调传力路径的不间断性和保证桥梁的整体性,将抗震体系分为下列三类。

类型 1:延性下部结构和弹性上部结构:包括传统的墩柱塑性

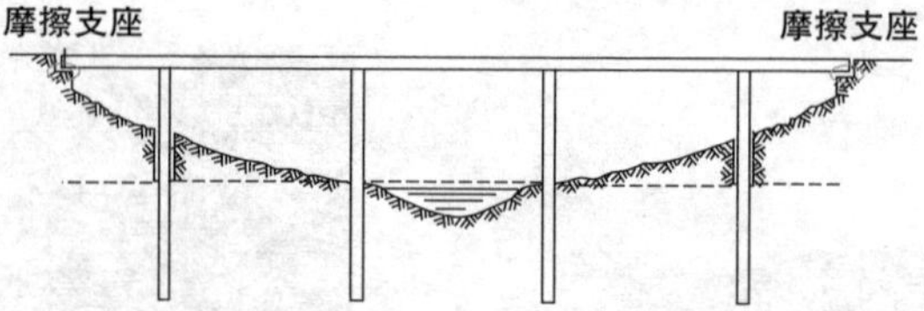

图 5-11　美国桥梁常用结构形式

铰以及利用桥台后填土的被动土抗力来限制惯性力，还包括地面下基础的塑性铰。这种体系实际上是延性抗震设计，利用地震作用下桥梁墩柱发生塑性变形，延长结构周期，耗散地震能量。1971 年美国 San Fernando 地震后，Caltrans 于 1973 年首次提出了延性设计方法。1983 年《AASHTO Guide Specification for Seismic Design of Highway Bridges》直接引用了 ATC-6（ATC-6：Seismic Design Guidelines for Highway Bridges，1981）报告中相关条文并在全美推广应用。1991 年美国 AASHTO 规范采用了这些建议作为桥梁抗震标准条文。

类型 2：弹性下部结构和延性上部结构，主要应用于钢桥。

类型 3：弹性上部结构和下部结构，此时上部结构和下部结构存在保险机制，包括减隔震和能量耗散装置，用于控制惯性力在上下部结构间的传递，并在地震中提供耗能和位移限制。上部结构和下部结构存在能量耗散装置这一类型在新建桥梁并没有广泛应用[5]。

2007 之前，支座作为牺牲单元的概念在以往的 AASHTO 规范中并不被推荐采用，而是设计时桥梁上部结构和下部结构之间的连接仍按弹性进行设计。2007 年中期 IDOT 承担了 AASHTO Load and Resistance Factor Design Bridge Design Specifications（LRFD Code）中第 14 部分节点和支座的修订，建议在极限荷载作用下，支座可以作为牺牲单元[3]，并且 IDOT 抗震体系的首要目标是防止落梁，定义了三级设防（three levels of seismic structural redundancy）：首先是支座作为保险丝式单元，其次是要有足够的搭接长度，最后是桥墩的塑性耗能机制。

(2)日　本

日本公路桥梁为了保证桥梁结构传力体系不中断，1995 年前修建的桥梁上普遍采用钢支承。1995 年日本的阪神地震(Mw7.2 级)中神户地区高架桥大梁桥墩遭受严重破坏(图 5-12)，与美国北岭地震中震害类似，也是由于桥墩延性不足造成的脆性破坏。阪神地震后，Y. Takahashi 等在震害调查中发现，不但连续梁桥固定墩遭受严重破坏，而且部分设置了滑动支座处桥墩也发生严重破坏。震后分析表明，这主要是由于滑动支座在地震中严重损坏，滑移机制丧失，以致锁死变成固定支座，导致原本设计时未考虑承受巨大上部结构惯性力的滑动支座处桥墩遭受严重破坏。研究表明[36]，由于日本桥梁支座形式主要为钢支座，钢支座发生破坏后，支座的摩擦机制丧失(图 5-13)，滑动钢支座变成了固定支座，造成过大的地震力传递到桥墩，而使桥墩发生剪切弯曲破坏，如图 5-14。表 5-2 给出了阪神地震后调查的桥梁支座损坏情况。由表 5-2 可以看出，钢支座占 4773 个，橡胶支座 244 个，其中 21%的钢支座发生了锚栓剪断、支撑垫石混凝土破坏等现象。地震作用下钢支座更容易发生锚栓剪断，支承垫石混凝土破坏等现象，而橡胶支座仅发生少量轻微的破坏，可见宜采用橡胶支座。橡胶支座在地震作用下可以起到很好的隔震作用，并且在地震中支座产生适度的变位甚至滑移，对耗散地震能量是有利的。

表 5-2　日本阪神地震桥梁支座的破坏情况调查表

支座形式	支座损害程度				合计
	A	B	C	D	
钢支座	986(21%)	603(13%)	681(14%)	2503(52%)	4773(100%)
橡胶支座	0(0%)	6(2%)	19(8%)	219(90%)	244 (100%)
合计	986(19%)	609(12%)	700(14%)	2722(54%)	5 017(100%)

注：A：锚栓剪断，支撑垫石混凝土破坏；B：销钉剪断，辊轴破坏，锚栓拔出；

C：上、下支座变形，支撑垫石混凝土破坏；D：没有破坏或轻微破坏。

图 5-12　神户高架桥桥墩破坏

图 5-13　桥梁支座破坏形式

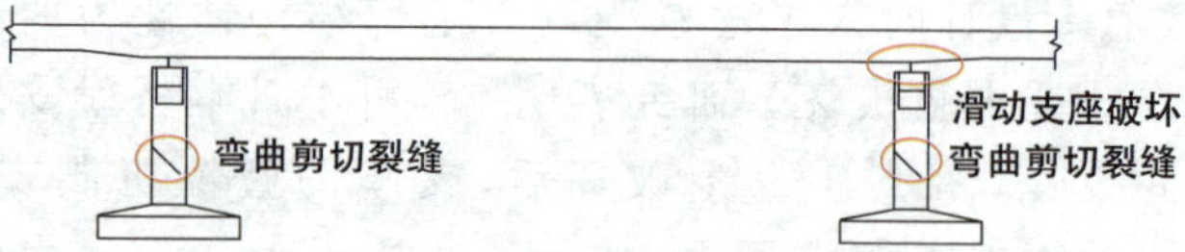

图 5-14　日本桥梁结构形式与破坏机制

阪神地震后，日本在新建和加固桥梁中广泛采用橡胶支座和防落梁装置，并将钢支座更换为橡胶支座。2011 年日本东部大地震(M9.0)中，桥梁基本没有损伤，并且采用橡胶支座的桥梁表现出了较好的抗震性能。例如，Kameda Ohashi 桥相邻两墩由于支座不同，地震中震害现象也不同。左侧的桥墩是按照日本 1980 年桥梁抗震设计规范设计并加固的，挡块锚固在盖梁上以增加钢支座的强度，地震中钢支座和挡块没有明显破坏，但盖梁却出现了 10mm 的贯通裂缝；右侧的桥梁是基于 1995 年阪神地震后修订的抗震规范设计的，地震中盖梁顶部的橡胶支座在横桥向产生变形，并且盖梁外侧挡块破坏，但是盖梁却没有出现明显破坏。

阪神地震后，日本对桥梁抗震设计规范进行了修订。修订后特别考虑桥梁整体的抗震性能，支座、防落梁装置作为主要结构构件来设计，并且明确了桥墩和桩基础抗震强度的关系，原则要求桥墩的抗震强度要低于桩基础，以保证大地震时上部结构先于桩基

图 5-15　日本 Kameda Ohashi 相邻两墩的破坏状况

发生塑性破坏，减轻上部结构的惯性力传递到桩基的荷载。同时，日本在新建和加固桥梁中广泛采用橡胶支座和防落梁装置，并将钢支座更换为橡胶支座。

(3)中　国

我国中小跨径一般为简支变连续结构，中间采用板式橡胶支座，伸缩缝或桥台处采用四氟乙烯滑板支座，部分连续梁桥也可采用此种结构体系，常见布置形式如图 5-16 所示。汶川地震中大部分桥梁发生梁体移位、支座和挡块破坏，桥墩基本没有损伤。图 5-17为汶川地震中百花大桥，第四联主梁移位，支座滑移，横桥向挡块破坏严重，但下部结构基本完好或发生轻微损伤。与美国(图 5-9)、日本结构体系(图 5-14)不同，我国桥梁支座直接搁置在墩顶上，上下没有任何锚固措施，主梁与桥墩连接较为薄弱，地震作用下容易发生横、纵向移位。支座摩擦滑后消耗了部分地震能量，使上部结构传递的惯性力大大减小，起到了隔震耗能的作用，避免了桥墩和桩基的损伤。

台湾地区 1999 年集集地震中，除了 7 座桥梁由于地质断层直接穿过而产生严重损伤以致坍塌外，大部分的桥梁震害是由于橡胶支座的滑移或错位而导致的上部结构移位以及伸缩缝处的位移

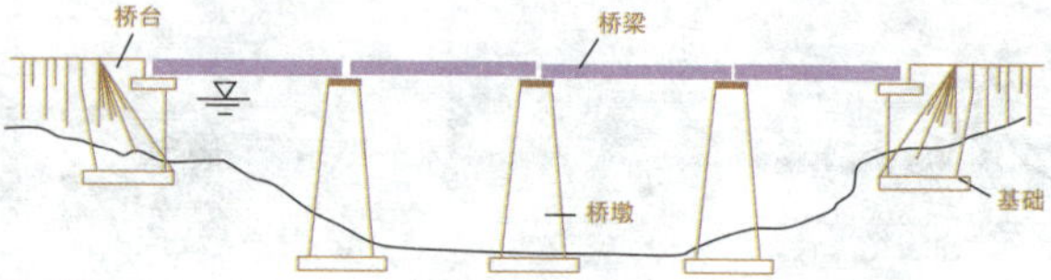

(a) 简支梁桥

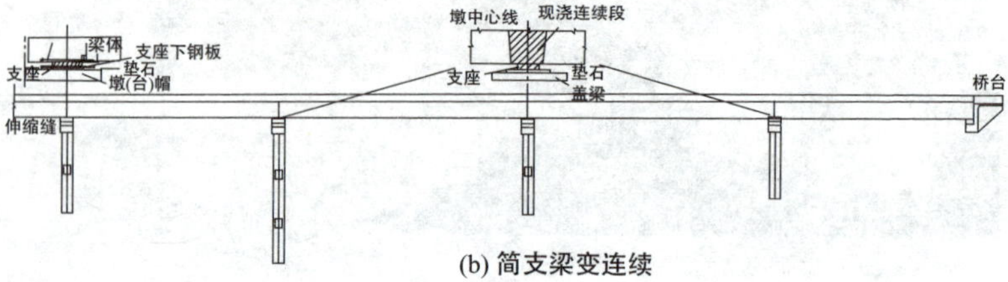

(b) 简支梁变连续

图 5-16　中国桥梁常用结构形式

(a) 百花大桥(汶川地震)

(b) 巴塘2号桥(玉树地震)

图 5-17　支座滑移和挡块破坏

等轻微破坏。在震后被调查的 195 座受损桥梁中，有 85 座桥梁(约占总被调查数的 43%)产生了支座较大的滑移而桥墩则未发生明显破坏，只有 21 座桥梁(约占总被调查数的 11%，包括断层直接穿越的 7 座)的下部结构遭受了严重破坏。较为典型的实例是跨越 Chelungpu 断层的 Wu-Shi 桥(见图 5-18)，该桥右侧第三跨除了支座和混凝土挡块遭受破坏以外，下部结构没有遭受明显的剪切破坏；而左侧第三跨桥墩由于受到上部结构巨大横向惯性力作用而受到严重破坏，但支座和挡块却没有出现明显破坏。另一例是位于两断层间的 Yen-Feng 桥(见图 5-19)，由于橡胶支座发生滑移耗散了部分上部结构惯性力，使得桥梁下部结构并未发生损坏，该桥在地震后仍能够继续保持通行。

图 5-18　Wu-Shi bridge (PGA388gal)

图 5-19　Yen-Feng 桥支座摩擦滑移

2008 年汶川地震后，我国颁布了《公路桥梁抗震设计细则》(JTG/T B02-01-2008)(以下简称《08 细则》)，采用了两阶段设防、两阶段设计的抗震设计思想，并增加了桥墩延性抗震设计和能力保护原则。在梁桥进行延性抗震设计时，将墩柱作为延性构件，抗震设计时将墩柱墩顶或墩底设置塑性铰区，利用塑性铰的塑性转动耗散地震能量，基础、盖梁、梁体和支座等作为能力保护构件，并且支座在大震时要满足变形要求和抗滑稳定性要求，这对我国采用板式橡胶支座的中小跨径桥梁来说是不合理的，大震下支座仍满足抗滑要求并不适合我国公路桥梁的抗震设计。

我国中小跨径桥梁由于墩梁之间属于弱连接，在传力路径和耗能机制方面，与美国桥梁结构体系有着根本的区别。大震下我国中小跨径桥梁支座易发生滑移，滑移后结构的传力路径中断，传递到桥墩的地震力大大减小，主要依靠支座摩擦耗散地震能量。AASHTO 规范中的类型 1 并不适合我国采用板式橡胶支座的简支梁桥和部分连续梁桥，这种体系适合于墩梁固结体系(包括刚构桥和采用固定支座或墩梁固结的连续梁桥或其他桥型)。结构体系的差异导致地震震害不同，因此，抗震设计方法也不能照搬美国桥梁抗震设计规范，应根据我国中小跨径桥梁的特点，充分发挥板式橡胶支座的保险丝式单元作用。设计时可借鉴 IDOT 设计手册和日本防落梁体系的设计方法，利用板式橡胶支座的摩擦滑移耗散地震能量（如图 5-20），只要保证有足够的搭接长度，防止落梁的发生，就可以保证桥梁的整体性，如地震力过大，可引入桥墩的塑性耗能机制消耗地震能量。汶川、玉树地震中桥梁总体性能表现良好也说明了采用板式橡胶支座可以有效地分散地震力，支座的摩擦滑移可以起到较好的减震作用。

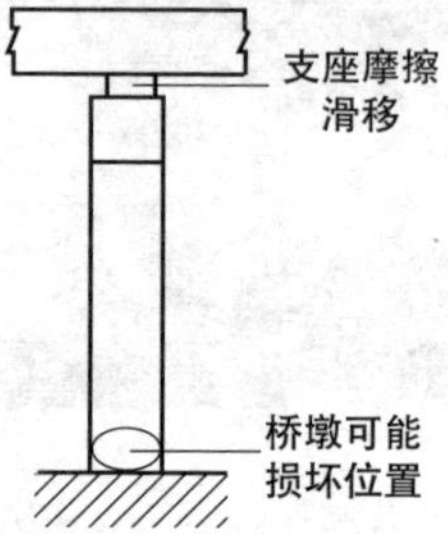

图 5-20　支座摩擦滑移

在大震作用下，国内外桥梁传力体系的不同，导致桥梁震害现象也不尽相同。美日等国的桥梁由于在大震作用下，支座连接部位不发生损坏，因而上部结构的惯性力通过支座传递给桥墩，并且为了保证桥梁整体结构具有良好的延性性能，利用桥墩上部和下部的塑性铰耗散地震能量。

我国公路桥梁在按照《08 细则》进行抗震设计的前提是桥梁结构传力体系在地震中不被破坏，即桥梁上部结构和下部结构的连接构件——支座不发生损坏，以便使上部结构的地震惯性力能够通过支座传递给下部结构，并通过在下部桥墩预定的耗能部位消耗地震能量以达到抗震的目的。然而在大震作用下满足这样的传力途径在目前我国大量的中小跨径桥梁上是很难实现的，在桥梁抗震设计中往往难以满足规范的要求。目前，我国量大面广的中小跨径公路桥梁上普遍采用的是活放式板式橡胶支座，这就决定了我国的公路桥梁在大震中的传力途径有别于《08 细则》中的规定。

通过对比中国、美国、日本中小跨径桥梁结构体系，分析我国汶川地震和美国北岭地震、日本阪神地震中桥梁震害的差异性以及我国汶川地震中桥墩破坏率较低的原因，发现美国桥梁结构形式主要是整体式桥台桥梁，日本桥梁采用钢支座为主的支承体系，而我国中小跨径桥梁主要采用板式橡胶支座，直接引用国外抗震规范存在问题，我国中小跨径桥梁抗震设计时支座可优先损坏。

5.3.2 考虑支座摩擦滑移的抗震设计方法

(1)支座耗能特点

在 EN 15129-2009《隔振装置》中，将板式橡胶支座作为隔震阻尼支座的一种。与铅芯橡胶支座(LRB)、高阻尼橡胶支座(HDRB)和摩擦摆支座(FPB)相比，板式橡胶支座的阻尼比较小，仅为 5%左右，但当地震作用力大于摩擦力时，支座产生摩擦滑移，可以起到很好的隔震耗能作用。美国隔震装置规定，要求有一个恢复力来减少或消除地震作用之后的永久性侧向位移。1991 年 AASHTO 采用了《Guide Specifications for Seismic Isolation Design》中要求隔振装置无自复位能力时，允许位移能力必须大于设计位移的 3 倍。1999 年的《Guide Specifications for Seismic Isolation Design》取消了这一规定，而采用必须具有自复位能力和最小的恢复力，并规定水平位移从 50%的设计位移的增加到设计位移时，其恢复力增量不宜低于其上部结重量的 2.5%(AASHTO,2010 中为 1.25%)，见图 5-21。我国《城市桥梁抗震设计规范》减隔震设计中直接引用了 AASHTO 的相关条文。

与其他支座相比，板式橡胶支座不具备以上支座的特征(自复位能力和最小恢复力)，但其构造简单、加工制作容易、受力性能稳定，且成本低廉和安装方便。铅芯橡胶支座中的铅在生产和使用过程中对环境造成无法弥补的环境污染，高阻尼橡胶支座力学性能受橡胶材料的影响较大，实际中受力性能有待进一步验证，对于摩擦摆支座，新西兰和日本学者均认为的实用化存在许多待研究的问题，美国也只在加固桥梁中采用。例如发生支座位移时，伴随着支座高度的变化，支座在各个桥墩上的温度位移各不相同，会引起各支点的高程变化，产生附加内力。目前苏通大桥采用的摩擦摆支座在顺桥向为柱面形式，只能在横桥向起减震隔震的作用，因

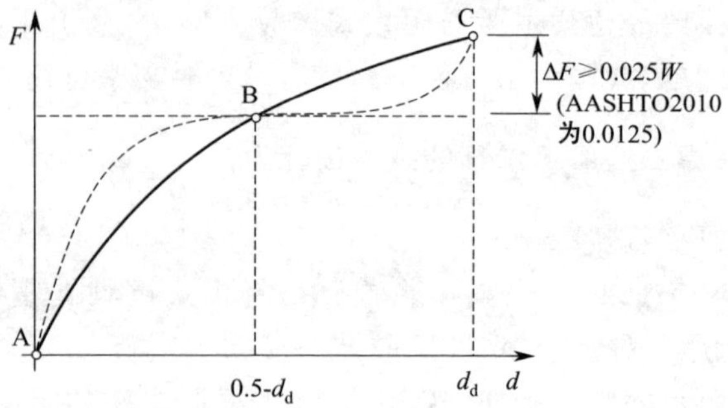

注：实线和虚线分别代表两种不同减隔震装置的力-变形曲线。

图 5-21　隔震装置自恢复能力示意图

此板式橡胶支座在中小跨径桥梁上适用性更强。但应注意板式橡胶支座基本没有自复位能力，在地震作用下，可能发生很大的永久变形。针对这种支承体系的特点，美国 IDOT 定义为“quasi-isolated system”。

(2)设计方法

我国在 20 世纪 60 年代以来就采用板式橡胶支座，并且在多跨公路中小跨径桥梁上利用板式橡胶支座。针对这种体系的特点王克海等[37-39]建议我国中小跨径桥梁在破坏性地震作用下，支座作为保险丝式单元优先损坏，桥墩可出现易修复的塑性铰，桩基不能损伤。为了避免支座的地震作用下脱空和滑落，宜在支座垫石顶部设置凹槽，详见 13.5 节。因此针对我国中小跨径桥梁，设计时要综合考虑支座和桥墩的抗震性能。根据“多道设防，分级耗能”的设计原则，给出了以下三级设防：

第 1 道防线：支座。支座损伤应出现在墩柱塑性铰发展之前，在支座滑移后，限位构造开始起效。

第 2 道防线：最小支撑长度。限位装置失效后，允许支座摩擦滑移，必须保证合理的搭接长度。

第 3 道防线：挡块和防落梁装置，防止落梁发生。

由以上可以看出，关键构件包括支座、最小搭接长度和挡块、防落梁设计等设计。

第1道防线

若不考虑竖向地震动的影响，$x=\mu_d R_b/K$，式中，μ_d 为支座的动摩阻系数，橡胶支座与混凝土表面的动摩阻系数采用0.15，与钢板的动摩阻系数采用0.10（与Caltrans准则[23]相比，我国采用的系数偏小，Caltrans规范分别为0.4和0.35）；R_b 为上部结构重力在支座上产生的反力；K 板式橡胶支座的剪切刚度，当支座变形小于 x 时，支座不发生滑动，若支座变形大于 x 时，支座在墩顶产生滑移。因此，应着重研究支座在竖向荷载下抗滑性的影响因素以及影响板式橡胶支座摩擦滑移机制的因素。

第2道防线

最小支承长度是在超过预期强度的地震作用下，防止上部结构从下部结构顶部脱落而需要确保的梁端到下部结构支承边缘的距离。为了防止梁与下部结构的相对变位过大而产生落梁，需要设置墩台的最小支承长度。表5-3给出了美国AASHTO规范、IDOT设计手册、日本规范和中国规范中关于最小支撑宽度表达式。在斜桥、曲线桥、高墩桥中，常采用增大支承长度的方法来防止上、下部结构间较大的相对位移造成落梁，表5-3仅列出了直线桥梁的最小支撑长度。

表5-3　最小支撑长度规定

规　范	最小支承宽度(cm)	注　释
AASHTO	$a=(20+0.0017L+0.067H)(1+0.000125s^2)$ 对SDC A，当 $As<0.05$ 时，为 $0.75a$；$As\geqslant 0.05$ 时，为 $1a$； 对SDC B和SDC C，为 $1.5a$ 或者最大计算位移中的最大值	H：下部结构的平均高度(m)；s：支承的斜交角(°)；L：梁的计算跨径(m)；As：加速度系数
08细则/日本	$a\geqslant 70+0.05L$	L：梁的计算跨径(m)

续上表

规　范	最小支承宽度(cm)	注　　释
城市桥梁抗震设计规范	$a \geqslant 40+0.05L$(Ⅵ度区) $a \geqslant 70+0.05L$(Ⅶ度区)	L:梁的计算跨径(m)
89 规范	$a \geqslant 50+L$	L:梁的计算跨径(m)
IDOT	$a=\left[10+0.17L+0.7H+5\sqrt{H}\sqrt{1+(2\dfrac{B}{L})^2}\right] \times \dfrac{1+1.25F_v S_1}{\cos\alpha}$	L:梁的计算跨径(m);H:下部结构的平均高度(m);B:上部结构宽度;B/L:宽跨比,不大于3/8;α:斜交角(°);$F_v S_1$:反应谱1s处场地修正系数

由图 5-22 可以看出,《城市桥梁抗震设计规范》(以下简称《城规》)按Ⅵ度区和Ⅶ度区给出了两种最小支撑宽度,其中Ⅶ度区与《08 细则》相同。对跨度 40 m 以下的桥梁(如图 5-22a),《89 规范》偏小,大于 40m 的桥梁(如图 5-22b),《89 规范》和《08 细则》相当。对比我国规范与美日规范可知,当墩高小于 50 m 时,美国 IDOT 设计手册最保守,其次为我国和日本规范(我国规范直接引用日本规范相关条款),AASHTO 规范最小,当墩高大于 50 m 后,AASHTO 规范大于我国规范。美国 AASHTO 规范和 IDOT 设计手册综合考虑了跨径和墩高等因素的影响。我国西部山区桥梁多跨越深山峡谷,墩高较高,例如对一桥梁跨径 $L=40$m,墩的平均高度 $H=60$m,宽跨比 B/L 取 3/8,$\alpha=0°$,$F_v S_1=0.5$,经计算,《08 细则》/日本规范为 0.9m;AASHTO 规范为 1.01m,IDOT 为 1.74m,可见不管 AASHTO 规范还是 IDOT 设计手册,最小支撑长度均大于我国规范建议值。我国规范采用的最小支撑宽度直接引用日本规范,主要依靠经验取值,没有考虑墩高、场地等的影响,最小支承长度仍需进行研究。

第 3 道防线

纵向上采用防落梁措施,横向上采用“双层挡块”设计[40-42]。需处理支座摩擦耗能、最小支承长度以及采用合理刚度的梁体限位装置或挡块,以保证在合理梁墩支撑长度内,控制梁体位移在不

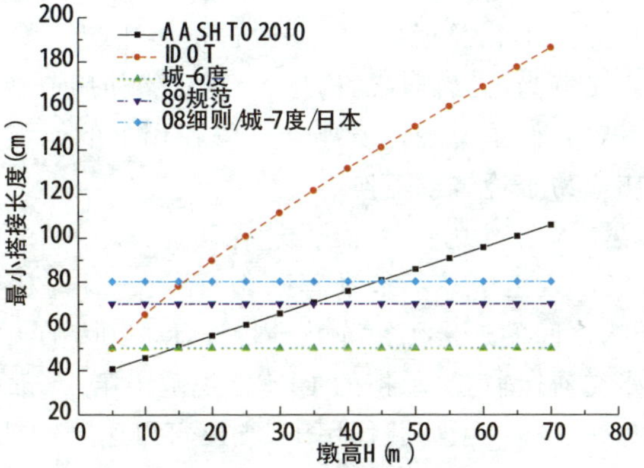

(a) L=20 m

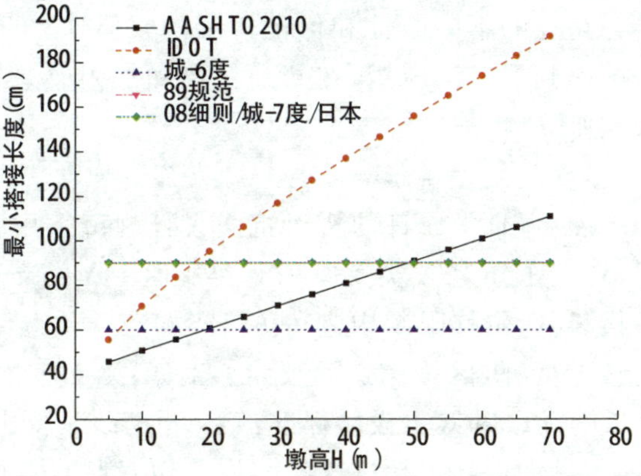

(b) L=40 m

图 5-22　最小支撑宽度对比图

发生落梁的范围又不显著增加墩柱地震力,建立支座、挡块或防落梁等耗能与桥墩塑性耗能相互关系,并以此为基础建立“多道设防、分级耗能”的性能设计方法。目前,针对这一部分的研究较少,需进行深入研究。

5.3.3　美、日与中国桥梁支座检算规定

(1)AASHTO/Caltrans 规范

美国 AASHTO 规范中没有详尽的支座设计和验算的相关规定及公式，只提到了相关说明。Caltrans 准则中提出对于普通标准桥梁，支座设置为可以牺牲的构件，采用正常使用荷载来设计支座及其细部结构，但是要确定支座在地震作用下的能力和破坏模式，并且支座应易于检修或更换[9]。

2007 之前，支座作为牺牲单元或“保险丝式单元”的概念在以往的 AASHTO 规范中并不被推荐采用，而是设计时桥梁上部结构和下部结构之间的连接仍按弹性进行设计。2007 年中期 IDOT（伊利诺伊州交通运输厅）承担的 LRFD 规范中第 14 部分节点和支座修订中，建议在极限荷载作用下，支座可以作为牺牲单元[10]。新修订的 AASHTO 规范（2007）明确规定了桥梁合理抗震体系，并强调传力路径的不中断性和保证桥梁的整体性。近年来，橡胶支座在美国得到了广泛应用，在新建桥梁和加固改造桥梁中基本采用橡胶支座。

（2）日本规范

阪神地震后，日本修订的桥梁抗震设计规范采用防落梁的抗震设计[9]，将支座分为 A 类支座和 B 类支座。A 类支座防落梁系统包括搭接长度、位移限制构造和防落梁构造三要素，B 类支座一般包括搭接长度、防落梁构造两要素：对 A 类支座桥梁，防落梁系统包括 3 道防线和 3 重设防标准：第 1 道防线主要由支座提供，此道防线下，最大位移不超过支座容许剪切变形的 150%，位移限制构造最大受力不超过其承载力的 1/3，伸缩缝、支座、位移限制构造可正常工作，对应设防水准为小震和中震；第 2 道防线主要由位移限制构造提供，此道防线下，位移限制构造完全发挥其限位作用，最大剪力达到其设计承载力，开始发生塑性变形但尚未完全破坏，支座、伸缩缝损坏，对应设防水准为大震；第 3 道防线主要由防落梁构造和搭接长度提供，此道防线下，位移限制构造已失效，防落梁构造开始起作用，控制上部结构与下部结构的相对位移小于 $0.75S_E$（S_E 为搭接长度），对应设防水准为超预期地震。对 B 类支座桥梁，防落梁系统包括 2 道防线和 2 重设防标准：第 1 道防线主要由支座提供，此道防线下，最大位移不超过支座容许剪切变形的250%，伸缩缝破坏，对应设防水准为大震；第2道防线主要由防落梁构造和搭接长度提供，此道防线下，防落梁构造开始起作用，控制上部结构与下部结构的相对位移小于 $0.75S_E$，对应设防水准为超预期地震。由此可见，不论A类支座还是B类支座，支座均作为抗震设防的第一道防线。

(3)中国规范

《公路桥梁抗震设计细则》中规定了B、C类桥梁的支座验算。在E2地震作用（重现期475-1975年）下，板式橡胶支座要满足以下要求：

支座厚度验算：　$\sum t \geqslant X_0/\tan\gamma = X_0$

式中：$\sum t$ 为橡胶层的总厚度（m）；$\tan\gamma$ 为橡胶片剪切角正切值，取 $\tan\gamma=1.0$；X_0 为E2地震作用效应和永久作用效应组合后橡胶支座顶面相对于底面的水平位移（m）。

支座抗滑稳定性验算：$\mu_d R_b \geqslant E_{hzb}$

式中：μ_d 为支座的动摩阻系数；橡胶支座与混凝土表面的动摩阻系数采用0.15，与钢板的动摩阻系数采用0.10；R_b 为上部结构重力在支座上产生的反力（kN）；E_{hzb} 为E2地震作用效应和永久作用效应组合后橡胶支座的水平地震力（kN）。

由以上可知，我国桥梁抗震设计规范中支座要满足变形性和抗滑性要求。汶川地震震害表明，采用板式橡胶支座的桥梁结构，在中震或大震作用下虽然会导致较大的梁体位移，但支座和挡块的损伤过程具有分级耗能的作用，支座与梁体间的滑移大大减小了传递到下部结构的水平地震力。因此，在确保不发生落梁的情况下，板式橡胶支座的变形或抗滑稳定性不能作为抗震验算是否满足的依据，而应具体结合桥梁结构的防落梁构造，合理描述支座剪切变形、支座损坏后以及防落梁装置的力学行为。目前，我国桥梁抗震缺乏对支座和防落梁装置的系统研究，应综合评价支座、防落梁装置对桥梁结构整体抗震性能的影响。

5.3.4 结构性能破坏模式

现行规范的发展方向是采用“分道设防，多级耗能”的多级设防准则，对我国中小跨径桥梁来说，利用板式橡胶支座在地震作用下产生摩擦滑移，使用位移限制装置、防落梁装置或挡块限制滑动，允许其损坏避免过大地震力传递给桥墩，并提供足够的防落梁长度，确保不落梁。抗震设计中但设计时应遵循“一可三易”的设计原则，即构件的损伤部位和损伤程度应可控，损伤部位易检，损伤构件易修和破坏构件易换。对考虑板式橡胶支座摩擦滑移的中小跨径桥梁定义以下各级破坏机制，在纵向上采用位移限制装置和防落梁措施，横向上采用“双层挡块”的设计方法：

在正常运营状态下，支座不发生滑动，只发生弹性剪切变形；

小震时，支座发生弹性变形或发生较小的滑移，不影响车辆通行，位移限制装置与上部结构件有足够的间距允许滑动且不与上部结构发生碰撞；

中震时，支座发生摩擦滑移，位移限制装置可发挥作用或屈服，但下部结构仍保持为弹性；

大震时，支座破坏，位移限制装置损坏，防落梁装置可发挥作用，允许桥墩进入有限延性，但具有足够的搭接长度防止落梁。

根据以上破坏机制，列出了不同地震下横向和纵向的破坏模式。具体见图 5-23。

5.3.5 我国中小跨径桥梁抗震性能设计

由于我国中小跨径桥梁结构体系与美国有较大差异，而《08细则》却未能充分认识该差异，导致规范中的相关规定并不适合我国桥梁抗震设计时使用。并且地震作用是一种不规则的循环往复荷载，且具有很强的随机性，要精确的对桥梁进行抗震设计是很困难的。仅按照数据计算进行桥梁构件的强度和刚度设计并不足以

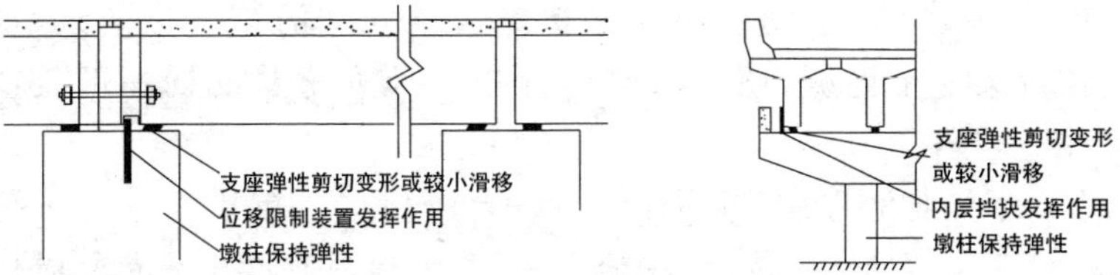

(a) 小 震

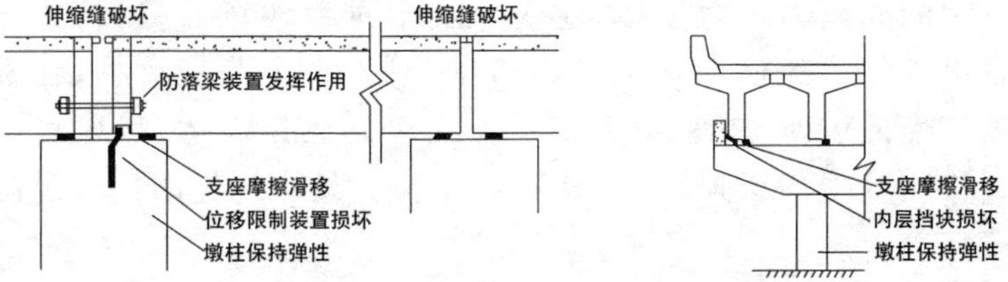

(b) 中 震

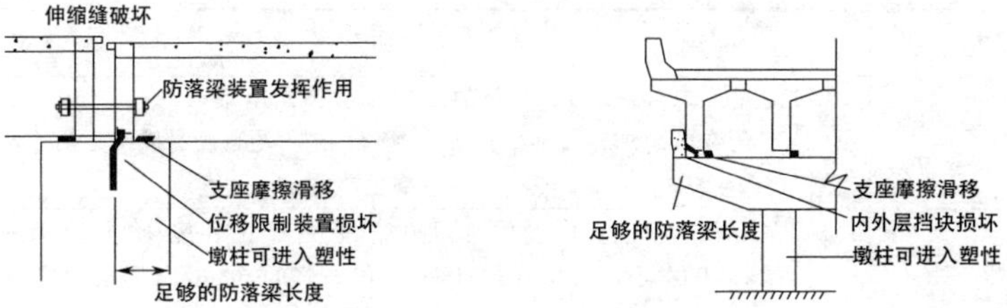

(c) 大 震

图 5-23　结构性能破坏模式

保证结构良好的抗震性能。因而结合汶川地震中中小跨径桥梁的常见震害现象，从桥墩的构造设计、节点构造设计和支承连接部位构造设计等三方面，建议我国中小跨径桥梁结构的抗震设防应遵循“多道设防、分级耗能”“一可三易”的设计理念。具体构件应采用以下抗震对策：

(1)抗震计算主要目的在于弄清地震作用下结构内力分布的规律和趋势，设计过程中，应贯彻落实“多道设防、分级耗能”的抗震理念，建议采用“保险丝式单元”的应用。保险丝式单元，顾名思义，即通过自身的破坏或失效来保证桥梁结构整体安全的构件单元。保险丝式单元是保障桥梁安全的第一道防线，就是在桥梁易于检测、便于修复的部位设计为薄弱的耗能部位或构件。

（2）在大地震中，桥梁损伤是不可避免的，抗震设计应施行“一可三易”（可控、易检、易修、易换）原则，即损伤部位及损伤程度可控，损伤部位易检，损伤构件易修，破坏构件易换。通过合理的地震力传力途径，避免主要承重构件意外受损，或出现难以检修的损伤。基于上述两点，对于中小跨径梁桥，在发生破坏性地震时，支座作为保险丝式单元优先损坏，桥墩可出现可修复的损伤或损坏，桩基不能损伤。具体构件的抗震设防对策见表5-4。

表5-4　构件的抗震设防对策

构　件	抗震设防对策
桩基础 承台盖梁	（1）优先考虑群桩基础，尽量避免使用桩柱式基础； （2）不允许出现塑性变形，桩基础、承台和盖梁的设计弯矩、设计剪力应为墩柱极限弯矩（考虑超强系数）对应的弯矩、剪力值
桥墩	1　在桥墩上预设塑性铰位置，形成合理的塑性耗能机制，避免脆性破坏，且使损坏尽可能发生在易于检查和维修的部位，所形成的塑性铰可修复； 2　墩柱的抗剪能力计算： 根据美国《CALTRANS Seismic Design Criteria》第3.6.1条规定，桥墩（柱）沿顺桥向和横桥向的斜截面抗剪强度应按下列公式验算： $\Phi V_n \geqslant V_0$ $V_n = V_c + V_s$ 式中，Φ——钢筋混凝土抗剪强度折减系数，$\Phi=0.90$； V_n——斜截面抗剪强度（N）； V_c——混凝土提供的抗剪能力（N）； V_s——横向钢筋提供的抗剪能力（N）。 1）混凝土提供的抗剪能力V_c $V_c = v_c A_e$，其中$A_e = 0.8A_g$， ①墩柱塑性铰区域内 $v_c = f_1 \times f_2 \times \sqrt{f_c'} \leqslant 0.33\sqrt{f_c'}$

续上表

构　件	抗震设防对策
桥墩	②墩柱塑性铰区域外 $$v_c=0.25\times f_2\times\sqrt{f_c'}\leqslant 0.33\sqrt{f_c'}$$ 其中：　$$0.025\leqslant f_1=\frac{\rho_s f_{yh}}{12.5}+0.305-0.083\mu_d<0.25$$ $$f_2=1+\frac{P_c}{13.8\times A_g}<1.5$$ 式中　v_c——混凝土允许剪应力(MPa)，当墩柱轴向所受轴力的组合值为拉力时，$v_c=0$； A_e——核芯混凝土面积(mm^2)； A_g——毛截面面积(mm^2)； f_{yh}——箍筋抗拉强度设计值(MPa)； ρ_s——箍筋体积配筋率，即箍筋体积与核芯混凝土体积之比； P_c——轴力(N)； f_c'——圆柱体标准试件抗压强度(MPa)，相应于立方体抗压强度见注1； μ_d——局部延性系数。 2)横向钢筋提供的抗剪能力V_s，按下式计算： $$V_s=100\frac{A_k b}{S_k}f_{yh}\leqslant 6.7\times\sqrt{f_c'}A_e$$ 式中　A_e——核芯混凝土面积(cm^2)； A_k——同一截面上箍筋的总面积(cm^2)； S_k——箍筋的间距(cm)； f_{yh}——箍筋抗拉强度设计值(MPa)； b——沿计算方向墩柱的宽度(cm)
支座	支座作为上部结构和下部结构之间的连接构造，属于桥梁结构的抗震薄弱环节，在地震中发生失效的概率大于其他主要受力构件，支座失效在震后是较易修复的，且支座失效后，上下部结构通过相对滑移，可消耗掉一定地震能量，起到保护主要受力构件的作用；还有一点在于桥梁支座的寿命一般较短，从实际工程经验看，支座安装不到五年就需更换的现象比较普遍。因此，支座应设置成“保险丝式单元”，在破坏性地震作用下，优先破坏。为了防止落梁应增加搭接长度或增设连梁装置
挡块	对新建桥梁，对横向挡块建议采用“多道设防、分级耗能”的设防理念： (1)在盖梁外侧设置双层挡块，内挡块较弱，外挡块较强。内挡块作为第一道防线首先破坏，消耗一部分地震输入能量，向外侧倒塌后，形成粗糙滑动面，在主梁滑动时继续消耗能量；外挡块作为最后一道防线，确保预期大震作用下主梁不发生落梁现象。 (2)在桥梁横轴上沿盖梁设置多个挡块，各挡块与主梁之间的距离不同，地震作用下，挡块逐个或逐批被剪坏，逐步消耗地震输入能量；对T梁结构，可在T梁两侧设置横向挡块。对箱梁结构，可在箱梁横隔板处挖槽形成撞击坑，横向挡块伸入坑内

5.4 基于性能(多水平性能目标)的既有桥梁抗震性能评价

在经历了 Loma Prieta、Northridge、阪神大地震和汶川地震后,震害表明目前的抗震规范对于保护生命安全方面还是相当有效的。但这些近似属于中等强度烈度的地震,由于其震中接近于人口密集的城市,导致大量基础设施的破坏,造成的巨大的经济损失人员伤亡,这对于地震活跃区是不可接受的,官方、公众等机构组织均要求提出更有效的抗震措施。

鉴于此,在大量研究及汲取经验教训的基础上,提出了近年来重点研究的基于结构抗震性能的抗震设计和评估加固方法,如 Vision 2000、ATC-40 等越来越多的学者同意将来的抗震设计或评估加固应是基于性能的抗震设计或评估加固,但目前关于基于性能设计或评估的含义及设计方法的具体应用还存在许多分歧和难点。

从概念上看,基于性能的设计或评估具有如下一些特点:首先对应不同设防水准,不同的结构,提出相应的性能目标;其次,提供了供社会团体、业主根据自己的需求选择结构在相应地震下性能目标的机会;随后设计人员和工程人员根据所选定的预期性能目标进行桥梁结构的设计或评估,使设计的或加固后的结构在相应地震下的响应满足预期的抗震性能目标。

从性能设计或评估加固的特点来看,基于结构性能的抗震设计或评估加固是一个十分理性的目标,通过采用该方法使设计的或加固的桥梁结构更经济、合理,且对应于不同的设防水准结构的性能是可预知的。但要实现基于性能的抗震设计或评估加固的过程,目前仍需要在以下一些方面进行大量的研究,即:一、不同场地、不同超越概率水准设计地震确定;二、性能目标—性能水平—性能描述,大多数情况下,性能目标的描述是借助于一些定性的术语给出的,如“倒塌”、“生命安全”、“维持一定的使用功能”、“完全保持正常使用功能”等，但用于工程设计或评估加固时，工程人员需要的是可用于设计或评估的由工程术语明确表达的性能目标，这二者之间的对应关系，目前还没有得到很好的解决，仍需进行大量的研究；三、在设计或评估和性能校核过程中，涉及需求计算与

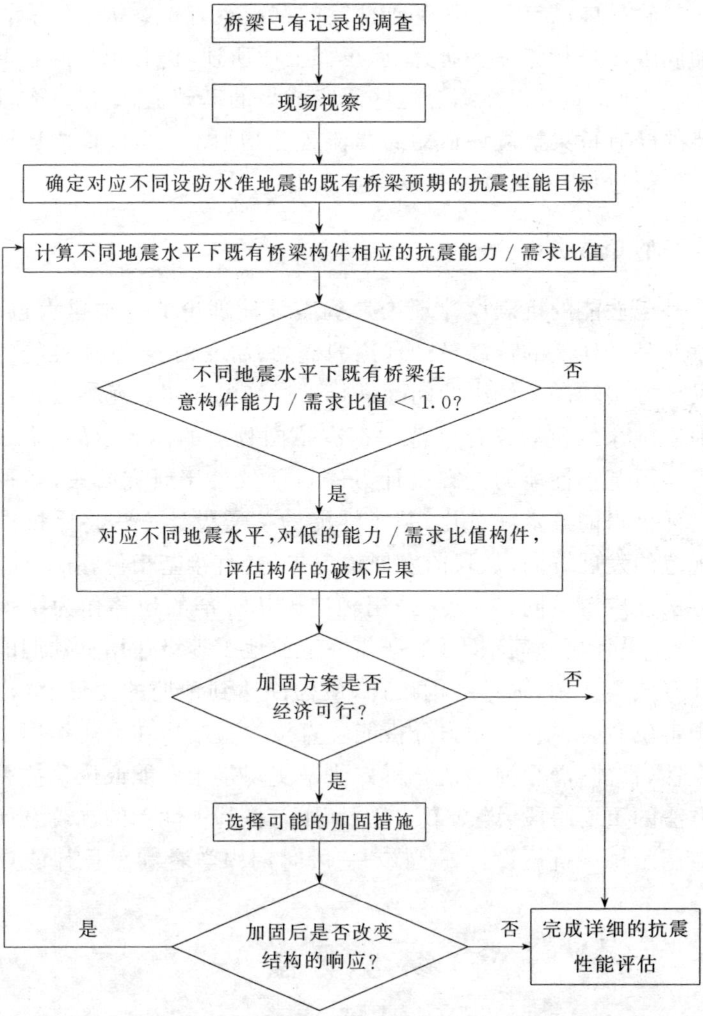

图 5-24　基于性能的既有桥梁详细抗震性能评价流程

能力计算的各个方面，目前仍有许多方面值得研究，如不同设计或评估阶段所适宜采用的分析方法和与之相协调的分析模型的建立、不同性能水平下结构构件、附属物以及整个结构体系各力学参数的定量计算等。

尽管目前已有学者对基于性能的抗震既有桥梁抗震性能评估和加固方法进行了一些研究，但正如上面所述，仍有很多问题值得研究。因此，此处仅在综合这些研究成果的基础上，给出一个基于性能的既有桥梁抗震评估的简要流程图（见图 5-24），来描述该方法的大概过程，供工程人员参考。

5.5 本章小结

基于性能的抗震设计理论是抗震设计理论的一次重大进步，本章对基于性能的抗震设计理论的概念、研究内容，基于性能的抗震设计方法和需要解决的问题进行了详细的介绍。延性设计在主要地震国家的抗震设计规范中都有不同程度的体现（详见第 9 章内容），而基于性能的抗震设计方法目前仅处于研究阶段，各种性能指标仍未能确定和量化，基于性能的抗震设计方法将是抗震设计规范的发展方向，从目前发展情况来看，直接基于位移的抗震设计方法被广泛认同，该方法采用相应破坏标准的位移作为结构性能指标，设计概念简单，可根据在一定的地震等级作用下预期的位移计算地震作用，进行结构设计，使构件达到预期的变形，结构达到预定位移。弹塑性动力分析能够直接检验结构在大震作用下的安全性，目前，静力弹塑性分析方法是实现基于性能或位移抗震设计方法的重要手段（详见第 4 章）。如何将基于性能的抗震设计方法应用于桥梁抗震设计，是未来一段时期内学者和工程师的重要任务。

参 考 文 献

[1] 谢礼立. 基于抗震性态设计思想的抗震设防水准. 世界地震工程. 2000,16(1).

[2] ATC,1996:ATC32,"Improved seismic design guidelines for bridges",Applied

Technology Council, Redwood City, 1996.

[3] FEMA273. NEHRP GUIDELINES FOR THE SEISMIC REHABILITATION OF BUILDINGS. The Federal Emergency Management Agency, 1997. 10.

[4] 马宏旺，吕西林. 建筑结构基于性能抗震设计的几个问题. 同济大学学报. 2002. 30 (12).

[5] OES, 1995: California Office of Emergency Services "Vision 2000: Performance Based Seismic Engineering of Buildings", Prepared by Structural Engineers Association of California, Sacramento, CA 1995.

[6] Otani, S. (1997), "Development of Performance-based Design Methodology in Japan" in Fajfar P. and Krawinkler, H (Eds) (1997), "Seismic Design Methodologies for the Next".

[7] Poland, C. D. and Hom, D. B. (1997), "Opportunities and Pitfalls of Performance-based Seismic Engineering" in Fajfar P. and Krawinkler, H (Eds) (1997), "Seismic Design Methodologies for the Next Generation of Codes".

[8] Kawashima, K (1997) "The 1996 Japanese Seismic Design Specifications of Highway Bridges and the Performance Based Design" in Fajfar P. and Krawinkler, H (Eds) (1997), "Seismic Design Methodologies for the Next Generation of Codes". Proceedings of International Conference at Bled, Slovenia. A. A. Balkema, Rotterdam/Brookfield, 1997, pp 371-382.

[9] JRA (1996), Japan Road Association, "Design specifications of highway bridges, part Ⅰ common part, part Ⅱ steel bridges, part Ⅲ concrete bridges, part Ⅳ foundations and part Ⅴ seismic design.

[10] Cosenza E. and Manfredi G. "The improvement of the seismic-resistant design for existing and new structures Cosenza E. and Manfredi G. "The improvement of the seismic-resistant design for existing and new structures Next Generation of Codes". Proceedings of International Conference at Bled, Slovenia. A. A. Balkema, Rotterdam/Brookfield, 1997, pp119-130.

[11] CEB (1997) Bulletin 279 "Seismic Design of Structures", CEB, Paris, 1997.

[12] Fajfar, P., Gaspersic, P. and Drobnic, D. (1997) "A simplified nonlinear method for seismic damage analysis of structures" in Fajfar P. and Krawinkler, H (Eds) (1997), "Seismic Design Methodologies for the Next Generation".

[13] Freeman, S. A. (1998) "Development and Use of Capacity Spectrum Method" Proc. 6th US National Conference on Earthquake Engineering, Seattle, 12pp.

[14] Priestley M. J. N. and Park R. (1987), "Strength and ductility of RC Bridge Columns Under Seismic Loading", Structural Journal ACI, 84, 1, pp285-336.

[15] Kowalsky M. J. and Priestley, M. J. N. (1995) Loeding, S. Kowalsky, M. J. and

Priestley, M. J. N. (1998) "Displacement-based design methodology applied to R. C. Building frames". Report SSRP 98/06 Structures Department, UCSD, 296pp.

[16] Moehle J. P. (1992), "Displacement-Based design of RC structures subjected to earthquakes", EarthquakeSpectra 3, 4, pp403-428.

[17] 谢礼力,马玉宏.现代抗震设计理论的发展过程.国际地震动态.2003,10.

[18] Kappos, A. J. (1997) "Partial inelastic analysis procedure for optimum capacity design of RC buildings" in Fajfar, P and Krawinkler, H (Eds) (1997), "Seismic Design Methodologies for the Next Generation of Codes". Proceedings of International Conference at Bled, Slovenia. A. A. Balkema, Rotterdam/Brookfield, 1997, pp229-240.

[19] Bertero, V. V and Zagajeshi, S. W. (1979) "Optimal inelastic design of seismic resistance reinforced concrete framed structures", in "Nonlinear Design of Concrete Structures". Proc International Symposium, University of Waterloo, Canada, pp219-272.

[20] Fintel, M. and Ghosh, S. K. (1982) "Explicit inelastic dynamic design procedure for aseismic structures", Journal ACI 79, 2, p110-118.

[21] Hatamoto, H., Chung, Y. S. and Shinozuka, M. (1990) "Seismic Capacity Enhancement of RC Frames by Means of Damage Control Design", Proc., 4 USNCEE (Palm Springs, CA), 2, p279-288.

[22] Stone, W. C. and Taylor, A. W. (1994) "ISDP: Integrated approach to seismic design of reinforced concrete structures", *Jour. Str. Eng. ASCE.* 120, 12, p3548-3566.

[23] Paulay, T. and Priestley, MJN (1992) "Seismic Design of Reinforced Concrete and Masonry Buildings", John Wiley and Sons, New York, 744 p.

[24] Fardis, M. N. and Panagiotakos, T. B. "Displacement-based design of RC Buildings: Proposed approach and applications" in Fajfar P and Krawinkler, p195-206.

[25] SANZ (1992) NZS4203 "Code of Practice for General Structural Design and Design Loadings for Buildings", NZ Standards Association, Wellington.

[26] EC8, (1994) "Eurocode 8: Design Provisions for earthquake resistance of structures".

[27] Priestley, M. J. N. and Kowalski, M. J. (1998) "Aspects of Drift and Ductility Capacity of Cantilever Structural Walls" Bulletin, NZNSEE 31, 2.

[28] Priestley, M. J. N. (1998(b)) "Brief Comments on Elastic Flexibility of Reinforced Concrete Frames and Significance to Seismic Design" Bull. NZNSEE 31, 4.

[29] Priestley, M. J. N. and Calvi, G. M. (1997) "Concepts and Procedures for Direct

Displacement-Based Design and Assessment". In Fajfar P. and Krawinkler, H (Eds) (1997), "Seismic Design Methodologies for the Next Generation of Codes". Proceedings of International Conference at Bled, Slovenia. A. A. Balkema, Rotterdam/Brookfield, 1997, p171-182.

[30] Priestley, M. J. N. and Kowalsky, M. J. (2000) "Direct displacement-based seismic design of concrete buildings". Bull. NZSEE, (in press).

[31] Shibata, A. and Sozen, M. (1976) "Substitute structure method for seismic design in reinforced concrete". Jour. Str. Div. ASCE, 102, 6.

[32] Loeding, S. Kowalsky, M. J. and Priestley, M. J. N. (1998) "Displacement-based design methodology applied to R. C. Building frames". Report SSRP 98/06 Structures Department, UCSD, 296pp.

[33] Paulay, T. (1997) "A behaviour-based design approach to earthquake-induced torsion in ductile buildings" In Fajfar P. and Krawinkler, H (Eds) (1997), "Seismic Design Methodologies for the Next Generation of Codes". Proceedings of International Conference at Bled, Slovenia. A. A. Balkema, Rotterdam/Brookfield, 1997, pp289-298.

[34] M J N Priestley, Performance Based Seimic Design 12WCEE Paper 2831.

[35] M. J. N. Priestly, F. Seible, G. M. Calvi. Seismic design and retrofit of bridges [M]. John Wiley and Sons, New York, 1996:12－29.

[36] Y. Takahashi, Iemura. Seismic response of rc bridge with special reference to the effect of bearings[J]. Proceding of CONSEC 1998, Vol. 2, 867-876, 1998, Norway.

[37] 王克海，韦韩，李茜，李悦. 中小跨径公路桥梁抗震设计理念[J]. 土木工程学报. 2012. 45(9):115-121.

[38] 王克海，李茜，韦韩. 汶川地震对我国地震区划图与桥梁抗震设计的启示[J]. 工程力学. 2010. 27(6):120-126.

[39] 王克海，孙永红，韦韩，等. 汶川地震后对我国结构工程抗震的几点思考[J]. 公路交通科技. 2008. 25(11):54-59.

[40] 王克海，韦韩，李茜. 双层组合抗震挡块[P]. 中国:CN 201952721 U, 2011.

[41] 王克海，韦韩，李茜. 双层钢筋混凝土抗震挡块[P]. 中国:CN 201952720 U, 2011.

[42] 王克海，韦韩，李茜. 双层钢板抗震挡块[P]. 中国:CN 201952720 U, 2011.

第6章　梁桥抗震分析实例

桥梁的设计通常按照两个阶段进行，初步设计的核心工作就是为了选择最佳的方案，在多样、不同的方案中进行选择和提炼。但是由于没有固定的模式来套用，所以方案的确定大部分是由设计人员结合桥址自然条件和项目需求，根据经验来判断的。在进行各种方案的比选时，桥梁结构的尺度、合理的下部结构和与周围环境相融合的桥梁造型主要以安全性和经济性为基本出发点，为备选方案构建合理的、科学的分析框架在初步设计阶段也是非常必要的。本章主要介绍梁桥的抗震性能特点，并给出梁桥抗震分析实例。

6.1　梁桥结构特点

6.1.1　简支梁桥结构特点

简支梁桥是梁式桥中应用最为广泛的一种桥型。简支梁为静定结构，受力简单，梁中只有正弯矩，体系温差、混凝土徐变、张拉预应力等均不在梁中产生附加应力，结构内力不受地基变形的影响，对基础的要求较低，能够适应在地基较差的桥址上建桥。对于多孔简支梁桥，相邻桥孔各自单独受力。

梁式桥的支座一般分为固定支座和活动支座，固定支座允许梁截面自由转动而不能平动；活动支座允许梁在挠曲和伸缩时的转动和平动，活动支座可分为单向活动支座和多向活动支座。对于简支装配式空心板和T梁桥，通常选用板式橡胶支座形成“浮动结构”体系。桥台上布置固定支座，每个桥墩上布置一组活动与一组固定支座，以使所有墩台均匀承受纵向水平力。当个别墩较高时，可以在其上设置两组活动支座，减小所受的水平力。对于坡桥，宜将固定支座布置在标高较低的墩台上；对于整体简支板桥或箱梁桥,一般可以采用图示中的布置方式,以满足结构纵横向变位的要求。

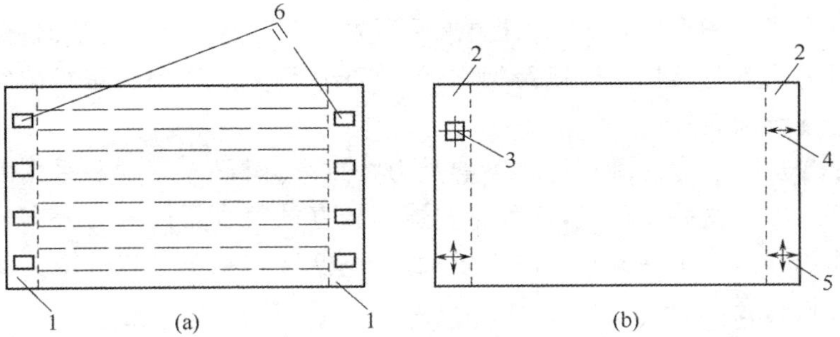

图 6-1　单跨简支梁

1、2—桥台;3—固定支座;4—单向活动支座;5—多向活动支座;6—橡胶支座

6.1.2　连续梁桥结构特点

简支梁桥在支点上连接即形成连续梁桥,连续梁桥通常为两跨或三跨一联,也可以是多跨一联。一般情况下,连续梁中间墩上仅设置一个排支座,而在相邻两联连续梁的桥墩上仍需设置两排支座。对于跨越山谷的连续梁桥,为减小连续梁桥支点的负弯矩,中间墩可采用双柱(壁)式墩,且每个柱上均设置支座。连续梁桥的突出优点是结构刚度大,变形小,动力性能好,主梁变形挠曲线平缓,有利于高速行车。

连续梁为超静定结构,基础不均匀沉降将在结构中产生附加内力,因此,对桥梁的基础要求较高,宜用于地基较好的场地。此外,箱梁截面局部温差,混凝土收缩、徐变以及预应力均会在结构中产生附加内力,结构的内力分布较为复杂。

连续梁跨径的布置一般采用不等跨的形式。若采用等跨布置,则边跨内力(包括边支墩处梁中负弯矩)将控制全桥,这是不经济的。如果边跨过长,削弱边跨的刚度,将增加活载在中跨跨中截面处的弯矩变化幅值。如果边跨长度过短,边跨桥台支座处将产生负反力，支座与桥台必须采取相应的抗拔措施或者采用边梁压重来解决。

从结构受力性能看，等跨连续梁要比不等跨的连续梁差。但是对于全桥长度较大，设计要求采用先简支后连续施工方法时，则可采用等跨结构。所以跨湖、过海湾的长桥多采用中小跨径的等跨连续梁布置。

从预应力混凝土连续梁的受力特点来分析，连续梁多采用沿桥跨方向变截面形式，这种布置能够较好的符合梁的内力分布规律，同时，采用悬臂施工的连续梁，变高度又与施工过程的内力状态相吻合。

对连续梁桥，一般在每一联的一个墩或台上设置一个固定支座，其他墩台上均设置活动支座。在某些特殊情况下，支座不仅要传递压力，还要传递拉力，因此，必须设置能够承受拉力的支座。若在梁体下设置两个支座，则应该根据需要布置固定支座、单向活动支座或多向活动支座，图 6-2 所示即为一种连续体系支座的布置形式。

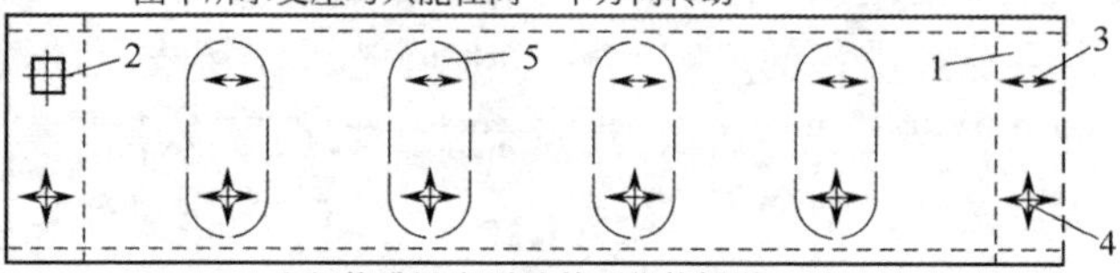

图 6-2 多跨连续结构

1—桥台；2—固定支座；3—单向活动支座；4—多向活动支座；5—桥墩

6.1.3 连续刚构桥结构特点

连续刚构桥综合了连续梁桥和 T 形刚构桥的受力特点，主梁为连续梁体，并与桥墩固结。在受力特点上连续刚构体系上部结构同连续梁一样，而桥墩底部所承受的弯矩、梁体内的轴力随着墩高的增加而减小。在跨径大而墩高小的连续刚构桥中,由于体系的温度变化,混凝土的收缩将在墩底产生较大的弯矩。为减小水平位移在墩上产生的弯矩值,连续刚构桥通常采用水平抗推刚度较小的双薄壁墩。

与连续梁桥相比,活载作用下连续刚构的正弯矩较小,两者的负弯矩值比较接近;在恒载作用下,两者的弯矩也比较接近。但是在支座沉降变化时产生的附加力,连续刚构比连续梁稍大。连续刚构受力变化与墩的刚度有关,必须根据地形条件,选择合适的墩刚度,以调整上部结构的受力情况。高墩中常采用双薄壁柔性墩,可以削弱支点负弯矩峰值。

由于连续刚构体系利用主墩的柔性来适应桥梁的纵向变形,故在大跨度高墩连续梁桥中比较适合。连续刚构桥可分为跨中无铰和跨中带铰两类,一般采用变高度梁,梁墩固结,利用高墩的柔性来适应结构由预应力、混凝土收缩徐变以及温差引起的纵向位移。全桥的伸缩缝通常设在连续梁两端的桥台处,同时,为了保证结构的水平稳定性,桥台处需设置控制水平位移的挡块。

6.2 梁桥震害特点及其原因分析

通过第 2 章的震害分析,桥梁上部结构震害按照病害原因可分为上部结构本身的震害、上部结构的移位震害和上部结构的碰撞震害。其中移位震害的破坏极为常见,尤其是对于简支梁桥和连续梁桥,这种震害主要表现为上部结构的纵、横向位移和扭转位移,严重时可能造成落梁的震害,如 1976 年唐山地震中滦县京榆公路滦河大桥有 23 孔发生落梁,通坨上行线主梁向外侧错动最大达到 1.2 米,1989 年 Loma Prieta 地震中旧金山-奥克兰海湾大桥一跨发生落梁震害,梁体塌落的主要原因是设计时低估了相邻墩间的相对位移,导致连接螺栓剪断。桥梁在地震中的碰撞,较为典型的有:相邻上部结构的碰撞、上部结构与桥台的碰撞以及相邻桥梁之间的碰撞,碰撞将在单元内产生较大的剪力,可能造成剪切破坏，如1976年唐山地震中天津市汉沽芦台大桥伸缩缝处桥面碰撞破坏，1989年Loma Prieta地震中San Francisco的China Basin/Southern的双层高架I-280截面处，由于下层路面与支承上层路面的立柱之间预留的150 mm的间距不足，两者之间在地震中发生了冲撞。

桥梁的支座作为上下部结构的传力连接部位，是桥梁结构体系中抗震性能比较薄弱的环节，其产生震害的主要原因主要是支座设计没有充分考虑抗震的要求，连接与支挡等构造措施不足，以及某些支座形式和材料本身存在缺陷。支承连接件失效的原因，主要是设计低估了相邻梁跨之间的相对位移。支座破坏形式主要表现为支座移位，锚固螺栓拔出、剪断，活动支座脱落，以及支座本身构造上的破坏等。如1976年唐山地震中京山线永定新河上行桥支座发生锚固螺栓剪断，京山线滦河大桥发生活动支座倾斜、锚固螺栓剪断并弯曲的震害。在实际设计中，需要着重考虑的是如何避免因支承连接件失效而导致的落梁现象；汶川地震中调查了地震烈度Ⅶ～Ⅺ度区域内的简支梁桥958座，大多数桥梁采用板式橡胶支座，共6 596组，破坏数量为1 092组，占总数的16.6%，挡块4 283组，破坏数量为720组，占总数的16.8%，简支梁桥的震害以主梁移位、支座破坏、挡块破坏为主，桥墩破坏率较低。这是汶川地震简支梁桥独特的震害特征。这与灾区简支梁桥普遍采用板式橡胶支座有关。板式橡胶支座在地震中变形或滑动后具有良好的隔震性能，支座与梁体间的滑移大大减小了桥墩的水平地震力，从而使得桥墩的得到保护。此外，斜交简支梁桥主梁在移位时伴随明显的平面转动，使得斜交桥的破坏明显较直线桥严重。

连续梁桥上部结构震害以主梁移位为主，桥墩破坏较轻，但固定墩震害较一般墩严重，主要是主梁与桥墩之间支座约束能力差异所致；大跨连续刚构桥出现了主墩、主梁、交界墩开裂震害，主梁开裂主要是由于交界墩支座失效导致主梁摆尾和拍打振动所致。

汶川地震震害资料表明，简支梁桥桥墩震损率低，震害以主梁移位、支座及挡块破坏为主，桥墩破坏较轻，主要是震区桥梁采用具有一定隔震功能的橡胶支座和设置了横向挡块有密切的关系，地震作用下板式橡胶支座支座不能给主梁提供有效的水平约束，是汶川地震中简支梁桥主梁移位现象主要原因。支座是简支梁桥抗震的主要薄弱部位之一，由于支座刚度较低，且支座与主梁间易产生滑动，大幅减小了主梁振动对桥墩影响，使得桥墩弯矩大幅减小，这是简支梁桥桥墩震害并不严重的重要原因；挡块虽然破坏较多，但充分发挥了限制主梁横向移位的作用，而且较好地兼顾了减小横向落梁风险和保护桥墩。

在较大地震作用下，橡胶支座将产生较大的位移，支座损坏会改变结构的传力机制，影响结构的动力响应，支座会发生以下情况：①工况 1：支座发生剧烈的滑动现象，上部结构与下部结构完全分离开，互不干扰；②随着位移的增加，橡胶支座可能发生刚度硬化的现象；③橡胶支座与混凝土面之间发生滑动，产生滑动摩擦力，摩擦力与摩擦系数有关。由于我国橡胶支座的施工多采用支座与结构不进行锚固连接的方式，在地震作用下，支座多被挤出、脱落，造成上部结构与下部结构混凝土的摩擦，因此，摩擦系数明显增大，有可能出现上、下结构同步运动的情况。国外在这方面的实际作法是：规范规定支承连接部位的支承面宽度必须满足一定要求；规定在简支的相邻梁之间安装纵向约束装置，详细内容可参阅第 11 章的介绍。

桥梁结构中普遍采用的钢筋混凝土墩柱，其破坏形式主要有：弯曲破坏、弯剪破坏和剪切破坏。比较高柔的桥墩多为弯曲形破坏，而矮墩则多为剪切形破坏。另外，桥梁墩柱的承台破坏也是一种可能的破坏形式。桥墩遭受破坏的内因，主要源于设计和构造两方面的缺陷，包括：抗弯设计强度不足；抗剪设计强度不足以及构造缺陷。1994 年美国 Northridge 地震中州际 5 号公路/14 号国道互通立交上层跨线段部分段塌落现象。此次地震中,靠近桥台的矮墩首先发生了剪切破坏,桥台翼墙和剪力键随后破坏,失去支承的两跨上部结构完全坠毁。震后调查显示,破坏的矮墩主筋和横向箍筋远低于当时规范要求。还有1995年日本阪神地震中,墩柱剪切破坏比较严重,与此同时,此次地震中也使一些桥墩的加固技术得到了验证。

墩梁节点处的破坏也经常出现在桥梁震害中,比较典型的就是1989年Loma Prieta地震中,大量盖梁与桥墩的节点发生剪切破坏。通过节点传递的单元力产生的水平和竖向节点剪力可能达到所连接单元内剪力的数倍。在桥梁设计中通常不考虑这些剪力,没有这部分剪力配筋,节点剪切破坏就很容易发生,严重时会导致桥梁的倒塌,因此,必须重视简支梁桥、连续梁桥及连续刚构桥节点处的设计。

桥梁基础破坏通常是由地基失效(如土体滑移和砂土液化)引起的,而常见的桩基础的震害,除了地基失效这一原因外,还有上部结构传递下来的惯性力引起的桩基剪切破坏、弯曲破坏等。如果下部结构周围的地基易受地震震动而变弱的话,下部结构就可能发生沉降及水平向移动。对建造于松散饱和砂土层的基础,由于地基的液化会导致承载力的严重下降,还可能导致岸坡滑移并对墩、台形成巨大的挤压力,从而引起墩台的倒塌或折断。

6.3 中小跨径梁桥抗震设计方法

6.3.1 桥梁抗震设计理念

由第5章5.3节分析可知,桥梁结构的抗震设防应遵循“一可三易”的抗震设计理念。“一可三易”是指损伤部位及损伤程度可控,损伤部位易检,损伤构件易修,破坏构件易换。桥梁抗震设计时应遵循“多道设防、分级耗能”的设计原则,并且抗震防线应在遭遇较大地震时发挥作用,结构抗震防线的三个级别是:

第 1 道防线:支座。支座损伤应出现在墩柱塑性铰发展之前,在支座滑移后,限位构造开始起效。

第 2 道防线:最小支撑长度。限位装置失效后,允许支座摩擦滑移,必须保证合理的搭接长度。

第 3 道防线:挡块和防落梁装置,防止落梁发生。

保险丝式单元,即通过自身的破坏或失效来保证桥梁结构整体安全的构件单元,是保障桥梁安全的第一道防线。保险丝式单元通常在桥梁易于检测、便于修复的部位设计为薄弱的耗能部位或构件。

对于中小跨径梁桥,由于我国桥梁结构体系与国外桥梁结构体系的差异,建议支座可以损伤。在发生破坏性地震时,支座作为"保险丝式单元"优先损坏,桥墩可出现可修复的损伤或损坏,桩基不能损伤。具体构件的抗震设防对策如下:

①桩基础不允许出现塑性变形和损伤,并应符合现行《公路桥梁抗震设计细则》的相关规定。

②在桥墩上预设塑性铰位置,形成合理的塑性耗能机制,避免脆性破坏,且使损坏尽可能发生在易于检查和维修的部位,所形成的塑性铰可修复。桥墩塑性变形验算及细部构造应符合现行《公路桥梁抗震设计细则》的相关规定。

6.3.2 抗震设防标准

(1)公路桥梁应根据其在路网中的地位与作用分为重要性桥梁和一般桥梁。

满足以下条件之一的公路桥梁属于重要桥梁:

①要求提供二级生命安全的桥梁;

②一旦损坏将对经济产生巨大影响的桥梁;

③在地区紧急救援中承担重要角色的桥梁;

④在国防安全中,路网中起关键连接作用的桥梁。

除重要性桥梁以外的其他桥梁为一般桥梁。

(2)一般情况下,桥梁抗震性能水平分类应根据损伤程度和震后使用功能分为三个水平，即：

①抗震性能水平 PL1：在地震中桥梁损坏严重，但不倒塌，生命安全得到保障，在大地震后桥梁可能需要拆除或更换；

②抗震性能水平 PL2：损坏中等，并且在详细检查和清理后或经临时加固后，不影响紧急救援车辆通行，地震所造成的任何损坏是可修复的；

③抗震性能水平 PL3：无损伤或损坏轻微，且在详细检查后，不需修复可继续使用，不影响所有车辆通行，地震所造成的任何损坏可在无需中断交通情况下修复。

(3)对应不同的抗震设防水准，公路桥梁应具有表 6-1 给出的抗震性能水平。

表 6-1　桥梁抗震性能水平

地震动水平	抗震性能水平	
	重要桥梁	一般桥梁
地震动水平 P1(重现期 100 年；100 年超越概率 63%，或 50 年超越概率 40%)	PL3	PL3
地震动水平 P2(重现期 500 年；100 年超越概率 19%，或 50 年超越概率 10%)	PL2	PL1
地震动水平 P3(重现期 2000 年；100 年超越概率 5%，或 50 年超越概率 2.5%)	PL1	—

6.3.3　抗震设计流程

桥梁抗震设计、地震响应分析与验算应采用图 6-3 和图 6-4 所示流程进行。

在中小跨径梁桥设计中，注重“保险丝式单元”的应用，避免桥墩发生较大的损伤。对支座变形和抗滑性进行验算，但不作为抗震性能不满足的依据。若支座的抗滑性不满足，增加搭接长度即可。

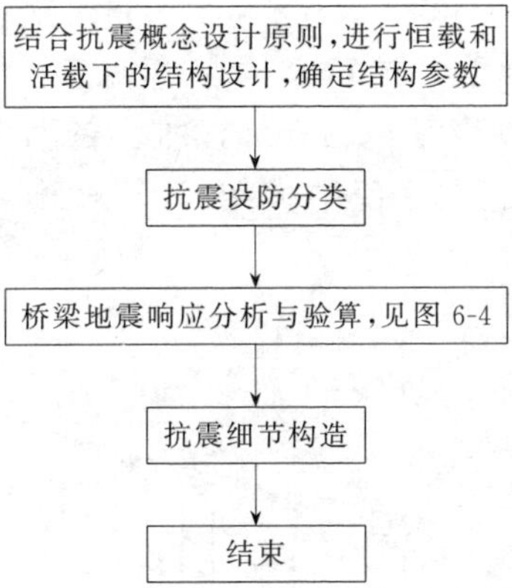

图 6-3　桥梁抗震设计流程

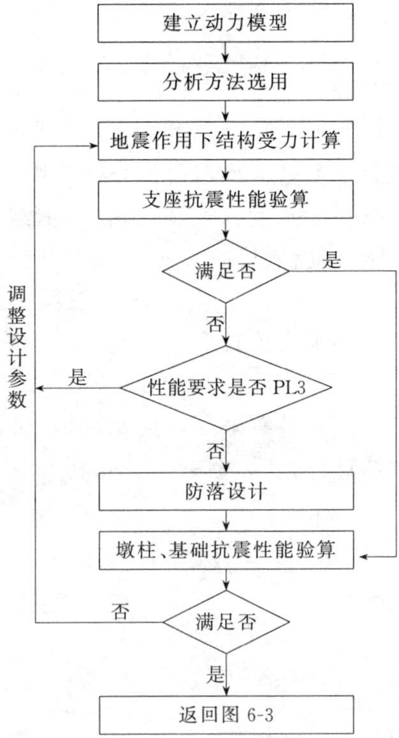

图 6-4　桥梁地震响应分析与验算

6.4　简支梁桥抗震分析

6.4.1　简支梁桥地震反应实例

反应谱是不同频率的单质点体系在一定的阻尼系数的条件下输入不同的地面运动后得到的位移反应、速度反应和加速度反应最大值的的外包络曲线。基于反应谱方法计算结构的地震响应则是在已知结构的动力特性和各阶振型参与系数基础上,依据各阶振型对某项反应的贡献程度进行线性叠加,得到该项反应的最大值。

(1)实 例 一

1）工程概况

某 9 孔预应力Ⅰ形组合梁的多跨简支梁桥，跨径为 9×28 m，全桥长为 252.0 m，桥面净宽为 10.75 m。该桥位于平曲线内，半径为 R=255 m，其中 1、2、3 号墩位于曲线上，而 4 至 8 号墩沿纵向基本呈直线布置。公路等级：一级公路；设计行车速度：60 km/h；桥面宽度：10.75 m；设计荷载：汽车-超 20 级、挂车-120；地震设防烈度：Ⅷ度。

上部主梁采用 50 号混凝土，盖梁以及墩柱采用 25 号混凝土。支座采用板式橡胶支座，支座型号为 300×500×50，单个支座水平剪切刚度为 3 600 kN/m。桥台为重力式 U 型桥台，桥墩为除 1 号和 8 号墩采用直接嵌入地基外，其余采用钻孔灌注桩。依据设计资料，本算例的计算仅考虑了基底完全固结模型，计算模型见图 6-5。

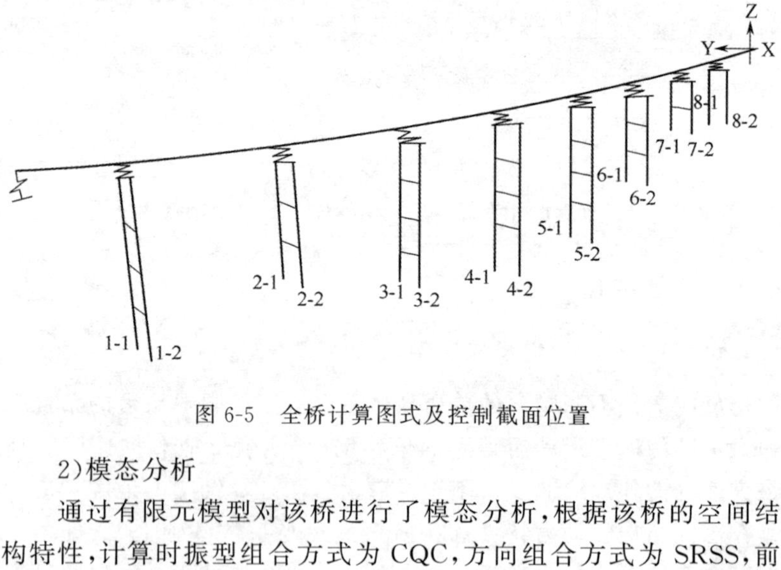

图 6-5　全桥计算图式及控制截面位置

2）模态分析

通过有限元模型对该桥进行了模态分析，根据该桥的空间结构特性，计算时振型组合方式为 CQC，方向组合方式为 SRSS，前 10 阶自振特性见表 6-2 所示，结构前 10 阶振型都是以桥墩为主的振型。

表 6-2 结构自振特性表(仅列出前 10 阶)

模态序号	频率(Hz)	周期(s)	X 向振型累计贡献率(%)	Y 向振型累计贡献率(%)	Z 向振型累计贡献率(%)
1	0.606 3	1.649 5	46.058 0	0.335 0	0.002 0
2	0.806 4	1.240 1	47.854 0	1.446 0	0.002 0
3	0.957 4	1.044 5	56.891 0	1.535 0	0.003 0
4	1.129 6	0.885 2	58.711 0	1.741 0	0.005 3
5	1.243 2	0.804 4	66.559 0	1.828 0	0.006 4
6	1.322 8	0.756 0	66.888 0	1.847 0	0.006 4
7	1.407 5	0.710 5	67.264 0	4.121 0	0.006 5
8	1.457 4	0.686 2	67.390 0	27.733 0	0.007 2
9	1.514 7	0.660 2	67.520 0	27.760 0	0.007 5
10	1.552 3	0.644 2	67.865 0	27.860 0	0.0075

3)反应谱分析

《公路桥梁抗震设计细则》(JTG/T B02-01—2008)[1](以下简称《08 细则》)规定,进行曲线桥梁地震反应分析时,可分别沿相邻两桥墩连线方向和垂直于连线水平方向进行多方向地震输入,以确定最不利地震水平输入方向;《公路工程抗震设计规范》(JTJ 004—89)规定,当曲线桥的轴线所对应的水平中心角不超过 30°,且曲梁半径 $R \geqslant 20B$(B 为桥宽)时,曲线桥梁桥墩的地震荷载可按直梁桥计算,不满足这些条件时如何计算则未作说明。铁路工程抗震设计规范中则未涉及到曲线桥梁的抗震计算问题。因此,讨论曲线桥梁的地震反应特点,分析其地震作用下的反应规律,是工程实践所需要的。

强震记录表明,在水平面内,地震波有两个相互垂直的主方向,两个主方向的地震强度比例约为 1∶0.85。因此在计算结构地震反应时,应该考虑地震波的双向输入。美国以及欧洲规范有关于桥梁抗震设计规范规定,桥梁地震反应应该按地震动双向输入计算。而国内公路和铁路工程抗震规范则规定,对水平地震作用,只考虑顺桥向或横桥向地震的单独作用,不考虑水平地震的双向同时作用。

在用反应谱法进行地震动双向输入计算时,可将反应谱沿着结构水平面内两个相互垂直的方向分别单独输入计算,然后将同一地震反应量的两次计算结果适当组合，得到地震动双向同时作用的结果。这种不同方向之间的组合即为空间方向组合。空间方向组合目前尚未得到很好的解决。国外一些规范规定[21−25]，空间方向组合按照“30％组合”，该组合方法实际是 SRSS 组合的一种简化，此方法的计算结果会随所选坐标系的不同而不同。

而对于曲线梁桥，由于其纵向轴线呈弧线，在进行地震动输入时如何选择激励方向是一个值得探讨的问题。本节为了说明地震动输入方向的影响，分别比较了三种地震工况的结果。

图 6-6 中的输入方向是以右侧桥台 A 的切向和法向为准；图 6-7 中则是以全桥起、终点连线方向及其垂直方向作为反应谱的输入方向；图 6-8 中的输入方向是以左侧桥台 O 的切向和法向为准。

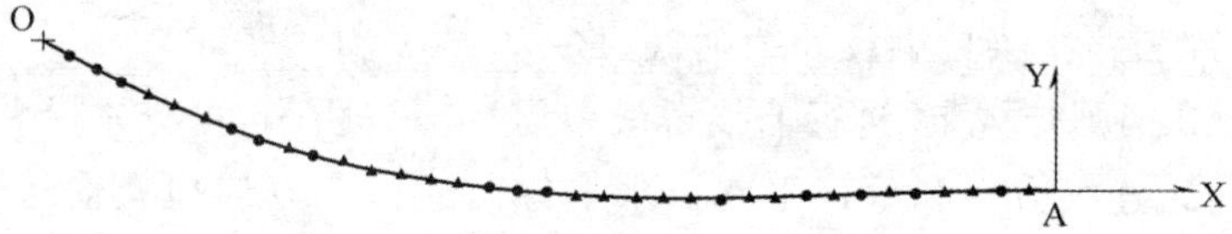

图 6-6　第一种反应谱输入方向

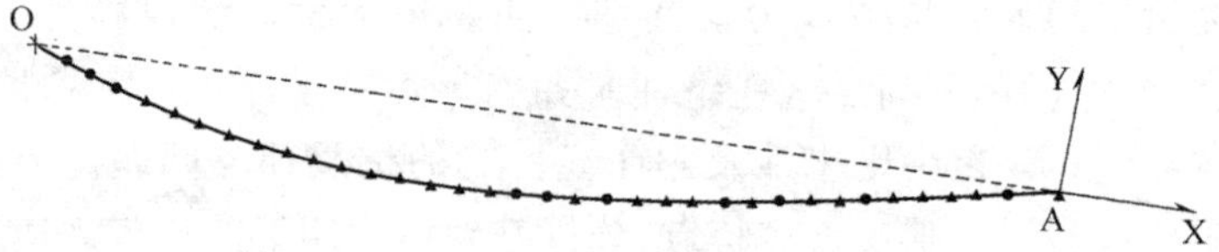

图 6-7　第二种反应谱输入方向

图 6-8　第三种反应谱输入方向

输入地震动参数如表 6-3 所示：

表 6-3　场地水平设计反应谱参数

设防烈度	T_g(s)	T_b(s)	k	β_0	β_{max}
Ⅷ	0.3	2.34	0.98	1.0	2.25

以上表中参数所构成的关系可用下式表示：

$$\beta=\begin{cases}1.0+12.5T & 0\leqslant T\leqslant T_a \\ 2.25 & T_a\leqslant T<T_g \\ 2.25(T_g/T)^k & T_g\leqslant T<T_b \\ 0.3 & T_b\leqslant T\end{cases}$$

由反应谱方法计算得到地震荷载作用下各控制截面的内力值见表 6-4、表 6-5。

表 6-4　纵向地震时墩底控制截面最大内力

墩底控制截面	内力(kN)	第一种输入方式	第二种输入方式	第三种输入方式	第一项与第二项对比(%)	第三项与第二项对比(%)
1-1	轴力	1 230.101	748.883	1 842.375	64.258	146.016
	径向弯矩	4 246.005	4 271.220	3 992.616	−0.590	−6.523
2-1	轴力	1 098.415	830.288	935.443	32.293	12.665
	径向弯矩	6 588.669	6 756.060	6 517.420	−2.478	−3.532
3-1	轴力	965.459	467.612	1 482.273	106.466	216.988
	径向弯矩	7 854.400	7 876.738	7 225.477	−0.284	−8.268
4-1	轴力	536.357	1 010.196	2 954.706	−46.906	192.488
	径向弯矩	8 525.734	8 506.227	7 726.486	0.229	−9.167
5-1	轴力	285.755	834.276	2 302.041	−65.748	175.933
	径向弯矩	7 547.419	7 528.825	6 832.093	0.247	−9.254
6-1	轴力	264.186	638.568	1 888.852	−58.628	195.795
	径向弯矩	6 288.824	6 311.835	5 805.626	−0.365	−8.020
7-1	轴力	56.958	354.530	955.389	−83.934	169.480
	径向弯矩	5 454.807	5 406.265	4 836.909	0.898	−10.531
8-1	轴力	60.014	478.558	1 364.776	−87.459	185.185
	径向弯矩	5 042.293	4 949.671	4 330.164	1.871	−12.516

表 6-5　横向地震墩底控制截面最大内力

墩底控制截面	内力(kN)	第一种输入方式	第二种输入方式	第三种输入方式	第一项与第二项对比(%)	第三项与第二项对比(%)
1-1	轴力	5 131.525	5 223.492	4 944.830	−1.761	−5.335
	切向弯矩	8 997.379	9 130.789	8 598.022	−1.461	−5.835
2-1	轴力	2 611.764	2 708.957	2 674.466	−3.588	−1.273
	切向弯矩	5 571.642	5 787.052	5 730.364	−3.722	−0.980
3-1	轴力	4 322.891	4 404.638	4 174.011	−1.856	−5.236
	切向弯矩	7 250.746	7 394.839	7 020.319	−1.949	−5.065
4-1	轴力	6 218.097	6 158.889	5 497.465	0.961	−10.739
	切向弯矩	10 931.733	10 820.435	9 646.460	1.029	−10.850
5-1	轴力	4 630.888	4 564.073	4 028.323	1.464	−11.738
	切向弯矩	7 981.378	7 863.743	6 936.521	1.496	−11.791
6-1	轴力	3 933.111	3 889.909	3 459.971	1.111	−11.053
	切向弯矩	8 626.776	8 534.150	7 594.700	1.085	−11.008
7-1	轴力	1 871.703	1 838.702	1 610.512	1.795	−12.410
	切向弯矩	5 657.525	5 572.647	4 910.854	1.523	−11.876
8-1	轴力	2 742.251	2 700.838	2 379.271	1.533	−11.906
	切向弯矩	13 247.480	13 048.580	11 496.700	1.524	−11.893

从表 6-4、表 6-5 可以看出，对于不规则的曲线梁桥结构，它没有明确的地震输入主方向。当采用不同的方向输入时，得到的地震内力最大值之间存在着一定的差异，对于曲率半径较大的桥梁而言，这种差异较小，而对于曲率半径较小的曲线梁桥则纵横向地震耦合性大，不同的输入方向下的同一地震反应量差别则比较明显。

4)振型组合方法

当采用反应谱方法计算地震响应时，由于各个振型所引起的反应最大值不一定同时发生，必须考虑不同振型最大反应值的组合问题。目前，国内外学者已经提出了多种反应谱的组合方法，如基于随机震动理论提出的 CQC、SRSS 方法。一般来说，梁式桥等中小跨径的桥梁一般可以采用 SRSS 方法组合，这也是我国现行桥梁抗震设计规范采用的组合方法；对于大跨度桥梁以及空间布局较为复杂的桥梁，其空间扭转效应较为显著，一般可以采用 CQC 方法组合。

以第一种输入方式为例分别计算纵、横向地震作用内力，在此考虑了两种振型组合方式，即 CQC 与 SRSS 方法，内力对比情况如表 6-6、表 6-7 所示。

表 6-6　纵向地震时不同组合方式下墩底控制截面内力对比

控制截面编号	轴力			径向弯矩		
	CQC 方法	SRSS 方法	误差(%)	CQC 方法	SRSS 方法	误差(%)
1-1	1 230.101	1 053.462	16.77	4 246.005	3 973.656	6.85
2-1	1 098.415	1 527.811	−28.11	6 588.669	6 414.889	2.71
3-1	965.459	989.470	−2.43	7 854.400	7 847.569	0.09
4-1	536.357	759.337	−29.37	8 525.734	8 495.999	0.35
5-1	285.755	632.515	−54.82	7 547.419	7 651.636	−1.36
6-1	264.186	469.562	−43.74	6 288.824	6 314.998	−0.41
7-1	56.958	181.047	−68.54	5 454.807	4 646.148	17.40
8-1	60.014	115.969	−48.25	5 042.293	4 351.795	15.87

表 6-7　横向地震时不同组合方式下墩底控制截面内力对比

控制截面编号	轴力			切向弯矩		
	CQC 方法	SRSS 方法	误差(%)	CQC 方法	SRSS 方法	误差(%)
1-1	5 131.525	3 739.948	37.21	8 997.379	6 623.593	35.84
2-1	2 611.764	1 644.17	58.85	5 571.642	3 569.153	56.11
3-1	4 322.891	4 237.033	2.03	7 250.746	7 114.669	1.91
4-1	6 218.097	6 161.009	0.93	10 931.73	10 911.370	0.19
5-1	4 630.888	5 115.087	−9.47	7 981.378	8 780.034	−9.10
6-1	3 933.111	3 879.254	1.39	8 626.776	8 523.376	1.21
7-1	1 871.703	1 785.593	4.82	5 657.525	5 298.998	6.77
8-1	2 742.251	2 753.892	−0.42	13 247.48	13 317.74	−0.53

从表6-6、表6-7的对比可以看到，横向地震作用时，两种方法所得结果差别较大的主要集中在1、2号墩上，且CQC方法计算结果均大于SRSS方法下的结果，而其余墩控制截面内力则相差不大，主要原因是1、2号墩处在曲线段，第一种方法下横向地震时墩柱的扭转效应较为显著。纵向地震作用时，误差较大的则主要集中在7、8号墩柱上，同时CQC方法所得的轴力基本上均小于SRSS方法计算的轴力，而CQC方法所得的弯矩基本上都大于SRSS的结果。

综合以上可以看出，对于空间分布较为复杂的曲线梁桥，在进行地震响应分析时，尤其是计算横向地震作用力，一般应该采用全桥模型计算，同时选取足够的振型数和合理的组合方式。

对于不规则的曲线梁桥结构，由于没有明确的地震输入主方向，为计算地震作用下结构的最不利反应，可按照前面提到的三种方法确定其地震动的输入主方向。当采用不同的方向输入时，得到的地震内力最大值之间存在着一定的差异，对于曲率半径较大的桥梁而言，这种差异较小，而对于曲率半径较小的曲线梁桥则纵横向地震耦合性大，不同的输入方向下的同一地震反应量差别则比较明显。

(2)实 例 二

为了进一步分析地震荷载作用下桥梁结构的动力特性，寻求结构在纵、横地震作用时各桥墩的内力分布规律，按照《08细则》[1]推荐的计算方法与假定，对一座4跨简支梁桥在纵向、横向地震作用下各桥墩相应的剪力和弯矩值，与有限元方法结果进行对比，对单墩模型与全桥模型的计算结构比较。

1)工程概况

某4跨简支梁桥，跨径组合为4×28 m(如图6-9)，上部结构为预应力Ⅰ形组合梁，全桥长为118.0 m，桥面净宽为11.0 m。桥墩均为独立柱墩，盖梁为后张法预应力钢筋混凝土结构，墩柱为矩形截面钢筋混凝土结构，横桥向为等宽度。顺桥向墩高20 m以下为等宽度，20 m以上两侧设80：1渐变。基础采用钻孔灌注

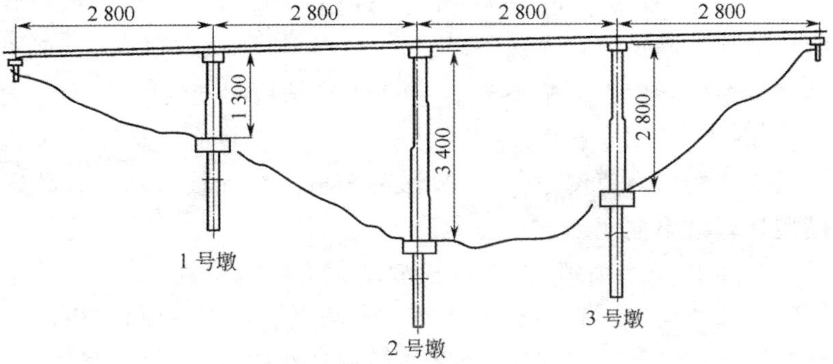

图 6-9 某 4 跨简支梁桥立面图(cm)

桩群桩,钢筋混凝土承台。地震设防烈度:Ⅸ度。桥台及盖梁上设板式橡胶支座,单个支座等效剪切刚度为 1 958.395 $kN \cdot m^{-1}$。

2)横向地震作用

由于钢筋混凝土实体梁具有较大的抗侧刚度,其侧向刚度远大于墩身的抗侧刚度,因此多孔简支梁在横向振动时桥墩之间的刚度耦联作用是微弱的,于是可以将每一桥墩作为独立体系,左右两孔梁则以质量的形式集中到墩顶。

表 6-8 不同计算模型各墩底内力比较

模型		1 号墩		2 号墩		3 号墩	
		剪力(kN)	弯矩(kN·m)	剪力(kN)	弯矩(kN·m)	剪力(kN)	弯矩(kN·m)
单墩模型	规范方法	2 375.211	27 832.118	881.244	28 018.492	1 078.622	28 568.126
	有限元法	1 982.798	28 591.800	772.052	25 754.456	938.608	26 366.164
全桥有限元模型(考虑前70阶)		1 698.182	26 357.584	1 366.662	34 137.866	887.117	19 774.421
规范与全桥比较(%)		39.868	5.594	−35.519	−17.925	21.587	44.470
单墩有限元与全桥比较(%)		16.760	8.477	−43.508	−24.558	5.804	33.335

从表 6-8 的对比可以看出,《08 细则》[1] 建议的方法与单墩有限元的计算结果比较接近,若将计入的振型数取得更多些,则两者的结果差异会更小。全桥模型,由于上部结构刚度的影响,墩体之间存在一定的耦联作用,因此,对 1、3 号墩,全桥有限模型结果比单墩模型的内力值偏小,而 2 号墩的全桥有限元模型结果较单墩模型计算结果偏大。

实际上,《08 细则》将全桥模型简化为单墩模型,是假定了每一跨上部结构的质心相对于基底为不动点。就边墩而言,由于桥台在横向相当于固定支座,边跨梁体振动小,故接近假设条件;对于中间墩而言,由于相邻两墩身的振动位移,上部梁体的位移也较大,故上部结构的参与振动的质量会增加。因此,对边墩来说,横向地震的惯性力会减小,同时中间墩的内力则会增加(相对于单墩模型)。

(3)纵向地震作用

依照《规范》之规定:采用板式橡胶支座的多跨简支梁桥,对刚性墩可以按单柱墩单梁计算;对柔性墩应考虑支座与上下部结构的耦联作用(一般情况下考虑 3～5 跨),按照图 6-10 所示的简图进行计算。

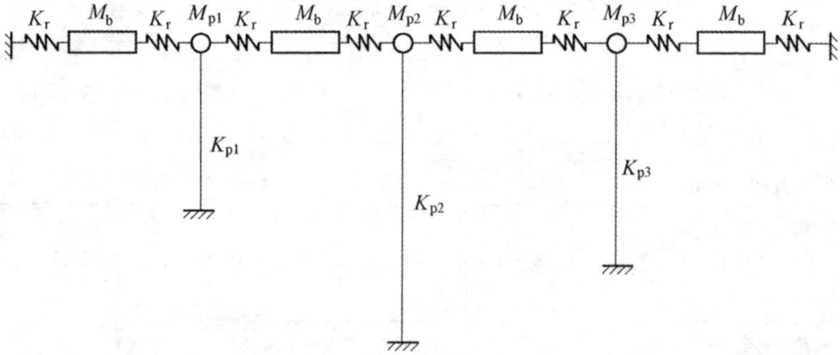

图 6-10 板式橡胶支座简支梁桥纵向地震作用计算简图

由表 6-9 可知:《08 细则》[1] 简化方法计算结果总体而言要比全桥模型得到的计算结果大,误差在 10% 以下;从剪力与弯矩的分布情况来看，两种方法得到的力分布特点基本一致，1 号墩墩底地震响应最小，而 2 号墩墩底的响应最大。因此，对于这种桥型简单的规则桥梁，采用规范简化方法计算地震响应可以得到较准确的结果。

表 6-9　不同计算模型各墩底内力比较

计算方法	1 号墩		2 号墩		3 号墩	
	剪力(kN)	弯矩(kN·m)	剪力(kN)	弯矩(kN·m)	剪力(kN)	弯矩(kN·m)
全桥有限元模型(考虑前 70 阶)	713.213	10 338.047	811.570	16 325.072	768.202	14 370.065
规范简化方法	786.287	9 890.85	893.99	17 035.52	828.42	15 187.68
对比结果(%)	10.25	−4.33	10.16	4.35	7.84	5.69

(3)　实 例 三

近几年来，基于静力弹塑性方法(即 Pushover 方法)在国内外桥梁结构和建筑结构抗震安全性评价中得到了较为广泛的应用。

非线性 Pushover 分析方法，被认为是一种简单而有效的抗震性能评估方法，已在建筑结构抗震设计中得到很多应用，并被一些国家的建筑抗震设计规范规定为一种基本的分析方法，我国现行的《建筑抗震设计规范》(GB 50011—2001)也建议将这种方法纳入未来的建筑抗震设计分析中。目前，这种方法在桥梁抗震性能评估方面已有不少应用例子，但基本还没有被应用于设计分析，对这种方法如何应用于桥梁抗震设计分析，还需要更多的实践经验。

桥梁的抗震能力主要取决于桥墩抵抗侧向荷载的能力如何，对于桥墩高度大体一致的规则桥梁，由于横向地震反应沿桥长方向基本一致，通常简化地采用单墩模型进行横桥向的地震反应分析，而采用全桥模型进行纵桥向的地震响应分析。采用 Pushover 分析方法评估桥梁结构的抗震能力时，不同的桥梁结构分析模型需要合理的选取加载模式。具体分析步骤见第 4 章。

参照 FEMA-273 推荐的加载方式，本节采用均布加载作用在纵、横桥向两个方向，即两种工况：重力＋X 方向加速度；重力＋Y 方向加速度。按照抗震规范的要求，需要检验结构在弹性阶段的弯曲和抗剪承载力，对进入塑性阶段的结构或构件，应该验算其弹塑性变形，使之满足“三阶段，两水准”的抗震设防原则。

这里仍然以 6.3.2 节中的 4 跨简支梁桥为例，分别验算在两种地震烈度情形下的弹塑性位移，即多遇地震和罕遇地震。由于桥梁规范缺乏相关规定，参照《建筑抗震设计规范》(GB 50011—2001)的地震反应谱与 ATC-40 反应谱的对比，可以确定地震系数 C_A、C_V。

Ⅸ度多遇地震，$C_A=0.128$，$C_V=0.112$；Ⅸ度罕遇地震，$C_A=0.560$，$C_V=0.490$。

1)多遇地震

经 Pushover 分析计算，纵向(即顺桥向)的性能点 $S_a=0.066$，$S_d=0.035$，根据转化公式，得到基底剪力 $V_b=1\ 344.530$ kN，2 号墩墩顶位移 $u_n=0.036$ m。由弹性反应谱分析可知，在纵向地震与竖向地震组合作用下 2 号墩顶最大纵向位移为 0.092 2 m。

横桥向的性能点 $S_a=0.073$，$S_d=0.042$，经转化公式得基底剪力 $V_b=1\ 142.765$ kN，2 号墩墩顶位移 $u_n=0.042$ m。而在横向地震和竖向地震组合作用下由弹性反应谱得到的 2 号墩顶最大横向位移为 0.136 4 m。

在达到上述状态时，各杆件均未出现塑性铰，且均比按弹性计算结果小。

纵桥向基底剪力—墩顶位移曲线见图 6-11。

2)罕遇地震

纵向(即顺桥向)的性能点 $S_a=0.241$，$S_d=0.140$，根据转化公式，得到基底剪力 $V_b=4\ 992.786$ kN，2 号墩墩顶位移 $u_n=0.144$ m。

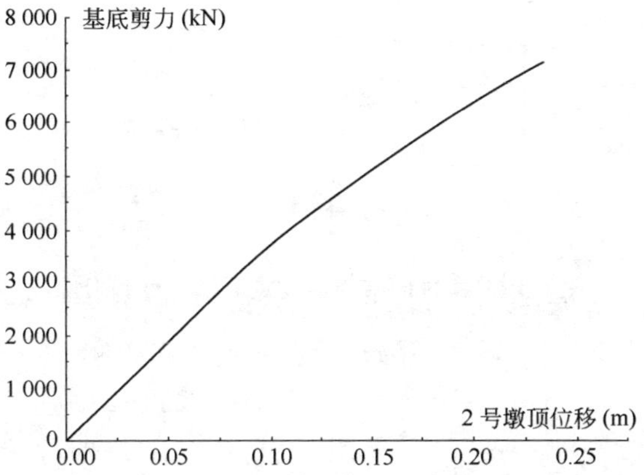

图 6-11　纵桥向基底剪力—墩顶位移曲线

横桥向的性能点 $S_a=0.280$，$S_d=0.132$，经转化公式得基底剪力 $V_b=4\ 372.32$ kN，2 号墩墩顶位移 $u_n=0.159$ m。

从罕遇地震作用下 2 号墩顶的纵、横向位移变形来看，在Ⅸ度罕遇地震下纵桥向的弹塑性位移比弹性反应结果大 35.9%，而横桥向的弹塑性位移较弹性反应谱所得位移大 14.2%。

纵桥向和横桥向结构性能点状态时的塑性铰分布如图 6-12、图 6-13 所示。

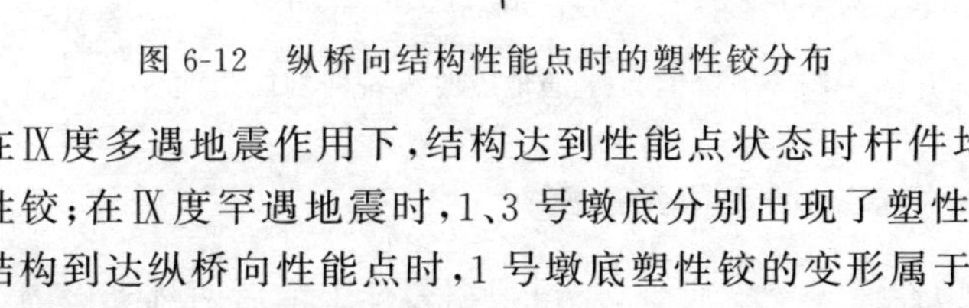

图 6-12　纵桥向结构性能点时的塑性铰分布

在Ⅸ度多遇地震作用下，结构达到性能点状态时杆件均未出现塑性铰；在Ⅸ度罕遇地震时，1、3 号墩底分别出现了塑性铰，其中在结构到达纵桥向性能点时，1 号墩底塑性铰的变形属于“立即占据”(在 ATC-40 中称为 Immediate Occupancy)，在结构到达横

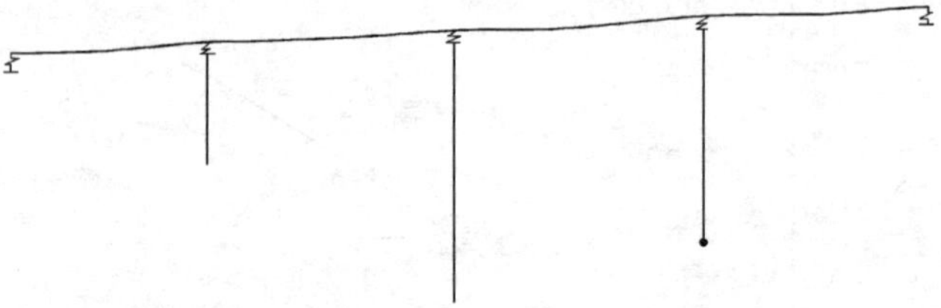

图 6-13　横桥向结构性能点时的塑性铰分布

桥向性能点时，3 号墩底则刚开始进入塑性状态。

经过 pushover 将能力曲线、需求曲线以及反应谱曲线按照 A-D 格式放在同一张图中，见图 6-14～图 6-17，四种情形下能力曲线与需求曲线均产生交点，说明该桥梁满足Ⅸ度罕遇地震下的抗倒塌要求。

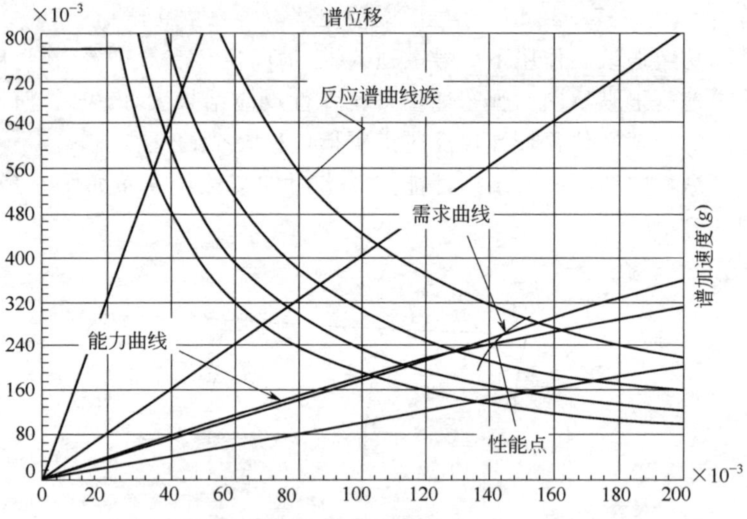

图 6-14　Ⅸ度罕遇地震时纵桥向的能力曲线

6.4.2　简支梁桥有限元建模

(1)在简支梁支座处，应该根据盖梁上前后两排支座的类型和

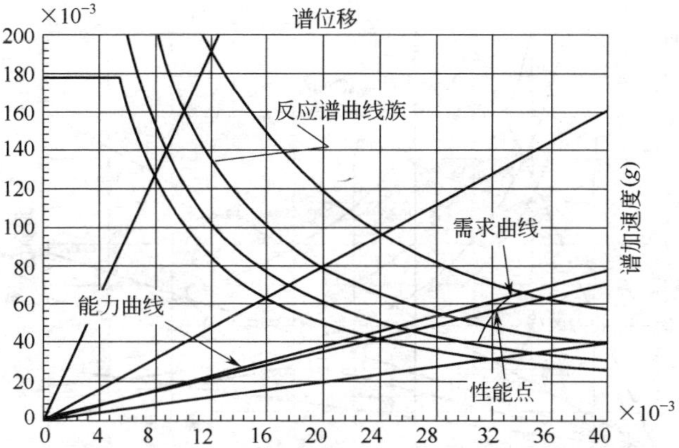

图 6-15　Ⅸ度多遇地震时纵桥向的能力曲线

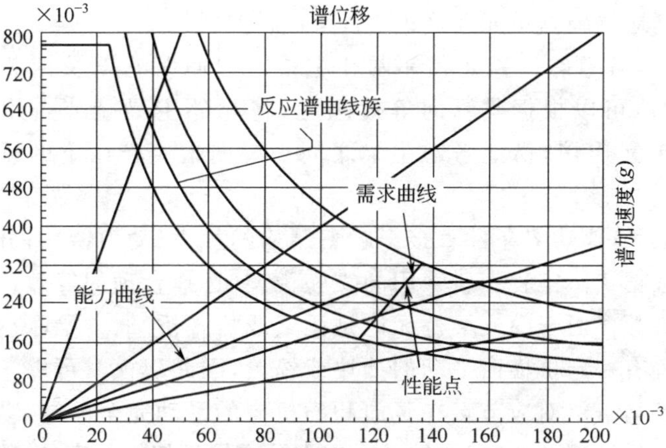

图 6-16　Ⅸ度罕遇地震时横桥向的能力曲线

数量分别与主梁节点进行约束；

(2)对于由多片梁组成的简支梁桥，每片梁下通常设置 1 或 2 个支座，当下部柱墩采用 3 柱或 3 柱以上的柱墩时，必须考虑支座的实际横向排列来建模，而不能将一排支座等效为一个支座，建模时可以在主梁支座部位节点上增设刚臂，盖梁节点与刚臂对应节

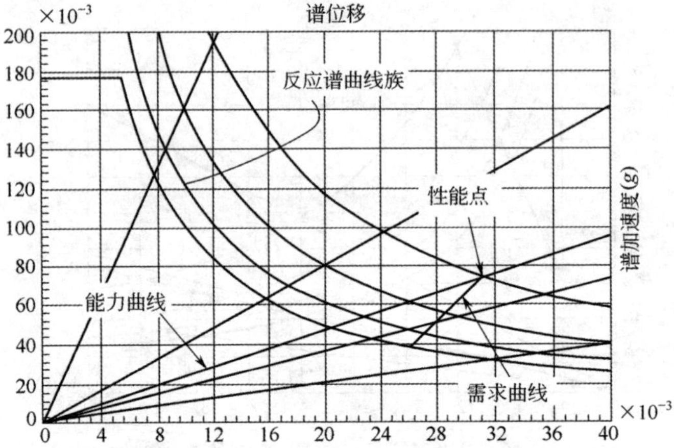

图 6-17　Ⅸ度多遇地震时横桥向的能力曲线

点分别通过弹簧单元连接；

(3)当考虑设置在相邻两孔主梁之间伸缩缝以及铺装层的影响时，可以根据其纵向等效刚度，将相邻主梁端节点用适当的杆单元连接，借此考虑主梁之间在纵向地震作用下的碰撞问题。

(4)支座边界条件直接影响着结构的静力、动力特性，分析时应该根据实际工程中所采用的支座类型，选择合理的等效计算模型和参数。对于简支梁桥无论是梁式或板式桥，通常梁(或板)之间设置有一定抗横向平动的挡块或锚栓，因此建模时可以认为主梁节点与盖梁对应节点在竖向和横桥向的平动完全相同，纵向则考虑为弹性连接，在三个转动方向上除主梁的扭转约束外，梁在另外两个方向可以自由转动。

(5)进行直线桥梁地震反应分析时，应分别考虑沿顺桥和横桥两个水平方向地震输入；进行曲线桥梁地震反应分析，应分别沿相邻两桥墩连线方向和垂直于连线水平方向进行多方向地震输入，以确定最不利地震水平输入方向。

(6)墩柱的计算长度与矩形截面短边尺寸之比大于 8 时，或墩柱的计算长度与圆形截面直径之比大于 7 时，应考虑 $P-\Delta$ 效应。

6.4.3 简支梁桥抗震设计及构造措施

从以上抗震概念设计的角度出发，理想的桥梁结构体系布置应是：

(1)从几何线形上看，桥梁是直的，各墩高度相差不大。因为弯桥或斜桥使地震反应复杂化，而墩高不等则导致桥墩刚度变化，使抗侧力桥墩中刚度较大的最先破坏。

(2)从结构布局上看，上部结构是连续的，并使用了尽可能少的伸缩缝；桥梁保持小跨径；弹性支座布置在多个桥墩上；各个桥墩的强度和刚度在各个方向都相同；基础是建造在坚硬的场地上。要求上部结构是连续的，并尽可能少用伸缩缝，主要是为了避免出现落梁。像简支梁以及使用挂梁的桥梁，相对容易落梁，这类在地震区应考虑采用防止落梁的构造和装置。要求桥梁保持小跨径，主要是希望桥墩承受的轴压水平较低，从而可以获得更佳的延性。要求弹性支座布置在多个桥墩上，目的是为了把地震力分散到更多的桥墩。另外，支座在破坏性地震作用下允许其发生滑动，以减小传递到桥墩的地震力，只需做到防止落梁即可。

对于必须建造在有潜在砂土液化的场地上，在结构布局上，对跨越易液化场地有效的形式有：一种是采用简支梁，并通过构造措施连接在一起，以防落梁，应该指出，这种方法在过去的地震中并没有特别成功；另一种替代的方案是确保上部结构与桥墩完全固结，并使桩基础穿过易液化土层直达坚硬的土层里，这种方案可以避免由于液化导致地基失效的可能性。

◆ 简支梁梁端至墩、台帽或盖梁边缘应有一定的距离(图 6-18)。其最小值 a(cm)仍按照场地条件，选择合适的地震动加速度时程分析得到。目前，国内对这一方面研究相对不足，《08 细则》直接引用日本规范，应进一步研究，考虑场地、地震动水平和墩高等因素的影响。

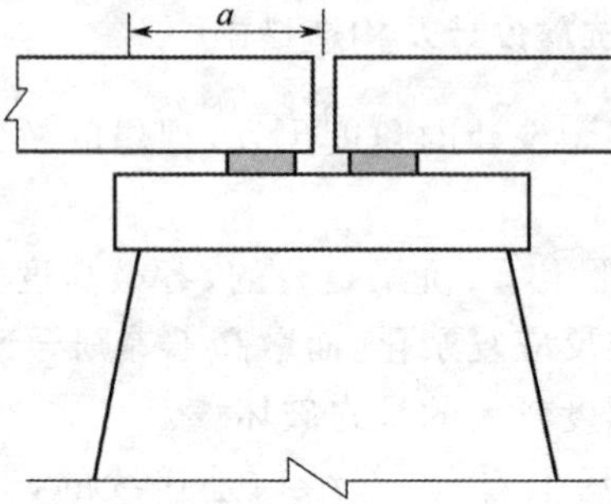

图 6-18 梁端至墩、台帽或盖梁边缘的最小距离 a

◆ 对位于Ⅶ度区以上的简支梁桥，在桥台和桥墩处应设置防落梁装置，以防止当结构体系伴随结构构件或地基的破坏而发生无法预测的破坏时，上部结构的梁落。典型的防落梁装置见图 6-20～图 6-22，详细参数应进行非线性时程分析。

◆ 双层挡块设置：上部结构为多片 T 梁的结构，从“多道设防、分级消能”的角度，将横向挡块分成 2 批，第 1 批为两个外梁与中梁两侧挡块，各挡块与 T 梁净距均为 10 cm，第 2 批为次中梁两侧挡块，各挡块与 T 梁净距均为 20 cm（见图 6-23）。在预期地震荷载作用下，第 1 批挡块首先破坏，上部结构发生横向滑动，滑动距离为 10 cm 后与第 2 批挡块碰撞，在可预期的强震作用下，挡块可确保不发生落梁。

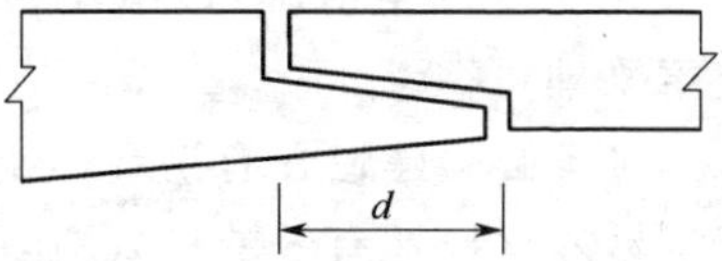

图 6-19 吊梁与悬臂的搭接长度 L

同时要求防落梁装置须满足如下要求：

◆ 防落梁装置应具有足够的变形能力和强度，不影响正常使用时的功能，同时应不妨碍支座的变形，挡块与支座间保持一定间隙；

◆ 防落梁装置应无损于支座的移动或回转等功能；

◆ 防落梁装置应能顺应横桥向的移动；

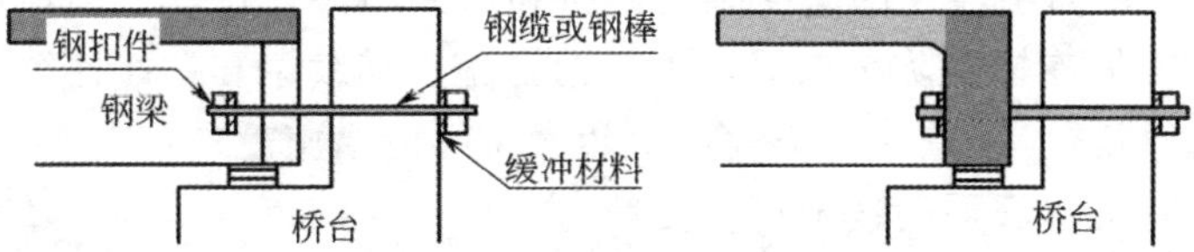

图 6-20　桥台处拉杆式防落梁构造

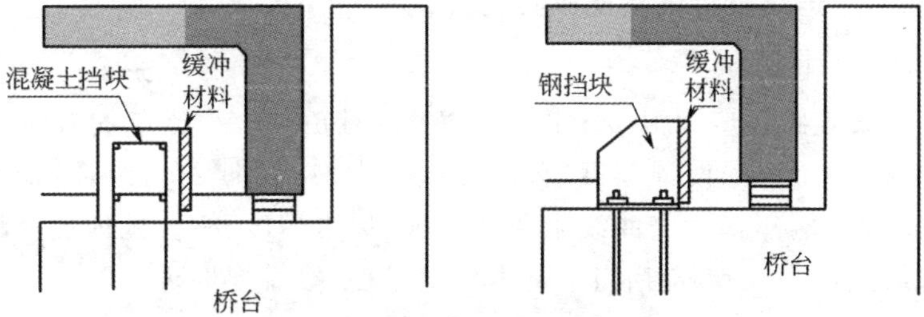

图 6-21　桥台处挡块式防落梁构造

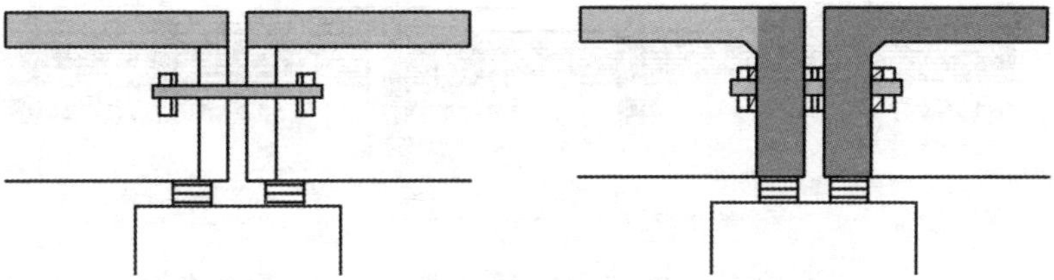

图 6-22　桥墩处拉杆式防落梁构造

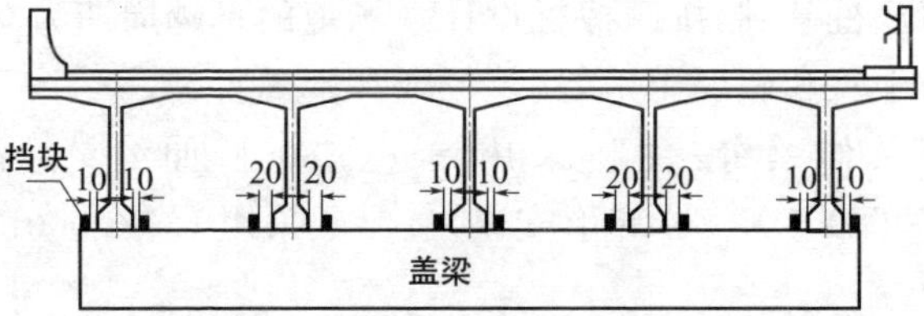

图 6-23　双层挡块示意图(外侧,mm)

◆ 防落梁装置应考虑到便于支座的维护管理;

◆ 防落梁装置的安装部分应能将作用于防落梁装置上的地震力,切实地传递到上下部结构。

◆ 桥面不连续的简支梁(板)桥和吊梁,宜采用挡块、螺栓连接和钢夹板连接等防止纵横向落梁的措施。连续梁和桥面连续简支梁(板)桥,应采取防止横向产生较大位移的措施。

有关抗震加固技术可参阅第 11 章。

6.5 连续梁桥抗震分析

6.5.1 连续梁桥地震反应实例

(1)实例一

某 5 跨预应力混凝土连续梁桥(如图 6-24),跨径布置为 96+3×160+90 m,设计荷载:公路-I 级。横坡:双向 2%,纵坡:最大纵坡 1.10%,最大竖曲线半径 22 000,地震烈度:桥位处地震动峰值加速度为 0.05g,相当于基本烈度Ⅵ度,按Ⅶ度设防。

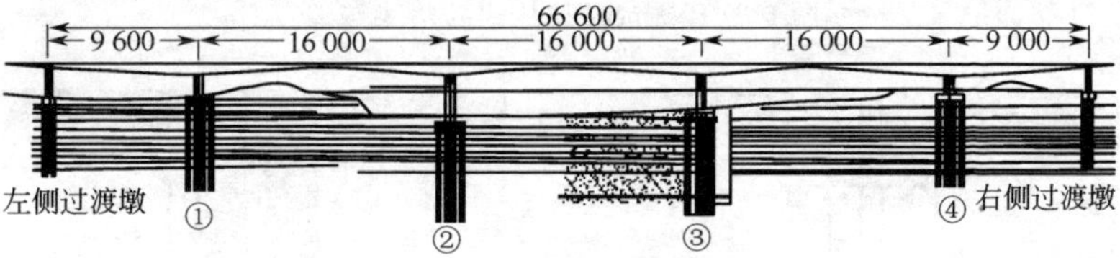

图 6-24　主桥总体布置图(mm)

主桥上部采用五跨预应力混凝土变高度直腹板连续梁,单箱单室。主墩采用带帽梁圆柱实体墩,主墩基础采用 12 根直径 2.0 m 的钻孔灌注桩基础,按摩擦桩设计。场地的卓越周期为 0.33 s,场地类型为中软和软弱土地,建筑场地类别属Ⅲ类。

支座及伸缩缝:主桥采用 SSFC480 型伸缩缝;主墩采用 LQZ70000GD、DX、SX 球形支座,过渡墩采用 LQZ9000DX、SX 球形支座。

通过有限元方法对桥梁结构进行静、动力分析时,首先要合理建立计算模型,包括上部结构与下部结构的单元的选取与离散、单元划分、支承连接部位的特殊处理、墩台基底支承的边界条件处理、荷载的确定等。

结构计算模型分为两种：一种为桥墩和主梁均采用空间梁单元，墩底视为固结；一种为桥墩和主梁均采用空间梁单元，但考虑了桩土结构的相互作用，使用六根弹簧来表示墩底的约束条件，其他构件与固结模型完全一致。

1）建立基底固结模型

根据大桥的设计资料，主梁和桥墩均采用梁单元模拟，支座用线性弹簧单元模拟，模型如图 6-25 所示。

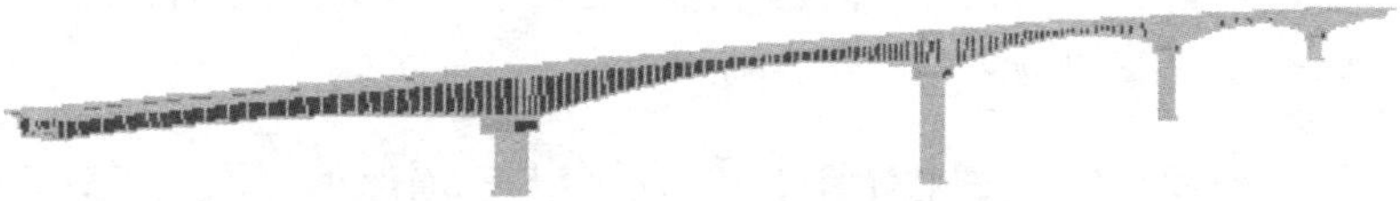

图 6-25　基底固结模型

2）建立考虑桩-土-结构相互作用的模型

目前的桥梁基础中常用的基础形式主要包括：扩大基础、单桩基础和群桩基础。扩大基础通常用在地基土较坚硬的场地，而桩基础则用在土层相对软弱的地方，故前者一般可以直接按照固结来考虑，不需要考虑地基土的影响；而桩基础对桥梁的结构影响较大，尤其对大跨、高墩桥梁考虑桩-土-结构相互作用能够较真实反应结构的整体受力情况，由于地震波是从墩底激发的，故考虑桩-土-结构相互作用实际上是桥梁结构抗震验算的一个很关键的问题，该问题将在第 10 章介绍。

桩基础是建于软弱土层中的桥梁最常用的基础形式。桩-土-结构动力相互作用使结构的动力特性、阻尼和地震反应发生改变，而忽略这种改变并不总是偏安全的。

考虑桩基边界条件最常用的处理方法是用承台底六个自由度的弹簧刚度模拟桩土相互作用（如图 6-26），这六个弹簧刚度是竖向刚度、顺桥向和横桥向的抗推刚度、绕竖轴的抗扭刚度和绕两个水平轴的抗弯刚度。它们的计算方法与静力计算相同，所不同的是土的 m 取值比静力的大，一般取 $m_{动}=(2\sim3)m_{静}$[6]。

依据文献[19]、[20]以及该桥梁的工程地质条件，采用了地基

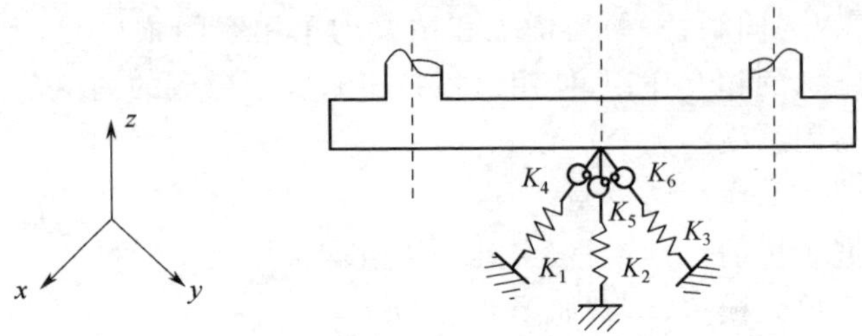

注：K_1、K_2、K_3分别为x、y、z方向上的拉压弹簧，K_4、K_5、K_6分别为x、y、z方向的转动弹簧[6]

图 6-26　考虑桩-土共同作用边界单元

系数的空间分析方法来计算桩基和承台及桩周土的刚度。得到桩基和承台与及桩周土的刚度后，在各墩底加上相对应刚度的弹簧，即可以得到考虑桩土结构相互作用的有限元模型，如图 6-27 所示。

图 6-27　考虑桩-土-结构相互作用模型

在计算等效弹簧刚度时，由于未提供现场实测的地基系数的比例系数 m 的值，故计算中按规范建议：桩侧地基系数的比例系数取 $m=80\ \mathrm{MPa/m^2}$，桩底地基系数的比例系数取 $m_o=120\ \mathrm{MPa/m^2}$，承台底处的比例系数取 $m=10\ \mathrm{MPa/m^2}$，土的摩擦角$\phi=24°$。考虑桩-土-结构共同作用时的等效弹簧刚度分别为：

$\gamma_{aa}=2.4e7$　$\gamma_{ba}=0$　$\gamma_{ca}=0$　$\gamma_{\alpha a}=0$　$\gamma_{\beta a}=-4.2e7$　$\gamma_{\gamma a}=0$

$\gamma_{ab}=0$　$\gamma_{bb}=3.8e7$　$\gamma_{cb}=0$　$\gamma_{\alpha b}=0$　$\gamma_{\beta b}=0$　$\gamma_{\gamma b}=0$

$\gamma_{ac}=0$　$\gamma_{bc}=0$　$\gamma_{cc}=2.5e7$　$\gamma_{\alpha c}=4.1e7$　$\gamma_{\beta c}=0$　$\gamma_{\gamma c}=0$

$\gamma_{a\alpha}=0$　$\gamma_{b\alpha}=0$　$\gamma_{c\alpha}=4.1e7$　$\gamma_{\alpha\alpha}=7.9e8$　$\gamma_{\beta\alpha}=0$　$\gamma_{\gamma\alpha}=0$

$\gamma_{a\beta}=-4.2e7$　$\gamma_{b\beta}=0$　$\gamma_{c\beta}=0$　$\gamma_{\alpha\beta}=0$　$\gamma_{\beta\beta}=13.4e8$　$\gamma_{\gamma\beta}=0$

$\gamma_{a\gamma}=0$　$\gamma_{b\gamma}=0$　$\gamma_{c\gamma}=0$　$\gamma_{\alpha\gamma}=0$　$\gamma_{\beta\gamma}=0$　$\gamma_{\gamma\gamma}=11.0e8$

3）模态分析

结构的自振特性决定着结构的动力响应特性，是反应谱方法的基础。结构的自振特性分析即为模态分析(或振型分析)，通常模态分析都属于线性的。结构的自振特性与结构的质量和刚度大小及分布相关，故在建立有限元模型时，应该充分考虑桥梁中各部分的质量与刚度分布状况，尤其是要正确简化与反映支座连接条件和墩底边界条件。

(a)基底固结模型

通过有限元模型对该5跨连续梁桥进行了模态分析，根据该桥的空间结构特性，计算时振型组合方式为CQC，方向组合方式为SRSS，当计入前80阶振型，表6-10列出前10阶自振特性。

表 6-10　结构自振特性表(仅列出前10阶)

模态序号	频率(Hz)	周期(s)	X向累积振型贡献率(%)	Y向累积振型贡献率(%)	Z向累积振型贡献率(%)
1	0.371 9	2.688 6	89.34	0.00	0.00
2	0.409 8	2.440 2	90.77	0.00	0.22
3	0.473 8	2.110 8	90.77	48.05	0.22
4	0.630 8	1.585 3	90.81	48.05	0.23
5	0.636 1	1.572 1	90.81	49.52	0.23
6	0.754 5	1.325 4	90.81	62.35	0.23
7	0.903 4	1.107 0	90.81	62.35	8.43
8	1.233 2	0.810 9	90.81	64.68	8.43
9	1.274 7	0.784 4	90.82	64.68	10.75
10	1.427 2	0.700 7	90.82	77.69	10.75

表 6-11　连续梁桥前10阶振型图

模态序号	周期(s)	振型特征
1	2.688 6	纵飘，主梁对称竖弯
2	2.440 2	主梁对称竖弯
3	2.110 8	主梁对称横弯
4	1.585 3	主梁反对称竖弯
5	1.572 1	主梁反对称横弯
6	1.325 4	主梁对称横弯

续上表

模态序号	周期(s)	振型特征
7	1.107 0	主梁对称竖弯
8	0.810 9	主梁反对称横弯
9	0.784 4	主梁反对称竖弯
10	0.700 7	主梁横弯

(b)考虑桩-土-结构相互作用模型

表 6-12　结构自振特性表(仅列出前 10 阶)

模态序号	频率(Hz)	周期(s)	*X* 向累积振型贡献率(%)	*Y* 向累积振型贡献率(%)	*Z* 向累积振型贡献率(%)
1	0.359 8	2.779 4	89.21	0.00	0.00
2	0.409 6	2.441 7	90.10	0.00	0.22
3	0.452 3	2.210 9	90.10	49.47	0.22
4	0.610 3	1.638 7	90.10	50.91	0.22
5	0.630 4	1.586 3	90.14	50.91	0.23
6	0.740 3	1.350 9	90.14	64.19	0.23
7	0.902 4	1.108 1	90.14	64.19	8.54
8	1.177 8	0.849 0	90.14	67.02	8.54
9	1.274 0	0.785 0	90.15	67.02	10.94
10	1.371 3	0.729 3	90.15	80.24	10.94

(c)自振特性对比

表 6-13　不同模型结构自振周期对照表

模态序号	基底固结模型	考虑桩-土-结构相互作用
1	2.688 6	2.779 4
2	2.440 2	2.441 7
3	2.110 8	2.210 9
4	1.585 3	1.638 7
5	1.572 1	1.586 3
6	1.325 4	1.350 9
7	1.107 0	1.108 1
8	0.810 9	0.849
9	0.784 5	0.785 0
10	0.700 7	0.729 3

对比振型，除了第 4 阶和第 5 阶次序不同，其他振型两个模型是相同的。

(d)结　论

◆ 第一阶主要是以主跨振动为主的面内振动，因为主跨的跨度为 160 m，边跨跨度为 96 m 和 90 m，相对来说主跨比较柔。该振型对于纵桥向的影响比较大。

◆ 考虑了桩-土-结构相互作用之后，自振周期和频率以及前几阶振型相差不大，均不大于 5%，说明桩基足够刚，同时也说明了如果桩基足够刚的话，令墩底固结对于结构分析结果影响不大，这一点将在下面的章节进一步阐述。

◆ 各振型最大振幅位置基本集中在墩底固结处、跨中截面和墩顶等部位。在抗震设计中应注意这些控制截面的延性设计，使该处出现塑性铰后能满足变形的要求。

◆ 从以上的对比中可以看到，边界条件包括墩底是否考虑土体作用、支座条件等对桥梁的自振特性影响较为显著，决定着反应谱方法的精确程度。

◆ 这里值得一提的是模态分析中应该注意质量来源的确定，除了结构部分的自重外，还须加上二期恒载的自重，即必须把二期恒载也转换为质量。

4)反应谱分析

场地设计反应谱参数计算如表 6-14 所示。

以上表中参数所构成的关系可用下式表示：

$$\beta(T)=\begin{cases}1 & T\leqslant 0.04\ \text{s}\\ 1+(\beta_m-1)\dfrac{T-0.04}{T_1-0.04} & 0.04\ \text{s}<T\leqslant T_1\\ \beta_m & T_1<T\leqslant T_2\\ \beta_m\left(\dfrac{T_2}{T}\right)^{\alpha} & T_2<T<6\ \text{s}\end{cases}$$

由于地震的发生在时间和空间上的随机性，因此要确定一种使结构产生最大反应的地震荷载作用方向比较困难，目前在分析中大多采用三个正交方向，即顺桥方向、横桥方向和竖向的荷载组合，不过组合系数在各国规范中有所不同。

表 6-14　场地水平设计反应谱参数

地震作用	T_1(s)	T_2(s)	β_{max}	α	K_H
50 年超越概率 63%	0.15	0.27	2.3	1.0	0.023
50 年超越概率 10%	0.16	0.31	2.4	1.0	0.086
50 年超越概率 3%	0.17	0.36	2.4	1.1	0.113

根据文献[6]，大跨桥梁在考虑竖向地震作用时，竖向地震系数一般取 1/2～2/3。本节在计算地震荷载与恒载共同作用的结构反应时，依据设计资料提供的地震参数，即考虑了50 年内的超越概率依次为 3%、10%和 63%这三种工况，其中每种工况下，分两种地震作用组合方式：即顺桥向＋竖向、横桥向＋竖向。

对比发现，基底固结和考虑桩-土-结构相互作用这两种模型对墩体轴力影响较大，在 15%左右，基底固结时的轴力偏小；纵向与竖向地震作用时，墩底弯矩最大值之间差别变化较大，2 号墩是最高墩，墩顶设置了固定支座，纵向弯矩差别最大；横向与竖向地震作用时，这种差异有一定的规律性，桥墩高度较低时的差异比相对较高的桥墩墩底弯矩要大一些，在 10%以上。从地震作用下墩顶支座的变形来看，除了 3 号和 4 号墩墩顶支座差异较大外，其他支座在两种计算模型下的结果基本保持一致。从墩顶位移来看，顺桥向和横桥向都表现出随着桥墩高度的增加位移增加的趋势。

5)时程分析

在大跨桥梁抗震设计中，建立空间结构有限元动力计算图式，将地震强迫振动的激励-地震加速度时程直接输入，对结构进行空间的动力时程分析。

与反应谱法相比，动力时程分析除了要求建立合理的有限元模型外，最重要的问题就是地震加速度的输入，加速度的输入通常方式包括以下几种：

◆ 常用的地震加速度记录，如 El Centro 波、Taft 波等；

◆ 桥址场地同类地质条件下的强震记录；

◆ 采用规范中设计反应谱拟合成人工地震波；

◆ 采用桥址场地地震危险性分析，提供基岩面上地震动参数（地震加速度峰值、反应谱及持续时间等），生成基岩面上人工地震波。

本算例中采用 El Centro 地震波并分别按照超越概率为 3%、10%的峰值加速度进行修正，修正后峰值加速度分别为 0.2712g、0.2064g，输入方式为一致激励。在时程分析中，采用 50 年超越概率 10%的设计参数和强震记录进行结构的强度控制；采用 50 年超越概率 3%的设计参数和强震记录进行结构位移控制。

如图 6-28、图 6-29 分别表示 50 年超越概率为 3%、10%时 El-Centro 地震波加速度时程曲线。

图 6-30～图 6-34 依次为 1、2、3、4 号墩顶支座及左右过渡墩

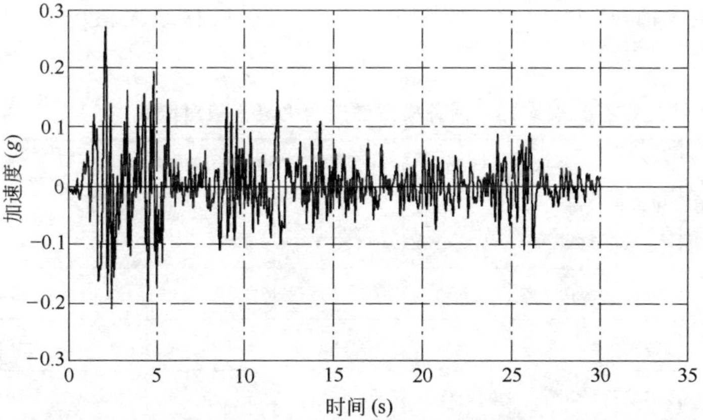

图 6-28　El Centro 波时程曲线（50 年超越概率 3%，峰值加速度 0.271 2g）

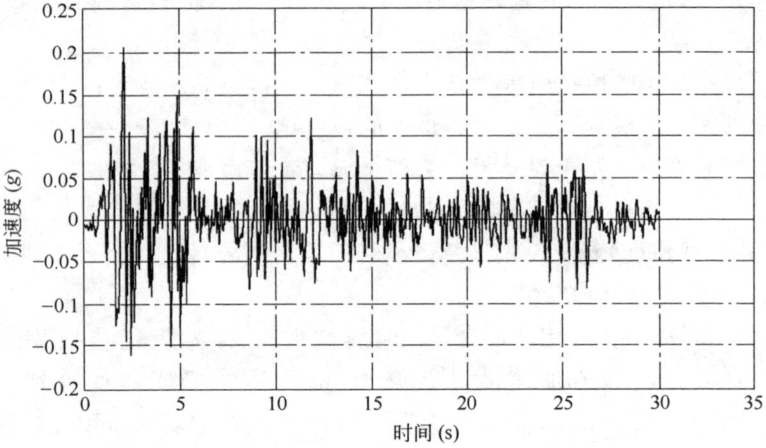

图 6-29 El Centro 波时程曲线(50 年超越概率 10%,峰值加速度 0.206 4g)

顶部支座在纵向与竖向(2/3)组合作用下的位移响应时程。由图易知,各支座变形均在其位移限值以内。

以超越概率为 3%时的地震响应与恒载组合为例,列出 4 个桥墩分别在顺桥向+竖向、横桥向+竖向两种情形下的墩底内力最大值,以及 1、3、4 号墩顶支座的相对位移最大值,如表 6-15 所示。

表 6-15 两种模型墩底内力最大值对照表

工况	位置	基底固结模型		桩-土-结构相互作用模型		轴力对比(%)	弯矩对比(%)
		轴力(kN)	弯矩(kN·m)	轴力(kN)	弯矩(kN·m)		
纵+竖	1 号墩	87 069.0	24 609.7	87 714.7	26 268.1	0.74	6.74
	2 号墩	99 335.7	190 299.8	100 076.4	177 635.5	0.75	−6.65
	3 号墩	96 925.4	52 939.9	97 661.9	53 554.7	0.76	1.16
	4 号墩	84 095.8	19 672.0	84 596.9	20 672.6	0.60	5.09

续上表

工况	位置	基底固结模型		桩-土-结构相互作用模型		轴力对比（%）	弯矩对比（%）
		轴力（kN）	弯矩（kN * m）	轴力（kN）	弯矩（kN * m）		
横＋竖	1 号墩	87 058.7	99 264.3	87 707.2	86 254.1	0.74	−13.11
	2 号墩	99 334.1	115 696.3	100 075.2	110 133.0	0.75	−4.81
	3 号墩	96 921.3	92 853.5	97 658.7	89 830.3	0.76	−3.26
	4 号墩	84 085.1	112 589.4	84 589.4	95 348.1	0.60	−15.31

注：上表中内力值按组合后绝对值最大统计。

表 6-16　两种模型支座顺桥向最大相对位移对照表（m）

纵向＋竖向				横向＋竖向			
位置	基底固结模型	桩-土-结构相互作用模型	对比（%）	位置	基底固结模型	桩-土-结构相互作用模型	对比（%）
左过渡墩支座	0.209 3	0.210 0	−0.33	左过渡墩支座	0	0	0
1 号墩支座	0.201 0	0.201 5	−0.25	1 号墩支座	0.010 3	0.010 0	3.00
3 号墩支座	0.199 1	0.185 5	7.33	3 号墩支座	0.005 5	0.006 5	−15.38
4 号墩支座	0.214 3	0.208 2	2.93	4 号墩支座	0.013 0	0.013 2	−1.52
右过渡墩支座	0.212 7	0.211 8	0.42	右过渡墩支座	0	0	0

注：上表中位移值按组合后绝对值最大统计。

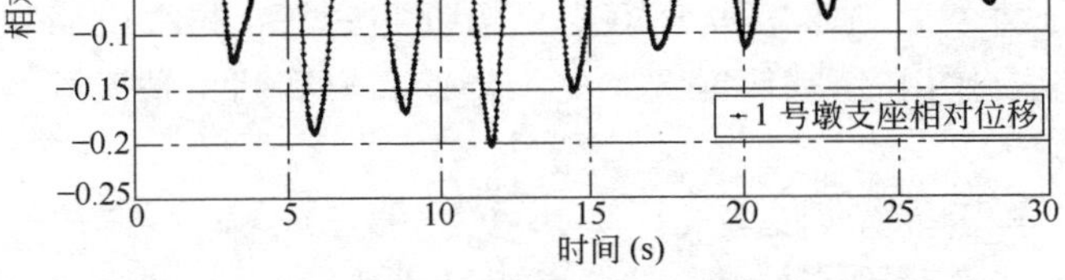

图 6-30　超越概率 3%时纵向＋竖向地震 1 号墩支座相对位移反应时程

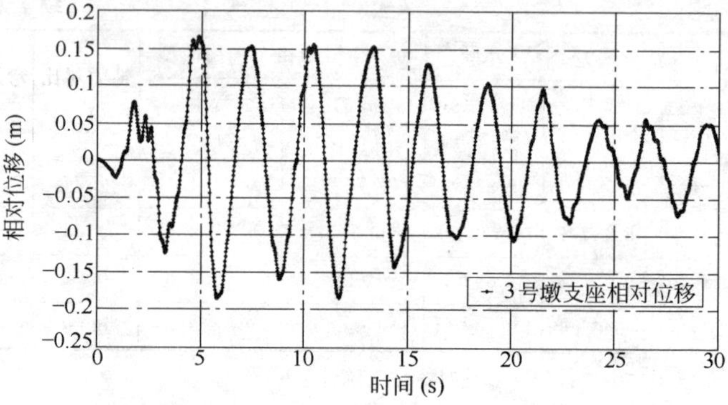

图 6-31　超越概率 3%时纵向＋竖向地震 3 号墩支座相对位移反应时程

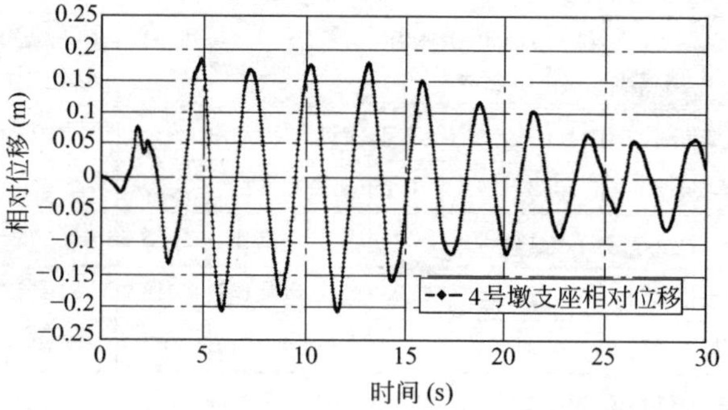

图 6-32　超越概率 3%时纵向＋竖向地震 4 号墩支座相对位移反应时程

从以上对比中容易发现，基底固结和考虑桩-土-结构相互作用这两种模型对墩体轴力影响极小，在 1.0%以内；当考虑纵向与竖向地震组合时，墩底弯矩最大值有一定的变化，但均保持在 7%以下；考虑横向与竖向地震组合时，墩底的弯矩变化则较为显著，尤其是两个边侧的矮墩弯矩变化幅度超过了 13%，说明在分析横向地震作用时，宜依据墩底桩土特性和实际约束情况综合比较考虑。

6）桥墩抗剪强度验算

本节参照美国 Caltrans 抗震设计准则[21]推荐的公式对 2 号桥墩进行了抗剪强度验算。表 6-17 列出了两种模型在不同工况

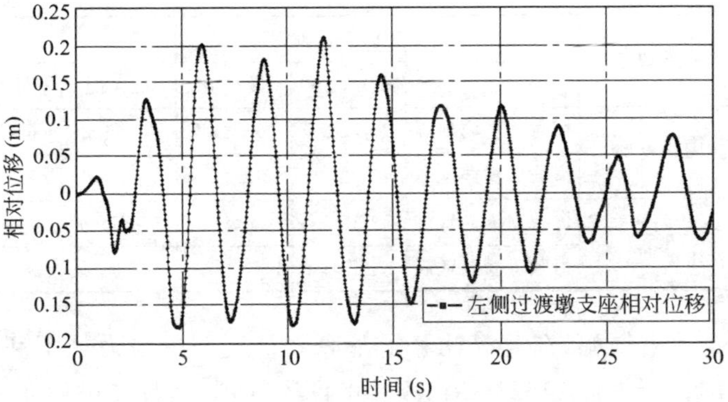

图 6-33　超越概率 3%时纵向＋竖向地震
左侧过渡墩支座相对位移反应时程

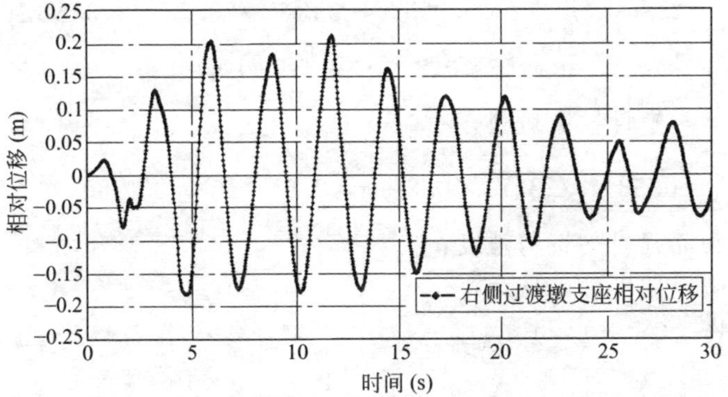

图 6-34　超越概率 3%时纵向＋竖向地震
右侧过渡墩支座相对位移反应时程

下的最不利轴力与剪力情况，这里仅考虑超越概率为 3%时的地震力与恒载的组合作用。

根据设计单位提供的桥墩配筋图，2 号墩采用了圆形实心截面，外圈螺旋箍筋竖向间距为：非加密区 20 cm、加密区为 100 cm；内圈螺旋箍筋竖向间距为 30 cm，箍筋直径 12 mm 的Ⅱ级钢筋。混凝土强度等级为 C40，对应的圆柱体抗压强度为 23.73 MPa。

表 6-17　两种模型下 2 号墩底最不利内力值

计算模型	工况	轴力		剪力	
		最大值	最小值	最大值	最小值
基底固结模型	恒载＋纵向地震	90 324.2	99 335.7	6 245.2	6 412.7
	恒载＋横向地震	99 334.1	99 334.9	3 538.6	3 538.6
桩-土-结构共同作用模型	恒载＋纵向地震	89 590.4	100 076.4	5 851.4	6 010.8
	恒载＋横向地震	89 591.6	100 075.2	3 434.6	3 433.9

为节省篇幅，在此仅计算了基底固结模型中内力最不利组合情况即：$N=90\ 324.216$ kN，$V=6\ 412.713$ kN，具体过程如下：

混凝土抗剪强度：

塑性铰区域内：

$$v_c=2c_1c_2\sqrt{f'_c}=2\times0.025\times1.333\times\sqrt{23.73}=0.325\ \text{MPa}$$

$$V_c=v_cA_e=0.325\times0.8\times\pi\times2.5^2\times10^3=5\ 099.98\ \text{kN}$$

塑性铰区域外：

$$V_c=0.33\times\sqrt{23.73}\times0.8\times\pi\times2.5^2\times10^3=25\ 250.49\ \text{kN}$$

箍筋提供的抗剪强度：

塑性铰区域内：

$$\begin{aligned}V_s&=\sum\pi/2\times A_vf_{yh}D'/s\\&=\frac{\pi}{2}\times2\times113\times340\times\left[\frac{5\times10^{-3}}{0.1}+\frac{3\times10^{-3}}{0.3}\right]\\&=7\ 241.785\ \text{kN}\end{aligned}$$

塑性铰区域外：

$$\begin{aligned}V_s&=\sum\pi/2\times A_vf_{yh}D'/s\\&=\frac{\pi}{2}\times2\times113\times340\times\left[\frac{5\times10^{-3}}{0.2}+\frac{3\times10^{-3}}{0.3}\right]\\&=4\ 224.375\ \text{kN}\end{aligned}$$

墩柱名义抗剪强度：

塑性铰区域内：$V_n=V_c+V_s=12\ 341.77$ kN

塑性铰区域外：$V_n=V_c+V_s=29\ 474.865$ kN

为了防止发生脆性剪切破坏，其抗剪强度应该满足：$V_{co}\leqslant\phi V_n$，经验算抗剪强度满足要求。

7)支座验算

依据设计资料，主桥球形支座有关参数如下：球形支座LQZ70000DX、LQZ70000SX转角为0.02 rad，位移量为200 mm；球形支座LQZ90000DX、LQZ90000SX转角为0.02 rad，位移量为150 mm。

对于本算例，球形支座的相对位移在两种模型下的相差不大，且最大的水平位移0.084 6 m，较设计位移限值0.1 m小，满足支座滑移要求。

通过抗震分析可以得到以下结论：

◆ 考虑了桩-土-相互作用以后，结构会变柔，结构的自振周期变长，基本周期相差0.09 s。

◆ 桩-土-结构相互模型与基底固结模型比较，结构关键部位的内力及部分位移差异较大，建议在进行动力分析时，考虑桩-土-结构的相互作用的影响。

◆ 在模态分析中，各振型最大振幅位置基本集中在墩底固结处、跨中截面和墩顶等部位。在抗震设计中应注意这些控制截面的延性设计，使该处出现塑性铰后能满足变形的要求。

◆ 在进行反应谱分析的时候，地震荷载竖向分量的影响是比较大的，尤其是在横向荷载作用下考虑了竖向分量以后，结构反应比不考虑竖向分量的要大得多，所以在进行桥梁设计和抗震分析时，荷载分量的选择和竖向分量与水平分量的比值都要慎重考虑，要尽量与实际情况相符。

◆ 对多跨连续梁桥进行抗震设计时，应重视提高设有固定支座墩的抗震能力。

(2)实例二

本桥由于地处山沟地带，在跨径布置上采用4×40 m的连续梁，主梁截面采用5片窄翼缘T梁拼装然后现浇部分翼缘板形成整体式主梁截面。下部结构为变截面独桥墩，墩顶截面为 6 m×1.9 m，墩底截面为 6 m×3 m，墩高均为 45 m，有限元模型如图 6-35 所示。

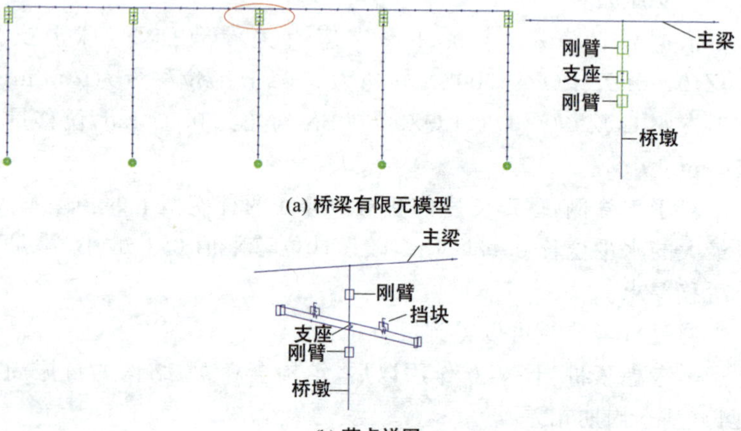

(a) 桥梁有限元模型

(b) 节点详图

图 6-35　有限元模型图

主梁采用弹性梁单元，桥墩采用非线性弹塑性单元，非线性变形规律采用退化的 Takeda 三折线模型，具体见图 6-36(a)，塑性铰长度按《08 细则》进行计算，塑性铰位置设置在桥墩底部，塑性铰范围内考虑墩部结构的弹塑性，塑性铰范围以外不考虑结构的弹塑性。

地震波输入方向为横向＋竖向，墩底内力均取最大值，分以下三种情况考虑：

模型 1：支座弹性，支座力-变形关系为线性，支座剪切刚度计算按《08 细则》第 6.3.7 款第一条计算；

模型 2：支座非线性，支座力-变形关系采用双线性理想弹塑性单元模拟，见图 6-36(b)

模型 3：支座非线性＋挡块，支座模拟同模型 2，挡块力-变形关系见图 6-36(c)。

地震波时程曲线采用 El Centro 地震波，本例主要考虑大震

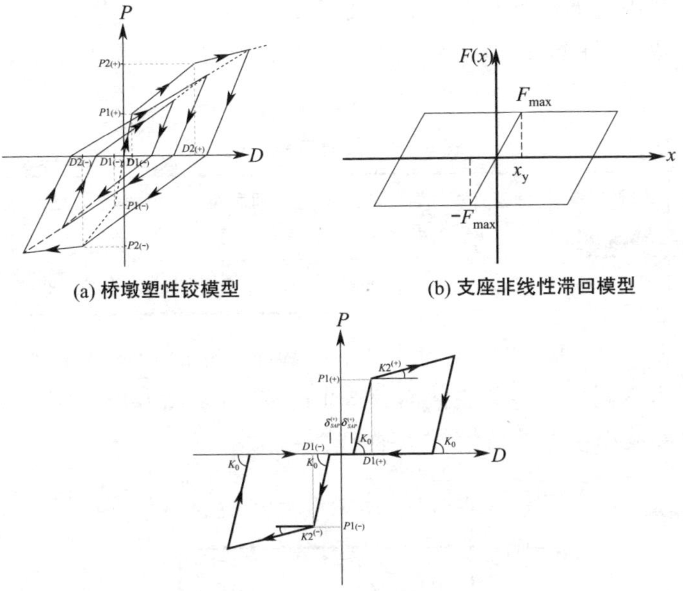

(a) 桥墩塑性铰模型　(b) 支座非线性滞回模型

(c) 挡块非线性滞回模型

图 6-36　非线性滞回关系

下桥梁不同模型的横向抗震性能，将原时程曲线放大 3 倍进行分析，见图 6-37。

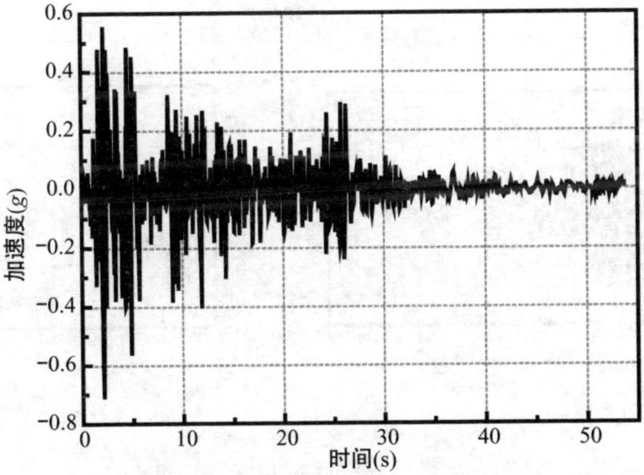

图 6-37　加载地震波记录加速度时程曲线

利用钢筋混凝土截面分析工具求解了该截面在竖向荷载作用下的弯矩-曲率关系，得到了墩底截面的抗弯承载能力参数，见表6-18所示。

表 6-18　截面弯矩-曲率

位置	屈服弯矩（kN·m）	屈服曲率（1/m）	等效屈服弯矩（kN·m）	等效屈服曲率（1/m）	极限弯矩（kN·m）	极限曲率（1/m）
墩底	1.036e5	3.635e-4	1.509e5	5.292e-4	1.985e5	22.19e-3

表6-19中为不同模型下各墩底截面弯矩时程曲线最大值，图6-38为不同模型各墩底截面的弯矩时程曲线，图6-39列出了墩底在地震波作用下的弯矩-曲率曲线。

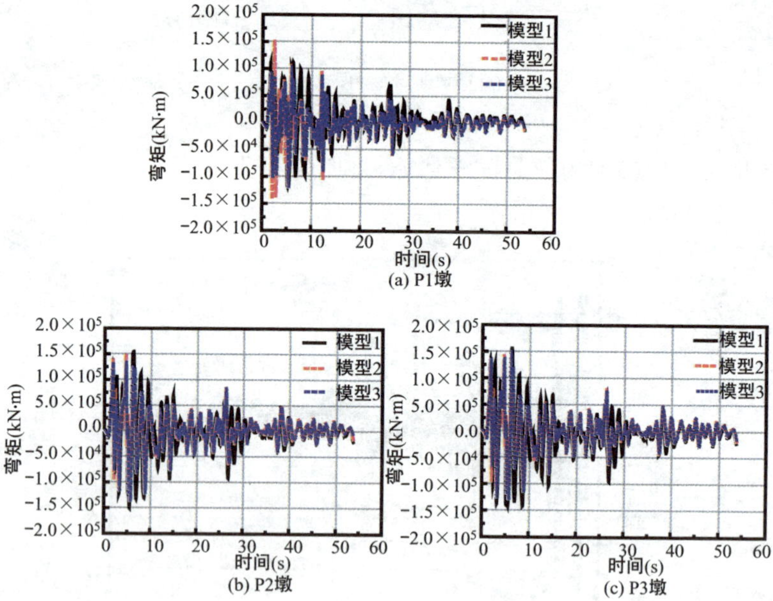

(a) P1墩　(b) P2墩　(c) P3墩

图 6-38　各墩底弯矩时程曲线

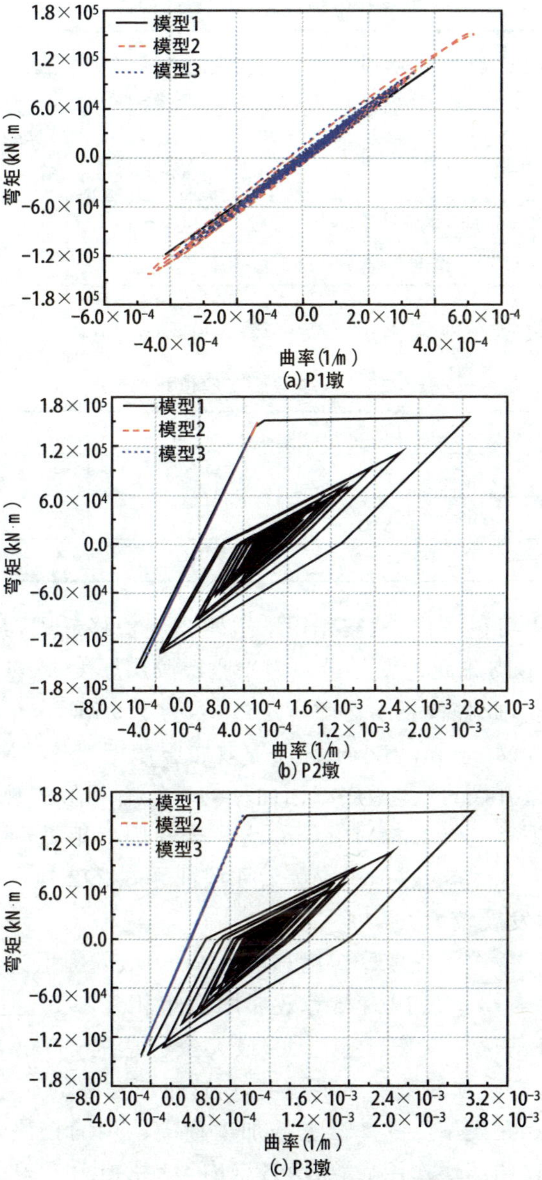

图 6-39　各墩底截面弯矩-曲率曲线

表 6-19　地震作用下墩底内力

墩号	模型 1			模型 2			模型 3		
	剪力	弯矩	曲率	剪力	弯矩	曲率	剪力	弯矩	曲率
	kN	kN·m	1/m	kN	kN·m	1/m	kN	kN·m	1/m
P1	4 290	1.19e5	4.164e-4	5850	1.520e5	5.227e-4	5 760	1.21e5	3.794e-4
P2	5 078	1.55e5	2.457e-3	5 110	1.49e4	5.233e-4	4 784	1.38e5	4.864e-4
P3	5 263	1.56e5	2.859e-3	5 944	1.43e4	5.020e-4	4 784	1.51e4	5.414e-4

不同模型在地震作用下支座变形见表 6-20 和图 6-40。

表 6-20　各墩墩顶支座位移(cm)

墩　号	模型 1	模型 2	模型 3
P1	17.7	47.1	19.2
P2	14.9	40.2	15.4
P3	16.3	39.5	16.5

由以上可以看出,地震作用下边墩支座位移最大,其中模型 1 达 17.7 cm,支座允许变形最大为支座橡胶层厚度 8 cm,此时支座已发生滑动,此种模型下边墩弯矩最小,为 119 MN·m,大于屈服弯矩 103.6 MN·m,但小于截面等效屈服弯矩 150.9 MN·m,墩底发生轻微开裂,同样墩底截面曲率与弯矩有相似的规律;但 2# 墩和 3# 墩弯矩为 155 MN·m,均大于屈服弯矩,墩底曲率远大于屈服曲率 3.635e-4,但小于等效屈服曲率 5.292e-4,墩底进入塑性,且塑性发展较大。

模型 2 考虑了支座摩擦滑移的影响,边墩内力增大,其余墩底内力减小,各墩墩底内力与等效屈服弯矩相差不大,但由表 6-20 可知,此种情况下支座位移过大,最大位移达到 47 cm,若要满足滑移要求,则必须要增加盖梁长度,而这是不实际的。

模型 3 在模型 2 的基础上增加了横向限位的挡块,当考虑支座摩擦滑移和挡块作用后,桥墩各墩内力均发生了变化,内力进行了重分配。考虑挡块作用后,各墩受力较为均匀,其中 1 号墩和 2

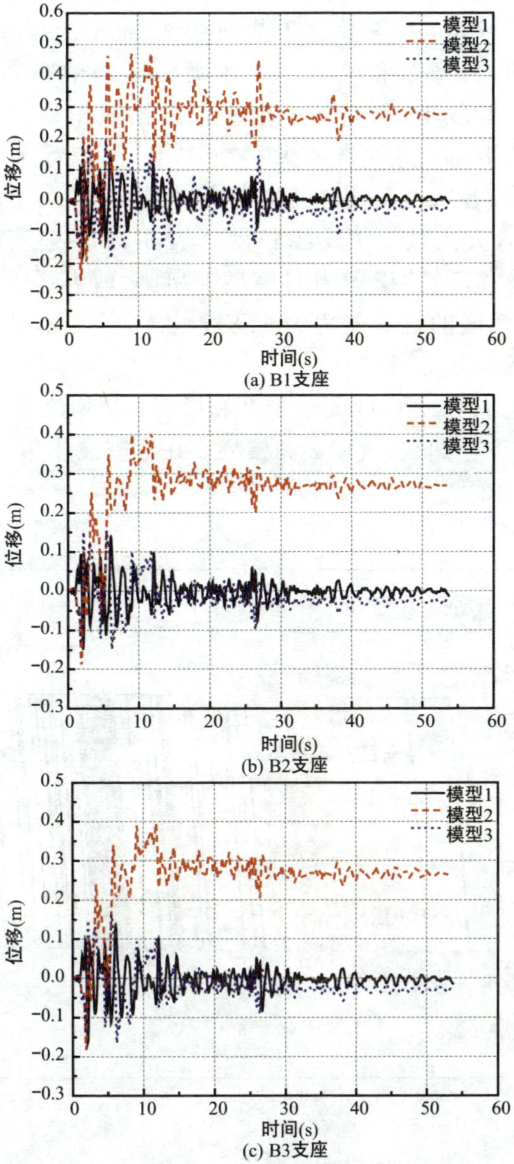

图 6-40　支座变形时程曲线

号墩墩底弯矩稍小于等效屈服弯矩，3号墩墩底截面弯矩稍大于等效屈服弯矩，由各墩墩底截面弯矩-曲率曲线中可以发现同样的规律，模型2和模型3中各墩墩底轻微开裂，与模型1相比塑性发展较小，但模型3中考虑的挡块作用，利用钢挡块约束支座的滑移位移；当考虑挡块作用后，位移大大减小，与模型2相比，各墩墩顶支座滑移距离减小了27.9 cm、24.8 cm和23.0 cm，大大减小了支撑长度。表6-19中还可以发现，当支座摩擦滑移后，边墩剪力与模型1相比，剪力增大较大，但经验算可知，截面的抗剪能力为1.82e4 kN，剪力不是控制因素，故不予考虑。

以边墩为例，图6-41是模型2和模型3边墩墩顶支座水平力和支座位移变形曲线；模型2和模型3在地震波作用下的力-变形曲线见图6-42。

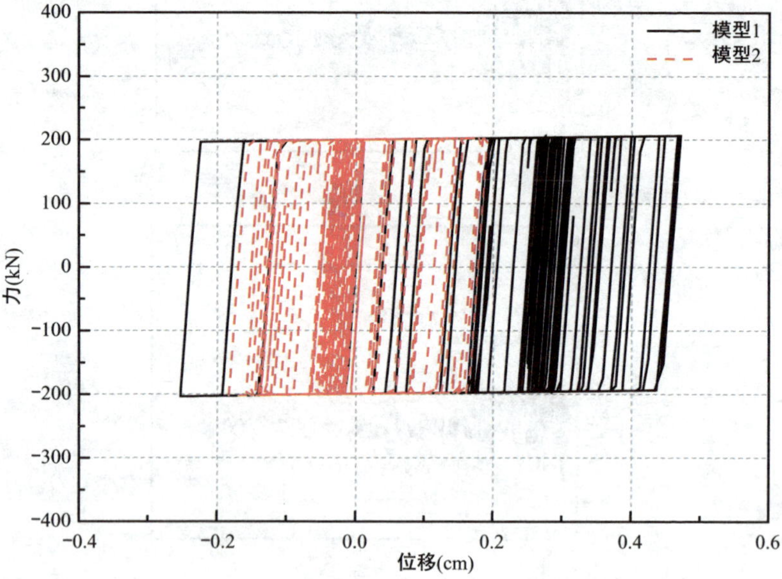

图6-41　边墩顶支座力-变形曲线

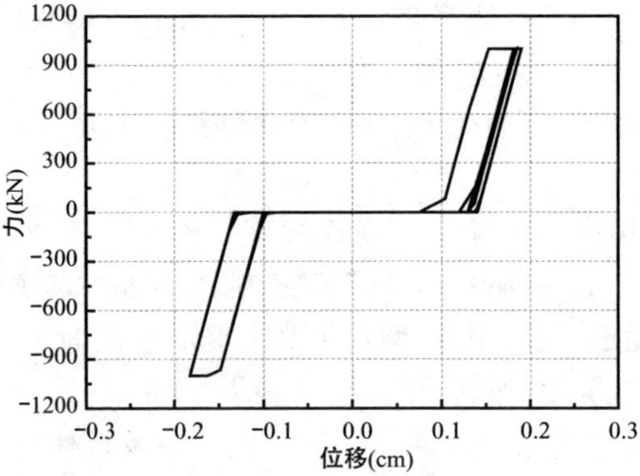

(a) B1挡块

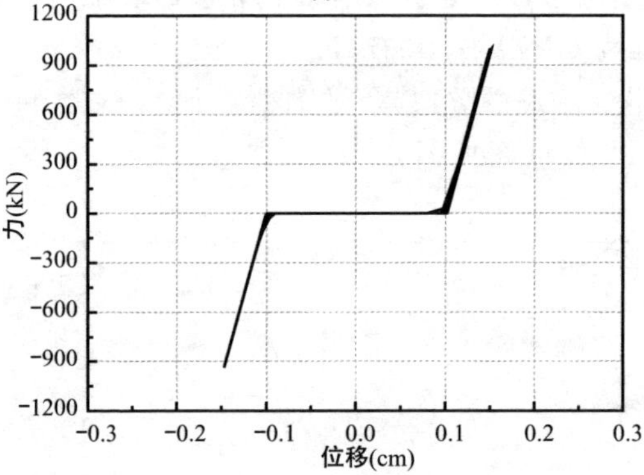

(b) B2挡块

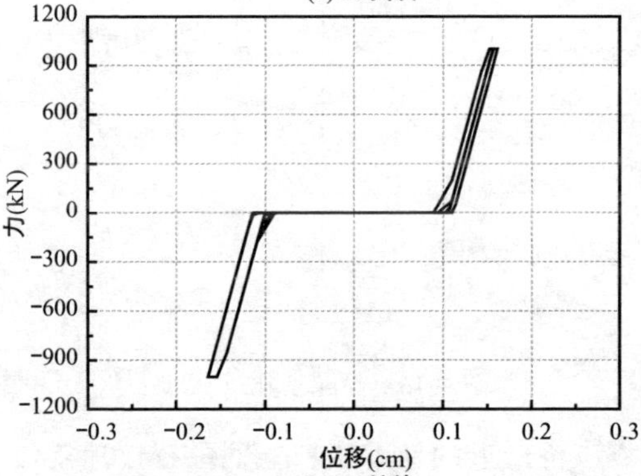

(c) B3挡块

图 6-42　各墩墩顶挡块水平力-位移变形曲线

由图 6-42 可知，边墩挡块进入非线性状态的程度较大，其余墩挡块基本处于弹性范围内，同时也说明了边墩挡块将进入非线性后，存在可不恢复的变形，支座滑移位移也增大。

(3)实例三

某 4 跨预应力 T 梁简支变连续直线桥梁图 6-43，跨径布置为 4×40 m，全桥长为 160 m，桥梁净宽为 12.5 m。该桥位于西部山区，各墩高度不一，其中，各墩高度从左到右依次为 15 m、51.5 m、85.5 m、55.5 m、27 m。

上部结构主梁采用 C50 混凝土，盖梁以及墩柱采用 C40 混凝土。桥梁采用圆形板式橡胶支座，伸缩缝处采用四氟板式橡胶支座，伸缩缝处为 $GYZF_4 450\times101$，连续处为 GYZ650×130。P1 墩和 P5 墩采用桩柱式桥墩，其余墩为变截面空心墩，桩基采用钻孔灌注桩，有限元模型图见图 6-43。

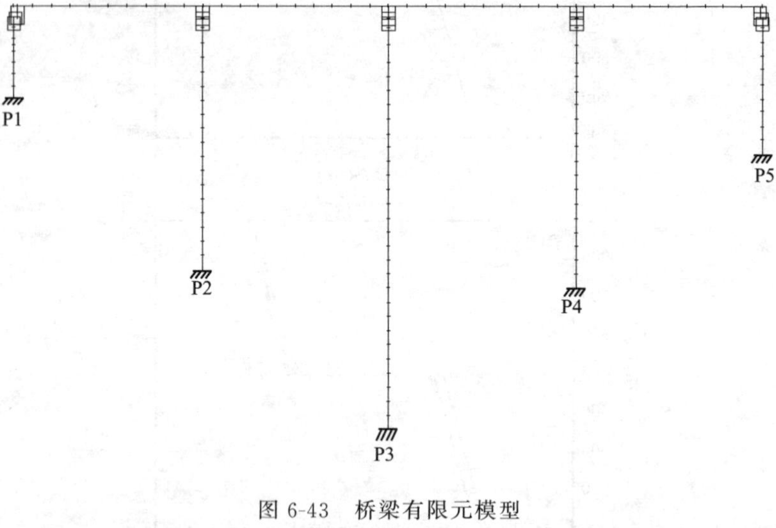

图 6-43　桥梁有限元模型

根据距离该桥最近的钻孔资料，选择 Taft 地震波作为桥横向地震动时程输入，最大幅值为 0.179 3g，见图 6-44。本例主要是研究大震下桥梁的抗震性能设计，计算时调整加速度峰值至 0.6g

进行计算。

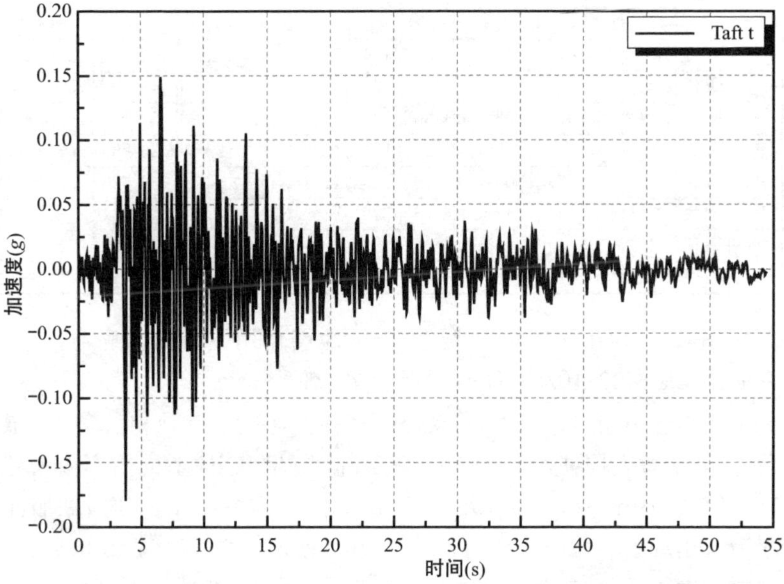

图 6-44　地震波加速度时程曲线(1952, Taft Lincoln School, 339 Deg,峰值加速度−0.1793g)

主梁采用弹性梁单元,桥墩采用非线性弹塑性单元,非线性变形规律采用退化的 Takeda 三折线模型,具体见图 6-36,塑性铰长度按《08 细则》计算,塑性铰位置设置在桥墩双柱墩顶部和底部,单柱墩的墩底。各截面在竖向荷载作用下的弯矩-曲率关系得到墩底截面的抗弯承载能力参数见表 6-21。考虑 3 种不同的模型,同 6.4.2 中实例一。通过非线性时程分析得到各墩底截面弯矩和曲率见表 6-22。

表 6-21　各墩底截面弯矩-曲率

截　面	屈服弯矩(kN·m)	屈服曲率(1/m)	等效屈服弯矩/kN·m	等效屈服曲率(1/m)	极限弯矩/kN·m	极限曲率(1/m)
2 m	7 016	1.275e-3	8.973e3	1.682e-3	10.93e3	27.13e-3
6 * 4.47	1.293e5	3.543e-4	1.793e5	4.912e-4	2.374e5	21.86e-3
6 * 6.17	1.554e5	3.456e-4	2.102e5	4.675e-4	2.809e5	21.59e-3

表 6-22　地震作用下墩底内力

墩号		模型 1			模型 2			模型 3		
		剪力	弯矩	曲率	剪力	弯矩	曲率	剪力	弯矩	曲率
		kN	kN·m	1/m	kN	kN·m	1/m	kN	kN·m	1/m
P1	墩顶	1 473	4 362	7.927e-4	643	2 207	4.010e-4	1 356	4 108	7.466e-4
	墩底	1 868	5 797	1.054e-3	1 358	3 985	7.242e-4	1 820	5 714	1.038e-3
P2	墩底	5 838	180 020	7.559e-4	3 602	121 840	3.231e-4	4 348	125 269	3.267e-4
P3	墩底	5 538	210 577	1.059e-3	5 094	135 911	2.955e-4	4 541	135 823	2.952e-4
P4	墩底	5 290	181 857	1.432e-3	4 763	129 914	3.560e-4	4 469	141 887	3.888e-4
P5	墩顶	2 150	7 641	1.405e-3	1 324	5 175	9.405e-4	1 113	4 309	7.830e-4
	墩底	2 674	9 407	7.323e-3	2 680	9 350	6.586e-3	2 464	8 796	1.983e-3

图 6-45 列出了不同模型在 Taft 地震作用下各墩墩底弯矩-曲率曲线，表 6-22 中为时程曲线反应最大值。

由以上分析可以看出，若支座保持弹性，除 P1 墩顶和墩底、P5 墩顶外，其余墩底均进入了塑性状态，其中 P3 墩和 P4 墩的曲率大大超过了等效屈服曲率，地震作用下 P3 墩的曲率为 1.059e-3（等效屈服曲率为 4.675e-4），P4 墩曲率为 1.432e-3（等效屈服曲率为 4.912e-4）；当支座允许滑动时，各墩内力均小于模型 1 中内力，由表 6-13 和表 6-14 可知，P1～P4 墩保持弹性，P5 墩进入塑性；当考虑支座非线性和挡块影响时，各墩内力与模型 2 相比，内力重新分配，除 P5 墩减小 6%外，内力均有增长，但均小于等效屈服弯矩。

图 6-46 和表 6-23 列出了不同模型在地震加速度下支座位移时程曲线和支座位移最大值。图 6-47 给出了支座的水平力-位移时程曲线。

表 6-23　不同模型横向地震作用下支座位移（cm）

墩号	模型 1	模型 2	模型 3
P1	19.7	32.3	18.9
P2	15.9	29.2	15.4
P3	5.9	19.8	6.5
P4	14.9	27.7	15.0
P5	23.8	33.5	19.8

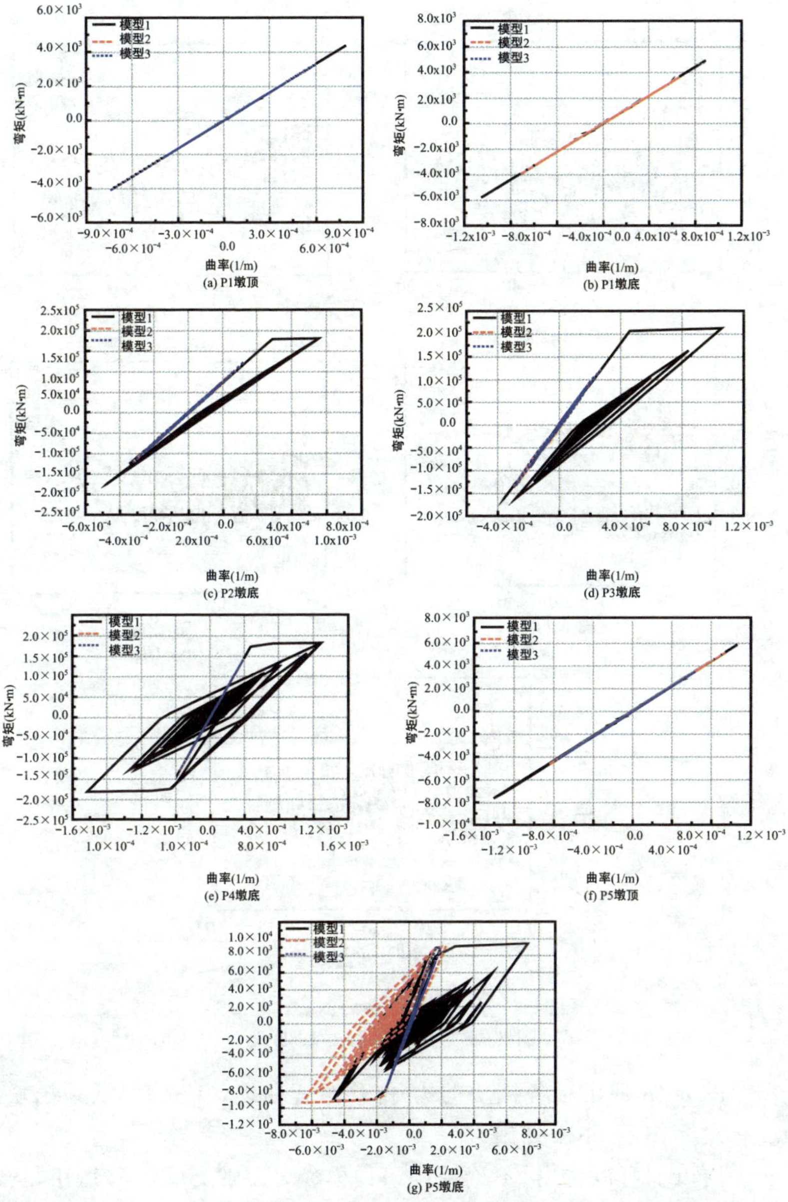

图 6-45　塑性铰弯矩-曲率曲线

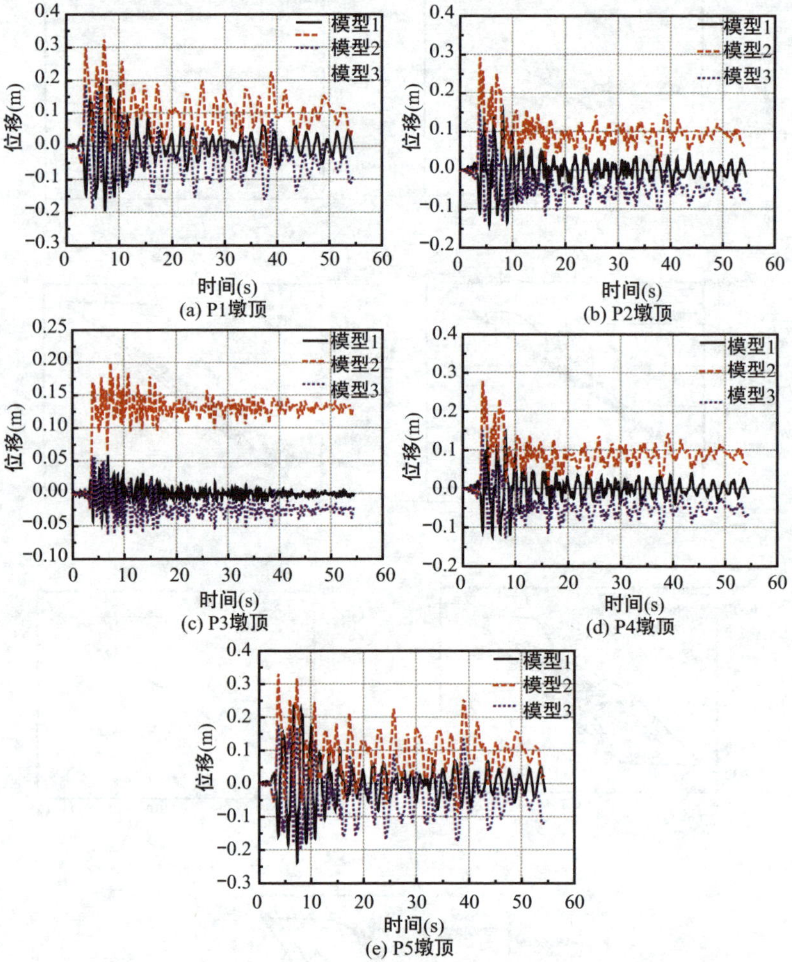

图 6-46　支座位移时程曲线

图 6-48 列出了各挡块的力-位移时程曲线，其中 P3 墩顶挡块没有发挥作用，不予列出。

由以上可以看出，不论采用何种模型，P3 墩支座位移最小，边墩支座位移最大。当支座线性时，由《08 细则》可知，除 P3 墩顶支

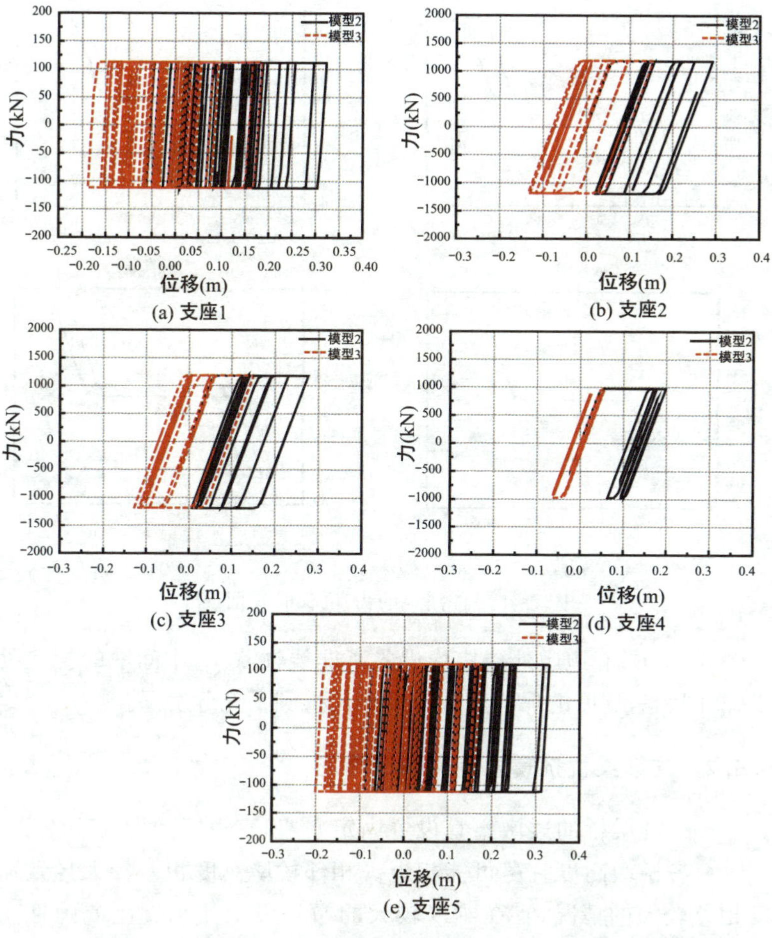

图 6-47　支座水平力-位移时程曲线

座外，其余墩顶支座变形过大，均大于支座厚度；当只考虑支座非线性时，支座位移过大，已开始滑动，其中边墩支座位移最大达到 33.5 cm；当考虑挡块作用和支座滑移时，各支座位移滑动位移限制在 20 cm 以内，与模型 2 各支座位移相比，增加挡块后，滑动位移大大减小，其中各墩位移分别减小了 41.5%、47.3%、67.2%、45.8%、40.9%，由表 6-23 可知，各墩的弯矩增幅不大，P5 墩还稍有减小。

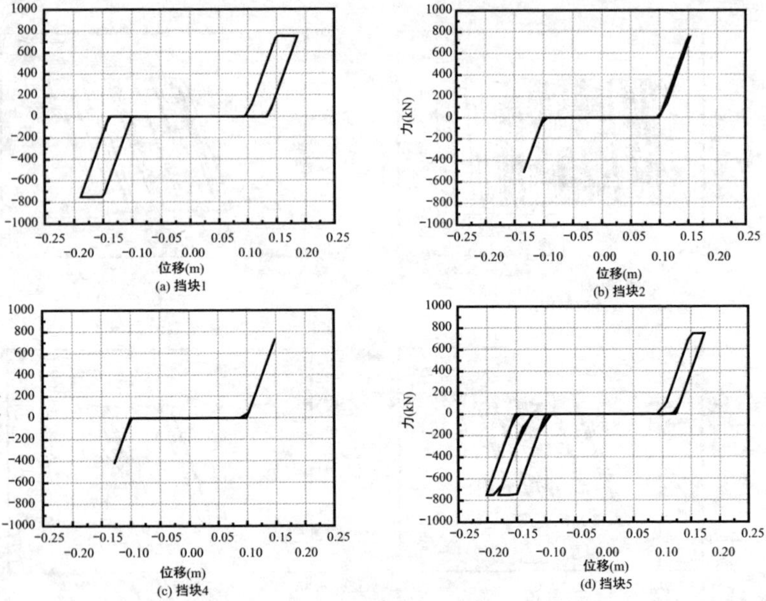

图 6-48　各挡块的力-位移时程曲线

由图 6-48 可知，边墩处挡块均进入了非线性状态，中间墩的挡块处于弹性状态，支座的保险丝式单元作用得到了充分发挥。

6.5.2　连续梁桥抗震设计及构造措施

◆ 连续梁桥的矮墩不宜设置固定支座，宜设置弹性支座。

◆ 各桥墩高度宜尽可能相近。相邻桥墩高度相差较大导致刚度相差较大的情况，宜在刚度较大的墩处设置活动支座或弹性支座（橡胶支座）。

◆ 对于大跨径长连续梁桥，整联梁体自重荷载很大，随之也会产生很大的水平地震力，且主要集中在固定支座墩上，为了改善各墩在地震作用时地震力的分配关系，可以在活动支座墩设置抗震销或挡块等抗震措施，并且在挡块（销）与梁体间预留一定的缝隙，使得活动支座既能分担部分水平地震力，又不影响正常条件下梁体的自由伸缩。如图 6-49～图 6-51 分别为设置抗震销、抗震耳环和挡块三种抗震构造方案。

◆ 位于Ⅷ度区的连续梁桥和桥面连续简支梁（板）桥，应设置横向和（或）纵向挡块，以防止产生较大位移。连续梁桥宜采取使上部构造所产生的水平地震荷载能由各个墩、台共同承担的措施，以免固定支座墩受力过大，挡块等限位装置的设计参数需要进行非线性时程分析来确定。

抗震销（图 6-49）是由槽钢或工字钢组合而成。预埋在墩顶的销栓，下端置于墩顶中央，上端伸入梁体底部预留销槽内，能够对梁体同时产生横向及纵向的约束。

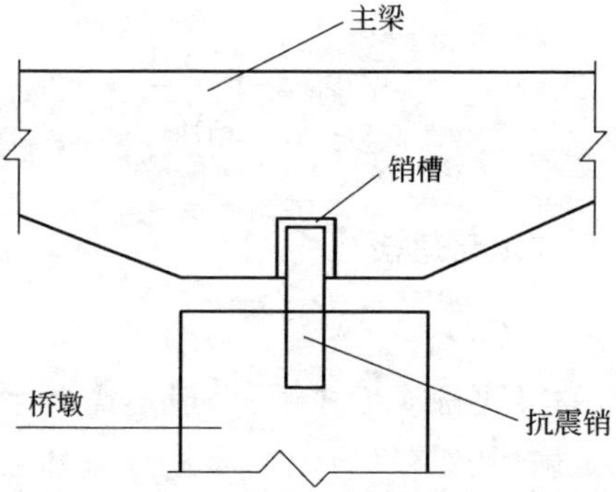

图 6-49　设置抗震销

抗震耳销（图 6-50）由钢柱加工而成，预埋在墩顶的销栓，下

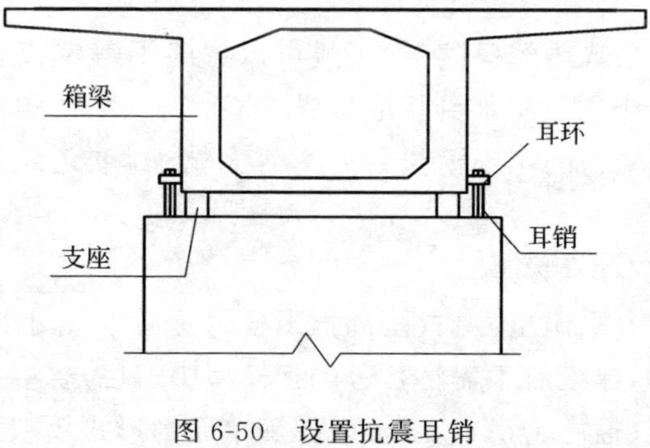

图 6-50　设置抗震耳销

端置于梁体外侧的墩顶上，上端伸入预埋在梁体的耳环内，对梁体横向、纵向均有约束。

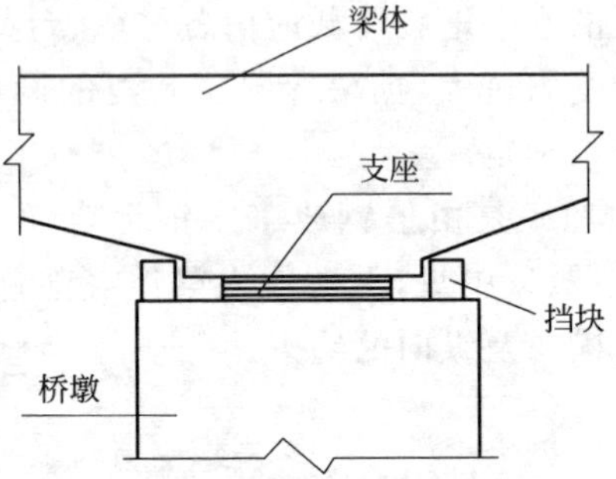

图 6-51　设置挡块

6.5.3　连续梁桥有限元建模

(1)上部结构计算模型

◆ 对于通常的梁式桥或板式桥，一般不需要采用三维实体单元或板单元，而是采用能够反应上部质量分布和刚度特征的简化鱼骨梁模型，即空间梁单元模拟。

◆ 对于横截面由多片梁或板组成的梁(板)桥，可将多片梁看成整体，即主梁按照单根梁建模，且桥面铺装层作为二期恒荷处理。

◆ 对于梁式桥的横隔梁，一般可以忽略不考虑或者是将其直接转换为集中质量施加到相应位置。

◆ 上部结构的刚度模拟一般不需太精细，单元划分可以粗略些。

(2)墩柱计算模型

◆ 当桥台采用重力式桥台时，由于其刚度相对主梁及其他墩而言无穷刚，建模时不需将其考虑到模型中，只需要根据桥台处支座设置情况(通常为滑动支承)以弹簧单元的形式模拟。

◆ 当全桥由主桥和两端引桥组成时，通常主桥的振型贡献占主要部分，在进行动力分析时，一般可以仅建立主桥部分的有限元模型，而在主桥两端考虑引桥质量。

◆ 对一般的混凝土梁桥，上部结构的惯性力贡献对墩柱的地震响应起到控制作用，墩柱自身的贡献较小，此时墩柱的单元可以划分的粗糙些；如果是重力式桥墩或者高墩，桥墩自身的贡献较大，单元划分则相对要求细一些。

◆ 当需要考虑墩柱的弹塑性反应时，一般选择适当的弹塑性单元以模拟塑性区的工作特性。目前，能够模拟钢筋混凝土墩柱弹塑性性能的主要包括：实体单元、纤维梁单元、基于屈服面的弹塑性梁柱单元、弹簧模型等。但是，由于地震的随机性以及混凝土材料的离散性，一般的地震响应分析精度比较粗糙，因此，在实际桥梁工程的弹塑性分析中，基于屈服面的弹塑性梁柱单元能较为正确的体现墩柱的整体弹塑性特性，关于 这一方面可以参考相关的文献。

(3)支座连接条件计算模拟

◆ 通常上部结构主梁是由多片梁或板组成，每片梁或板下设1～2 个支座，且横向一般设有抗震挡块或抗震锚栓。

◆ 在地震响应分析中，固定支座一般可以直接采用主从关系进行处理；而对于广泛采用的橡胶支座、抗震支座以及各种限位装置，都具有非线性特性，较精确的需要采用特殊的非线性单元进行模拟。

◆ 由于支座的水平刚度对地震响应的影响较大，在实际工程应用中，支座在竖向和三个转动方向的刚度可简化处理：对于可活动的自由度，刚度取 0，对不能活动的自由度，可设置主从关系或其他方式。而支座水平方向的刚度则应该依据其类型确定其力学特性。

◆ 几种典型支座等效刚度的确定

板式橡胶支座可以近似按照线性处理，支座的等效剪切刚度计算公式为：

$$K=\frac{GA}{\sum t} \tag{6-1}$$

式中,G 为支座的动剪切模量,取 1.2 MPa;A 为支座的剪切面积;$\sum t$ 为橡胶片总厚度。

聚四氟乙烯滑板橡胶支座的动力滞回曲线类似于理想弹塑性材料的应力应变关系,在临界位移 x_y 范围内,可认为是线弹性的,等效剪切刚度 K 取橡胶支座的水平剪切刚度,设滑动摩擦系数为 f,支座所承担的上部结构恒载为 N,则满足如下关系式:

$$x_y=\frac{fN}{K} \tag{6-2}$$

(4)基础及边界条件的模拟

◆ 当桥梁位于较坚硬的场地土中时,桥梁基础往往采用刚性扩大基础,此时,桥梁墩底一般可以采用固结边界条件。

◆ 当桥梁基础位于软弱土层中时,最常见的形式则是桩基础。此时一般要求考虑土-结构的相互作用,目前有两种等效处理方式:其一边界单元模型,用作用于边界元上的六个弹簧刚度等代群桩作用,这六个弹簧刚度是竖向刚度、顺桥向和横桥向的抗侧刚度、绕竖轴和两个水平轴的抗弯刚度;其二桩基模式,在计算图式中,用三维梁单元模拟实际的桩基础,用土弹簧单元模拟桩周围土抗力的影响。基岩或土层的人工地震波从桩端或土弹簧输入,土弹簧的面积根据土层的性质、厚度求得,土弹簧的设置根据土层深度确定,在取用土层的比例系数时,一般可取静力计算的 2～3 倍。

◆ 一般情况下,应考虑桩-土-结构的相互作用。当场地土满足如下条件时,可不考虑桩-土-结构的相互作用:

□ 上层(0～3 m)标准贯入锤击数 $N=20$ (粒状土壤);

□ 下层(3～9 m)标准贯入锤击数 $N=30$ (粒状土壤);

□ 湿土剪切强度大于 72 kPa(黏性土壤);

□ 剪切波速大于 180 m/s;

□ 不易液化、流动和冲刷；

□ 荷载条件的简化与处理。

6.6 连续刚构桥抗震分析

6.6.1 实例一

(1)工程概况

某3跨预应力混凝土连续刚构桥全长为231.71 m，其跨径为60 m+106 m+60 m。桥面宽22.50 m，在桥台与箱梁衔接处设置伸缩缝。设计荷载：汽车-超20级，挂车-120；地震基本烈度：Ⅶ度。

箱梁采用单箱单室断面，箱梁根部断面高度为6.0 m，跨中及边跨合龙段断面梁高为3.0 m，箱梁底板下缘按二次抛物线变化。主墩墩身纵桥向由两片薄壁墩组成，薄壁墩为工字型截面，薄壁墩上端与箱梁固结，中间通过横系板使两片薄壁墩连接，下端与承台固结。

如图6-52、图6-53所示，分别为有限元计算模型以及控制截面位置示意图。

(2)模态分析

根据该桥的空间结构特性，计算时振型组合方式为CQC，方向组合方式为SRSS，计入前80阶振型。结构自振特性见表6-24。

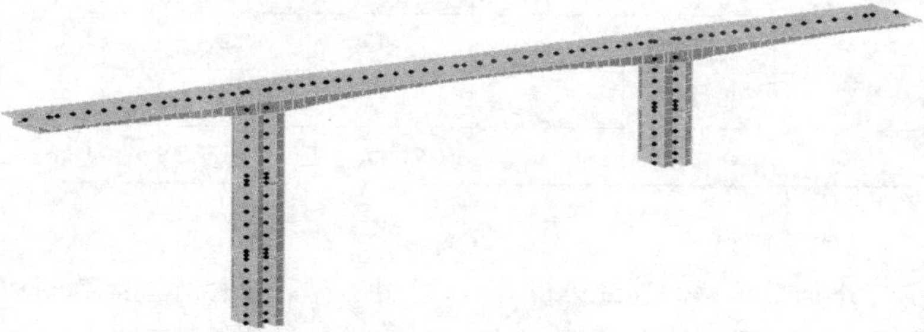

图6-52 全桥有限元模型

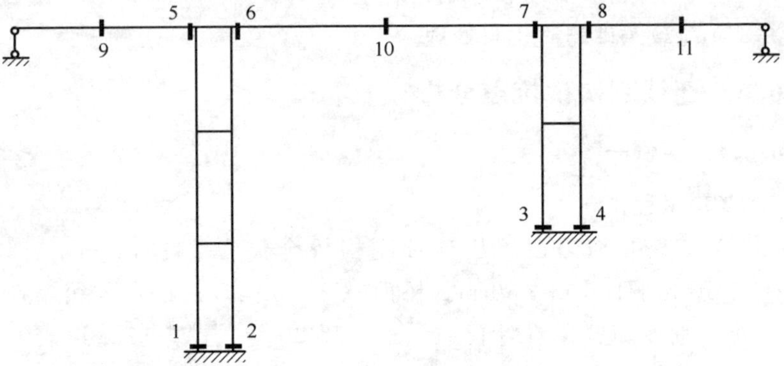

图 6-53 全桥计算图式及控制截面位置

表 6-24 结构自振特性表(仅列出前 10 阶)

模态序号	频率(Hz)	周期(s)	X 向累积振型贡献率(%)	Y 向累积振型贡献率(%)	Z 向累积振型贡献率(%)
1	0.482 1	2.074 1	87.67	0	0.01
2	1.047 9	0.954 3	87.67	65.62	0.01
3	1.337 8	0.747 5	89.05	65.62	2.31
4	1.576 7	0.634 2	91.54	65.62	7.58
5	2.388 9	0.418 6	91.54	67.24	7.58
6	2.693 2	0.371 3	91.86	67.24	8.05
7	2.814 4	0.355 3	93.37	67.24	8.08
8	3.247 0	0.308 0	93.45	67.24	42.95
9	4.064 5	0.246 0	93.45	80.96	42.95
10	4.120 8	0.242 7	94.97	80.96	43.26

(3)反应谱分析

下面以本章的连续梁桥为例,运用反应谱方法对该连续刚构桥进行了地震响应分析,同时根据反应谱分析的结果对各桥墩抗震性能进行评定。

表 6-25 连续刚构桥前 10 阶振型

模态序号	周期(s)	振型特征
1	2.074 1	纵弯
2	0.954 3	主梁横弯
3	0.747 5	1 号墩纵弯，主梁竖弯
4	0.634 2	主梁对称纵弯
5	0.418 6	主梁横弯
6	0.371 3	1 号墩纵弯，主梁反对称竖弯
7	0.355 3	1 号墩纵弯
8	0.308 0	主梁对称竖弯
9	0.246 0	主梁对称横弯
10	0.242 7	2 号墩纵弯，主梁竖弯

表 6-26 纵、横向地震作用下控制截面内力

截面位置		纵向地震			横向地震		
		轴力	剪力	弯矩	轴力	剪力	弯矩
主墩	1	4 961.25	578.89	7 122.63	23.48	1 118.82	50 902.57
	2	4 786.07	577.53	7 117.91	14.93	1172.61	53606.21
	3	10 412.12	1 672.79	17 708.49	4.96	2 397.90	88 758.23
	4	10 249.19	1 681.33	17 771.10	3.27	1 991.56	76 844.25
主梁	5	917.4	357.42	7 197.36	14.88	1 054.59	74 926.71
	6	777.76	705.55	18 910.14	24.29	1 679.41	76 007.1
	7	2 131.14	674.55	17 561.02	6.71	2 950.33	48 588.9
	8	909.42	486.4	19 610.19	17.16	1 722	54 219.67
	9	467.78	165.53	4 172.07	12.85	1 416.43	51 711.21
	10	1 406.18	419.35	4 765.47	13.97	1 194.56	66 678.47
	11	417.67	377.39	11 080.28	7.85	1 151.48	41 709.42

从表 6-26 可见，在纵向地震荷载作用下，矮墩 3、4 截面上的内力反应比高墩 1、2 截面处的反应大，主要是矮墩的纵向抗推刚

度大，而在横向地震荷载作用下，高墩控制截面的反应要明显增大，一般墩越高其反应越大；同时对于纵向地震作用，当考虑竖向地震荷载作用时其反应比较大，而对横向地震时的反应贡献不太显著。对于主梁，在纵向地震荷载作用下，梁墩固结处的梁根部反应比跨中大，但在横向地震作用下，主梁跨中的反应比根部大。因此，在连续刚构桥体系中，地震反应的控制截面的位置应该在墩底、主梁根部以及跨中截面处。

分析可知，对于该连续刚构桥而言，当考虑竖向地震荷载组合时，轴力的增幅在5%～10%，剪力的增幅在5%以内，而相应的弯矩增幅基本上为10%以下。

(4)桥墩延性分析

延性结构根据延性性能的发挥程度，可以分为三类：即完全的延性结构、有限延性结构和完全弹性结构。当按照完全延性结构类型设计时，结构的位移可以完全发挥出来，故其地震力可以较大的折减。按照有限延性结构类型设计时，结构的位移延性没有全部发挥，地震力有一定的折减；而按照完全弹性结构类型设计桥梁时，则全部依靠强度抵抗地震作用，设计地震力不能进行折减。

延性构件的设计地震力，可以利用地震力折减系数，由弹性反应谱得到 R。地震力折减系数，定义为强震动激起的单自由度弹性系统的最大地震惯性力 F_E 与相应的延性系统的屈服力 F_y 之比，即 $R=\frac{F_E}{F_y}$。

关于地震力折减系数，各国规范一般采用等位移准则(长周期结构)和等能量准则(中等周期结构)来确定。

对于长周期的单自由度系统，系统的最大位移反应与完全弹性系统的最大位移反应在统计的平均意义上相等，即等位移准则。新西兰规范与欧洲规范都规定，当结构的自振周期大于0.7 s，等位移准则就可以适用。根据等位移准则，可得：

$$R=\frac{F_E}{F_y}=\frac{\Delta_m}{\Delta_y}=\mu_\Delta \tag{6-3}$$

对于中等周期的单自由度系统，弹性体系在最大位移时所储存的变形能与弹塑性体系达到最大位移时耗能相等，即等能量准则。根据等能量准则，可得：

$$R=\frac{F_E}{F_y}=\sqrt{2\mu_\Delta-1} \tag{6-4}$$

以下的延性分析参照了我国《08 细则》[1]的有关规定。

箍筋设置是影响截面延性的主要因素，主要表现在含箍率、连接方式等方面。依据我国《08 细则》[1]第 8.1.2 条规定：矩形截面的最小含箍率 $\rho_{s\min}$ 在顺桥向和横桥向均不小于为 0.4%，可用下式计算：

圆形截面：

$$\rho_{s\min}=[0.14\eta_k+5.84(\eta_k-0.1)(\rho_t-0.01)+0.028]\frac{f'_c}{f_{yh}}\geqslant 0.004 \tag{6-5a}$$

矩形截面：

$$\rho_{s\min}=[0.1\eta_k+4.17(\eta_k-0.1)(\rho_t-0.01)+0.02]\frac{f'_c}{f_{yh}}\geqslant 0.004 \tag{6-5b}$$

式中，η_k 是轴压比；ρ_t 是纵向配筋率，f'_c 为混凝土抗压强度标准值，f_{yh} 为箍筋抗拉强度设计值。

由设计资料提供的墩身配筋图可知：顺桥向箍筋面积为 $A_g=6.786\ \text{cm}^2$，横桥向箍筋面积为 $A_g=2.262\ \text{cm}^2$。顺桥向含箍率 $\rho_{s\min}=\frac{A_g}{s_k b}=\frac{6.786}{10\times 1\,150}=0.06\%<0.4\%$，不满足规范要求；横桥向含箍率 $\rho_{s\min}=\frac{A_g}{s_k b}=\frac{2.262}{10\times 200}=0.11\%<0.4\%$，不满足规范要求。

6.6.2 实 例 二

(1)工程概况

实例二为主跨跨径 170 m 的预应力混凝土连续刚构，见图 6-54。主桥为单箱单室斜腹板断面。1 号墩、2 号墩为主桥桥墩，高度分别为 92 m、65 m，均采用钢筋混凝土双椭圆形薄壁空心墩，均采用桩基础。

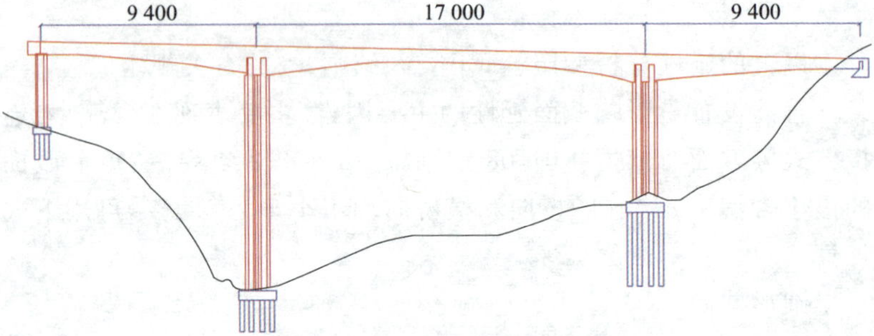

图 6-54　桥梁立面图(cm)

进行高墩桥梁延性能力分析。塑性铰特征值根据截面尺寸、配筋情况、材料特性等经 P-M-Φ 分析确定，并沿桥墩高度方向分配。输入加速度时程进行非线性时程分析，时程曲线见图6-55，最大加速度

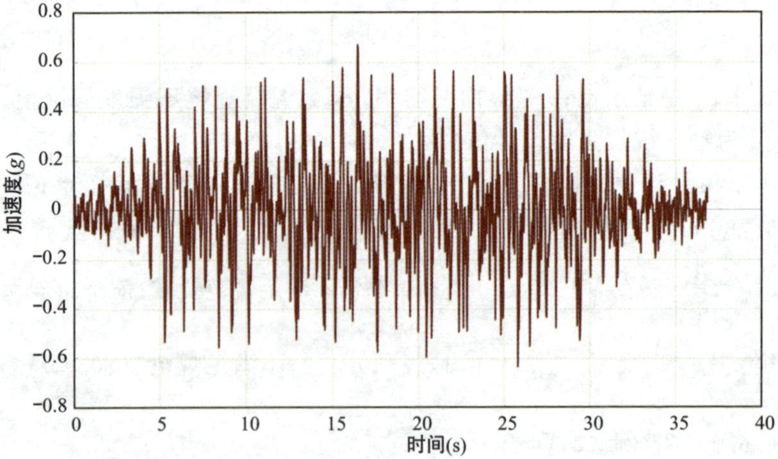

图 6-55　加速度时程曲线

0.669 9 m/s^2，在分析过程中采用不断增加最大加速度的方式，即增量动力分析(IDA)方法计算屈服位移和极限位移。增量动力分析方法的步骤如下：

①选择几条地震记录；

②对于每一条记录，通过乘以调整系数将其扩展成为一组不同强度的地震记录；

③选择可以表征结构损伤程度的损伤指标(DM)和表征地震强度的指标(IM)；

④进行非线性时程分析，得到损伤指标(DM)和地震强度指标(IM)的关系曲线。

(2)全桥顺桥向塑性铰发展情况

沿纵桥向输入地震动，将截面曲率作为构件性能指标进行监控，分析结构塑性铰分部情况。经非线性时程分析表明，在纵桥向输入最大加速度 0.06g 的时程后，结构保持弹性，不会出现塑性铰。将最大加速度调整至 0.2g，出现塑性铰，出现塑性铰的先后顺序及时间如表 6-27 和图 6-56 所示。结果表明：该连续刚构桥较矮 2 号墩首先出现塑性铰，然后是墩底钢筋屈服，其他位置保持弹性。

表 6-27　塑性铰出现的时间、位置及状态

序号	时间(s)	位置			
		1 号墩墩顶	1 号墩墩底	2 号墩墩顶	2 号墩墩底
1	18.68	弹性	弹性	屈服	弹性
2	18.76	弹性	弹性	塑性铰发展	屈服
3	18.92	弹性	弹性	塑性铰继续发展	塑性铰发展

继续调整最大加速度至 0.3g 时，出现塑性铰的先后顺序及时间如表 6-28 和图 6-57 所示。结果表明：在较矮墩墩顶和墩底出现塑性铰后，较高墩墩顶钢筋屈服。并且在该水平地震动作用下，较矮墩将出现中等程度的损伤。

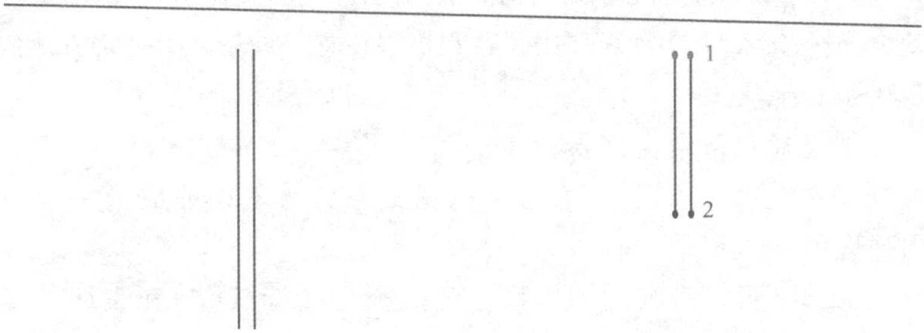

图 6-56　塑性铰分布情况与状态(PGA=0.2g)

表 6-28　塑性铰出现的时间、位置及状态

序号	时间(s)	位置			
		1 号墩墩顶	1 号墩墩底	2 号墩墩顶	2 号墩墩底
1	13.20	弹性	弹性	屈服	弹性
2	17.40	弹性	弹性	塑性铰发展	屈服
3	17.64	屈服	弹性	塑性铰发展	塑性铰发展
4	19.40	塑性铰发展	弹性	塑性铰继续发展	塑性铰继续发展

图 6-57　塑性铰分布情况与状态(PGA=0.3g)

当继续增加地震动峰值加速度时,发现连续刚构桥较高的 1 号墩墩顶钢筋屈服先于 2 号墩墩底。当地震动峰值增加到 0.6g 时,1 号墩中部钢筋开始屈服,如图 6-58 所示。

沿纵桥向输入地震动,采用 IDA 方法得到结构 DM-IM 曲线,

图 6-58　塑性铰分布情况与状态(PGA＝0.6g)

即曲率与地震动峰值加速度曲线,如图 6-59 所示。由图可得到与上面分析相同的结论,即在强震作用下,墩顶钢筋首先屈服,且较矮墩早于较高墩,结构将因较矮墩的严重损伤导致结构丧失承载能力而最终破坏。

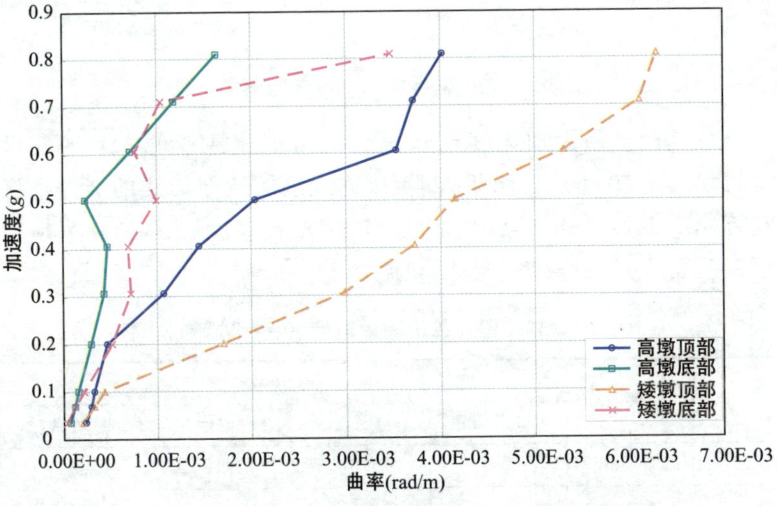

图 6-59　纵桥向地震作用下结构 DM-IM 曲线

(3)全桥横桥向塑性铰发展情况

将最大加速度调整至 0.4g,沿横桥向输入加速度时程。出现塑性铰的先后顺序及时间如表 6-29 和图 6-60 所示。结果表明:该连续刚构桥较矮的 2 号墩墩底将首先出现塑性铰,其次在 1 号墩墩底出现塑性铰，其他位置保持弹性。

表 6-29　塑性铰出现的时间、位置及状态

序号	时间(s)	位　　置			
		1 号墩墩顶	1 号墩墩底	2 号墩墩顶	2 号墩墩底
1	18.12	弹性	弹性	弹性	屈服
2	18.24	弹性	屈服	弹性	塑性铰继续发展

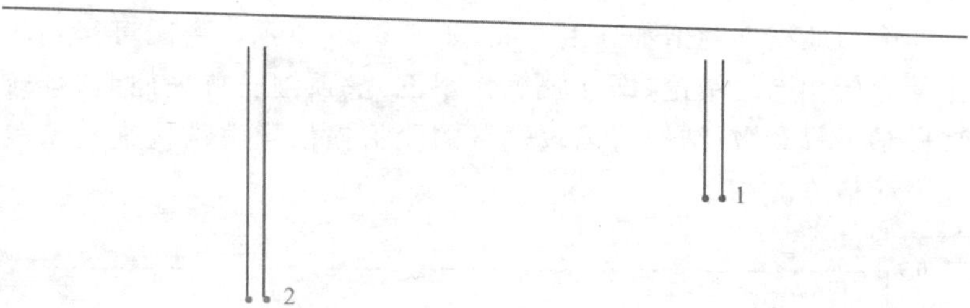

图 6-60　塑性铰分布情况与状态

继续调整最大加速度至 0.6g 时，出现塑性铰的先后顺序及时间如表 6-30 所示。结果表明：该连续刚构桥在较矮的 2 号墩墩底首先出现塑性铰，其后在 1 号墩墩底出现塑性铰，随后 1 号墩墩顶钢筋屈服。

表 6-30　塑性铰出现的时间、位置及状态

序号	时间(s)	位　　置			
		1 号墩墩顶	1 号墩墩底	2 号墩墩顶	2 号墩墩底
1	9.96	弹性	弹性	弹性	屈服
2	14.04	弹性	屈服	弹性	塑性铰继续发展
3	19.84	屈服	塑性铰继续发展	弹性	塑性铰继续发展

地震动峰值加速度调整至 0.7g 时，较高墩中部出现钢筋屈服，继续增加峰值加速度至 0.95g 时，较矮墩墩顶出现塑性铰，图

6-61 为全桥横向塑性铰分布情况。

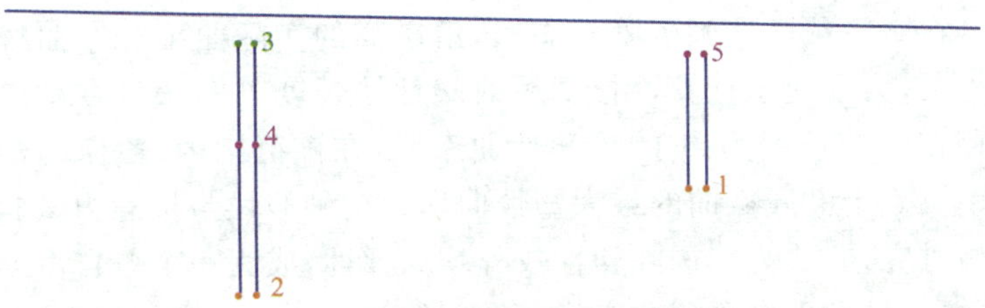

图 6-61　塑性铰分布情况与状态

沿横桥向输入地震动，采用 IDA 方法得到结构 DM-IM 曲线，即曲率与地震动峰值加速度曲线，如图 6-62 所示，结构将因较高墩的严重损伤导致结构丧失承载能力而最终破坏。

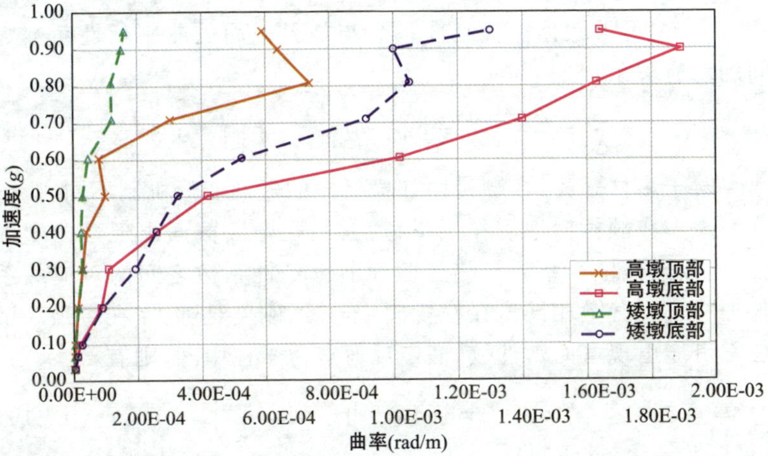

图 6-62　横桥向地震作用下结构 DM-IM 曲线

(4)截面曲率延性能力

对于简单的结构构件，可以得到曲率延性系数与位移延性系数之间的对应关系。对于独柱式悬臂桥墩，在墩底截面刚屈服时，可以认为曲率沿墩高成线性分布，则墩顶屈服位移与屈服曲率之间的关系可表示为：

$$\Delta_y=\frac{1}{3}\phi_y l^2 \tag{6-6}$$

在墩底截面达到极限状态时，沿墩高的实际曲率分布曲线比较复杂，为了便于计算，引入“等效塑性铰长度 l_p”，假设在墩底附近存在一个长度为 l_p 的等塑性曲率段，在该范围内，截面的塑性曲率恒等于墩底截面的最大塑性曲率。这种假设与拟静力试验条件相对应，即认为结构除塑性铰外均为弹性，成为一个单自由度体系，结构只发生一阶弯曲变形。按照等效塑性铰长度的概念，在墩底截面达到极限状态时，桥墩的塑性转角为：

$$\theta_p=l_p(\varphi_u-\varphi_y) \tag{6-7}$$

假定在达到极限状态时，桥墩以等塑性铰区的中心点为塑性转动中心，则墩顶的塑性位移为：

$$\Delta_p=(\varphi_u-\varphi_y)l_p(l-0.5l_p) \tag{6-8}$$

由此，可得墩顶位移延性系数与临界截面的曲率延性系数之间的对应关系：

$$\mu_\Delta=\frac{\Delta_u}{\Delta_y}=\frac{\Delta_y+\Delta_p}{\Delta_y}=1+3(\mu_\varphi-1)\frac{l_p}{l}\left(1-0.5\frac{l_p}{l}\right) \tag{6-9}$$

对于多柱式桥墩，顺桥向和横桥向的塑性变形机制不同，应分开考虑。在顺桥向地震作用下，通常只在墩底截面出现弯曲塑性铰，所以墩顶位移系数与临界截面曲率延性系数之间的对应关系与独柱式悬臂墩相同。在横桥向，若盖梁刚度足够大，在墩顶和墩底都可能出现弯曲塑性铰，假定反弯点位于柱中间，则有：

$$\mu_\Delta=1+6(\mu_\varphi-1)\frac{l_p}{l}\left(1-\frac{l_p}{l}\right) \tag{6-10}$$

在高墩桥梁中，桥墩较多的采用了空心薄壁截面，有少数桥墩由于桥墩高度略低也会选择实心截面，为此，本节将研究两种截面形式的曲率延性能力。考虑截面轴力后，经过 P-M-Φ 分析，得到截面曲率延性见表 6-31 和表 6-32。从表中结果可见：①由于屈服曲率取为第一根钢筋屈服时的曲率，因此空心截面和实心截面屈服曲率基本相同；②在轴力相差不大的情况下，空心截面的极限曲率略大于实心截面极限曲率，也就是说空心截面的曲率延性系数较大，如果等效塑性铰长度相同，则空心截面的塑性转动能力较强，如果桥墩高度相同，由式(6-6)～式(6-10)可知，空心墩的位移延性也较实心墩大；③由以上两点可知，在纵向钢筋和横向箍筋基本相同的情况下，空心墩具有较好的延性。

表 6-31　高墩截面曲率延性(顺桥向)

墩号	截面位置	截面形式	屈服曲率	极限曲率	曲率延性系数
1号	墩顶	实心	0.66E-3	8.58E-3	13
		空心	0.68E-3	11.29E-3	17
	墩底	实心	0.70E-3	7.63E-3	11
		空心	0.72E-3	9.56E-3	13
2号	墩顶	实心	0.68E-3	8.28E-3	12
		空心	0.70E-3	10.49E-3	15
	墩底	实心	0.70E-3	7.71E-3	11
		空心	0.72E-3	9.65E-3	13

表 6-32　高墩截面曲率延性(横桥向)

墩号	截面位置	截面形式	屈服曲率	极限曲率	曲率延性系数
1号	墩顶	实心	0.23E-3	2.87E-3	12
		空心	0.24E-3	3.40E-3	14
	墩底	实心	0.24E-3	2.47E-3	10
		空心	0.26E-3	2.83E-3	11
2号	墩顶	实心	0.23E-3	2.71E-3	12
		空心	0.25E-3	3.13E-3	13
	墩底	实心	0.24E-3	2.49E-3	10
		空心	0.26E-3	2.89E-3	11

通过非线性分析，与矮墩相比，高桥墩位移延性较低，且塑性铰的分布情况也与矮墩有差异；对于高桥墩常用的实心截面和薄壁空心截面，前者曲率延性系数较后者低。可见，高墩大跨桥梁与中小跨径桥梁动力响应的差异。

6.6.3 连续刚构桥抗震设计及构造措施

连续刚构桥具有造型优美、跨越能力强、施工方便、造价低等优点，近年来在我国山高谷深的西南、西北地区大量采用。2008年在汶川地震中庙子坪大桥是近年国内第一座大跨度连续刚构桥震害实例，主要震害是桥墩开裂和倾斜，并且5号墩水下部分出现横向贯通裂缝，裂缝宽度达0.8mm。刚构桥的易损部位在墩顶和墩底，由于刚构桥一般跨越峡谷或河流，震后维修较为不便。

对于连续刚构桥，其上部结构与下部结构刚结的方式，最适合于较细长的桥墩。这种连接方式在抵抗地震侧向力、特别是纵桥向的地震力上，具有一定优势，因为它与支座联结方式相比，增加了结构的超静定次数。由于桥墩在墩顶采用固结形式，在强震作用下，墩顶也将形成塑性铰，从而产生一个附加的耗能机制。在纵向反应中，这种连接将使桥墩产生双向弯曲，从而使桥墩在截面尺寸和钢筋含量不变的条件下，增加了其纵向抗剪能力。

如果采用多柱式桥墩，而且桥墩在墩底固结，则在强震作用下，无论是在纵桥向还是在横桥向，桥墩均处于双向弯曲状态。于是，桥墩在纵向和横向可取相同的刚度。这样就出现了抗震设计的最佳方案：当采用圆柱墩时，桥墩在各个方向的抗震能力均是相同的。

在地震中，碰撞产生的撞击力非常大，往往使桥梁结构遭受破坏。相邻桥梁之间的碰撞通过设置较大的间距可以避免。而相邻跨上部结构之间以及上部结构与桥台之间的碰撞则主要通过设置缓冲材料，如橡胶垫等弹性衬垫，以此减小撞击力。

上、下部结构采用支座联结方式的最大优点，是在上部结构和桥墩之间几乎没有地震弯矩的传递，与刚接方式相比，只是增加了桥墩的地震弯矩，但上部结构的抗震设计则大大简化了。

采用支座联结方式的另外一个优点，是上部结构和桥墩之间通过柔性支座隔开，延长了结构的固有周期。这对于大部分场地条件都是有利的，因为周期延长导致结构的弹性设计地震力水平下降，但对于软土地基，可能效果相反。

相比刚结体系,采用支座联结方式的主要缺点,是上部结构对地震位移较为敏感。由于支座的柔性,结构的最大反应位移可能明显增大。如果采用多柱式桥墩,则结构的纵向地震反应与竖向悬臂梁的反应相同,但在横桥方向,反应却是双向弯曲变形。对于这类结构,不适合在墩底铰接,以减小基础的地震力。

为了限制支座的横向位移,通常需要在横桥方向设置支座挡块。如果不设置挡块,柔性支座将对结构横桥向的位移延性产生较不利的影响。设置了支座挡块,显然对提高结构横桥向的位移延性有利,但它对桥梁横桥向地震反应的影响,目前尚未分析清楚。另外,由于在纵向不能设置挡块,所以柔性支座将对结构纵向的位移延性产生不利的影响。

6.6.4 连续刚构桥的抗震特点

高墩大跨径连续刚构桥由于其经济上、结构上以及建筑效果上的优点,它已经在桥梁工程领域中得到了广泛的推广和应用。而对于高墩大跨刚构桥,其抗震能力往往是设计中的主要因素,它将直接影响着墩身的承载能力的大小。目前,关于大跨径直线刚构桥的抗震性能研究较多,但大部分都局限于单个因素的分析,同时对于弯连续刚构桥的抗震性能研究也较少。

近些年来,随着高等级公路在山区的发展,尤其是西部地区修建了不少数量的高墩大跨径刚构桥,对于此类桥梁的研究也逐步深入。结合西部地区连续刚构桥的抗震性能的评价与研究,对于高墩大跨径刚构桥的抗震特性总结如下:

(1)直桥抗震特点

◆ 顺桥向激励时,随着墩高的增加,桥梁各个控制点的内力响应值一般而言逐渐减小。但随着墩高的增加,减少的幅度变小,即内力值随着墩高变化曲线逐渐平缓,达到一定高度时,再增加墩高,则达不到减小墩底地震响应值的效果。增加墩高,墩顶位移值先减小,后逐渐增加,增加墩高对墩顶位移而言,有可能偏不利。

◆ 横向地震激励时，变化规律类似；墩高对主梁内力和墩顶横向位移影响不大。

◆ 对于直连续刚构桥，其面内和面外振型会自动分开，因此，当顺桥向激励时，主墩截面的横向剪力、弯矩、面外弯矩基本为零；主梁上竖向剪力为零，扭矩和面外弯矩基本为零，横向剪力相对轴力较小。而曲线刚构桥由于“弯扭耦合”的存在，面内振型和面外振型出现耦合，故纵桥向激励时，主墩产生较大的横向剪力、扭矩、面外弯矩，主梁上产生较大的竖向剪力、扭矩和面外弯矩。

(2)弯桥抗震特点

◆ 弯桥的曲率在一定范围内时，对桥梁的自振特性影响不大。当考虑桩土共同作用后，结构体系变柔，但土与结构的相互作用对桥梁的竖向振动频率影响很小，对桥梁的横向振动频率影响相对较大。

◆ 墩高较低时，增加高度的值，内力影响急剧下降，达到一定高度之后，内力响应值趋于平缓，并开始出现反弹。

◆ 对于高墩连续刚构桥，在顺桥向，墩顶钢筋首先屈服，且较矮墩早于较高墩，结构将因较矮墩的严重损伤导致结构丧失承载能力而最终破坏；在横桥向，首先在弯矩较大的墩底处出现塑性铰，且较高墩先于较矮墩，结构最终因较高墩的严重损伤而失效。不论是顺桥向还是横桥向，较高桥墩中部也会出现塑性铰，因此，应加强该部位的延性设计。

◆ 通过 P-M-Φ 分析表明：由于屈服曲率取为钢筋屈服时的曲率，因此空心截面和实心截面屈服曲率基本相同；在轴力相差不大的情况下，空心截面的极限曲率略大于实心截面极限曲率，也就是说空心截面的曲率延性系数较大，如果等效塑性铰长度相同，则空心截面的塑性转动能力较强，如果桥墩高度相同，空心墩的位移延性也较实心墩大；由以上两点可知，在纵向钢筋和横向箍筋基本相同的情况下，空心墩具有较好的延性。

6.7 本章小结

本章对桥梁中常用的桥梁结构形式的抗震分析、评价内容和过程进行了详细介绍，包括结构特点、动力特性、地震动输入、基于反应谱法的地震响应分析、时程分析、桥墩和支座的抗震验算、桥墩延性设计等，特别是在梁桥抗震性能验算时支座不作为抗震性能不满足的依据，应注重桥梁中“保险丝式单元”的设计，并总结了桥梁结构的抗震特点和抗震措施。

参考文献

[1] 公路桥梁抗震设计细则(JTJ/T B 02-01—2008).北京：人民交通出版社，2008.

[2] 何度心，黄龙生，陆干文，周雍年.桥梁抗震计算.北京：地震出版社，1991.

[3] 林新元，王克海.太枣沟大桥地震响应分析.公路交通科技，2004年8月.

[4] Wang ke-hai, Lin xin-yuan etc. Investigation of the Bridge Seismic Performance in the West of China. 13th World Conference on Earthquake Engineering, Canada, 2004.8.

[5] 范立础.桥梁抗震.上海：同济大学出版社，1997.

[6] 范立础，李建中，王君杰.高架桥梁抗震设计.北京：人民交通出版社，2000.

[7] 范立础，卓卫东.桥梁延性抗震设计.北京：人民交通出版社，2000.

[8] 范立础.桥梁工程(上册).北京：人民交通出版社，2000.

[9] 范立础.城市桥梁抗震设计规范中若干问题.第十四届全国桥梁学术会议，2000.

[10] 胡勃，袁万城，范立础.桥梁抗震强度设计方法的可靠性评价.同济大学学报，1999(4).

[11] 潘龙，孙利民，范立础.基于推倒分析的桥梁地震损伤评估模型与方法.同济大学学报，2001(1).

[12] 钟万勰.大跨度结构抗震设计的国内外近期发展趋势.工程技术，2000(3).

[13] 王永刚，张景绘，李更俭.区间分析在桥墩抗震性能评估中的应用.中国公路学报，2000(1).

[14] 姜海波，车惠民，钱永久.一座既有铁路混凝土梁的承载力可靠性评估.桥梁建设，1998(2).

[15] 朱晞，弓俊青.钢筋混凝土桥梁延性抗震设计的研究与发展.桥梁建设，2000(1).

[16] 弓俊青，朱晞.以位移为基础的钢筋混凝土桥梁墩柱抗震设计方法.中国公路学报，2000(4).

[17] 袁万城，胡勃，范立础.柱式桥墩横向抗震性能及评价.上海：同济大学出版社，1996.6.

[18] 王亚勇.我国2000年抗震设计模式规范展望.建筑结构，1996(6).

[19] 胡人礼. 桥梁桩基础分析和设计. 北京:中国铁道出版社,1987.

[20] 胡人礼. 桥涵地基和基础. 北京:中国铁道出版社,1991 和 2002.

[21] Caltrans, Caltrans seismic criteria version1. 2,2001.

[22] Eurocode 8-Design provisions for earthquake resistance of structures-part2 : Bridges. Brussels. Committee European de Normalization (CEN) , 1994.

[23] 日本道路协会. 道路桥示方书·同解说 V 耐震性能篇,1996.

[24] National Standard of Canada CAN/CSA-S6-00, Canadian Highway Bridge Design Code. Section 4: Seismic Design. CSA International,2000.

[25] AASHTO. Standard Specifications for Highway Bridges, Division I-A Seismic Design 1996.

[26] 铁路工程抗震设计规范(GBJ 111—87). 北京:中国计划出版社,1988.

[27] 王克海,韦韩,李茜,李悦 . 中小跨径公路桥梁抗震设计理念[J]. 土木工程学报,2012,45(9):115-121.

[28] 王克海,李茜,韦韩 . 汶川地震对我国地震区划图与桥梁抗震设计的启示[J]. 工程力学,2010,27(6):120-126.

[29] 王克海,孙永红,韦韩,等 . 汶川地震后对我国结构工程抗震的几点思考[J]. 公路交通科技,2008,25(11):54-59.

[30] 王克海,韦韩,李茜 . 双层组合抗震挡块[P]. 中国:CN 201952721 U,2011.

[31] 王克海,韦韩,李茜 . 双层钢筋混凝土抗震挡块[P]. 中国:CN 201952720 U,2011.

[32] 王克海,韦韩,李茜 . 双层钢板抗震挡块[P]. 中国:CN 201952720 U,2011.

第7章　斜拉桥抗震分析及减震研究

斜拉桥主要由主梁、索塔和斜拉索三部分承重构件组成。主梁一般采用混凝土结构、钢-混凝土组合结构或钢结构，索塔主要采用混凝土结构，而斜拉索通常采用高强钢丝或钢绞线的高强材料。它是一种桥面系受压，支承体系受拉的桥梁，其桥面系由主梁构成，支承体系由斜拉索组成。斜拉桥以其传力路经明确、结构受力性能好、跨越能力大、结构造型美观、抗震性能强等特点，在桥梁工程中得到广泛的应用。

7.1　斜拉桥的历史与发展概况

斜拉桥的雏形可以追溯到十八世纪中叶，在1784年德国的木工提出木造的斜拉桥方案——Holz桥，跨度32 m。1817年英国建造了Kins-Meadow人行桥，跨度34 m，塔是铸铁做成的，缆索使用了钢丝。当时在英国的Manchester的运河建造的跨度32 m的斜拉桥，也与现代斜拉桥的外观相似。

1955年由Dishinger设计、德国DEMAG公司在瑞典建造的斯特伦松德海峡桥(Srömsund桥)是世界上第一座现代斜拉桥，主跨182.6m，主梁由两片板梁组成，门式塔架，拉索呈辐射形布置，Srömsund桥的建成被公认为现代斜拉桥的起点。1962年Riccardo Morandi工程师在委内瑞拉建成世界上第一座现代混凝土斜拉桥——马拉开波桥(Maracaibo桥)，主跨235 m。

斜拉桥属于高次超静定结构，由于当时人们在结构分析及力学方面知识的不足、构造上的不完备以及建筑材料的发展水平等原因，导致早期的几座斜拉桥的破坏，而法国科学家Navier做出了悬索桥比斜拉桥在力学上优越的结论，从而导致此后相当长的一段时期内斜拉桥得不到土木工程界的青睐而发展极为缓慢。德国工程师 Dischinger 首先重新认识到斜拉桥结构体系的优越性并加以大力提倡。20 世纪 70 年代开始，斜拉桥在世界上得到广泛采用，20 世纪 90 年代以来发展迅速，其跨径已经进入以前悬索桥适用的特大跨径范围，现在斜拉桥已成为大跨度桥梁的主要桥型之一。目前，世界上已建成的最大跨度的斜拉桥是 1999 年在日本建成的多多罗大桥(Tatara 桥)，主跨为 890 m 的混合梁斜拉桥，是斜拉桥跨径的一个重大突破，是世界斜拉桥建设史上的一个里程碑；其次是 1995 年法国建成的诺曼底大桥(Normandy 桥)，主跨 856 m；最大跨度的混凝土斜拉桥是挪威的斯卡尔桑德桥(Skarnsender 桥)，主跨 530 m；最大跨度的结合梁斜拉桥是 2001 年建成的福建青州闽江大桥，主跨 605 m。

新型的现代斜拉桥于 20 世纪 60 年代传入我国，从 1973 年起在我国开展了斜拉桥的研究工作，在四川、上海和山东建设试验桥，并于 1975 年在四川建成我国第一座斜拉桥——云阳桥。它是一座采用门式塔架跨径为 76 m 的双塔双索面混凝土斜拉桥，斜拉索采用双面辐射形布置，由于当时国内尚无平行钢丝拉索的产品，该桥采用钢芯缆索制成斜拉索，而另一座主跨 54 m 的上海新五桥则用粗钢筋为拉索。1980 年建成的四川三台涪江桥，主跨达 128 m，斜拉索采用 24Φ5 高强度钢丝组成，外涂沥青后缠包玻璃丝布，待全桥完成后再用三层环氧树脂缠绕三层玻璃丝布防腐，是早期斜拉桥采用的拉索防腐系统。1982 年建成的主跨 220 m 济南黄河桥标志着我国已基本掌握了大跨度斜拉桥设计与施工技术。进入 20 世纪 90 年代后，我国斜拉桥发展出现了一个新的高潮，以 1991 年建成的跨径达到 423 m 的上海南浦大桥为起点，一大批跨度超过 400 m 的斜拉桥开始规划、设计、建造，在此两年以后，上海杨浦大桥实现了斜拉桥跨径 600 m 的突破，达到 602 m，它是中国大跨度桥梁的又一里程碑，标志着中国正在走向世界桥梁强国之列。到 2000 年中国建成的跨径 600 m 以上的斜拉桥就有 4 座，除杨浦大桥外，还有福建省青州闽江大桥、武汉白沙洲长江大桥、南京长江第二大桥。斜拉桥以其独特优美的造型及优越的跨越能力在我国得到迅速推广，到2002年我国已建成斜拉桥100多座，跨度大于200 m的有50多座，跨度大于400 m的斜拉桥17座，我国已成为拥有斜拉桥最多的国家，在世界10大著名斜拉桥排名榜上，中国有6座，它们是：南京长江二桥，武汉白沙洲长江大桥，福建青州闽江大桥，上海杨浦大桥，上海徐浦大桥，汕头礐石大桥。整体来说，我国斜拉桥设计施工水平已迈入国际先进行列，部分成果达到国际领先水平。根据表7-1的统计，到2006年底我国已建成跨度大于400 m的斜拉桥23座，跨度超过600 m的斜拉桥5座。江苏省苏通长江大桥和香港昂船洲大桥将以千米以上的跨径改写斜拉桥的世界纪录。2008年建成的香港昂船洲大桥，主跨1 018 m，超过了目前世界上最长的同类的Tatara桥。正在长江入海口的南通修建的双塔斜拉桥——苏通大桥，主跨1 088 m，被誉为“万里长江第一桥”，这是一座由中国人自行设计、自行建造的大桥，它的建成是世界斜拉桥建造史上工程规模最大，科技含量最多、建设标准最高的里程碑式的项目。

表7-1 我国主要斜拉桥一览表

序号	桥 名	建成年代	主跨(m)	塔型结构	备 注
1	云阳桥	1975	76	双塔双索面混凝土，每塔有三对斜拉索	我国第一座斜拉桥
2	新五桥	1975	54	三对拉索为竖琴式布置	我国最早建造的斜拉试验桥之一
3	台北某桥	1977	134	三塔式预应力混凝土斜拉桥	
4	安康水电站桥	1979	120	桥塔为钢筋混凝土斜柱式门架结构	
5	三台涪江大桥	1980	128	双塔	我国第一座跨度超过100 m的现代化斜拉桥（于2002年拆除）
6	金川曾达桥	1981	70	独塔，主梁为钢筋混凝土三室箱梁	是我国第一座转体施工的混凝土斜拉桥

续上表

序号	桥　　名	建成年代	主跨(m)	塔型结构	备　　注
7	来宾红水河铁路桥	1981	96	双塔竖琴型、塔梁固结、塔墩分离的结构形式	我国修建的第一座预应力混凝土铁路斜拉桥
8	复县长兴岛桥	1981	176	双塔斜拉桥	
9	泖港桥	1982	200	双塔双索面 PC 梁	
10	山东济南黄河大桥	1982	220	双塔 PC 梁	我国早期建造斜拉桥的成功项目
11	章镇桥	1983	72	独塔,预应力混凝土箱梁与塔固结,竖琴形拉索	
12	桃江马迹塘桥	1985	60	三跨连续的板拉桥	试验桥
13	南海西樵桥	1987	124	独塔双索面,采用竖琴式索型	我国首座交通工程功能与旅游设置融为一体的、造型别致的桥梁建筑
14	恒丰北路桥	1987	76	独塔,竖琴式布置的单索面	我国第一座预应力混凝土独塔单索面斜拉桥
15	天津永和桥	1987	260	双塔双索面 PC 梁漂浮体系	
16	山东东营黄河大桥(胜利黄河大桥)	1987	288	双塔钢梁,钢塔	我国第一座钢箱梁斜拉桥
17	军都山渡槽桥	1988	126	双塔双索面	我国第一跨度超过百米的大型斜拉输水建筑物
18	南海九江桥	1988	160	独塔混凝土斜拉桥	
19	广州海印桥	1988	175	双塔单索面,采用扇形索布置	
20	重庆石门桥	1988	230	独塔单索面 PC 梁	当时跨径居国内同类桥梁第一位
21	浏阳达浒二桥	1989	41	对称独塔 PC 斜拉桥	

续上表

序号	桥　　名	建成年代	主跨(m)	塔型结构	备　　注
22	蚌埠淮河桥	1989	224	双塔双索面钢桁梁	
23	凤台淮河大桥	1989	224	双塔双索面叠合梁	
24	大连普兰店桥	1990	50	预应力混凝土板拉桥	
25	长沙湘江北桥	1990	210	双塔单索面 PC 梁，采用倒 Y 型独柱结构	首创轻型挂蓝悬浇施工工艺
26	犍为岷江桥	1990	240	双塔双索面 PC 梁	
27	雅砻江桐子林斜拉桥	1991	120	单塔公路斜拉桥	国内承载负荷最大的公路单塔斜拉桥
28	上海南浦大桥	1991	423	双塔双索面叠合梁	我国第一座跨径 400 m 以上斜拉桥
29	宁波甬江桥	1992	105	独塔竖琴式双索面	
30	大洋河桥	1993	200	双塔双索面叠合梁	
31	上海杨浦大桥	1993	602	双塔双索面叠合梁	继南浦大桥后的又一座 602 m 记录跨度的结合梁斜拉桥，跨径世界第六
32	陨阳汉江大桥	1994	414	双塔双索面 PC 梁	我国第一座地锚式斜拉桥
33	三水大桥	1995	180	上部结构为预应力混凝土肋板梁、不对称单塔双索面斜拉索，预应力混凝土 H 型桥塔	
34	安徽铜陵长江大桥	1995	432	双塔双索面，半漂浮 PC 梁	当时世界上同类型第三位，为当时世界最大的肋板式混凝土斜拉桥，标志着我国斜拉桥进入轻型化时代
35	武汉长江二桥	1995	400	双塔双索面扇形密索	
36	钱塘江三桥（西兴大桥）	1996	160	双独塔等跨单索面预应力混凝土，平行的 15 对拉索呈竖琴状	

续上表

序号	桥名	建成年代	主跨(m)	塔型结构	备注
37	紫洞大桥	1996	140	上部结构为钢管混凝土桁架与钢筋混凝土混合梁、双塔单索面斜拉密索	我国首创的钢管混凝土空间桁架双塔单索面斜拉桥
38	重庆长江二桥(李家沱长江大桥)	1996	444	双塔双索面PC梁	跨径当时位居世界同类桥梁第三
39	上海徐浦大桥	1996	590	双塔双索面叠合梁	跨径世界第七,索塔高度国内第一
40	南昌新八一大桥	1997	160	双塔双索面	
41	黄山太平湖大桥	1997	190	独塔单索面	亚洲最大的独塔单索面斜拉桥
42	温州瓯江大桥	1997	270	双塔双索面PC梁	
43	涪陵长江大桥	1997	330	双塔双索面PC梁	
44	香港汀九大桥	1997	448+475	三塔钢箱梁	居三塔钢梁箱梁斜拉桥世界首位
45	香港汲水门大桥	1997	430	双塔双索面叠合梁	
46	武汉江汉四桥	1998	232	独塔双索面PC梁	
47	鹤洞大桥	1998	360	双塔双索面叠合梁	城市桥梁
48	番禺大桥	1998	380	双塔双索面漂浮体系,超宽斜拉桥采用DP断面主梁	当时世界上车道数最多(双向8车道)、最宽(桥宽37.7 m)的混凝土斜拉桥,创造了六项世界记录
49	汕头礐石大桥	1998	518	A型混凝土双塔,扇型双索面,钢箱梁	跨径世界第十
50	珠海横琴大桥	1999	1 425(设计全长)	单塔双索面	

续上表

序号	桥　　名	建成年代	主跨（m）	塔型结构	备　　注
51	广西西江金马大桥	1999	283	独塔双索面	世界上最大跨径的混凝土独塔斜拉桥
52	三县洲大桥（四桥）	1999	238	独塔单索面斜拉桥，主塔呈倒Y型	
53	温州大桥	1999	270	上部结构为预应力混凝土箱型梁、双塔双索面斜拉密索，钢筋混凝土H型桥塔	
54	珠海淇澳大桥	2000	320	双塔双索面PC梁	
55	台湾高屏溪桥	2000	330	倒Y型混凝土塔，扇型双索面，主跨钢箱梁，边跨混凝土箱梁	
56	岳阳洞庭湖大桥	2000	310	三塔PC梁	世界首座三塔PC斜拉桥
57	芜湖长江大桥	2000	312	双塔双索面钢桁梁	大桥采用大跨度连续钢桁梁斜拉桥式，首开我国公铁两用斜拉桥之先河，国内公铁两用桥之最，建桥中采用低塔斜拉公铁桥，也是世界上首创
58	鄱阳湖口大桥	2000	318	双塔双索面PC梁	
59	武汉白沙洲大桥	2000	618	A型塔，双塔双索面钢箱梁	跨径世界第四
60	沙溪庙嘉陵江大桥	2001	180		
61	银滩黄河大桥	2001	1 397（全长）	独塔双面扇形斜拉桥	是我国在高地震烈度地区修建的第一座大型斜拉桥，引入了“隔震”概念
62	攀枝花炳草岗大桥	2001	200	单塔双索面斜拉	

续上表

序号	桥　　名	建成年代	主跨(m)	塔型结构	备　　注
63	夷陵长江大桥	2001	348	三塔、中心索面、预应力混凝土箱形截面展翅梁，倒Y型单索面混凝土加劲梁	跨度在同类桥梁中为世界之最
64	马桑溪长江大桥	2001	360	倒Y型塔，混凝土梁半漂浮体系	
65	重庆大佛寺大桥	2001	450	双塔PC梁	
66	武汉军山长江大桥	2001	460	双塔钢箱梁，梁宽38.8 m	钢箱梁宽度国内第一
67	福建青州闽江大桥	2001	605	双塔双索面叠合梁	跨径世界第五
68	南京长江二桥南汊大桥	2001	628	双塔双索面钢箱梁	跨经世界第三；标志着我国大跨度桥梁建设水平进入了国际先进行列
69	广东金马大桥	2002	283	主桥为独塔斜拉桥与T型钢构联合体系	世界上最大的独塔混凝土斜拉桥
70	崖门大桥	2002	338	双塔单索面墩、塔、梁固结	主跨跨径为同类桥梁亚洲第一，世界第二
71	天津海河大桥	2002	310	单塔高为168 m	单塔斜拉特大型特级城市桥梁
72	湖北鄂黄长江大桥	2002	480	五跨双塔双索面，混凝土主梁，倒Y型主塔高	主跨跨径居亚洲同类桥梁第二
73	湖北荆州长江大桥(南汊桥)	2002	300	H型主塔，混凝土梁	
74	湖北荆州长江大桥(北汊桥)	2002	500	双塔PC梁，H型主塔	世界第三，世界上最大的肋板式混凝土斜拉桥
75	石湖大桥	2003	100	无背索，主梁采用全钢、全焊接、正交异性桥面板的纵横梁格体系。桥塔采用钢箱作为主要受力结构，塔高地面以上为91 m，斜倾角58°，塔梁固结；斜拉索采用双索面平行钢绞索	斜塔无背索斜拉桥世界上最大跨径200米，为西班牙巴塞罗那阿拉米罗桥。同类型的桥梁中以桥梁规模来衡量，当时石湖大桥为国内第一位、世界第二位

续上表

序号	桥名	建成年代	主跨（m）	塔型结构	备注
76	宜宾金沙江中坝大桥	2003	252	独塔双索面，漂浮体系	
77	海口世纪大桥	2003	340	双塔双索面 PC 梁	
78	重庆江津地维长江大桥	2003	345	倒 Y 型塔，混凝土梁	
79	舟山桃夭门大桥	2003	580	A 型塔，钢箱梁	
80	北京五环石景山南站高架桥	2003	95	独塔单索面矮塔斜拉桥	转体施工过程中凌空跨越北京重要铁路枢纽
81	苏州京杭运河斜拉桥	2004	105	独塔单索面双跨式预应力混凝土斜拉桥，14 对 56 根平行钢丝斜拉	国内悬浇最宽的混凝土斜拉桥
82	汾河斜拉桥	2004	150	单索面，梁塔固接、塔墩分离的双矮塔	我国跨径最大的矮塔斜拉桥
83	洪山庙浏阳河大桥	2004	206	无背索斜塔，主梁采用钢混叠合结构	世界最大的斜塔无背索斜拉桥，该桥在同类型桥梁中跨度和斜塔高度均居世界第一
84	巴东长江大桥	2004	388	双塔双索面预应力混凝土梁	
85	京杭运河宿迁南二环大桥	2005	110		
86	长沙浏阳河洪山大桥	2005	206	主塔采用无背索斜拉式，塔身倾斜角 58°	
87	云阳长江大桥	2005	318	双塔双索面	
88	颗珠山大桥	2005	332	双塔双索面叠合梁	
89	东海大桥主通航斜拉桥	2005	420	双塔双索面钢-混凝土叠合梁	第一座真正意义上的外海跨海大桥，世界首座主跨径超千米的斜拉桥
90	南京长江第三大桥	2005	648	索塔采用“人”字型结构，双塔双索面钢箱梁	国内第一座钢塔斜拉桥，也是世界上第一座弧线形斜拉桥

续上表

序号	桥　名	建成年代	主跨(m)	塔型结构	备　注
91	润扬长江大桥北汊桥	2005	406	倒Y型塔,三跨双塔双索面钢箱梁	南汊桥是柔性悬索桥(全国第一、世界第三),北汊桥主桥是刚性斜拉桥,这是我国第一座刚柔相济的组合型桥梁
92	五河口斜拉桥	2005	370	双塔双索面,桥宽38.6 m	主梁宽度全国第一,承台体积全国第一
93	安徽安庆长江大桥	2005	510	倒Y型塔,钢箱梁	
94	奉节长江大桥,又名夔门长江大桥、奉节长江三峡公路大桥	2005	460	A型索塔,双塔双索面预应力混凝土梁斜拉桥	
95	云阳长江大桥	2005	318	高低塔斜拉桥	
96	清河斜拉桥	2005	108		国内第一座用在地铁运输上的纵横双曲线斜拉桥
97	紫金大桥	2006	160	单塔花瓶型双索面	主梁采用前支点挂篮对称悬浇施工,此技术在路桥建设尚属首次
98	湛江海湾大桥	2006年建成通车	480	双塔双索面混合型,钢箱梁	
99	澳门澳凼三桥	在建	180		
100	宜宾长江大桥(菜园沱长江大桥)	2008年4月建成	460	双塔双索面	
101	绥芬河市新华街立交桥	2005年转体成功,2007年建成	100	独塔单索面	标志着独塔、单索面、单点、平铰、水平转体施工的我国最大跨度斜拉桥转体成功

续上表

序号	桥名	建成年代	主跨(m)	塔型结构	备注
102	闵浦大桥	2009年底建成	708		双层斜拉桥，跨径为世界第一
103	武汉天兴洲长江大桥	2009年底建成	504	双塔三桁三索面钢桁梁，主塔为倒"Y"型	跨度居当今世界公铁两用斜拉桥第一，实现我国公铁两用斜拉桥主跨由三百米向五百米级的飞跃；是世界上第一座按四线铁路修建的大跨度公铁两用斜拉桥；载荷量达两万吨，世界第一；该桥还是全国第一座能够满足时速两百公里以上铁路运营的大跨度斜拉桥
104	苏通大桥	2008年6月建成	1088	双塔双索面钢箱梁	斜拉桥主孔跨度1088 m，列世界第一；主塔高度306 m，列世界第一；斜拉索的长度580 m，列世界第一；群桩基础平面尺寸113.75 m×48.1 m，列世界第一
105	香港昂船洲大桥	2008年建成	1018		
106	甬江特大桥	2009年底建成	468	四索面斜拉桥	此桥将是世界上跨度最大的联塔分幅主梁斜拉桥
107	盘山浏阳河大桥		206	双塔双索面PC梁	
108	广东会马大桥		281	单塔双索面PC梁	
109	重阳大桥		200	双塔双索面叠合梁，墩塔固结	

续上表

序号	桥　　名	建成年代	主跨(m)	塔型结构	备　　注
110	荆岳长江大桥	2010年建成	380	双塔双索面预应力混凝土	
111	晋江大桥	2008年10月建成		独塔单索面倒斜拉桥，主梁为单箱三室，宝瓶型塔	
112	深圳湾公路大桥	2007年7月建成	180	独塔单索面钢箱梁	目前国内最宽(38.6 m)、标准最高的公路大桥，设计使用年限120年，全桥共12对斜拉索，呈不对称布置，是国内惟一倾斜的独塔单索面桥
113	杭州湾斜拉大桥	2008年建成	北通航孔桥448 m；南通航孔桥318 m	钻石型双塔双索面钢箱梁；南通航孔桥为单塔单索面钢箱梁斜拉桥，A型	我国沿海大通道中的第一座跨海大桥，大桥36 km的长度，使之超过了美国切萨皮克海湾桥和巴林道堤桥等世界名桥，而成为目前世界上已建成或在建中的最长的跨海大桥
114	江西贵溪大桥	2006年建成	200	双索面竖琴式无背索斜拉桥	
115	仙桃汉江大桥	2003	180	独塔双索面PC斜拉桥	
116	龙门黄河公路大桥		352 125	主桥为(174＋352＋174) m双塔斜拉桥和(75＋2×125＋75) m矮塔斜拉桥	目前跨越黄河最大的公路桥梁
117	铁罗坪大桥		322	双索面斜拉桥	
118	珠江黄埔大桥(北汊桥)		383	独塔斜拉桥	
119	石环公路工程主桥	2009年5月建成	85	独塔双索面矮塔斜拉桥	跨铁路转体施工

今后，斜拉桥将向着更轻、更长、更柔的方向发展，这就意味着斜拉桥在理论、设计、建造等方面将要有新的突破。

7.2 斜拉桥几何非线性分析方法

由上所述，斜拉桥的跨度越来越大，主梁的刚度也越来越柔，并且桥梁结构是交通的咽喉要道，因此，结构在运营和环境荷载作用下的性能倍受关注。非线性问题可以分为三类：几何非线性问题、材料非线性问题以及状态非线性，其中几何非线性的分析是预测结构在运营和环境荷载作用下反应的重要内容。大跨度斜拉桥结构在设计或使用荷载下，会产生较大的变形，但是构件的应变仍然很小，当考虑结构恒载变形，进行线性或非线性动力分析时，几何非线性静力分析是其重要的研究内容。此外，几何非线性静力分析的必需性，不仅在于估计自重引起的应变和变形，而且在于确保桥梁建设过程安全性。

归纳起来，斜拉桥的几何非线性来自三个方面：

■ 斜拉索垂度：斜拉索在自重和施加的外部张拉力共同作用下，呈悬链线形状，其轴向刚度与垂度有关，而斜拉索的垂度又与索中的张拉力有关，因此张拉力与变形之间存在明显的非线性关系；

■ 梁-柱效应：由于斜拉索的存在，主梁、桥塔不仅承担弯矩，同时还要承受较大的轴力，由于轴力-弯矩-变形之间的相互作用而产生梁-柱效应，即 P-△效应；

■ 大变形效应：斜拉桥结构在荷载作用下，结构产生较大的位移，这种位移相对于几何尺寸已经不是一个微小的量，在进行结构分析时，力的平衡方程应依据变形后结构的几何位置来建立，这就是大位移产生的几何形状改变而引起的非线性效应；

随着跨度的增加和桥塔型式复杂化，尤其是采用双索面的斜拉桥，在斜拉桥结构的设计中，平面二维分析方法不能反应结构的全部行为，需要进行空间非线性分析；

针对几何非线性的来源，斜拉桥非线性行为的描述方法为：

■ 斜拉索垂度：通常采用等效弹性模量法模拟拉索的非线性，

即 Ernst 公式加以考虑,已经得到广泛的应用;

■ 梁-柱效应:采用引入稳定因子的刚度矩阵考虑主梁和桥塔的梁-柱效应;

■ 大变形效应:可以采用拖动坐标法来不断修正节点坐标,最终找到一个变形之后的平衡位置。

7.2.1 斜拉索非线性刚度矩阵

(1)斜拉索的等效弹性模量

对于大跨度斜拉桥,斜拉索产生的非线性效应在全桥非线性效应中占有相当大的比重,因此,合理描述斜拉索的非线性特性在斜拉桥分析中起着重要的作用。如前所述,斜拉索的刚度与垂度有关,而垂度又受张拉力的影响。垂度随着张拉力的增加而降低,此时,斜拉索的轴向刚度随之增加。在单元两端受力时,实际缆索单元的变形比直杆单元的大,其值与缆索的截面积、弹性模量、缆索自重及张力等因素有关,一种方便的方法就是用等效直杆来考虑斜拉索轴向刚度的变化,直杆的等效弹性模量考虑了材料和几何变形的影响,使直杆的轴向刚度等于拉索的实际值。这一概念由 Ernst[1] 于 1965 年首次提出的,Leonhardt、Gimsing、Polodny 等也证实了这种方法的有效性[2-4]。Ernst 给出的等效弹性模量表示为式(7-1),其推导过程可参考文献[5]。

$$E_{eq}=\frac{E}{1+\left[\frac{(wL)^{2}AE}{12T^{3}}\right]} \tag{7-1}$$

式中 E_{eq}——考虑垂度影响的等效弹性模量;

E——斜拉索材料有效弹性模量;

L——斜拉索水平投影长度;

w——斜拉索单位长度的重量;

A——斜拉索截面积;

T——斜拉索张拉力。

式(7-1)给出的是在张拉力 T 作用下的等效切线模量(或等效

瞬时模量)，它包含了材料变形、构造伸长和垂度变化三个因素，工程上称为 Ernst 公式。当张拉力从 T_1 变为 T_2 时，采用式(7-2)计算斜拉索的等效割线模量[6]。

$$E_{eq}=\frac{E}{1+\left[\frac{(wL)^2(T_1+T_2)AE}{24T_1^2T_2^2}\right]} \tag{7-2}$$

对斜拉索的弹性模量进行修正后，就可以象直杆单元一样建立局部坐标系下的索单元刚度矩阵了。

(2)平面索单元刚度矩阵

用 Ernst 公式修正弹性模量并用几何矩阵考虑轴力对索的刚度影响，此时的单元刚度矩阵为：

$$[k_t]_c=[k_e]_c+[k_g]_c \tag{7-3a}$$

$$[k_e]_c=E_{eq}A/L\begin{bmatrix}1&0&-1&0\\0&0&0&0\\-1&0&1&0\\0&0&0&0\end{bmatrix} \tag{7-3b}$$

$$[k_g]=T/L\begin{bmatrix}0&0&0&0\\0&1&0&-1\\0&0&0&0\\0&-1&0&1\end{bmatrix} \tag{7-3c}$$

式中，$[k_e]_c$ 是单元弹性刚度矩阵；$[k_g]_c$ 是单元几何刚度矩阵；E_{eq} 是等效弹性模量或等效割线模量，分别按式(7-1)和式(7-2)计算；L 索割线长度。

(3)空间索单元割线刚度矩阵

当张拉力从 T_1 变为 T_2 时，索单元的割线刚度矩阵简化成桁架单元的弹性刚度矩阵，弹性模量按照式(7-2)进行修正。因此，局部坐标下(见图 7-1)的弹性刚度矩阵表示为：

$$[k_E]_c=\frac{AE_{eq}}{L_c}\begin{bmatrix}1&-1\\-1&1\end{bmatrix} \tag{7-4}$$

式中 L_c 为索的割线长度。

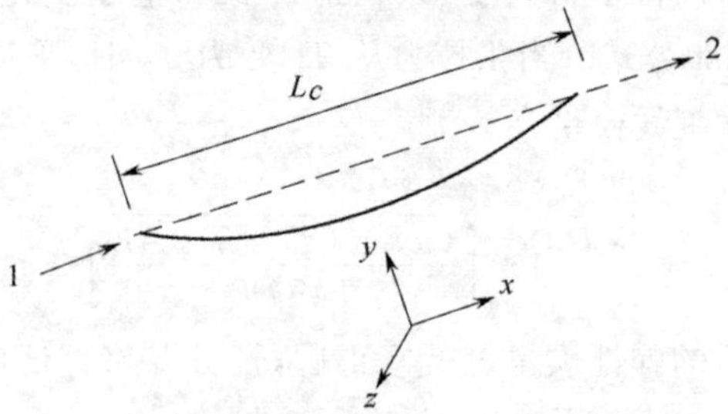

图 7-1　索单元局部坐标系

(4)空间索单元切线刚度矩阵

当斜拉索的张拉力为 T 时,索单元切线刚度矩阵可以由桁架单元的弹性刚度矩阵表示,其中的弹性模量要根据式(7-1)进行修正。基于大变形理论的桁架单元的弹性刚度矩阵有许多的方法可以获得[7,8,9],这些方法最终可以归结为:

$$[k_T]_c = [k_E]_c + [k_G]_c \tag{7-5}$$

式中,$[k_T]_c$ 为单元局部坐标切线刚度矩阵;$[k_E]_c$ 为式(7-4)。表示的弹性刚度矩阵,其中的 E_{eq} 按式(7-1)计算;$[k_G]_c$ 为桁架单元的几何刚度矩阵,可表示为式(7-6)。

$$[k_G]_c = \begin{bmatrix} [G]_c & -[G]_c \\ -[G]_c & [G]_c \end{bmatrix}_{6\times 6} \tag{7-6}$$

式中,子阵$[G]_c$ 表示为式(7-7)。

$$[G]_c = \frac{T}{L_c}\begin{bmatrix} 0 & 0 & 0 \\ 0 & 1 & 0 \\ 0 & 0 & 1 \end{bmatrix} \tag{7-7}$$

7.2.2　描述梁-柱效应的刚度矩阵

在较大轴力和弯矩共同作用下,在桥塔和主梁的单元有很大的变形,从而这些单元的轴向刚度和弯曲刚度之间相互耦合,基于有限元离散化观点来处理斜拉桥梁-柱效应非线性的经典方法是稳定函数法,对此 Saafan、Fleming、Nazmy 及 C. K. Wang 做了大量的工作。

(1)Saafan 建议的方法[10]

1966 年 Saafan 提出悬索桥平面刚架非线性有限元理论，其中不仅计入初始轴力和大位移，而且计入初始弯矩和剪力以及轴力-弯矩相互作用等因素产生的二次效应，由此导出非线性情况下的切线刚度矩阵，它是建立在以下假设基础之上的：桥梁结构中的应

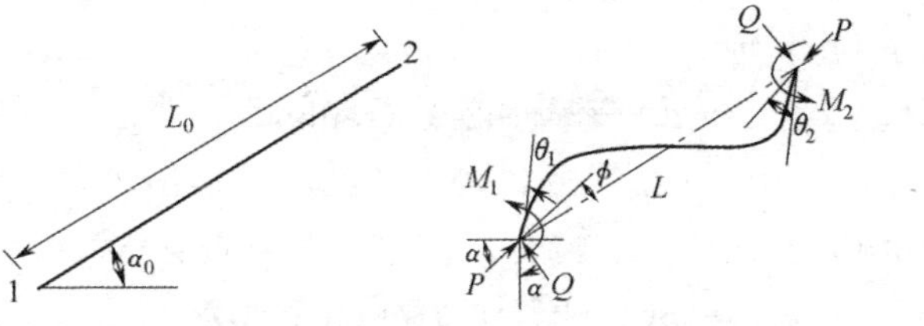

(a) 初始状态　　(b) 变形后平衡位置

图 7-2　单元局部坐标系下杆端力与杆端位移

力保持比例关系；构件截面均匀；结构材料遵循虎克定律；不发生平面外失稳；索为完全柔性的；荷载集中在结点处。这种方法更适用于悬索结构。

梁单元局部坐标系下的杆端力与杆端位移见图 7-2，两者之间的关系由式(7-8)给出，整体坐标系下杆端力和杆端位移见图 7-3，两者之间的关系由式(7-10)给出。

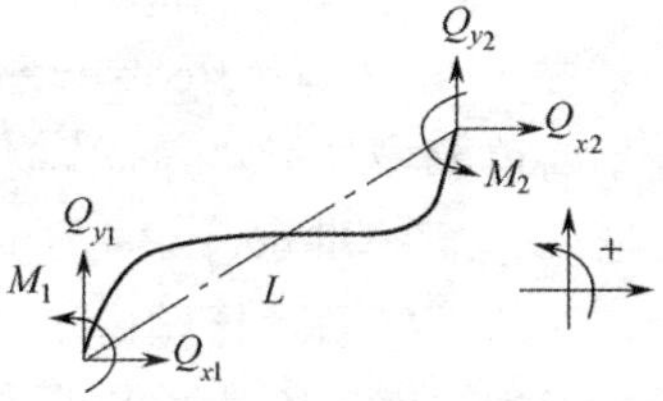

图 7-3　变形后平衡位置整体坐标系下杆端力

$$M_1 = sk(\theta_1 + \phi) + sck(\theta_2 + \phi) \tag{7-8a}$$

$$QL = s(1+c)k(\theta_1 + \theta_2 + 2\phi) \tag{7-8b}$$

$$P = EA/L_0(L - L_0) \tag{7-8c}$$

$$M_2 = sck(\theta_1 + \phi) + sk(\theta_2 + \phi) \tag{7-8d}$$

式中　M_1、M_2——梁端弯矩；

Q——梁端剪力；

P——梁端轴力；

s——无量纲刚度因子，按式(7-9a)和(7-9c)计算；

c——无量纲调整因子，按式(7-9b)和(7-9d)计算；

k——线刚度，$k=\dfrac{EI}{L}$；

E——弹性模量；

L——单元变形后割线长度。

s和c的计算分两种情况：

当$P<0$(拉力)时，

$$s=\beta(1-2\coth 2\beta)/(\tanh\beta-\beta) \tag{7-9a}$$

$$c=(2\beta-\sinh 2\beta)/(\sin 2\beta-2\cosh 2\beta) \tag{7-9b}$$

当$P>0$(压力)时，

$$s=\beta(1-2\beta\cot 2\beta)/(\tan\beta-\beta) \tag{7-9c}$$

$$c=(2\beta-\sin 2\beta)/(\sin 2\beta-2\cos 2\beta) \tag{7-9d}$$

$$\beta=L(-P/EI)^{0.5}/2 \tag{7-9e}$$

$$M_1=sk(\theta_1+\phi)+sck(\theta_2+\phi) \tag{7-10a}$$

$$Q_{y1}=P\sin\alpha+S\cos\alpha \tag{7-10b}$$

$$Q_{x1}=P\cos\alpha-S\sin\alpha \tag{7-10c}$$

当荷载增加微小量时，单元长度变为$L+\mathrm{d}L$，单元1端的位移增量$\mathrm{d}x_1$、$\mathrm{d}y_1$和$\mathrm{d}\theta_1$；2端的位移增量$\mathrm{d}x_2$、$\mathrm{d}y_2$和$\mathrm{d}\theta_2$；倾斜角增加$\mathrm{d}\phi$。局部坐标系下杆端力增量与位移增量的关系为：

$$\mathrm{d}M_1=[sk(\mathrm{d}\theta_1+\mathrm{d}\phi)+sck(\mathrm{d}\theta_2+\mathrm{d}\phi) \tag{7-11a}$$

$$\mathrm{d}Q\cdot L=[s(1+c)k(\mathrm{d}\theta_1+\mathrm{d}\theta_2+2\mathrm{d}\phi)-Q\mathrm{d}L] \tag{7-11b}$$

$$\mathrm{d}P=EA/L_0[(\mathrm{d}y_1-\mathrm{d}y_2)\sin\alpha+(\mathrm{d}x_1-\mathrm{d}x_2)\cos\alpha] \tag{7-11c}$$

$$L\mathrm{d}\phi=(\mathrm{d}y_1-\mathrm{d}y_2)\cos\alpha-(\mathrm{d}x_1-\mathrm{d}x_2)\sin\alpha \tag{7-11d}$$

$$\mathrm{d}L=(\mathrm{d}y_1-\mathrm{d}y_2)\sin\alpha+(\mathrm{d}x_1-\mathrm{d}x_2)\cos\alpha \tag{7-11e}$$

由式(7-11)可以得到整体坐标下，1端杆端力增量$\mathrm{d}Q_{y1}$、$\mathrm{d}Q_{x1}$和$\mathrm{d}M_1$和2端杆端力增量为$\mathrm{d}Q_{y2}$、$\mathrm{d}Q_{x2}$和$\mathrm{d}M_2$与位移增量的关系，见式(7-12)。

$$\begin{bmatrix}\mathrm{d}Q_{x1}\\ \mathrm{d}Q_{y1}\\ \mathrm{d}M_1\end{bmatrix}=\begin{bmatrix}u_1 & u_3 & u_5\\ u_3 & u_2 & u_4\\ u_5 & u_4 & u_6\end{bmatrix}\begin{bmatrix}\mathrm{d}x_1\\ \mathrm{d}y_1\\ \mathrm{d}\theta_1\end{bmatrix}-\begin{bmatrix}u_1 & u_3 & -u_5\\ u_3 & u_2 & -u_4\\ u_5 & u_4 & -u_7\end{bmatrix}\begin{bmatrix}\mathrm{d}x_2\\ \mathrm{d}y_2\\ \mathrm{d}\theta_2\end{bmatrix} \tag{7-12a}$$

$$\begin{bmatrix} dQ_{x2} \\ dQ_{y2} \\ dM_2 \end{bmatrix} = -\begin{bmatrix} u_1 & u_3 & u_5 \\ u_3 & u_2 & u_4 \\ -u_5 & -u_4 & -u_7 \end{bmatrix}\begin{bmatrix} dx_1 \\ dy_1 \\ d\theta_1 \end{bmatrix} + \begin{bmatrix} u_1 & u_3 & -u_5 \\ u_3 & u_2 & -u_4 \\ -u_5 & -u_4 & u_6 \end{bmatrix}\begin{bmatrix} dx_2 \\ dy_2 \\ d\theta_2 \end{bmatrix}$$

(7-12b)

式(7-11)可写成式(7-13)的形式。

$$\{dF\} = [K]\{d\Delta\} \tag{7-13a}$$

$$\{dF\}^T = \{dQ_{x1}\ dQ_{y1}\ dM_1\ dQ_{x2}\ dQ_{y2}\ dM_2\} \tag{7-13b}$$

$$\{d\Delta\}^T = \{dx_1\ dy_1\ d\theta_1\ dx_2\ dy_2\ d\theta_2\} \tag{7-13c}$$

其中切线刚度矩阵[K]如式(7-14)所示。

$$[K] = \begin{bmatrix} u_1 & u_3 & u_5 & -u_1 & -u_3 & u_5 \\ u_3 & u_2 & u_4 & -u_3 & -u_2 & u_4 \\ u_5 & u_4 & u_6 & -u_5 & -u_4 & u_7 \\ -u_1 & -u_3 & -u_5 & u_1 & u_3 & -u_5 \\ -u_3 & -u_2 & -u_4 & u_3 & u_2 & -u_4 \\ u_5 & u_4 & u_7 & -u_5 & -u_4 & u_6 \end{bmatrix} \tag{7-14a}$$

$$u_1 = \frac{EA}{L_0}\left(\cos^2\alpha + \frac{\Delta L}{L}\sin^2\alpha\right) + s(1+c)\frac{k}{L^2}[2\sin^2\alpha + (\theta_1+\theta_2+2\phi)\sin2\alpha] \tag{7-14b}$$

$$u_2 = \frac{EA}{L_0}\left(\sin^2\alpha + \frac{\Delta L}{L}\cos^2\alpha\right) + s(1+c)\frac{k}{L^2}[2\cos^2\alpha - (\theta_1+\theta_2+2\phi)\sin2\alpha] \tag{7-14c}$$

$$u_3 = \frac{EA}{L_0}\left(1 - \frac{\Delta L}{L}\right)\sin\alpha\cos\alpha - s(1+c)\frac{k}{L^2}[\sin2\alpha + (\theta_1+\theta_2+2\phi)\cos2\alpha] \tag{7-14d}$$

$$u_4 = s(1+c)\frac{k}{L}\cos\alpha \tag{7-14e}$$

$$u_5 = -s(1+c)\frac{k}{L}\sin\alpha \tag{7-14f}$$

$$u_6 = sk \tag{7-14g}$$

$$u_7 = sck \tag{7-14h}$$

(2)C. K. Wang 建议的方法[11]

1973 年,C. K. Wang 提出平面刚架的二次分析,与一次分析的区别在于内外力之间的平衡是依照未变形结构的几何图形还是依照变形后结构的几何图形来考虑。在二次分析的迭代过程中,在第一轮开始时首先必须根据一次分析得到的杆件方向列出节点平衡方程,然后依次地在第 n 步开始时,根据第 $n-1$ 步结束时所得的杆件方向列出节点平衡方程。由于各杆件不断改变方向,采用了直接刚度法。如图 7-4 所示,标明局部自由度,其中 α' 和 L' 是第 $n-1$ 步结束时的杆件图形,杆端力将在第 n 步计算,节点的平衡方程可由局部矩阵$[A']$描述,见式(7-15)。

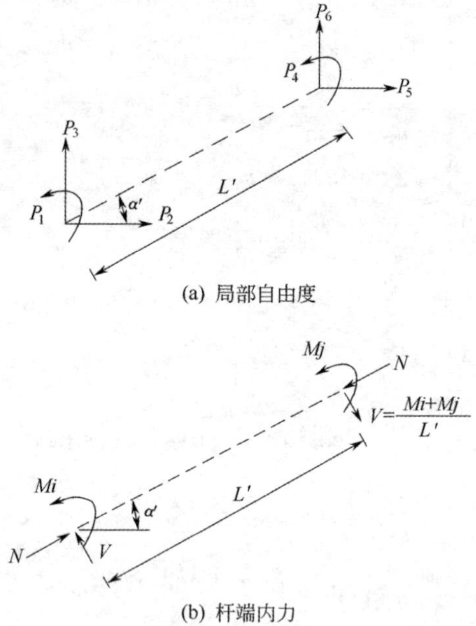

(a) 局部自由度

(b) 杆端内力

图 7-4　局部坐标矩阵

$$\{P\}_{6\times1}=[A']_{6\times3}\{F\}_{3\times1} \tag{7-15a}$$

$$\{P\}^T=\{P_1\ P_2\ P_3\ P_4\ P_5\ P_6\} \tag{7-15b}$$

$$\{F\}^T=\{N\ M_i\ M_j\} \tag{7-15c}$$

$$[A'] = \begin{bmatrix} 0 & 1 & 0 \\ \cos\alpha' & -\sin\alpha'/L' & -\sin\alpha'/L' \\ \sin\alpha' & \cos\alpha'/L' & \cos\alpha'/L' \\ 0 & 0 & 1 \\ -\cos\alpha' & \sin\alpha'/L' & \sin\alpha'/L' \\ -\sin\alpha' & -\cos\alpha'/L' & -\cos\alpha'/L' \end{bmatrix} \tag{7-15d}$$

当有较大的节点位移时，未变形杆件 AB 经历了外部节点位移 x_1 至 x_6 后，处于曲线 $A'B'$ 的位置，如图 7-5 所示。与内力 N，M_i 和 M_j 相应的内部变形是长度增量 Δ 以及顺时针向的转角 ϕ_i，ϕ_j。用外部位移来表示内部变形的协调方程为：

$$\{e\} = \{\Delta\ \phi_i\ \phi_j\}^T = [A_0^T]\{x\} + \{\Delta_t\ 0\ 0\}^T \tag{7-16}$$

式中 $[A_0]$——初始状态的局部矩阵，即未变形结构的几何图形；

$\{x\}$——外部位移，$\{x\}^T = \{x_1\ x_2\ x_3\ x_4\ x_5\ x_6\}$；

Δ_t——一次杆长的修正量，$\Delta t = \dfrac{(x_5 - x_2)^2 + (x_6 - x_3)^2 - \Delta^2}{2L_0}$。

在任何平衡和协调的状态下，作用在刚架杆件上的内力与内部变形之间的关系可以用杆件刚度矩阵 $[S]$ 表示，即：

$$\{F\} = [S]\{e\} \tag{7-17a}$$

$$[S] = \begin{bmatrix} EA_0/L_0 & 0 & 0 \\ 0 & S_{ii}\dfrac{EI_0}{L_0} & S_{ij}\dfrac{EI_0}{L_0} \\ 0 & S_{ji}\dfrac{EI_0}{L_0} & S_{jj}\dfrac{EI_0}{L_0} \end{bmatrix} \tag{7-17b}$$

式中，S_{ii}、S_{ij}、S_{ji} 和 S_{jj} 是考虑轴力影响的弯曲刚度系数。

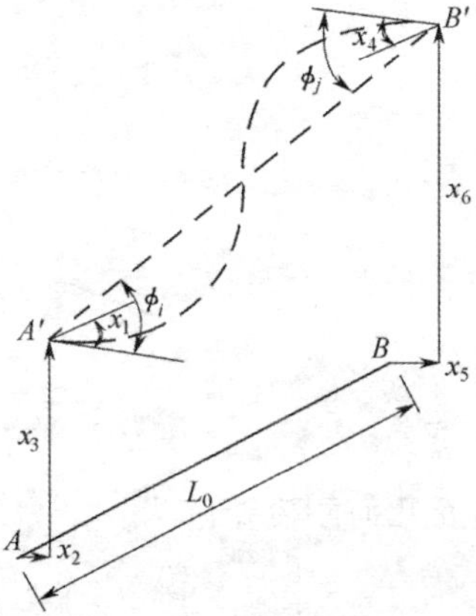

图 7-5 内部变形与外部位移

综合式(7-15)、式(7-16)和式(7-17)可以得到：

$$\{P\} = [A'SA_0^T]\{x\} + [A'] \cdot \{0\ 0\ (EA_0 \cdot \Delta_t)/L_0\}^T \tag{7-18}$$

这种方法有明显的弊端，式(7-18)中$[A'\ S\ A_0^T]$是非对称矩阵，作者在进行斜拉桥几何非线性地震响应的分析[12]时，作了如下对称化处理，用迭代方法逼近见式(7-19)，这样就形成了两重迭代，因而这一方法收敛速度较慢，不利于计算大型结构。

$$\{P\}-[A_1\ S\ A_0^T]\{x\}_{i-1}-[A']\{0\ 0\ (EA_0\cdot\Delta_t)/L_0\}^T=[K]\{x\}_i \tag{7-19}$$

式中 $[A_1]=[A']-[A_0]$，$[K]=[A_0\ S\ A_0^T]$。

(3)Fleming 建议的方法(稳定函数法)[12,13]

1979 年 Fleming 发表了他的研究成果，基本方法与 Saafan 一样，引入了考虑大弯矩与轴力相互作用的稳定函数，来修正单元刚度矩阵，应用于平面结构分析中。

梁单元局部坐标系下(见图 7-6)，单元切线刚度矩阵表示为：

$$[k_t]=[k_e]+[k_g] \tag{7-20}$$

式中 $[k_g]$——单元几何刚度矩阵，见式(7-21)；

$[k_e]$——单元弹性刚度矩阵，见式(7-22)。

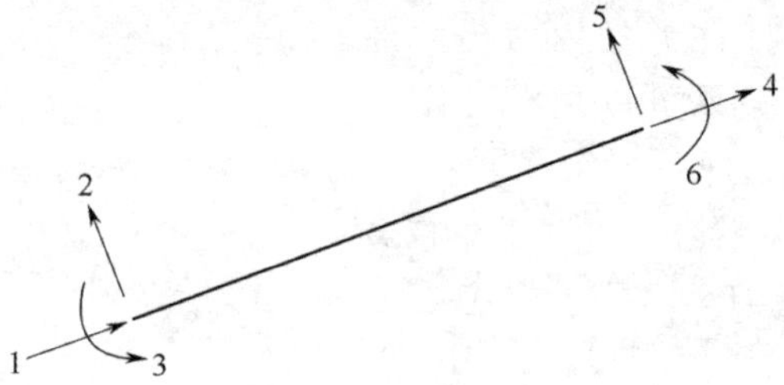

图 7-6 梁单元局部坐标下自由度

单元几何刚度矩阵为：

$$[k_g]=\frac{T}{L}\begin{bmatrix}0 & 0 & 0 & 0 & 0 & 0\\ 0 & 6/5 & L/10 & 0 & -6/5 & L/10\\ 0 & L/10 & 2L/15 & 0 & -L/10 & -L/30\\ 0 & 0 & 0 & 0 & 0 & 0\\ 0 & -6/5 & -L/10 & 0 & 6/5 & -L/10\\ 0 & L/10 & -L/30 & 0 & -L/10 & 2L/15\end{bmatrix} \tag{7-21}$$

单元弹性刚度矩阵为：

$$[k_e]=\begin{bmatrix} k_{11}S_5 & 0 & 0 & k_{14}S_5 & 0 & 0 \\ 0 & k_{22}S_1 & k_{23}S_2 & 0 & k_{25}S_1 & K_{26}S_2 \\ 0 & k_{32}S_2 & k_{33}S_3 & 0 & K_{35}S_2 & K_{36}S_4 \\ k_{41}S_5 & 0 & 0 & k_{44}S_5 & 0 & 0 \\ 0 & k_{52}S_1 & k_{53}S_2 & 0 & k_{55}S_1 & k_{56}S_2 \\ 0 & k_{62}S_2 & k_{63}S_3 & 0 & k_{65}S_2 & k_{66}S_3 \end{bmatrix} \tag{7-22}$$

其中

$k_{11}=k_{44}=-k_{14}=-k_{41}=EA/L$

$k_{22}=k_{55}=-k_{25}=-k_{52}=12EI/L^3$

$k_{33}=k_{66}=4EI/L$

$k_{36}=k_{63}=2EI/L$

$k_{23}=k_{32}=k_{26}=k_{62}=-k_{53}=-k_{35}$

$=-k_{56}=-k_{65}=6EI/L^2$

稳定性因子按照轴向受拉和轴向受压两种情况讨论。

当轴向受压时：

$S_1=\omega^3\sin\omega/12R_c$；

$S_2=\omega^2(1-\cos\omega)/6R_c$；

$S_3=\omega(\sin\omega-\omega\cos\omega)/4R_c$；

$S_4=\omega(\omega-\sin\omega)/2R_c$；

$S_5=1/[1+EAR_{cm}/(4P^3l^2)]$；

$R_c=2-2\cos\omega-\omega\cdot\sin\omega$；

$R_{cm}=\omega(M_i^2+M_j^2)(\cot\omega+\omega\cdot \mathrm{cosec}^2\omega)-2(M_i+M_j)^2+$

$M_iM_j(1+\omega\cdot\cot\omega)\cdot(2\omega\cdot \mathrm{cosec}\,\omega)$

当轴向受拉时：

$S_1=\omega^3\sinh\omega/12R_t$；

$S_2=\omega^2(\cosh\omega-1)/6R_t$；

$S_3=\omega(\omega\cosh\omega-\sinh\omega)/4R_t$；

$S_4=\omega(\sinh\omega-\omega)/2R_t$；

$S_5=1/[1-EAR_{tm}/(4P^3l^2)]$；

$R_t=2-2\cosh\omega+\omega\cdot\sinh\omega$；

$R_{tm}=\omega(M_i^2+M_j^2)(\coth\omega+\omega\cdot\mathrm{cosech}^2\omega)-2(M_i+M_j)^2+$
$M_iM_j[1+\omega\cdot\coth\omega]\cdot 2\omega\cdot\mathrm{cosech}\omega$；

$\omega=\mu l$；

$\mu^2=P/EI$

下面简单介绍单元弹性刚度矩阵的推导，以便理解稳定函数的含义。由挠度微分方程可得到，在横向荷载和轴向压力作用下，考虑非线性影响的单元杆端力$\{F\}^T=\{Q_i,M_i,Q_j,M_j\}^T$和杆端位移$\{\delta\}^T=\{v_i,\theta_i,v_j,\theta_j\}^T$的关系，将其表示为$\{F\}=[T]\{\delta\}$，其中的$[T]$就是要求的刚度矩阵，见式(7-23)，式中$s=\sin\omega$，$c=\cos\omega$。

$$[T]=\frac{EI}{2-2c-\omega s}\begin{bmatrix}\frac{\omega^3 s}{l^3} & \frac{\omega^2(1-c)}{l^2} & -\frac{\omega^3 s}{l^3} & \frac{\omega^2(1-c)}{l^2}\\ \frac{\omega^2(1-c)}{l^2} & \frac{\omega(s-\omega c)}{l} & -\frac{\omega^2(1-c)}{l^2} & \frac{\omega(\omega-s)}{l}\\ -\frac{\omega^3 s}{l^3} & -\frac{\omega^2(1-c)}{l^2} & -\frac{\omega^3 s}{l^3} & -\frac{\omega^2(1-c)}{l^2}\\ \frac{\omega^2(1-c)}{l^2} & \frac{\omega(\omega-s)}{l} & -\frac{\omega^2(1-c)}{l^2} & \frac{\omega(s-\omega c)}{l}\end{bmatrix} \tag{7-23}$$

如果轴向压力为0，则$\omega\to 0$，此时$[T]$应与线性分析中的刚度矩阵$[k_0]$相等。即：

$$\lim_{\omega\to 0}[T]=[k_0]=\begin{bmatrix}\frac{12EI}{l^3} & \frac{6EI}{l^2} & -\frac{12EI}{l^3} & \frac{6EI}{l^2}\\ \frac{6EI}{l^2} & \frac{4EI}{l} & \frac{6EI}{l^2} & \frac{2EI}{l}\\ -\frac{12EI}{l^3} & \frac{6EI}{l^2} & \frac{12EI}{l^3} & -\frac{6EI}{l^2}\\ \frac{6EI}{l^2} & \frac{2EI}{l} & -\frac{6EI}{l^2} & \frac{4EI}{l}\end{bmatrix} \tag{7-24}$$

定义稳定函数S_1、S_2、S_3和S_4，对线性分析中的刚度矩阵$[k_0]$，使其与[T]相等，即：

$$\frac{12EI}{l^3}S_1=\frac{\omega^3\sin\omega}{l^3(2-2\cos\omega-\omega\cdot\sin\omega)}EI \qquad (7\text{-}25a)$$

$$\frac{6EI}{l^2}S_2=\frac{\omega^2(1-\cos\omega)}{l^2(2-2\cos\omega-\omega\cdot\sin\omega)}EI \qquad (7\text{-}25b)$$

$$\frac{4EI}{l}S_3=\frac{\omega(\sin\omega-\omega\cdot\cos\omega)}{l(2-2\cos\omega-\omega\cdot\sin\omega)}EI \qquad (7\text{-}25c)$$

$$\frac{2EI}{l}S_4=\frac{\omega(\omega-\sin\omega)}{l(2-2\cos\omega-\omega\cdot\sin\omega)}EI \qquad (7\text{-}25d)$$

这样就可以确定受压单元的稳定函数，采用同样的方法可以确定受拉单元的稳定函数 S_1、S_2、S_3、S_4 和 S_5。

作者编制调试了依 Saafan 法和 Fleming 法考虑几何非线性因素的平面静力分析程序，这两个程序都可以分析带拉索单元的平面框架结构(例如悬索桥、斜拉桥)，计算表明达到所要求的同一精度时，Saafan 法收敛速度要快一些。

(4)Nazmy 的空间非线性分析方法

Nazmy[6] 将 Fleming 的平面刚度矩阵扩展到空间非线性分析中，目前被广泛采用的就是这种方法。在局部坐标系下(如图 7-7)，单元刚度矩阵为：

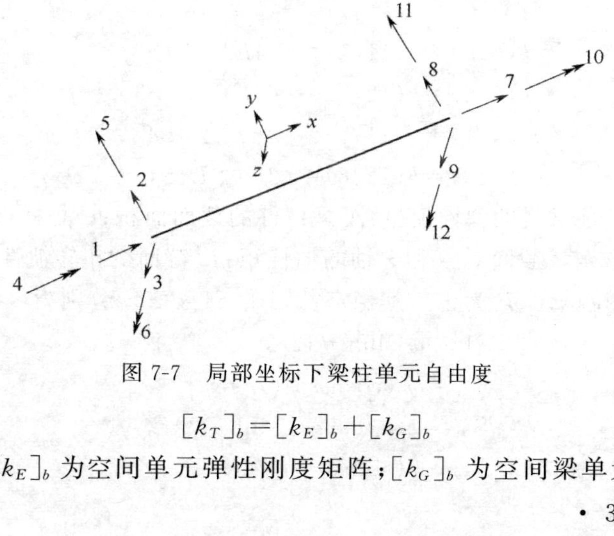

图 7-7　局部坐标下梁柱单元自由度

$$[k_T]_b=[k_E]_b+[k_G]_b \qquad (7\text{-}26)$$

式中，$[k_E]_b$ 为空间单元弹性刚度矩阵；$[k_G]_b$ 为空间梁单元几何刚度矩阵。

①空间单元弹性刚度矩阵

空间单元的弹性刚度矩阵表示为式(7-27)。

$$[k_E]_b=\begin{bmatrix} k(1,1) & k(1,2) & \cdots & k(1,12) \\ k(2,1) & k(2,2) & \cdots & k(2,12) \\ \cdots & \cdots & \cdots & \cdots \\ k(11,1) & k(11,2) & \cdots & k(11,12) \\ k(12,1) & k(12,2) & \cdots & k(12,12) \end{bmatrix} \tag{7-27a}$$

$$k(1,1)=k(7,7)=-k(7,1)=(EA/L)S5 \tag{7-27b}$$

$$k(2,2)=k(8,8)=-k(2,8)=(12EI_z/L^3)S1_z \tag{7-27c}$$

$$k(3,3)=k(9,9)=-k(3,9)=-k(9,3)=(12EI_y/L^3)S1_y \tag{7-27d}$$

$$\begin{aligned} k(2,6)&=k(6,2)=k(2,12)=k(12,2)=-k(6,8) \\ &=-k(8,6)=-k(8,12)=-k(12,8)=(6EI_z/L^2)S2_z \end{aligned} \tag{7-27e}$$

$$\begin{aligned} k(3,5)&=k(5,3)=k(3,11)=k(11,3)=-k(5,9) \\ &=-k(9,5)=-k(9,11)=-k(11,9)=(-6EI_y/L^2)S2_y \end{aligned} \tag{7-27f}$$

$$k(4,4)=k(10,10)=-k(4,10)=-k(10,4)=GI_x/L \tag{7-27g}$$

$$k(5,5)=k(11,11)=(4EI_y/L)S3_y \tag{7-27h}$$

$$k(6,6)=k(12,12)=(4EI_z/L)S3_z \tag{7-27i}$$

$$k(5,11)=k(11,5)=(2EI_y/L)S4_y \tag{7-27j}$$

$$k(6,12)=k(12,6)=(2EI_z/L)S4_z \tag{7-27k}$$

式中，E 是材料的弹性模量；A 是杆件的截面面积；L 是杆件长度；I_y、I_z 分别是截面对 y 和 z 轴的惯性矩；I_x 截面的扭转惯性矩。对于受拉单元(P 为正)，其稳定性因子 $S1_z \sim S4_z$ 分别为：

$$S1_z=\omega^3\sinh\omega/12R_t \tag{7-28a}$$

$$S2_z=\omega^2(\cosh\omega-1)/6R_t \tag{7-28b}$$

$$S3_z=\omega(\omega\cosh\omega-\sinh\omega)/4R_t \tag{7-28c}$$

$$S4_z=\omega(\sinh\omega-\omega)/2R_t \tag{7-28d}$$

式中：$\omega = \mu L$；$\mu^2 = P/EI_z$；$Rt = 2 - 2\cosh\omega + \omega\sinh\omega$

对于受压单元（P 为负），其稳定性因子 $S1_z$ 至 $S4_z$ 分别为：

$$S1_z = \omega^3 \sin\omega / 12R_c \tag{7-29a}$$

$$S2_z = \omega^2 (\cos\omega - 1)/6R_c \tag{7-29b}$$

$$S3_z = \omega(\omega\cos\omega - \sin\omega)/4R_c \tag{7-29c}$$

$$S4_z = \omega(\sin\omega - \omega)/2R_c \tag{7-29d}$$

式中，$\omega = \mu L$；$\mu^2 = P/EI_z$；$R_t = 2 - 2\cos\omega + \omega\sin\omega$

稳定性因子 $S1_y$ 至 $S4_y$ 形式同 $S1_z$ 至 $S4_z$，只是用 $S1_y$ 至 $S4_y$ 代替 $S1_z$ 至 $S4_z$ 即可。

稳定性因子 $S5$ 也分下列两种情况：

对于受拉单元（P 为正）按式（7-30）计算：

$$S5 = 1/[1 - EA(R_{tmy} + R_{tmz})/4P^3L^2] \tag{7-30a}$$

$$R_{tmy} = \omega_y (M1_y^2 + M2_y^2)(\coth\omega_y + \omega_y \mathrm{cosech}^2\omega_y) - 2(M1_y + M2_y)^2 + (M1_y M2_y)(1 + \omega_y \coth\omega_y)(2\omega_y \mathrm{cosech}\omega_y) \tag{7-30b}$$

$$\omega_y = \mu_y L \tag{7-30c}$$

$$\mu_y^2 = P/EI_y \tag{7-30d}$$

$$R_{tmz} = \omega_z (M1_z^2 + M2_z^2)(\coth\omega_z + \omega_z \mathrm{cosech}^2\omega_z) - 2(M1_z + M2_z)^2 + (M1_z M2_z)(1 + \omega_z \coth\omega_z)(2\omega_z \mathrm{cosech}\omega_z) \tag{7-30e}$$

$$\omega_z = \mu_z L \tag{7-30f}$$

$$\mu_z^2 = P/EI_z \tag{7-30g}$$

对于受压单元（P 为负）按式（7-31）计算：

$$S5 = 1/[1 - EA(R_{cmy} + R_{cmz})/4P^3L^2] \tag{7-31a}$$

$$R_{cmy} = \omega_y (M1_y^2 + M2_y^2)(\cot\omega_y + \omega_y \mathrm{cosec}^2\omega_y) - 2(M1_y + M2_y)^2 + (M1_y M2_y)(1 + \omega_y \cot\omega_y)(2\omega_y \mathrm{cosec}\omega_y) \tag{7-31b}$$

$$\omega_y = \mu_y L \tag{7-31c}$$

$$\mu_y^2 = P/EI_y \tag{7-31d}$$

$$R_{cmz} = \omega_z (M1_z^2 + M2_z^2)(\cot\omega_z + \omega_z \mathrm{cosec}^2\omega_z) - 2(M1_z + M2_z)^2 + (M1_z M2_z)(1 + \omega_z \cot\omega_z)2(\omega_z \mathrm{cosec}\omega_z) \tag{7-31e}$$

$$\omega_z = \mu_z L \tag{7-31f}$$

$$\mu_z^2 = P/EI_z \tag{7-31g}$$

②空间梁单元几何刚度矩阵

空间梁单元的几何刚度矩阵如下(7-32)：

$$[k_G]_b = \frac{P}{L}\begin{bmatrix}
0 & & & & & & & & & & & \\
0 & 6/5 & & & & & & \text{(对} & & & & \\
0 & 0 & 6/5 & & & & & & & & & \\
0 & 0 & 0 & 0 & & & & & & & & \\
0 & 0 & -L/10 & 0 & 2L^2/15 & & & & & \text{称)} & & \\
0 & L/10 & 0 & 0 & 0 & 2L^2/15 & & & & & & \\
0 & 0 & 0 & 0 & 0 & 0 & 0 & & & & & \\
0 & -6/5 & 0 & 0 & 0 & -L/10 & 0 & 6/5 & & & & \\
0 & 0 & -6/5 & 0 & L/10 & 0 & 0 & 0 & 6/5 & & & \\
0 & 0 & 0 & 0 & 0 & 0 & 0 & 0 & 0 & 0 & & \\
0 & 0 & -L/10 & 0 & -L^2/30 & 0 & 0 & 0 & L/10 & 0 & 2L^2/15 & \\
0 & L/10 & 0 & 0 & 0 & -L^2/30 & 0 & -L/10 & 0 & 0 & 0 & 2L^2/15
\end{bmatrix} \tag{7-32}$$

式中，P 为轴力；L 为梁单元长度。

7.2.3 描述大变形的刚度矩阵

在荷载作用下，斜拉桥上部结构的几何位置变化显著，从有限元法的角度来说，节点坐标随荷载的增量变化较大，各单元的长度、倾角等几何特性也相应产生较大的改变，结构的刚度矩阵成为几何变形的函数，荷载与位移不再保持线性性质，由于大变形的存在，产生了附加应力。根据结构初始几何状态，采用线性分析的方法求出结构内力和位移，使用拖动坐标的混合法对几何位置加以修正，这时各单元的刚度矩阵也相应变化。利用变形后的刚度矩阵和结点位移求出杆端力，由于变形前后刚度不同，产生了节点不平衡荷载，将此不平衡荷载作为结点外荷载作用于结点上，再次计算结构位移，重复以上步骤直至不平衡荷载小于允许范围位置。

7.2.4 斜拉桥几何非线性有限元方程的数值解法

考虑几何非线性的有限元方程是建立在结构变形后平衡位置的方程，结构刚度矩阵是所求位移的函数，通常采用逐步逼近的方法。常用的数值方法[14~18]有:荷载增量法、迭代法和混合法。

荷载增量法是指荷载以增量的形式逐级加上去,每个荷载增量作用过程中,假定结构刚度不变,即节点位移和杆端力由增量区间起点的结构刚度计算得到,增量区间终点处节点位移为起点位移与位移增量之和,进而可求出相对于增量区间终点的结构刚度,并作为下一荷载增量起点的刚度。不断重复以上过程,直到区间位移增量足够小。

迭代法将总荷载一次性施加到结构上,根据所得节点位移对结构几何形态进行修正,根据此时的刚度计算节点力。由于变形前后刚度不同,在节点处产生不平衡荷载,将此荷载作为节点荷载重新施加到结构上计算节点位移,并修正结构刚度,计算节点力。如此反复迭代,直至节点不平衡荷载小于容许值为止。

混合法是综合运用增量法和迭代法的一种可以加快收敛的方法。首先荷载以增量的形式施加,然后在每一步荷载增量施加后进行迭代过程,或在所有荷载增量施加结束后进行迭代过程。前者称为混合法Ⅰ,过程见图 7-8;后者称为混合法Ⅱ,过程见图 7-9。这两种混合法中,混合法Ⅱ的收敛速度比较快。

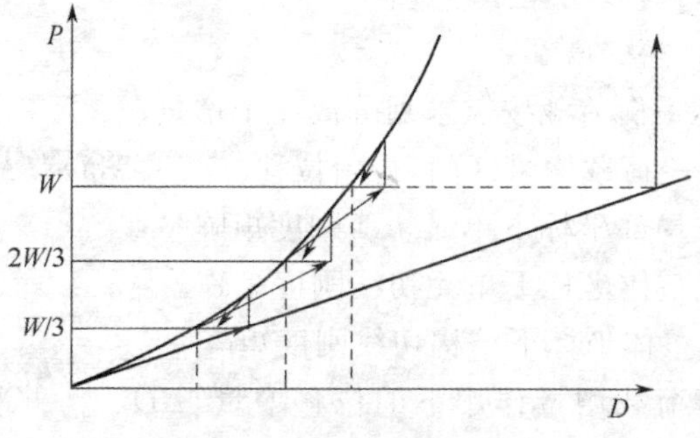

图 7-8 混合法Ⅰ

7.2.5 斜拉桥几何非线性静力分析过程

斜拉桥空间几何非线性分析实施过程如下[6]:

(1)读取结构数据和斜拉索初始拉力;

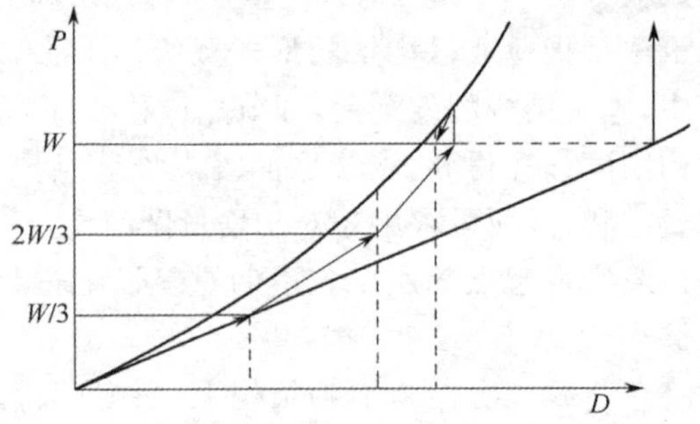

图 7-9　混合法Ⅱ

(2)单元稳定性因子初始值设为 1.0;

(3)斜拉索初始等效弹性模量;

(4)计算结构初始几何形状,以及恒荷作用下的单元内力;

(5)计算整体坐标下,等效的单元杆端力;

(6)节点荷载可以通过与之相关单元的杆端力叠加得到,与外部节点荷载相减,即得到第一次节点不平衡荷载

(7)如果节点不平衡荷载满足精度要求,则可计算结构的响应,否则开始荷载增量循环过程

a)初始位移$\{D^{(i)}\}=\{0\}, i=0$

b)将不平衡荷载按需求划分成 n 个增量;

c)对每一荷载增量区间,初始位移$\{D_{(n)}^{(i)}\}=\{D^{(i-1)}\}$;

d)形成局部坐标下单元切线刚度矩阵

e)形成整体坐标下单元切线刚度矩阵

f)形成整体坐标下结构切线刚度矩阵

g)求解荷载增量作用下的位移增量$\{\Delta D_{(n)}^{(i)}\}$,并将其累加到上一荷载状态下节点位移,得到当前荷载状态下节点位移$\{D_{(n+1)}^{(i)}\}=\{D_{(n)}^{i}\}+\{\Delta D_{(n)}^{(i)}\}$

h)计算节点坐标,重新计算几何形状

i)计算单元割线刚度,局部杆端位移和杆端力

j)修正斜拉索等效模量,并修正单元稳定性因子

k)重复以上步骤,直到加载完不平衡荷载为止

(8)计算整体坐标下单元内力

(9)计算该迭代过程的节点不平衡荷载

(10)重复(7)～(9)步。

可以看出,斜拉桥的几何非线性分析过程采用了混合法Ⅱ,将荷载增量循环嵌套于迭代循环中,荷载增量循环体现了斜拉桥几何非线性的处理方法。

7.2.6 实例分析

以上介绍了斜拉桥几何非线性分析的方法,下面分析两座斜拉桥,见图 7-10。对实例一和实例二,分别采用线性与 Nazmy 空间分析方法比较在分级静载作用下的跨中挠度,结果见图 7-11;对实例二,分别采用 Saafan 平面法、Fleming 平面法和 Nazmy 空间分析方法编制程序,比较各点挠度,结果见表 7-2。静力分析程序框图见图 7-12。

实例 1:跨径组成为 293 m+671 m+293 m 的斜拉桥,双塔双索面,A 型塔,塔高 171 m

实例 2:跨径组成为 146 m+335 m+146 m 的斜拉桥,双塔双索面,A 型塔,塔高 91 m

由图 7-11 可见,斜拉桥结构恒载作用下,虽然应用 Ernst 公式后索的等效弹性模量有所降低,但结构总体刚度随着荷载的增加而增加,呈现明显的非线性特征。斜拉桥结构的非线性属于几何非线性,需用有限挠度理论予以解决,结构跨度越大,结构越柔,其非线性行为越显著。

平面二维分析方法在计算竖向、纵向的内力、位移等方面具有占用内存少、运算速度快、计算结果可靠等优点,表 7-2 的结果验证了 Nazmy 空间分析方法的合理性,同时表明,平面二维分析方法不能反应结构的全部行为。因此,在研究复杂的斜拉桥结构、结构的扭转行为、风载和地震荷载作用下结构的动力特性等问题时,采用三维有限元模型是必要的。

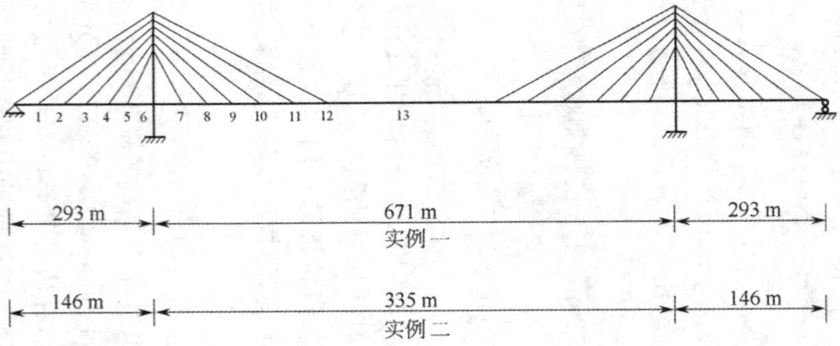

(a) 斜拉桥立面图

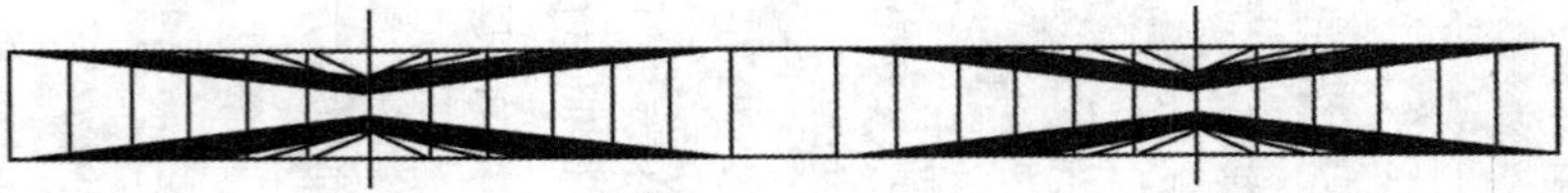

(b) 斜拉桥平面图

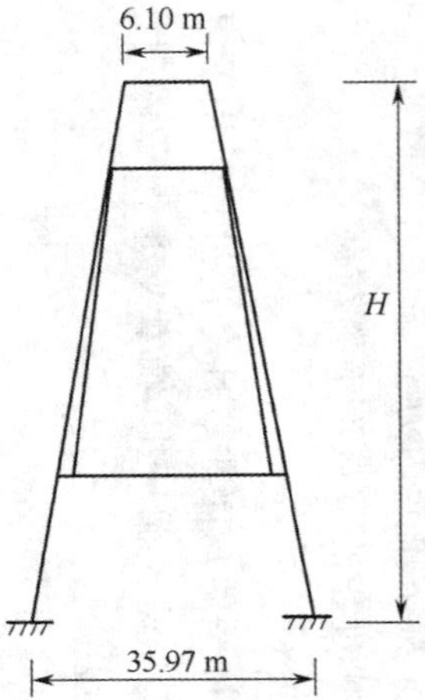

(c) 侧面图

图 7-10　斜拉桥结构分析示意图

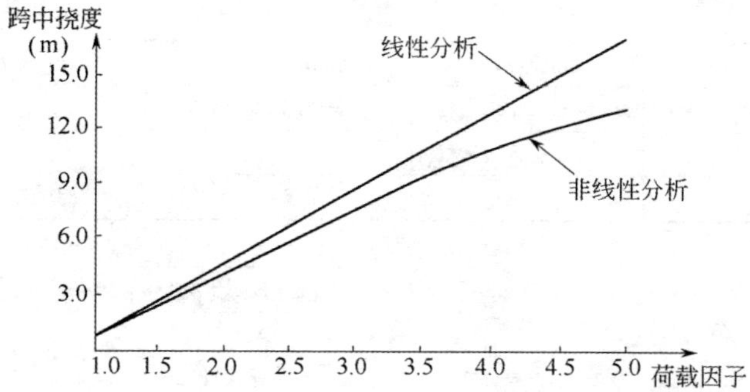

(a) 实例1

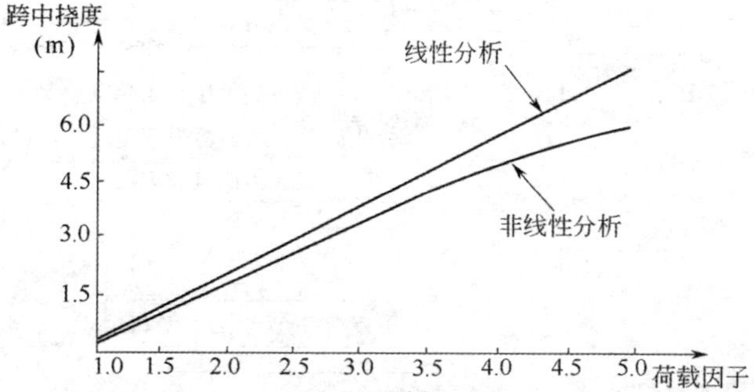

(b) 实例2

图 7-11 分级静载作用下的跨中挠度

表 7-2 三种分析方法对实例二的挠度比较(m)

结点号	Nazmy 法	Saafan 法	Fleming 法
1	0.010	0.001	−0.040
2	0.012	0.025	−0.016
3	0.030	0.041	0.002
4	0.022	0.030	0.030
5	0.003	0.012	0.021
6	0.000	0.000	0.000
7	−0.085	−0.073	−0.067
8	−0.159	−0.150	−0.185
9	−0.240	−0.237	−0.295
10	−0.332	−0.334	−0.351

续上表

结点号	Nazmy 法	Saafan 法	Fleming 法
11	−0.426	−0.435	−0.481
12	−0.529	−0.543	−0.552
13	−0.603	−0.583	−0.601

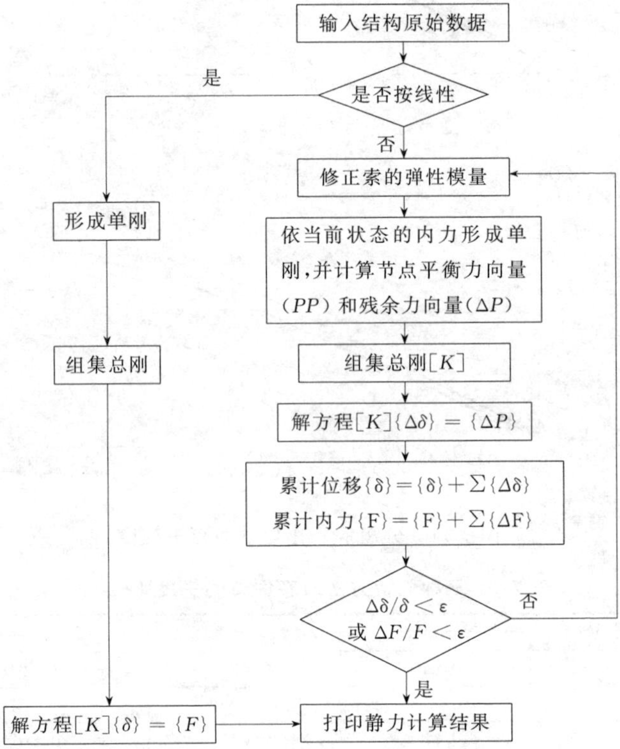

图 7-12　静力分析程序框图

7.3　斜拉桥结构动力分析

动荷载在斜拉桥和悬索桥的设计中占有非常重要的地位，它很有可能控制斜拉桥结构的设计。斜拉桥的动力分析主要包括抗风和抗震两个方面。

7.3.1 斜拉桥结构自振特性分析

结构在风、地震以及行驶车辆等荷载作用下的响应均是动力问题，而结构的自振特性决定其动力反应的特点，对于斜拉桥结构，其一阶纵漂频率、一阶竖弯频率、一阶侧弯频率和一阶扭转频率对结构的抗风、抗震性能具有重要的意义，这就是为什么要将研究斜拉桥结构的自振特性放在首位的原因。结构自振特性主要指固有频率、振型、阻尼等，是结构本身固有的，它们取决于结构的组成体系、刚度、质量的分布以及支承条件等。结构自振频率和振型的计算最终可归结为广义特征值问题，即：

$$([K]-\omega^2[M])\{\phi\}=\{0\} \tag{7-33}$$

式中，$[K]$和$[M]$分别是结构的刚度矩阵和质量矩阵。

求解式(7-33)所示的特征值问题的方法很多，常用的有逆迭代法、行列式搜索法、瑞利-李兹法、广义雅可比法、QR 法、Lanczos 法、子空间迭代法等。其中广义雅可比法、QR 法都是求解全部特征值的有效方法，适用于刚度矩阵和质量矩阵的阶数较小情形。当结构按有限元法简化为一个多自由度体系时，常产生阶数很高的广义特征值问题。从实际角度来讲，只要计算其中的一小部分特征值就够了。1971 年 Bathe 提出的子空间迭代法是求解大型系统部分低阶特征对的有效方法。它的主要优点是对于初始迭代向量的选取要求不高，能充分利用刚度矩阵和质量矩阵的稀疏带状性质，而且能一次求出前几个最大的广义特征值及其对应的特征向量。

在 $\boldsymbol{K}$ 和 $\boldsymbol{M}$ 正定且对称的前提下，求特征值问题 $\boldsymbol{Kx}=\lambda\boldsymbol{Mx}$ 的 $\boldsymbol{n}$ 个特征值，子空间迭代法的基本步骤如下：

1. 准备：选取初始向量 $x_1,x_2,\cdots,x_m$，令 $\boldsymbol{X}=[x_1\cdots\cdots x_m]$

2. 乘法运算：设 $\boldsymbol{Z}=\boldsymbol{MX}$，解线性方程组 $\boldsymbol{KY}=\boldsymbol{Z}$

3. 向子空间投影：设$\widetilde{\boldsymbol{K}}=\boldsymbol{Y}^T\boldsymbol{KY}$，$\widetilde{\boldsymbol{M}}=\boldsymbol{Y}^T\boldsymbol{MY}$，它们是 m 行 m 列缩小的对称矩阵

4. 解子空间的特征值问题：用广义 Jacobi 法求解 $\boldsymbol{MK}$ 型特征值

问题$\widetilde{\boldsymbol{K}}\boldsymbol{p}=d\widetilde{\boldsymbol{M}}\boldsymbol{p}$的特征向量，并汇集在一起，成为$\boldsymbol{P}=[p_1\cdots\cdots p_m]$

5. 向原空间变换：$\boldsymbol{X}=\boldsymbol{YP}$

6. 迭代控制：进行收敛检查，若未收敛重复第2～5步

(1)实例一

第1阶振型 $T=5.1244$ s 振型特征：竖向对称振型

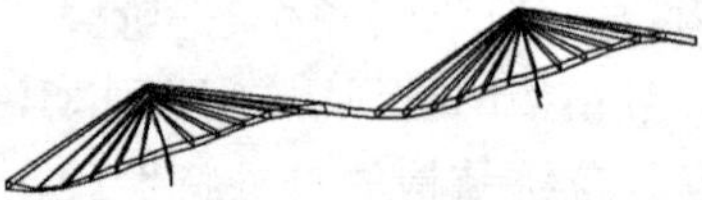

第2阶振型 $T=3.7653$ s 振型特征：竖向反对称振型

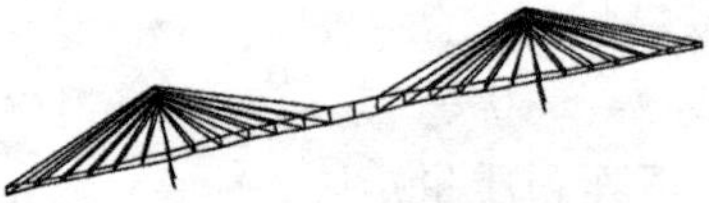

第3阶振型 $T=3.3653$ s 振型特征：横向对称振型

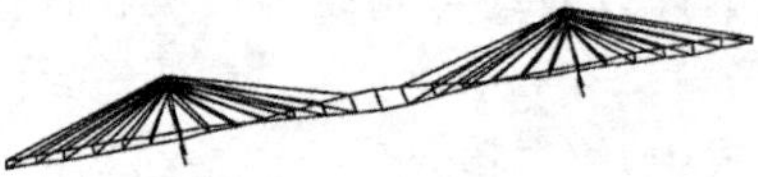

第4阶振型 $T=2.9089$ s 振型特征：扭转与横向耦联振型

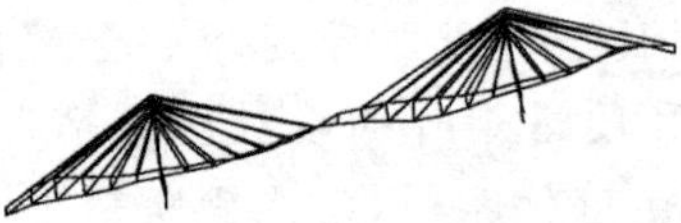

第5阶振型 $T=2.5052$ s 振型特征：塔纵向反对称与主梁扭转耦联振型

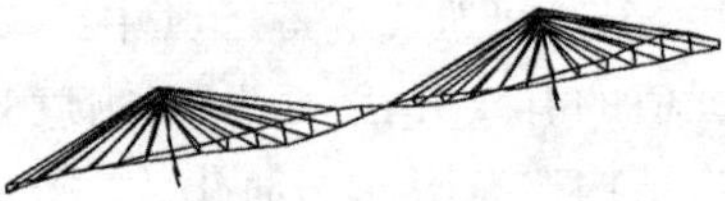

第6阶振型 $T=2.4126$ s 振型特征：塔纵向对称与主梁扭转耦联振型

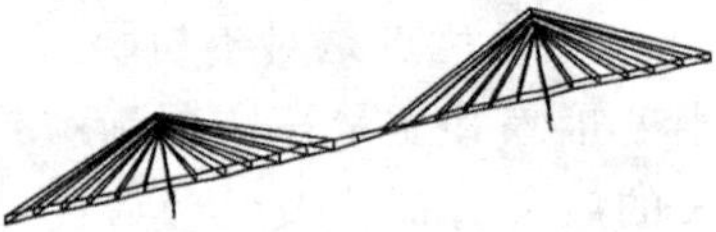

第7阶振型 $T=2.3137$ s 振型特征：塔横向反对称振型

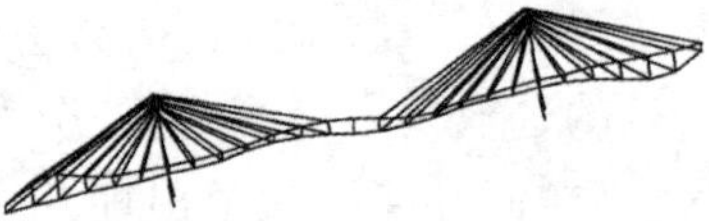

第8阶振型 $T=2.3098$ s 振型特征：以梁为主的竖向反对称振型

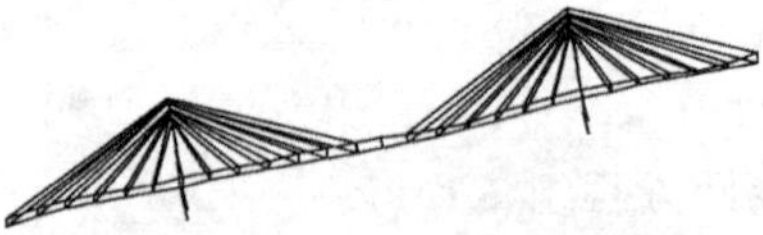

第9阶振型 $T=2.0812$ s 振型特征：以塔为主的横向反对称振型

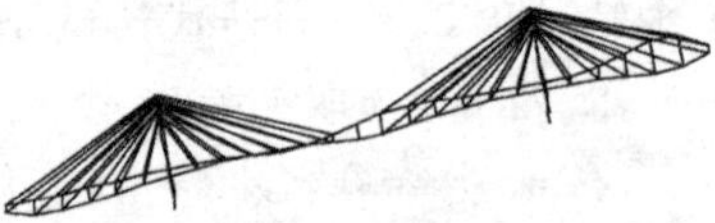

第10阶振型 $T=2.0777$ s 振型特征：扭转振型

图7-13 实例一 斜拉桥结构前10阶周期和振型

作者考虑斜拉桥几何非线性，采用子空间迭代法求解上一节实例 1 的自振特性。针对实例 1，全桥共分为 104 个节点，194 个单元，其中索单元 48 个，梁单元 146 个，塔的基底刚性固结。前 10 阶周期和振型见图 7-13。

当不考虑斜拉桥几何非线性时，实例 1 的前 25 阶自振周期见表 7-3。结果表明，考虑与不考虑几何非线性对周期的影响不大，而且考虑几何非线性比不考虑几何非线性时的周期值偏小，这一点与上节静力分析是一致的，从静力分析结果可以看出，考虑几何非线性后位移变小，这说明考虑几何非线性后结构的整体刚度比不考虑几何非线性时要大。从该桥的计算结果看，从第 5 阶振型到第 25 阶振型相邻两个周期值相差在 0.2 s 之内，说明斜拉桥具有密集的频谱特性，在一个较宽的频率范围内，许多振型都可能被动力荷载激起强烈的振动，因此在采用反应谱分析时，应取足够多的振型参与计算。该桥第一扭转频率与第一挠曲频率的比值 ε 为 1.82，与天津永和桥（$\varepsilon=1.30$）和上海南浦大桥（$\varepsilon=1.45$）相比，说明这种采用“A”型桥塔的斜拉桥结构具有较高的抗扭刚度。

表 7-3　实例一　斜拉桥结构的自振特性比较（空间分析方法）

振型序号	自振周期		振型特征
	线性	非线性	
1	5.323 5	5.124 4	竖向对称
2	3.945 1	3.765 3	竖向反对称
3	3.341 3	3.365 3	梁横向对称
4	2.916 4	2.908 9	扭转-横向耦联
5	2.421 4	2.505 2	塔横向反对称
6	2.370 6	2.412 6	竖向对称
7	2.351 9	2.313 7	扭转
8	2.348 8	2.309 8	塔横向对称
9	2.141 6	2.081 2	竖向反对称
10	2.116 8	2.077 7	扭转-横向耦联
11	1.987 1	1.951 2	扭转

续上表

振型序号	自振周期		振型特征
	线性	非线性	
12	1.806 7	1.778 1	竖向对称
13	1.660 0	1.643 7	扭转-横向耦联
14	1.566 9	1.552 0	竖向反对称
15	1.515 9	1.501 5	竖向对称
16	1.428 9	1.421 1	扭转
17	1.415 1	1.407 6	扭转-横向耦联
18	1.361 3	1.351 9	竖向反对称
19	1.291 0	1.284 4	扭转
20	1.212 0	1.219 5	梁横向反对称
21	1.160 8	1.164 9	竖向对称
22	1.119 8	1.124 0	竖向反对称
23	1.082 4	1.086 5	扭转-横向耦联
24	1.068 3	1.068 1	竖向对称
25	1.049 8	1.055 4	扭转

作者用前面介绍的考虑几何非线性平面分析方法，求得斜拉桥前10阶振型并与线性结果比较，见表7-4。比较表7-3和表7-4可以发现，采用平面分析方法所得结果与空间分析方法的竖向振型一一对应，这就说明在分析具有纵向对称平面的斜拉桥结构的竖向自振特性时，可以采用平面分析方法。

表7-4　实例一　斜拉桥自振特性比较(平面分析方法)

振型序号	自振周期		振型特征
	线性	非线性	
1	5.090 5	4.881 8	竖向对称
2	3.796 0	3.637 4	竖向反对称
3	2.302 6	2.251 5	竖向对称
4	2.068 0	2.015 2	竖向反对称
5	1.763 1	1.726 2	竖向对称

续上表

振型序号	自振周期		振型特征
	线性	非线性	
6	1.534 1	1.499 2	竖向反对称
7	1.471 8	1.453 1	竖向对称
8	1.325 7	1.309 5	竖向反对称
9	1.131 2	1.123 4	竖向对称
10	1.089 1	1.086 7	竖向反对称

(2)实例二

以芜湖长江大桥进行研究,其中主塔各杆件,主梁的主桁、副桁、桥面的平纵联等,均采用空间梁单元的计算模型;索采用只能受拉的空间杆单元,并用 Ernst 公式考虑了索的垂度效应。全桥共有 740 个节点,1 820 个单元。桁梁与塔或墩的约束条件为,竖向和横向均用链杆连接,纵向用有初张力的近于水平的底索连接,见图 7-14。

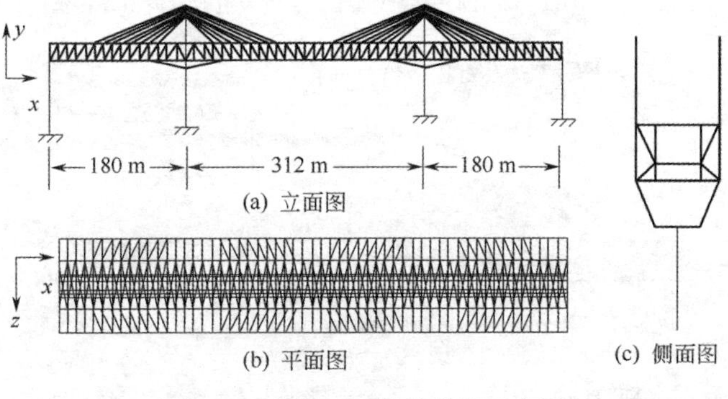

图 7-14　实例二　结构分析示意图

采用子空间迭代法计算结构频率和振型,前 11 阶振型和周期见图 7-15。振型质量是决定该振型参与动力反应大小程度的一个重要参数(其他参数还有该振型频率及相应的阻尼),定义振型质量与总质量的比率为振型贡献率。从实例三的振型贡献率可以看出:第 2 阶主塔为主的纵向漂浮振型的顺桥向振型贡献率为

53%，该振型对主塔顺桥向的动力响应贡献相当大；第 1 阶一阶对称横弯振型和第 5 阶左右主塔同向侧弯振型竖向振型贡献率分别为 20%和 23%，这两阶振型对结构的竖向地震响应贡献突出。

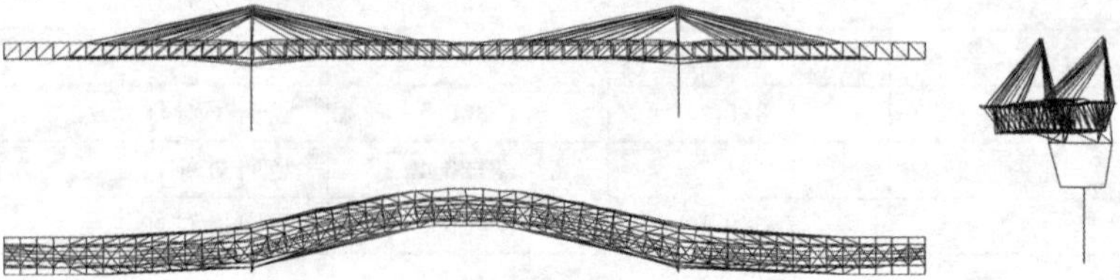

第 1 阶振型 $T=2.7488$ s 振型特征：桁梁中跨对称横弯振型

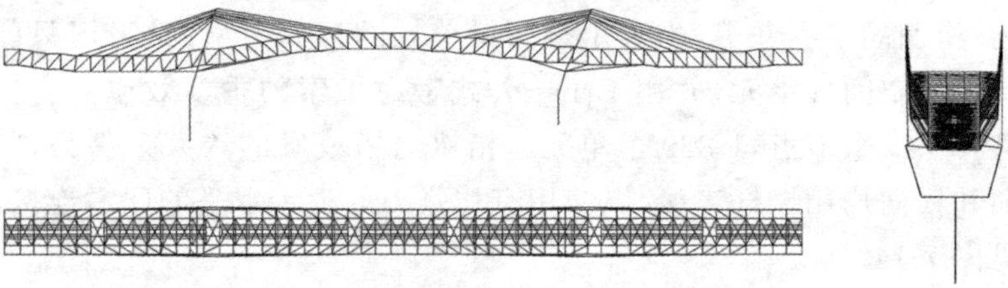

第 2 阶振型 $T=2.4241$ s 振型特征：主塔为主的纵向漂浮振型

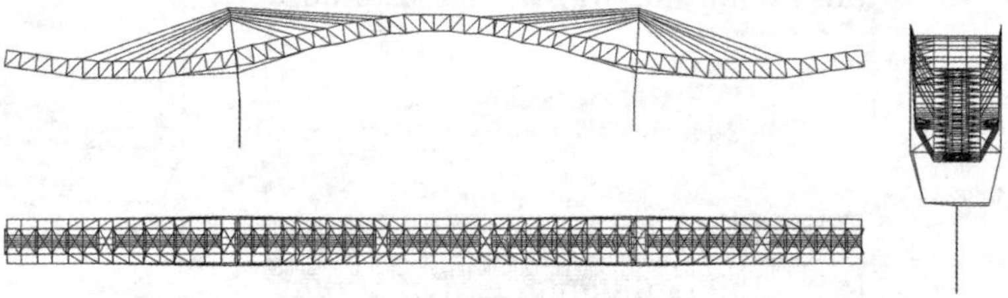

第 3 阶振型 $T=2.2434$ s 振型特征：桁架和主塔竖向对称振型

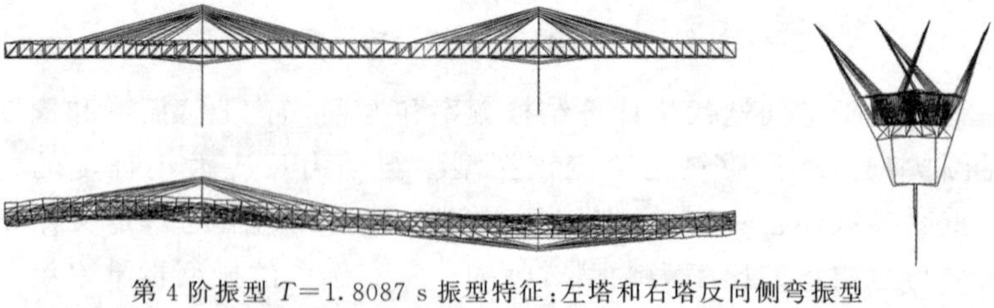

第 4 阶振型 $T=1.8087$ s 振型特征：左塔和右塔反向侧弯振型

图 7-15

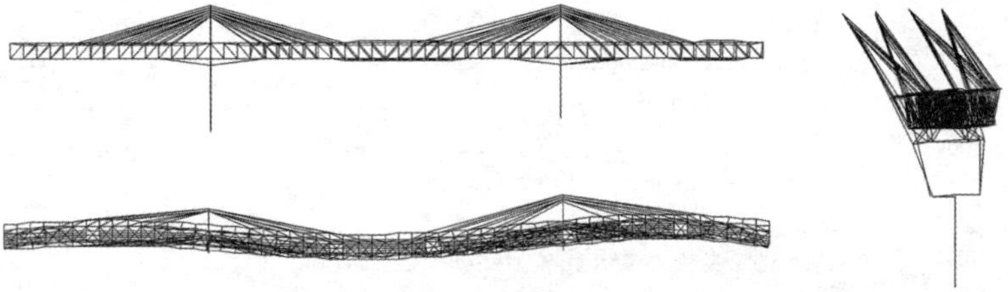

第 5 阶振型 T=1.7571 s 振型特征:左塔和右塔同向侧弯振型

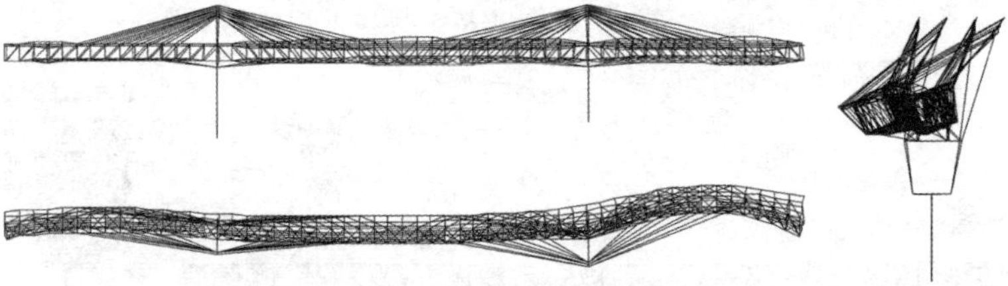

第 6 阶振型 T=1.4641 s 振型特征:右塔为主的横向振型
及右边梁的横向和扭转耦联振型

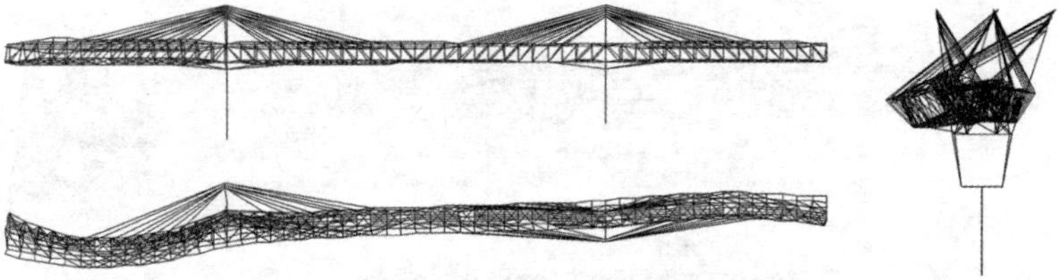

第 7 阶振型 T=1.4532 s 振型特征:左塔为主的横向振型
及左边梁的横向和扭转耦联振型

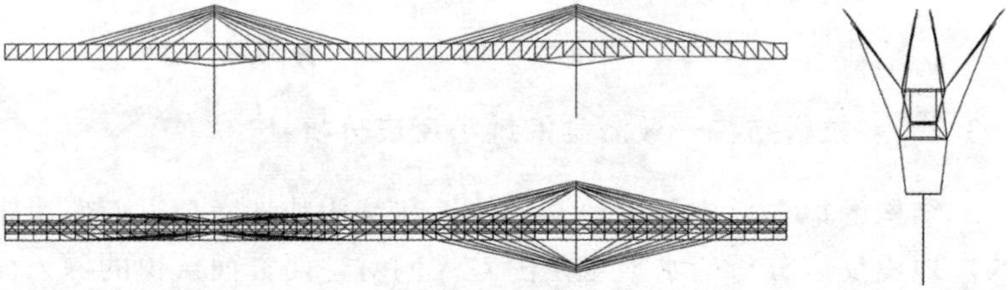

第 8 阶振型 T=1.3979 s 振型特征:右塔为主的横向振型

图 7-15

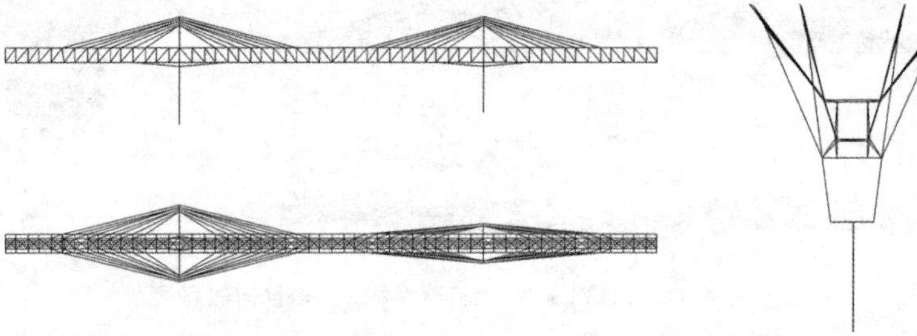

第 9 阶振型 $T=1.3978$ s 振型特征:左塔为主的横向振型

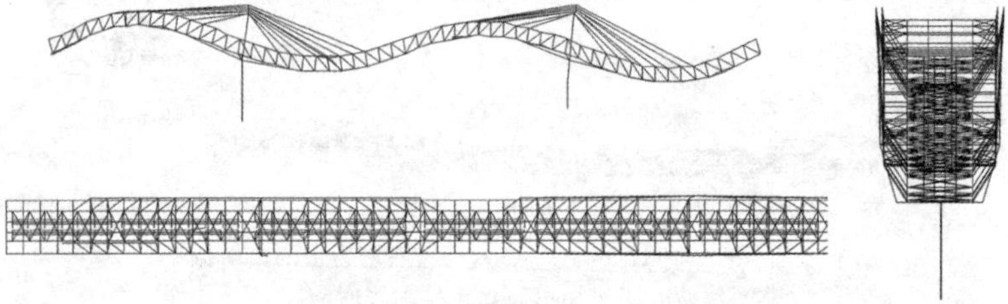

第 10 阶振型 $T=1.3072$ s 振型特征:桁梁和主塔竖向反对称振型

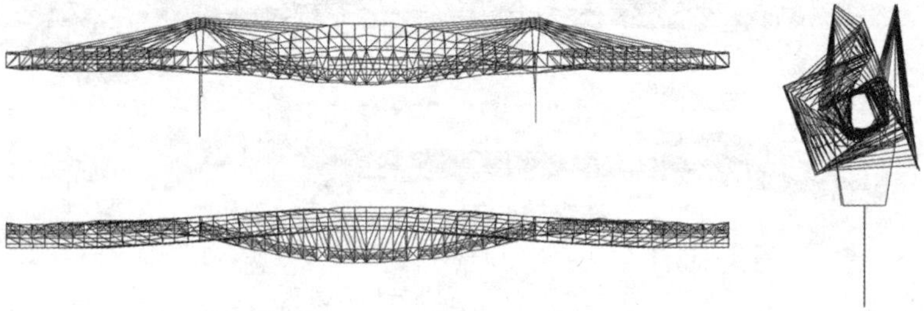

第 11 阶振型 $T=1.1856$ s 振型特征:桁梁的扭转振型

图 7-15　实例二　斜拉桥结构前 11 阶自振周期和振型

7.3.2　斜拉桥结构一致激励的地震反应分析

结构的地震反应是由地震动特性和结构特性两个方面所决定的。地震反应分析的水平也是随着人们对这两方面认识的深入而提高的;确定性地震力理论(也称地震作用理论)主要有静力法、反应谱法和时程反应法三个阶段。

时程分析方法是比较精细的分析方法，目前，大多数国家除对常用的中小跨径桥梁仍采用反应谱方法计算外，对重要的、复杂的、大跨的桥梁结构抗震计算都建议采用时程分析方法。对桥梁结构进行时程分析时，求解动力方程的基本方法有：时域分析方法、频域分析方法和振型叠加法。有关这些方法在第 4 章都已经详细地介绍了，本节主要是采用这些方法对大跨度斜拉桥进行一致激励的地震反应分析。三个分析实例侧重内容有所不同：实例一采用振型叠加法研究斜拉桥几何非线性对地震反应的影响；实例二则采用改进的振型叠加法进行一致激励下结构的地震反应，改进的振型叠加法的基本思路和步骤详见本书第 4 章；实例三则采用反应谱方法对结构的地震响应特点进行了分析。

(1)实例一

对 7.2.6 节中的实例 1 采用振型叠加法进行地震响应分析，输入 El Centro 地震加速度记录做两种方法的时程反应曲线，即假定结构在恒载作用下，按线性(L)工作，并按恒载变形状态求解线性运动方程(L)，记作(L-L)；假定结构在恒载作用下，按非线性(NL)工作，并按恒载变形状态的刚度求解线性运动方程(L)，记作(NL-L)。主要节点和杆件(见图 7-16)的结果见表 7-6 和表 7-7。对比结果可以发现：按照(L-L)分析的结构时程响应的最大值比按照(NL-L)分析的最大值偏大，这是由于考虑几何非线性后

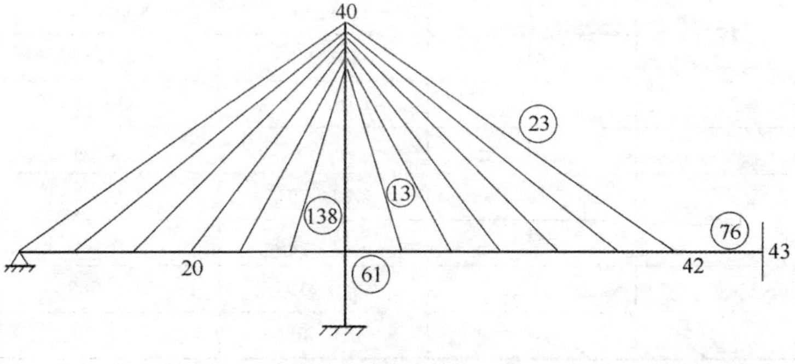

图 7-16　实例 1 主要节点和杆件编号

这种类型的斜拉桥结构总体刚度变大；塔根处（杆件 138）横向最大弯矩为 231479 kN·m，在静载作用下，横向弯矩不可能达到这么大的数值，因此在塔的设计中对抗震要求应予以重视；从表 7-5 和表 7-6 的结果可以看出，该斜拉桥结构的跨中横向位移和内力都比较大，由此可见，对于对大跨度桥梁结构的抗震设计中，空间分析是非常重要的；通过比较按照（L-L）分析和（NL-L）分析还可以发现：考虑几何非线性分析的结果与线性地震反应分析的位移响应略有降低，但在一些控制截面的内力会有较大幅度的减小。

表 7-5　结构位移响应（m）

节点号	位移方向	L-L 法	NL-L 法
40	U_x	5.592 0	5.761 0
	U_z	−0.631 1	−0.595 9
42	U_y	2.541 5	2.167 6
	U_z	7.360 0	7.046 0
43	U_y	2.026 7	1.652 9
	U_z	7.522 5	7.205 5

表 7-6　结构内力响应

杆件号	内力	L-L 法	NL-L 法
76	M_y	1 154 044	995 079
	M_z	231 953	209 005
23	N	16 769	16 456
13	M_z	5 585	4 530
138	M_z	2 314 791	2 263 884
	M_y	5 113 962	4 672 094
61	V	−4 779	3 588
	M_z	216 588	141 599

注：弯矩单位 kN·m；剪力和轴力单位 kN。

Nazmy[19]对 7.2.6 节中的两个实例进行了一致激励下，结构线性和非线性地震响应分析，运动方程的求解采用 Willson-θ 法。沿相互垂直的三个方向，输入 El Centro S50°W 分量。结果表明，7.2.6 节中介绍的中间跨径较小的实例二的线性和非线性动力分析结果相差不大，在工程允许范围。其他学者[20−25]的研究也得到了相同的结论，他们研究的斜拉桥结构的跨径均小于 335.5 m。由于实例 2 跨径较小，未能体现非线性对地震响应的影响，Nazmy 对实例二又采用了三种分析方式：L-L、NL-L 和 NL-NL，前两种在前面已经说明，第 3 种是结构在恒载作用下，按非线性(NL)工作，并按恒载变形状态的刚度求解非线性运动方程(NL)，见图 7-17。对结果分析表明：NL-L 方法与 NL-NL 方法计算结果非常接近，从控制点和控制截面的地震响应时程曲线可发现，NL-L 方法分析结果与 NL-NL 分析结果之间的差异较小，塔顶顺桥向位移误差 6.5%，节点 42 和 43 的横向位移误差分别为 5.4%和 2%，在单元 76 左端横向剪力误差 12.5%，其他截面内力和位移的误差也在 7%以下，因此线性动力分析结果是可以保证工程精度要求的，其关键在于线性动力分析应始于考虑几何非线性的结构恒载下的变形状态。Nazmy 对中间跨径为 671 m 的实例 1 采用同样的输入方式和分析方法，结果分析表

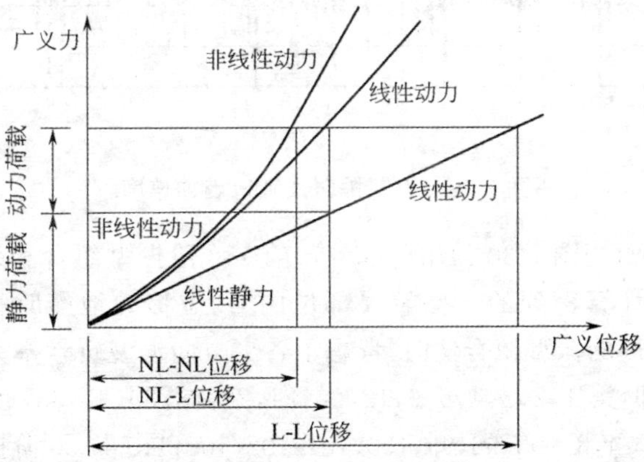

图 7-17　三种分析方法图示

明，由于跨径的增加，线性动力分析结果明显不同于非线性动力分析结果，塔顶顺桥向位移误差16%，节点42和43的横向位移误差分别为71%和67%，单元76左端横向剪力误差为110%，这与实例2是完全不同的，因此，对于像实例1非线性非常明显的斜拉桥结构，在进行强震下地震响应分析时应采用非线性动力分析。

(2)实例二

对7.3.1.1节中的实例三(芜湖长江大桥)采用改进的振型叠加法，求解一致激励下结构的地震响应，应当指出，用反应谱振型组合法求结构的地震反应时，动力放大因子在0.3处截断。在时程分析时如果直接用选定的加速度时程，则与反应谱振型组合法用的反应谱不一致，因此加速度时程不能直接用原来的时程曲线，而应根据动力放大因子在0.3处截断的反应谱生成人工地震加速度时程，以进行一致激励下的结构地震反应的时程分析，人工地震加速度时程见图7-18～图7-20。

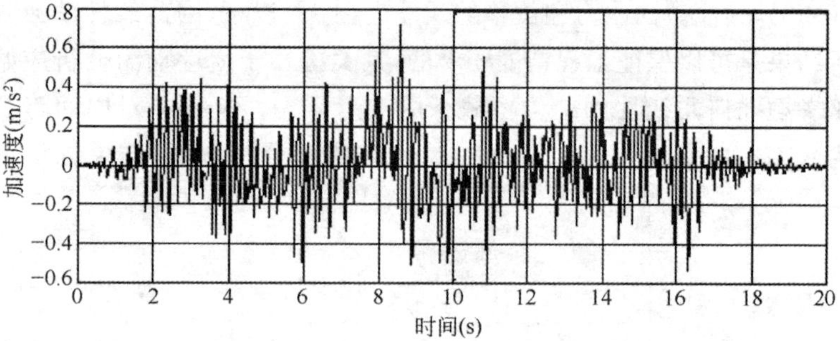

图7-18　沿顺桥向人工地震加速度

图7-21～图7-30为用前30阶、前130阶振型组合和改进的振型组合法计算得到的一些重要部位内力、位移的地震时程反应曲线。用改进的振型组合法时，考虑了各个方向振型贡献率大于0.01的振型，即：第1,2,3,4,5,6,12,20,21,22,28,30,31,33,36,40,43,44,53,54,74,87,95,96,99,100,101,102,105,115共30阶振型的组合，这些振型各个方向振型贡献率之和见表7-7，表7-8列出了主

表 7-7　几种情况的振型贡献率之和的比较表

方向 \ 阶数及统计	前 130 阶 ($d130$)	前 30 阶 ($d30$)	改进的振型组合法(dg)	$\frac{d130-d30}{d130}$	$\frac{d130-dg}{d130}$
X 方向的振型贡献率之和	0.820 3	0.636 9	0.795 1	0.223	0.031
Y 方向的振型贡献率之和	0.733 2	0.319 1	0.682 0	0.565	0.069
Z 方向的振型贡献率之和	0.761 3	0.553 8	0.696 9	0.273	0.084
总的振型贡献率之和	0.771 1	0.503 1	0.725 5	0.347	0.059

表 7-8　一致地震激励下斜拉桥时程响应主要部位的最大值

位　　置	130 个振型组合($d1$)	30 个振型组合($d2$)	改进的振型组合法组合(dg)	$\frac{d1-d2}{d1}$	$\frac{d1-d2}{d1}$
左塔顶纵向位移(m)	0.078 08	0.064 24	0.063 60	0.177	0.078
左塔顶横向位移(m)	0.051 18	0.043 63	0.049 55	0.147	0.032
主桁跨中纵向位移(m)	0.076 06	0.062 02	0.076 19	0.184	0.002
主桁跨中竖向位移(m)	0.041 52	0.035 88	0.046 21	0.136	0.113
主桁跨中横向位移(m)	0.142 43	0.128 16	0.152 30	0.100	0.069
左塔根轴力(t)	291.93	205.82	206.68	0.295	0.292
左塔根纵向剪力(t)	1 220.49	1 076.91	1 079.0	0.118	0.116
左塔根横向剪力(t)	770.90	669.50	760.38	0.132	0.013
左塔根纵向弯矩(t・m)	56 410.69	46 383.47	55 918.00	0.178	0.008
左塔根横向弯矩(t・m)	81 693.75	72 043.36	83 259.00	0.118	0.019

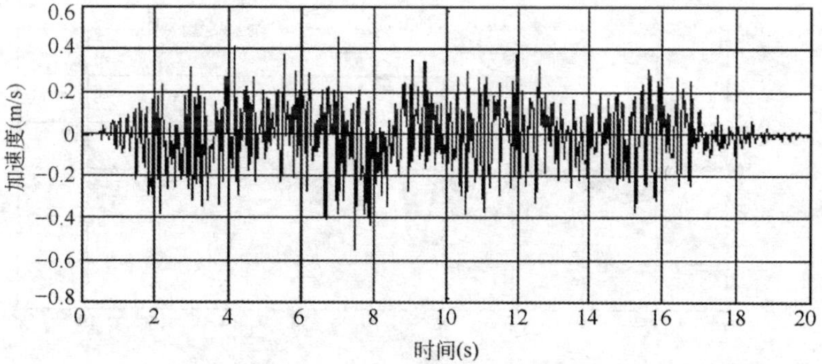

图 7-19　竖向人工地震加速度

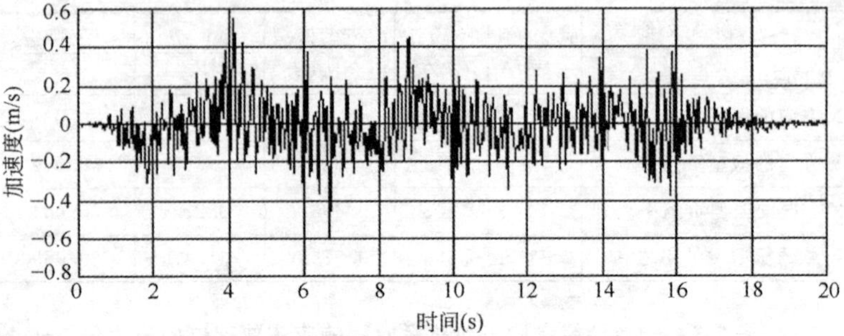

图 7-20　横桥向人工地震加速度

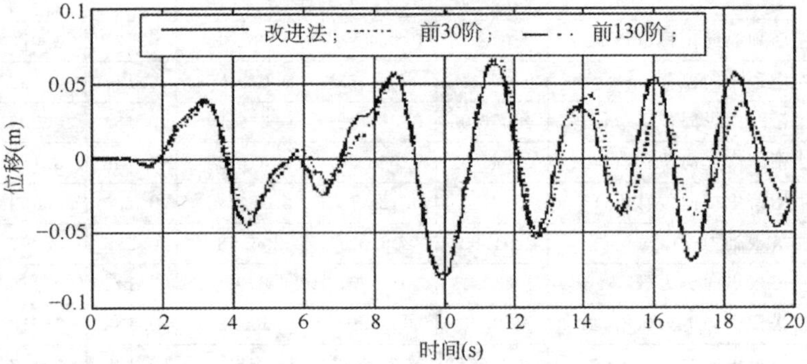

图 7-21　左塔顶纵向位移时程曲线

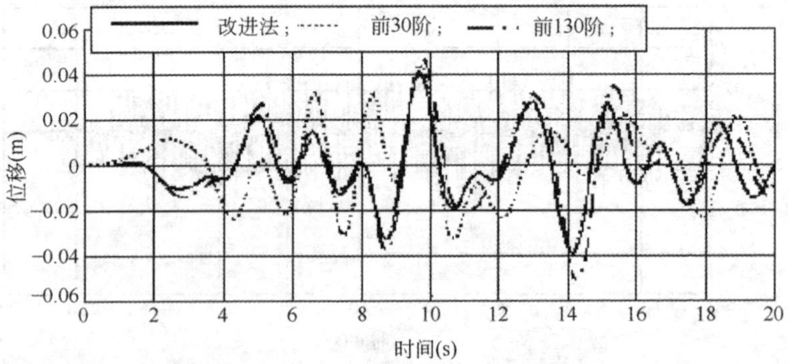

图 7-22　左塔顶横向位移时程曲线

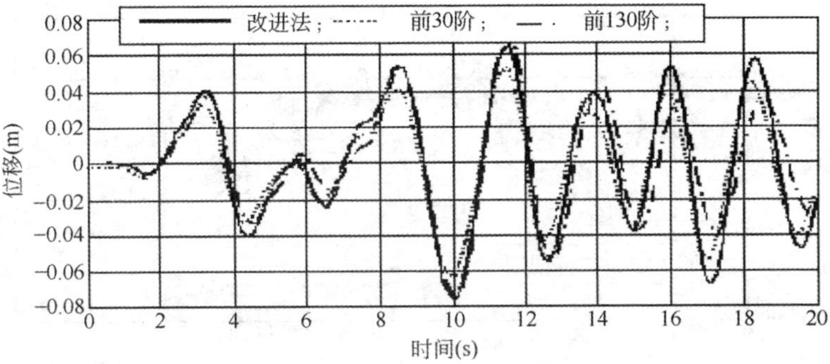

图 7-23　跨中纵向位移时程曲线

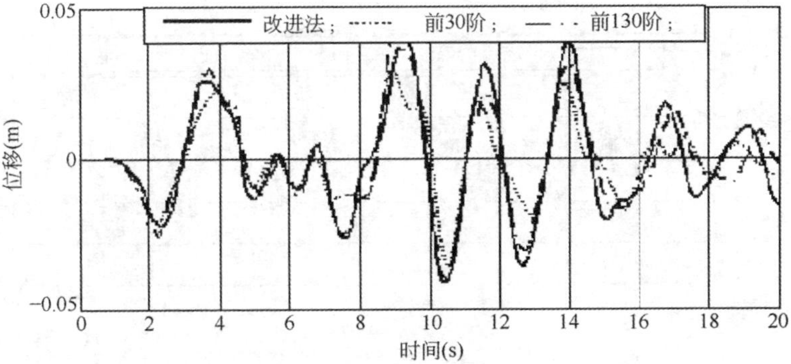

图 7-24　跨中竖向位移时程曲线

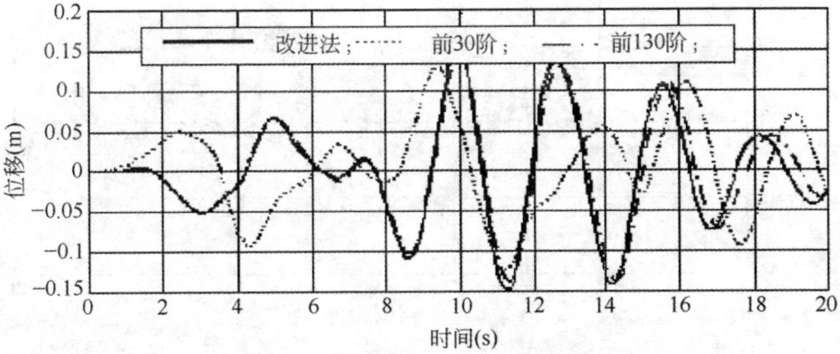

图 7-25　跨中横向位移时程曲线

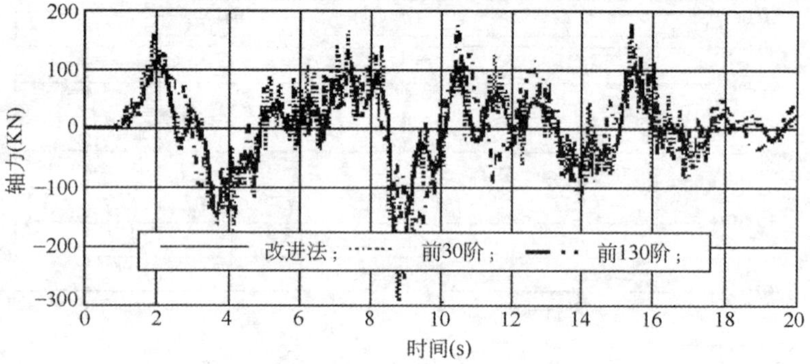

图 7-26　左塔根轴力时程曲线

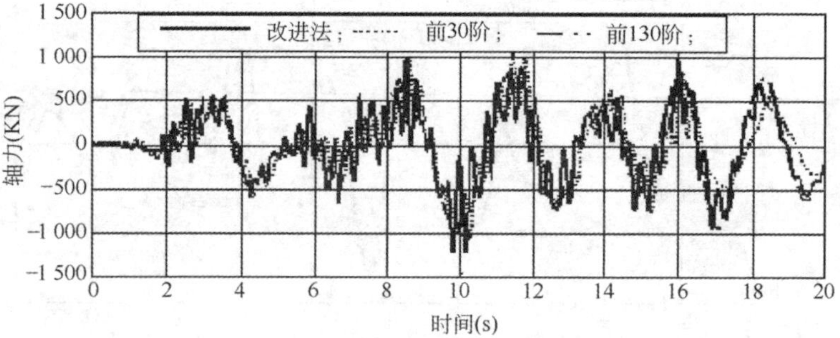

图 7-27　左塔根纵向剪力时程曲线

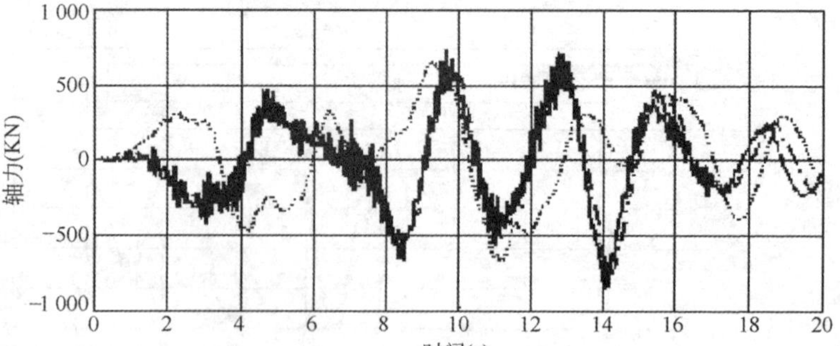

图 7-28　左塔根横向剪力时程曲线

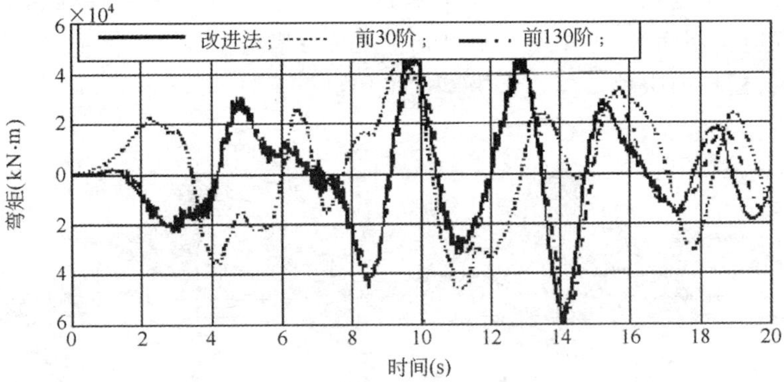

图 7-29　左塔根纵向弯矩时程曲线

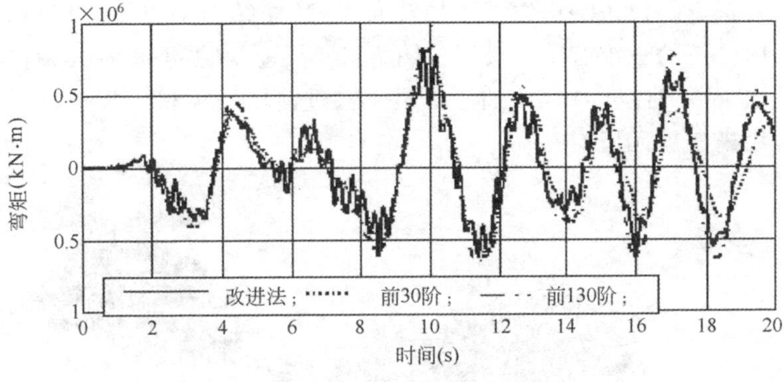

图 7-30　左塔根横向弯矩时程曲线

要部位的时程反应分析的最大值。通过对比发现，虽然振型贡献率不能成比例地反应结构地震反应，但是，以它为标准，筛选振型后做地震响应分析，能在很大程度上反应结构的地震响应，采用这种改进的振型叠加法能够大大地减少工作量，基本上不影响计算精度，是在模态空间中的有效降阶的手段。

(3)实例三

斜拉桥全长 2 062 m，桥梁全宽 38.6 m。主桥结构为跨径 152＋370＋152 m 预应力混凝土双塔双索面斜拉桥，全漂浮体系，边、中跨之比为0.4108，桥塔呈H形索塔，见图7-31。主梁采用双边箱断面，主梁中心高3.2 m。主桥各塔均布置为31对索以及纵、横桥向限位装置。索塔基础采用群桩基础。

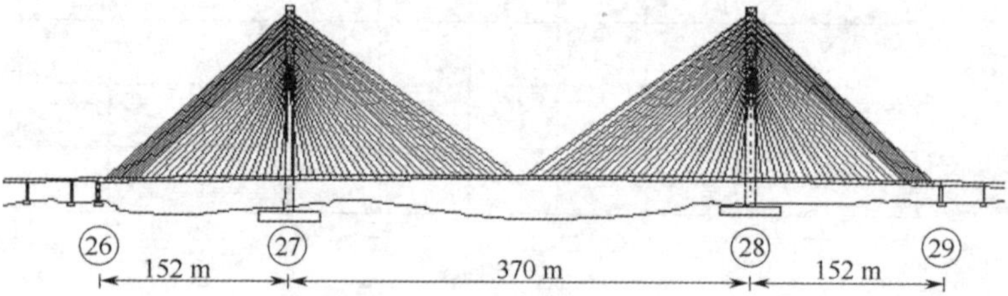

图7-31　总体布置图

根据斜拉桥结构的总体构造布置，建立结构动力特性和地震反应分析的三维有限元模型如图7-32所示。取纵桥向为X轴，横桥向为Y轴，竖向为Z轴。主梁、塔、过渡墩用梁单元模拟，斜拉索用桁架单元模拟。

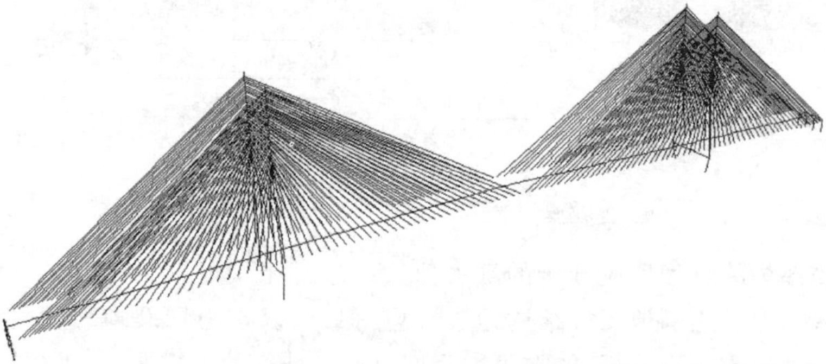

图7-32　计算模型

根据建立的斜拉桥的动力计算模型，对该桥进行了结构动力特性的分析研究，主要是分析了解结构的动力响应特性。结构动力特性分析中的特征方程求解采用子空间迭代法。图7-33～图7-42给出斜拉桥结构的前10阶振型图。

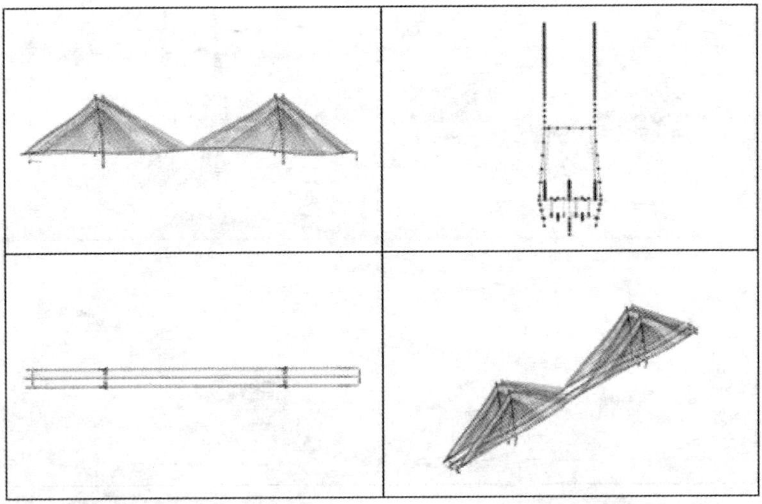

图 7-33　第 1 阶 $T=10.751\,5$ s(振型特征:主梁纵漂)

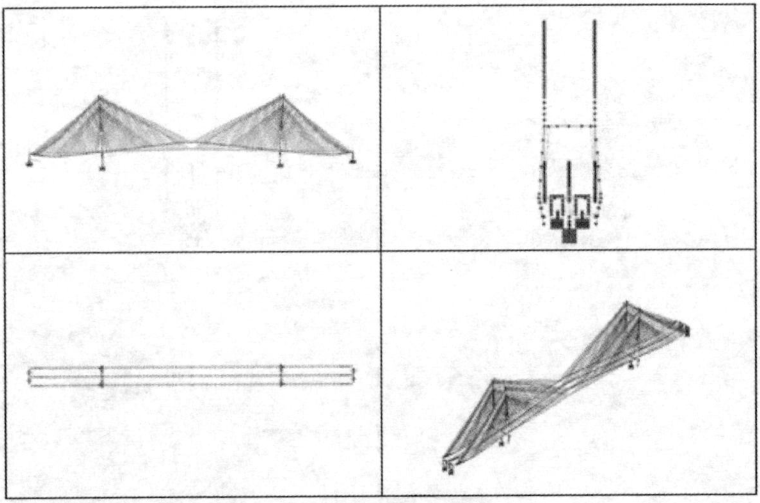

图 7-34　第 2 阶 $T=3.716\,6$ s(振型特征:主梁一阶对称竖弯)

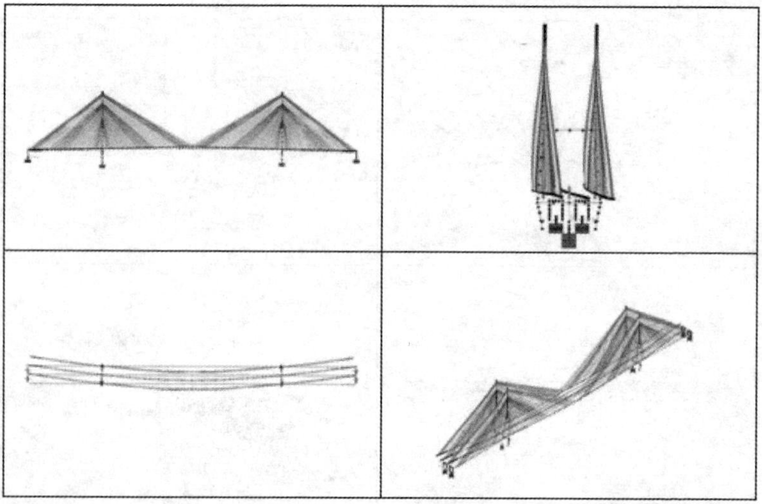

图 7-35　第 3 阶 $T=2.8229$ s(振型特征:主梁一阶对称侧弯)

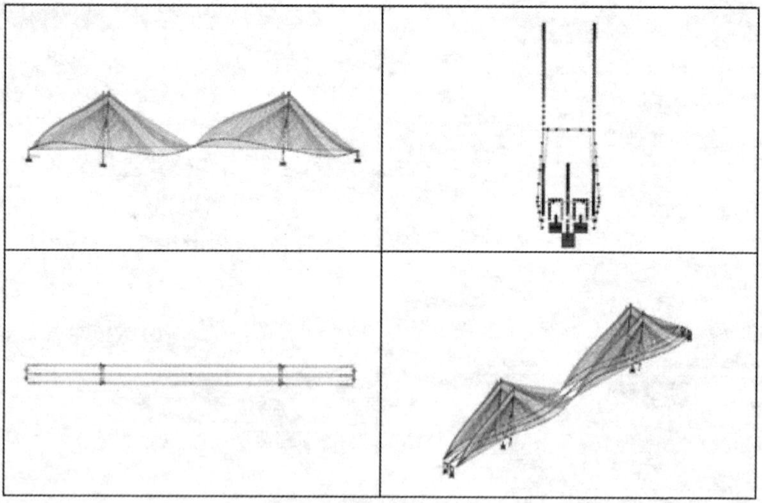

图 7-36　第 4 阶 $T=2.6860$ s(振型特征:主梁一阶反对称竖弯)

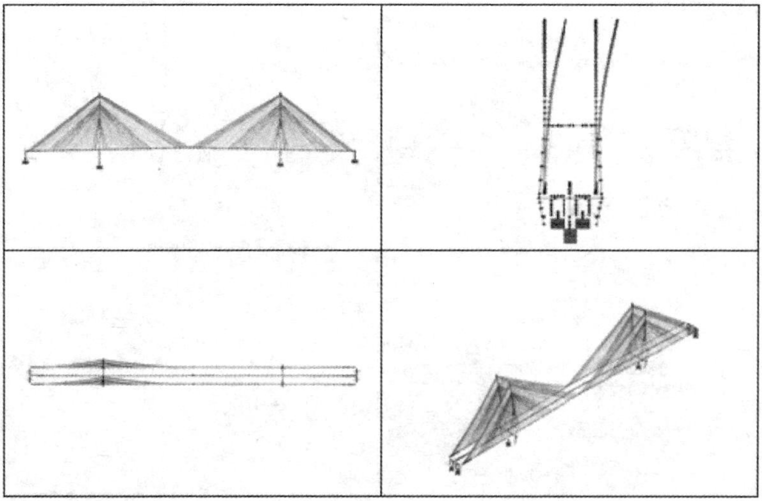

图 7-37　第 5 阶 $T=2.4390$ s(振型特征:27 号桥塔两个塔柱同向侧弯)

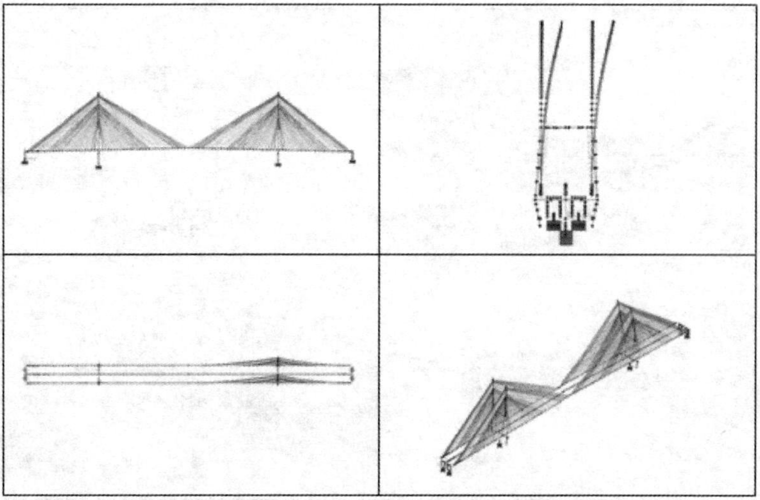

图 7-38　第 6 阶 $T=2.4178$ s(振型特征:28 号桥塔两个塔柱同向侧弯)

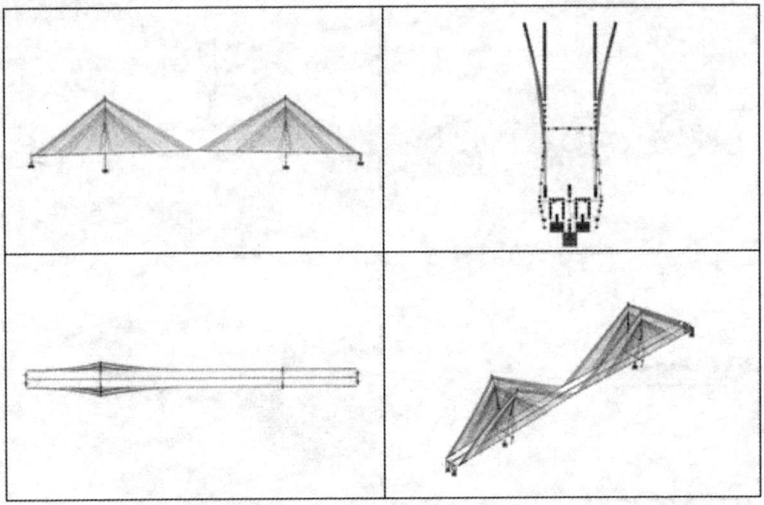

图 7-39　第 7 阶 $T=2.218\ 3$ s(振型特征:27 号桥塔两个塔柱同向侧弯)

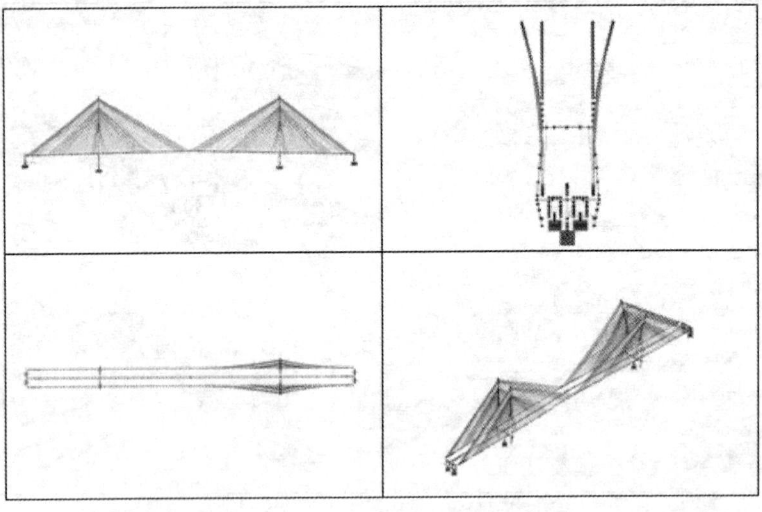

图 7-40　第 8 阶 $T=2.218\ 3$ s(振型特征:28 号桥塔两个塔柱反向侧弯)

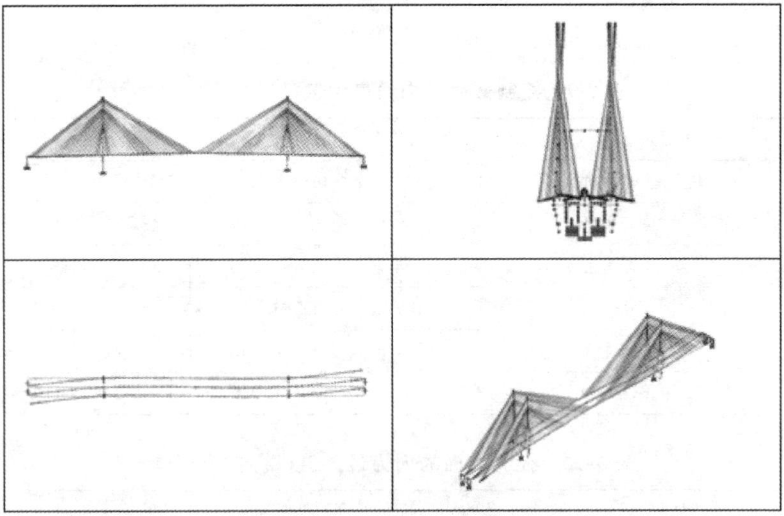

图 7-41　第 9 阶 $T=2.0829$ s(振型特征:塔梁反对称侧弯)

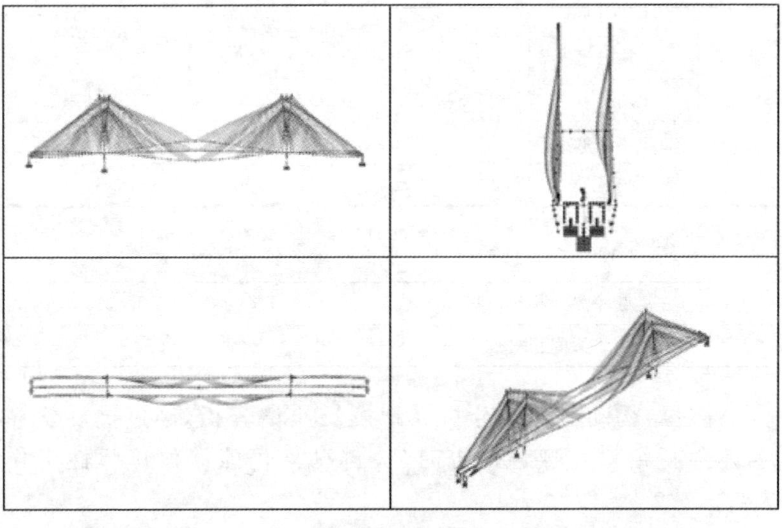

图 7-42　第 10 阶 $T=1.9463$ s(振型特征:主梁一阶对称扭转)

根据全桥动力计算模型,采用《公路工程抗震设计规范》中的Ⅲ类场地,地震烈度Ⅶ度,地震输入方式为纵向+竖向和横向+竖向，各控制截面的内力最大值、关键节点处的位移最大值，计算结果见表7-9～表7-11。

表7-9　控制截面的内力最大值（纵向＋竖向）

截面位置		动轴力(kN)	剪力(kN)	弯矩(kN·M)
左塔	上塔柱底	11 160.776	4 560.641	228 570.111 8
	中塔柱底	15 065.64	6 074.343	433 794.196 8
	下塔柱底	17 321.356	7 687.378	526 907.983 1
右塔	上塔柱底	11 293.143	4 584.259	235 496.959 7
	中塔柱底	15 156.934	6 196.653	448 275.554 2
	下塔柱底	17 107.888	7 324.045	509 095.598 8

表7-10　控制截面的内力最大值（横向＋竖向）

截面位置		动轴力(kN)	剪力(kN)	弯矩(kN·M)
左塔	上塔柱底	12 157.272	3 512.091	153 317.272 7
	中塔柱底	19 196.303	5 123.205	109 349.106 8
	下塔柱底	24 525.221	30 437.562	423 051.948 6
右塔	上塔柱底	12 395.299	3 357.357	147 386.458
	中塔柱底	19 272.411	5 364.358	116 005.788 9
	下塔柱底	22 607.902	29 682.92	312 351.708 6

表7-11　控制点的纵向水平位移最大值（纵向＋竖向）

左塔与主梁间相对位移(m)	0.531
右塔与主梁间相对位移(m)	0.534

通过结构动力特性分析和地震反应谱分析，经过抗震验算后，斜拉桥结构在遭遇地震时，关键构件仍能够保持弹性工作状态。

该斜拉桥采用的是全漂浮体系，从以上的分析结果可以看到，结构产生了较大的位移。主桥结构在过渡墩处设双向滑动支座，从结算结果看，此处墩梁相对变形纵向达±50 cm，建议此处支座的选择应考虑能提供足够的变形，保证在该水准地震作用下，支座可正常滑动；从以往的桥梁震害中总结的经验和教训来看，应注意在过渡墩处伸缩缝的设置，伸缩缝应能提供足够的间距，避免相邻桥梁主梁构件在地震作用下发生有害的碰撞；主桥结构在主塔—主梁的连接处设置纵向限位装置，从计算结果看，在该水准地震作用下，主塔与主梁在塔梁连接处的纵向变形达±53 cm 左右。

7.3.3　斜拉桥结构多支承激励的地震响应分析

在 7.3.2 节中的实例分析中，地震动的输入均采用的是一致激励，从 1989 年 Loma Prieta 地震可以发现，由于地震机制、波的传播特征、地形、地质的不同，入射地震波在空间上是变化的。大跨度桥梁结构，在桥长范围内，各桥墩基础类型和周围土质条件可能有较大的差别，因此各墩的地震波幅值是不同的，甚至波形也会有所不同。正如我们所知的，多支承激励对结构内力会产生明显的变化，在多数情况下，多支承激励使结构内力降低，也有些情况下，多支承激励将导致结构的内力增大，在 Loma Prieta 地震中，许多破坏的桥梁结构就是多支承激励对结构响应影响的有力证明。

许多学者对空间变化的地震动输入进行了研究，有的是采用时程方法，有的是采用随机振动方法。前者需要依据全部的时程确定不同支承点处的加速度，确定时程加速度的方法主要有：选择与建桥桥址附近同类地质条件下的强震记录；基于震源机制和波在弹性介质中的传播方式生成时程；基于随机振动方法模拟时程。这种方法的缺点是分析结果依赖于选择的加速度时程记录，除此之外，这种方法计算量也是非常大的。随机振动方法基于支承处地震动的统计特性，与时程方法不同，它的分析结果不会因为输入地震动的不同而不同，这是这种方法最大的优点，但是，由于随机振动方法要输入的是功率谱，而大多数国家的抗震设计规范给出的是反应谱，因此，非常不利于应用。为了方便设计，有许多学者基于反应谱进行了多支承激励的研究。K. K. Dong 和 M. Wieland[27]研究了几种组合方式，并与时程分析结果进行了比较，N. Yamamura 和 H. Tanaka[28]将各支承点的地震动分成相关的组进行研究。Berrah 和 Kausei[29]由不相关的谱出发，考虑了各支承点处反应谱空间变化的影响，这种方法结果比较理想，但是，没有考虑拟静力分量的贡献以及与动力响应的相关性，也没有考虑桥址场地效应和波的传播效应。Armen Der Kiureghian 和 Ansgar Neuenhofer[30]基于随机振动理论提出了一种新的方法，它考虑了波的传播、不相干性及桥址场地效应，并用此方法对美国金门大桥进行地震响应分析。

7.3.3.1 多支承激励结构的运动方程

多支承激励下，结构的运动方程不能简单地套用一致地震动作用下的运动方程，1969 年 Dibaj、Penzien 在用有限元法分析行波效应对土坝反应影响时，首先推导了多支承激励的运动方程。其基本原理是把结构反应的总位移分为拟静力位移和动力位移，拟静力位移用静力法求解，将此代回原方程得到动力反应的控制微分方程。结构在各支承处受到地面运动作用的运动方程写成分块矩阵的形式为[31]：

$$\begin{bmatrix} \boldsymbol{M} & \boldsymbol{M}_c \\ \boldsymbol{M}_c^T & \boldsymbol{M}_g \end{bmatrix}\begin{Bmatrix} \ddot{\boldsymbol{x}} \\ \ddot{\boldsymbol{u}} \end{Bmatrix}+\begin{bmatrix} \boldsymbol{C} & \boldsymbol{C}_c \\ \boldsymbol{C}_c^T & \boldsymbol{C}_g \end{bmatrix}\begin{Bmatrix} \dot{\boldsymbol{x}} \\ \dot{\boldsymbol{u}} \end{Bmatrix}+\begin{bmatrix} \boldsymbol{K} & \boldsymbol{K}_c \\ \boldsymbol{K}_c^T & \boldsymbol{K}_g \end{bmatrix}\begin{Bmatrix} \boldsymbol{x} \\ \boldsymbol{u} \end{Bmatrix}=\begin{Bmatrix} \boldsymbol{0} \\ \boldsymbol{F} \end{Bmatrix} \tag{7-34}$$

式中，$\boldsymbol{x}=[x_1,\cdots\cdots,x_n]^T$ 为非支承处自由度的位移向量；$\boldsymbol{u}=[u_1,\cdots\cdots u_m]^T$ 为支承处自由度的位移向量；$\boldsymbol{M}$，$\boldsymbol{C}$，$\boldsymbol{K}$ 分别为非支承处自由度 $n\times n$ 阶质量矩阵、阻尼矩阵和刚度矩阵；$\boldsymbol{M}_g$，$\boldsymbol{C}_g$，$\boldsymbol{K}_g$ 分别为对应于支承处自由度 $m\times m$ 阶质量矩阵、阻尼矩阵和刚度矩阵；$\boldsymbol{M}_c$，$\boldsymbol{C}_c$，$\boldsymbol{K}_c$ 分别为描述支承处自由度与非支承处自由度之间耦合关系的 $n\times m$ 阶矩阵；$\boldsymbol{F}$ 为 m 阶支承处自由度的反力。

基于拟静力位移的概念，将结构的反应位移 $\boldsymbol{x}^d$ 分解为动力反应位移和静力反应位移 $\boldsymbol{x}^s$：

$$\boldsymbol{x}=\boldsymbol{x}^s+\boldsymbol{x}^d \tag{7-35}$$

当没有惯性力项和阻尼项时，拟静力分量 $\boldsymbol{x}^s$ 可由式(7-34)计算得到：

$$\boldsymbol{x}^s=-\boldsymbol{K}^{-1}\boldsymbol{K}_c\boldsymbol{u}=\boldsymbol{R}\boldsymbol{u} \tag{7-36}$$

式中，$\boldsymbol{R}=-\boldsymbol{K}^{-1}\boldsymbol{K}_c$ 为影响矩阵。

将式(7-35)和式(7-36)代入式(7-34)，动力反应位移 $\boldsymbol{x}^d$ 可以表示为：

$$\begin{aligned}\boldsymbol{M}\ddot{\boldsymbol{x}}^d+\boldsymbol{C}\dot{\boldsymbol{x}}^d+\boldsymbol{K}\boldsymbol{x}^d&=-(\boldsymbol{MR}+\boldsymbol{M}_c)\ddot{\boldsymbol{u}}-(\boldsymbol{CR}+\boldsymbol{C}_c)\dot{\boldsymbol{u}}\\&\approx-(\boldsymbol{MR}+\boldsymbol{M}_c)\boldsymbol{u}\end{aligned} \tag{7-37}$$

由于阻尼力较惯性力小得多，因此式(7-37)中忽略了此项，当阻尼矩阵与刚度矩阵成比例关系时，这种近似是可以的，此外，如果是集中质量模型，$\boldsymbol{M}_c=0$。

7.3.3.2　多支承激励的反应谱法(MSRS)

为了将式(7-37)表达成反应谱法的形式，令 $\boldsymbol{\Phi}=[\boldsymbol{\varphi}_1\cdots\cdots\boldsymbol{\varphi}_n]$，$\omega_i$ 和 $\xi_i(i=1,\cdots n)$分别表示第 i 阶振型的圆频率和阻尼比。利用 $\boldsymbol{x}^d=\boldsymbol{\Phi y}$，$\boldsymbol{y}=[y_1\cdots\cdots y_n]^T$，并采用振型正交性(假设经典阻尼)，将式(7-37)解耦，得到：

$$\ddot{y}_i+2\xi_i\omega_i\dot{y}_i+\omega_i^2y_i=\sum_{k=1}^{m}\beta_{ki}\ddot{u}_k(t)\quad i=1,\cdots,n \tag{7-38}$$

式中指数 k 与支承地面运动相关的自由度，β_{ki} 为振型参与系数：

$$\beta_{ki}=\frac{\boldsymbol{\varphi}_i^T(\boldsymbol{M}\boldsymbol{r}_k+\boldsymbol{M}_c\boldsymbol{i}_k)}{\varphi_i^T\boldsymbol{M}\boldsymbol{\varphi}_i} \tag{7-39}$$

式中，$\boldsymbol{r}_k$ 为 $\boldsymbol{R}$ 的第 k 列，$\boldsymbol{i}_k$ 为 $m\times m$ 阶单位矩阵(identity matrix)的第 k 列。

这样，我们可以很方便的得到正则化的响应 $s_{ki}(t)$，它代表单位质量的单自由度体系的响应，由式(7-38)可以得到：

$$\ddot{s}_{ki}+2\xi_i\omega_i\dot{s}_{ki}+\omega_i^2s_{ki}=\ddot{u}_k(t) \tag{7-40}$$

显然有：

$$y_i(t) = \sum_{k=1}^{m} \beta_{ki} s_{ki}(t) \tag{7-41}$$

结构的响应 $\boldsymbol{z}(t)$（如节点位移、单元内力、应力和应变分量等）可以写成节点位移 $\boldsymbol{x}$ 的线性组合：

$$\boldsymbol{z}(t) = \boldsymbol{q}^T \boldsymbol{x}(t) = \boldsymbol{q}^T [\boldsymbol{x}^s(t)] + \boldsymbol{x}^d(t) \tag{7-42}$$

$\boldsymbol{q}$ 是与结构几何形状、刚度有关的反应的转移向量。将以上得到的拟静力和动力位移分量代入式(7-42)，则有：

$$z(t) = \sum_{k=1}^{m} a_k u_k(t) + \sum_{k=1}^{m} \sum_{k=1}^{m} b_{ki} s_{ki}(t) \tag{7-43}$$

$$a_k = \boldsymbol{q}^T \boldsymbol{r}_k, k=1,\cdots,m; b_{ki} = \boldsymbol{q}^T \boldsymbol{\varphi}_i \beta_{ki}, k=1,\cdots,m, i=1,\cdots n \tag{7-44}$$

式中，a_k 为有效影响系数，b_{ki} 为有效振型参与系数，它们是结构特性的函数。

反应谱方法是基于随机振动的基本观点而发展起来的。由式(7-43)，一般响应的功率谱密度(PSD)可以写成：

$$G_{zz}(\omega) = \sum_{k=1}^{m} \sum_{l=1}^{m} a_k a_l G_{u_k u_i}(i\omega) + 2\sum_{k=1}^{m} \sum_{l=1}^{m} \sum_{j=1}^{m} a_k b_{ij} H_j(-i\omega) G_{u_k \ddot{u}_i}(i\omega) + \sum_{k=1}^{m} \sum_{l=1}^{m} \sum_{i=1}^{m} \sum_{j=1}^{m} b_{ki} b_{ij} H_i(i\omega) H_j(-i\omega) G_{\ddot{u}_k \ddot{u}_l}(i\omega) \tag{7-45}$$

式中，$G_{xy}(i\omega)$ 表示过程 x 和过程 y 的互相关谱密度，$H_i(i\omega) = [\omega_i^2 - \omega^2 + 2i\xi_i \omega_i \omega]^{-1}$ 表示模态 i 的频率响应函数。

将式(7-44)在频域内积分得到响应均方差：

$$\sigma_z^2 = \sum_{k=1}^{m} \sum_{l=1}^{m} a_k a_l \rho_{u_k u_l} \sigma_{u_k} \sigma_{u_l} + 2\sum_{k=1}^{m} \sum_{l=1}^{m} \sum_{j=1}^{m} a_k b_{lj} \rho_{u_k s_{lj}} \sigma_{u_k s_{lj}} + \sum_{k=1}^{m} \sum_{l=1}^{m} \sum_{i=1}^{m} \sum_{j=1}^{m} b_{ki} b_{lj} \rho_{s_{ki} s_{lk}} \sigma_{s_{ki}} \sigma_{s_{lk}} \tag{7-46}$$

式中，σ_{u_k} 和 $\sigma_{s_{ki}}(\omega)$ 分别为地面位移 $u_k(t)$ 的均方根和模态响应的均方根，表示为：

$$\sigma_{u_k}^2 = \int_{-\infty}^{\infty} G_{u_k u_k}(\omega) d\omega \quad \sigma_{s_{ki}}^2 = \int_{-\infty}^{\infty} |H_i(i\omega)|^2 G_{\ddot{u}_k \ddot{u}_k}(\omega) \mathrm{d}\omega \tag{7-47}$$

式中，$G_{u_k u_k}(\omega)$和 $G_{\ddot{u}_k \ddot{u}_k}(\omega)$分别为地面位移和加速度过程的功率谱密度。

式(7-46)中，$\rho_{u_k u_l}$ 是同一时刻两支承点 k，l 位移的互相关系数，$\rho_{u_k s_{lj}}$ 是支承点 k 的位移与支承点 l 振子响应之间的互相关系数，$\rho_{s_{ki} s_{lj}}$ 是支承点 k，l 振子响应的互相关系数。

$$\rho_{u_k u_l} = \frac{1}{\sigma_{u_k} \sigma_{u_l}} \int_{-\infty}^{\infty} G_{u_k u_l}(i\omega) \mathrm{d}\omega \tag{7-48}$$

$$\rho_{u_k s_{lj}} = \frac{1}{\sigma_{u_k} \sigma_{s_{lj}}} \int_{-\infty}^{\infty} H_j(-i\omega) G_{u_k \ddot{u}_l}(i\omega) \mathrm{d}\omega \tag{7-49}$$

$$\rho_{s_{ki} s_{lj}} = \frac{1}{\sigma_{s_{ki}} \sigma_{s_{lj}}} \int_{-\infty}^{\infty} H_i(i\omega) H_j(-i\omega) G_{\ddot{u}_k \ddot{u}_l}(i\omega) \mathrm{d}\omega \tag{7-50}$$

地震动空间变化主要来源于以下三个方面：(1)地震波在介质中的复杂的反射与散射，即波的不相干效应；(2)地震波传播速度的有限性导致不同支承点处波到达的时间差异，这就是波的传播效应；(3)局部场地条件影响波从基岩向地表的传播，即局部场地效应。由于众多复杂随机因素的作用，地震动空间变化表现出强烈的随机性，因此，采用地震加速度的互相关功率谱密度 $G_{\ddot{u}_k \ddot{u}_l}(i\omega)$来描述。

$$G_{\ddot{u}_k \ddot{u}_l}(i\omega) = \gamma_{kl}(i\omega) [G_{\ddot{u}_k \ddot{u}_k}(\omega) G_{\ddot{u}_l \ddot{u}_l}(\omega)]^{1/2} \tag{7-51}$$

$$G_{u_k \ddot{u}_l}(i\omega) = -\omega^{-2} \gamma_{kl}(i\omega) [G_{\ddot{u}_k \ddot{u}_k}(\omega) G_{\ddot{u}_l \ddot{u}_l}(\omega)]^{1/2} \tag{7-52}$$

$$G_{u_k u_l}(i\omega) = \omega^{-4} \gamma_{kl}(i\omega) [G_{\ddot{u}_k \ddot{u}_k}(\omega) G_{\ddot{u}_l \ddot{u}_l}(\omega)]^{1/2} \tag{7-53}$$

由上式可知，如果已知 $\gamma_{kl}(i\omega)$，则就可以由地震加速度的互相关功率谱密度来表示互相关系数 $\rho_{u_k u_l}$，$\rho_{u_k s_{lj}}$ 和 $\rho_{s_{ki} s_{lj}}$。$\gamma_{kl}(i\omega)$是相干函数模型，表征地面运动空间变化性。

$$\gamma_{kl} = \exp\left[-\left(\frac{\alpha\omega d_{kl}}{\nu_s}\right)^2\right] \exp\left(i\frac{\omega d_{kl}^L}{\nu_{app}}\right) \tag{7-54}$$

式中，α 是不相干函数；d_{kl} 是 k，l 点之间的水平距离；d_{kl}^L 是在波的传播方向的投影距离；ν_s 是介质剪切波速；ν_{app} 为视波速。

式(7-54)第一项的物理意义为考虑不相干效应,第二项即为考虑了波的传播效应。该模型为 Loh-Yeh 模型,由于其简洁的形式,经常被研究学者采用。再次强调一下,上面提到的 k,l 是指支承点的自由度,而不是支承点本身,请读者注意。

基于与 CQC 法类似的假定得到,绝对峰值响应均值的组合给出下列计算公式:

$$R_{\max} = \Big[\sum_{k=1}^{m}\sum_{l=1}^{m} a_k a_l \rho_{u_k u_l} u_{k,\max} u_{l,\max} + 2\sum_{k=1}^{m}\sum_{l=1}^{m}\sum_{j=1}^{m} a_k b_{lj} \rho_{u_k s_{lj}} u_{k,\max} D_l(\omega_j, \xi_j) + \sum_{k=1}^{m}\sum_{l=1}^{m}\sum_{i=1}^{m}\sum_{j=1}^{m} b_{ki} b_{lj} \rho_{s_{ki} s_{lj}} D_k(\omega_i, \xi_i) D_l(\omega_j, \xi_j)\Big]^{1/2} \quad (7\text{-}55)$$

式中,$u_{k,\max}$,$u_{l,\max}$ 分别是支承 k 和 l 自由度处的峰值地面位移;D 是位移反应谱。

式(7-55)中,除了互相关系数未知,其他参数都可以计算得到,式(7-48)～式(7-50)表明,只要能求出功率谱密度,这个问题就能解决。

地震动加速度功率谱密度采用由 Clough 和 Penzien 提出的改进的 Kanai-Tajimi 模型,式(7-56),改进的模型第二过滤土层可以消减较低频率处的频率含量,不仅适用于中高频结构的随机地震反应分析,也适用于包含较低频率的结构的地震反应分析,它与反应谱之间的关系以由很多学者进行了详细的研究[32,33,34],经简化后两者的近似关系为式(7-57)。

$$G_{\ddot{u}_k \ddot{u}_k} = G_{kk} \frac{\omega_{fk}^4 + 4\xi_{fk}^2 \omega_{fk}^2 \omega^2}{(\omega_{fk}^2 - \omega^2)^2 + 4\xi_{fk}^2 \omega_{fk}^2 \omega^2} \cdot \frac{\omega^4}{(\omega_{gk}^2 - \omega^2)^2 + 4\xi_{gk}^2 \omega_{gk}^2 \omega^2} \quad (7\text{-}56)$$

式中,G_{kk} 是比例因子;ω_{fk} 和 ξ_{fk} 是 Kanai-Tajimi 模型过滤层参数,分别为固有频率和土层的阻尼;ω_{gk} 和 ξ_{gk} 是第二过滤层参数。

$$G_{\ddot{u}\ddot{u}}(\omega) = \frac{\omega^{p+2}}{\omega^p + \omega_f^p}\left(\frac{2\xi\omega}{\pi} + \frac{4}{\pi\tau}\right)\left[\frac{D(\omega,\xi)}{p_s(\omega)}\right], \omega \geqslant 0 \quad (7\text{-}57)$$

式(7-57)分别取 $D_k(\omega,\xi)$,$D_1(\omega,\xi)$ 代替式(7-51)(7-52)和式(7-53)中的自功率谱密度 $G_{\ddot{u}_k\ddot{u}_k}(\omega)$ 和 $G_{\ddot{u}_l\ddot{u}_l}(\omega)$,然后通过高斯积分法计算互相关系数,进而可以按照式(7-55)的组合方式计算多支承输入结构的响应。

7.3.3.3　影响矩阵、有效影响系数和有效振型参与系数的性质

(1)影响矩阵 $\boldsymbol{R}$

$$\boldsymbol{R}=[\boldsymbol{r}_1,\cdots\boldsymbol{r}_m]=-\boldsymbol{K}^{-1}\boldsymbol{K}_c \tag{7-58}$$

$$\boldsymbol{x}^s=\begin{Bmatrix}x_1^s\\ \vdots\\ x_n^s\end{Bmatrix}=\boldsymbol{R}\boldsymbol{u}=[\boldsymbol{r}_1,\cdots\boldsymbol{r}_m]\begin{Bmatrix}u_1\\ \vdots\\ u_m\end{Bmatrix} \tag{7-59}$$

令 $u_i=1$ 时,式(7-59)的物理意义是整个结构系统作了新的刚体运动所产生的位移。

令 $u_k=\{0\cdots0\ 1\ 0\cdots0\}^T$,即第 k 个元素为 1,其余为 0,由式(7-59)可以得到:

$$x^{s,k}=\boldsymbol{R}\boldsymbol{u}_k=\boldsymbol{r}_k \tag{7-60}$$

(2)有效影响系数

$$\sum_{k=1}^{m}a_k=\boldsymbol{q}^T\sum_{k=1}^{n}\boldsymbol{r}_k \tag{7-61}$$

当 $\boldsymbol{q}=\{0\cdots0\ 1\ 0\cdots0\}^T$ 时,由式(7-60)和式(7-61)可知:

$$\sum_{k=1}^{m}a_k=x_l^{s,l} \tag{7-62}$$

式(7-62)用于校核新计算的有效影响系数 a_k 的精度。

(3)有效振型参与系数

集中质量体系,第 i 阶振型,输入分量 u_k,振型参与系数 β_{ki}:

$$\beta_{ki}=-\frac{\boldsymbol{\varphi}_i^T\boldsymbol{M}\boldsymbol{r}_k}{\boldsymbol{\varphi}_i^T\boldsymbol{M}\boldsymbol{\varphi}_i} \tag{7-63}$$

β_{ki} 为第 i 个振型在形状向量 $\boldsymbol{r}_k$ 中的参与比率。

由式(7-63)可以得到:

$$-\boldsymbol{r}_k=\varphi_1\beta_{k1}+\boldsymbol{\varphi}_2\beta_{k2}+\cdots+\boldsymbol{\varphi}_n\beta_{kn} \tag{7-64}$$

分别用 $\boldsymbol{q}_T$ 和 $\boldsymbol{\varphi}_i^T\boldsymbol{M}$ 前乘式(7-64),利用振型的正交性,并由式

(7-44)中有效影响系数和有效振型参与系数的定义可以得到：

$$-a_k = b_{k1} + b_{k2} + \cdots + b_{kn} = \sum_{i=1}^{n} b_{ki} \tag{7-65}$$

对于全部振型 b_{ki} 的总和值是与 $-a_k$ 是一致的，式(7-63)用来校核新计算的振型参与系数 b_{ki} 的精度。

7.3.3.4　多支承激励的时程分析法

求解式(7-37)有效的方法是数值积分方法，如线性加速度法、Newmark 法、Wilson-θ 法等，在第 4 章已经介绍过了，这里不再赘述。

Newmark 法可以认为是线性加速度的推广，这里采用 Newmark 法进行求解，它采用两个参数 γ,β 分别对线性加速度法中的速度、位移格式进行修正，以提高计算的精度。

$$\{\dot{x}(t+\Delta t\} = \{\dot{x}(t)\} + [(1-\gamma)\{\ddot{x}(t)\}] + \gamma\{\ddot{x}(t+\Delta t)\}]\Delta t \tag{7-66}$$

$$\{x(t+\Delta t)\} = \{x(t)\} + \{\dot{x}(t)\}\Delta t + [(0.5-\beta)\{\ddot{x}(t)\} + \beta\{\ddot{x}(t+\Delta t)\}]\Delta t^2 \tag{7-67}$$

由(7-67)得：

$$[\ddot{x}(t+\Delta t)] = \frac{1}{\beta\Delta t^2}(\{x(t+\Delta t)\} - \{x(t)\}) - \frac{1}{\beta\Delta t}\{\dot{x}(t)\} - \left(\frac{1}{2\beta} - 1\right)\{\ddot{x}(t)\} \tag{7-68}$$

将式(7-68)代入式(7-66)

$$\{\dot{x}(t+\Delta t)\} = \left(1-\frac{\gamma}{\beta}\right)\{\dot{x}(t)\} + \Delta t\left(1-\frac{\gamma}{2\beta}\right)\{\ddot{x}(t)\} + \frac{\gamma}{\beta\Delta t}(\{x(t+\Delta t)\} - \{x(t)\}) \tag{7-69}$$

将式(7-68)和式(7-69)代入式(7-37)的增量形式，得到关于未知位移$\{x(t+\Delta t)\}$的表达式：

$$\widetilde{\boldsymbol{K}}\boldsymbol{x}(t+\Delta t) = \widetilde{\boldsymbol{P}}(t+\Delta t) \tag{7-70}$$

式中：

$$\widetilde{\boldsymbol{K}} = \boldsymbol{K} + \frac{\boldsymbol{M}}{\beta\Delta t^2} + \frac{\gamma}{\beta\Delta t}\boldsymbol{C} \tag{7-71}$$

$$\widetilde{\boldsymbol{P}}(t+\Delta t)=\overline{\boldsymbol{M}}\ddot{\boldsymbol{x}}(t+\Delta t)+\boldsymbol{M}\left[\frac{1}{\beta\Delta t^2}\boldsymbol{x}(t)+\frac{1}{\beta\Delta t}\dot{\boldsymbol{x}}(t)+\left(\frac{1}{2\beta}-1\right)\ddot{\boldsymbol{x}}(t)\right]$$
$$+\boldsymbol{C}\left[\frac{r}{\beta\Delta t}\boldsymbol{x}(t)+\left(\frac{\gamma}{\beta}-1\right)\dot{\boldsymbol{x}}(t)+\Delta t\left(\frac{\gamma}{2\beta}-1\right)\ddot{\boldsymbol{x}}(t)\right] \quad (7\text{-}72)$$
$$\overline{\boldsymbol{M}}=-(\boldsymbol{MR}+\boldsymbol{M}_c) \quad (7\text{-}73)$$

求解方程(7-70),即可得出 $t+\Delta t$ 时刻的动力位移 $\boldsymbol{x}(t+\Delta t)$,将代入式(7-69),即可求出 $t+\Delta t$ 时刻的速度 $\dot{\boldsymbol{x}}(t+\Delta t)$。重复上述步骤,即可得到结构加速度、速度和位移响应的时程曲线。

7.4 斜拉桥结构减震技术

桥梁是交通运输系统的枢纽工程,是生命线工程的重要组成部分,保证桥梁在地震中的安全和正常使用,对城市和地区 的抗震防灾工作和震后恢复重建工作都具有重要的意义。1972 年,美国华裔学者 J. T. P. Yao 教授首次提出了在土木工程结构振动控制的概念之后,这一领域的研究日趋成熟。在美国,土木工程结构控制的研究非常迅猛。在过去的几十年中,激发了许多研究人员的兴趣。虽然它发展的根源在对宇航工程的跟踪、定位和用在柔性空间结构中,但这项技术很快应用于土木工程和防御设施中,例如:建筑和桥梁结构的地震、风振防护方面。在日本,这一研究也非常快,有 20 余座足尺建筑采用了主动控制,这些结构控制主要为了保证建筑在强风作用下有足够的舒适度,在欧洲一些国家如俄罗斯,也有相关的研究。在一些国家,在中低层建筑中用被动基础隔震防护系统已成为一种概念控制策略。1994 年 California 的 Northridge 地震和 1995 年日本阪神的破坏性地震再次提醒人们在新结构设计中减轻地震灾害的重要性。

结构控制按是否需要输入外部能源及结构反应的信号,可分为被动控制、主动控制、杂交控制和半主动控制。

7.4.1 被动控制

在被动控制的方法中,振动的控制不需要外部的能源,它是通过结构自身耗能来实现的，受控结构的能量(包括被动装置)不会由被动装置而增加。被动控制因其构造简单，造价低，易于维护且无需外界能量支持等优点而引起了广泛的关注，并成为当前应用开发的热点。许多被动控制技术已日趋成熟，并已在实际工程中得到应用。

传统的结构抗震设计概念及机理主要是依靠结构、构件自身的强度、延性、耗能能力来抵抗地震作用，设计是通过改变结构构件的截面尺寸、增加配筋等来提高结构、构件的强度和延性来满足抗震设防要求。尽管通过合理的抗震设计可以确保结构在强震中不发生倒塌，但是，这种方法容许很大的地震力和能量从地面传递给结构，结构不可避免地发生损伤甚至破坏。传统的抗震设计利用塑性铰来降低刚度，延长周期，并通过塑性铰的非弹性变形来增加阻尼，而被动控制是通过在结构的某些部位安装隔震或阻尼装置是依靠隔震装置延长周期，阻尼装置来增加阻尼，通过引入这些装置改变结构在地震中的动力响应特性，从而减少地震输入，外加耗能机制作为主要的抗震构件，而以结构构件的抗震为辅，它是一种无源控制，即在控制过程中不需要输入外部能量。结构的被动控制基本目的是要减少传递到结构上的地震力和能量，其抗震能力是通过延长结构周期，增加耗能能力来实现。被动控制主要包括基础隔震、消能减震和被动调谐减振。

隔震的概念早在20世纪初就有人提出，但直到20世纪20年代才开始在工程上试用。基础隔震是通过隔震装置延长整个结构体系的自振周期，减小输入上部结构的地震能量，达到预期防震的要求。目前常见的隔震装置有：夹层橡胶垫隔震装置、粉粒垫层隔震装置、基底滑移隔震装置、悬挂基础隔震装置和摩擦隔震装置等。

消能减震技术的发展始于20世纪70年代末，消能减震技术是在结构中设置消能装置，通过其局部变形提供附加阻尼，以消耗输入上部结构的地震能量，达到预期设防要求。减震主要适合于周期比较长的结构，用于控制位移，消耗能量。消能减震体系的减震装置可以是将结构物的某些非承重构件设计成耗能部件，也可以是在结构的某些位置设置阻尼器。目前开发的阻尼器种类很多，大体上可以分为速度相关型、滞变型和复合型。利用黏性、黏弹性材料制成的耗能器，其性能与速度有关，称为速度相关型；利用摩擦原理由金属材料制成的耗能器，其性能与速度无关，恢复力模型具有滞变特性，称为滞变型，如摩擦耗能器、软钢耗能器等；利用不同耗能材料制成的复合耗能器，其性能既与速度有关，恢复力模型又有滞变特性，称为复合型。

被动调谐减振控制系统是由结构和附加在主结构上的子结构组成。附加的子结构具有质量、刚度和阻尼，因而可以调节子结构的自振频率，使其尽量接近主结构的基本频率或激振频率，这样当主结构受激振而振动时，子结构就会产生一个与主结构振动方向相反的惯性力作用在主结构上，使主结构的反应衰减并受到控制。结构被动调谐减振控制的装置主要有调谐质量阻尼器(TMD)和调谐液体阻尼器(TLD)等。

7.4.1.1　桥梁隔震技术

隔震技术在桥梁工程中的发展相对成熟，应用较多。桥梁隔震支座通常安装在桥梁上部结构与桥墩(台)之间。新西兰的第一座隔震桥——Motu bridge，建于 1973 年，上部结构采用滑动支承隔震，隔震系统的阻尼由 U 型钢弯曲梁提供。美国在 1984 年首次利用铅芯橡胶支座代替刚性球铰支座对 Sierra Point bridge 进行抗震加固。美国第一座新建的隔震桥是在伊利诺斯 3 号公路上的 Sexton bridge(1990 年)，这座桥地基条件较差，属三类场地土，方案是采用铅芯橡胶支座将地震荷载分配到桥台上，在桥墩上设置合成橡胶支座(无铅芯)。1990 年日本第一座隔震桥——宫川大桥采用了铅芯橡胶支座进行隔震。目前，新西兰、日本、美国等国家已有数百座桥梁采用了隔震技术，并制定了相应的隔震设计规程。从国外桥梁隔震技术的应用情况来看，使用最多的是铅芯橡胶支座和高阻尼橡胶支座。

我国于 1965 年开始对桥梁橡胶支座进行研究并投入使用。

目前,我国桥梁中广泛采用的支座有板式橡胶支座、盆式橡胶支座、聚四氟乙烯滑板支座,研究较多的是铅芯橡胶支座。另外,还有一些学者致力于新型的隔震装置的研发。

经过历次破坏性地震,一些采用隔震技术的桥梁结构通过了考验,在地震中表现出良好的抗震性能。新西兰的 Te Teko bridge,在 1987 年 3 月里氏 6.37 级地震中,使大桥附近的房屋结构遭到严重破坏,然而由于该桥采用了隔震技术,大大降低了上部结构产生的地震力,减轻了震害,地震后,主要的修复工作是将滑移的橡胶支座回位和桥台挡块处路面的修复。美国在 1987 年采用隔震技术加固的 Eel River Bridge,在 1992 年 4 月加利福尼亚地震中,抗震性能很好,震后完全复位。

7.4.1.2 桥梁被动调谐减震控制技术

被动调谐减振控制技术在斜拉桥和悬索桥应用较多,主要用于控制大跨度桥梁的风振。美国阿拉斯加 Sitka Harber Bridge、苏格兰 Kessock 斜拉桥、泰国 Deo Khanong 斜拉桥、日本关西机场斜拉桥、东京港悬索桥桥塔以及我国九江大桥上采用了 TMD 系统。我国上海南浦大桥、杨浦大桥采用 MTMD 控制风振。日本 Lkucki、Satitama 和濑户大桥采用了 TLD 作为减振装置。

7.4.1.3 桥梁耗能减震技术

桥梁结构由于跨度大、温度变化和收缩徐变影响也大,因此,桥梁阻尼器对这些因素引起的慢速变形需要保证梁体自由变形不产生附加内力,对地震产生的梁的快速变形,阻尼器能迅速耗能,减小加速度和位移。目前桥梁上常用的主要有:软钢阻尼器、铅挤压阻尼器、记忆合金耗能器和黏滞阻尼器等。

7.4.1.4 黏滞阻尼减震结构地震反应分析

黏滞阻尼器是速度相关型的消耗器,可以消耗大量振动能量而又不给桥梁结构附加任何刚度,同时还满足在温度变化、收缩徐变等因素引起的慢速变形时梁体自由的变形,使其不产生附加内力,此外,黏滞阻尼器具有阻尼系数调整幅度大、应用范围广、稳定性好、施工维修方便等技术优势,基于以上特点,黏滞阻尼器被许多国家作为大跨度桥梁振动控制的首选装置。黏滞阻尼器在桥梁上最早应用的是1962年日本首都1号高速公路115区的5孔钢筋混凝土连续梁桥，该桥在桥台、桥墩与上部结构之间使用黏滞阻尼器进行减震。1997年加州建造的 Santiago Creek Bridge、美国密苏里州1997年建造的斜拉桥 Cape Girardeau Bridge、1996年加州长滩 Gerald Desmond Bridge 抗震加固、美国加州长滩悬索桥 Vincent Thomas Bridge 抗震加固、加州旧金山-奥克兰海湾大桥和金门大桥加固都采用了黏滞阻尼器。我国重庆长江鹅公岩大桥和上海卢浦大桥都采用了黏滞阻尼器来减少由动荷载引起的位移。现以设置黏滞阻尼器的结构为例，简要介绍结构地震反应分析的基本内容。

黏滞阻尼器是利用消能元件之间的相对运动克服黏性液体的阻力而耗散能量。黏滞阻尼器只给结构提供附加阻尼而不提供刚度。黏滞阻尼器一般由油缸、活塞、黏滞液体等组成，活塞上有小孔或活塞与缸壁间有间隙，或既有小孔又有间隙。其工作原理是油缸与活塞产生相对运动时，迫使黏滞油体从小孔或间隙流过而产生阻尼力耗散能量。如果黏滞液体为完全黏性，则出力与活塞速度成正比。黏滞阻尼器具有在宽频域内，仍为线性反应，对温度和比重不敏感性、产生的阻尼力与位移异相等优点。

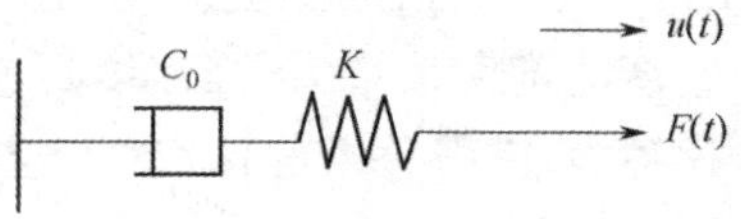

图 7-43　Maxwell 模型

耗能减震结构的地震反应分析，关键在于结构模型中合理地考虑耗能器给结构提供的附加阻尼和附加刚度及其恢复力模型。目前，黏滞阻尼器的分析计算模型有：线性模型、Kelvin 模型、Maxwell 模型、Wiechert 模型、基于分数导数的模型。其中 Maxwell 模型形式简单，被广泛采用，见图 7-43，阻尼器与弹簧串联，则有式(7-74)的关系成立。

$$u_1(t)+u_2(t)=u(t) \tag{7-74a}$$

$$C_0\dot{u}_1(t)=Ku_2(t)=F(t) \tag{7-74b}$$

式中，$u_1(t)$，$u_2(t)$分别为阻尼器和弹簧的位移；$F(t)$为出力；C_0 为阻尼系数；K 为"无限大"频域内的刚度系数；λ 为放松时间常数，为 C_0 与 K 的比值。

由上式可以得到：

$$F(t)+\lambda\dot{F}(t)=C_0\dot{u}(t) \tag{7-75}$$

可将上式写为通用的形式[40]：

$$F+\lambda^r D^r[F]=C_0 D^q[X] \tag{7-76}$$

式中，F 为出力；r，q 为材料常数；$D^r[\quad]$和 $D^q[\quad]$为分数导数(fractional derivatives)；当 $r=q=1$ 时，就是式(7-75)。式中参数可由试验确定[41]。对于阻尼力水平较低的情况，也就是活塞振动频率低于截止频率 4 Hz 时，式(7-76)的第 2 项可以忽略不计，也就是刚度为 0，此时阻尼器的计算模型就可以简化为($q=1$)：

$$F=C_0\dot{X} \tag{7-77}$$

这里需要指出的是，对于大多数黏滞阻尼器力与速度都有式(7-78)的关系：

$$F=C_0\dot{X}^n \tag{7-78}$$

式中，$\dot{X}$是黏滞阻尼器活塞的相对速度；n 为速度指数，实际工程中，$0.3\leqslant n\leqslant 1$，当 $n=1$ 时，称线性黏滞阻尼，是计算分析的基础；$n\neq 1$ 时，为非线性黏滞阻尼，$n<1$ 时称非线性阻尼，速度较小时阻尼器具有足够大的阻尼力，且随速度的增大而增大，当速度足够大时，阻尼力增加幅度变小。因此这种力-速度关系的优点在于在速度较大时，力趋于平稳。

在确定了黏滞阻尼器的计算模型后，通过前面介绍的地震响应分析方法求解。耗能减震结构的设计原则是，主体结构在强震中仍处于弹性状态，所以体系的非线性特性是由耗能装置的非线性工作状态产生的[42]。因此，体系的刚度矩阵包括线性部分和非线性部分。如果采用振型叠加法计算地震响应，此时阻尼矩阵不再满足正交性，可忽略附加阻尼矩阵的非正交性，采用非正交阻尼强制解耦法[39]。现以式(7-77)的计算模型为例说明，在地震作用下弹性振动的运动方程可以表示为：

$$M\ddot{X}+(C+C_d)\dot{X}+KX=-MI\ddot{X}_g(t) \tag{7-79}$$

式中，$\boldsymbol{M}$，$\boldsymbol{C}$，$\boldsymbol{K}$ 分别为原结构的质量、阻尼和刚度矩阵；$\boldsymbol{C}_d$ 分别为阻尼器给结构附加的阻尼矩阵；$\boldsymbol{X}$ 是耗能减震结构的位移向量；$\ddot{\boldsymbol{X}}_g(t)$是地震地面运动加速度；$\boldsymbol{I}$ 是单位列向量。

由耗能减震结构的质量矩阵 $\boldsymbol{M}$ 和总刚度矩阵$(\boldsymbol{K}+\boldsymbol{K}_d)$可以求得其频率向量和振型矩阵：

$$\boldsymbol{\omega}=\{\omega_1,\omega_2,\cdots,\omega_n\};\boldsymbol{\Phi}=\{\varphi_1,\varphi_2,\cdots,\varphi_n\}$$

原结构的阻尼矩阵 $\boldsymbol{C}$ 通常假设是正交的，即：

$$\boldsymbol{\varphi}_i^T\boldsymbol{C}\boldsymbol{\varphi}_j=\begin{cases}C_i^* & i=j\\0 & i\neq j\end{cases} \tag{7-80}$$

式中，C_i^* 为结构第 i 振型广义阻尼。

给结构附加的阻尼矩阵 $\boldsymbol{C}_d$ 通常不满足正交性条件，但是，作为近似处理，忽略 $\boldsymbol{C}_d$ 的非正交项，则有：

$$\boldsymbol{\varphi}_i^T\boldsymbol{C}_d\boldsymbol{\varphi}_j\approx\begin{cases}C_{di} & i=j\\0 & i\neq j\end{cases} \tag{7-81}$$

因此耗能减震结构的运动方程可以写成以下的广义坐标运动方程：

$$\ddot{Y}_i+2(\xi_i+\xi_{di})\omega_i\dot{Y}_i+\omega_i^2Y_i=\frac{1}{M_i^*}P_i^*(t) \tag{7-82}$$

式中，ξ_i，ξ_{di} 分别是结构的第 i 振型阻尼比和阻尼器给结构附加的第 i 振型阻尼比，即：

$$\xi_i=\frac{1}{2\omega_iM_i^*}\boldsymbol{\varphi}_i^T\boldsymbol{C}\boldsymbol{\varphi}_i;\xi_{di}=\frac{1}{2\omega_iM_i^*}\boldsymbol{\varphi}_i^T\boldsymbol{C}_d\boldsymbol{\varphi}_i \tag{7-83}$$

式中，M_i^* 是结构第 i 振型广义质量；$P_i^*(t)$是第 i 振型广义地震作用。

由于忽略耗能器给结构附加的阻尼矩阵 $\boldsymbol{C}_d$ 的非正交项将给计算结果带来一定的误差。1977 年英国 Nottingham 大学 Warburton 和 Soni[43]研究了非经典阻尼矩阵忽略非正交项的误差的问题，提出了这种方法的适用条件。

$$\xi_j \leqslant 0.05\left|\frac{b_{jj}}{2b_{js}}\left(\frac{T_j^2}{T_s^2}-1\right)\right|_{\substack{min\\ s\neq j}} \quad (j=1,2,\cdots,n) \tag{7-84}$$

式中,ξ_j 是忽略非正交项的阻尼比;$b_{js}(j,s=1,2,\cdots,n)$是矩阵$\boldsymbol{B}=\boldsymbol{M}^{*-1}\boldsymbol{C}^*$ 的元素,其中 $\boldsymbol{M}^*$ 是结构的广义质量矩阵、$\boldsymbol{C}^*$ 是与结构非经典阻尼矩阵相应的广义阻尼矩阵。

大量计算表明,当满足式(7-84)时,忽略非经典阻尼矩阵非正交项的结构反应误差不超过 10%,大多数情况下误差不超过 5%,即使振型阻尼比大于 20%时仍能保持这样的精度[43]。文献[39]也通过在十层杆系框架结构中设置耗能器的例子比较了非正交阻尼矩阵强行解耦的方法。如果阻尼非比例程度比较高时,可以通过复模态分析求得频率和阻尼比来改善计算结果的精度[44],其内容如下:

设变量 $\boldsymbol{Z}=\begin{bmatrix}\boldsymbol{X}\\ \dot{\boldsymbol{X}}\end{bmatrix}$,将其代入式(7-79)则有:

$$\begin{bmatrix}-\boldsymbol{I} & \boldsymbol{0}\\ \boldsymbol{0} & \boldsymbol{M}\end{bmatrix}\dot{\boldsymbol{Z}}+\begin{bmatrix}\boldsymbol{0} & \boldsymbol{I}\\ \boldsymbol{K} & \boldsymbol{C}+\boldsymbol{C}_d\end{bmatrix}\boldsymbol{Z}=-\boldsymbol{MI}\ddot{\boldsymbol{X}}_g(t) \tag{7-85}$$

记为 $\boldsymbol{M}^*=\begin{bmatrix}-\boldsymbol{I} & \boldsymbol{0}\\ \boldsymbol{0} & \boldsymbol{M}\end{bmatrix}$;$\boldsymbol{K}^*=\begin{bmatrix}\boldsymbol{0} & \boldsymbol{I}\\ \boldsymbol{K} & \boldsymbol{C}+\boldsymbol{C}_d\end{bmatrix}$

整理式(7-85),由此得到广义特征值问题:

$$\boldsymbol{K}^*\boldsymbol{V}=-i\boldsymbol{M}^*\boldsymbol{Vd} \tag{7-86}$$

式中,特征值矩阵 $\boldsymbol{d}$ 为对角矩阵,满阵 $\boldsymbol{V}$ 的列是相应的特征向量,$i=\sqrt{-1}$。

如果通过式(7-86)得到的式(7-82)中的第 i 阶振型总阻尼和圆频率,则精度会有所提高。

7.4.1.5　实例分析

某钢桁梁斜拉桥主桥的跨径布置是(170+360+170)m,主梁为钢桁架,梁高 6.0 m,全宽 26 m;主塔采用"花瓶式 H 形"混凝土塔,承台以上塔高为 210 m。索塔自上而下共设四道横梁,截面高度均为 4.0 m。全桥共设 4×13 对斜拉索,斜拉索采用双塔双索面,见图 7-44。

在初步设计阶段,需要对三种体系的主塔控制截面内力和位

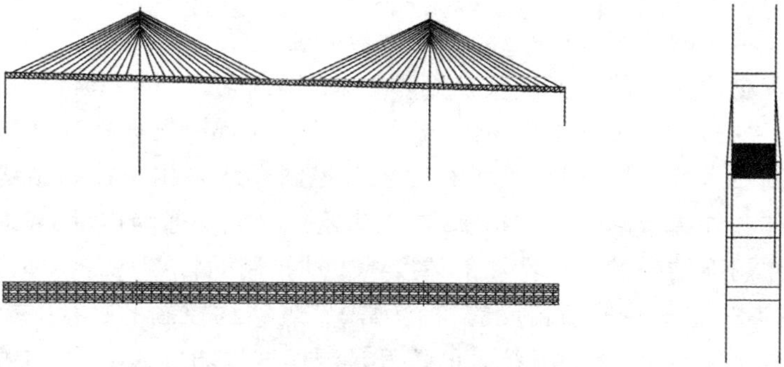

图 7-44　钢桁梁斜拉桥主桥计算模型

移进行比较分析，并从中选出合理的结构，这三种体系分别为漂浮体系、半漂浮体系和被动耗能体系。

漂浮体系对于抗震来说是有利的，但是这种体系会导致很大的位移，如果在主塔与主梁之间设置弹性索，由漂浮体系转换为半漂浮体系后，结构基本周期变短，输入地震加速度时程，比较主塔塔底剪力、弯矩和位移，观察时程分析结果，漂浮体系转换为半漂浮体系后，由于增加了纵向约束弯矩和剪力增加，最大增幅2.65%，位移减少了10%。

为了达到限制位移，同时控制内力的目的，在每个主塔与主梁之间设置2个黏滞阻尼器，阻尼器的参数通过时程分析法的结果进行调整。结果表明，主塔内力和塔梁相对位移得到了有效控制，但是边墩处墩梁相对位移过大，超过支座的变形能力，因此，在两侧边墩处各设置2个黏滞阻尼器，正如我们所期望的，内力小幅度降低的同时，位移得到有效的控制，降低了30%左右。

7.4.2　主动控制

结构设计的发展可以分为三个阶段。最早的土木工程结构设计只涉及静荷载；现代的结构设计将动力反应(例如：阻尼和振型)纳入技术规范；现在，土木工程结构的设计需满足静、动力要求。在后现代期，有些情况下的动力反应是十分严格的，需满足反馈控制的要求,或者应同时满足结构设计和反馈控制的要求。这就要求多学科的研究,以便建筑物在地震时能幸存下来。

主动控制的研究涉及控制理论、随机振动、结构工程、材料科学、生物科学、机械工程、计算机科学、振动测量、数据处理和自动控制技术等,是一门交叉学科。主动控制系统是用来控制结构在内部和外部激励下的结构反应,以满足机械或交通噪声、风或地震等作用下结构的安全性和舒适度。主动控制的特点是需要外部能量,通过施加与振动相反的控制力来实现结构控制的。在一个主动控制体系里,作动器接收的信号是测得结构响应的函数,与被动控制不同,主动控制的控制力可以增加也可以耗散能量。

结构主动控制一般可以按两种情况分类[26,42]:

(1)按主动控制的利用程度分类

①(全)主动控制(Active Control):结构减震控制目标的实现全部依赖于主动控制。主动控制通常包括两类控制方式:开环控制和闭环控制。开环控制是直接对系统扰动输入进行量测,根据系统扰动输入的情况综合出控制律。开环控制的在线工作量较小,对系统的精度要求较高,抗干扰能力较差。闭环控制是通过适当的系统反馈或输出反馈,产生一定的控制作用,从而控制结构的振动。闭环控制的在线计算量大,但具有较高的抗干扰能力,对控制元件的要求也不高,而且能够保持连续地对控制效果进行监测。目前对主动控制的研究多集中在理论领域,提出了相当多的控制算法。

②半主动控制(Semi Active Control):一般以被动控制为主,它仅需少量能量改变被动控制的参数或工作状态,以适应系统对最优状态的跟踪。半主动控制比主动控制容易实施且更经济,而且控制效果和主动控制相近,所以有较大的研究和应用价值。半主动控制系统是当今土木工程结构振动控制研究领域的国际前沿性研究课题之一,国外专家学者已经提出了诸如主动变刚度控制系统、主动变阻尼系统、半主动调谐质量控制系统等半主动控制系统。半主动控制机构往往都利用开关控制或称为"0-1"控制,通过

开关改变控制器的工作状态，从而改变机构的动力特性，以达到比被动控制更好的效果。除“0-1”控制外，还可采用最优控制。半主动控制的优化控制规律一般仍采用现代控制理论解决，研究表明：变结构控制理论是处理半主动控制的有效工具。较为典型的半主动控制装置有：半主动隔震装置；半主动 TMD；半主动动力触动器；主动变刚度装置；主动变阻尼装置。

③混合控制（Hybrid Control）：混合控制是将主动控制和被动控制同时施加在同一结构上的结构振动控制形式。从其元素所起作用的相对大小而言，有两种组合方式，即以某一控制为主控部件，其他部件通过主要部件实现对结构的控制。另一种是并列组合控制方式，即两种控制各自独立工作，对结构实施校正作用。近年来研究最多的是以被动控制为主，主动控制为辅的主从结合方式，将被动控制和主动控制相结合，取长补短，既达到了保证建筑结构的抗震安全和风震下的舒适度，又获得了直接的经济效益和社会效益。被动控制由于引入了主动控制，其控制效果显著增强，系统可靠度得以提高；另一方面，主动控制由于被动控制的参与，主动控制所需的控制力大大减小，抗震系统的稳定性和可靠度都较纯主动控制的有所增强。国外近年来开始研究利用杂交控制来控制非线性和非弹性结构系统，效果较为理想，在理论研究上也有一些进展。

(2)按实现控制的手段型式分类

①施加外力控制型：通过对结构（或装置）主动施加外加控制力以衰减和控制结构的振动反应。如主动质量阻尼器 AMD、主动质量驱动器 AMD、主动拉索系统 ATS、主动挡风板 ADA、脉冲发生器 PG。

②改变结构参数型：通过主动改变动力特性（或结构型式）以衰减和控制结构的振动反应。如主动变刚度系统 AVS（Active Variable Stiffness）、主动变阻尼系统 AVD（Active Variable Damping）、主动支撑系统 ABS（Active Bracing System）等。主动变刚度控制系统的指导思想是：通过主动变刚度控制装置使得受

控结构的刚度在每一采样周期内都尽可能远离共振状态，达到减震的目的。关于主动变刚度控制的算法已有一定的研究，并且装有这种装置的振动台模型结构实验和原型结构试验表明，尽管构造比较简单，仅需极少的外部能量，但其控制效果是很明显的。主动变阻尼控制系统通过控制装置使得受控结构的阻尼在每一采样周期内都可能在不同阻尼状态之间进行切换，以达到减震的目的。试验研究和理论分析均表明：变阻尼控制系统也有较好的控制效果。因而主动变刚度系统和主动变阻尼系统最近受到国外学者的广泛关注。

③智能材料自控制：通过采用智能材料，自动调节并衰减和控制结构地震反应。如形状记忆合金 SMA(Shape Memory Alloy)、压电层材料 PEL(Piezo-electric Layer)、ER 或 MR 流态材料(ER Fluid, MR Fluid)等。

以具有 n 个自由度的线性结构说明主动控制的减震机理。在地震作用下，结构体系的运动方程为：

$$\boldsymbol{M}\ddot{\boldsymbol{X}}+\boldsymbol{C}\dot{\boldsymbol{X}}+\boldsymbol{K}\boldsymbol{X}=-\boldsymbol{M}\boldsymbol{I}\ddot{\boldsymbol{X}}_g+\boldsymbol{H}\boldsymbol{U}$$

式中，$\boldsymbol{H}$ 是控制器的位置矩阵；$\boldsymbol{U}$ 是具有 r 维的控制力向量，r 是控制器数目。

控制力向量 $\boldsymbol{U}$ 由结构反应和地震加速度输入决定，则有：

$$\boldsymbol{U}=\boldsymbol{K}_b\boldsymbol{X}+\boldsymbol{C}_b\dot{\boldsymbol{X}}+\boldsymbol{F}_b\ddot{\boldsymbol{X}}_g$$

式中，$\boldsymbol{K}_b$ 是位移增益矩阵；$\boldsymbol{C}_b$ 是速度矩阵；$\boldsymbol{F}_b$ 是加速度增益转换矩阵。

上述 $\boldsymbol{K}_b$，$\boldsymbol{C}_b$，$\boldsymbol{F}_b$ 可以是反馈，也可以是前馈，它取决于所采用的控制律。将控制力向量代入运动方程可得到地震作用下，主动控制结构的运动方程为：

$$\boldsymbol{M}\ddot{\boldsymbol{X}}+(\boldsymbol{C}-\boldsymbol{H}\boldsymbol{C}_b)\dot{\boldsymbol{X}}+(\boldsymbol{K}-\boldsymbol{H}\boldsymbol{K}_b)\boldsymbol{X}=(-\boldsymbol{M}\boldsymbol{I}-\boldsymbol{H}\boldsymbol{F}_b)\ddot{\boldsymbol{X}}_g$$

由上式可以看出，对于主动控制结构体系，由于主动控制力的施加，改变了结构的阻尼、刚度和激励荷载。如果选用合理的控制算法，确定最优控制力，则可以达到衰减和控制结构地震反应的目的。这就是主动控制减震的基本机理。

7.4.3 斜拉桥结构基于模态分析的减震控制

7.4.3.1 基于模态分析的线性二次最优减震控制方法

主动控制算法是主动控制的基础,它的目标是使主动控制系统在满足其使用状态方程和各种约束条件下,选择合适的增益矩阵,寻找最优的控制参数,使系统达到较优的性能指标,实现对结构的最优控制。国内外学者经过多年的研究,提出的控制算法主要有:经典线性最优控制、瞬时最优控制、模态控制、脉冲控制、极点配置、预测控制、自适应控制、模糊控制、$H\infty$(无穷大)优化控制、低能量控制和神经网络控制等。

线性二次最优控制,是较为经典的控制算法,也是研究、开发其他控制方法的基础。从经济和系统反应的观点来讲,这种算法是研究用最少的能量消耗来进行结构控制。它可以是闭环问题,即调节器问题,或闭环和开环组合的跟踪问题。显然,只有施加的干扰是事前给定的,跟踪问题是合适的设计方法,并且能够提供最优的控制反应。如果施加的干扰是不确定的或不可预测的,则采用调节器问题是较为合适的设计方法。对结构在地震作用下的减震控制问题,由于地震动的时程是不可预测的,所以对结构的减震控制宜采用调节器问题的分析方法。

1954 年我国著名科学家钱学森运用控制论的思想方法创立了工程控制论,把控制应用到工程技术领域,在 20 世纪 50 年代末由前苏联数学家庞特里雅金提出:最大值是变分法的近代发展,1975 年 J. N. Yang 等提出最优控制理论在土木工程中的应用。

J. N. Yang 的方法只适用于自由度较少的问题,未涉及到自由度较多的大跨空间结构的问题,作者提出了基于模态分析的线性二次最优控制算法,以探索将这种算法应用于解决大型空间结构的减震控制问题[26]。

一般而言,在地震荷载作用下线性受控结构系统的运动方程可写为[29,30,31]:

$$M\ddot{X}(t)+C\dot{X}(t)+KX(t)=HU(t)+\eta\ddot{X}_0(t) \tag{7-87}$$

式中，$X(t)$为结构的相对位移，是 n 维向量；M,C,K 分别为$(n\times n)$维的结构质量、阻尼和刚度矩阵；$U(t)$是 r 维的控制力向量；H 是$(n\times r)$维的控制作用的位置矩阵；η 是质量向量 $\eta=-[m_1,m_2,\cdots,m_n]^T$。

对大型结构系统而言，工程所关心的常常是结构前几阶（或几十阶）周期和相应的振型。对比例阻尼而言，令 Φ 为前 m 阶的振型矩阵（这里 Φ 的对质量归一）$m<n$ 而相应的特征值为 $\omega_1^2,\omega_2^2,\cdots,\omega_m^2$。

令
$$X=\Phi\bar{X}$$

将上式代入(7-87)式，经代数运算得模态坐标下受控结构的运动方程：

$$\ddot{\bar{X}}+\Lambda\dot{\bar{X}}+\Omega\bar{X}=\Theta U+\Phi^T\eta\ddot{X}_0 \tag{7-88}$$

其中：$\Lambda=\begin{bmatrix}2\xi_1\omega_1 & 0 & \cdots & 0\\ 0 & 2\xi_2\omega_2 & \cdots & 0\\ \vdots & \vdots & \ddots & \vdots\\ 0 & 0 & \cdots & 2\xi_m\omega_m\end{bmatrix}$；$\Omega=\begin{bmatrix}\omega_1^2 & 0 & \cdots & 0\\ 0 & \omega_2^2 & \cdots & 0\\ \vdots & \vdots & \ddots & \vdots\\ 0 & 0 & \cdots & \omega_m^2\end{bmatrix}$；

$$\Theta=\Phi^T H$$

与(7-88)相应的状态方程为：$\dot{Z}(t)=AZ(t)+BU(t)+\{d\}$ (7-89)

其中：$Z(t)=\begin{Bmatrix}\bar{X}\\ \dot{\bar{X}}\end{Bmatrix}$；$A=\begin{bmatrix}0 & I\\ \Omega & -\Lambda\end{bmatrix}$；$B=\begin{bmatrix}0\\ \Theta\end{bmatrix}$；$\{d\}=\begin{bmatrix}0\\ \Phi^T\eta\end{bmatrix}\ddot{X}_0(t)$.

受控的输出或量测变量为：$Y(t)=CZ(t)=C\begin{Bmatrix}\Phi^T X\\ \Phi^T\dot{X}\end{Bmatrix}$ (7-90)

在进行最优控制器的设计时，需满足所研究的控制系统的动力行为的一些指标。这些指标通常包括瞬态反应要求、稳定性、稳态误差以及参数灵敏度的折减等等。为了容易地获得问题的封闭解，常选用二次型目标函数[45]：

$$J=\frac{1}{2}[\boldsymbol{Y}(t_f)-\boldsymbol{\alpha}]^T\boldsymbol{S}_0[\boldsymbol{Y}(t_f)-\boldsymbol{\alpha}]+$$

$$\frac{1}{2}\int_{t_0}^{t_f}\{[\boldsymbol{Y}(t)-\boldsymbol{\beta}]^T\boldsymbol{Q}_0(t)[\boldsymbol{Y}(t)-\boldsymbol{\beta}]+\boldsymbol{U}^T(t)\boldsymbol{R}(t)\boldsymbol{U}(t)\}\mathrm{d}t \tag{7-91}$$

其中：$\boldsymbol{S}_0$、$\boldsymbol{Q}_0(t)$和$\boldsymbol{R}(t)$是加权矩阵，$\boldsymbol{S}_0$ 和 $\boldsymbol{Q}_0(t)$至少为半正定，$\boldsymbol{R}(t)$必须为正定的。$\boldsymbol{\alpha}$ 是预期的稳态反应；$\boldsymbol{\beta}(t)$是所期望的瞬态反应。

在满足方程(7-89)、(7-90)的条件下，方程(7-91)定义为"跟踪问题"，这是由于控制所期望的是：输出向量跟踪着向量 $\boldsymbol{\alpha}$ 和$\boldsymbol{\beta}(t)$。若 $\boldsymbol{\alpha}$ 和$\boldsymbol{\beta}(t)$及$\{d\}$为零向量，这种控制称为调节器问题。

无论是跟踪问题还是调节器问题，都可以用引入 Hamiltonian 函数的变分方法求解。

对跟踪问题 Hamiltonian 函数定义为：

$$\boldsymbol{H}(Z,U,\lambda)=\frac{1}{2}(\boldsymbol{CZ}-\boldsymbol{\beta})^T\boldsymbol{Q}_0(\boldsymbol{CZ}-\boldsymbol{\beta})+$$

$$\frac{1}{2}\boldsymbol{U}^T\boldsymbol{RU}+\boldsymbol{\lambda}^T(\boldsymbol{AZ}+\boldsymbol{BU}+\{d\}) \tag{7-92}$$

其中：$\boldsymbol{\lambda}$ 为 Lagrange 乘子。

为使(7-91)式的目标函数 $\boldsymbol{J}$，在满足(7-89)、(7-90)式的条件下求得最小值，必有：

$$\dot{\boldsymbol{\lambda}}=\frac{\partial \boldsymbol{H}}{\partial \boldsymbol{X}}=-\boldsymbol{C}^T\boldsymbol{Q}_0\boldsymbol{CZ}-\boldsymbol{A}^T\boldsymbol{\lambda}+\boldsymbol{C}^T\boldsymbol{Q}_0\boldsymbol{\beta}$$

$$\boldsymbol{\lambda}(t_f)=\boldsymbol{C}^T\boldsymbol{S}_0[\boldsymbol{CZ}(t_f)-\boldsymbol{\alpha}] \tag{7-93}$$

$$\boldsymbol{g}=\frac{\partial \boldsymbol{H}}{\partial \boldsymbol{U}}=\boldsymbol{RU}-\boldsymbol{B}^T\boldsymbol{\lambda} \tag{7-94}$$

由此可得最优控制为：

$$\{U\}=-\boldsymbol{R}^{-1}\boldsymbol{B}^T\boldsymbol{\lambda} \tag{7-95}$$

于是状态方程可写为：

$$\dot{\boldsymbol{Z}}(t)=\boldsymbol{AZ}(t)+\boldsymbol{BR}^{-1}\boldsymbol{B}^T\boldsymbol{\lambda}+\{d\};$$

$$\boldsymbol{Z}(t_0)=\boldsymbol{Z}_0 \tag{7-96}$$

对于调节器问题(7-92)式之中 $\boldsymbol{\alpha}$ 和 $\boldsymbol{\beta}(t)$ 及 $\{d\}$ 为零。

$$\dot{\boldsymbol{\lambda}}=\frac{\partial \boldsymbol{H}}{\partial \boldsymbol{X}}=-\boldsymbol{C}^T Q_0 CZ-A^T\boldsymbol{\lambda}$$

$$\boldsymbol{\lambda}(t_f)=\boldsymbol{C}^T\boldsymbol{S}_0\boldsymbol{C}\boldsymbol{Z}(t_f) \tag{7-97}$$

状态方程为： $\dot{\boldsymbol{Z}}(t)=\boldsymbol{A}\boldsymbol{Z}(t)+\boldsymbol{B}\boldsymbol{R}^{-1}\boldsymbol{B}^T\boldsymbol{\lambda}$

$$\boldsymbol{Z}(t_0)=\boldsymbol{Z}_0 \tag{7-98}$$

方程(7-93)和(7-96)或(7-97)和(7-98)为两点边界值问题，一端为控制的初始时间，另一端为边界的终止时间。方程(7-93)、(7-96)和(7-97)、(7-98)的明显不同在于(7-93)和(7-96)是非齐次微分方程，而(7-97)和(7-98)是齐次微分方程。

方程(7-93)和(7-96)或(7-97)和(7-98)的同步解给出了在开环即没有反馈控制的最优控制策略，有多种可用的数值技术可对这一问题求解。

闭环控制是以输出变量或状态的反馈为基础，本文着重研究最优状态反馈控制。此时需要一个观测器作为输出变量来估计状态变量。

$\boldsymbol{\lambda}(t)$可假设为 $\boldsymbol{\lambda}(t)=\boldsymbol{P}(t)\boldsymbol{Z}(t)+\boldsymbol{q}(t)$ (7-99)

其中：$\boldsymbol{P}(t)$称为"Riccati 矩阵"；$\boldsymbol{q}(t)$是向量。

跟踪问题的最优控制可通过将(7-99)式代入(7-95)式中得到：

$$\boldsymbol{U}(t)=-\boldsymbol{R}^{-1}\boldsymbol{B}^T\boldsymbol{P}(t)\boldsymbol{Z}(t)+\boldsymbol{U}_{EXT}(t) \tag{7-100}$$

其中：$\boldsymbol{U}_{EXT}(t)=-\boldsymbol{R}^{-1}\boldsymbol{B}^T\boldsymbol{q}(t)$；

将(7-99)式代入(7-93)和(7-96)式，由解下列微分方程确定 $P(t)$ 和 $q(t)$：

$$-\dot{\boldsymbol{P}}=\boldsymbol{P}\boldsymbol{A}+\boldsymbol{A}^T\boldsymbol{P}-\boldsymbol{P}\boldsymbol{B}\boldsymbol{R}^{-1}\boldsymbol{B}^T\boldsymbol{P}+\boldsymbol{C}^T QC,$$

$$\boldsymbol{P}(t)=\boldsymbol{C}^T\boldsymbol{S}_0\boldsymbol{C} \tag{7-101}$$

$$-\dot{\boldsymbol{q}}=\boldsymbol{P}\{d\}+(\boldsymbol{A}^T-\boldsymbol{P}\boldsymbol{B}\boldsymbol{R}^{-1}\boldsymbol{B}^T)\boldsymbol{q}-\boldsymbol{C}^T\boldsymbol{Q}_0\boldsymbol{\beta},$$

$$\boldsymbol{q}(t_f)=\boldsymbol{C}^T\boldsymbol{S}_0\boldsymbol{\alpha} \tag{7-102}$$

作为调节器问题，$\boldsymbol{\alpha}$ 和 $\boldsymbol{\beta}(t)$ 及 $\{d\}$ 为零向量，$\boldsymbol{q}(t)$ 也是零向量，

此时只需求解 Riccati 微分方程以求得 $\boldsymbol{P}(t)$。事实上，由于调节器问题的两点边界值是齐次问题，为满足(7-97)式给定的控制终止时间条件，可假设：

$$\boldsymbol{\lambda}(t)=\boldsymbol{P}(t)\boldsymbol{Z}(t) \tag{7-103}$$

由此可得调节器问题的最优控制为：

$$\boldsymbol{U}(t)=-\boldsymbol{R}^{-1}\boldsymbol{B}^{T}\boldsymbol{P}(t)\boldsymbol{Z}(t) \tag{7-104}$$

它只依赖于系统的现行状态，所以是一个闭环问题。

7.4.3.2 基于模态分析的线性二次最优减震控制在斜拉桥结构中的应用[26,46,48,49]

对于大跨桥梁结构而言，由于自由度多，对整个桥梁结构进行减震控制有一定的难度。在对结构进行地震反应分析时我们可以将问题转化到模态空间，采用振型叠加法进行研究。作者采用在模态空间内的方法对大跨桥梁结构的减震控制进行分析，并用线性二次最优控制算法予以研究。而且模态坐标下受控结构的运动方程中，模态顺序是按照改进的模态分析法挑选出来的(见7.3.2.1节)，已不是结构的前几阶或前几十阶模态的顺序排列。以7.2.6节中的实例1和7.3.1节中的实例芜湖长江大桥为控制研究对象，并分两种工况进行研究。

(1)实例一

分下列两种工况进行仿真研究：

工况1　在主跨接近跨中的四道索一端设控制器，见图7-45，作为控制索通过控制索控制竖向和纵向的震动。输入 El Centro 纵向和竖向地震波，采用修正的模态叠加法计算结构地震响应。

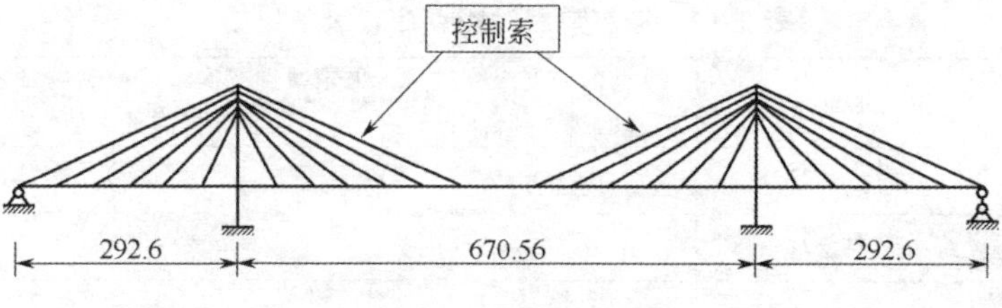

图7-45　控制索布置示意图(m)

工况 2　在塔顶和跨中分别设控制器，见图 7-46，控制横向震动，输入 El Centro 横向地震波，采用修正的模态迭加法计算结构地震响应。

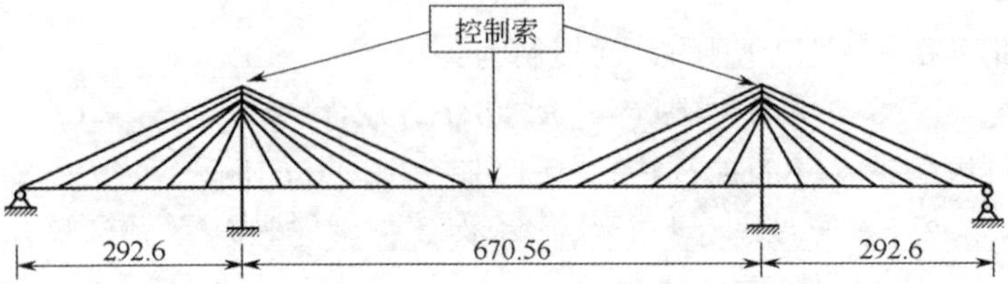

图 7-46　控制器布置示意图(m)

工况 1 结果　控制力时程曲线如图 7-47 所示，分析所得控制力最大值为 1686kN，控制前后时程反应结果见表 7-12。

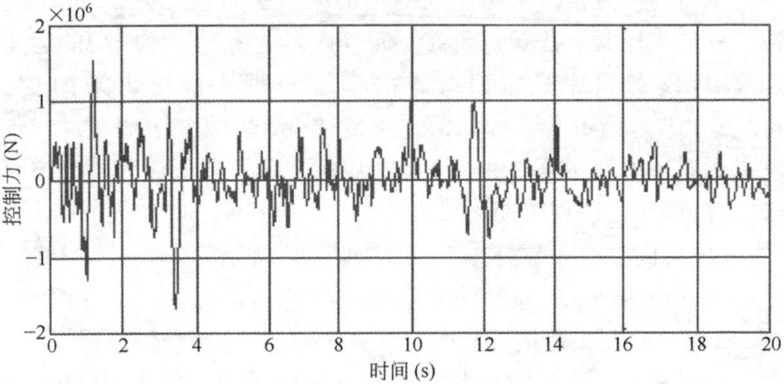

图 7-47　控制力时程曲线

表 7-12　控制前后时程反应最大值比较

位　　置	改进的振型组合法遇合的最大值(未控)	采用线性二次最优控制后时程反应分析的最大值
塔顶纵向位移(m)	1.108 4	0.340 1
主梁跨中竖向位移(m)	0.790 2	0.248 3
塔根纵向弯矩(kN・m)	8 101 000	2 280 000

工况 2 结果　塔顶控制力时程曲线如图 7-48 所示，最大值为 1 962 kN；跨中控制力的时程曲线如图 7-49 所示，最大值为 3 099 kN。控制前后时程反应结果见表 7-13。

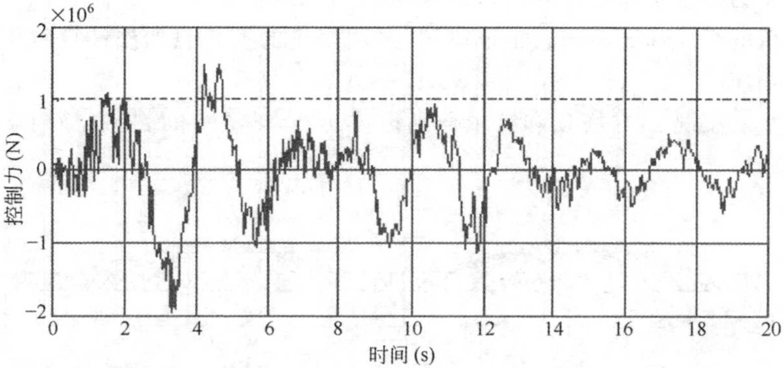

图 7-48　塔顶控制力时程

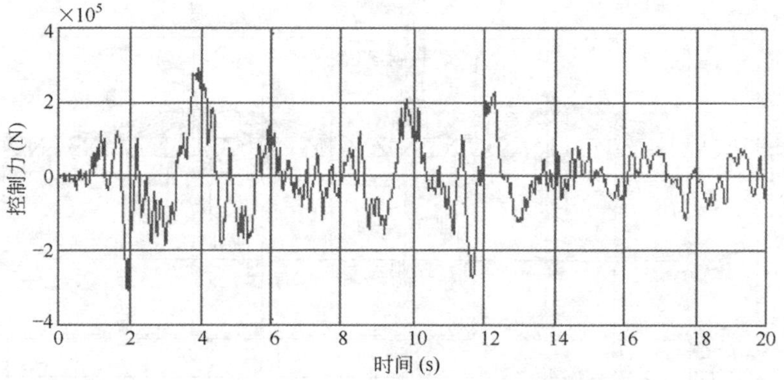

图 7-49　跨中控制力时程

表 7-13　控制前后时程反应最大值比较

位　　置	改进的振型组合法遇合的最大值(未控)	采用线性二次最优控制后时程反应分析的最大值
塔顶横向位移(m)	0.393 0	0.135 10
主梁跨中横向位移(m)	0.577 3	0.136 10
塔根横向弯矩(kN·m)	107 040 000	27 350 000

(2)实例二

分下列两种工况进行仿真研究：

工况 1：在主跨接近跨中的四道索一端设控制器，见图 7-50，作为控制索通过控制索控制竖向和纵向的震动，输入芜湖长江大桥的纵向和竖向的人工地震波，采用修正的模态叠加法计算地震响应。

工况 2：在塔顶和跨中分别设控制器，见图 7-51，控制横向震

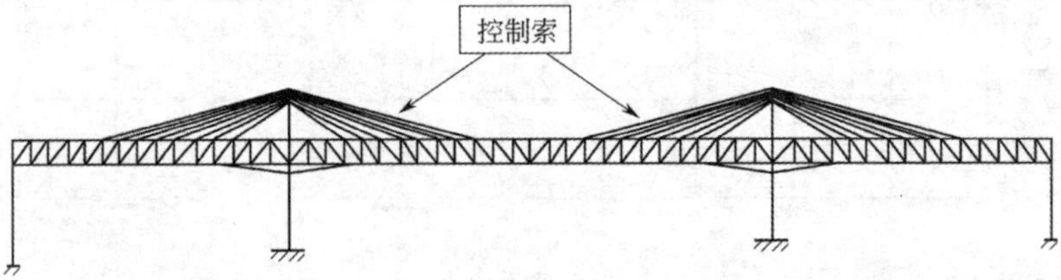

图 7-50 控制索布置示意图

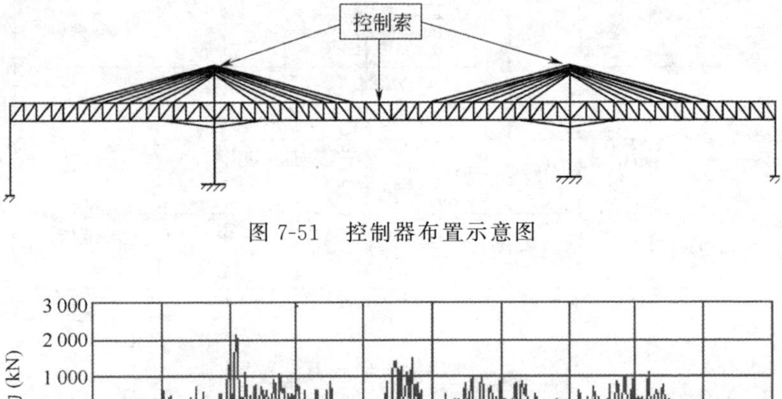

图 7-51 控制器布置示意图

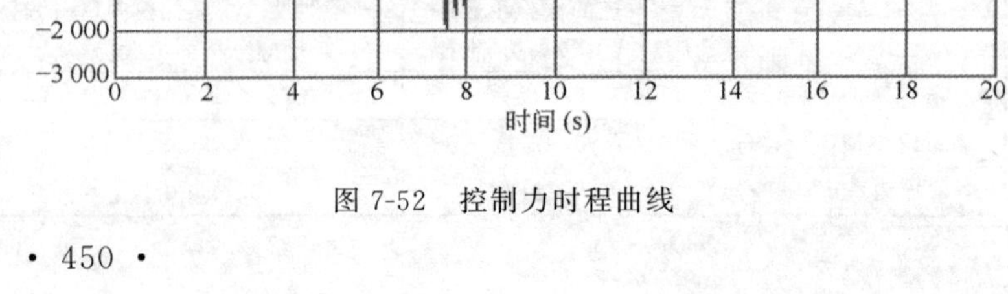

图 7-52 控制力时程曲线

动，输入芜湖长江大桥的横向人工地震波，采用修正的模态迭加法计算地震响应。

工况 1 结果　控制力时程曲线如图 7-52 所示，分析所得控制力最大值为 2 115 kN，控制前后时程反应结果见表 7-14。

表 7-14　控制前后时程反应结果

位　　置	改进的振型组合法遇合的最大值（未控）	采用线性二次最优控制后时程反应分析的最大值
左塔塔顶纵向位移（m）	0.081 43	0.011 06
右塔塔顶纵向位移（m）	0.075 28	0.006 99
主桁跨中竖向位移（m）	0.046 21	0.011 95
左塔塔根纵向弯矩（kN·m）	559 180.0	264 200
右塔塔根纵向弯矩（kN·m）	491 900.0	138 025

工况 2 结果：塔顶控制力时程曲线如图 7-53 所示，最大值为 29 133 kN；跨中控制力的时程曲线如图 7-54 所示，最大值为 30 563 kN。控制前后时程反应结果见表 7-15。

通过两个算例的仿真分析表明：基于模态分析的线性二次最优减震控制方法对斜拉桥结构有显著的减震控制效果。在竖向和纵向平面内，对斜拉索实施控制可产生显著的控制效果，可使主塔塔顶和主梁跨中的位移反应及塔根的纵向弯矩反应大大减小，这

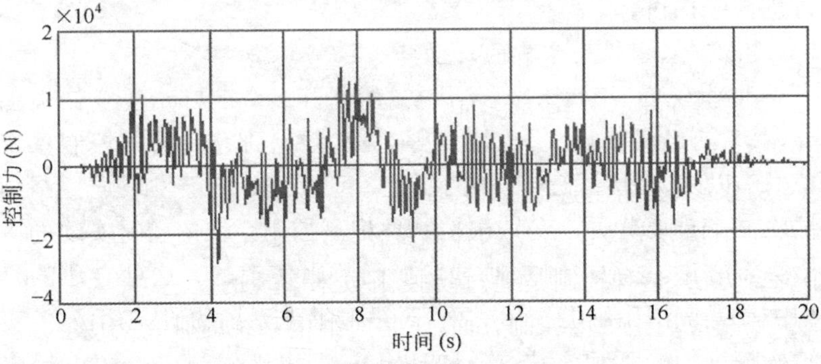

图 7-53　塔顶控制力时程曲线

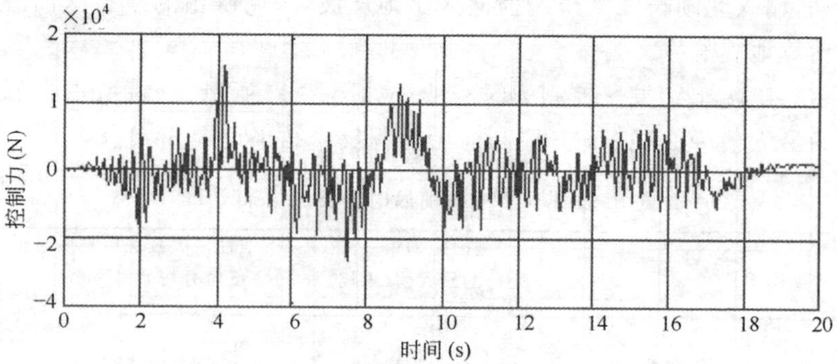

图 7-54　跨中控制力时程曲线

表 7-15　控制前后时程反应结果

位　　置	改进的振型组合法遇合的最大值(未控)	采用线性二次最优控制后时程反应分析的最大值
左塔塔顶横向位移(m)	0.040 55	0.010 8
右塔塔顶横向位移(m)	0.039 80	0.010 6
主桁跨中横向位移(m)	0.152 30	0.039 1
左塔塔根横向弯矩(kN·m)	832 590	255 000
右塔塔根横向弯矩(kN·m)	919 300	310 667

种控制在工程上较易实施；对横向控制，其控制效果也是很显著的，且在理论上是可行的，但在跨中设置控制横向变形的控制器在工程实施方面有一定的困难，这种控制器在工程方面如何实施有待进一步探讨。

7.4.3.3　基于模态分析的滑动状态控制算法

20 世纪 50 年代末 60 年代初，由前苏联学者叶米里亚诺夫倡导，其后有欧曼扬诺夫、犹特金等追随，开始研究变结构控制系统(VSS)以来，经历了近 40 年的研究，至今 VSS 已经发展成控制领域的一个重要分支。变结构控制理论是控制系统的较易实现的一个综合方法，这种控制是通过切换函数来实现的。这种方法的早期主要是应用于继电控制方面，正是对继电系统的研究，引发了变结构控制的概念和方法，在 1995 年左右由 J. N. Yang 等[32]提出将滑模变结构控制应用于土木工程，之后发表了 10 余篇论文予以介绍他们的研究成果。Yang 的研究主要集中在小型的建筑结构中，计算模型的结构运动方程仍在物理坐标系下研究，作者提出了基于模态分析的变结构控制技术[26]，即：对结构系统进行振型分解，对主导模态采用变结构技术予以控制，并探索将这一技术应用于桥梁结构的减震控制中。

在状态空间中，受控结构的运动方程(7-87)可以写为：

$$\dot{\boldsymbol{Z}}(t)=\boldsymbol{A}\boldsymbol{Z}(t)+\boldsymbol{B}\boldsymbol{U}(t)+\boldsymbol{E}\ddot{\boldsymbol{X}}_0(t) \tag{7-105}$$

式中，$\boldsymbol{Z}(t)$是 $2n$ 维状态向量，$\boldsymbol{A}$ 是 $2n\times 2n$ 的系统矩阵，$\boldsymbol{B}$ 是 $2n\times r$ 维矩阵，$\boldsymbol{E}(t)$是 $2n$ 维激励向量，具体表述如下：

$$\boldsymbol{Z}(t)=\begin{bmatrix}\boldsymbol{X}(t)\\ \dot{\boldsymbol{X}}(t)\end{bmatrix};\boldsymbol{E}=\begin{bmatrix}\boldsymbol{0}\\ \boldsymbol{M}^{-1}\boldsymbol{\eta}\end{bmatrix};\boldsymbol{A}=\begin{bmatrix}\boldsymbol{0} & \boldsymbol{I}\\ -\boldsymbol{M}^{-1}\boldsymbol{K} & -\boldsymbol{M}^{-1}\boldsymbol{C}\end{bmatrix};$$

$$\boldsymbol{B}=\begin{bmatrix}\boldsymbol{0}\\ \boldsymbol{M}^{-1}\boldsymbol{H}\end{bmatrix}$$

受控的输出或量测变量为：

$$\overline{\boldsymbol{Y}}(t)=\boldsymbol{C}\boldsymbol{Z}(t) \tag{7-106}$$

(1)滑移面的设计

变结构控制理论或滑动状态控制(sliding mode control)，是设计控制器使反应轨迹进入滑移面(或开关控制面)，并使反应保持在这个面内。因此，滑动状态控制的关键问题在于如何设计滑移面。在设计滑移控制面的时候，外部激励可忽略不计，然而，在设计控制器时应考虑外部激励。为使问题简化，令 $S=0$，S 是一个 r 维的滑移面，它是状态变量的线性组合：

$$\boldsymbol{S}=\boldsymbol{P}\boldsymbol{Z}=0 \tag{7-107}$$

其中 $\boldsymbol{S}$ 是 r 个滑移变量组成的 r 维向量，$S_1,S_2,\cdots,S_r$，r 是控制器总数，即：

$$\boldsymbol{S}=[S_1,S_2,\cdots,S_r]^T \tag{7-108}$$

在方程(7-107)中，$\boldsymbol{Z}$ 是 $2n$ 维的向量，$\boldsymbol{P}$ 是一个 $r\times 2n$ 维的矩阵，以确保在滑移面上的运动是稳定的，为了反应迹线在滑移面上，一旦反应轨迹到达滑移面，可得 $\dot{\boldsymbol{S}}=0$。从方程(7-107)，(7-105)得：

$$\dot{\boldsymbol{S}}=(\partial \boldsymbol{S}/\partial Z)\dot{\boldsymbol{Z}}=\boldsymbol{P}(\boldsymbol{AZ}+\boldsymbol{BU})=0 \tag{7-109}$$

上式中为使表达式简化，$\boldsymbol{Z}(t)$与$\boldsymbol{U}(t)$的自变量被省略。由方程(7-109)解得的$\boldsymbol{U}$产生在滑移面上等效的控制，即：

$$\boldsymbol{U}_{eq}=\boldsymbol{U}=-(\boldsymbol{PB}^{-1})\boldsymbol{PAZ} \tag{7-110}$$

式中，$\boldsymbol{PB}$是非奇异矩阵，将(7-110)式代入(7-105)式，并略去外部激励即得：

$$\dot{\boldsymbol{Z}}=[\boldsymbol{A}-\boldsymbol{B}(\boldsymbol{PB})^{-1}\boldsymbol{PA}]\boldsymbol{Z} \tag{7-111}$$

对确定$\boldsymbol{P}$矩阵的一个系统的方法是变换运动的状态方程(7-105)为所谓的正则形式，变换如下：

$$\boldsymbol{Y}=\boldsymbol{DZ}\text{ 或 }\boldsymbol{Z}=\boldsymbol{D}^{-1}\boldsymbol{Y} \tag{7-112}$$

式中，$\boldsymbol{D}$是转换矩阵

$$\boldsymbol{D}=\begin{bmatrix}\boldsymbol{I}_{2n-r} & -\boldsymbol{B}_1\boldsymbol{B}_2^{-1}\\ \boldsymbol{0} & \boldsymbol{I}_r\end{bmatrix};\boldsymbol{D}^{-1}=\begin{bmatrix}\boldsymbol{I}_{2n-r} & B_1B_2^{-1}\\ 0 & I_r\end{bmatrix} \tag{7-113}$$

其中$\boldsymbol{I}_{2n\times 1}$和$\boldsymbol{I}_r$分别是$(2n-r)\times(2n-r)$和$r\times r$维的单位矩阵。$\boldsymbol{B}_1$、$\boldsymbol{B}_2$是$\boldsymbol{B}$的子矩阵：

$$\boldsymbol{B}=\begin{bmatrix}\boldsymbol{B}_1\\ \boldsymbol{B}_2\end{bmatrix} \tag{7-114}$$

由转换矩阵$\boldsymbol{D}$、状态方程式(7-105)和滑移面方程(7-107)得到：

$$\dot{\boldsymbol{Y}}=\overline{\boldsymbol{A}}\boldsymbol{Y}+\overline{\boldsymbol{B}}\boldsymbol{U} \tag{7-115}$$

$$\boldsymbol{S}=\overline{\boldsymbol{P}}\boldsymbol{Y} \tag{7-116}$$

其中，$\overline{\boldsymbol{A}}=\boldsymbol{DAD}^{-1}$；$\overline{\boldsymbol{P}}=\boldsymbol{PD}^{-1}$；$\overline{\boldsymbol{B}}=\begin{bmatrix}\boldsymbol{0}\\ \boldsymbol{B}_2\end{bmatrix}$ (7-117)

$$\boldsymbol{Y}=\begin{bmatrix}\boldsymbol{Y}_1\\ \boldsymbol{Y}_2\end{bmatrix};\overline{\boldsymbol{A}}=\begin{bmatrix}\overline{\boldsymbol{A}}_{11} & \overline{\boldsymbol{A}}_{12}\\ \overline{\boldsymbol{A}}_{21} & \overline{\boldsymbol{A}}_{22}\end{bmatrix};\overline{\boldsymbol{P}}=[\overline{\boldsymbol{P}}_1\quad \overline{\boldsymbol{P}}_2] \tag{7-118}$$

将式(7-118)代入式(7-115)和式(7-116)得到：

$$\dot{\boldsymbol{Y}}=\overline{\boldsymbol{A}}_{11}\boldsymbol{Y}_1+\overline{\boldsymbol{A}}_{12}\boldsymbol{Y}_2 \tag{7-119}$$

$$\boldsymbol{S}=\overline{\boldsymbol{P}}_1\boldsymbol{Y}_1+\overline{\boldsymbol{P}}_2\boldsymbol{Y}_2=0 \tag{7-120}$$

$$\overline{\boldsymbol{P}}_2=\boldsymbol{I}_r \tag{7-121}$$

所以(7-120)式成为：

$$\boldsymbol{Y}_2=-\overline{\boldsymbol{P}}_1\boldsymbol{Y}_1 \tag{7-122}$$

将(7-121)式代入(7-119)式,即在滑移面产生$(2n-r)$的运动方程为:

$$\dot{\boldsymbol{Y}}_1=(\overline{\boldsymbol{A}}_{11}-\overline{\boldsymbol{A}}_{12}\overline{\boldsymbol{P}}_1)\boldsymbol{Y}_1 \tag{7-123}$$

如果能合理地确定出 $\overline{P}$ 并确保系统在滑移面上的运动渐进稳定,利用(7-117)式,就能合理地确定出 P。在应用 LQR 法求 P 时,是通过下面的状态向量的积分二次型性能指标最小化求得的:

$$\boldsymbol{J}=\int_0^{\infty}\boldsymbol{Z}^T(t)\boldsymbol{Q}\boldsymbol{Z}(t)dt \tag{7-124}$$

其中:$\boldsymbol{Q}$ 是一个$(2n\times 2n)$的正定对称加权矩阵,利用转换后的状态向量,上述性能指标可以写为:

$$\boldsymbol{J}=\int_0^{\infty}[\boldsymbol{Y}_1^T\quad \boldsymbol{Y}_2^T]^T\boldsymbol{T}\begin{bmatrix}\boldsymbol{Y}_1\\ \boldsymbol{Y}_2\end{bmatrix}dt \tag{7-125}$$

其中:

$$\boldsymbol{T}=(\boldsymbol{D}^{-1})^T\boldsymbol{Q}\boldsymbol{D}^{-1};\boldsymbol{T}=\begin{bmatrix}\boldsymbol{T}_{11} & \boldsymbol{T}_{12}\\ \boldsymbol{T}_{21} & \boldsymbol{T}_{22}\end{bmatrix} \tag{7-126}$$

$\boldsymbol{T}_{11}$ 和 $\boldsymbol{T}_{22}$ 分别是$(2n-r)\times(2n-r)$和 $r\times r$ 的矩阵。对于(7-125)式给出的性能指标在运动方程(7-119)约束条件下求极小,应用 Euler 公式可以求出:

$$\boldsymbol{Y}_2=-0.5\boldsymbol{T}_2^{-1}(\overline{\boldsymbol{A}}_{12}^T\hat{\boldsymbol{P}}+2\boldsymbol{T}_{21})\boldsymbol{Y}_1 \tag{7-127}$$

式中$\hat{\boldsymbol{P}}$是一个$(2n-r)\times(2n-r)$的 Riccati 矩阵,通过求解下列 Riccati 矩阵方程:

$$\hat{\boldsymbol{A}}^T\hat{\boldsymbol{P}}+\hat{\boldsymbol{P}}\hat{\boldsymbol{A}}-\frac{1}{2}\hat{\boldsymbol{P}}\hat{\boldsymbol{A}}_{12}\boldsymbol{T}_{22}^{-1}\overline{\boldsymbol{A}}_{12}^T\hat{\boldsymbol{P}}=-2(\boldsymbol{T}_{11}-\boldsymbol{T}_{12}\boldsymbol{T}_{22}^{-1}\boldsymbol{T}_{12}^T) \tag{7-128}$$

$$\hat{\boldsymbol{A}}=\overline{\boldsymbol{A}}_{11}-\overline{\boldsymbol{A}}_{12}\boldsymbol{T}_{22}^{-1}\boldsymbol{T}_{21} \tag{7-129}$$

比较(7-122)式和(7-127)式,可得:

$$\overline{\boldsymbol{P}}_1=0.5\boldsymbol{T}_{22}^{-1}(\overline{\boldsymbol{A}}_{12}^T\hat{\boldsymbol{P}}+2\boldsymbol{T}_{21}) \tag{7-130}$$

利用(7-117)式,可以求出滑移面方程 $\boldsymbol{S}=\boldsymbol{P}\boldsymbol{Z}=0$ 中的 $\boldsymbol{P}$:

$$\boldsymbol{P}=\overline{\boldsymbol{P}}\boldsymbol{D}=[\overline{\boldsymbol{P}}_1 \quad \boldsymbol{I}_r]\boldsymbol{D} \tag{7-131}$$

(2)用 Lyapunov 直接法设计控制器

设计控制器,以使状态空间进入滑移面 $\boldsymbol{S}=\boldsymbol{0}$。为此,需考虑一个 Lyapunov 函数 $\boldsymbol{V}$,即:

$$\boldsymbol{V}=0.5\boldsymbol{S}^T\boldsymbol{S}=0.5\boldsymbol{Z}^T\boldsymbol{P}^T\boldsymbol{P}\boldsymbol{Z} \tag{7-132}$$

当 $t\to\infty$ 时滑动状态 $\boldsymbol{S}=0$ 存在的充分条件是:

$$\dot{\boldsymbol{V}}=\boldsymbol{S}^T\dot{\boldsymbol{S}}\leqslant 0 \tag{7-133}$$

将方程(7-132)微分,将方程(7-105)代入可得:

$$\dot{\boldsymbol{V}}=\boldsymbol{\lambda}(\boldsymbol{U}-\boldsymbol{G})=\sum_{i=1}^{r}\lambda_i(u_i-G_i)=\sum_{i=1}^{r}\dot{V}_i \tag{7-134}$$

其中:$\boldsymbol{\lambda}^T$ 和 $\boldsymbol{G}$ 是 r 维的向量,$u_i=u_i(t)$ 是第 i 个控制力,即:

$$\boldsymbol{\lambda}=\boldsymbol{S}^T\boldsymbol{P}\boldsymbol{B};\boldsymbol{G}=-(\boldsymbol{P}\boldsymbol{B})^{-1}\boldsymbol{P}(\boldsymbol{A}\boldsymbol{Z}+\boldsymbol{E});\dot{V}_i=\lambda_i(u_i-G_i) \tag{7-135}$$

对于 $\dot{\boldsymbol{V}}\leqslant 0$,一个可能的连续控制可由下式给出:

$$u_i(t)=G_i-\delta_i\lambda_i \tag{7-136}$$

其中:$\delta_i\geqslant 0$ 可定义为滑移边界。写作向量形式,方程(7-136)可写为:

$$\boldsymbol{U}=\boldsymbol{G}-\bar{\boldsymbol{\delta}}\boldsymbol{\lambda}^T \tag{7-137}$$

其中:$\bar{\boldsymbol{\delta}}$ 是一个$(r\times r)$维的对角矩阵,它的对角元素为:$\delta_1,\delta_2,\cdots,\delta_r$;将方程(7-137)代入方程(7-134),并令 $\dot{\boldsymbol{V}}\leqslant 0$,即:

$$\dot{\boldsymbol{V}}=-\boldsymbol{\lambda}\bar{\boldsymbol{\delta}}\boldsymbol{\lambda}^T\leqslant 0 \tag{7-138}$$

除由方程(7-137)式给出连续控制器外,还有如下两种可能的控制器:

$$u_i(t)=\begin{cases}G_i-\delta_iH(|\lambda|-\varepsilon_0)(\lambda_i>0)\\G_i+\delta_iH(|\lambda|-\varepsilon_0)(\lambda_i<0)\end{cases} \tag{7-139}$$

和

$$u_i(t)=\begin{cases}G_i-\delta_iH(|\lambda|-\varepsilon_0)(\lambda_i>0,G_i<0)\\G_i+\delta_iH(|\lambda|-\varepsilon_0)(\lambda_i<0,G_i>0)\\0 \qquad (\text{其　他})\end{cases} \tag{7-140}$$

其中:$H(|\boldsymbol{\lambda}|-\varepsilon_0)$是单位阶跃函数(unit step function),即:当$|\boldsymbol{\lambda}|<\varepsilon_0$ 时,$H(|\boldsymbol{\lambda}|-\varepsilon_0)=0$;当$|\boldsymbol{\lambda}|\geqslant\varepsilon_0$ 时,$H(|\boldsymbol{\lambda}|-\varepsilon_0)=1$。在上面

的叙述中，$|\boldsymbol{\lambda}|$是 $\boldsymbol{\lambda}$ 列向量的任意范数(any norm)，且 ε_0 是颤振面(chattering surface)$\boldsymbol{\lambda}=0$(或滑移面 $\boldsymbol{S}=0$)的边界层的厚度，用单位阶跃函数的概念是为了在 $\boldsymbol{\lambda}=0$ 附近，它的滑移边界为零，引入边界层，以便去掉不利的颤振效果(undesirable chattering effect)。由于 $\boldsymbol{\lambda}=\boldsymbol{S}^T\boldsymbol{PB}$，$\boldsymbol{PB}$ 是非奇异矩阵，所以 $\boldsymbol{\lambda}=0$ 意味着 $\boldsymbol{S}=0$。为此，边界层 ε_0 的厚度可近似地设计。值得注意的是在(7-136)式中连续控制器的单位不同于式(7-139)和式(7-140)中的对于不连续控制器中 δ_i 的单位。显然，在控制器的设计中，式(7-137)～(7-140)考虑了反馈环和前馈抵偿，常数滑移边界是用来保证 $\dot{\boldsymbol{V}}\leqslant 0$ 的条件的。

基于模态分析的滑动状态减震控制，无论是开关控制还是连续控制，用较小的控制力可达到比线性二次最优控制更好的控制效果。7.4.3.1 节中的权矩阵 $\boldsymbol{Q}$ 和 $\boldsymbol{R}$ 是独立的，通过式(7-128)可知，本节的权矩阵 $\boldsymbol{R}$ 依赖于权矩阵 $\boldsymbol{Q}$。

7.4.3.4 基于模态分析的滑动状态减震控制在斜拉桥结构中的应用[26,46-48]

为了与线性二次最优控制作比较，同时为了比较连续控制律和开关控制律，对 7.4.3.2 节中的实例需分下列四种工况进行研究。

工况 1　竖向和纵向的连续控制

工况 2　横向的连续控制

工况 3　竖向和纵向的开关控制

工况 4　横向的开关控制

(1)实例一

工况 1　在主跨接近跨中的四道索一端设控制器，作为控制索，见图 7-45，输入 El Centro 纵向和竖向地震波，采用修正的模态叠加法计算地震响应。控制力的时程曲线见图 7-55，控制力最大值为 549 kN，控制前后时程反应结果见表 7-16。

工况 2　在塔顶和跨中分别设控制器作为控制索，见图 7-46，输入 El Centro 横向地震波，采用修正的模态叠加法计算地震响应。塔顶控制力的时程曲线见图 7-56，控制力最大值为 378 kN，

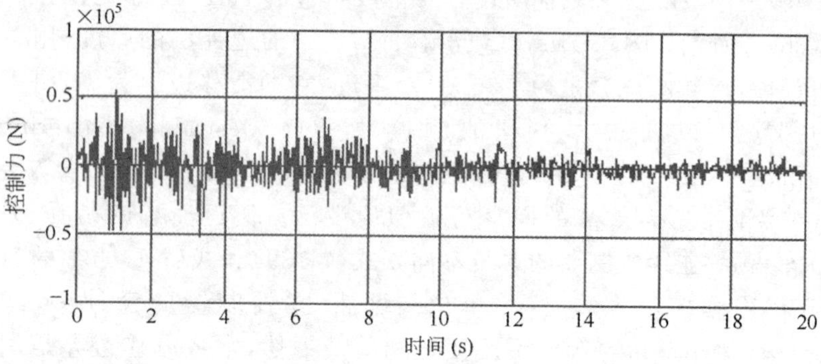

图 7-55　控制力时程曲线

表 7-16　控制前后时程反应最大值比较

位　　置	改进的振型组合法遇合的最大值(未控)	采用滑动状态连续控制后时程反应分析的最大值
塔顶纵向位移(m)	1.108 4	0.250 3
主梁跨中竖向位移(m)	0.790 2	0.118 8
塔根纵向弯矩(kN·m)	8 101 000	3 552 000

跨中控制力的时程曲线见图 7-57,控制力最大值为 1 662 kN,控制前后时程反应分析见表 7-17。

工况 3　在主跨接近跨中的四道索一端设控制器,作为控制

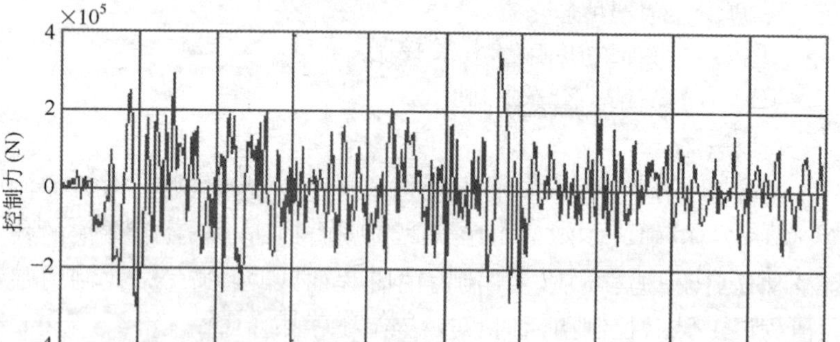

图 7-56　塔顶控制力的时程

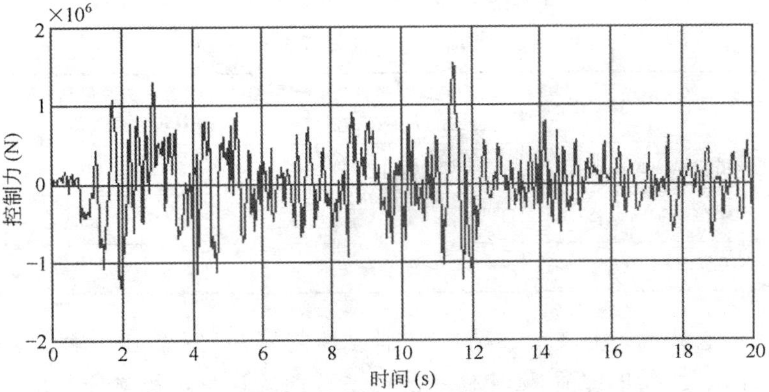

图 7-57　跨中控制力的时程

表 7-17　控制前后时程反应最大值比较

位　　置	改进的振型组合法遇合的最大值(未控)	采用滑动状态连续控制后时程反应分析的最大值
塔顶横向位移(m)	0.393 0	0.202 5
主梁跨中横向位移(m)	0.577 3	0.119 2
塔根横向弯矩(kN·m)	107 040 000	24 990 000

索,见图 7-45,输入 El Centro 纵向和竖向地震波,采用修正的模态叠加法计算地震响应。控制力时程曲线如图 7-58 所示,控制力

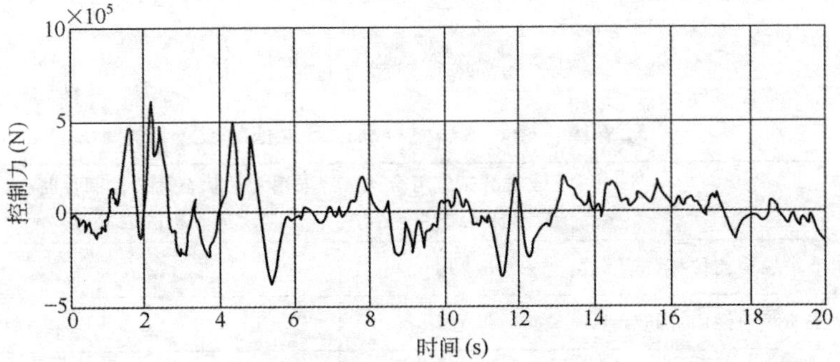

图 7-58　控制力时程曲线

最大值 601 kN。控制前后时程反应结果见表 7-18。

表 7-18　控制前后时程反应最大值比较

位　置	改进的振型组合法遇合的最大值(未控)	采用滑动状态开关控制后时程反应分析的最大值
塔顶纵向位移(m)	1.108 4	0.066 3
主梁跨中竖向位移(m)	0.790 2	0.223 8
塔根纵向弯矩(kN·m)	8 101 000	2 216 000

工况 4　在塔顶和跨中分别设控制器,见图 7-46。输入 El Centro 横向地震波,采用修正的模态迭加法计算地震响应。塔顶控制力的时程曲线见图 7-59,控制力最大值为 1 602 kN,跨中控制力的时程曲线见图 7-60,控制力最大值为 4 005 kN,控制前后时程反应分析见表 7-19。

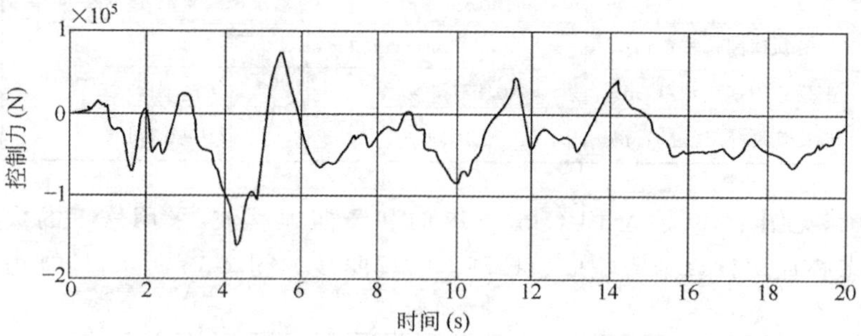

图 7-59　塔顶控制力的时程

表 7-19　控制前后时程反应最大值比较

位　置	改进的振型组合法遇合的最大值(未控)	采用滑动状态开关控制后时程反应分析的最大值
塔顶横向位移(m)	0.393 0	0.192 6
主梁跨中横向位移(m)	0.577 3	0.419 1
塔根横向弯矩(kN·m)	107 040 000	22 730 000

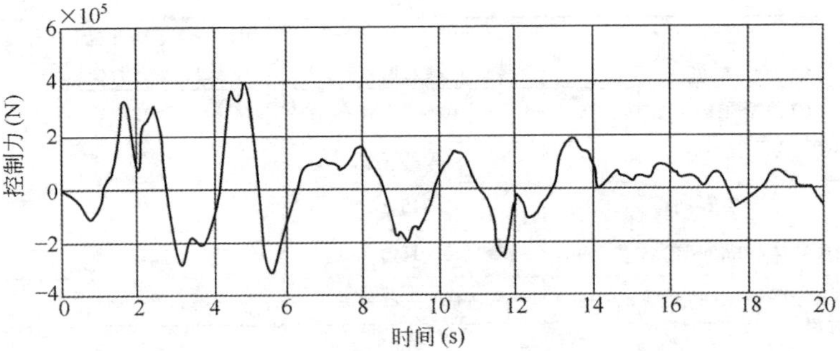

图 7-60　跨中控制力的时程

(2)实例二

工况 1　在主跨接近跨中的四道索一端设控制器,作为控制索,见图 7-50,输入 El Centro 纵向和竖向地震波,采用修正的模态叠加法计算地震响应。控制力的时程曲线见图 7-61,控制力最大值为 1 062 kN,控制前后时程反应结果见表 7-20。

工况 2　在塔顶和跨中分别设控制器作为控制索,见图 7-51,输入 El Centro 横向地震波,采用修正的模态叠加法计算地震响应。塔顶控制力的时程曲线见图 7-62,控制力最大值为 12 167 kN,跨中控制力的时程曲线见图 7-63,控制力最大值为 13 575 kN,控制前后时程反应分析见表 7-21。

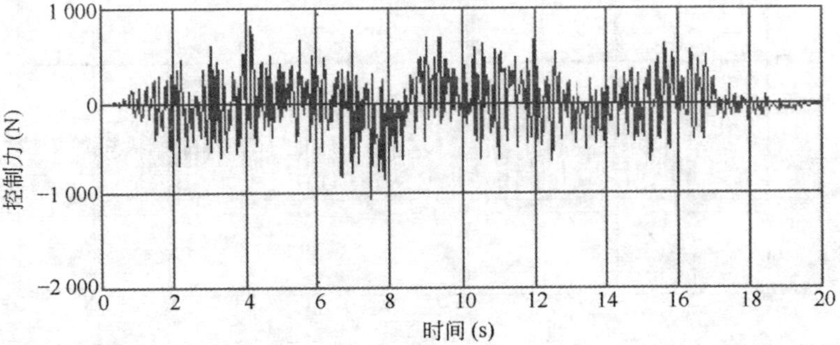

图 7-61　索的控制力时程

表 7-20　控制前后时程反应最大值比较

位　　置	改进的振型组合法遇合的最大值(未控)	采用线性二次最优控制后时程反应分析的最大值
10 号塔顶纵向位移(m)	0.081 43	0.021 8
11 号塔顶纵向位移(m)	0.075 28	0.013 9
主桁跨中竖向位移(m)	0.046 21	0.010 8
10 号塔根纵向弯矩(kN·m)	559 180.0	127 413
11 号塔根纵向弯矩(kN·m)	491 900.0	122 681

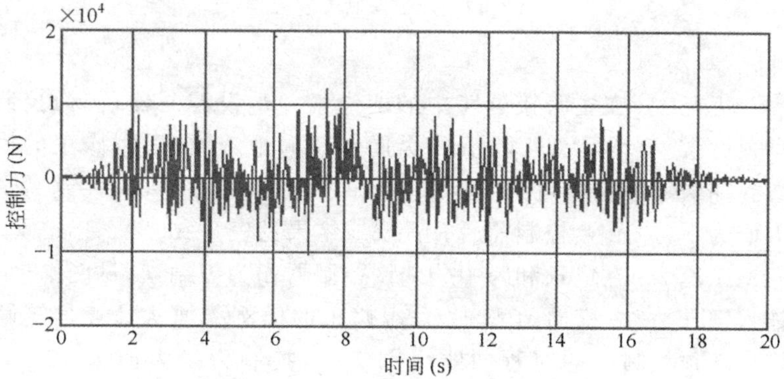

图 7-62　塔顶控制力时程

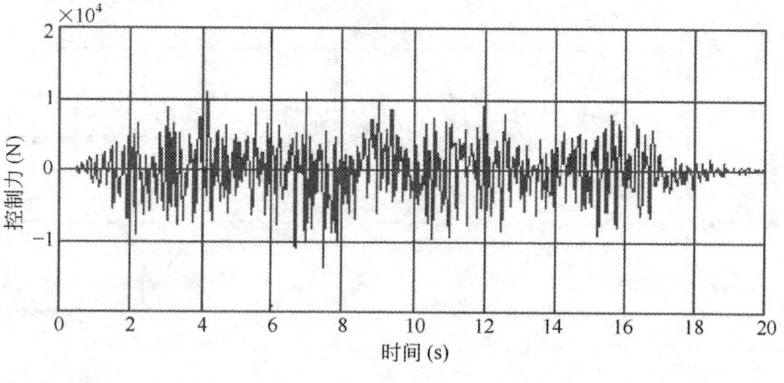

图 7-63　跨中控制力时程

表 7-21　控制前后时程反应最大值比较

位　　置	改进的振型组合法遇合的最大值(未控)	采用滑动状态连续控制后时程反应分析的最大值
10 号塔顶横向位移(m)	0.040 55	0.009 7
11 号塔顶横向位移(m)	0.039 80	0.010 7
主桁跨中横向位移(m)	0.152 30	0.042 7
10 号塔根横向弯矩(kN·m)	832 590	98 807
11 号塔根横向弯矩(kN·m)	919 300	193 340

工况 3　在主跨接近跨中的四道索一端设控制器，作为控制索，见图 7-50，输入 El Centro 纵向和竖向地震波，采用修正的模态叠加法计算地震响应。控制力时程曲线如图 7-64 所示，控制力最大值 935 kN。控制前后时程反应结果见表 7-22。

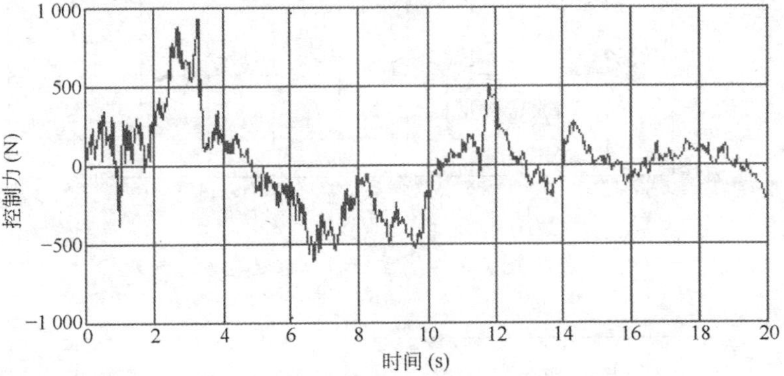

图 7-64　索的控制力时程

表 7-22　控制前后时程反应最大值比较

位　　置	改进的振型组合法遇合的最大值(未控)	采用滑动状态开关控制后时程反应分析的最大值
10 号塔顶纵向位移(m)	0.081 43	0.029 3
11 号塔顶纵向位移(m)	0.075 28	0.028 7
主桁跨中竖向位移(m)	0.046 21	0.012 9
10 号塔根纵向弯矩(kN·m)	559 180.0	195 406
11 号塔根纵向弯矩(kN·m)	491 900.0	129 940

工况 4　在塔顶和跨中分别设控制器，见图 7-51。输入 El Centro 横向地震波，采用修正的模态迭加法。塔顶控制力的时程曲线见图 7-65，控制力最大值为 12 024 kN，跨中控制力的时程曲线见图 7-66，控制力最大值为 15 072 kN，控制前后时程反应分析见表 7-23。

7.4.3.5　减震效果比较

针对地震反应中，大跨度桥梁结构跨中竖向位移和塔顶纵向位移以及塔根纵向弯矩较大的特点，作者对两座斜拉桥进行了研究，这两个算例的结构造型有较大的差异，实例一的结构造型在公

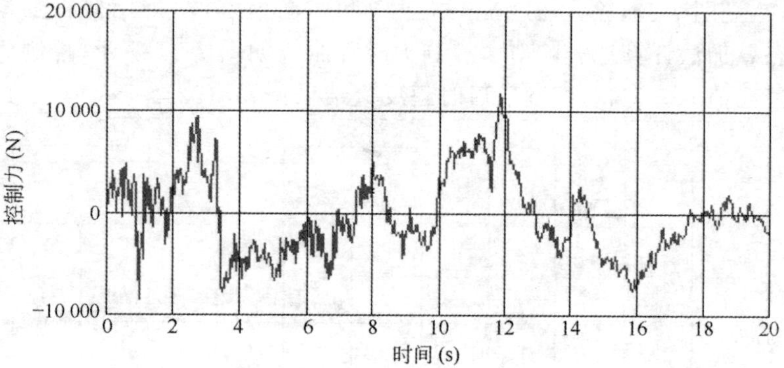

图 7-65　塔顶控制力时程

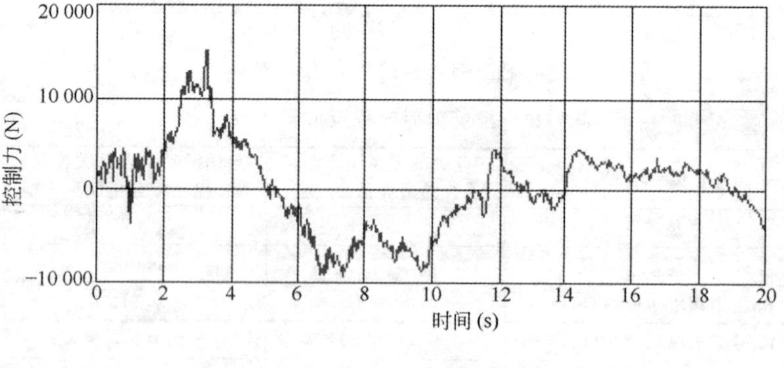

图 7-66　跨中控制力时程

表 7-23　控制前后时程反应最大值比较

位　　置	改进的振型组合法遇合的最大值(未控)	采用滑动状态开关控制后时程反应分析的最大值
10 号塔顶横向位移(m)	0.040 55	0.011 5
11 号塔顶横向位移(m)	0.039 80	0.010 6
主桁跨中横向位移(m)	0.152 30	0.063 4
10 号塔根横向弯矩(kN·m)	832 590	145 050
11 号塔根横向弯矩(kN·m)	919 300	240 040

路工程用的较多,实例二是一个实际工程,是芜湖长江大桥的主桥,由于桥址附近机场存在飞行净空的要求,斜拉桥主塔自桥面以上的高度仅为 33.2 m,该桥为公路和铁路两用桥,所以该桥刚度较一般斜拉桥相比要大的多。实例一的基本振型为竖向对称,实例二的基本振型为横向对称。

研究表明,无论是采用线性二次最优控制还是使用滑动状态控制,基于模态分析的控制技术都是可行的。对几根主索进行控制相当于在水平向和竖向增加了弹性控制,这种方法可以有效地减小主塔和主梁跨中的位移,也可有效地减小塔根的纵向弯矩,这种控制在算法上和工程实施方面是可行的。在塔顶和跨中设控制器可以大大减少结构横向的地震响应,其难点是跨中横向控制器的安置有一定的难度。事实上,在横向未控时结构地震响应还在弹性范围内,不需要采用减震控制措施。此外,权矩阵的选取在结构减震控制中起着重要的作用,权矩阵取得不合适将使结构控制无法进行,我们对结构减震控制的目的是将结构动力响应控制在一定范围或某个界限之内,而不是最小,基于这种原则,通过反复试算,可以得到较合理的权矩阵。

通过对两个实例的分析表明,采用基于模态分析的滑动状态控制方法对斜拉桥结构有显著的减震控制效果,见表 7-24 和表 7-25,可用较小的控制力达到比线性二次最优控制更好的控制效果。从工程实用的角度出发,这种控制方法较易实施,控制的效果也显著,是一种值得深入研究的方法。

表 7-24　斜拉桥实例一的控制力比较

控制方式	控制位置	控制力最大值(kN)
线性二次最优控制	控制索	1 686
	塔顶横向	1 962
	跨中横向	3 099
滑动状态连续控制	控制索	549
	塔顶横向	378
	跨中横向	1 662
滑动状态开关控制	控制索	601
	塔顶横向	1 602
	跨中横向	4 005

表 7-25　斜拉桥实例二的控制力比较

控制方式	控制位置	控制力最大值(kN)
线性二次最优控制	控制索	2 115
	塔顶横向	29 133
	跨中横向	30 563
滑动状态连续控制	控制索	1 062
	塔顶横向	12 167
	跨中横向	13 575
滑动状态开关控制	控制索	934.8
	塔顶横向	12 024
	跨中横向	15 072

7.4.4　非线性结构的滑动状态控制

在 7.4.3.3 节中,介绍了线性结构的基于模态分析的滑动状态控制方法,本节将介绍非线性结构的滑动状态控制方法[38],供读者参考。

在一维地震加速度时程$\ddot{\boldsymbol{X}}_0(t)$作用下非线性受控结构系统的运动方程可写为：

$$\boldsymbol{M}\ddot{\boldsymbol{X}}(t)+C\dot{X}(t)+\boldsymbol{F}_s[\boldsymbol{X}(t)]=\boldsymbol{H}\boldsymbol{U}(t)+\eta\ddot{X}_0(t) \quad (7\text{-}141)$$

式中，$\boldsymbol{X}(t)$为结构的相对位移，是 n 维向量；$\boldsymbol{M}$，$\boldsymbol{C}$ 分别为$(n\times n)$维的结构质量、阻尼矩阵；$\boldsymbol{F}_s[\boldsymbol{X}(t)]$是 n 维非线性恢复力向量，是 $\boldsymbol{X}(t)$的函数；$\boldsymbol{U}(t)$是 r 维控制力向量；$\boldsymbol{H}$ 是$(n\times r)$维的控制作用的位置矩阵；$\boldsymbol{\eta}$ 是 n 维地震激励影响向量。

结构包含$(n-l)$线弹性单元和 l 非线性单元。为便于滑动面的设计，假设每一个非线性单元设置一个控制器，以使控制器数量 r 不少于非线性单元数量，即 $r\geqslant l$。基于这一假设，抗力向量可以写为两部分之和：

$$\boldsymbol{F}_s[\boldsymbol{X}(t)]=\widetilde{\boldsymbol{K}}\boldsymbol{X}(t)+\widetilde{\boldsymbol{H}}\boldsymbol{f}[\boldsymbol{X}(t)] \quad (7\text{-}142)$$

式中，$\widetilde{\boldsymbol{K}}(t)$是$(n\times n)$维线弹性刚度矩阵；$\boldsymbol{f}$ 是表征结构中非线性部分的 l 维恢复力向量；$\widetilde{\boldsymbol{H}}$是$(n\times l)$维非线性单元的位置矩阵，它是将控制作用的位置矩阵 $\boldsymbol{H}$ 的 $r-l$ 列去除而得到的，也就是说，$\widetilde{\boldsymbol{H}}$是将矩阵 $\boldsymbol{H}$ 中与线弹性单元相关的列去除后得到的子矩阵。

在状态空间，运动方程(7-142)可以写为：

$$\dot{\boldsymbol{Z}}(t)=\boldsymbol{A}\boldsymbol{Z}(t)-\widetilde{\boldsymbol{B}}\boldsymbol{f}(Z)+\boldsymbol{B}\boldsymbol{U}(t)+\boldsymbol{E}(t) \quad (7\text{-}143)$$

式中，$\boldsymbol{Z}(t)$为状态向量；$\boldsymbol{A}$ 为线弹性体系矩阵；$\boldsymbol{B}$ 为$(2n\times r)$维矩阵；$\widetilde{\boldsymbol{B}}$为$(2n\times l)$矩阵，由 $\boldsymbol{B}$ 去除与线弹性单元相关的 $r-l$ 列去除后得到；$\boldsymbol{E}(t)$为 $2n$ 维地震激励向量。见式(7-144)所示。

$$\boldsymbol{Z}(t)=\begin{bmatrix}\boldsymbol{X}(t)\\ \dot{\boldsymbol{X}}(t)\end{bmatrix}_{2n\times l};\boldsymbol{A}=\begin{bmatrix}\boldsymbol{0} & \boldsymbol{I}\\ -\boldsymbol{M}^{-1}\widetilde{\boldsymbol{K}} & -\boldsymbol{M}^{-1}\boldsymbol{C}\end{bmatrix}_{2n\times 2n};$$

$$\boldsymbol{B}=\begin{bmatrix}\boldsymbol{0}\\ \boldsymbol{M}^{-1}\boldsymbol{H}\end{bmatrix}_{2n\times r};\widetilde{\boldsymbol{B}}=\begin{bmatrix}\boldsymbol{0}\\ \boldsymbol{M}^{-1}\widetilde{\boldsymbol{H}}\end{bmatrix}_{2n\times l};\boldsymbol{E}(t)=\begin{bmatrix}\boldsymbol{0}\\ \boldsymbol{M}^{-1}\boldsymbol{\eta}\end{bmatrix}_{2n\times 1}\ddot{\mathrm{X}}_0(t) \quad (7\text{-}144)$$

(1)滑动面设计

在设计滑移控制面的时候，外部激励 $\boldsymbol{E}(t)$ 可忽略不计，在设计控制器时应考虑外部激励。为使问题简化，令 $\boldsymbol{S}=[S_1, S_2, \cdots, S_r]^T$，$S$ 是一个 r 维的滑移面与线性结构的一样：

$$\boldsymbol{S}=\boldsymbol{PZ}=0 \tag{7-145}$$

式中，$\boldsymbol{P}$ 是 $(r\times 2n)$ 维矩阵，确保在滑动面上稳定，由于假定在非线性单元上设置控制器，即 $r\geqslant l$，$\boldsymbol{P}$ 的确定就与 7.4.3.3 节中线性结构的方法一样，见式(7-112)～式(7-114)。

由转换矩阵 $\boldsymbol{D}$、状态方程式(7-143)和滑移面方程(7-145)得到：

$$\dot{\boldsymbol{Y}}=\overline{\boldsymbol{A}}\boldsymbol{Y}-\widetilde{\boldsymbol{B}}^{*}\boldsymbol{f}+\overline{\boldsymbol{B}}\boldsymbol{U} \tag{7-146}$$

$$\boldsymbol{S}=\overline{\boldsymbol{P}}\boldsymbol{Y} \tag{7-147}$$

式中，

$$\overline{\boldsymbol{A}}=\boldsymbol{DAD}^{-1};\overline{\boldsymbol{P}}=\boldsymbol{PD}^{-1};\overline{\boldsymbol{B}}=\begin{bmatrix}\boldsymbol{0}\\ \boldsymbol{B}^{2}\end{bmatrix};\widetilde{\boldsymbol{B}}^{*}=\begin{bmatrix}\boldsymbol{0}\\ \widetilde{\boldsymbol{B}}_{2}\end{bmatrix} \tag{7-148}$$

$\widetilde{\boldsymbol{B}}_2$ 是 $(r\times l)$ 维矩阵，将 $\boldsymbol{B}_2$ 的 $r-l$ 列去除后得到。观察式(7-146)，只有最后 r 个方程包含了等效控制力 $\boldsymbol{U}$ 和非线性力向量 $\boldsymbol{f}(Z)$。这样，滑移面就可以通过式(7-147)中的 r 个线性方程和式(7-146)中上部 $2n-r$ 的个线性方程组成。现将 $\boldsymbol{Y}$，$\overline{\boldsymbol{A}}$ 和 $\overline{\boldsymbol{P}}$ 写成分块矩阵的形式：

$$\boldsymbol{Y}=\begin{bmatrix}\boldsymbol{Y}_1\\ \boldsymbol{Y}_2\end{bmatrix};\overline{\boldsymbol{P}}=[\overline{\boldsymbol{P}}_1\quad \overline{\boldsymbol{P}}_2];\overline{\boldsymbol{A}}=\begin{bmatrix}\overline{\boldsymbol{A}}_{11} & \overline{\boldsymbol{A}}_{12}\\ \overline{\boldsymbol{A}}_{21} & \overline{\boldsymbol{A}}_{22}\end{bmatrix} \tag{7-149}$$

式中，$\boldsymbol{Y}_1$ 和 $\boldsymbol{Y}_2$ 分别为 $2n-r$ 维和 r 维向量；$\overline{\boldsymbol{A}}_{11}$，$\overline{\boldsymbol{A}}_{22}$，$\overline{\boldsymbol{P}}_1$，$\overline{\boldsymbol{P}}_2$ 分别为 $(2n-r)\times(2n-r)$，$r\times r$，$r\times(2n-r)$，$r\times r$ 维矩阵。将式(7-149)代入式(7-146)和式(7-147)可以得到一个与线性结构相同的线性方程，见式(7-119)和式(7-120)。

(2)用 Lyapunov 直接法设计控制器

设计控制器，以使状态空间进入滑移面 $\boldsymbol{S}=0$。为此，需考虑一个 Lyapunov 函数 $\boldsymbol{V}$，即：

$$\boldsymbol{V}=0.5\boldsymbol{S}^{T}\boldsymbol{S}=0.5\boldsymbol{Z}^{T}\boldsymbol{P}^{T}\boldsymbol{PZ} \tag{7-150}$$

当 $t\to\infty$ 时滑动状态 $\boldsymbol{S}=0$ 存在的充分条件是：

$$\dot{\boldsymbol{V}} = \boldsymbol{S}^T\dot{\boldsymbol{S}} \leqslant 0 \tag{7-151}$$

将方程(7-150) 微分，将方程(7-143) 代入可得：

$$\dot{\boldsymbol{V}} = \boldsymbol{\lambda}(\boldsymbol{U} - \boldsymbol{G}) = \sum_{i=1}^{r}\lambda_i(u_i - G_i) = \sum_{i=1}^{r}\dot{V}_i \tag{7-152}$$

其中：$\boldsymbol{\lambda}^T$ 和 $\boldsymbol{G}$ 是 r 维的向量，$u_i = u_i(t)$ 是第 i 个控制力，即：

$$\boldsymbol{\lambda} = \boldsymbol{S}^T\boldsymbol{PB};\boldsymbol{G} = -(\boldsymbol{PB})^{-1}\boldsymbol{P}(\boldsymbol{AZ} - \widetilde{\boldsymbol{B}}\boldsymbol{f} + \boldsymbol{E});\dot{V}_i = \lambda_i(u_i - G_i) \tag{7-153}$$

对于 $\dot{\boldsymbol{V}} \leqslant 0$，一个可能的连续控制可由下式给出：

$$u_i(t) = G_i - \delta_i\lambda_i \tag{7-154}$$

其中：$\delta_i \geqslant 0$ 可定义为滑移边界。写作向量形式，方程(7-154)可写为：

$$\boldsymbol{U} = \boldsymbol{G} - \bar{\boldsymbol{\delta}}\boldsymbol{\lambda}^T \tag{7-155}$$

其中：$\bar{\boldsymbol{\delta}}$ 是一个$(r\times r)$维的对角矩阵，它的对角元素为：$\delta_1,\delta_2,\cdots,\delta_r \geqslant 0$；将方程(7-154)代入方程(7-152)，并有 $\dot{\boldsymbol{V}} \leqslant 0$，得到：

$$\dot{\boldsymbol{V}} = -\boldsymbol{\lambda}\,\bar{\boldsymbol{\delta}}\boldsymbol{\lambda}^T \leqslant 0 \tag{7-156}$$

除连续控制器外，还有如下两种可能的控制器：

$$u_i(t) = \begin{cases} G_i - \delta_i H(|\lambda| - \varepsilon_0) \text{若 } \lambda_i > 0 \\ G_i + \delta_i H(|\lambda| - \varepsilon_0) \text{若 } \lambda_i < 0 \end{cases} \tag{7-157}$$

和

$$u_i(t) = \begin{cases} G_i - \delta_i H(|\lambda| - \varepsilon_0) \text{若 } \lambda_i > 0, G_i < 0 \\ G_i + \delta_i H(|\lambda| - \varepsilon_0) \text{若 } \lambda_i < 0, G_i > 0 \\ 0 \quad \text{其 他} \end{cases} \tag{7-158}$$

式中，$H(|\boldsymbol{\lambda}| - \varepsilon_0)$是单位阶跃函数，即：当$|\boldsymbol{\lambda}| < \varepsilon_0$ 时，$H(|\boldsymbol{\lambda}| - \varepsilon_0) = 0$；当$|\boldsymbol{\lambda}| \geqslant \varepsilon_0$ 时，$H(|\boldsymbol{\lambda}| - \varepsilon_0) = 1$。在上面的叙述中，$|\boldsymbol{\lambda}|$是 $\boldsymbol{\lambda}$ 列向量的任意范数，且 ε_0 是颤振面 $\boldsymbol{\lambda} = 0$(或滑移面 $\boldsymbol{S} = 0$)的边界层的厚度，用单位阶跃函数的概念是为了在 $\boldsymbol{\lambda} = 0$ 附近，它的滑移边界为零，引入边界层，以便去掉不利的颤振效果。由于 $\boldsymbol{\lambda} = \boldsymbol{S}^T\boldsymbol{PB}$，$\boldsymbol{PB}$ 是非奇异矩阵，所以 $\boldsymbol{\lambda} = 0$ 意味着 $\boldsymbol{S} = 0$。为此，边界层 ε_0 的厚度可近似地设计。值得注意的是在式(7-154)、式(7-157)和式(7-158)中的控制力 $u_i(t)$是 G_i 的函数，见式(7-153)，这里包含了结构的

非线性特性，因此，控制力与状态向量 Z 之间是非线性关系。

7.5 本章小结

本章首先介绍了斜拉桥的发展历史和现在斜拉桥的建设情况；然后研究了斜拉桥抗震分析中的几何非线性、自振特性、地震响应等问题及分析方法；最后，对桥梁减震技术进行了研究，重点研究了基于模态分析的线性二次最优减震控制方法、基于模态分析的滑动状态减震控制方法及耗能减震装置在斜拉桥中的应用。本章所述内容主要以作者攻读博士学位期间的研究为蓝本，融入一些理论分析方法和实践应用，希望提供一些研究思路和方法。

参考文献

[1] H. J. Ernst, Der E-Modul von Seilen under Berucksiehtigung des Durchanges, Der Bauingenieur 40,2(1965)(in German).

[2] F. Leonhardt and Wf. Zellner, Cable-Stayed Bridges: Report on Latest Developments, Candian Structural Engineering Conf., Toronto, Ontario, Canada(1970).

[3] N. J. Gimsing, Anchored and Partially Anchored Stayed Bridges, Proc. of the International Symposium on Suspension Bridges, Laboratorio Nacional De Engenharia Civil, Lisbon, Portugal(1966).

[4] W. J. Podolny, Static Analysis of Cable-Stayed Bridges, Thesis presented to the University of Pittsburgh in partial fulfillment of the requirements for the degree of Doctor of Philosophy. (1971).

[5] 邵旭东. 桥梁工程. 北京：人民交通出版社，2004.

[6] A. S. Nazmy and A. M. Abdel-Ghaffar. There-dimensional nonlinear static analysis of cable-stayed bridges. Computers & Structures Vol. 34, No. 2, 1990.

[7] F. Baron and M. S. Venkatesan, Nonliner Analysis of Cable and Truss Structures, J. Struct. Div., ASCE97, ST2, 679-710, 1971.

[8] J. S. Przemieniecki, Theory of Matrix Structural Analysis. McGraw-Hill, New York, 1968.

[9] H. C. Martin, On the Derivation of Stiffness Matrices for the Analysis of Large Deflection and Stability Problems, Proc. Of the Conference on the Matrix Methods in Structural Mechanics, Wright Patterson Air Force Base, Ohio, pp. 697-716, 1965.

[10] Saafan A. Saafan, Theoritical Analysis of Suspension Bridges, Journal of the Structural Division, ST4, August 1966.

[11] Chu Kia Wang. Computer Method in Advanced Structral analysis. Intext Educational Pulishers, 1973.

[12] 王克海.斜拉桥几何非线性地震反应分析(导师:朱晞教授).兰州铁道学院硕士论文,1992.

[13] 陈德伟,项海帆.大跨度斜拉桥的几何非线性分析.中国土木工程学会桥梁及结构工程学会第九届年会论文集．杭州,1987．

[14] H. B. Harrison, Computer Methods in Structural Analysis. Prentice-Hall, Englewood Cliffs, New Jersey, 1973.

[15] F. Baron and M. S. Venkatesan, Nonliear Analysis of Cable and Truss Structures, J. Struct. Div., ASCE 97, ST2, 679-710, 1971.

[16] J. Jonatowski and C. Birnstiel, Inelastic Stiffened Suspension Space Structures, J. Struct. Div., ASCE 96, ST6, 1143-1166, 1970.

[17] Desai and Abel, Introduction to the Finite Element Method. Van Nostrand, New York, 1972.

[18] D. P. Mondkar and G. H. Powell, Evaluation of Solution Schemes for Nonlinear Structures, Comput. Struct. 9, 223-236, 1978.

[19] ALY S. NAZMY and AHMED M. ABDEL-GHAFFAR. NON-LINEAR EARTHQUAKE-RESPONSE ANALYSIS OF LONG-SPAN CABLE-STAYED BRIDGES: APPLICATIONS. EARTHQUAKE ENGINEERING AND STRUCTURAL DYNAMICS, VOL.. 19, 1990.

[20] J. F. Fleming and E. A. Egeseli. Dynamic behavior of a cable-stayed bridge, Earthquake eng. Strct. Dyn. 8, 1-16, 1980.

[21] J. F. Fleming et al. Static and dynamic analysis of cable-stayed bridges. Research Report SETEC CE 84-018, Department of Civil Engineering, University of Pittsburgh, 1983.

[22] J. F. Fleming et al. Linear versus nonlinear behavior of cable-stayed bridges. Wind seism. effects, Proc. 14th joint panel conf. U. S. -Japan cooperative program natural resources 343-360, 1983.

[23] N. F. Morris. Dynamic analysis of cable-stiffened structures. J. struct. Div. ASCE 100, 971-981, 1974.

[24] N. F. Morris. The use of modal superposition in nonlinear dynamics, Comput. Struct. 7, 65-72, 1977.

[25] J. F. Fleming. Cable-stayed bridges-Static and dynamic response. Proc. 1st U. S. A-Japan bridge eng. Workshop Tsukuba, Japan, 1984.

[26] 王克海.斜拉桥结构基于模态分析的减震控制研究(导师:朱晞教授).北方交通大学博士学位论文,1999年.

[27] K. K. Dong and M. Wieland. Application of response spectrum method to a bridge subjected to multiple support excitation. Proc. 9th world conf. Earthquake eng. ,Tokyo,Japan,VI,531-536,1988.

[28] N. Yamamura and H. Tanaka. Response analysis of flexible MDF systems for multiple-support excitations. Earthquake eng. Struct. dyn. 19,345-357,1990.

[29] M. Berrah and E. Kausel. Modified response spectrum model for the design of structures subjected to spacially varying seismic sxcitations,Report R90-2,Department of Civil Engineering,MIT,Cambridge,MA,1989.

[30] ARMEN DER KIUREGHIAN and ANSGAR NEUENHOFER. Response Spectrum Method for Multi-support Seismic Excitations. Earthquake eng. Struct. dyn. VOL. 21,713-740,1992.

[31] R. W. Clough and J. Penzien. Dynamics of structures, McGraw-Hill, New York,1975.

[32] M. K. Kaul. Stochastic characterization of earthquakes through their response spectrum. Earthquake eng. Struct. dyn. 6,497-509,1978.

[33] J. T. Christian. Generating seismic design power spectral density founctions. Earthquake spectra 5,351-368,1989.

[34] A. Der Kiureghian and A. Neuenhofer. A response spectrum method for multi-support excitations. Report No. UCB/EEBC 91/108, Earthquake Engineering Research Center,University of California,Berkeley,CA,1991.

[35] J. N. Yang and F. Giannopoulos"Active control and stability of cable-stayed bridge" ASCE J. Engng. Mech. 677-694(1979).

[36] J. N. Yang and F. Giannopoulos"Active control of two- cable-stayed bridge" ASCE J. Engng. Mech. 795-810(1979).

[37] P. Warnitchai et al "An experimental study on active tendoncontrol of cable-stayed bridges" Earthquke Engng. Struct. Dyn. 22,93-111(1993).

[38] J. N. Yang,J. C. Wu,A. K. Agrawal and Z. Li. Sliding Mode Control for Seismic-Excited Linear and Nonlinear Civil Engineering Structures. Technical Report NCEER-94-0017,1994.

[39] 欧进萍,吴斌,龙旭.耗能减振结构的抗震分析与设计方法.振动工程学报,12(2),1999.

[40] Makris, N. and Constantinou, M. C.. Fractional-derivative Maxwell model for viscous dampers. J. Struct. Engrg. ,ASCE,117 2708-2724.

[41] Constantinou,M. C. ,and Symans,M. D.. Experimental and analytical investiga-

tion of seismic response of structures with supplemental fluid viscous dampers, NCEER Rep. 92-0032, State Univ. of New York at Buffalo, Buffalo, N. Y.

[42] 周福霖. 工程结构减震控制. 北京:地震出版社,1997.

[43] Robert D. Hanson and Tsu T. Soong . Seismic Design with Supplemental Energy Dissipation Devices . Earthquake Engineering Research Institute , Buffalo , New York , 2001.

[44] H. H. E Leiphoz and M. Abdel-Rohman. Control of Structures. Netherlands: Martinus Nijhoff publishers, 1986.

[45] 王克海,朱晞. 斜拉桥结构基于模态分析的减震控制的研究. 工程力学,2002 年第 1 期.

[46] 王克海,朱晞. 斜拉桥基于模态分析的滑动状态减震控制研究. 桥梁建设,2001 年第 6 期.

[47] Wang Kehai, Zhu Xi. Study on Control of Reducing Seismic Response for Cable-stayed Bridge Based on Mode Analysis. 13th World Conference on Earthquake Engineering, Canada, 2004. 8.

[48] Wang Kehai, Zhu Xi. Study on Control of Reducing Seismic Response for Cable-Stayed Bridge Based on Modal Analysis. International Conference on Advances in Structural Dynamics (ASD2000) Hong Kong, 13~15 December 2000.

第8章　高墩桥梁的地震反应研究

8.1　高墩桥梁建设概况

随着我国科学技术、国民经济和交通事业的发展，尤其是我国西南、西北山区公路和铁路的兴建，由于地形复杂，山高坡陡，很多桥梁不得不跨越河谷和深沟，由于受经济技术条件限制，跨度不恰当地加大有时并不有利。若采用高墩，往往能使桥式更为经济合理。如贵昆铁路跨越北盘江深谷，如欲一跨飞渡，跨度需在 300 m 以上，当时采用高达 40 多米的钢塔架桥墩，并出现了很多桥隧相连的展线工程。遇到这种情况，桥高每加高 1 m，铁路线路即可因缩短展线而减少 200～400 m。如果当时该桥能再加高 50 m，则将可进一步缩短线路，从而节省造价，缩短行车里程，由此可见高桥墩的重要作用。现在桥梁有许多采用跨径从 20～50 m 的简支梁桥或三跨到五跨一联的连续梁桥，其桥墩高度通常高达几十米甚至上百米，如元江-磨黑高速公路上最高的桥墩高达 121 m，1980 年建成的重庆长江大桥最大跨经达 174 m，南昆铁路喜旧溪大桥，其墩高最大为 100 m，陕西太枣沟大桥最大墩高 123.54 m，陕西洛河特大桥的最大墩高达到了 143.5 m，表 8-1 列出了我国现有的部分高墩桥梁。以后随着高等级公路建设的加快，高桥墩的应用还会越来越多。

表 8-1　国内高墩桥梁

序号	桥梁名称	孔　跨　式　样	墩身高度	墩身型式	建造年份
1	月河大桥	16 m 钢筋混凝土梁＋2×64＋2×64＋64 m 下承钢梁	65 m	钢筋混凝土圆柱形空心墩	1971
2	南山河大桥	2×23.8 m 预应力＋3×64 m 连续上承钢梁	62.8 m	钢筋混凝土圆柱形空心墩	1971

续上表

序号	桥梁名称	孔跨式样	墩身高度	墩身型式	建造年份
3	马拉大桥	11×23.8＋9×31.7＋2×23.8 m 预应力梁	61.2 m	钢筋混凝土圆柱形空心墩	1971
4	赵里溪大桥	2×31.7＋44＋31.7 m 预应力梁	60.7 m	钢筋混凝土圆柱形空心墩	1971
5	箭杆河大桥	3×64 m 连续上承钢梁	63.8 m	钢筋混凝土圆柱形空心墩	1972
6	流水河大桥	2×64＋2×64 m 下承连续钢梁	61.5 m	钢筋混凝土圆柱形空心墩	1972
7	川岩坪大桥	23.8＋3×31.7＋23.8 m 预应力梁	61 m	钢筋混凝土圆柱形空心墩	1974
8	新津口大桥	100 米连续刚构	76 m	钢筋混凝土双壁实心墩	1997
9	关家沟右线大桥	11-40 米预应力简支 T 梁	97 m	变截面双柱式薄壁墩	1974
10	安康汉江大桥	4×23.8 m 预应力梁＋(56＋3×64＋56)斜腿刚构＋4×31.7 m 预应力梁	64 m	钢筋混凝土圆柱形空心墩	1979
11	白水河 1 号大桥	2×23.8＋10×31.7＋23.8 m 预应力梁	75 m	钢筋混凝土圆柱形空心墩	1984
12	沅水大桥	85＋140＋85＋42 m 不对称预应力连续刚构	52.4 m	双肢薄壁墩	1991
13	海子沟大桥	63＋2×84＋63 m 预应力箱型连续梁	81 m	钢筋混凝土圆柱形空心墩	1993
14	神农溪大桥	主跨 130 m 预应力混凝土箱梁	105 m	钢筋混凝土矩形空心墩	1999
15	清水河大桥	72＋128＋72 m 预应力混凝土连续刚构	100 m	双薄壁横梁高墩	2000
16	贵阳小关水库特大桥	主跨 160 m,预应力混凝土连续刚构	100 m	双肢薄壁墩	2003
17	洛河特大桥	主跨 160 m,预应力混凝土连续刚构	143.5 m	双肢薄壁墩	2006
18	七甲坡 3 号特大桥	(94＋170＋94)m 预应力混凝土连续刚构	95.5 m	双椭圆形薄壁空心墩	2007
19	西沟大桥	(75＋2×130＋75)m 的预应力混凝土连续刚构	95 m	矩形薄壁截面	2007

续上表

序号	桥梁名称	孔 跨 式 样	墩身高度	墩身型式	建造年份
20	南河特大桥	(40+120+3×180+100)m 预应力混凝土连续刚构+连续梁	85 m	双薄壁椭圆空心墩	2007
21	七甲坡1号	右线:(65+2×115+65)m 的预应力混凝土刚构-连续结构	94 m	矩形空心薄壁截面	2007
		左线:(35+65+2×115+65)m 的预应力混凝土刚构-连续结构	94 m	矩形空心薄壁截面	2007
22	后沟河大桥	6×45 m 预应力混凝土简支-连续T梁	76.67 m	空心薄壁式桥墩	在建
23	龙潭河特大桥	106+3×200+106 预应力混凝土悬浇连续刚构箱梁	179 m	双肢变截面矩形空心墩	2008
24	马水河大桥	五跨一联预应力混凝土变截面连续刚构	143.2 m		2010
25	魏家洲特大桥	110+200+110 米连续刚构	114.43 m		2009
26	南天门1号大桥	(22×40+7×30)m 先简支后连续	84 m	变截面空心薄壁墩	在建
27	三岔沟大桥	(95+180+95)m 连续刚构	99 m	双肢变截面薄壁式桥墩	在建
28	熊家沟大桥	(95+180+95)m 连续刚构	136 m	双肢变截面薄壁式桥墩	在建
29	洒渔河大桥	(80+150+150+80)m 连续刚构	122 m	双肢薄壁式桥墩	在建

一般而言,墩高系指基础顶面至墩顶的距离,超过 50 m 的为高墩。桥墩按其构造可一般分为重力式、桩柱式、柔性排架桩式、钢筋混凝土薄壁和空心薄壁式及轻型桥墩等。从受力上分析,通常能适应 20 m 以上墩高的桥墩形式只有重力式、钢筋混凝土薄壁和空心薄壁式。重力式墩是靠自身重力(包括桥跨结构重力)来平衡外力,以保证桥墩的强度和稳定性,但圬工体积大,对地基土的承载力要求较高,故目前一般情况下在高墩设计中较少采用。钢筋混凝土空心薄壁墩由于节省材料(可节省圬工 30%~50%左右),自重小,对地基土的承载力要求较低,且可采用滑动模板施工,因而是一个十分有竞争力的方案。但构造要求复杂,而且对施工技术和工艺均提出了较高的要求,往往在超高墩(一般 40 m 以

上)中被广泛选用。钢筋混凝土薄壁墩与空心薄壁墩相比,虽然墩身圬工相对增加,但构造要求简单、施工技术不复杂,因而在 40 m 高以内的墩身中被较多采用。

8.2 高墩桥梁地震反应分析方法

高桥墩由于柔度大、阻尼小,而且国内外还缺乏高墩经受地震的经验,故受震害后修复困难。因此,研究分析大跨度高墩桥的地震响应对于合理进行桥梁抗震设计有着非常重要的意义。

8.2.1 高墩桥梁动力反应谱分析

为了满足结构强度验算的需要,只要确定地震反应整个时程中的最大反应量就够了。动力反应谱法同时考虑了地面运动和结构的动力特性,考虑了不同结构对不同地震动输入的动力响应特性。具体来说,反应谱分析是一种从给定地面运动的反应谱或标准化设计谱中确定最大反应量的分析方法。

在进行高墩桥梁抗震分析时,首先要确定设计反应谱。我国现行《公路桥梁抗震设计细则》(JTJ/T B02-01-2008)[1]所采用的反应谱曲线,是在对 823 条水平向强震记录的统计分析基础上给出的。在进行反应谱分析计算时,所考虑的振型阶数应在计算方向获得 90%以上的有效质量。

在反应谱分析过程中,还要考虑振型组合,讨论需要参与振型组合的阶数,以及各振型贡献大小,并记录关键数据与时程分析结果相比较[3]。对于振型组合,目前应用广泛的是基于随机振动理论提出的各种组合方案,如 CQC、SRSS 方法等。一般来说,梁式桥等中小跨度桥梁一般可采用 SRSS 方法组合,这也是我国现行桥梁抗震规范采用的组合方法;大跨度桥梁一般可采用 CQC 方法组合。对中小跨径桥梁由于地震时结构的低阶振型在反应中占主要成份,所以一般只取前面少数几阶振型进行组合就能得到良好的近似解,得出墩底弯矩与剪力的数值,但对高墩桥梁,这一结论未必适用。

8.2.2 高墩桥梁动态时程分析法

动态时程分析法从选定合适的地震动输入(地震动加速度时程)出发,采用多节点多自由度的结构有限元动力计算模型建立地震振动方程,然后采用逐步积分法对方程进行求解,计算地震过程中每一瞬时结构的位移、速度和加速度反应,从而分析出结构在地震作用下弹性和非弹性阶段的内力变化以及构件逐步开裂、损坏直至倒塌的全过程[2,4]。

其有如下几个执行步骤:

①将振动时程分为一系列相等或不相等的微小时间间隔 Δt;

②假定在 Δt 时间间隔内,位移、速度和加速度按一定规律变化;

③求解 $t+\Delta t$ 时刻结构的地震反应。$t+\Delta t$ 时刻结构的动力平衡方程可以表示为如下的增量形式:

$$[K_D]\{\Delta\delta\}_{t+\Delta t}=\{\Delta F_D\} \tag{8-1}$$

式中:$[K_D]$和$\{\Delta F_D\}$分别为结构等效动力刚度和等效荷载向量;

④对一系列时间间隔按上述步骤逐步进行积分,直到完成整个振动过程。

在时程分析中,系统总阻尼矩阵一般采用 Rayleigh(瑞雷)阻尼,即:

$$\overline{C}=\alpha'\overline{M}+\beta'\overline{K} \tag{8-2}$$

式中:α'和β'为瑞雷阻尼系数,由下式计算:

$$\alpha'=2\,\frac{\xi_i\omega_i-\xi_j\omega_j}{\omega_i^2-\omega_j^2}\omega_i\omega_j \tag{8-3}$$

$$\beta'=2\,\frac{\xi_i\omega_i-\xi_j\omega_j}{\omega_i^2-\omega_j^2} \tag{8-4}$$

同时为了简化计算,采用第一、二阶频率来计算 α'、β',并按照文献[1]的规定将各阶阻尼比统一取为 0.05。

采用时程反应分析,可以发现结构的薄弱环节,以便事先予以加强；也能更加合理的使用材料；可以较确切的估计地震过程中结构发生震害的形态和部位，及时采取补救措施；同时可以用时程分析法作为其他简化设计方法比较的标准。

8.2.3 考虑 P-Δ 效应的高墩抗震计算

跨越深谷地段的桥梁，其桥墩高度可达百米左右，墩身有呈阶梯状或变厚度状的。像高墩这样细长的结构在纵向水平地震力作用下将产生水平变位，从而使作用在墩顶上的上部结构的重力荷载以及墩身自身的重力荷载产生了偏心，在桥墩内将引起二次内力和变形(称 P-Δ 效应)[5]。由于竖向地震力的影响，这种 P-Δ 效应将加大而使高墩进一步处于不利状态。程翔云[6]研究提出了等效柱端集中压力来代替墩柱中的分布压力，用 Newmark 数值解法计算压弯构件。高墩因几何非线性而产生的变形及内力二次效应是极其可观的，它比不计二次效应的结果均大二倍以上。为安全起见，进行高墩抗震计算时，应该计入此 P-Δ 效应引起的内力和变形。其计算原理和计算方法如下[5]：

计入偏心效应的桥墩抗震计算是一个几何非线性问题，难以用解析式求解。一般可采用 Newmark 的逐次渐进法，找出高墩考虑偏心效应后变位的最终平衡位置。

计算分两步，第一步计算初始地震反应。图 8-1(b)将高墩离散为多质点体系，用一般动力学的方法(可以采用反应谱法)，计算第 1～3 个振型的地震反应，得桥墩各振型的初始弯矩 $M_0(i)$和初始水平变位 $U_0(i)$。图 8-1(c)、(d)为只采用基本振型的初始位移 $U_0(i)$和初始弯矩 $M_0(i)$。第二步，将桥墩的分段竖直荷载作用在各振型初始水平位移的高墩上，见图 8-1(c)中的 $G(i)$，分别计算各振型考虑 P-Δ 效应后的内力和变形，根据选取振型的个数，将地震反应叠加或耦合。其步骤如下：

①按下式计算墩柱底截面的附加弯矩 ΔM_0

$$M_0 = \sum_{i=1}^{n} G(i) \cdot u_0(i) \tag{8-5}$$

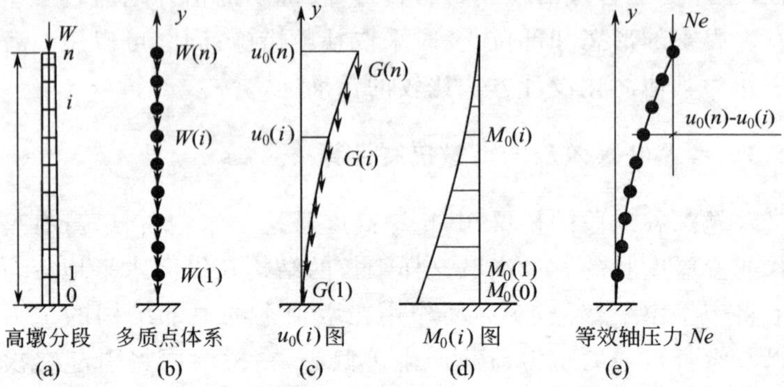

图 8-1　桥墩第一振型的计算图式

式中，$G(i)=(1+K_v)\cdot W(i)$为第 i 点的重力；n 为高墩分段数；$W(i)$为桥墩各分段重量，其中 $W(n)$包括上部结构的重力；$u_0(i)$为第 i 点的初始水平变位。K_v 为竖向地震力系数，可按文献[1]取值。

②将 ΔM_0 换算为作用在墩顶的等效轴压力 N_e（图 8-2(e)）

$$N_e=\frac{\Delta M_0}{u_0(n)} \tag{8-6}$$

式中：$u_0(n)$为墩顶处的位移。

③求墩柱 i 截面的二次弯矩 $\Delta M(i)$：

$$\Delta M(i)=N_e[u_0(n)-u_0(i)] \tag{8-7}$$

④求 i 截面的总弯矩 $M(i)$：

$$M(i)=M_0(i)+\Delta M(i) \tag{8-8}$$

⑤将 $\alpha(i)=M(i)/EI(i)$ 作为虚荷载，用共轭梁法（或 Newmark 的递推公式）计算高墩各截面的水平变位 $u(i)$。E 为墩柱材料的弹性模量，$I(i)$为各分段点的截面惯性矩。

⑥将算得的水平变位 $u(i)$又作为初始水平变位 $u_0(i)$，按第 1～5 步算该循环的各点水平位移 $u(i)$。如此按逐次渐进的方法，当前后两次计算得的 $u(i)$相同或在容许误差范围之内，就找出了高墩在水平地震力作用下计入侧移引起的重力荷载偏心效应后的最终挠曲线，可以退出计算。

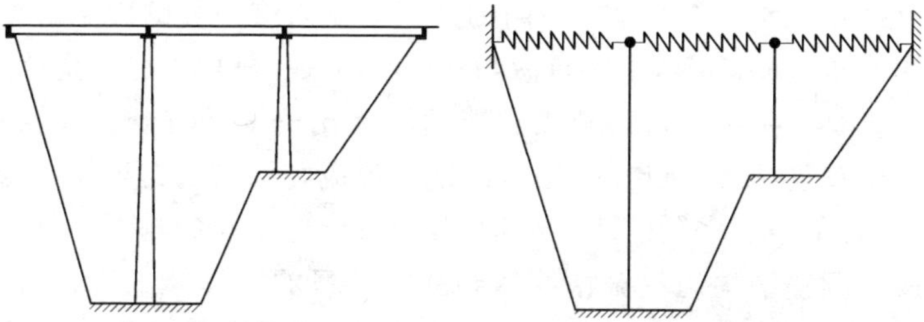

图 8-2　高墩结构计算模型

8.3　高墩桥梁地震反应

8.3.1　高墩桥梁地震反应特点

高桥墩墩体自重大，柔度大，阻尼小，墩顶还要承受巨大的上部结构产生的荷载和车辆活载，形成一个对于承受水平作用力，特别是对抗震不利的倒摆式结构(如图 8-2)，是整个结构抗震的薄弱部位。大量的桥梁震害表明：造成桥梁破坏的主要原因是由于地震使桥梁产生的沿桥轴线的纵向水平振动和横向水平振动。为了降低地震惯性力，可采用薄壁空心墩减少重量，同时，在合理的轴力水平下，这种薄壁空心墩表现出良好的延性[7]。此外，地震作用下，由于高桥墩墩顶将发生很大的横向位移，现行《公路桥梁抗震设计细则》(《08 细则》)[1] 规定，一般情况下，桥墩采用反应谱理论计算，对于桥墩高度超过 30 m 的特大桥，可采用动态时程分析法，以强度和变形双重破坏为准则。另外，随着大量的宏观震害调查和理论研究的不断深入，人们逐渐认识到，当结构形式接近空间体系时，地震运动具有的多维性使得结构的地震反应也呈现出空间特性，对于象高桥墩这样的几何非线性非常明显的结构，这种特性表现得尤为突出，它受地震动竖向加速度分量的影响很明显。因此，需要对结构进行空间地震反应分析才能得出结构精确的地震反应。

此外，高墩桥所在场地地形复杂，各桥墩的基础位于不同的高程，可能导致各墩底处的地震激励也有所不同，这种由于场地局部地形效应导致的各支承处不同的地震动输入与一般的由于桥梁跨度和长度过大而需考虑多点激励和行波输入在机理上有所差异。

研究表明影响桥梁减震性能的因素比较多,因此桥梁的减震机理比较复杂,众所周知,结构的地震反应与结构的自振特性密切相关,对于相互耦联的两个结构,其地震反应相互影响[8],因此,可以通过调整结构的自振特性达到减震的目的。具体来讲,可以通过调整与高墩相邻的桥墩的质量和刚度,使最高墩的纵向地震反应减至最小;利用主梁与桥墩的耦联作用,通过改变高墩左右两跨主梁的跨度和侧向刚度,使高墩的横向地震反应减至最小,达到高墩减震的效果[9];在墩截面形式一定时,调整橡胶支座的剪切刚度或活动支座的摩擦系数也可作为桥梁减震方法之一[10,11]。此外,经过大量的研究,作者发现,许多高墩刚构桥在地震作用下,矮墩墩底和墩顶的弯矩要比高墩高好几倍,这是对结构整体抗震不利的,因而应对高墩桥梁结构进行综合抗震设计,以使高墩与矮墩之间的地震反应合理分配,从而获得较好的减震效果[12,13,14]。

8.3.2 工程实例

(1)实例一

对某工程进行桥梁抗震性能分析,总结高墩地震反应,通过适当的改变桥型、边界条件降低高桥墩的地震反应。

该桥是 7 孔简支梁桥,二类场地,基本烈度Ⅸ度,1 号墩 19.7 m,2 号墩高 35.7 m,3 号和 4 号桥墩高 51.7 m,5 号墩高 38.7 m,6 号墩高 23.7 m,除了 3 号和 4 号墩采用薄壁空心墩外,其他桥墩采用实体墩的形式。该桥的计算模型如图 8-3 所示。

该桥前 15 阶周期及振型见表 8-2。由前十五阶振型可以看出,前 4 阶以主梁的横向弯曲为主,其余均为桥墩的弯曲振型,其中的第 12 阶和第 13 阶分别是 5 号和 2 号墩的弯曲振型,第 5 阶、第 8 阶、第 9 阶、第 10 阶、第 11 阶、第 14 阶和第 15 阶均为 3 号和 4 号墩的弯曲振型。

图 8-3　计算模型

表 8-2　结构前 15 阶周期及振型

模态序号	周期(s)	振　型　特　性
1	2.7975	主梁对称横弯
2	2.4026	主梁反对称横弯
3	1.9128	第 4～7 跨主梁横弯
4	1.7218	第 1～4 跨主梁横弯
5	1.0431	桥墩纵桥向侧弯
6	0.9879	第 5～7 跨主梁横弯
7	0.8462	第 1～3 跨主梁横弯
8	0.5517	3 号、4 号墩纵桥向反向侧弯
9	0.4394	3 号、4 号墩纵桥向同向侧弯
10	0.4360	3 号、4 号墩纵桥向反向侧弯
11	0.3593	桥墩纵桥向侧弯
12	0.336	5 号墩纵桥向侧弯
13	0.3036	2 号墩纵桥向侧弯
14	0.2971	3 号、4 号墩横桥向同向侧弯
15	0.2882	3 号、4 号墩纵桥向反向侧弯

对结构施加(纵向＋竖向)地震力作用和(横向＋竖向)地震作用。对比分析了取前 3 阶、前 10 阶和前 110 阶振型的结果。结果表明:在纵向＋竖向地震力作用下,只取前 3 阶振型组合时,由于前 3 阶以主梁的横向弯曲振型为主,得到的结果与取前 110 阶振型组合的结果相差甚远,取前 10 阶振型时,由于前 10 阶振型中包

括了墩的振型，所以得到的结果要比取前 3 阶的振型的结果好的多，边墩误差在 10%，而较高的墩内力分析误差达到 50%。在横向＋竖向地震力作用下，边墩（1 号和 6 号墩）横向刚度较大，以低阶振型为主，因此前 10 阶的结果与前 110 阶的结果误差在 1%以内，而另外的几个桥墩由于长细比较大，高阶振型不能忽视，因此内力分析结果相差较大，误差在 5%左右。该桥桥墩的横向地震作用下的内力比纵向地震力作用大。地震力作用下，随着墩高的增大，无论是纵向还是横向位移也随之加大，3 号和 4 号墩的横向位移 23.5 cm 和 24.4 cm，是纵向位移的 3 倍多，这是与高桥墩的动力特性相关的。

为了选择合理桥型，使高桥墩的内力和位移更加合理，在其他条件不变的情况下，只改变约束条件，将简支桥梁结构改为连续结构。比较结果发现高桥墩（3 号和 4 号墩）的墩底弯矩、剪力和位移都有大幅度的降低，其中纵向弯矩降低了 5%，横向弯矩降低了 36%，横向位移减小为 12 cm，降低了 49%。同时，矮墩的弯矩和剪力也有所增加，1 号墩、2 号墩和 6 号墩纵向弯矩增加了 17%，纵向弯矩降低了 10%左右，墩顶位移虽有增加但是仍很小。

（2）实例二

主桥为 4 跨预应力混凝土刚构桥，主跨 200 m。主梁为单室单箱截面，桥面宽 13.5 m，梁高按二次抛物线变化。主桥桥墩采用薄壁空心墩，1 号、2 号、3 号墩墩高分别为 49 m、98 m 和 89.5 m，见图 8-4。

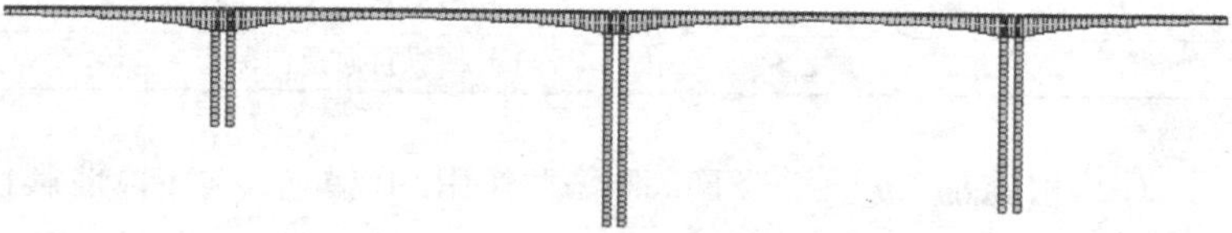

图 8-4　预应力混凝土刚构桥计算模型

该高墩刚构桥前 75 阶 X，Y，Z 方向累计振型贡献率达到 90%以上，前 10 阶纵桥向和横桥向累计振型贡献率已达到 80%

以上，竖向累计振型贡献率收敛较慢，前 10 阶累计仅达到 30%。

结构前 15 阶自振周期和振型表 8-3，其中高墩振型在第 12 阶开始出现。

表 8-3　结构前 15 阶周期及振型

模态序号	周期(s)	振 型 特 性
1	5.757 3	主梁横向弯曲
2	3.435 3	主梁横向反对称弯曲
3	3.168 2	全桥纵向弯曲
4	2.141 3	主梁横向对称弯曲
5	1.642 0	主梁反对称竖向弯曲
6	1.434 3	主梁横向反对称弯曲
7	1.196 3	主梁对称竖弯
8	0.984 4	主梁对称横向弯曲
9	0.864 3	主梁竖向反对称弯曲
10	0.742 3	主梁竖向对称
11	0.724 4	主梁横向反对称
12	0.620 1	主梁反对称竖向弯曲，2 号墩纵向侧弯
13	0.582 3	2 号墩双肢同向、横桥向侧弯
14	0.543 6	2 号墩双肢反向、纵桥向侧弯
15	0.526 2	主梁反对称竖向弯曲，2 号墩双肢同向、纵向侧弯

根据桥梁结构场地地震安全性评价报告，输入 50 年超越概率 10% 的地震加速度反应谱(放大系数 $\beta_{max}=2.25$)进行计算分析。

(纵向＋竖向)地震作用下，1 号、2 号、3 号墩墩顶纵向位移分别为 7.4 cm、8.1 cm、8.1 cm，2 号和 3 号墩墩顶纵向位移较 1 号墩略高；(横向＋竖向)地震作用下，1 号墩墩顶横向位移为 4.3 cm，2 号、3 号墩墩顶横向位移明显高于 1 号墩，横向位移分别为 27.7 cm、19.5 cm，是 1 号墩墩顶位移的 4 倍多。

(纵向＋竖向)地震作用和(横向＋竖向)地震作用下，桥墩的弯矩图见图 8-5、图 8-6。在(纵向＋竖向)地震作用下，1 号墩墩顶、墩底纵向弯矩较大，是 2 号墩和 3 号墩墩顶、墩底弯矩的 2 倍多。在(横向＋竖向)地震作用下,在 2 号墩墩底产生较大的弯矩,1 号墩墩底弯矩相对较小。

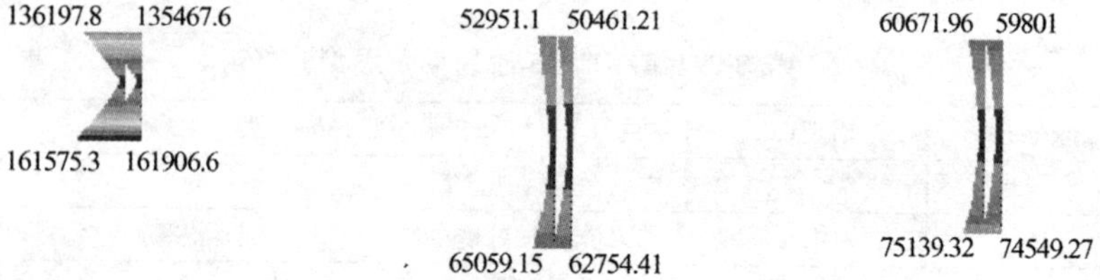

图 8-5 (纵向＋竖向)地震作用下,各墩纵向弯矩图(kN·m)

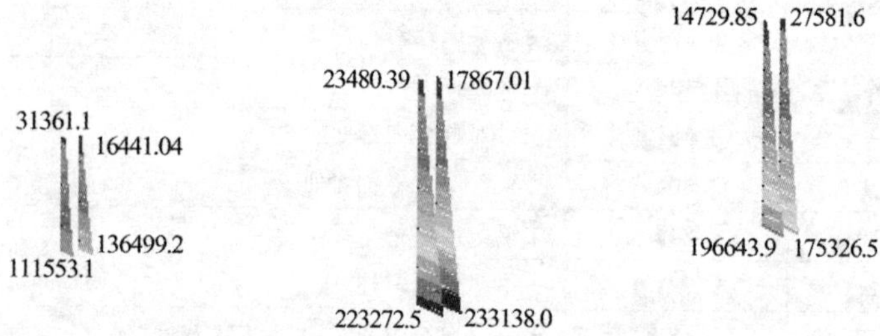

图 8-6 (横向＋竖向)地震作用下,各墩横向弯矩图(kN·m)

由于高墩刚构桥在(纵向＋竖向)地震作用下,在矮墩墩顶和墩底产生了相当大的弯矩(如图 8-5),因此,在 1 号墩墩顶设置纵向滑动支座,形成刚构-连续梁桥。该高墩刚构-连续梁桥前 86 阶累计振型贡献率达到 90％以上,前 10 阶纵桥向和横桥向累计振型贡献率已达到 80％以上,竖向累计振型贡献率收敛较慢,前 10 阶累计不到 10％。

高墩刚构-连续梁桥基本周期变长为 6.09 s,为全桥纵向弯曲振型。第 2 阶和第 3 阶为横向弯曲振型,周期分别为 5.79 s 和 3.47 s;高墩振型在第 14 阶开始出现,周期为 0.62 s,振型特征为纵向侧弯。

在(纵向＋竖向)地震作用下,1 号墩墩顶与主梁之间相对位移27.2 cm,2 号、3 号墩墩顶纵向位移为 29.1 cm;在(横向＋竖向)地震作用下,1 号、2 号、3 号墩墩顶横向位移分别为 4.5 cm、28.3 cm、19.5 cm。

刚构-连续梁桥在(纵向+竖向)地震作用和(横向+竖向)地震作用下,桥墩的弯矩图见图 8-7、图 8-8。改变结构形式后,1 号墩墩底纵桥向弯矩减少为原来的 30%。

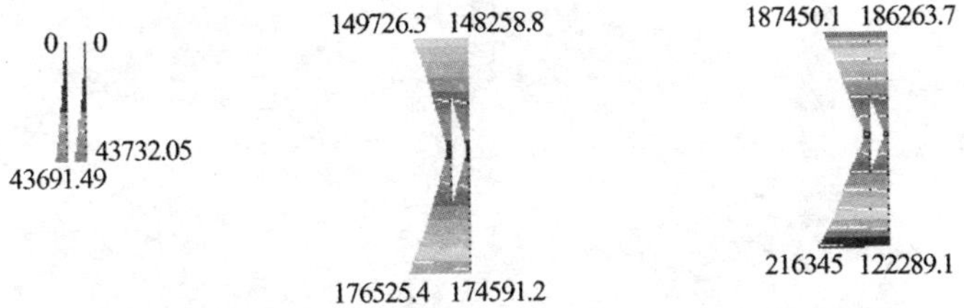

图 8-7　纵向+竖向地震作用下,各墩纵向弯矩图(kN・m)

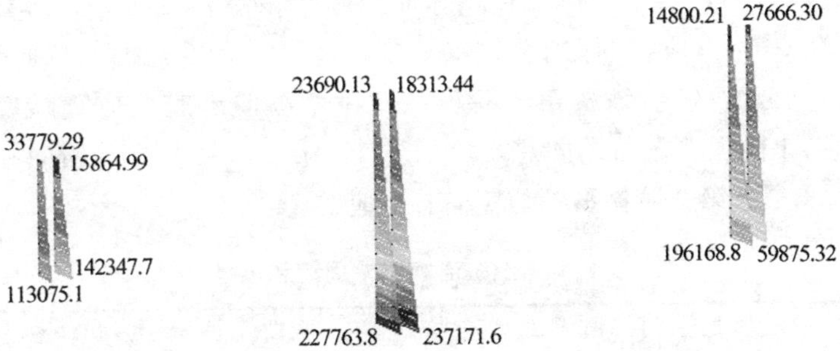

图 8-8　横向+竖向地震作用下,各墩横向弯矩图(kN・m)

(3)实例三

桥梁孔径布置为(65+2×115+65)m,桥面宽 11.75 m 的预应力混凝土刚构-连续梁桥。上部结构采用直腹板的预应力混凝土箱梁,箱梁为单箱单室断面,合拢段处箱梁中心线高 2.5 m,0 号块处箱梁中心线高 7 m。下部结构 1 号、2 号桥墩墩高分别为 94 m 和 68 m墩身采用矩形空心薄壁截面,墩身横桥向截面从墩顶沿高度方向向下按 1.5 次抛物线渐变,顺桥向截面从墩顶沿高度方向线性变化,墩顶截面为 500 cm×625 cm;3 号桥墩墩身为矩形实体墩,截面尺寸 400 cm×625 cm，墩高为 38 m，桥墩基础采用桩基础，见图 8-9。

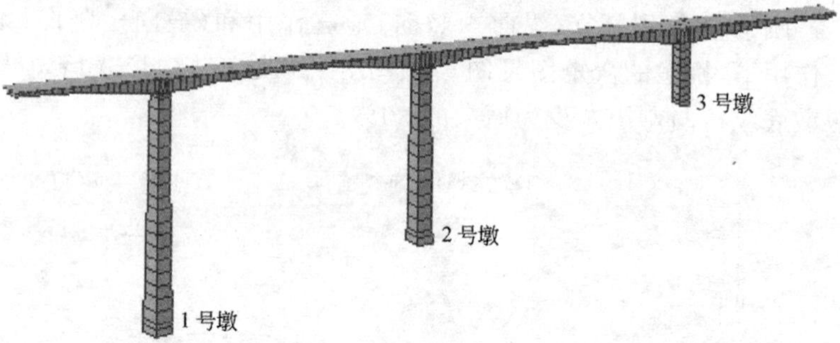

图 8-9　刚构-连续梁桥计算模型

表 8-4 给出刚构-连续梁桥前 10 阶自振周期和振型特征，从表中可以看出，自第 7 阶以后，相邻周期之间相差0.02～0.05 s，自第 10 阶～第 20 阶，相邻周期相差基本为 0.01～0.03 s 之间。通过自振特性分析可知，该桥第 1 阶振型对桥墩纵向地震反应贡献率较大，第 1 阶振型参与纵向总反应的 73%，第 2 阶振型参与横向总反应的 51%，第 9 阶振型参与竖向总反应的 24%。

表 8-4　刚构-连续梁桥周期和振型

模态序号	周期(s)	振型特征	模态序号	周期(s)	振型特征
1	2.8824	全桥纵向侧弯	6	0.6956	主梁对称横弯
2	2.1176	主梁横向侧弯	7	0.5061	主梁反对称竖弯
3	1.1460	主梁反对称横弯	8	0.4852	主梁反对称横弯
4	1.0217	主梁反对称竖弯	9	0.4347	主梁对称竖弯
5	0.7638	主梁对称竖弯	10	0.4127	主梁反对称横弯

根据地震危险性分析得到的地震动参数，形成反应谱曲线进行反应分析。墩底不同边界条件下，结构的地震反应结果见表 8-5 和表 8-6。1 号墩和 2 号墩与主梁固结，不论是纵向还是横向地震反应，较矮的墩（2 号墩）弯矩较大，3 号墩墩顶设置了支座，因

此，墩底内力最小。经验算后，三个桥墩抗震性能均能满足要求。

比较不同边界条件下地震反应结果发现，考虑桩-土效应后，轴力增大，弯矩降低。同时，桥墩高度增加，桩-土效应对横桥向影响越大。

表 8-5 刚构-连续梁桥纵向地震反应分析结果

墩底固结			考虑桩-土效应		
截面位置	轴力(kN)	弯矩(kN·m)	截面位置	轴力(kN)	弯矩(kN·m)
1 号墩墩底	3381.8	160869.6	1 号墩墩底	3551.5	155025.8
2 号墩墩底	2960.4	172302.9	2 号墩墩底	3142.9	160985.4
3 号墩墩底	2222.7	21362.0	3 号墩墩底	2305.6	21913.4

表 8-6 刚构-连续梁桥横向地震反应分析结果

墩底固结			考虑桩-土效应		
截面位置	轴力(kN)	弯矩(kN·m)	截面位置	轴力(kN)	弯矩(kN·m)
1 号墩墩底	2247.1	77148.5	1 号墩墩底	2391.5	65831.7
2 号墩墩底	2058.9	134119.0	2 号墩墩底	2260.7	125432.1
3 号墩墩底	1322.6	65121.0	3 号墩墩底	1407.8	64317.4

(4)实例四

主桥孔径布置为(94＋170＋94)m 预应力混凝土刚构桥。上部结构为单箱单室斜腹板断面，箱梁顶宽为 23 m，跨中梁高为 3.8 m，根部梁高为 11 m。主桥桥墩采用钢筋混凝土双椭圆形薄壁空心墩，单墩外形平面尺寸为(2～4)×11.0 m，双墩中心距离 6 m，墩高分别为 95.5 m 和 53.5 m，基础采用桩基础，见图 8-10。

表 8-7 给出刚构桥前 10 阶自振周期和振型特征，从表中可以看出，自第 6 阶以后，相邻周期之间相差 0.03～0.09 s，自第 10 阶～第20 阶，相邻周期相差基本为 0.01～0.03 s 之间。通过自振特性分析可知，该桥第 1 阶振型对桥墩纵向地震反应贡献率较大，第 1 阶振型参与纵向总反应的 88%，第 2 阶振型参与横向总反应的 63%，第 8 阶振型参与竖向总反应的 30%。

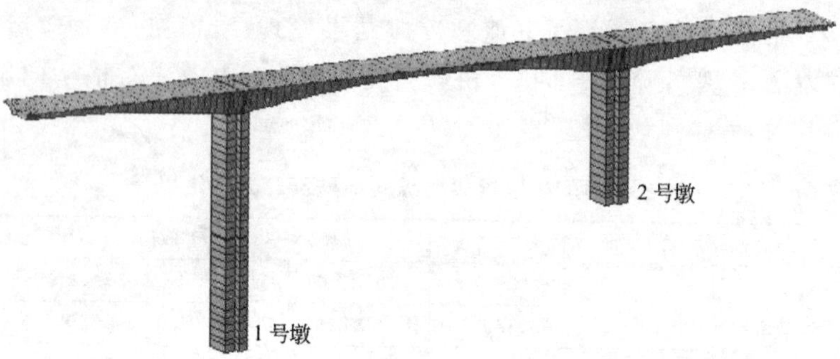

图 8-10　刚构桥计算模型

表 8-7　刚构桥结构周期和振型

模态序号	周期(s)	振 型 特 征	模态序号	周期(s)	振 型 特 征
1	3.5473	全桥纵向侧弯	6	0.5952	1 号墩双肢反向纵向侧弯
2	1.9216	主梁一阶横向弯曲	7	0.5628	1 号墩纵向侧弯
3	1.2320	主梁一阶竖弯	8	0.5176	主梁对称竖弯
4	0.8505	主梁反对称横弯	9	0.4756	主梁对称横弯
5	0.7023	主梁反对称竖弯	10	0.3897	主梁反对称竖弯

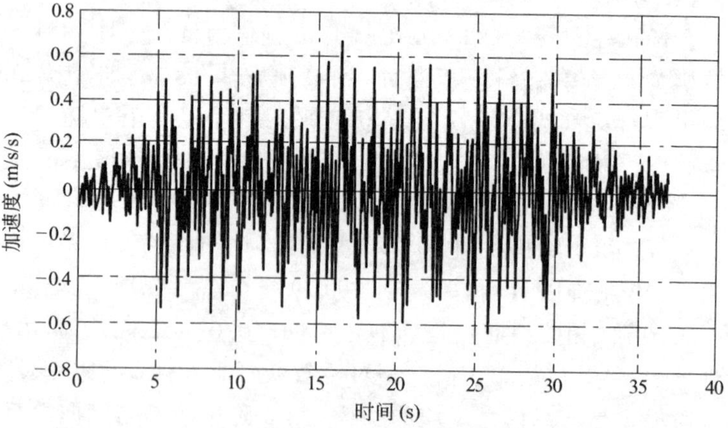

图 8-11　地震加速度时程

根据地震危险性分析得到 50 年超越概率 3%的水平地震加速度时程，峰值加速度为 0.67 m/s^2，见图 8-11。表 8-5 和表 8-6 给出了时程反应分析结果，从结果可以看出，纵向和横向地震作用下，矮墩(2 号墩)内力比高墩(1 号墩)大很多，纵向和横向位移相差不大。

表 8-8　刚构桥纵向地震反应分析结果

截面位置	弯矩最大值(kN·m)	相应轴力(kN)	墩顶纵向位移(mm)
1 号墩墩顶(左)	34 241	736	7.68
1 号墩墩底(左)	35 598	845	7.34
2 号墩墩顶(左)	87 504	9 746	7.38
2 号墩墩底(左)	98 757	6 585	7.33

表 8-9　刚构桥横向地震反应分析结果

截面位置	弯矩最大值(kN·m)	相应轴力(kN)	墩顶横向位移(mm)
1 号墩墩顶(左)	8 228	1 772	2.08
1 号墩墩底(左)	62 170	3 246	2.56
2 号墩墩顶(左)	16 940	463	2.10
2 号墩墩底(左)	109 800	1 679	2.25

通过对建立空间有限元模型进行的自振特性分析可以发现，具有高墩的梁桥的前两阶振型在结构纵向和横向反应中参与比重较大，纵向可以达到 70%以上，横向可以达到 50%以上，而高墩纵向侧弯振型对结构竖向反应贡献较大，一般为 20%，参见实例 3 和实例 4。由于桥墩高度的差异，矮墩抗推刚度较大，其内力明显高于高墩内力，对于刚构-连续梁桥，在矮墩墩顶设置支座，降低了矮墩的内力，同时高墩内力增加，但经验算后，抗震性能仍能够满足地震需求；对于刚构桥，矮墩承担较大的地震力，通过合理设计截面，可以保证其抗震性能。此外，比较不同边界条件下地震反应结果发现，桩-土效应对高墩的横桥向反应影响较大，在建立模型时，应予以考虑桩-土效应的影响。

8.4 高墩桥梁合理抗震型式

8.4.1 高桥墩常用型式

由于受到桥址区地质、地貌的影响，采用大跨度高墩桥梁跨越深谷、沟壑难以避免，在我国高墩桥梁的建设屡见不鲜，桥墩的高度亦已超过百米，见表 8-1。在建造过程中高墩桥梁的施工阶段、运营阶段中凸显的稳定性问题得到众多学者的关注，而高墩桥梁抗震性能方面的研究则晚于稳定性的研究，目前高桥墩的河谷效应得到了学者的普遍认可，如何使结构刚度与质量平衡，如何使高墩桥梁动力响应分布更加有利于抗震，如何在桥墩一般构造不变的情况下提高高墩桥梁整体抗震性能成为抗震领域又一项具有理论与实际意义的课题。

国内外缺乏高桥墩经受高烈度地震的经验，故受震害后修复困难，这样一来，会影响地震后生命线的畅通，给地震区带来次生灾害。例如 2008 年汶川地震中庙子坪岷江大桥水下桥墩开裂给震后修复带来很大困难。在地震作用下，当高墩与矮墩耦合时，矮墩的地震力非常大，有可能会造成矮墩的提前破坏；而当高墩与矮墩不耦合时，则可能会导致高墩的地震位移过大，导致上部结构的落梁或者支座脱位。为避免高烈度地震高墩发生无法修复的破坏，从桥墩选型和设计方面重视桥梁结构的“概念设计”，这对全桥在地震作用下的安全有着重要的意义。

我国高墩桥梁常用桥型包括：先简支后连续梁桥、连续刚构桥、连续-刚构组合梁桥以及斜拉桥。桥墩的形式随着地域、桥型的变化具有地域性、多样性。梁桥的墩高在 30 m 以内时，往往双圆柱墩用得比较多；当墩高超过 30 m 以后，往往采用独柱 T 型墩、空心薄壁墩、门架墩等桥墩型式，其中空心薄壁墩又包括单肢薄壁箱型墩和双肢薄壁空心墩两种常用形式。上述桥墩形式的特点如下：

(1)独柱 T 墩一般采用预应力悬挑式盖梁与刚度较大的墩柱相结合，在桥墩高度不大于 60 m 时采用较多，其特点是截面挖空率比较小，截面横向尺寸比较小，因此横桥向截面刚度较小。独柱T墩在纵向、横向抗弯刚度都比较大、抗扭刚度大、整体性好等优点。

(2)空心薄壁墩往往在桥墩高度小于 80 m 时采用，其型式与独柱 T 墩从外观上比较接近，但是截面横桥向尺寸比较大，因此，与独柱 T 墩相比，空心薄壁墩具有较大的横向刚度。空心薄壁墩是高墩桥梁中应用最为广泛的桥墩形式。

(3)普通双柱墩横向抗弯刚度较好，但是纵向抗弯刚度较差，且抗扭刚度更差。当桥墩高度较高时，双柱墩在弯矩、剪力、轴力的共同作用下，容易发生失稳破坏。

(4)相比之下，门架墩的刚度优于普通双柱墩，但是整体性稍显不足，究其原因在于门架柱通过横向系梁联系，而系梁的间距一般较大，随着桥墩高度的增加，横向刚度和整体性就显得较弱，特别是抗扭刚度是非常小。门架墩往往在桥墩高度不大于 90 m 时采用，特殊情况下甚至其桥墩高度近 100 m，但是其横向刚度有时候并不够大。

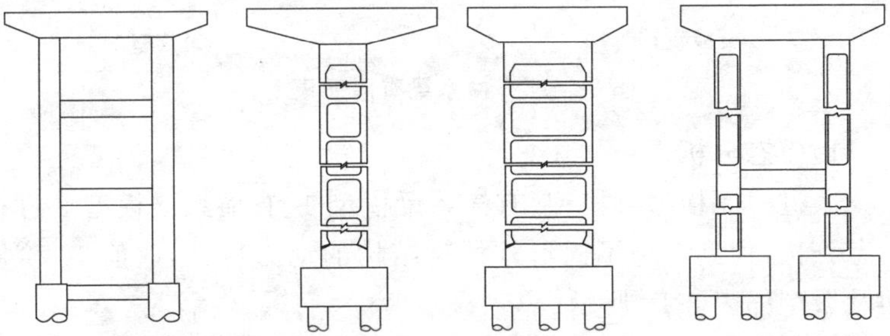

图 8-12　常用桥墩形式

8.4.2　工程实例

(1)实例一

本桥由于地处山沟地带，在跨径布置上采用 5×30 m 的连续梁，主梁截面采用 5 片窄翼缘 T 梁拼装然后现浇部分翼缘板形成整体式主梁截面。下部结构为圆形双柱式桥墩，墩身直径 1.5 m，墩身中心间距 6.6 m，墩高从左至右分别为 35 m、42 m、52.4 m、46.7 m，有限元计算模型如图 8-13 所示。将图 8-13 中高墩设置 1 道横系梁（模型 1）或 2 道横系梁（模型 2），并与未设横系梁的桥梁进行对比，见图 8-14。

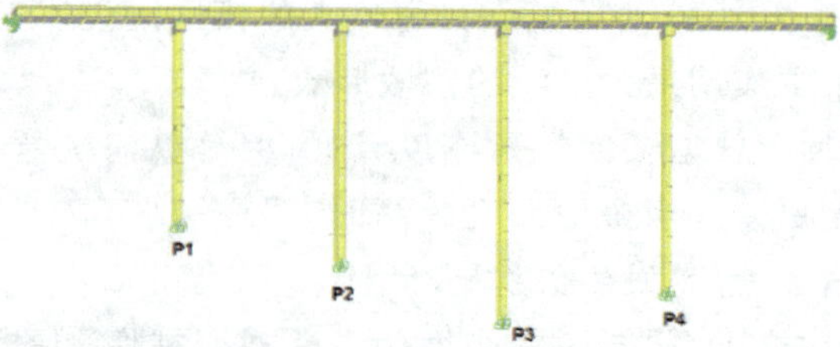

图 8-13　有限元模型

(a) 模型 1　　**(b) 模型 2**

图 8-14　有横系梁有限元模型、

1）模态分析

通过对无横系梁模型、有横系梁模型 1、有横系梁模型 2 进行模态分析，得到 3 种不同形式桥梁结构的动力特性，取前 10 阶周期及振型如表 8-10 所示。

表 8-10　周期和振型

模态	无横系梁模型		有横系梁模型 1		有横系梁模型 2	
	周期(s)	振型	周期(s)	振型	周期(s)	振型
1	2.723	正对称横向弯曲	2.259	正对称横向弯曲	2.067	正对称横向弯曲
2	1.952	纵飘	1.954	纵飘	1.96	纵飘
3	1.451	反对称横向弯曲	1.341	反对称横向弯曲	1.289	反对称横向弯曲

续上表

模态	无横系梁模型		有横系梁模型 1		有横系梁模型 2	
	周期(s)	振型	周期(s)	振型	周期(s)	振型
4	0.997	P3 墩纵弯	1.032	P3 墩纵弯	1.047	P3 墩纵弯
5	0.961	正对称横向弯曲	0.921	正对称横向弯曲	0.883	正对称横向弯曲
6	0.828	P4 墩纵弯	0.858	P4 墩纵弯	0.872	P4 墩纵弯
7	0.813	反对称横向弯曲	0.79	反对称横向弯曲	0.748	反对称横向弯曲
8	0.71	P2 墩纵弯	0.734	P2 墩纵弯	0.728	反对称横向弯曲
9	0.684	P4 墩侧弯	0.677	P4 墩侧弯	0.624	P4 墩侧弯
10	0.661	P3 墩对称侧弯	0.635	主梁横向弯曲，P2、P3 侧弯	0.607	P1 墩纵弯

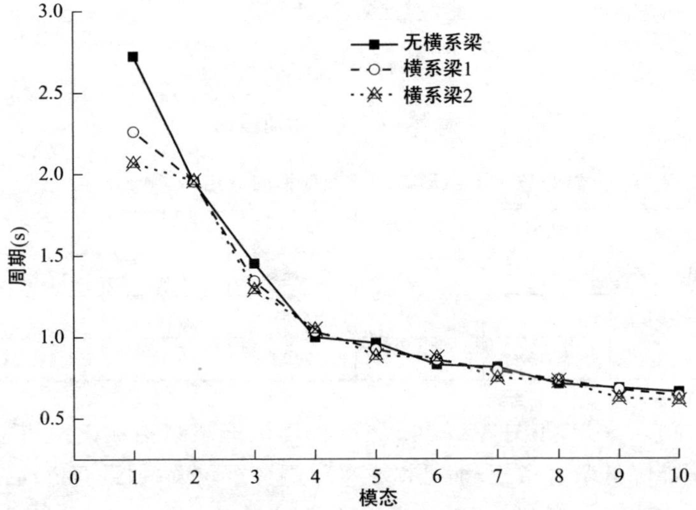

图 8-15　周期对比

由表 8-10 和图 8-15 可以看出，横系梁基本不影响桥梁结构的纵向动力特性，而对桥梁横向受力性能影响较大。与无横系梁模型相比，模型 1 的基本周期减小了 17%，有横系梁模型 2 基本周期减小了 24%，因此通过增加横系梁可以提高双柱式桥墩的整体刚度。

2)反应谱分析

根据《公路桥梁抗震设计细则》(JTG/TB02-01-2008)和桥址处的地震动加速度参数，得到 50 年超越概率 10%、阻尼比为 5% 的场地加速度反应谱，如图 8-16 所示。

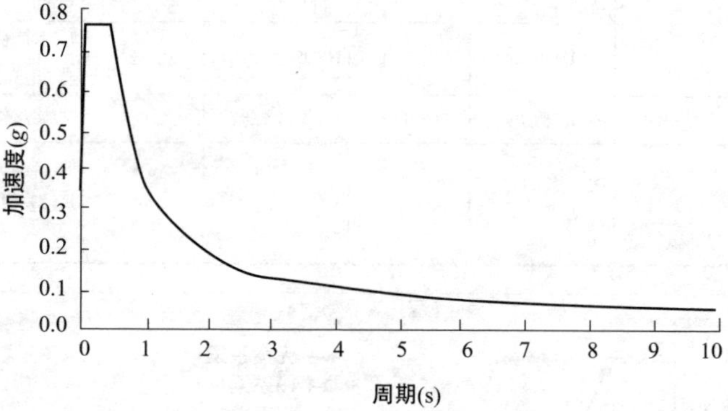

图 8-16　反应谱曲线

表 8-11　不同形式桥梁墩底横向弯矩(kN·m)

模型	P1 墩	P2 墩	P3 墩	P4 墩	横系梁
无横系梁	6884	8129	6789	5670	——
模型 1	6680	8984	8367	6732	11175
模型 2	5516	7600	7408	6007	10300

由表 8-11 和图 8-17 可以看出，高墩框架结构加设一道横系梁不能降低墩身弯矩，而且横系梁梁端弯矩较大；加设两道横系梁对结构受力是有利的，而且横系梁梁端弯矩较大。高墩框架结构加设一道横系梁不能降低墩身弯矩，而且横系梁梁端弯矩较大；加设两道横系梁对桥墩的受力是有利的。并且，由于桥墩横向刚度的增加，较高的桥墩 P3 和桥墩 P4 的内力增加，从而降低较矮墩

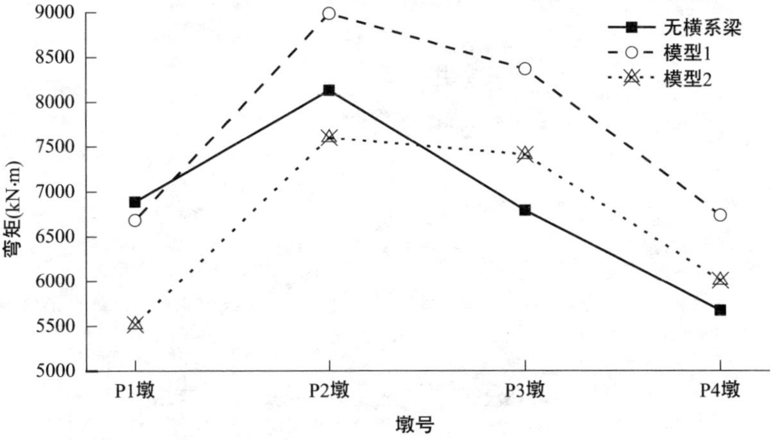

图 8-17　绕横轴弯矩

的内力,也就是说增加横系梁,使桥墩受力更加均匀,在各墩截面、钢筋配置相同的情况下,材料的性能得到充分的发挥,经济性也体现出来。

3)横系梁布置

对横系梁在不同位置进行了反应谱分析计算,得到各墩身以及横系梁两端的最大弯矩值,见表 8-12 和图 8-18、图 8-19。

表 8-12　横系梁不同布置的分析结果(kN·m)

相对位置	P1 墩	P2 墩	P3 墩	P4 墩	横系梁
$0.1H/0.9H$	6738	8235	6951	5905	6231
$0.2H/0.8H$	6346	8313	7440	6292	8887
$0.3H/0.6H$	5546	7663	7567	6097	9947
$0.3H/0.7H$	5516	7600	7408	6007	10300
$0.3H/0.8H$	5584	7516	6907	5825	10454
$0.4H/0.6H$	6550	9169	8945	7188	9419
$0.4H/0.7H$	6589	9249	9014	7277	10653
$0.4H/0.8H$	6415	8869	8544	6949	11236
$0.5H/0.7H$	7279	10154	9720	7945	9826
$0.5H/0.8H$	7208	9967	9491	7783	10780

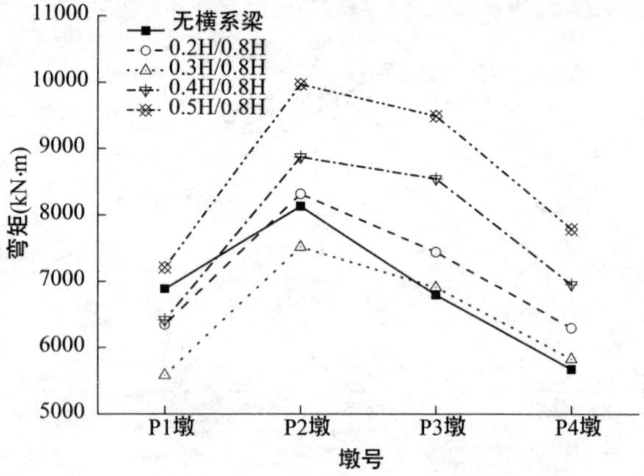

图 8-18　调整上横系梁位置

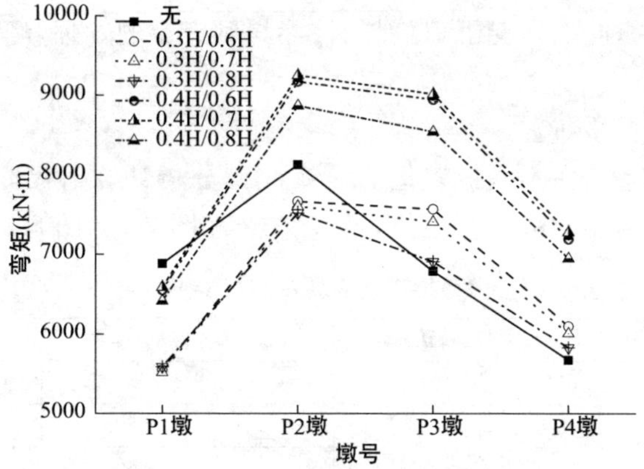

图 8-19　调整下横系梁位置

图 8-18 表明,当下横系梁固定在 0.8 倍墩高位置时,上横系梁设置在 0.3 倍墩高时,墩底弯矩降低,效果较好。图 8-19 是固定上横系梁位置,而变化下横系梁位置时墩底弯矩对比图,同样能看出横系梁位置变化对内力的显著影响。

4)横系梁刚度

由于双柱与盖梁形成门式框架结构体系是多次超静定结构，横系梁的刚度相对于墩柱刚度的大小直接影响到结构内力的分配。横系梁的刚度过小，在内力分配过程中承担的内力较小，甚至可能出现在地震作用下墩柱已经损坏而横系梁却没有损伤的情况，这种情况下横系梁基本上没有发挥作用；横系梁刚度过大，在内力分配过程中梁端承担的内力较大，可能导致横系梁与墩柱连接的节点处墩身发生破坏，修复工作非常困难。因此选择适中的横系梁刚度，使之在常遇地震下处于弹性范围内，有效的调整框架内力，减小墩身弯矩；在设计地震或罕遇地震下能够先于墩身进入塑性状态，通过横系梁的损伤来消耗一部分地震动能量的输入，减轻下部承重结构的地震反应，保护桥梁结构的安全。根据前面的分析，将不同截面尺寸的横系梁分别设置在 0.3H 和 0.8H 处进行分析比较，计算结果如表 8-13 所示。

表 8-13　横系梁不同截面尺寸下弯矩比较(kN·m)

截面高/截面宽(m)	P1 墩	P2 墩	P3 墩	P4 墩	横系梁	刚度比(横系梁/墩身)
0.9/0.9	5804	7439	6764	5603	7011	0.220
1.0/0.9	5637	7343	6798	5622	8176	0.302
1.0/1.0	5590	7324	6827	5645	8592	0.335
1.2/0.9	5482	7350	6872	5674	10078	0.522
1.2/1.0	5584	7516	6907	5825	10454	0.580
1.2/1.2	5773	7815	7166	6099	11113	0.695
1.5/1.0	6116	8373	7762	6622	12370	1.132
1.5/1.2	6263	8606	8009	6842	12881	1.358
1.8/1.2	6546	9059	8495	7279	13894	2.347
1.8/1.5	6690	9277	8726	7486	14361	2.934

由表 8-13 和图 8-20 可以看出，当横系梁截面高度为 1～1.2 m(0.65D～0.8D，其中 D 为圆柱墩身的直径)，宽度为0.9～1 m(0.6D～0.7D)时，对结构的受力体系比较有利。从横系梁截面的

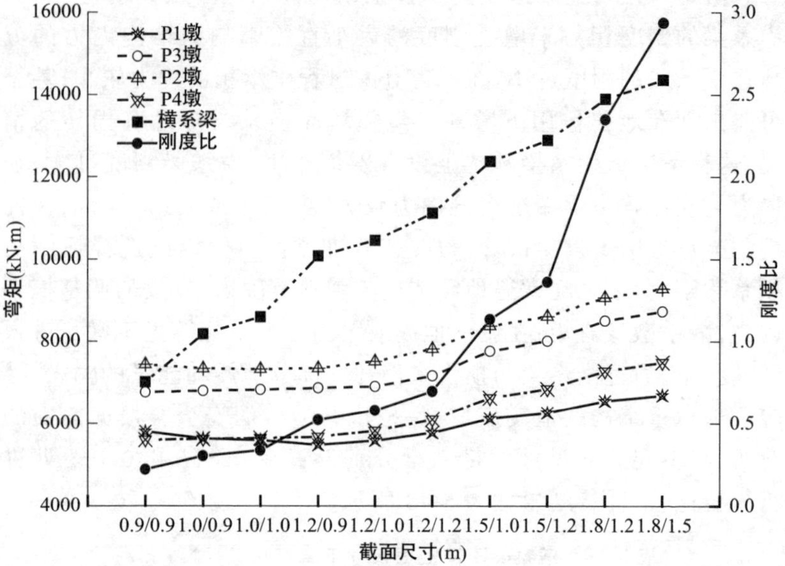

图 8-20　不同横系梁刚度内力比较

刚度与墩身刚度比来看，适中的比例范围是 0.3～0.6。

由上面的分析可知，横系梁可以增加双柱式桥墩横桥向刚度，影响桥墩内力，影响程度与横系梁的刚度和位置有关。工程师在进行桥墩设计过程中，可通过设置横系梁，调整地震力在桥墩中的分配情况，充分利用材料，可以保证结构安全性的同时，实现经济性。另外，从目前已有的横系梁震害经验来看，在设计地震作用下横系梁由于抗弯、抗剪能力不足而发生弯曲破坏或剪切破坏。横系梁在地震过程中，可以作为耗能构件，在形成塑性铰后消耗一部分地震动能量，对保护墩柱和提高桥梁整体抗震性能是有利的。

(2)实例二

实例二为主跨 130 m 的预应力混凝土连续刚构，上部结构采用斜腹板的预应力混凝土箱梁，箱梁为单箱单室断面；桥墩墩身采用矩形薄壁截面，墩身截面从墩顶沿高度方向向下按 1.5 次抛物线渐变，桥墩高度分别为 60 m、95 m、65 m，桥墩桩基础采用桩基础。

若桥墩高度差较大，内力会出现显著差异，详见 8.3.2 节实例二。为了降低弯矩和剪力，通常的做法是在矮墩墩顶设置支座，使其内力降低。但是，在很多时候，无法在墩顶处设置支座，将变截面改为等截面，并且将 1 号墩墩高由 60m 改为 45m。地震动沿纵桥向输入，采用弹性反应谱方法进行动力分析。考虑以下几种方式：

① 模型 1：1 号墩采用矩形实体墩，2 号墩和 3 号墩为薄壁空心墩；

② 模型 2：1 号墩采用等截面薄壁空心墩，2 号墩和 3 号墩为薄壁空心墩；

③ 模型 3：1 号墩采用双肢墩，2 号墩和 3 号墩为薄壁空心墩；

④ 模型 4：1 号墩为实体墩，墩顶设置纵向滑动支座，2 号墩和 3 号墩为薄壁空心墩；

⑤ 模型 5：1～3 号墩均采用双肢墩；

⑥ 模型 6：1～3 号墩均采用双肢墩，单肢截面为空心截面；

桥墩截面如所示图 8-21。这几种模型得到桥墩内力见表 8-14 和表 8-15。

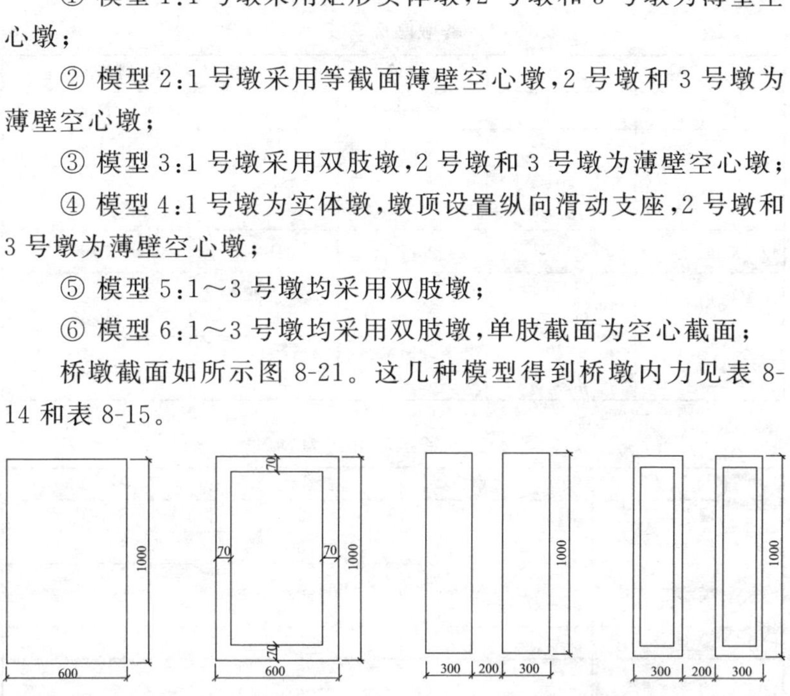

(a) 模型1　(b) 模型2　(c) 模型3　(d) 模型6

图 8-21　截面尺寸(cm)

由表 8-14、表 8-15 可知：①在较矮墩墩顶设置支座可以显著降低矮墩内力，但是，其他桥墩的内力将大幅提高，对比模型 1 和模型 4，提高幅度达到 60%。因此，在能够保证其他桥墩抗震性能的前提下，矮墩墩顶设置支座是最有效的方法；②当存在高低墩的情况时，应采用薄壁空心墩，避免采用实体墩；③若矮墩采用双肢墩，其他桥墩仍采用薄壁空心墩，桥墩内力降低，但需要注意的是，由于采用双肢墩，纵桥向宽度降低，使其极限抗弯承载力也随之降低；如果受力方向钢筋用量相同，箍筋直径与间距相同，双肢墩的延性要好于空心墩和实体墩；④如果所有桥墩都采用双肢墩，由于结构周期延长，桥墩受力降低，尤其是单肢截面为空心墩时更加明显。

表 8-14 各墩墩底弯矩(kN·m)

模 型	1 号墩	2 号墩	3 号墩	基本周期 Tsec)
模型 1	252024	177881	176315	1.777
模型 2	198328	151291	168681	1.7939
模型 3	95015 95755	206021	229852	1.932
模型 4	99877	286873	316920	2.593
模型 5	114563 114779	111248 111899	120833 123545	2.286
模型 6	82705 82355	62878 65145	76405 76471	2.458

表 8-15 各墩墩底剪力(kN)

模 型	1 号墩	2 号墩	3 号墩
模型 1	10091	4437	5431
模型 2	7944	3739	5251
模型 3	4555 4667	4698	6653
模型 4	3269	6097	8992
模型 5	5215 5253	3690 3568	4347 4540
模型 6	3642 3687	1842 1899	2726 2661

以上分析只考虑了纵向内力的改善，同样对于横桥向，通过上述方法也能够获得显著的效果，如门式桥墩或双柱式桥墩。如果同时考虑两个方向，可以采用图 8-22 的截面形式，各肢之间用横梁联系，横梁尺寸统一取为宽 2，高 3.5m，间距 15m 左右，其他桥墩

的形式与 1 号墩相同。这里暂称为多肢式桥墩，并作为模型 7，方便与其他模型进行对比研究。

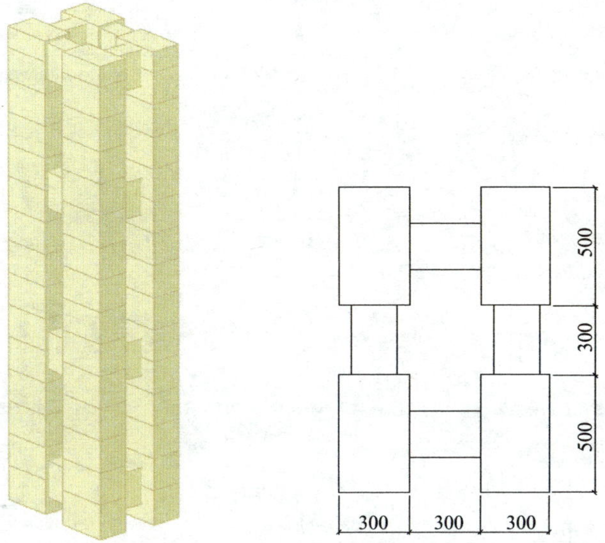

图 8-22　1 号墩(cm)

图 8-23～图 8-27 是 1～3 号墩均采用薄壁空心墩(模型 2)、双肢墩(模型 5)与采用多肢式桥墩(模型 7)的振动特性与动力响应情况。对比结果表明：采用图 8-22 所示的桥墩型式，通过设置横系梁，桥梁结构的整体刚度增加，但是桥墩的动力响应得到了降低，如果稳定性满足要求，这种桥墩的抗震性能具有明显的优势。

(3)实例三

该桥为孔跨 6×45m 预应力混凝土连续 T 梁桥，分左右两幅。1 号墩高 42m，2 号墩高 77m，3 号墩高 75m，4 号墩高 44m，5 号墩高 20m。桥墩采用空心截面，2 号墩和 3 号墩采用 3.5m×3.5m 的空心墩，其他桥墩采用 3.0m×3.0m 的空心墩。沿纵桥向输入桥址区 50 年超越概率 10%的加速度反应谱，峰值加速度 0.1g。

① 模型 1：2 号墩墩顶设置固定支座，其余墩台采用滑动支座。

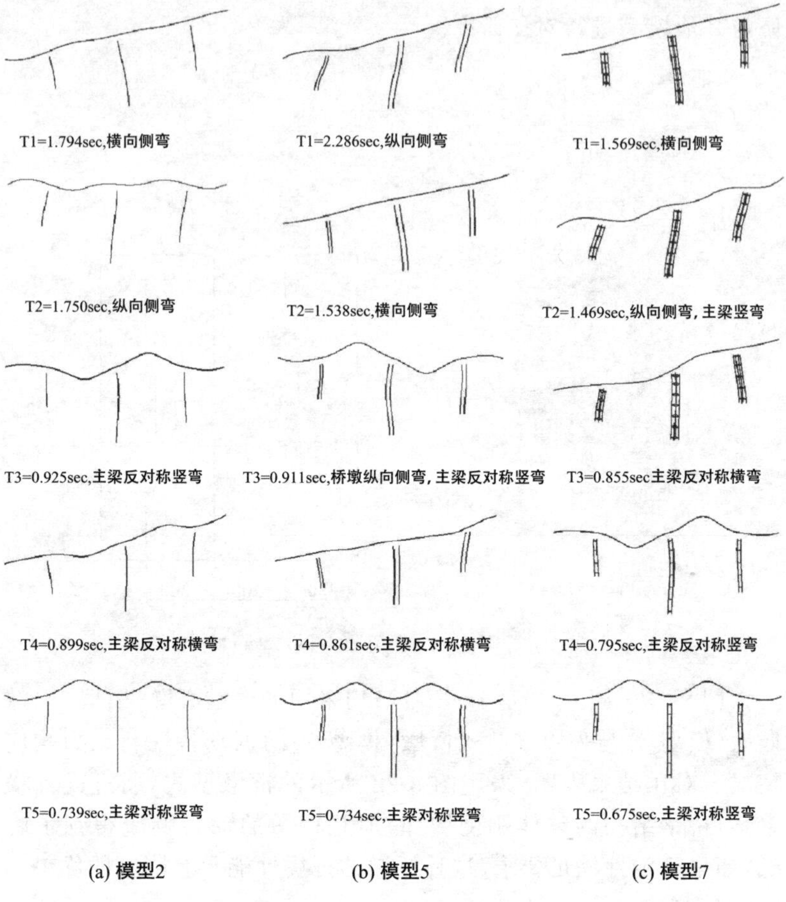

图 8-23　振动特性对比

② 模型 2：桥台、桥墩均采用板式橡胶支座，支座均采用 GYZΦ200×42，橡胶层总厚度 32 mm，刚度 1178×5 kN/m。

③ 模型 3：2 号墩墩顶设置固定支座，其他采用模型 2 的板式橡胶支座。

④ 模型 4：桥墩、桥台均采用板式橡胶支座，但桥台支座刚度较低。

(a) 模型2

(b) 模型5

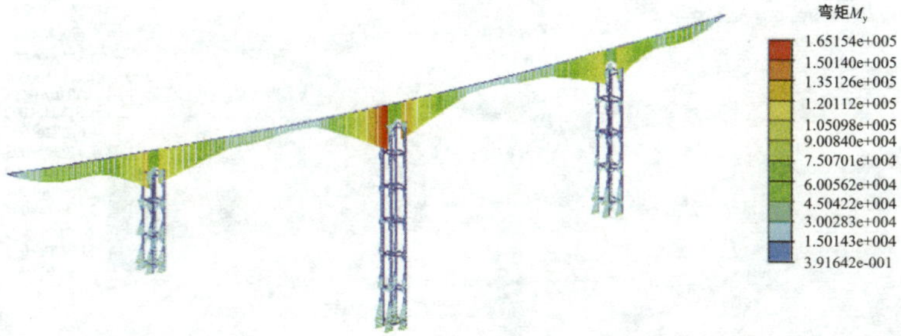

(c) 模型7

图 8-24　纵向地震作用下弯矩 M_y(kN·m)

⑤ 模型 5:4 号墩墩顶设置固定支座,其他采用模型 2 的板式橡胶支座。

(a) 模型 2

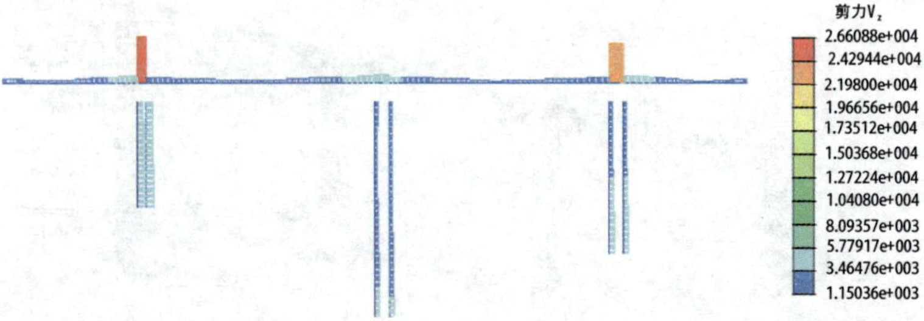

(b) 模型 5

(c) 模型 7

图 8-25　纵向地震作用下剪力 V_z(kN · m)

模型 1 和模型 2 是这种桥型常见的支座布置形式,各种工况动力响应见表 8-16 和图 8-29。

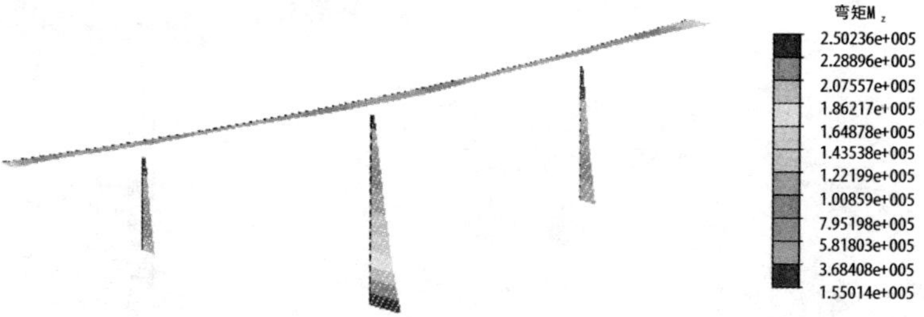

(a) 模型2

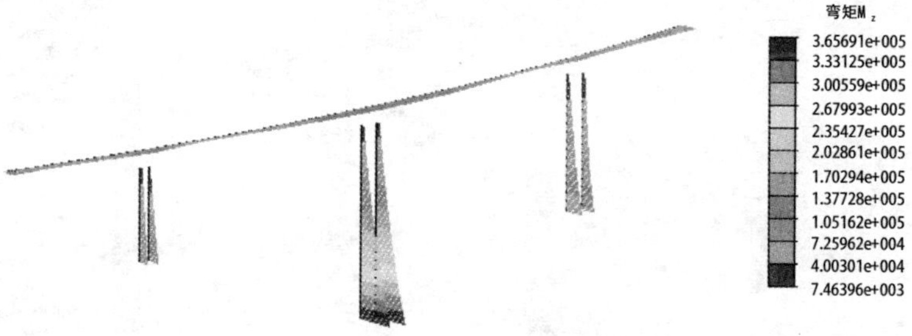

(b) 模型5

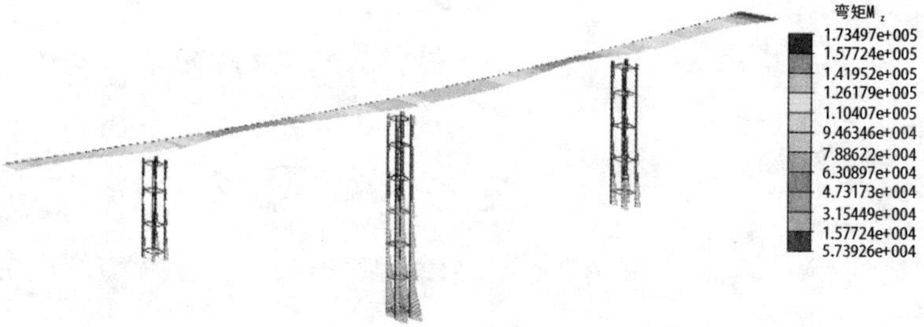

(c) 模型7

图 8-26　横向地震作用下弯矩 M_z(kN·m)

表 8-16　支座设置对结构动力响应的影响

工况	1号墩 M_{max} (kN·m)	2号墩 M_{max} (kN·m)	3号墩 M_{max} (kN·m)	4号墩 M_{max} (kN·m)	5号墩 M_{max} (kN·m)	桥台 V_{max} (kN)	梁端 D_{max} (m)
模型 1	9852	97138	22527	9966	7595	0	0.619
模型 2	13819	18681	18106	13551	12152	557	0.095
模型 3	13769	18677	18111	13516	12180	557	0.095
模型 4	15228	20372	18911	14924	13375	380	0.108
模型 5	12958	18070	17510	20721	11534	518	0.087

(a) 模型2

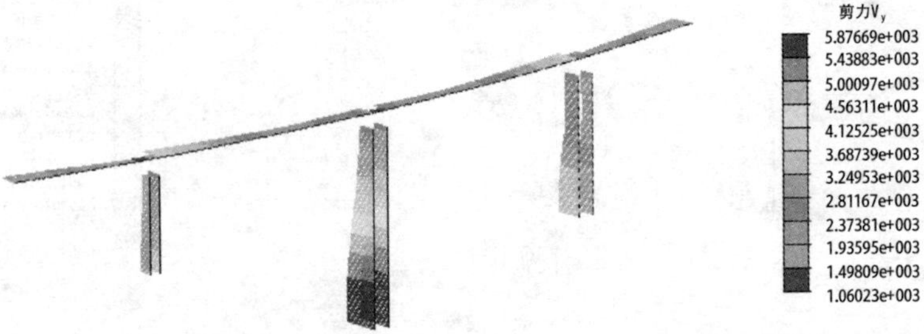

(b) 模型5

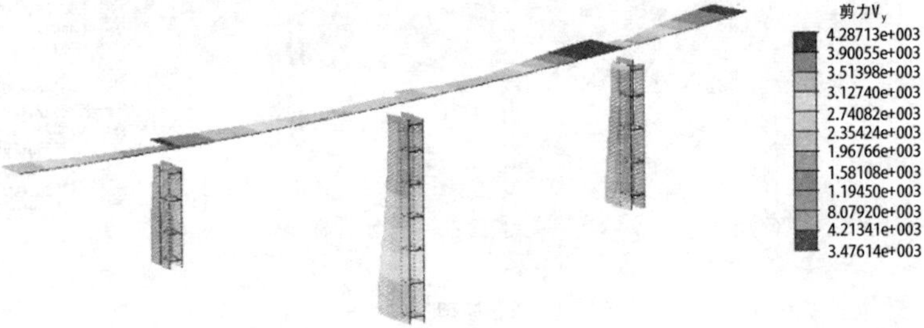

(c) 模型7

图 8-27　横向地震作用下剪力 V_y(kN·m)

结果表明:①如果仅在最高墩墩顶设置固定支座,其他采用滑动支座时,固定墩将承担较大的力,不便于设计。②如果换成其他形式,采用板式橡胶支座,则地震力由各墩来承担,在截面尺寸相差不大的情况下,设计更合理,对抗震也更有利。③对比模型 3 和模型 5,虽然都只是在一个桥墩墩顶设置固定支座,但是,在较高墩墩顶设置支座对该墩和其他桥墩的影响并不大，但是如果在墩高 44 m 或者更低的墩顶设置支座，则对该桥墩的内力有较大的影响。

图 8-28 分析模型

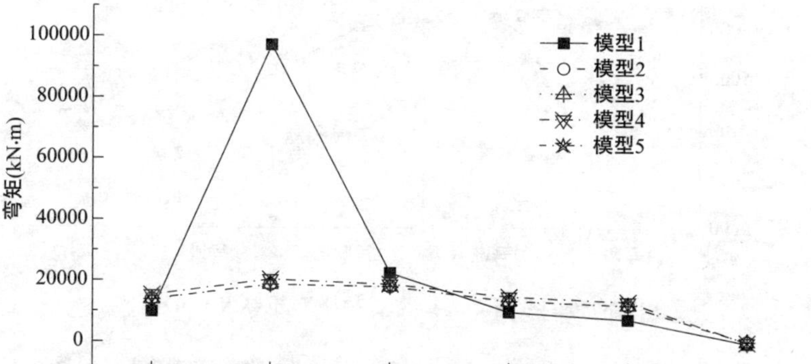

图 8-29 各工况桥墩墩底弯矩(kN·m)

下面列出的模型 6、模型 7 是考虑支座损坏情况下结构动力响应的变化，结果见表 8-17 和图 8-30。

模型 6：考虑工况 1，上部结构与下部结构完全分开，互不干扰；

模型 7:考虑工况 2,增加橡胶支座的刚度,按模型 2 刚度的 2 倍考虑,对于工况 3 可以看成是工况 2 的极限状况,不再进行单独的研究。

表 8-17　支座损伤对结构动力响应的影响

工况	1 号墩 M_{max} (kN·m)	2 号墩 M_{max} (kN·m)	3 号墩 M_{max} (kN·m)	4 号墩 M_{max} (kN·m)	5 号墩 M_{max} (kN·m)	桥台 V_{max} (kN)	梁端位移 D_{max} (m)
模型 2	13 819	18 681	18 106	13 551	12 152	557	0.095
模型 6	11 795	25 312	24 270	12 003	8 189	0	1.56
模型 7	12 944	16 292	15 840	12 521	14 531	798	0.068

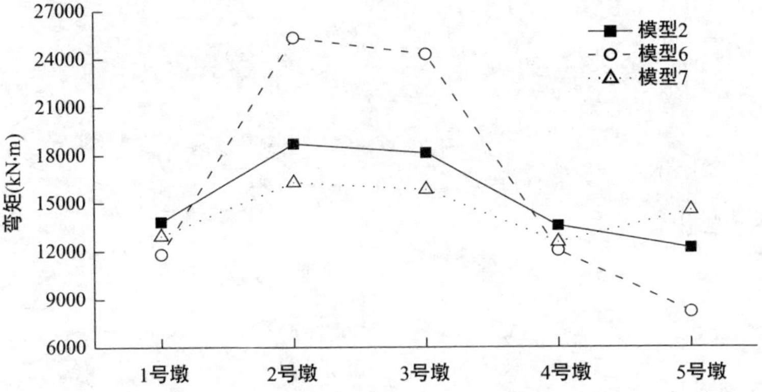

图 8-30　考虑支座损伤后桥墩弯矩(kN·m)

结果表明:如果支座破坏,上部、下部结构分离,2 号墩和 3 号墩(较高的桥墩)将承担大部分水平力;如果支座损伤后,刚度增加,甚至上部与下部结构固结,此时,较矮墩将承担大部分水平力,很有可能发生剪切破坏。

8.5　本章小结

作者对大量高墩桥梁结构进行了动力特性分析,通过分析高墩桥梁结构地震反应结果，总结地震反应特点，为今后高墩桥梁的抗震设计及抗震研究工作的深入提供理论依据和研究基础，作者在建模、地震动输入、地震反应分析、高桥墩减震等方面归纳总结了如下几点经验：

(1)在进行高墩桥梁的地震反应分析时，桥梁动力反应模型是至关重要的，高桥墩几何非线性明显，并且由于橡胶支座的引入，使得各桥墩之间的响应相互影响，因此应进行空间地震反应分析，建议采用全桥整体分析模型；在建模时，主梁和桥墩采用空间梁单元即可，无需用实体单元来模拟桥墩，这样会增加工作量，而计算精度不会提高多少，在抗震分析中过多的追求精度是没有意义的；桥梁支座的特性对地震反应结果影响很大，建议在模拟支座时应尽量准确模拟，采用合适的力一位移关系；对于中小跨度桥梁，可以简单的仅考虑基础的柔度，即在墩底用六个等效弹簧(刚度取决于基础设计和土质条件)模拟基础六个方向上的刚度，但是对大跨度、高桥墩桥梁进行地震反应分析时，一般应考虑桩-土-结构相互作用。

(2)桥梁动态时程分析法可以得到桥梁结构应力、应变和位移的时程响应，可以更清楚了解地震动力破坏的机理以及提高桥梁抗震能力的途径，从目前国外几个规范有关桥梁隔震非线性动力时程分析方法的规定可知，由于隔震装置的非线性特性与桥墩非线性特性的相互影响以及隔震桥梁地震响应对伸缩装置、挡块等防落梁装置的敏感性，也建议采用非线性动力时程分析方法进行分析。此外，国内外对长大跨度公路桥的研究表明，地震波的相位差效应影响较大，因此，计算分析大跨度高墩桥的地震响应考虑地震波的相位差效应。

(3)通过对桥墩的分析发现，高桥墩的屈服破坏可能发生在根部，墩顶发生很大的位移，考虑 P-Δ 效应将会加剧破坏，在整体分析中，应着重对桥墩的墩底进行非线性分析。

(4)高墩桥梁的模态分析是高墩桥梁地震响应计算及抗震设计的基础，通过比较选取不同的振型组合的结果发现，在动力分析中，不论是采用反应谱方法还是时程分析法，振型应取足够多，否则地震反应会小于实际值。除了采用选取更多的振型参与组合外，还可以通过作者指出的改进的振型组合法进行组合，同样可以在满足精度要求的同时，减小计算工作量。

(5)横系梁可以增加双柱式桥墩横桥向刚度，影响桥墩内力，影响程度与横系梁的刚度和位置有关。工程师在进行桥墩设计过程中，可通过设置横系梁，调整地震力在桥墩中的分配情况，充分利用材料，可以保证结构安全性的同时，实现经济性。另外，从目前已有的横系梁震害经验来看，在设计地震作用下横系梁由于抗弯、抗剪能力不足而发生弯曲破坏或剪切破坏。横系梁在地震过程中，可以作为耗能构件，在形成塑性铰后消耗一部分地震动能量，对保护墩柱和提高桥梁整体抗震性能是有利的。

(6)对于刚构桥而言，在纵向地震作用下矮墩的反应比高墩大，因为矮墩的抗推刚度大，墩越矮反应越大。但在横向地震荷载作用下，高墩的反应比矮墩大，一般墩越高反应越大。对于主梁，在纵向地震作用下，墩梁固结处的主梁根部反应比跨中大，但在横向地震荷载作用下，主梁跨中的反应比根部大。因此，在连续刚构体系中，地震反应控制截面位置在墩底、主梁根部和跨中截面。

(7)与刚构桥有所不同，对于简支梁和连续梁而言，无论是纵向地震还是横向地震，矮墩的地震反应比高墩的小，一般墩越矮，反应越小。因为简支梁桥和连续梁桥各墩之间的耦联反应很小，呈单墩反应，因此墩越高地震反应越大。

(8)地震响应分析研究表明：刚构桥在纵向地震力作用下，矮墩承受的地震力比高墩要高几倍，对刚构桥的矮墩宜设支座成为刚构加连续的组合结构体系，这样可以降低矮墩的纵向地震力，对结构的整体抗震性能是有利的。

(9)当存在高低墩的情况时，可通过以下方法调整措施，使其对结构抗震更有利。首先，在较矮墩墩顶设置支座可以显著降低矮墩内力，但是，前提是保证其他桥墩抗震性能；其次，高墩和矮墩均可采用薄壁空心墩、双肢墩，避免采用实体墩；如果能够保证稳定性，建议采用图 8-22 所示的多肢墩的型式，采用这种桥墩，结构内力显著降低，并且这种结构型式给设置耗能装置提供了空间。

(10)支座的设置对水平力的分配具有重要作用，对于连续梁桥应尽量避免仅在一个桥墩设置固定支座，其他桥墩则采用滑动支座的型式。如果要采用这种支座布置方式，按照“一可三易”的抗震设计理念，其前提是保证下部结构损伤可控，上部结构不落梁。应充分利用支座来调整刚度的分布，这样不仅便于设计，对抗震也是有利的。另外，支座的损伤也应作为一种工况进行分析，不仅可以得到足够的梁端支承长度；二是，对各种可能工况分析后，才能更全面的了解地震力在结构中的分布与变化情况。

(11)如果刚度扭转中心和质量中心偏离，上部结构还将伴随产生水平转动，增加落梁和碰撞等破坏的几率。山区桥梁由于山谷两侧山体坡度较大，墩的高度往往相差悬殊，跨距也不均匀，所以很容易造成刚度和质量不平衡的情况。美国 Caltrans 桥梁抗震设计准则[15]对于连续梁桥的桥墩之间刚度对比有详细的规定：任意两个桥墩的组合抗侧刚度比值应在[0.5,2]区间之间；相邻的两个桥墩组合抗侧刚度比值应在[0.75,1.33]之间。而且 Caltrans 抗震设计准则还规定相邻两联桥跨的基本自振周期比应在[0.7,1.4]区间。可通过调整墩的截面积和支座等方法来改善平衡情况。

(12)在方便施工的前提下，减小箍筋间距、设置附加筋（如拉筋）可以明显改善桥墩的延性。通过调整各墩高度、质量、刚度以及墩顶支座的剪切刚度或摩擦系数，可以达到减震的效果。

参 考 文 献

[1] 中华人民共和国交通部推荐标准. 公路桥梁抗震设计细则(JTG/T B02-01-2008). 北京：人民交通出版社，2008.

[2] 郭国会，易伟建，尹娟. 南村黄河大桥空心薄壁高墩抗震分析. 公路. 2000. (7)：6～9.

[3] 赖永星，陈淮，高琳. 高墩大跨 T 构桥结构动力计算模型研究. 人民黄河. Vol. 22. No. 7，2000：40～41.

[4] 戴公连，曾庆元，吕海燕，颜全胜. 双肢薄壁连续刚构非线性分析及实验研究. 长沙铁道学院学报. Vol. 15. No. 3，1997：4～7.

[5] 李睿，董明. 考虑 P—Δ 效应的高墩抗震计算. 云南工业大学学报. 1999(1)：64～70.

[6] 程翔云. 变截面高墩几何非线性的数值法分析. 公路. 1996.

[7] Yoshikazu TAKAHASHI, Hirokazu IEMURA. INELASTIC SEISMIC PERFORMANCE OF RC TALL PIERS WITH HOLLOW SECTION. 12wcee，2000.

[8] 李睿，宁晓骏，叶燎原，李新乐. 高墩梁桥的地震反应分析. 昆明理工大学学报. 2001，26(5).

[9] 周志浩，陈实，宁晓骏，董明. 梁桥高墩的减震设计方法. 云南交通科技. 2001，17(4).

[10] 李加武，卢斌，刘健新. 墩高及支座剪切刚度对连续梁减震性能影响的试验研究. 长安大学学报. 2002，22(2).

[11] 马坤全. 大跨度高墩连续梁桥空间地震反应分析. 上海铁道学院学报. 1995，16(2).

[12] Ke-hai Wang, Qian Li. Seismic Response Aanalysis of the Girder Bridge with High Piers[C]. Eighth U. S. National Conference on Earthquake Engineering (8NCEE)，April 17-21，2006 paper 193.

[13] 王克海，李茜. 高墩桥梁地震响应分析. 世界桥梁. 2006(1)：41-43.

[14] 李茜，王克海，韦韩. 高墩桥梁地震响应分析，第 14 届全国结构工程学术会议论文集，2005. 9.

[15] Caltrans，Caltrans seismic criteria version1. 2，2001.

[16] 李茜，王克海，韦韩. 高墩梁桥地震响应分析，地震工程与工程振动 2006(3).

[17] 兰峰，王克海 . 中小跨径双柱式高墩桥梁横系梁对抗震性能的影响 . 公路交通科技 . 2011. 28(5).

第 9 章　国内外桥梁抗震规范的介绍

由于桥梁在社会生活、经济发展的重要地位，各国根据本国的情况制定了桥梁抗震设计规范，并且在每次典型的大地震之后，抗震规范都要根据结构震害情况进行及时的修改和补充。通过研究各国规范可以发现，抗震设防标准、地震作用、地震反应分析计算方法、抗震设计方法及必要的构造措施始终是规范制定的主线。本章将按照这条主线，介绍国内外公路桥梁抗震设计规范。

9.1　抗震性能设防目标

在进行桥梁抗震设计之前，首先是要根据结构的重要性、使用功能、投资与效益、震后损失与恢复重建、潜在的历史或文化价值、社会效益及业主的承受能力等诸多因素确定结构的抗震性能设防目标，这是基于性能的抗震设计理论的核心内容。当前，各国规范对抗震性能的设防目标主要是依据结构的重要性来确定的。

(1)美国 AASHTO 规范[1]

美国的《公路桥梁设计规范》(第Ⅰ-A 部分　抗震设计)《Standard Specifications for Highway Bridges》是由美国公路及运输协会(American Association of State Highway and Transportation Officials 简称 AASHTO)制订的。

规范将所有位于加速度系数大于 0.29 场地的桥梁进行重要性划分，分为重要桥梁(Ⅰ)和一般桥梁(Ⅱ)。

抗震性能等级划分为 A,B,C,D 四类，这是进行结构抗震设计时的最低要求，划分依据是加速度系数和桥梁结构的重要性，见表 9-1。

表 9-1 抗震性能等级

加速度系数 A	重要性	
	Ⅰ	Ⅱ
$A \leqslant 0.09$	A	A
$0.09 < A \leqslant 0.19$	B	B
$0.19 < A \leqslant 0.29$	C	C
$0.29 < A$	D	C

规范也规定了如何区分规则桥梁和不规则桥梁，再结合抗震性能等级就可以确定结构是否需要分析，如果需要分析，还给出了最低要求。

(2)Caltrans 准则(Caltrans seismic criteria)[2]

加州交通局工程服务部(CALIFORNIA DEPARTMENT OF TRANSPORTATION DIVSION OF ENGINEERING SERVICES)制定了该准则。

该准则将所有桥梁分为一般桥梁和重要桥梁，重要桥梁是提供震后救援的生命线工程、中断交通修复桥梁将产生重大经济影响的桥梁及按照当地紧急规划设计的关键工程，不具备以上特征的桥梁结构为一般桥梁。一般桥梁又分为标准和非标准桥梁，对于那些几何不规则、特殊的框架结构(如刚度、质量分布不均匀，悬臂或 C 型支承及多层结构)、特殊地质条件的桥梁称为非标准桥梁，其他的为标准桥梁。

该准则要求所有桥梁结构都要按照抗震性能准则进行抗震设计，见表 9-2。要求所有桥梁结构在设计地震作用下具有足够的变形能力。所有构件都有足够的强度和延性，以保证在最大可信地震(MCE，Maximum Credible Earthquake)作用下不倒塌，保证生命安全。其设计方法为单一水准设计，也就是说若在 MCE 作用下，满足抗震性能要求，则认为中、小地震作用下，自然满足结构抗震性能。

(3)欧洲规范(EC8)[3]

表 9-2 抗震性能准则

场地的地震动水平	破坏和震后恢复功能水平	
	一 般 桥 梁	重 要 桥 梁
功能评价地震动(由 Caltrans 认可的组织进行确定)	功能:要求震后立即恢复使用功能,使一般车辆可以通行; 破坏:可修复破坏	功能:震后立即恢复使用功能,使一般车辆可以通行; 破坏:破坏程度最小,基本处于弹性阶段
安全评价地震动(与最大可信地震一致,重现期 1000～2000 年,由 1996 年 Caltrans 地震危险性分布图得到)	功能:要求几天内部分恢复使用功能,使轻型救援车辆可以通过,几个月内完全恢复; 破坏:有小概率倒塌的可能,需要关闭交通进行修复	功能:震后立即恢复使用功能,使一般车辆可以通行; 破坏:基本保证功能,破坏可修复

该规范由欧洲共同体委员会(The Commission of European Communities 简称 CEC)制定。

规范主要应用于由桥台或桥墩的弯曲来抵抗水平地震作用的抗震设计,它包括支承桥梁上部结构的竖向或接近竖向桥墩系统,也可以应用于拱桥、斜拉桥等空间桥梁。要求在设计地震发生后,交通仍能运行,并具有适当的可靠性。设计地震近似具有 475 年的重现期,对于设计基准期为 50 年和 100 年的桥梁,设计地震分别具有 10%和 19%的超越概率。这种设计地震水平可用于大多数桥梁的抗震设计。

考虑地震事件发生概率,定义了两种基本需求。①不倒塌需求(安全极限状态):设计地震出现后,即使桥梁部分构件发生相当大的破坏,桥梁仍应该保持其完整性和适度的残余抗力;构件可以发生允许的破坏,用来耗散地震能量,保证结构在震后仍有紧急交通功能,并且易于检测与修理;允许在桥墩中指定的断面出现弯曲屈服,以达到削减设计地震作用的目的,尤其在高震区这是非常必要的;防止主梁或桥面板由于过大的位移而发生落梁。②破坏最小化需求(使用极限状态):在桥梁的设计基准期内,当发生多遇地震后,专门设计用来耗能的桥梁构件只能发生极小的破坏,不会导致交通能力的减小，不需要即刻的维修。

规范的设计方法为单一水准设计，即桥梁结构的抗震性能需要直接满足不倒塌需求，而低水平地震作用下的结构性能是隐含实现的。根据结构整体的力-位移关系，要求在设计地震作用下，结构表现出延性、有限延性或弹性性能。

(4)日本规范[4,5]

该规范是由日本道路协会(Japan Road Association)出版发行的。规范将桥梁重要性分A、B两类，A类为一般重要桥梁，B类为特别重要桥梁。地震水平分为2级，即中规模水平地震(发生概率大)和大规模水平地震(发生概率小)。桥梁抗震设计首先需要设定桥梁的抗震性能目标，即桥梁结构的抗震安全性能、震后使用性能和可修复性能标准。2001年版的日本规范对桥梁抗震性能目标分为3级，即常说的三水准抗震设防要求，见表9-3。

表9-3　桥梁抗震性能目标等级

桥梁抗震性能目标等级		抗震安全性能	震后使用性能	震后可修复性能	
				短期可修复性	长期可修复性
抗震性能1	地震后结构功能完好，不必修补即可继续使用。	确保不发生落梁、倒塌等	确保功能与震前相同	不必修复	只需轻微修复
抗震性能2	允许有限的损伤，经修复后可恢复使用	确保不发生落梁、倒塌等	震后可快速恢复	可采用应急修复措施恢复使用功能	修补措施较容易进行
抗震性能3	结构损坏且不能修复，但要求不发生整体倒塌等致命性破坏	确保不发生落梁、倒塌等	恢复使用功能困难	采用应急措施也不能恢复使用功能	考虑拆除、重建

日本桥梁抗震设计规范中对地震时结构使用极限状态和安全极限状态的描述见表9-4。

该规范将地震作用分两级3类。第一级(仅1类)为桥梁使用寿命期间发生概率较大的地震；第二级分为2类，第1类为发生于大陆板边缘的地震(称为板块边界型地震，I型地震)，第2类为发生在板块内部断层的都市直下型地震(称为内陆直下型地震,Ⅱ型地震)。规范规定,对这两级设计地震水准应分别直接设计,即两阶段抗震设计。

表 9-4　桥梁抗震性能目标与极限状态

<table>
<tr><th rowspan="2">部　位</th><th colspan="3">抗震性能目标等级</th></tr>
<tr><th>抗震性能 1</th><th>抗震性能 2</th><th>抗震性能 3</th></tr>
<tr><td rowspan="2">预应力混凝土上　部结构</td><td>发生裂缝,钢筋(束)未屈服</td><td>钢筋(束)进入屈服阶段,混凝土保护层未剥落,处于极限承载力阶段</td><td>混凝土保护层被压溃、剥落,钢筋(束)屈服后仍有一定的强度,承载能力不会急剧下降</td></tr>
<tr><td>钢筋达到弹性极限前</td><td>混凝土压应变达到 2 000 μ 或钢束永久应变达到 0.2%左右</td><td></td></tr>
<tr><td rowspan="2">钢筋混凝土下部结构</td><td>已经发生裂缝,但可恢复</td><td>钢筋已经屈服,残余裂缝不是很大</td><td>混凝土保护层压溃、剥落,钢筋即将达到临界状态</td></tr>
<tr><td>钢筋达到弹性极限前 $\mu<1$</td><td>$\mu=2\sim4$</td><td>$\mu=6$</td></tr>
</table>

注:μ 为构件的延性比。

桥梁的抗震设计以确保针对桥梁的重要性而要求的抗震性能为目的,特别重要的 B 类桥梁对抗震性能的要求高于 A 类。A 类:设计基准期内,大概率地震作用下(第一级),桥梁不出现损伤,满足抗震性能 1 的要求,低概率的强烈地震作用时(第二级),不发生致命性损伤,满足抗震性能 3 的要求;B 类:设计基准期内,大概率地震作用下(第 1 级),桥梁不出现损伤,满足抗震性能 1 的要求,低概率强烈地震(第 2 级),允许产生有限的损伤,满足抗震性能 2 的要求。

(5)加拿大规范[9]

加拿大规范是经加拿大标准委员会(Standards Council of Canada)批准,由 CSA 国际发行的。

设计准则:小震、中震时,结构构件基本处于弹性状态;大震时,结构构件可以发生轻度破坏或可以维修,但是桥梁结构不致倒塌。

根据社会生活和安全防御的需求，将桥梁结构分三类：生命线桥梁；紧急疏运线路桥梁；其他桥梁。生命线桥梁在遭遇设计地震后要求仍能够通行。在遭遇罕遇地震（1000 年重现期，75 年超越概率 7.5%）后，在地震发生的紧急时刻必须保证可以通行，所以生命线桥梁按照 1000 年重现期进行设计比较合理。对于紧急疏运线路桥梁要求在遭遇设计地震后，应至少保证应急车辆的通行。不同类别桥梁结构的性能要求见表 9-5。

表 9-5　抗震性能要求

重现期	桥梁类别		
	生命线桥梁	紧急运输线路桥梁	其他桥梁
小于中震	立即使用	立即使用	立即使用
设计地震（475 年重现期，50 年超越概率 10%）	立即使用	救急车辆立即使用	可修复性的损坏
大震（1000 年重现期）	救急车辆立即使用	可修复性的损坏	不倒塌

（6）中国规范[6,10]

中国大陆规范[6]适用于在发生与基本烈度地震相当的地震影响时，位于一般地段的高速公路、一级公路工程，经一般整修即可正常使用；位于一般地段的二级公路工程及位于软弱黏性土层或液化土层上的高速公路、一级公路工程，经短期抢修即可恢复使用；三、四级公路工程和位于抗震危险地段、软弱黏性土层或液化土层上的二级公路工程以及位于抗震危险地段的高速公路、一级公路工程，保证桥梁、隧道及重要构筑物不发生严重损坏。对结构的重要性引入“重要性系数”。设计方法采用单一水平设计，以强度破坏为目标准则。

中国台湾地区公路桥梁规范[10]主要参考了美国 AASHTO-1992 和日本 1990 年出版的抗震规范。抗震设计的基本原则，确保设计的桥梁主体结构在中小型地震中能保持在弹性限度内，大地震时容许产生塑性铰及一些韧性损坏，但不可崩塌。为防止崩塌，桥梁产生的延性比不得超过容许延性比。对于一般桥梁结构，所说的大震是指重现期 475 年的场地地表加速度，对于重要桥梁而言，重现期要更长一些。

我国大陆规范[6]中规定的地震作用基本上分为两个等级，多遇地震和罕遇地震。在多遇地震作用下，桥梁结构只允许发生轻微的破坏，不经过修复也可以继续使用，不影响日常通车，由于基本处于弹性工作，可采用弹性地震力计算理论。在罕遇地震作用下，桥梁允许发生可修复的破坏，但不能发生倒塌、落梁等整体性的破坏。在罕遇地震水准作用下，弹性理论基本不能适用，为了反应结构的非线性，可以采用时程分析，但是从各国地震力计算的相关条款可以看出，为了能够直接采用弹性反应谱，规定了折减系数或修正系数，以反应结构非线性特性。

9.2 设计地震动

9.2.1 地震动区划

设计地震动是继设计思想之后影响桥梁抗震设计全局的重要问题。地震作用强度是结构抗震设计中最重要的地震动参数之一。在当前各国的桥梁抗震设计规范中采用两种方法描述这一参数。一种方式是使用"烈度"，比如我国《公路工程抗震设计规范》(JTJ 004-89)。另一种是直接使用地震动参数，除了我国之外，其他主要国家均采用地震动参数区划。

(1)美国 AASHTO 规范[1]

采用 50 年超越概率 10%(重现期为 475 年)的地震加速度区划图，以下情况需要进行专门的研究来确定：①场地位于断层附近；②预计会发生持续时间较长的地震；③对于重要的桥梁需要考虑更长的重现期。

(2)Caltrans 准则[2]

采用场地最大可能地震动加速度。

(3)EC8 规范[3]

地震加速度区划，重现期为 475 年，对应于 50～100 年的结构寿命，区划图的超越概率为10%～19%，这适用于一般重要的桥梁结构。加速度小于0.04g时，可以不按照EC8执行，并且欧共体各国要制定各自的加速度系数区划图。

(4)日本规范[4,5]

将地震荷载分两级3类：第一级(仅1类)为桥梁使用寿命期间发生概率较大的地震，标准地震加速度为0.3 g；第二级，分2类，第1类为发生于大陆板块边缘的地震，第2类为发生在板块内部断层的都市直下型地震，这两类地震的强度和频谱特征有所不同，前者最大为1.0 g，后者最大为2.0 g。地区分为A，B，C三个地震区类型，相应的区域修正系数分别是1.0，0.85，0.7。重现期不详，但小于475年。

日本规范确定设计地震动的方法比较独特：(1)设计地震动的概率特性不是十分明显。第一级设计地震虽然有统计意义，但仍是确定性成分较多；(2)第二级设计地震以确定性方法规定，第1类主要参考了1923年关东地震(大陆边缘地震)，第2类主要参考了1995年阪神地震(都市直下型地震)，这与日本地域狭小和地震类型相对比较清楚有关。

(5)加拿大规范[9]

采用无量纲分区加速度比A(zonal acceleration ratio)进行设计，概念相当于我国公路工程抗震设计规范中的水平地震系数，加拿大规范将其分成7个级别(0，0.05，0.1，0.15，0.2，0.3，0.4)，分区加速度比可通过50年超越概率为10%的地面水平峰值加速度(peak horizontal ground acceleration(PHA))来确定。桥梁的抗震性能水准划分也是在A的基础上考虑结构重要性分4级，第4级是最高级别。

(6)中国规范[6,10]

现行《公路工程抗震设计规范》[6]采用烈度区划，规范给出了烈度和地面加速度最大值之间的对应关系，50年超越概率10%，适用于一般结构，重要和特殊结构要进行专门的工程场地地震危险性评估。

地震烈度[8]这个概念是为了了解地震时，震害轻重和地震动强弱的分布情况而提出的。它是地震时包括震害在内的多种宏观地震现象的总和,它是地震后果的描述,并通过它来表示地震动的强弱。烈度这个概念是20世纪50年代从前苏联引入我国的,在静力理论和不变的反应谱理论阶段,地震动的工程要求与烈度概念之间并无根本性质的矛盾,大约在20世纪60年代中期,国内外地震工程界普遍认为地震动的重要特性至少应包括地震动幅值、频谱组成和持续时间。国际上几十年的强震观测资料说明,平均而言,烈度相差一度,最大加速度相差约一倍,但离散性极大,同一烈度所对应的最大加速度可以相差几十倍甚至几百倍。这就表明,加速度最大值仅仅是影响烈度的因素之一,而震级通过其他的参数也在独立地影响着烈度。因此,当抗震理论要求考虑多个独立的地震动因素时,以简单和综合的烈度概念就与工程要求出现了根本的矛盾。可见,采用烈度进行桥梁结构抗震设计无论是在概念上,还是在数值方面都存在很多问题,因此我国第四代的区划图——地震动参数区划图(GB 18306-2001)——使用了地震动参数区划,并在现行《建筑抗震设计规范》(GB 50011-2001)[11]中得到采纳,在新编的《公路工程抗震设计规范》中也会采纳。

中国台湾公路桥梁抗震规范[10]采用水平加速度系数来进行地震区划,水平加速度系数代表场地重现期475年地震地表加速度与重力加速度之比。台湾地区划分为地震一甲区、地震一乙区、地震第二区及地震第三区,其对应的加速度系数分别为0.33,0.28,0.23和0.18。

9.2.2 场地分类

实际上,目前各国的规范都考虑了场地条件对设计地震动参数的影响。具体的做法是:根据一定规定对场地进行分类,然后分别给出各类场地的地震设计反应谱。几个规范场地分类的比较如表9-6所示,尽管各个规范关于场地划类别的数目和具体方法不同,但依据的主要物理参数都是场地剪切波速(或场地特征周期)和地表覆盖层厚度。

表 9-6　场地分类

<table>
<tr><th colspan="2">规　范</th><th>场地分类数</th><th>场地分类准则</th></tr>
<tr><td colspan="2">AASHTO</td><td>Ⅰ,Ⅱ,Ⅲ,Ⅳ</td><td>剪切波速,覆盖层厚度</td></tr>
<tr><td colspan="2">Caltrans</td><td>Ⅰ,Ⅱ,Ⅲ,Ⅳ</td><td>沉积层厚度</td></tr>
<tr><td colspan="2">EC8</td><td>A,B,C</td><td>剪切波速,覆盖层厚度</td></tr>
<tr><td colspan="2">日本</td><td>Ⅰ,Ⅱ,Ⅲ</td><td>按照场地特征周期分类(特征周期按剪切波速和覆盖层厚度计算)</td></tr>
<tr><td colspan="2">加拿大</td><td>Ⅰ,Ⅱ,Ⅲ,Ⅳ</td><td>地质剖面代表不同的土质条件,是通过对接近历史地震震源区的土质进行光谱形状的统计而得到的</td></tr>
<tr><td rowspan="2">中国</td><td>大陆地区</td><td>Ⅰ,Ⅱ,Ⅲ,Ⅳ</td><td>覆盖层厚度,允许应力</td></tr>
<tr><td>台湾地区</td><td>Ⅰ,Ⅱ,Ⅲ和台北盆地地区</td><td>剪切波速,覆盖层厚度</td></tr>
</table>

9.2.3　地震设计谱

对地震作用的研究可以发现,在两个水准的地震作用下都可以采用弹性反应谱曲线进行地震力计算,各国地震反应谱曲线的描述和表达公式、曲线形状都有所不同,本节介绍各国规范中的弹性反应谱曲线。

(1)美国 AASHTO 规范[1]

在确定设计地震力时采用无量纲的弹性地震响应系数 C_s,见图 9-1 和图 9-2。

对于单模态分析:$C_s=\dfrac{1.2AS}{T^{2/3}}\leqslant 2.5A$ 或$\leqslant 2.0A$(场地类型Ⅲ和Ⅳ,且 $A\geqslant 0.3$ 时)

对于多模态分析:$C_s=\dfrac{1.2AS}{T_m^{2/3}}\leqslant 2.5A$ 或$\leqslant 2.0A$(场地类型Ⅲ和Ⅳ,且 $A\geqslant 0.3$ 时);特例,位于场地类型Ⅲ和Ⅳ的结构,周期小于 0.3 s 的模态,$C_s=A(0.8+4.0T_m)$;对于 $T_m>0.4$ s 的模态,$C_s=\dfrac{3AS}{T_m^{4/3}}$。

式中,A 是加速度系数;S 是场地系数;T 是结构周期;T_m 是第 m 阶模态对应的周期。

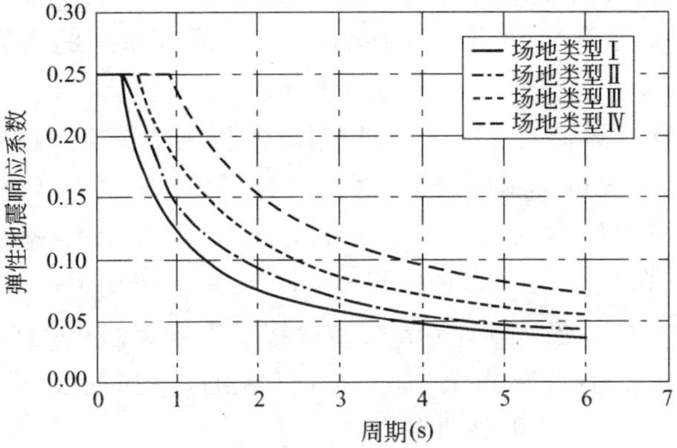

图 9-1 弹性地震响应系数(A=0.1)

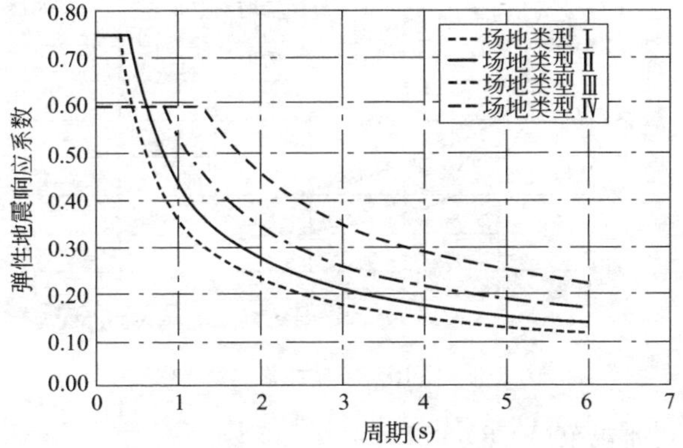

图 9-2 弹性地震响应系数(A=0.3)

(2)Caltrans 准则[2]

Caltrans 准则中的弹性设计反应谱是在基岩加速度谱 R 的基础上,结合场地土层分析的场地修正系数 S 和 1996 年 Caltrans 地震危险分布图提供的基岩峰值加速度 A 得到(阻尼比 0.05)。由地质勘查工程师提供修正的加速度反应谱,或特定场地的加速度反应谱。特定场地加速度反应谱主要用于主断层附近或位于软弱土层及液化土层,和估计震级大于 6.5 的情况。

初步设计阶段采用地质勘查工程师提供的标准的加速度反应谱(ARS),结合1996年Caltrans地震危险分布图的基岩峰值加速度进行设计,见图9-3。如果采用标准加速度反应谱,对于设计的长周期桥梁结构和建造在断层附近的桥梁结构应进行修正。在活跃断层15km范围内的桥梁结构应按下述方法修正ARS:①$T\leqslant 0.5$ s的,谱加速度不需要修正;②$T\geqslant 1.0$ s的,谱加速度增加20%;③$0.5\leqslant T\leqslant 1.0$ s的,线性插值。结构基本周期$T\geqslant 1.5$ s,冲积层深度大于75 m的结构按以下规定修正:①$T\leqslant 0.5$ s的,谱加速度不需要修正;②$T\geqslant 1.5$ s的,谱加速度增加20%;③$0.5\leqslant T\leqslant 1.5$ s的,线性插值。

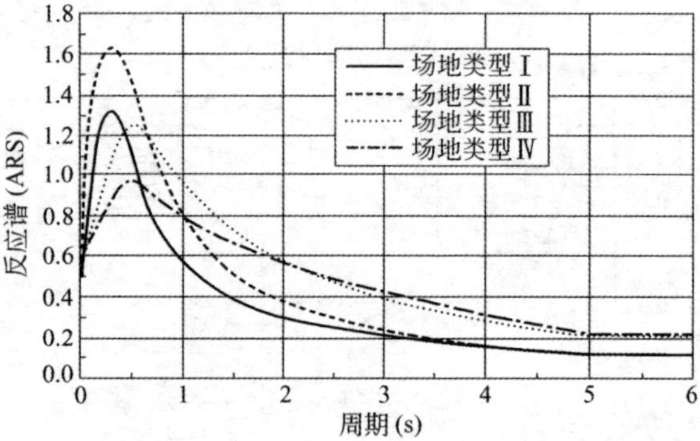

图9-3 Caltrans弹性设计谱曲线

(3)欧洲规范(EC8)[3]

反应谱重现期475年,阻尼比0.05。允许使用功率谱表达地面运动,但要求应与反应谱一致。谱曲线的表达见式(9-1)。

$$\frac{R(\tau)}{a_g}=\begin{cases} S\left[1+\dfrac{T}{T_B}(h\beta_0-1)\right] & 0<T<T_B \\ hS\beta_D & T_B<T<T_C \\ hS\beta_D\left(\dfrac{T_C}{T}\right)^{K_1} & T_C<T<T_D \\ hS\beta_D\left(\dfrac{T_C}{T}\right)^{K_1}\left(\dfrac{T_D}{T}\right)^{K} & T_D<T \end{cases} \tag{9-1}$$

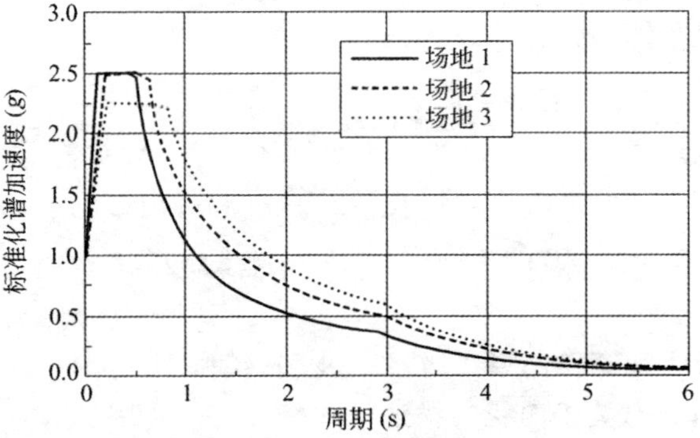

图 9-4 EC8 规范弹性设计谱曲线

(4)日本规范[4]

对应于地震作用第一级(Level 1)的设计谱曲线见图 9-5,关于曲线的描述见式(9-2)～式(9-4)。

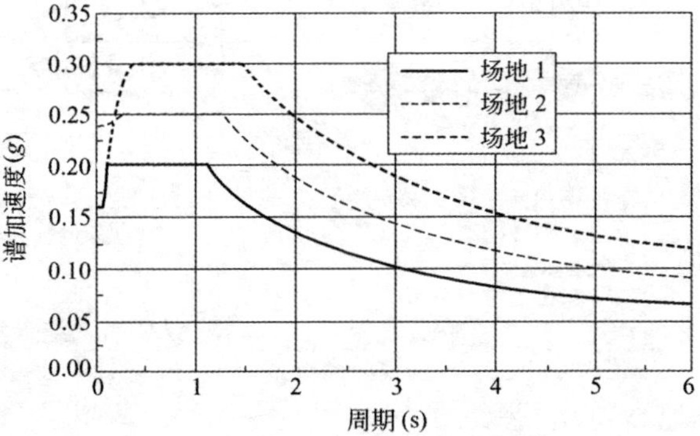

图 9-5 第一级的设计谱曲线

①场地类别 1:

$$S_0=\begin{cases}431T_i^{1/3} \quad 且\geqslant 160 & T_i<0.1\\ 200 & 0.1\leqslant T_i\leqslant 1.1\\ 200/T_i & T_i>1.1\end{cases} \tag{9-2}$$

②场地类别 2:

$$S_0=\begin{cases}427T_i^{1/3} \quad 且\geqslant 200 & T_i<0.2\\ 250 & 0.2\leqslant T_i\leqslant 1.3\\ 325/T_i & T_i>1.3\end{cases} \tag{9-3}$$

③场地类别 3：

$$S_0=\begin{cases}430T_i^{1/3} \quad 且\geqslant 240 & T_i<0.34\\ 300 & 0.34\leqslant T_i\leqslant 1.5\\ 450/T_i & T_i>1.5\end{cases} \tag{9-4}$$

对应于地震作用第二级（Level 2），类型 1（Type Ⅰ）的设计谱曲线见图 9-6，关于曲线的描述见式(9-5)～式(9-7)。

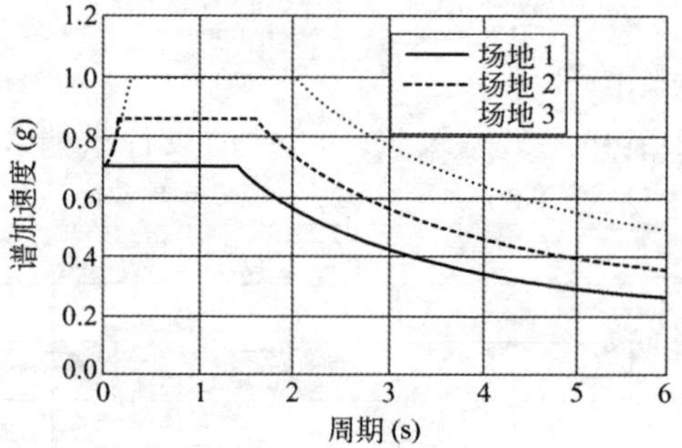

图 9-6　第二级，类型 1 的设计谱曲线

①场地类别 1：

$$S_0=\begin{cases}700 & T_i\leqslant 1.4\\ 980/T_i & T_i>1.4\end{cases} \tag{9-5}$$

②场地类别 2：

$$S_0=\begin{cases}1505T_i^{1/3} \quad 且\geqslant 700 & T_i<0.18\\ 850 & 0.18\leqslant T_i\leqslant 1.6\\ 1\,360/T_i & T_i>1.6\end{cases} \tag{9-6}$$

③场地类别 3：

$$S_0=\begin{cases}1551T_i^{1/3} \quad 且\geqslant 700 & T_i<0.29\\ 1\,000 & 0.29\leqslant T_i\leqslant 2.0\\ 2\,000/T_i & T_i>2.0\end{cases} \tag{9-7}$$

对应于地震作用第二级(Level 2),类型 2(Type Ⅱ)的设计谱曲线见图 9-7,关于曲线的描述见式(9-8)～式(9-10)。

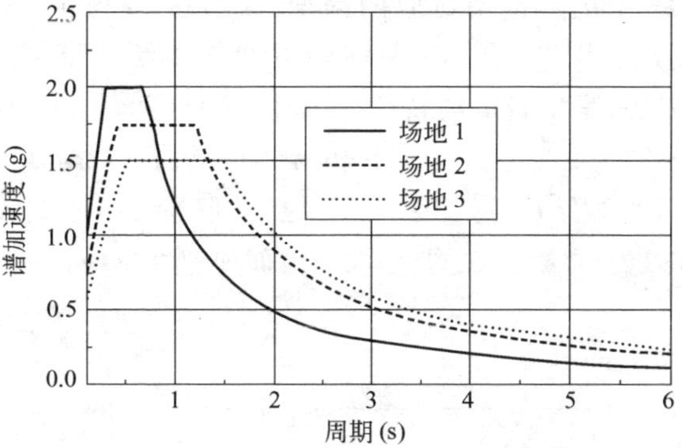

图 9-7　第二级,类型 2 的设计谱曲线

①场地类别 1:

$$S_0=\begin{cases}4\ 463T_i^{2/3} & T_i<0.3\\ 2\ 000 & 0.3\leqslant T_i\leqslant 0.7\\ 1\ 104/T_i^{5/3} & T_i>0.7\end{cases}\tag{9-8}$$

②场地类别 2:

$$S_0=\begin{cases}3\ 224T_i^{2/3} & T_i<0.4\\ 1\ 750 & 0.4\leqslant T_i\leqslant 1.2\\ 2\ 371/T_i^{5/3} & T_i>1.2\end{cases}\tag{9-9}$$

③场地类别 3:

$$S_0=\begin{cases}2\ 381T_i^{2/3} & T_i<0.5\\ 1\ 500 & 0.5\leqslant T_i\leqslant 1.5\\ 2\ 948/T_i^{5/3} & T_i>1.5\end{cases}\tag{9-10}$$

(5)加拿大规范[9]

地震荷载的计算是通过弹性地震响应系数 C_{sm} 和结构等效重量来计算的。对应于第 m 阶振型的弹性地震响应系数 C_{sm} 为式(9-11)。

$$C_{sm}=\frac{1.2AIS}{T_m^{2/3}}\leqslant 2.5AI \tag{9-11}$$

式中，T_m 是第 m 阶振型对应的周期；A 分区加速度比；S 场地系数，根据场地类别取值 1.0（Ⅰ）～2.0（Ⅳ）；I 结构重要性系数，生命线桥梁 3.0，紧急疏运线桥梁 1.5，其他 1.0。

图 9-8 和图 9-9 是 $A=0.15$ 和 $A=0.30$ 时，C_{sm} 与 T_m 的关系曲线。在长周期部分 C_{sm} 近似于 $1/T_m$ 衰减，但是衰减速度低于 $1/T_m$。事实上，在 $T_m=2$ s 时，C_{sm} 要略大于地面加速度反应谱的 50%。

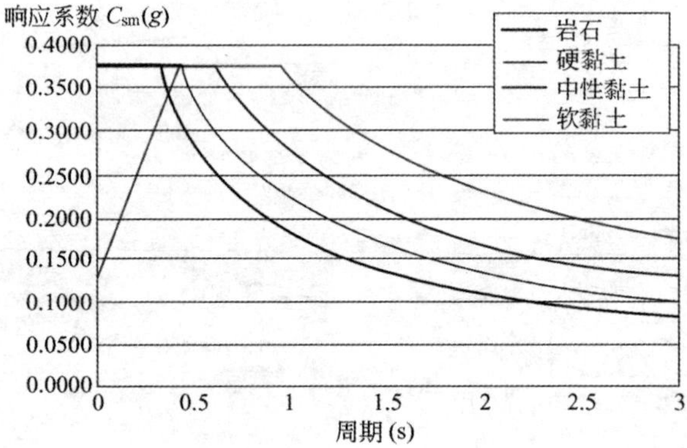

图 9-8　弹性反应谱（$A=0.15$）

（6）中国公路桥梁抗震规范[6,10]

我国公路工程抗震设计规范给出不同场地类型设计反应谱见图 9-10 所示，曲线的描述见式（9-12）。

$$\beta=\begin{cases}1.0+12.5T & 0\leqslant T<0.1\\ 2.25 & 0.1\leqslant T<T_g\\ 2.25(T_g/T)^k & T_g\leqslant T<T_b\\ 0.3 & T_b\leqslant T\leqslant 5.0\end{cases} \tag{9-12}$$

式中，T_g 为拐点周期按照Ⅰ，Ⅱ，Ⅲ，Ⅳ类场地分别为 0.2，0.3，0.45 和 0.7 s；T_b 是放大系数达到 0.3 时的周期，按照Ⅰ，Ⅱ，Ⅲ，Ⅳ类场地分别为 1.5，2.35，3.8 和 6.5 s；指数 k 与场地有关，按照

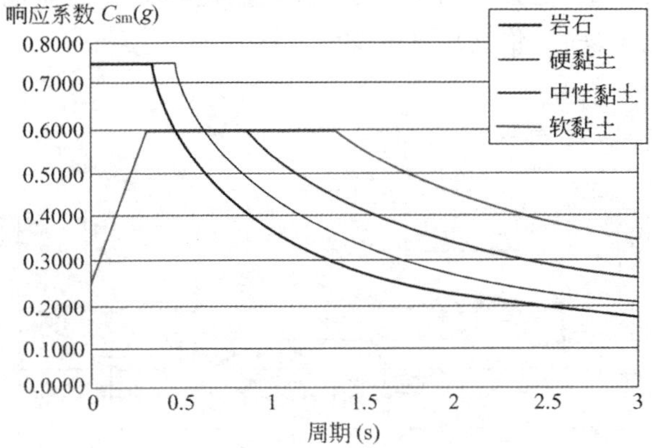

图 9-9　弹性反应谱($A=0.30$)

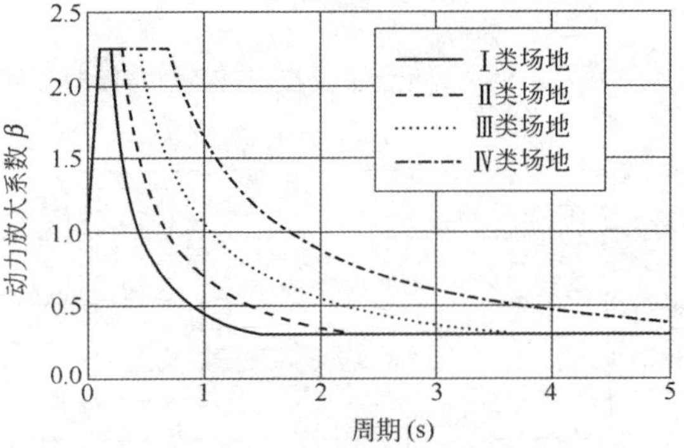

图 9-10　设计谱曲线

场地类别分别取 1.0,0.98,0.95 和 0.90。

中国台湾规范工程场地正规化水平加速度反应谱系数随周期与场地类别而改变。代表正规化水平加速度反应谱,即水平地表加速度为 1.0g 的反应谱。由图 9-11 和图 9-12 可见,反应谱在短周期部分最大值 2.5,当周期超过特征周期后,C 值随 $1/T^{2/3}$ 的速度递减。台北盆地与其他场地独立看待,是由于在 1987 年 11 月 15 日,台湾地区发生过一次强烈地震,震中在花莲附近外海。此次地震震中震灾并不严重,但是距离震中百公里之外的台北盆地灾害较为严重，从分析结构来看，台北盆地有显著的盆地效应，所以在场地划分时，将其单独分类。

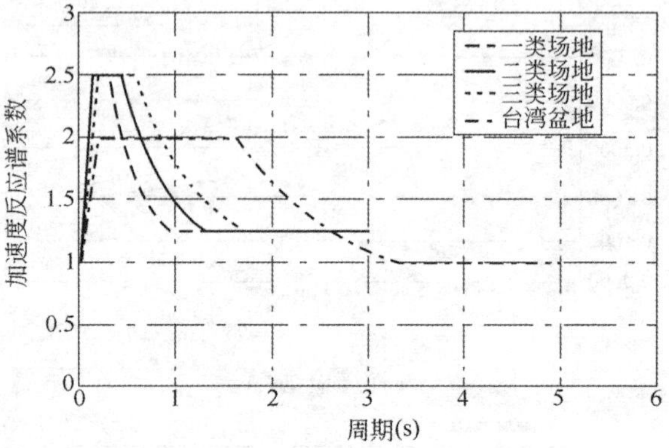

图 9-11　水平正规化加速度反应谱系数与周期关系

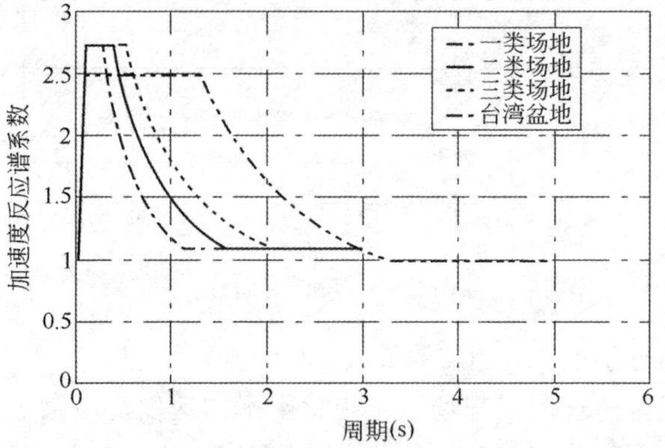

图 9-12　竖向正规化加速度反应谱系数与周期关系

从反应谱随周期的变化看，各个规范的变化趋势基本相同，即随周期由小到大(或不变)至平台(最大值)，然后逐渐衰减至最大可用周期后为成为定值。这是由地震反应谱的定义和地震动的特性决定的。

9.2.4 阻尼修正

阻尼比是影响反应谱值的一个重要参数，当结构阻尼比较小时，其变化会显著地改变反应谱值，从而影响结构所受地震力的大小。一般规范设计反应谱均以一个标准阻尼比值（通常取 0.05）为基准，当结构主要振型的阻尼比偏离此标准值较多时，需要对设计反应谱进行修正。

(1)美国 AASHTO 规范[1]

不需要阻尼比修正。

(2)Caltrans 准则[2]

该准则中的加速度反应谱（ARS）是直接根据基岩加速度和土层反应分析（SHAKE）得到，标准阻尼比为 0.05。对于钢筋混凝土结构的一般规则桥梁，材料阻尼基本相同，而且地震反应主要由第一阶振型控制的桥墩和基础是抗震设计重点，高振型的贡献很小，因此通常采用单自由度体系模型进行动力计算，这样就无需进行反应谱的阻尼调整。即使采用多自由度体系计算模型，由于地震反应主要由第一振型控制，高振型阻尼比的变化导致的反应谱值的修正对反应的最后预测结果影响甚小，因此从实际意义上说，对阻尼比不必进行修正。

对于属于阻尼比 0.10 一类的桥梁结构，如桥台处能量耗散较大或期望作为单自由度体系的结构，需要在阻尼比为 0.05 的加速度反应谱（ARS）基础上乘以折减因子 R_D，来计算位移需求。

$$ARS' = ARS \cdot R_D \tag{9-13}$$

$$R_D = \frac{1.5}{(40c+1)} + 0.5 \tag{9-14}$$

式中，c 为阻尼比，$0.05 \leqslant c \leqslant 0.1$；$ARS'$ 为修正后的加速度反应谱；ARS 为标准阻尼比的加速度反应谱；R_D 为折减因子。

如果有以下特征，则需要考虑较高的阻尼：全长小于 90 m；小于等于 3 跨；有支撑土体移动的桥台；标准的或微小倾斜（小于 20°）；上部结构连续，没有铰或伸缩缝。

(3)欧洲规范(EC8)[3]

设计谱重现期 475 年,阻尼比 0.05。当结构主要振型阻尼比偏离较大时,按照式(9-15)和式(9-16)修正。

$$R(T,\xi)=R(T,\xi=0.05)\cdot\eta \tag{9-15}$$

$$\eta=\sqrt{\frac{7}{2+\xi}}\geqslant 0.7 \tag{9-16}$$

(4)日本规范[4]

设计反应谱标准阻尼比为 $h_i=0.05$,可按照式(9-17)和式(9-18)修正。

$$R(T,\xi)=R(T,\xi=0.05)\cdot c_D \tag{9-17}$$

$$c_D=\frac{1.5}{40h_i+1}+0.5 \tag{9-18}$$

(5)加拿大规范[9]

对于隔震结构,弹性系数直接与弹性地面反应谱有关。对隔震结构不再需要前面提到的弹性响应系数的长周期部分,所以地震系数有所不同,对于 0.05 阻尼的隔震体系有:

$$C'_{sm}=\frac{AS_i}{T_e} \tag{9-19}$$

如果考虑阻尼的变化,则式(9-19)写为:

$$C'_{sm}=\frac{AS_i}{BT_e} \tag{9-20}$$

式中的 B 为阻尼系数,见表 9-7。

表 9-7 阻尼系数 *B*

等效黏滞阻尼(%)	≤2	5	10	20	30	40	50
阻尼系数 B	0.8	1.0	1.2	1.5	1.7	1.9	2.0

(6)中国规范[6,10]

我国大陆规范[6]中对阻尼的修正没有相关规定。

中国台湾规范[10]桥梁上部结构、下部结构及基础等价刚度对应的阻尼比不是 0.05 时,依据可靠度理论计算复合模态阻尼比。基础等价弹簧阻尼比可考虑土壤材料阻尼和辐射阻尼,可按下式计算：

$$\xi_j = \frac{\sum_{i=1}^{n} \{\overline{\phi}_j\}_i^T [k]_i \{\overline{\phi}_j\}_i \xi_i}{\{\phi_j\}^T [K] \{\phi_j\}} \tag{9-21}$$

式中，ξ_j 是第 j 阶模态的复合模态阻尼比；$[K]$是整体的刚度矩阵；$[k]_i$ 是第 i 构件的刚度矩阵；$\{\phi_j\}$是第 j 阶模态的振型向量；$\{\overline{\phi}_j\}_j$ 是第 i 个构件在第 j 阶模态所对应自由度的振型向量；ξ_i 第 i 个构件的阻尼比。

三类场地及台北盆地的阻尼比不是 0.05 时，将正规化水平加速度反应谱系数乘以阻尼修正系数 C_D，与日本抗震规范相同。

$$C_D = \frac{1.5}{40\xi + 1} + 0.5 \tag{9-22}$$

其中，ξ 为阻尼比，当周期小于 0.03 s 时，C_D 取 1.0。对于第一类场地和第二类场地，周期由 0.03～0.15 s 的情况；第三类场地和台北盆地，周期由 0.03～0.2 s 的情况，C_D 由线性插值得到。

9.3　地震反应分析和计算方法

本节主要讨论各国桥梁抗震设计规范采用的地震反应分析方法和计算方法。

(1)美国 AASHTO 规范[1]

①地震反应分析方法

该规范采用的地震反应分析方法主要有均布荷载法(Uniform Load Method)、反应谱法、动力时程分析。均布荷载法的本质是等效静力分析方法，它适合于地震反应主要与第一阶模态有关的规则桥梁。反应谱分析有单模态谱分析(Single Mode Spectral Analysis)和多模态谱分析(Multimode Spectral Analysis)，前者可用于规则桥梁的分析，采用这种方法主要是均布荷载分析通常在计算横桥向桥台剪力时过于保守，此时可以采用单模态谱分析更准确地确定桥台内力；后者用于分析抗震性能等级为 B-D 级的不规则桥梁，振型组合方式采用 CQC 法。对于那些大跨度桥梁或有特殊地位的重要结构以及断层附近的结构，需要采用时程分析法，如果需要进行非线性分析，在进行下部结构及连接构件的分析时，折减系数取为1.0。

②地震动输入及计算方法

水平地震作用按两相互垂直方向分别输入，两个互相垂直的方向为纵桥向和横桥向，如果是弯桥，将两桥台的连线作为纵向轴线，与其垂直的轴线为横桥向。但输入方向并不是唯一的，可以按照设计工程师的设想进行地震动输入方向的选择。分别获得两个方向的地震反应后，采用两种组合方式进行组合，$CASE1=L+0.3T$，$CASE2=0.3L+T$，L 表示纵桥向分析结果的绝对值，T 表示横桥向分析结果的绝对值。对于抗震性能等级是C级和D级的桥梁结构，如果柱内出现塑性铰，此时柱内力由塑性铰区的内力状态决定，此时不需要组合；如果桥墩按柱设计，在桥墩弱轴方向出现塑性铰，则在此方向上不需要组合内力，但在强轴方向上，还需要按照两个方向进行组合。

地震力的计算：抗震性能等级为B、C和D级的结构的构件设计内力是在弹性分析结果的基础上除以修正系数。

位移的计算：按照弹性分析结构进行计算。

③最小支承宽度

抗震性能等级不同最小支承宽度也不同：

抗震性能等级 A、B：$N=(203+1.67L+6.66H)\cdot(1+0.000\,125S^2)$

抗震性能等级 C、D：$N=(305+2.5L+10H)\cdot(1+0.000\,125S^2)$

式中 N——最小支承长度(mm)；

L——长度，位于跨中的铰接处，取至相邻两侧铰接缝距离之和，如果是单跨结构，取桥面跨度(mm)；

S——支承方向上倾斜的角度(°)；

H——高度，在桥台处为相邻铰接缝间桥墩的平均高度，如果是单跨取为0；在桥墩处为桥墩的高度；铰接缝在跨中时为铰接缝两侧相邻桥墩的平均高度(mm)。

(2)Caltrans 准则[2]

①地震反应分析方法

该准则采用的地震反应分析方法主要有等效静力分析、弹性动力分析、非弹性静力分析。前两种方法用于计算一般标准桥梁的位移需求，而后一种方法用于一般标准桥梁的位移能力。

等效静力分析(ESA)尤其适用于跨度相近、刚度分布均匀的桥梁的地震位移响应分析，这种结构的响应由平动的振动模态控制，周期一般为 0.7 到 3 秒。地震作用将等效成静力水平作用于单独的结构，作用力的总和等于 ARS 和附属重量的乘积。水平力的作用点在上部结构质量的垂直中心处，并且水平分布与质量分布呈比例。

当 ESA 方法不能估计结构的动力特性时，可采用弹性动力分析(EDA)，即线弹性多模态反应谱分析，采用完全二次组合(CQC)进行模态的组合。采用这种方法要求在横向和纵向，自由度和所考虑的模态的数量要包含 90%以上的振型贡献率。这种分析方法不能体现屈服构件、伸缩缝及非线性约束、桥台等的非线性反应。

非弹性静力分析(ISA)，即通常所说的“Pushover 分析”通常用来分析一般标准桥梁到达结构稳定极限时的位移能力。它是一种递增的线性分析，可以体现构件、场地土效应等的非线性行为。

②地震动输入及计算方法

水平地震作用可以采用两种方法输入。一是沿单独构件的主轴线输入地震动，并通过调整输入的角度寻求主要构件的最大变形；二是将纵桥向和横桥向的分析结果组合，将两桥台的连线作为纵向轴线，与其垂直的轴线为横桥向，采用的组合方式为 $CASE1=L+0.3T$，$CASE2=0.3L+T$，L 表示纵桥向分析结果，T 表示横桥向分析结果。竖向地震作用的输入分两种情况，如果是规则的桥梁结构，可以按照等效静力竖向荷载输入，如果是非规则桥梁，应根据各种情况确定竖向荷载效应。对于一般标准桥梁竖向地震作用和水平地震作用不需要进行组合。

地震力的计算：对于延性构件，设计力矩应该由柱横截面的理想塑性能力决定；设计剪力考虑所有可能的塑性铰位置以保证最大可能的剪力；对于非延性构件，采用能力设计，由结构到达倒塌极限状态时的超强力矩和联合剪力分布状态决定。

位移的计算：对于普通标准桥梁采用弹性分析，使用开裂计算模型。

③最小支承宽度

考虑温度、预应力、收缩徐变和纵向地震作用位移等，桥墩、桥台及铰缝处应满足最小支承宽度的要求，按照式(9-23)计算，并且在铰缝处不小于 600 mm，在桥台处的最小支承宽度不小于 760 mm。

$$N_{\min}=\Delta_{ps}+\Delta_{cr+sh}+\Delta_{temp}+\Delta_{eq}+100 \tag{9-23}$$

式中，Δ_{ps}，Δ_{cr+sh}，Δ_{temp}，Δ_{eq} 分别为预应力、收缩徐变、热膨胀及热收缩和地震作用引起的相对位移。

(3)欧洲规范(EC8)[3]

规范规定地震作用考虑以下两个方面：一是在一点的地震运动特征；一是空间变化的地震运动特征，并指出当桥梁大于 200 m，并且地质有不连续或明显的不同地貌特征及桥长大于 600 m 时，要考虑地震运动的空间变化。

①地震反应分析方法

规范侧重于分析模型，如自由度的选择、质量的确定、单元刚度、土的模型、扭转作用以及线性分析的性能因子的确定等，规范提到的分析方法主要有线性动力分析(反应谱法)、基本模态法、功率谱法、线性及非线性时域分析等方法。

线性动力分析—反应谱法：应用于允许进行弹性分析的所有桥梁结构。对于轴力水平相当大的拱桥，塑性铰区的细部设计并不可靠，此外斜拉桥地震响应可能由高阶模态控制，因此，象拱桥和斜拉桥这种结构，可以采用多振型反应谱分析方法，同时考虑二阶效应的影响。组合采用 SRSS 或者 CQC 方法。功率谱方法的应用范围与反应谱方法相同。

基本模态法(等效静力法):等效静力根据反应谱,由相应于考虑方向上基本周期的惯性力得到。这种方法分为三种不同的方法应用于模型,它们是刚性桥面模式、柔性桥面模式、单墩模式。这种方法用于任何可以由单自由度反应结构动力特性的桥梁。刚性桥面模式应用于在地震作用下,与墩顶位移相比,桥面的水平位移可以忽略的结构。对于连续直桥的纵桥向,刚性的假设通常是合理的,但对于横桥向长宽比不大于4,且由横向地震作用引起的所有桥墩墩顶最大位移差与平均位移的比值不大于0.2时,才能假设刚性,如果这一条件不能满足,可采用柔性桥面模式。单墩模式应用于横向地震作用主要由桥墩承担,且桥墩之间相互影响较弱的情况。

非线性时程分析通常与反应谱法联合使用,用于研究结构在非弹性阶段的响应,并比较需求和局部延性。除了隔震桥梁和空间桥梁结构外,非线性分析的结果不能低于弹性反应谱分析得到的需求值。

②地震动输入及计算方法

由水平和竖直三个方向地震作用引起的最大响应,可以通过各个方向最大地震效应的平方和开平方后得到。或者是通过以下组合得到最不利结果,见式(9-24)。

$$\begin{aligned} &\text{CASE1}=0.3L+T+0.3V \\ &\text{CASE2}=L+0.3T+0.3V \\ &\text{CASE3}=0.3L+0.3T+V \end{aligned} \tag{9-24}$$

式中,L、T、V分别为纵向、横向和竖向地震作用。

在小震、中震地区,竖向地震分量可以忽略;在高震区,仅当桥墩在永久荷载作用下弯曲应力较高时才考虑竖向地震作用。对于预应力混凝土桥面系、支座和连接单元应该考虑竖向地震分量引起的地震效应。竖向地震分量引起的地震效应,可以通过基本模态法和柔性桥面模式来分析。

地震力计算:对于延性构件,弹性力折减系数依赖于结构类型和构件后弹性性能决定$1.0<q<3.5$;对于非延性构件,采用能力

设计方法计算。

位移的计算：弹性分析，对塑性铰构件，采用屈服时的切线刚度。

③最小支承宽度

根据估算的地震位移，依赖于结构有效地震位移，最大地面运动速度、剪切波速等，最小 400 mm。

(4)日本规范[4]

①地震反应分析方法

日本规范的抗震设计按地震系数法、弹塑性拟静力法和动力反应时程分析法进行。这三种方法应视桥梁的复杂程度的不同选择使用，对于跨径不超过 200 m 结构形式较简单的，采用地震系数法和保有水平耐力法对第一级和第二级地震作用进行设计；对于结构形式较为复杂的，如果仍能够满足静力法的假设，则抗震设计仍使用地震系数法和弹塑性拟静力法，但要用动力时程分析方法验算，如果不适用于静力方法的相关假设，则以动力时程分析法直接进行设计，在初步确定截面尺寸及配筋时，可以采用地震系数法和弹塑性拟静力法的结果作为参考。并且要求对于场地条件或结构形式复杂的桥梁，要特别考虑桥梁系统整体的抗震性能，支座、防止落梁装置也作为主要结构构件来设计。桥梁各部位抗震验算的指标与抗震性能目标等级之间的对应关系见表 9-8。

表 9-8　抗震验算指标

抗震性能目标等级	上部结构	支座		桥墩	桥台	基础
		橡胶支座	钢制支座			
抗震性能 1	应力、变形	应力、剪应变	应力	应力	应力	基础承载力、应力、变形
抗震性能 2 和 3	力、变形、曲率	力、剪应变	力	力、变形(包括残余变形)	力、变形	力、变形(包括塑性率、曲率等)

②地震动输入及计算方法

考虑两个正交水平地震作用；对于支承构件，要求考虑竖向地震作用；轴向土压力变化时，采用水平土压力方向和与之正交的方向为正交方向。上部结构惯性力作用在重心，对于作用于桥梁轴线方向时，上部结构的惯性力作用于支承构件的底部。

地震力计算：延性构件与非延性构件，详细的极限强度和曲率分析，以判定是弯曲破坏、弯剪破坏或是剪切破坏。

位移计算：B类桥要计算残余位移，由柔性系数、屈服长度、次刚度系数等决定。

③最小支承宽度

由结构相对位移和地面位移计算得到，且大于 $70+0.5L$ 及多项具体规定。

(5)加拿大规范[9]

①地震反应分析方法

桥梁结构地震反应分析时所采用的分析方法按照桥梁结构的重要性和结构的复杂程度进行选择，见表 9-9，注意表中提供的方法是最低要求。单跨桥梁结构当其抗震性能水准要求是 2,3 和 4 级时，按照多跨规则桥梁的方法进行分析。对于抗震性能水准 1，除了非常重要的结构，一般情况下桥梁结构不需要进行抗震分析。

表 9-9　多跨桥梁结构地震响应分析方法

抗震性能水准	生命线桥梁		紧急运输线桥梁		其他桥梁	
	规则	不规则	规则	不规则	规则	不规则
2	MM	MM	UL	MM	UL	SM
3	MM	TH(需专家审核)	MM	MM	UL	MM
4	MM	TH(需专家审核)	MM	MM	SM	MM

注：UL—均布荷载法；SM—单模态反应谱法；MM—多模态反应谱法；TH—时程分析法。

②地震动输入及计算方法

首先沿水平正交的两个方向进行地震响应分析，然后每个构件主轴的弹性地震效应按两种情况进行组合。第一种组合：100%

纵地震响应的绝对值＋30％横向的地震响应的绝对值；第二种组合：100％横向地震响应绝对值＋30％纵向地震响应的绝对值。

竖向地震作用由恒荷载乘以荷载系数来考虑。

地震力的计算，要除以地震响应修正因子 R，来考虑下部结构的延性。R 的最小值是 2.0，前提是下部延性构件的设计和构造措施必须保障构件的延性能力。

③最小支承宽度

在计算伸缩缝处位移最大值时，地震响应修正因子 $R=1.0$，最小支承长度的经验公式为：

$$N=K\left(200+\frac{L}{600}+\frac{H}{150}\right)\left(1+\frac{\psi^2}{8\ 000}\right) \qquad (9\text{-}25)$$

式中，N 是最小支承长度；L 是相邻伸缩缝之间的距离，或伸缩缝至梁端距离，跨中设铰时，L 是铰两侧长度之和，单位 mm；H 是高度，对于桥台，取支承桥面至相邻伸缩缝处桥墩平均高度，对于柱（墩）取柱（墩）的高度，对于跨中设铰的情况，取相邻桥柱（墩）的平均高度，单位 mm；ψ 是支承构件与桥跨方向的夹角，单位°；K 是修正因子，取值在 0.5～1.5 范围之间，与抗震性能水准、分区加速度比有关。

(6)中国规范[6,10]

大陆地区公路工程抗震设计规范[6]：

①地震反应分析方法的适用条件

规范规定采用反应谱理论，但对于路基、挡土墙、桥台、隧道等建筑物，由于自振特性研究很少，仍然采用静力法计算地震作用，对于结构特别复杂，墩高大于 30 m 的桥梁，可采用时程反应分析法进行桥梁抗震设计。

②地震动输入及计算方法

计算地震荷载时，要求分别考虑顺桥和横桥两个方向的水平地震荷载。对于位于基本烈度为Ⅸ度区的大跨径悬臂梁桥，还应考虑上、下两个方向竖向地震荷载和水平地震荷载的不利组合。

地震力的计算：引入综合影响系数。梁桥下部结构的抗震设计，应考虑上部结构的地震荷载，其作用点的位置，顺桥向为支座顶面，横桥向为上部结构质量重心。规范没有相关位移的计算。

③最小支承宽度

简支梁桥：$a \geqslant 50+L$(cm)；吊梁与悬臂：$d \geqslant 60$ cm。

目前规范计算地震反应的方法有四种。其中等效静力法和弹性动力法是目前规范中广泛应用的方法。非线性静力分析方法主要是用来确定结构的倒塌机制等。

中国台湾公路桥梁抗震设计规范[10]：

①地震反应分析方法

桥梁抗震分析方法主要有静力分析法和动力分析方法，一般规则桥梁可采用静力分析法，不规则桥梁或特殊桥梁除采用静力法外，还需要用动力法进行校核。规范给出的动力方法主要是振型叠加法。

不规则桥梁指：多跨连续桥梁，因桥墩形式、高度、刚度、尺寸等之间的差异或土层情况有大的变化，致使桥梁各个部分振动特性有显著不同的桥梁；长周期(1.5 s以上)或高桥墩(40 m以上)的桥梁；曲率半径小的桥梁；跨度差异大或质量分布不均匀的桥梁；未曾受强烈地震考验的新型桥梁；建桥场地的土层属极软弱土层及沉泥层(距原地表面3 m以内的黏土层及沉泥层，由单轴压缩试验或现场试验推定其单轴抗压强度为0.2 kg/cm^2，视为极弱土层)的桥梁；其他地震时结构反应复杂的桥梁。

②地震动输入及计算方法

桥梁结构沿纵向和横向分析时，分析单元应分别确定。一般取在桥梁相邻伸缩缝之间的部分，经适当修正，可获得纵向与横向的分析单元。地震动输入的基面，通常可定在基脚下缘、桩帽下缘或沉箱上缘；如果有液化土层，或软弱黏土层，基面通常定在此土层下方；对会因洪水冲刷的河床，基面定于冲刷面之下。

由于地震在两水平正交方向同时发生，故不论是采用静力法还是动力法，抗震设计应考虑两正交方向地震效应的组合。第一种组合：100%纵向设计地震力引起构件内力的绝对值+30%横向设计地震力引起的内力绝对值;第二种组合:100%横向设计地震力引起构件内力的绝对值+30%纵向设计地震力引起的内力绝对值。

如果桥墩出现塑性铰后计算构件或结合部设计内力,只需分别考虑纵向或横向塑性弯矩引起的内力予以设计,不必按上述两种情况进行组合。

如果要考虑竖向地震作用,竖向地表加速度可取为水平向地震加速度的 2/3。

静力分析时采用的设计地表水平加速度系数:

$$Z_d = \frac{ZI}{1.2\alpha_y F_u} \tag{9-26}$$

式中,Z_d 为设计地表水平加速度系数;Z 为场地水平加速度系数,按重现期 475 年的地震区划图取值;α_y 初始屈服地震力放大倍数,对于钢筋混凝土结构,采用强度设计法设计时取 1.65,采用容许应力法设计时取 1.9;F_u 为考虑延性发展的结构地震力折减系数。

动力分析时,为避免中度地震时桥墩柱发生屈服,设计地表水平加速度系数取式(9-26)和式(9-27)的较大值。

$$Z_d^* = \frac{ZI}{3.0\alpha_y} \tag{9-27}$$

③最小支承宽度

为防止落梁,支承长度 N 不得小于下列规定:

$$N = 50 + 0.25L + 1.0H \tag{9-28}$$

式中,L 是跨径;H 是由基面起算的下部结构的高度(m);对于桥台,H 是采用邻近桥墩的高度,如果是单跨,取为 0;对于桥墩,采用该桥墩的高度;对于悬臂式伸缩接缝处,取接缝前后邻近桥墩的平均高度。

9.4 延性设计

目前,大多数地震国家的桥梁抗震设计规范已经采纳了延性抗震理论。延性抗震理论不同于强度理论,它通过结构选定部位的塑性变形(形成塑性铰)来抵抗地震作用的。利用选定部位的塑性变形，不仅能消耗地震能量，还能延长结构周期，从而减小地震反应。

延性定义为在初始强度没有明显退化情况下的非弹性变形能力。它包括两个方面的能力，一是承受较大的非弹性变形，同时强度没有明显下降的能力；二是利用滞回特性吸收能量的能力。

延性概念还分为静力延性和滞回延性，对于强震区的结构，滞回延性概念具有重要的意义，滞回延性是指在抗力始终没有明显降低的情况下，结构和构件所能经受的反复弹塑性变形循环的能力。

衡量延性的量化设计指标，一般采用曲率延性系数和位移延性系数，两者之间的关系可以由 R·帕克提出的“等效塑性铰长度”的定义得到，通常，截面的曲率延性系数比相应的墩顶位移延性系数要大。此外，结构整体延性系数和构件局部延性系数一般是不相等的，当考虑支座弹性变形和基础柔度影响时，结构位移延性系数比桥墩的位移延性系数低，附加柔度越大，结构的位移延性系数越低，而且在截面和截面材料特性一致的条件下，即曲率延性系数相同的情况下，结构位移延性系数随着桥墩高度的增加而降低。

桥墩的位移延性系数可以通过混凝土和钢筋的应力-应变关系，进行数值积分得到塑性铰区截面的弯矩-曲率曲线，从理论上确定屈服曲率和极限曲率，两者的比值即为截面的曲率延性系数，然后，通过曲率延性系数与位移延性系数的关系进一步得到桥墩的位移延性系数。

(1)美国 AASHTO 规范[1]（表 9-10、表 9-11）

表 9-10　混凝土结构延性设计[1,7]

项　目	设计说明
塑性铰区范围	取以下三项较大者：柱最大截面尺寸；柱净高的 1/6；450 mm
墩柱的螺旋筋和圆形箍筋	螺旋筋的体积配筋率 ρ_s 取 $\rho_s=0.45\left[\frac{A_g}{A_c}-1\right]\frac{f'_c}{f_{yh}}$ 与 $\rho_s=0.12\frac{f'_c}{f_{yh}}$ 的较大者 A_g 为毛截面积；A_c 为核心混凝土面积；f'_c 为混凝土抗压强度；f_{yh} 为箍筋屈服强度

续上表

项　目	设 计 说 明
墩柱的矩形箍筋	矩形箍筋(马蹄筋)的整个毛截面面积 A_{sh} 取 $A_{sh}=0.30ah_c\dfrac{f'_c}{f_{yh}}\left[\dfrac{A_g}{A_c}-1\right]$ 与 $A_{sh}=0.12ah_c\dfrac{f'_c}{f_{yh}}$ 的较大者 a 为箍筋间距;h_c 为计算方向上核心混凝土尺寸
钢筋的搭接和锚固	纵向钢筋只允许出现的柱的中部,搭接长度至少为 60 倍的钢筋直径或 400 mm;横向钢筋在纵筋搭接处中心线间距离不应超过以下两者的较小值:0.25 倍最小截面尺寸和 100 mm。 柱顶部和底部最大截面尺寸或者柱净高 1/6 范围内的横向约束钢筋,其间距不小于 450 mm;在搭接范围内的横向钢筋的最大间距不超过构件最小尺寸的 1/4 或 100 mm 的较小者;以上所述横向钢筋范围内不容许螺旋筋的搭接,这些范围内螺旋筋的连接应该采用完全强度焊接;桥墩的最小水平钢筋配筋率 ρ_h 和竖向钢筋配筋率 ρ_n 不小于 0.002 5,最小间距不超过 457 mm。 剪切钢筋要求连续并且分布均匀。 墩的水平钢筋的搭接要求错落分布
桥墩纵向钢筋	纵向钢筋的面积应该不小于 0.01 或者大于 0.06 倍毛截面面积 A_g
基础设计	能力设计
上部结构与墩柱的节点	按最大节点剪力设计
盖梁	使用平均能力折减系数进行极限强度设计
上部结构	使用平均能力折减系数进行极限强度设计
剪力键	力折减系数 $R=0.8$

(2)Caltans 准则[2]

该准则采用基于位移的设计方法,确保结构和构件在设计地震作用下,有足够的变形能力。采用位移作为结构地震破坏的衡量标准,较强度来讲可以更好地反映地震作用下需要满足的各项要求和指标。整体结构和局部延性体系位移要求满足:

$$\Delta_D \leqslant \Delta_c \tag{9-29}$$

式中,Δ_D 为位移需求,它是通过整体分析、独立系统或两者中的较大者；Δ_c 为达到塑性铰极限状态时的位移能力。

整体结构和延性构件的地震需求以位移作为标准，位移需求可以通过上节提到的等效静力分析、弹性动力分析等方法得到。对于能力保护构件，如下部结构、盖梁和基础通常采用力来衡量地震需求，考虑延性构件的塑性铰能力，能力保护构件的力的需求是通过结点处力的平衡，并乘以超强因子来确定。

表 9-11　混凝土结构延性设计[2,7]

项　　目	设计说明
目标位移延性需求	位移延性需求 μ_D，$\mu_D=\Delta_D/\Delta_{Y(i)}$，$\Delta_D$—整体位移，它包括了基础、能力保护构件的平动和转动引起的位移和延性构件的弹性和非弹性位移；$\Delta_{Y(i)}$—第 i 个子系统的初始位置到形成塑性铰位置时的屈服位移。 根据实验室结构单柱排架 $\mu_D\leqslant4$，多柱排架 $\mu_D\leqslant5$，对于考虑边界条件的框架结构较为复杂，整体位移受非延性构件刚度影响较大，位移延性需求一般在 1.5～3.5 之间
等效塑性铰长度	$L_P=0.08L+0.022f_{ye}d_{bl}\geqslant0.044f_{ye}d_{bl}$ 式中，L 最大弯矩点到反弯点的距离，d_{bl} 和 f_{ye} 分别为纵筋直径(mm)和屈服应力(MPa)
墩柱的螺旋筋和圆形箍筋	分为塑性铰区之外和塑性铰区之内两种情况。塑性铰区定义为：最大为弯曲方向截面的 1.5 倍，超过最大塑性弯矩 75%的区域，最大弯矩点至反弯点之间长度的 0.25 倍。延性构件塑性铰长度范围内的体积配筋率按照 $\rho_s=\dfrac{4\times A_b}{(D'\times s)}$ 计算，式中，D' 外围箍筋中心线围成混凝土截面尺寸；s 为箍筋间距。塑性铰区内最小体积配筋率为： $\rho_{s,\min}=\begin{cases}0.45\dfrac{f'_c}{f_{yh}}\left(\dfrac{A_g}{A_c}\right)\left(0.5+\dfrac{1.25P_e}{f'_cA_g}\right) & D\leqslant0.9\text{m}\\0.12\dfrac{f'_c}{f_{yh}}\left(0.5+\dfrac{1.25P_e}{f'_cA_g}\right) & D>0.9\text{m}\end{cases}$，而且不得小于 $\rho_s=0.45\dfrac{f'_c}{f_{yh}}\left(\dfrac{A_g}{A_c}-1\right)$(塑性铰区之外)的计算结果。式中，$P_e$ 是重力和地震作用下产生的轴力；f'_c 为混凝土抗压强度；f_{yh} 为箍筋设计强度；A_g，A_c 分别为毛截面积和核心混凝土截面面积；A_b 为单根钢筋面积；D 为截面最小边长

续上表

项　目	设 计 说 明
墩柱的矩形箍筋	分为塑性铰区之外和塑性铰区之内两种情况。在塑性铰区内箍筋面积不得小于： $A_{sh,\min}=\begin{cases}0.3sh_c\left(\dfrac{A_g}{A_c}-1\right)\dfrac{f'_c}{f_{yh}}\left(0.5+1.25\dfrac{P_e}{f'_cA_g}\right) & D\leqslant 0.9m\\ 0.12sh_c\dfrac{f'_c}{f_{yh}}\left(0.5+1.25\dfrac{P_e}{f'_cA_g}\right) & D>0.9m\end{cases}$ 且不得小于塑性铰区之外箍筋面积 $A_{sh}=0.3sh_c\dfrac{f'_c}{f_{yh}}\left(\dfrac{A_g}{A_c}-1\right)$。 式中，$h_c$ 是计算方向上约束核心混凝土的尺寸
钢筋的搭接和锚固	延性构件无接头区采用以下值的较大者：塑性铰长度和桥墩的弯矩需求超过 M_y 的部分。纵向钢筋、螺旋箍筋和圆形箍筋在“无接头区”内不允许有接头。“无接头区”外，延性构件的钢筋接头的设置应满足接头性能要求。 能力保护构件的钢筋拼接应满足正常使用阶段的要求。在钢筋应变接近屈服时，能力保护构件的拼接性能应该由“正常使用水平”提升到“极限承载水平”要求
桥墩纵向钢筋	纵向钢筋面积不得小于 0.01 倍水平毛截面面积，且不大于 0.08 倍。 墙式墩纵向钢筋面积与水平毛截面面积之比 $\rho_n\geqslant 0.0025$，且不低于水平钢筋面积与竖直截面面积之比 ρ_h
基础设计	能力设计，极限强度设计，$\Phi=1.0$ 扩大式基础：允许基础边缘有一定的提离。 桩基础：根据极限抗压能力和摩擦桩上拔能力的 50% 设计
上部结构与墩柱的节点	墩柱超强时，节点可以传递地震作用。按最大节点剪力设计，螺旋筋进入盖梁，且 $\rho_s\geqslant 0.4A_{st}/l_{ac}^2$，式中，$A_{st}$ 为墩柱纵向锚固钢筋面积；l_{ac} 为锚固长度，它是公称直径的 24 倍
盖梁	能力设计，保证塑性铰在墩柱中形成，而不在盖梁
上部结构	保证塑性铰在墩柱中形成，而不在上部结构
剪力键	设计成首先破坏单元，以保证墩台的稳定性

(3)欧洲规范 EC8[3](表 9-12)

对于延性结构，塑性铰区延性性能应校核抗弯性能，塑性铰区内的抗剪能力和塑性铰区外的抗弯、抗剪能力都按照能力设计方法进行设计。对于有限延性结构，能力设计并不是必需的，但是要求所有截面都应有足够的能力抵抗设计地震引起的效应。

表 9-12　混凝土结构延性设计[3,7]

项　　目	设　计　说　明
极限位移的定义	结构至少承受 5 周循环荷载，强度不大幅度下降；对于钢筋混凝土结构截面不出现初始失效，钢结构的截面不出现局部压屈；钢结构的延性构件强度不下降，钢筋混凝土构件强度下降不超过 20%
等效塑性铰长度	设计塑性铰长度 L_h 专门用于塑性铰的配筋细节设计，不用于计算铰的转动。 (1)当轴压比 $\eta_k \leqslant 0.3$ 时，设计的塑性铰长度 L_h 采用以下值的较大值：与塑性铰轴向垂直截面的宽度；从最大弯距到弯距下降 20% 的作用点之间的距离。 (2)如果轴压比 $0.6 \geqslant \eta_k > 0.3$，设计潜在塑性铰的要增加 50% 长度。 经验公式：$L_h = 0.08L + 0.022D_s f_y$ 或者 $L_h = (0.4 \sim 0.6)h$。式中，L_h 为等效塑性铰长度；D_s 和 f_y 分别为纵向钢筋的直径(m)和屈服应力(N/mm^2)；截面高度(m)
约束钢筋（机械钢筋）	塑性铰区轴压比大于 0.08 时，在受压区应设置约束钢筋。 配筋率：$\omega_{wd} = \rho_w f_{yd} / f_{cd}$，$\rho_w$ 是横向钢筋配筋率。 约束钢筋最小配筋率： 对于矩形箍筋 $\omega_{wd,r} \geqslant 1.74 \dfrac{A_c}{A_{cc}}(0.009\mu_c + 0.17)\eta_k - 0.07 \geqslant \omega_{w,\min}$ 式中，A_c 是混凝土毛截面积；A_{cc} 是核心混凝土面积；η_k 是轴压比；μ_c 是曲率延性需求。延性结构中，μ_c 最小值为 13，$\omega_{w,\min}$ 为 0.12；有限延性结构中，μ_c 最小值为 7，$\omega_{w,\min}$ 为 0.08。 对于螺旋箍筋 $\omega_{wd,c} = 1.4\omega_{wd,r}$ 约束钢筋的设置范围——塑性铰长度： 当轴压比 $\eta_k \leqslant 0.3$ 时：垂直于铰轴线方向的截面宽度和最大弯矩点与弯矩降低 20% 点之间的距离，两者取较大值。 当轴压比 $0.6 \geqslant \eta_k > 0.3$：塑性铰区长度为上一种情况取值的 1.5 倍
墩柱截面为圆形时的横向钢筋	塑性铰区轴压比不大于 0.08 时，不设螺旋筋。体积配螺旋筋率由要求的曲率延性和轴压比决定。 核心混凝土的螺旋钢筋的体积配筋率计算：$\rho_w = 4A_{sp} / D_{sp} \cdot s$，式中，$A_{sp}$ 钢筋面积；D_{sp} 钢筋直径；s 是钢筋间距，不大于 6 倍纵筋直径，并且不大于核心混凝土直径的 1/5
墩柱截面为矩形时的横向钢筋	当轴压比 < 0.08，或当空心或箱型截面的曲率延性可达 13 且最大混凝土压应变小于 0.35% 时，不设箍筋。体积配箍率由要求的曲率延性和轴压比有关 矩形截面横向钢筋配筋率：$\rho_w = A_{sw} / s \cdot b$，式中，$A_{sw}$ 为考虑方向的箍筋和拉筋总面积；b 为与计算方向垂直的核心混凝土尺寸

续上表

项　　目	设　计　说　明
墩柱钢筋的搭接和锚固	由于塑性铰区可能出现混凝土表层的脱落，箍筋末端应做成135°弯钩，且伸入到核心混凝土的深度不低于10倍箍筋直径。 对于潜在塑性铰区的螺旋钢筋接头必须采用机械接头或焊接。 在塑性铰区，纵向钢筋不应搭接
桥墩纵向钢筋	塑性铰区的受压纵筋应采取措施防止屈曲，因此，在纵筋外围设置箍筋或拉结筋的最大间距为纵筋直径的6倍，最小用量为： $A_t/s=\sum A_s f_{ys}/1.6 f_{yt}$ (mm^2/m) 式中，A_t 为单肢直径；s 为肢间距；$\sum A_s$ 为纵筋总面积；f_{yt}，f_{ys} 分别为箍筋和纵筋屈服应力
基础设计	基础设计不能设计成滞回耗能构件，并要求在地震作用下不发生破坏。对于有限延性的桥梁结构，设计地震作用下，按照线性分析，设计反应谱应乘以折减系数。对于完全延性的桥梁结构，按照能力设计。 对于桩基，当上部土质较差、与土层交界面剪切变形明显不同时，如果塑性铰的出现不可避免，应将出现位置控制在桩头附近，并应设置约束钢筋，除了满足上面提到的最小用量外，设置范围应为5倍桩径
盖梁	对延性结构进行能力设计
上部结构	对延性结构进行能力设计
剪力键	对延性结构进行能力设计

(4)日本规范[4](表9-13)

表 9-13　混凝土结构抗震设计[4,7]

项　　目	设　计　说　明
极限位移的定义	当外侧纵向钢筋屈服时的曲率和弯矩分别为 ϕ_{y0} 和 M_{y0}，初始屈服位移为 δ_{y0}，理想弹塑性力—位移关系曲线中的屈服点的曲率和弯矩分别为 ϕ_y 和 M_y，此时的屈服位移为 δ_y，当混凝土受压区混凝土达到极限应变时的曲率和弯矩分别为 ϕ_u 和 M_u，极限位移为 δ_u，它与以上各量的关系为： $\delta_u=\delta_y+(\phi_u-\phi_y)L_p(h-L_p/2)$
等效塑性铰长度	$L_p=0.2h-0.1D$ 且 $0.1D\leqslant L_p\leqslant 0.5D$，式中，$L_p$ 为等效塑性铰长度；D 为截面高度(m)；墩底到惯性力作用点的距离(m)
墩柱的螺旋筋	有分析方法，但无具体的配筋规定

续上表

项　　目	设　计　说　明
墩柱的矩形箍筋	有分析方法,但无具体的配筋规定
墩柱的纵向钢筋	为了保证结构延性并提高极限承载能力,一般不允许在墩柱中部减少纵向钢筋。在高桥墩中(规范给出的是 30 m 以上),在整个高度内均匀布置钢筋是不实际的,此时不可避免地要减少纵向钢筋,规范给出了公式计算减少纵筋的位置,并要求:减少纵筋的位置不能出现在 4 倍塑性铰长度范围内,减少量不能高于 1/3,在规定范围内(1.5 倍直径或短边长度)箍筋间距不低于 15 cm 且均匀布置
钢筋的搭接和锚固	在 4 倍塑性铰长度的范围内,原则上,纵向钢筋不应有接头。原则上,箍筋围绕纵向钢筋布置,其末端设成弯钩并伸入到桥墩中,箍筋的拼接应该是交错分布的。弯钩形式不同,延伸长度不同,半圆形弯钩:8 倍弯曲钢筋筋直径或 12 cm,锐角弯钩:10 倍弯曲钢筋直径,直角弯钩:12 倍弯曲钢筋直径。弯折的角度至少是箍筋直径的 2.5 倍,这里的箍筋直径指弯折之前的直径。 如果箍筋的搭接在矩形截面的拐角的其他部分,一般箍筋的搭接长度应大于 40 倍箍筋直径。圆形截面中,若采用搭接方式,搭接的长度至少是 40 倍箍筋直径。箍筋和拉筋的弯钩都应上述要求
墩的设计	将桥墩的破坏模式分为三类:弯曲破坏模式、剪切破坏模式以及由弯曲向剪切过渡的破坏模式。针对三种破坏模式给出了详细的设计方法
基础设计	允许应力法或动力法。基于日本阪神大地震的震灾经验,规范中明确了桥墩和桩基础的抗震强度的关系,原则要求桥墩的抗震强度要低于桩基础,以保证大地震时上部结构先于桩基发生塑性破坏,减轻上部结构的惯性力对桩基带来的负荷。规范中也给出了建于存在失效危险的场地基础的抗震设计
桥台设计	延性设计方法可以用于桥墩、基础、支座、防落梁系统等,一般不用于桥台的抗震设计,但是,如果特殊结构的桥台没有回填土,而且振动特征类似于桥墩时,应按照规范的相关规定进行延性设计
剪力键	允许应力法设计

(5)加拿大规范[9](表 9-14)

为了能够直接使用弹性反应谱,在进行柱的延性设计时,采用了响应修正系数 R,其最小值取 2.0。在进行弯矩计算时采用修正弹性分析的结果。桥墩的剪力和轴力按照 $R=1.0$ 或弹性分析结果进行设计。

表 9-14　混凝土结构延性设计[9]

项　　目	设　计　说　明
塑性铰区范围	取以下三项较大者：柱截面最大边尺寸；柱净高的 1/6；450 mm
墩柱的螺旋筋和圆形箍筋	螺旋筋的最小配筋率：$\rho_s = 0.12\dfrac{f'_c}{f_y}\left(0.5+\dfrac{1.25P_f}{\phi_c f'_c A_c}\right)$且 $\left(0.5+\dfrac{1.25P_f}{\phi_c f'_c A_c}\right)\geqslant 1.0$ 或 $\rho_s = 0.45\left(\dfrac{A_g}{A_c}-1\right)\dfrac{f'_c}{f_y}\left(0.5+1.25\dfrac{P_f}{\phi_c f'_c A_g}\right)$ 式中，f'_c 混凝土抗压强度；f_y 钢筋屈服强度；P_y 承载极限状态下截面轴力；ϕ_c 混凝土材料的抗力因子，$\phi_c = 0.75$；A_g 毛截面积
墩柱的矩形箍筋	矩形箍筋面积至少满足以下条件： $A_{sh} = 0.3s \cdot h_c \dfrac{f'_c}{f_y}\left(\dfrac{A_g}{A_c}-1\right)$和 $0.12s \cdot h_c \dfrac{f'_c}{f_y}\left(0.5+\dfrac{1.25P_f}{\phi_c f'_c A_g}\right)$，且 $\left(0.5+\dfrac{1.25P_f}{\phi_c f'_c A_c}\right)\geqslant 1.0$ A_c 箍筋外表面之间核心混凝土面积；s 箍筋竖向间距；h_c 沿计算方向上核心混凝土截面尺寸
钢筋的搭接和锚固	纵向钢筋只允许出现的柱的中部，搭接长度至少为 60 倍的钢筋直径或 400 mm；横向钢筋在纵筋搭接处中心线间距离不应超过以下两者的较小值：0.25 倍截面尺寸最小值和 100 mm。 横向钢筋中心线间的距离不得大于 0.25 倍构件截面最小尺寸或 6 倍纵筋直径或 150 mm。 椭圆形截面采用的互锁箍筋间距不大于 0.75 倍螺旋筋或环箍直径，重叠部分应至少设置 4 根钢筋。 螺旋钢筋中心线间的最大间距不能超过 6 倍纵筋直径或 150 mm，净距不低于 25 mm 和 1.33 倍粗集料的最大尺寸
桥墩纵向钢筋	纵向钢筋面积不小于 0.01，且不大于 $0.06A_g$；纵向钢筋中心线间的距离不超过 200 mm
基础设计	能力设计，或按照弹性分析结构进行分析。 存在可能液化土层时：用深桩基础或对土壤直接进行加固
上部结构与墩柱的节点	能力设计，或按照弹性分析结构进行分析
盖梁	能力设计，或按照弹性分析结构进行分析
上部结构	能力设计，或按照弹性分析结构进行分析
剪力键	能力设计，规范给出了设计荷载

(6)中国规范[6,10]

大陆地区公路工程抗震设计规范[6]对于钢筋混凝土及预应力混凝土结构和砖石及混凝土结构，采用分项安全系数的极限状态法验算，对于地基和支座等采用容许应力法验算(表 9-15)。

表 9-15　混凝土结构抗震设计[6]

项　　目	设 计 说 明
塑性铰区长度	塑性铰区长度为 b_{max}，$1/6h_c$、500mm 是横截面最大尺寸，h_c 为桥墩净高
柔性柱	规范给出了柔性墩地震作用的简化公式。在验算墩、台抗震稳定性时，须验算抗滑动稳定和抗倾覆稳定
墩柱箍筋用量及搭接锚固	位于Ⅷ度或以上地震区的桥梁，桥墩箍筋加密区段的螺旋箍筋间距不大于 10 cm，直径不小于 8 mm；对矩形箍筋，纵桥向和横桥向的体积配筋率均不低于 0.3%。螺旋箍筋接头必须焊接，矩形箍筋应采用 135°弯钩，并伸入核心混凝土中
基础设计	允许应力法

中国台湾公路桥梁抗震设计规范[10]中关于延性设计内容，主要参考了美国 AASHTO-92 的相关规定。为了能够采用弹性反应谱，在考虑延性设计时，需要采用地震力折减系数(表 9-16)。

表 9-16　混凝土结构抗震设计[10]

项　　目	设 计 说 明
桥墩抗剪钢筋	当设计最小轴力产生的平均压应力小于 $0.1f'_c$ 时，塑性铰区混凝土抵抗剪力的能力视为 0，断面的剪力全部由剪力钢筋承担
墩柱的螺旋筋	体积配箍率按以下两式计算，取较大者： $\rho_s=0.45\left[\frac{A_g}{A_c}-1\right]\frac{f'_c}{f_{yh}}\left[0.5+1.25\frac{P_e}{f'_cA_g}\right]$；$\rho_s=0.12\frac{f'_c}{f_{yh}}\left[0.5+1.25\frac{P_e}{f'_cA_g}\right]$ 且不得小于：$\rho_s=0.45\left[\frac{A_g}{A_c}-1\right]\frac{f'_c}{f_{yh}}$ 式中，A_g 全截面面积；A_c 混凝土核心面积；P_e 桥墩轴力；f'_c 混凝土抗压强度；f_{yh} 箍筋屈服强度

续上表

项　　目	设　计　说　明
墩柱的矩形箍筋	矩形箍筋钢筋总面积取以下两式的较大值： $A_{sh}=0.30ah_c\frac{f'_c}{f_{yh}}\left[\frac{A_g}{A_c}-1\right]$；$A_{sh}=0.09ah_c\frac{f'_c}{f_{yh}}\left[0.5+1.25\frac{P_e}{f'_cA_g}\right]$ 式中，A_{sh}为沿某方向箍筋总面积，h_c为与该方向垂直箍筋所围的核心混凝土尺寸；a为箍筋间距
墩柱的纵向钢筋	纵筋总面积与截面面积之比不得小于0.01，且不得大于0.06。主筋在塑性铰区内，不能连接，即不能在柱底宽或柱高1/6内。其搭接长度不得少于40 cm，连接可以采用焊接或经认可的联接器。相邻两根主筋续接处距离至少60 cm
钢筋的搭接和锚固	横向约束钢筋应布置在可能发生塑性铰区内，其长度至少等于最大柱宽，柱净高的1/6，或45 cm。约束钢筋应延伸至柱上端与下端的接头区。横向约束钢筋间距不得大于15 cm，也不得超过柱短边尺寸的1/4。螺旋箍筋在其布置范围内不得搭接

9.5　约束和减震、耗能设计

减隔震技术写入规范是近几年才开始的，虽然该技术有几十年的研究历史，但应用还处于起步阶段，相应的技术法规不很完善，其实际效果如何还有待考验。各国规范中，关于约束装置和减震、耗能设计的情况见表9-17。

表9-17　约束装置、减隔震结构设计情况

规　范　名　称	约束装置	减、隔震设计
AASHTO规范	采用	采用
Caltrans桥梁抗震准则	采用	无此条款
欧洲桥梁抗震规范(EC8)	采用	完全隔震结构采用等效线性反应谱分析，部分隔震结构采用非线性时程分析方法。隔震设计标准、校核在规范中有详细的说明
日本公路桥梁抗震规范	采用	规定了不宜采用隔震的桥梁结构。隔震设计可以用于地震系数法和延性设计，并进行动力分析反映隔震结构在设计地震作用下的结果。设计过程在规范中有详细的介绍
加拿大公路桥梁抗震规范	采用	设计中各种参数的取值、修正、分析方法和分析过程及试验在规范中有详细的介绍
中国公路桥梁抗震规范	采用	无此条款

9.6 本章小结

研究各国公路桥梁抗震规范可以发现，各国规范之间相互借鉴、补充，美国 AASHTO 抗震设计规范纳入了加州 Caltrans 桥梁抗震设计准则，所以说如果 Caltrans 准则修改或增补部分内容，AASHTO 规范的更新也是围绕这些内容展开。加拿大桥梁抗震设计规范也融合了 Caltrans 准则的部分内容，所以在研究加拿大桥梁抗震设计规范时，我们总能看到 Caltrans 的痕迹。日本是在 1923 年关东大地震后才将抗震设计条文引入结构设计的技术法规中的，1995 年阪神地震后，1996 年新出台的公路桥梁抗震设计规范代替了 1990 年的规范，增加了减隔震设计和延性设计等内容，1996 年版规范的发展特点与美国桥梁结构抗震设计规范保持一致。中国台湾公路桥梁规范内容较少，主要参考了日本 1990 年出版的抗震规范和 1992 年出版的 AASHTO 规范。

我国公路桥梁抗震规范相对滞后，作者认为原因有二：其一，对桥梁抗震重视不足，缺少研究土壤；其二，正是由于前者造成桥梁抗震研究成果分散，研究深度不够。这一点我们应向美国国家自然科学基金（NSF）的管理方式学习。美国国家自然科学基金成立于 1950 年，开始阶段在地震减灾项目上投入较少。在 1964 年阿拉斯加地震后，在美国国家自然科学基金，形成、发展了地震减灾工程。第 1 阶段 1964 年～1977 年，NSF 预算用于地震工程项目研究的经费由 1966 年的 24.9 万，逐年增加，1971 年大地震后，预算大幅度增加，到 1975 年预算 800 万。1977 年～1989 年 NSF 地震项目预算进入了缓慢而稳定时期，但是，项目还是持续发展的，国会提供的经费基本在 1 500 万～1 900 万左右。1989 年至今，在 1998 年预算要求 2 160 万，实际拨款 1 800 万。从美国国家自然科学基金对抗震减灾项目的发展历史上可以看出，我国在研究领域的发展、项目资助情况、政策法规方面、人员参与情况、和国际合作状况方面都有很多不完善的地方。我们应借鉴美国的经验，对地震工程予以重视、资助，才能稳定一批科研人员立足于此领域的研究。

参考文献

[1] AASHTO. Standard Specifications for Highway Bridges,1996.

[2] Caltrans,Caltrans seismic criteria version1. 2,2001.

[3] Eurocode 8-Design provisions for earthquake resistance of structures-part2:Bridges. Brussels. Committee European de Normalization(CEN),1994.

[4] 日本道路协会.道路桥示方书·同解说V耐震性能篇,1996.

[5] 日本道路协会.道路桥示方书·同解说V耐震性能篇,2001.

[6] 中华人民共和国交通部标准.公路工程抗震设计规范(JTJ 004-89).北京:人民交通出版社,1990.

[7] 范立础,王君杰.桥梁抗震设计规范的现状与发展趋势.地震工程与工程振动.2001,21(2).

[8] 胡聿贤.地震工程.石家庄:河北教育出版社,2003.

[9] National Standard of Canada CAN/CSA-S6-00,Canadian Highway Bridge Design Code. Section 4:Seismic Design. CSA International,2000.

[10] 交通技术标准规范(中国台湾).公路桥梁耐震设计规范.台北:幼狮文化事业公司.1995.

[11] 中华人民共和国国家标准.建筑抗震设计规范(GB 50011-2001).北京:中国建筑工业出版社,2001.

[12] 王克海,李茜,韦韩.国内外延性抗震设计的比较.地震工程与工程振动,2006(3).

第 10 章　桩-土-结构动力相互作用

10.1　土-结构动力相互作用的概念及发展阶段

由震源出发，通过场地土传播的地震波输入到结构体系，使其振动。这时，结构体系产生的惯性力如同新的震源又反过来作用于场地，引起的场地变形将使土-结构体系交界面的运动不同于自由场地情况。这种现象称为土-结构体系的动力相互作用（Soil-Structure Interaction）。这种土-结构相互作用有时明显地影响结构体系的变形和应力，特性及相互影响程度，不仅取决于土体刚度，同时与结构的刚度和质量有关[1]。

土-结构动力相互作用的研究可以追溯到 1904 年 Lamb 对弹性地基振动问题的分析，得到了二维与三维弹性半空间上作用集中荷载下的稳态和瞬态解。真正开始土-结构相互作用的研究是 1936 年 Reissner 在简化的边界条件下对 Lamb 解进行积分，研究了弹性半空间表面刚性圆形基础板在竖向均匀荷载作用下的振动问题（即基础振动问题的 Reissner 理论），从而奠定了地基-结构动力相互作用分析的基础。开展土与结构相互作用的研究工作始于 20 世纪 50 年代，土-结构动力相互作用的研究大致经历了三个阶段，分别为基本理论准备阶段、计算方法研究阶段和深化阶段[2]。

(1)20 世纪 50～60 年代为基本理论准备阶段。主要的研究工作是求解无限地基上刚性基础的振动力与位移之间的关系，即确定动力阻抗函数。1956 年 Bycroft G. N 给出了无限基础上刚性圆盘在平动、摆动、扭转振动的瞬态和稳定解。1962 年 Kobori 及 1963 年 Tnomson 得到了矩形基础的解。1966 年 Lysmer J 等对 Reissner 的解进行修正。1967 年 Parmelee 在 Bycroft 研究的基础上建立了土-结构动力相互作用的基本方程，反映了结构和地基之间在振动过程中的能量关系，初步揭示了惯性动力相互作用的基本规律。研究一般都是基于地基均匀、无限的假定，且基础是直接位于地基表面上，并以解析解为主，这些研究为土-结构动力相互作用的研究建立了必要的理论基础。

(2)20 世纪 70～80 年代中期为土与结构相互作用分析计算方法的研究阶段。随着计算机与有限元等数值计算方法的发展，以及重大、重要结构的修建，推动了土-结构动力相互作用研究的发展。这一时期除继续采用解析方法外，还引入了数值方法，如有限元法、边界元法和有限差分法等，分析方法也从整体分析的直接法发展到将土、结构分别进行分析的子结构法，扩大了土与结构相互作用问题的研究范围。在土与结构相互作用的影响因素方面，包含了基础形状、埋深、基础板柔性的影响，基础与地基介质间发生脱离的影响及桩基础的分析等。在地基方面，包括地基分层、地基刚度随深度变化及地形、地质条件不规则性的影响。在上部结构方面，包括相邻建筑物的相互作用影响及强震时某些部位可能进入塑性状态等。在地震波输入对相互作用的影响方面，包括 P 波、SV 波、SH 波和表面波等不同波形及不同入射方向等。在分析方法方面，出现子结构方法和整体分析方法。这一时期的研究在工程实际应用方面做了大量工作，主要是在频域内进行。在这一时期，Holzlöhner(1969)[3]，Luco(1972)[4]，Dasgupta(1976)[5]，Gaul(1976)[6]，Gazetas(1983)[7]和 Triatafyllidis(1984)[8]都是土-结构相互作用数值计算方法的倡导者。

(3)20 世纪 80 年代中期以后为土-结构动力相互作用的深化阶段。首先是美国、日本等国家开始通过大规模模型试验和现场振动试验，研究各种因素对相互作用的影响；其次是为了适应相互作用分析从线性问题转向非线性问题的需要，时域分析得到快速发展。Wolf(1988)[9]，Lysmer & Kuhlemeyer(1969)[10]，Underwood & Geers(1981)[11]，Häggblad & Nordgreen(1987)[12]以及 Schäpertons(1996)[13]等的研究工作发展了土-结构相互作用的时域分析。

考虑土-结构相互作用的主要影响：由于自由场反应改变了作用在结构物上的地震输入；在动力模型中，由于覆盖土层的存在使结构体系变柔，降低了固有频率；在结构很刚，而土层较软的情况下，离开结构物的扩散波的能量辐射会导致最终动力体系阻尼的增加。因此，土与结构相互作用问题，主要包含两个方面：一是自由场地反应问题，它是对地震地面运动的正确确定，另一个是相互作用问题，对建在自由场地中的结构及基础周围土体进行相互作用分析。对于桥梁结构桩-土-结构相互作用来说，是自由场地地震反应加上考虑土体对桩基约束作用的多点激振下的桥梁结构地震反应[14]。

10.2 土-结构动力相互作用的分析方法

在土-结构动力相互作用中涉及地基、基础和上部结构的模拟，如果在强烈地震下还将涉及到土体、基础和上部结构存在的非线性问题。因此，土-结构动力相互作用问题是一个复杂的研究课题，总的来说，研究土-结构动力相互作用的方法有两种，一是计算分析法；二是试验模拟的方法，分为现场观测和大规模试验模拟两类。其中计算分析法又可按以下分类方式划分。

(1)按求解域分类

土与结构相互作用的研究一直是一个难点。计算分析方法按求解域可分为时域分析方法、频域分析方法和时频域混合方法。其中频域法只适用于线性问题的求解，时域法既可以解决线性问题又可以求解非线性问题。对于具有非线性特性的土体来说，也可以采用等效线性方法解决土与结构动力相互作用。对于土是线弹性，结构是非线弹性时，也可以采用集总参数法。

集总参数法是 Lysmer 和 Richart 提出的，它是将结构物下部分土体换算成等价的弹簧-质量-阻尼体系，这些力学元件的参数通过地基土的动力阻抗函数表示。动力阻抗函数是指地基土对基础反力与其相应位移之间的关系，其实部与虚部分别代表了地基土在振动中的弹簧刚度系数与辐射阻尼系数,并与外加激振频率相关。集总参数法主要用于分析土与结构相互作用对上部结构地震反应的影响,基础处的输入地震动即为自由场地表面的加速度反应。通过这一模型,可以将求解弹性半空间问题转化为求解等效集中参数模型问题。集总参数法物力概念清晰,应用简便,在工程中应用较广。由于动力阻抗函数与外激振频率相关,一般只适用于相互作用体系的频域分析,对于非线性问题集总参数法不再适用。

(2)按结构体系分类

按照结构体系可以分为直接法和子结构法。直接法将地基与结构作为一个完整系统进行分析,这种方法可以同时得到地基反应与结构反应,该法通常采用数值法或半解析数值法求解。当采用时域逐步积分时,可以考虑地基的非线性,对于无限土体可以取有限土体进行计算,以减少工作量,但必须设置人工边界。子结构分析法是将上部结构与地基分成多个子结构,每个子结构分别独立求解,然后通过子结构之间交界面的协调条件进行综合求解。子结构模型在频域上可方便地用于阻抗函数法,处理线性地震反应,在时域可用于线性和非线性地震反应分析,但由于子结构法采用了叠加原理,理论上只适用于线性系统。此外,子结构法无法获得土体中位移和应力场的变化情况,不能用于土-结构动力相互作用对地基稳定性影响的研究。

(3)按求解方法分类

土-结构相互作用分析方法按求解方法分为解析法、数值法、数值解析结合法。解析法有一定的局限性,它要求简单规则的边界条件及均匀的介质,而数值法和结合法成为主要的求解方法。

数值方法分为完全有限元法和耦合法。完全有限元法可以真实地模拟土与结构相互作用的力学性能,能够考虑结构周围土体变形及加速度沿土剖面的变化,适当地考虑土的非线性特点。但是,在反映地基半无限域时,常采用这种方法的计算量很大,虽然可以通过设置人工边界的方法减小工作量,但是,又增加了人工边界的精度、稳定性、适应性等问题，通常采用的人工边界有黏滞阻尼边界、协调边界、迭加边界、旁轴边界和多次透射边界。耦合法是有限元与边界元的耦合，在土与结构相互作用中，对于结构或结构及土的部分区域采用有限元，在其他区域采用边界元。边界元法是将微分方程和边界条件归结为积分方程，然后进行离散化。边界元法可以处理开域问题，适用于分析向场地土那样的半无限介质波动问题。与有限元相比，分析维数较低，但涉及到Green函数和求解具有满阵的联立方程，所以计算时间相应增加。耦合法又分为有限元型和边界元型。有限元型是把边界元子域处理为特殊的有限元，与有限元域联合；边界元型是把有限元子域处理为特殊的边界元，并与边界元子域联合。耦合过程通常是在边界元子域和有限元子域的公共边界上，应用力的平衡和位移协调使二者耦合。耦合法的不足之处在于，边界元法的刚度矩阵是不对称的满阵，用有限元程序求解时，应将其对称化，此时会产生误差。

(4)按地震动输入方式分类

按照地震动输入方式，将土-结构动力相互作用分为确定性地震反应分析和随机地震反应分析。确定性分析是针对一条或几条已知的地震加速度时程曲线，进行确定性的数值积分，即将地震动作为时间的确定函数求解结构反应的时间波形。由于地面运动是一个非平稳的随机过程，因此，将随机振动理论应用于结构地震反应分析也是合理的。

10.3 桩-土-结构动力相互作用机理

桩基础是土建工程中广泛采用的基础形式之一，许多建于软土地基上的大型桥梁结构往往都采用桩基础。强地震经验表明，桩基具有良好的抗震性能。但是，桩基也会出现一些震害。1948年日本福井地震、1952年十胜冲地震时，位于软弱地基中的基础，出现上部结构与支承结构过大不均匀沉降的现象。而砂土液化可以导致桩基的破坏，从而引起上部结构的破坏，严重时将导致落梁,如 1975 年我国海城地震中的田庄台辽河桥。可见,土-结构相互作用是导致桩基震害的主要原因之一。桩基在地震中的主要破坏形式有:桩基下沉、倾斜、开裂、折断,造成落梁,桥墩破坏等等。

桩-土动力相互作用是土-结构相互作用问题中较复杂的课题之一。完整地考虑桩-土-结构动力相互作用问题非常复杂,为了考虑主要效应,通常把影响相互作用效应的问题分解为运动相互作用和惯性相互作用进行分析。与结构刚度有关的称为运动相互作用(波的散射效应),与质量相关的称为惯性相互作用[1]。运动相互作用反映的是地震波作用下桩-土运动差异,而惯性相互作用反映的是上部结构惯性力的影响。图 10-1 是桩-土-结构系统的示意图。为了弄清三者之间的相互作用关系,按

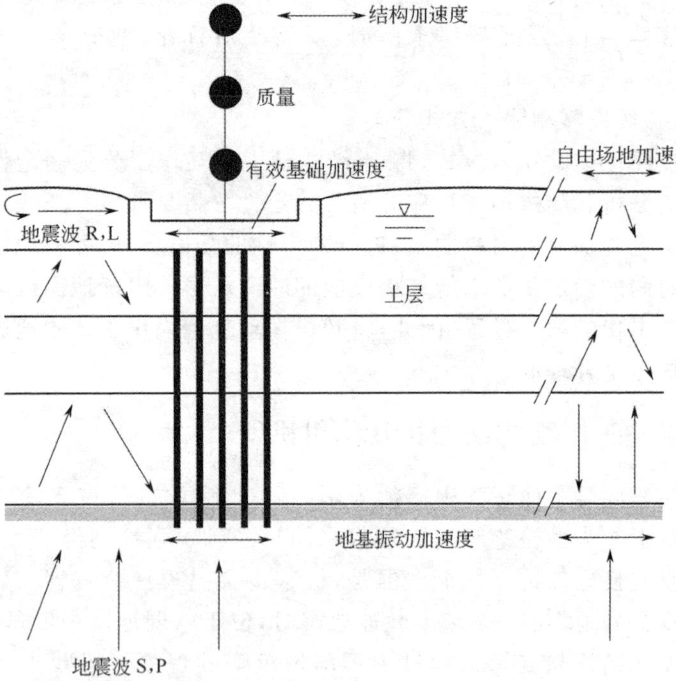

图 10-1　桩-土-结构相互作用示意图[15]

照单独土体和考虑结构及其桩存在于土体中来分别进行分析。除了运动响应和惯性响应外,还有土体的响应都是需要分析的。虽然运动响应和惯性响应几乎同时发生,但是由于可以很方便地将它们分成两个连续的现象,因此通常按照单独的系统分别考虑。

10.3.1 土体响应

覆盖于基岩上的土体影响着地面运动。分析由基岩运动下土体的响应,称为自由场运动。根据自由场的运动定义场地条件或设计反应谱是非常必要的。

土体具有以下特点:(1)明显的非线性;(2)和结构尺寸相比,可以认为地基土壤向下是没有边界的,所以在地震响应分析中,必须考虑到这种半无限空间特性,从而产生了半空间、透能边界、几何扩散阻尼等问题。

覆盖在基岩上的土层受到体波(P 波、S 波)和面波(R 波和 L 波)的激励作用,其几何和刚度特性影响场地的地震动。为了简化分析,通常土体的响应只考虑竖向 S 波的作用(线性一维分析)。来自于较远震源的倾斜的 S 波和面波也必须考虑。

土体动力响应分为两类,一类只适用于水平土层,另一类是非水平土层的有限元分析方法。集中质量法[16]、等效线性化法[17]及特征线法[18]属于第一类。等效线性化法假设响应可以由线性模型的响应来代替,线性模型的特性与激励时发生在模型中的平均应变保持一致,平均应变水平迭代求得。特征线法用来分析一维土体动力特性。平面应变有限元法是分析非水平土层的适当方法,曾被广泛地应用于非水平地表、非水平基岩、地基土壤中透镜体以及边坡与土坝等的地震反应分析[19]。图 10-2 所示为一维线性土体响应分析过程,整个过程都是在频域内进行的。

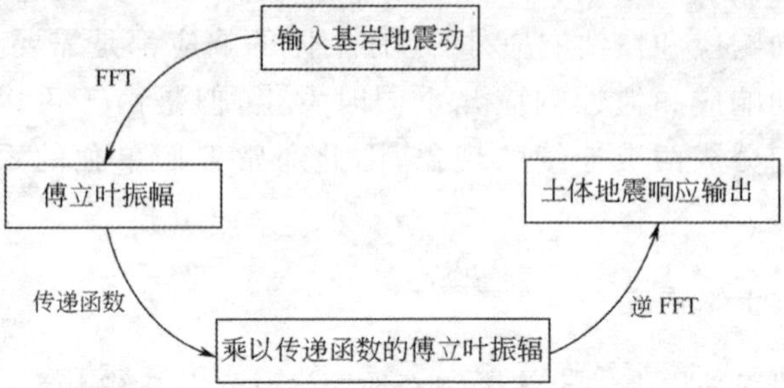

图 10-2 土体响应分析过程

10.3.2 运动响应

桩通过弯曲刚度来抵抗土体波动作用。当桩受到地震荷载作用和振动时,地震波将被反射和发散,这将不同于自由场的运动,也就是说,由地震引起的土体位移会受到运动相互作用的影响,当基础刚度阻止自由场运动时就会发生运动相互作用[20]。

10.3.3 惯性响应

桩基础的运动促使上部结构的振动,上部结构质量聚集处产生的惯性力提供基础处的力和倾覆弯矩,这些力和弯矩将传递给桩,并传入土中。因此,桩又产生新的运动、偏移和弯曲,同时,承台和下部结构也产生了位移和加速度。

10.3.4 分析方法

桩-土-结构相互作用采用的分析方法见表 10-1。

表 10-1 分析方法

分析内容	方法
土体响应分析	一维方法 二维和三维分析方法
桩-土-结构系统分析	直接法 子结构法

10.3.4.1　土体响应分析方法

(1)地基土的动力变形特性

在地基地震响应分析中,土的动力学特性非常重要。但是,通过室内试验和现场测试,场地土具有明显的非线性行为,使其诸如模量和阻尼的重要力学特性,随着应变大小有很大的变化,而且土的离散性较大,土受到扰动后力学特性会发生明显变化,这些为确定土的动力学特性带来了困难。有两种方法可以表示地基土的动力变形性能,一种方法是,直接给出考虑非线性的应力-应变关系;另一种方法是,给出等效模量和等效阻尼,它们是应变的函数。

应力应变关系非线性模型分为骨架曲线和滞回曲线,适当地选择模型参数,可以基本上符合实测数据。

■ 双曲线骨架计算模型

见图 10-3 所示直线 OA 的斜率 G_{eq} 取为割线模量或等效模量,等效阻尼比 $\xi_{eq}=\dfrac{1}{4\pi}\left(\dfrac{A_{ABA'B'A}}{A_{OAC}}\right)$,$G_{eq}$ 和 ξ_{eq} 均为应变的函数。

Hardin 和 Drnevich[21] 给出应力应变关系的双曲线骨架曲线为:

$$\tau=\gamma/(1/G_{\max}+\gamma/\tau_{\max}) \tag{10-1}$$

定义:最大剪应力与最大剪切模量的比值为参考应变,即 $\gamma_r=\tau_{\max}/G_{\max}$。可见,非线性特性由最大剪应力调整。

由描述滞回曲线 $G_{\max}$ 的和常数 C_1(滞回圈面积 ABA′B′A 与三角形 A′EA 面积之比),可得两者之间的关系为:

$$\xi=\frac{C_1}{\pi}\left(1-\frac{G}{G_{\max}}\right)=\xi_{\max}\left(1-\frac{G}{G_{\max}}\right) \tag{10-2}$$

由公式(10-1)和公式(10-2)可得:

$$\begin{aligned} G/G_{\max}&=1/(1+\gamma_h)\\ \xi/\xi_{\max}&=\gamma_h/(1+\gamma_h) \end{aligned} \tag{10-3}$$

式中,$\gamma_h=\gamma/\gamma_r$。

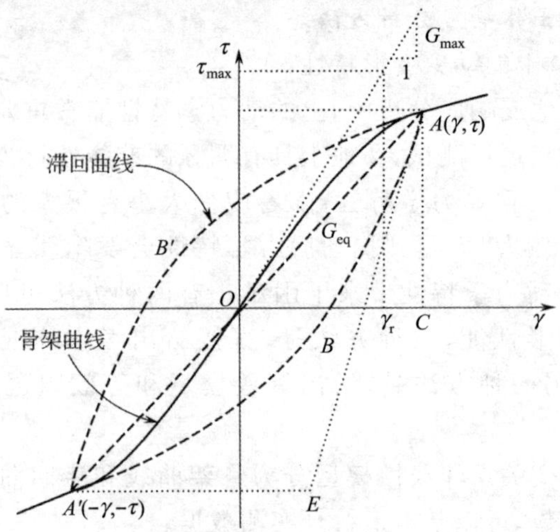

图 10-3　双曲线计算模型

■ Ramberg-Osgood 计算模型

除了上述的双曲线骨架曲线外，Ramberg-Osgood 模型也是比较常用的骨架曲线，即：

$$\gamma=\frac{\gamma}{G_{\max}}\left(1+a\left|\frac{\tau}{\tau_y}\right|^b\right) \tag{10-4}$$

式中，τ_y 为不排水剪切强度，$\tau_y=G_{\max}\gamma_r$；$a=0.01\dfrac{G_{\max}}{\tau_y}-1$；$b=1.4$（黏土）或 1.6（砂）。由式(10-4)可得切线模量 G，割线模量 $\bar{G}$ 和阻尼比 ξ 为：

$$G=\frac{\mathrm{d}\tau}{\mathrm{d}\gamma}=\frac{G_{\max}}{1+a(b+1)\left|\dfrac{\tau}{\tau_y}\right|^b} \tag{10-5}$$

$$\bar{G}=\frac{\tau}{\gamma}=\frac{G_{\max}}{1+a\left|\dfrac{\tau}{\tau_y}\right|^b} \tag{10-6}$$

$$\xi=\xi_{\max}\left(1-\frac{\bar{G}}{G_{\max}}\right)=\frac{2}{\pi}\frac{\beta-1}{\beta+1}\left(1-\frac{\bar{G}}{G_{\max}}\right) \tag{10-7}$$

进而可以得到 G-γ 和 ξ-γ 曲线。

■ 滞回曲线计算模型

一般采用 Masing 法则描述滞回曲线。Masing 法则认为骨架曲线 $\tau=f(\gamma)$，在 (γ_0,τ_0) 点卸载，则应力-应变的滞回关系为式(10-8)。

$$\frac{\tau-\tau_0}{2}=f\left(\frac{\gamma-\gamma_0}{2}\right) \tag{10-8}$$

■ Seed 等的经验关系

Seed 等在 1970 年左右发表了他们根据各种实测数据得到的等效剪切模量和阻尼比经验关系[22~24]。他们认为相对密度和围

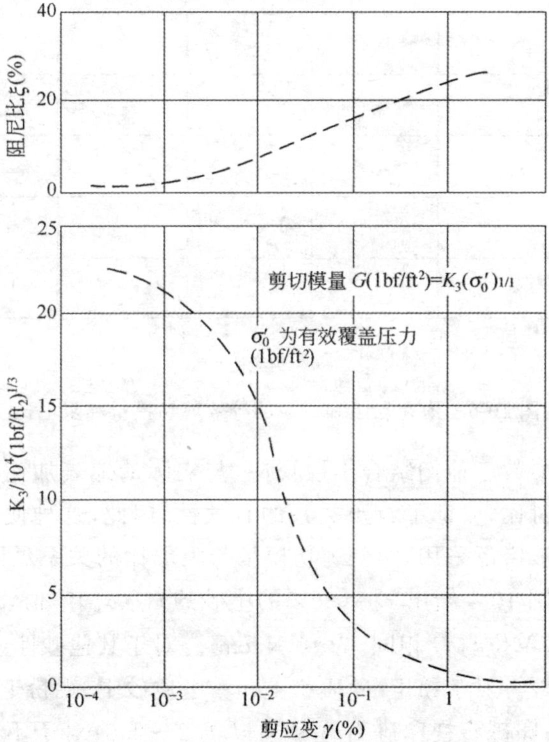

图 10-4　中砂等效剪切模量和阻尼比

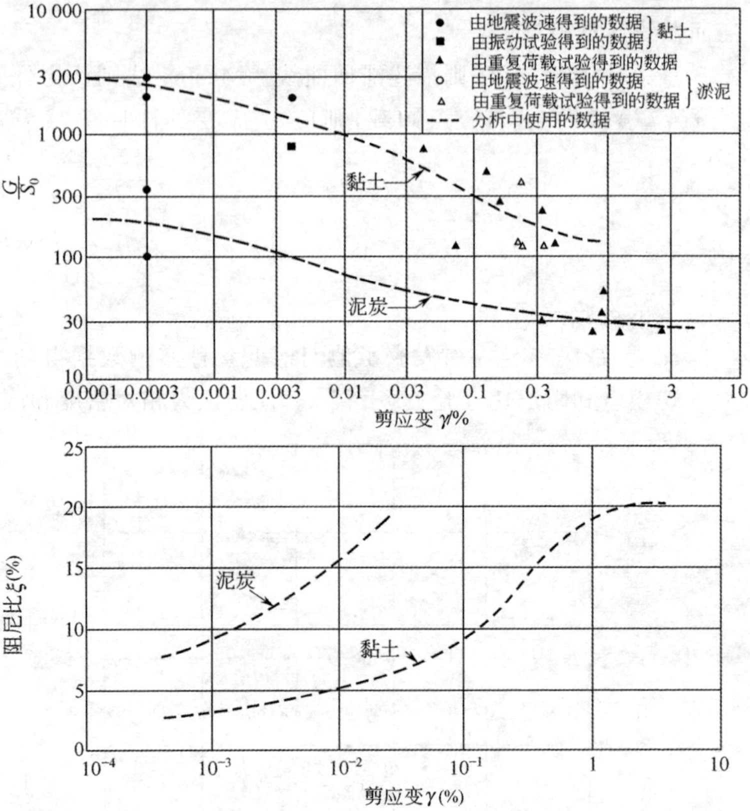

图 10-5　饱和黏土和淤泥的等效剪切模量和阻尼比

压是主要参数。他们结合土层反应，与实际的地表加速度记录和震害进行对比，验证了经验关系的有效性，因此，这种便于应用的经验关系被广泛采用，等效剪切模量与阻尼比的关系见图 10-4 和图 10-5。图 10-4 给出 $D_r=80\%$的中砂的 $G/(\sigma'_0)^{1/3}$ 值，σ'_0 为有效覆盖压力，单位与 G 相同，为 10 N/cm^2。对于其他砂性土，需要乘以修正系数。对于粉土、砂质粉土和粉土质砂土，视粉土含量乘以 0.5～0.9；卵砾石视卵砾石含量乘以 1.2～2.0；对于不同密度的影响可以按下式(10-9)进行修正。阻尼比受相对密度的影响较小。图 10-5 给出的是饱和黏土和淤泥的结果，S_u 为不排水剪切强度。

$$\frac{G_{D_r}}{G_{80}}=\frac{5}{9}\left(1+\frac{D_r}{100}\right) \tag{10-9}$$

(2)地基土响应分析方法

土体的非线性特征是控制土动力作用的重要影响因素，在桩-土-结构相互作用中必须考虑，至少应近似考虑与应变水平有关的土体性质[25]。Kausel 分析核电站建筑土-结构相互作用中土的非线性作用，分成主要非线性和次要非线性两类。主要非线性是由竖向入射的地震波通过土层引起自由场的运动，次要非线性是指结构基础周围的土在土-结构相互作用中产生的非线性。分析结果表明，次要非线性对基础周围土的模型和应变影响很大，对结构反应的附加影响很小，所以 Kausel 认为仅考虑主要非线性(一维非线性地震反应)是可以满足要求的。

不论是线性还是非线性分析，都可以由运动方程得到，表 10-2 给出各种方法的比较。

表 10-2　土体响应分析方法比较

	适用条件	线　性	非　线　性
一维	a)所有边界为水平的； b)地面响应由剪切横波(SH-Wave)引起； c)在水平向，土体和基岩无限延长	a)传递函数的评价； b)不采用应力-应变关系； c)线性一维土体响应分析在应变水平保持较低水平时，可以得到合理的结果	a)时域内直接数值积分方法； b)采用应力-应变关系曲线； c)非线性一维分析不论是应变水平高还是低，都可以得到满意的结果
二维和三维	a)将土体视为连续的 b)土体响应由节点响应描述	a)整体运动方程； b)考虑离散化； c)边界条件：基本边界；黏滞边界；协调边界，见图 10-6	a)增量形式的运动方程 b)采用循环非线性应力-应变模型或本构模型

(3)等效线性化法计算土体响应[19]

等效线性化方法适用于水平土层的地震响应分析，等效线性化方法以最大地震响应与非线性计算结果基本一致为前提，计算步骤如下所述。

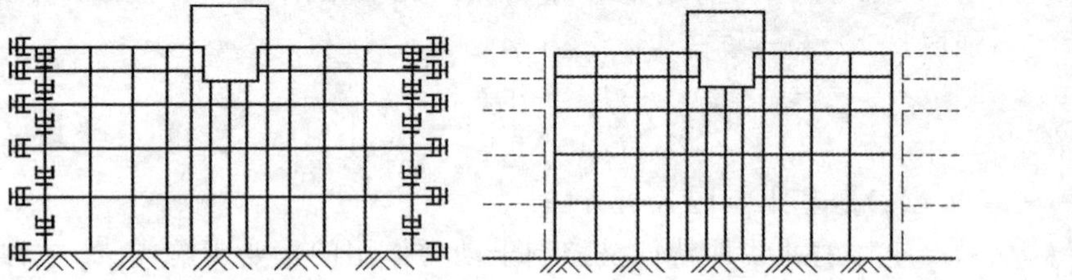

(a) 粘滞边界　　　　(b) 协调边界

图 10-6　黏滞边界和协调边界示意图[26,27]

第一步,将土层划分成层。在选定基岩面(第 $n+1$ 层)后,按照土层的性质划分为不同的计算层,如果相同性质的土层厚度较大,不同深度的应力状态和变形不同,而不同的变形对应的等效线性参数也不尽相同,因此,建议分成较薄的几层。

第二步,根据第 m 层给定的地震加速度 $u(t,z_m)=a(t)$ 估计各土层的等效模量 G_j 和等效阻尼比 $\xi_j(j=1,2,\cdots,n+1)$,若无经验,可取线性时的数值。

第三步,将地震加速度 $a(t)$ 进行傅立叶变换 $U(\omega,z_m)$。

第四步,求入射波幅和反射波幅,$E_2,F_2,\cdots,E_m,F_m,\cdots,E_{n+1},F_{n+1}$。首先假设 $E_1(i\omega)=F_1(i\omega)=\frac{1}{2}U_1(i\omega,z_1=0)$,然后,按照公式(10-10)递推求得 $E_2,F_2,\cdots,E_m,F_m,\cdots,E_{n+1},F_{n+1}$。

$$E_{j+1}=\frac{1}{2}[E_j(1+\alpha_j)e^{ik_jh_j}+F_j(1-\alpha_j)e^{-ik_jh_j}]$$

$$F_{j+1}=\frac{1}{2}[E_j(1-\alpha_j)e^{ik_jh_j}+F_j(1+\alpha_j)e^{-ik_jh_j}] \quad (10\text{-}10)$$

$$\alpha=\frac{\rho_j V_j}{\rho_{i+1}V_{j+1}}$$

第五步,根据给定的 $U(\omega,z_m)$,根据公式(10-10)和第 j 层顶面($z_j=0$)处,地震动的振幅 $A_j=U_j(z=0)=E_j+F_j$,可计算地表振幅 $A_0(i\omega)$。

第六步,计算各层中点的剪应变 $\gamma_j(\tau/G^*)_j=(du/dz)_j$ 的频域表示($z_j=h_j/2$),$\Gamma(i\omega,z_j)=ik_j(E_je^{ik_jz_j}-F_je^{-ik_jz_j})$。

第七步，利用傅立叶逆变换求时域过程 $\gamma_j(t, z_j)$，并由等效简谐振动概念，将其等效为平均应变振幅，通常取为 0.65。

第八步，对比计算得到的结果是否与第二步假定相符，若不符，需重新假定，需重复第四步至第七步，直到全部无明显变化为止。

(4)集中质量法[19]

集中质量模型是由 Penzien 为了研究桩基反应提出的，这种方法又称为明德林(Mindlin)静力模型。现将水平土层视为一维问题，只考虑剪切波的竖向传播，将土层视为多质点体系(桩的离散与土体的划分一致)，从地表面起将土层划分为厚度 $2h_i$(也可等厚度划分)，每层的作用由一集中质点 m_i、弹簧 k_i 和阻尼 c_i^c 及 c_i^d 代替，如图 10-7 所示。应注意离散点数量要足够多，以反映连续体系的变化。相邻两质点之间的每一连接参数，都由土壤的非线性应力应变关系决定，k_i 的确定也是根据这一关系确定的，考虑非线性时，可采用等效化方法进行[19]。按照 Penzien 的建议，两质点之间的作用力的参数表示土的内摩擦转变成热而损失的能量(内阻尼)，c_i^d 表示由弹性波传播到无穷远处所耗散的能量(辐射能量)，f_i 表示非线性恢复力，这里需要根据土壤动力试验确定相

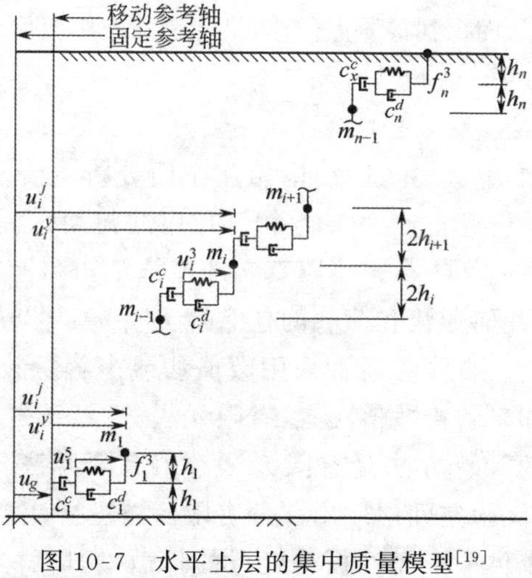

图 10-7　水平土层的集中质量模型[19]

应参数 k_{ie}、k_{ip} 和 u_{iy}^s 才能得到 c_i^c、c_i^d 和 f_i。由两个相邻的(c^d,f^s)取出的隔离体的平衡条件可得：

$$m_i\ddot{u}_i^r + c_i^d\dot{u}_i^s - c_{i+1}^d\dot{u}_{i+1}^s + f_i^s - f_{i+1}^s = -m_i\ddot{u}_g \quad (i=1,2,\cdots,n) \tag{10-11}$$

式中，$\ddot{u}_g$ 是基底地震动加速度；$\ddot{u}_i^r$ 为相对于地基基底的加速度；u_i^s 是质点 i 的位移，它是从 i 点到 $i-1$ 的内阻尼器 c_i^c 之前的相对位移，不包括 c_i^c 产生的变位。

另外由相邻的(c^d,f^s)和 c^c 的隔离体的平衡条件有：

$$c_i^c(\dot{u}_i^r - \dot{u}_{i-1}^r - \dot{u}_i^s) - c_i^d\dot{u}_i^s - f_i^s = 0 \quad (i=1,2,\cdots,n) \tag{10-12}$$

式(10-11)和式(10-12)共有 $2n$ 个方程，可求解 $2n$ 个未知量 u_i^s 和 u_i^r。

自由场分析结束后，开始分析桩-土相互作用，即从给定的基底地震动和自由场分析得到的地基中各点的位移来确定桩基础结构的地震反应。同样桩基础和上部结构都离散化，成为多质点体系。桩基础各质点处的阻尼和刚度是桩与土体相互作用的阻尼和刚度。考虑基底处受到水平地震动 $\ddot{u}_g(t)$ 并在地基各桩质点处受到水平地震动的同时作用(已由自由场分析得到)，即可得到体系的运动方程，从而得到桩质点位移、桩土相互作用变位、基础转角等。

10.3.4.2 桩-土-结构动力相互作用分析方法

(1)直接法

如表 10-1 所示，桩-土-结构相互作用分析主要采用直接法和子结构法。在研究土-结构动力相互作用的初期，较多地采用直接法。这种方法的优势在于可以真实地模拟结构和地基介质的力学性质、复杂的几何形状和荷载的任意性，使很多复杂的特殊问题得到合理的解决。直接法通常采用数值法或半解析数值法求解，常用的数值法和半解析数值法有：有限元法、边界元法、无限元法等，其中最常用的计算方法是有限元法。用有限元法分析相互作用时，需要从半无限空间内取出部分有限区域进行计算，有界土体模型在结构和土体内不允许振动能量的扩散，所以就忽略了辐射阻尼。为了消除边界影响，需要设置人工边界，以模拟连续介质的辐射阻尼，保证由结构产生的散射波穿过人工边界，而不发生反射。常用的人工边界有以下几种：黏性边界、一致边界、叠加边界、旁轴边界、透射边界、动力映射无限元等。对这些局部人工边界的对比分析表明，透射边界具有较高的精度[2,28,29]。

(2)子结构法

正因为直接法的局限性，子结构法成为分析土-结构动力相互作用广泛采用的、有效的分析方法。子结构法将上部结构与地基分离成两个或多个子系统，每个子系统可以采用相同或不同的数值模型独立地进行分析，然后通过子结构交界面的连接单元的协调条件，将子结构再联系起来进行求解。发生在连接单元的所有运动是土体一侧接触面处自由场的全部运动总和，不包括结构和连接单元附加的运动。按照其运动情况得到连接单元相关自由度的运动方程，并求解得到位移。子结构法的优点在于对每个子系统的分析均可以采用最合适的分析方法，例如，由于土体子结构刚度和阻尼特性是相关的，通常是在频域内进行地震响应分析，然后通过转换，得到时域内的响应时程。

子结构法分为三步[30]：①桩基础存在后的地震动输入与自由场地的差异；②确定桩基础(或地基)的等效动力阻抗；③计算桩基础等效弹簧和阻尼器支撑的结构在给定基础输入下的结构动力反应分析，即惯性相互作用，见图 10-8。

(3)刚性基础上单自由度体系的频域子结构法

如图 10-9 所示，上部结构为质量 m 集中于顶部的单自由度弹性体系，支承在刚性基础上。基础质量 m_0，关于 x 轴的惯性矩为 J_0。基础水平向尺寸与弹性半空间相比很小，可以忽略 τ 效应[9]（刚性、无质量基础的运动响应）。在弹性半空间内输入沿 y 轴方向的地震动 $\ddot{v}_g(t)$，将在弹性半空间与基础交界面处产生内力，使刚性基础发生平动和转动。将上部结构和基础视为子结构 1，将地基视为子结构 2，在弹性半空间表面设置刚性、无质量刚性板，它与刚性基础的下表面的位移保持协调一致。

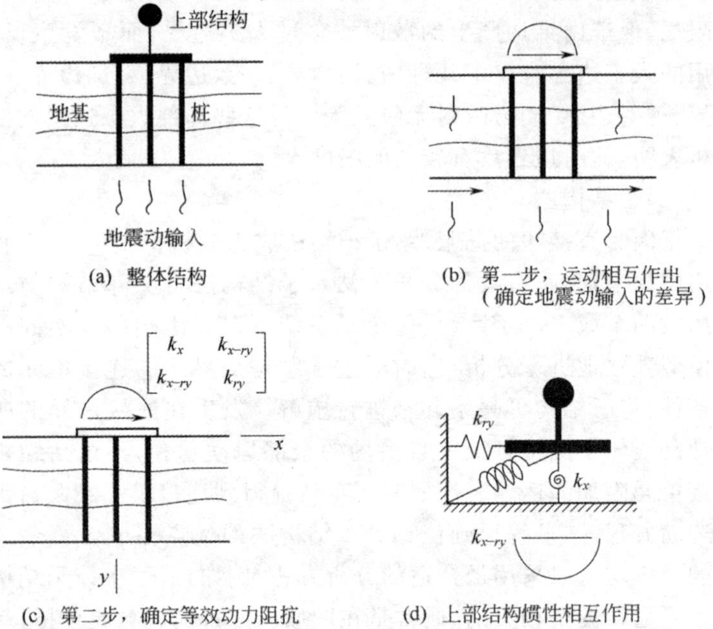

图 10-8　子结构分析方法示意图[31]

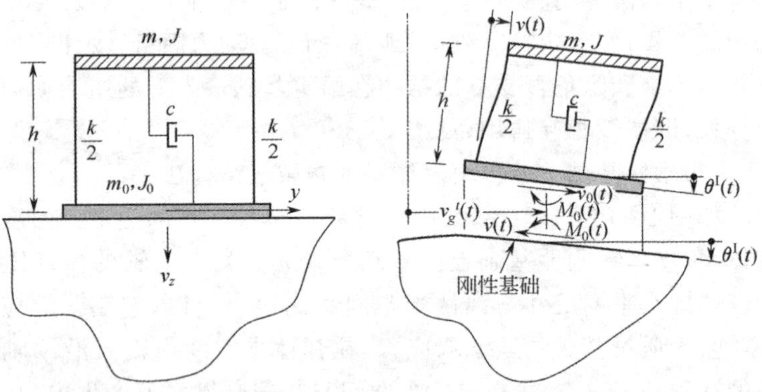

图 10-9　支承在刚性基础上的单自由度体系

基础总位移为自由场地震动位移与相互作用引起的位移之和，即：

$$\nu_g^t(t)=\nu_g(t)+\nu_g^I(t) \tag{10-13}$$

由于基础在地表面，$\nu_g(t)$就是子结构 2 中接触边界点的位移，这里由于没有自由场地转动，所以，基础的转角 $\theta^I(t)$全部是由相互作用引起的。

子结构法的平衡方程有三个未知量 $\nu(t)$，$\nu_g^I(t)$和 $\theta^I(t)$，$\nu(t)$是质量 m 相对于基础的位移。可见，该体系具有 3 个自由度和 2 个质量。

首先，取质量 m 为隔离体，可得到水平平衡方程：

$$m\ddot{\nu}+2m\omega\xi\dot{\nu}+k\nu+mh\ddot{\theta}^I+m\ddot{u}_g^I+m\ddot{\nu}_g=0 \tag{10-14}$$

式中，$\xi=c/2m\omega$；$\omega=\sqrt{k/m}$。

然后，取整个子结构 1 为隔离体，得到子结构水平平衡方程：

$$m\ddot{\nu}+mh\ddot{\theta}^I+(m+m_0)\ddot{\nu}_g^I+(m+m_0)\ddot{\nu}_g=V_0(t) \tag{10-15}$$

式中，$V_0(t)$为交界面处的剪力。

最后，对子结构 1 得到绕基础 x 轴的力矩平衡方程：

$$mh\ddot{\nu}+(mh^2+J+J_0)\ddot{\theta}^I+mh\ddot{\nu}_g^I+mh\ddot{\nu}_g=M_0(t) \tag{10-16}$$

式中，(mh^2+J+J_0)项是整个结构体系绕基础的转动惯量；$M_0(t)$是交界面处的弯矩。

将方程(10-14)、式(10-15)和式(10-16)进行傅立叶变换，得到子结构 1 频域内的响应方程：

$$(-\bar{\omega}m+2i\bar{\omega}\omega\xi m+k)V(i\bar{\omega})-\bar{\omega}^2mh\Theta^I(i\omega)-\bar{\omega}^2mV_g^I(i\omega)+m\ddot{V}_g(i\bar{\omega})=0$$

$$-\bar{\omega}mV(i\bar{\omega})-\bar{\omega}^2mh\Theta^I(i\bar{\omega})-\bar{\omega}^2(m+m_0)V_g^I(i\bar{\omega})+(m+m_0)\ddot{V}_g(i\bar{\omega})=V_0(i\bar{\omega}) \tag{10-17}$$

$$-\bar{\omega}^2mhV(i\bar{\omega})-\bar{\omega}^2(mh^2+J+J_0)\Theta^I(i\bar{\omega})mhV_g^I(i\bar{\omega})+mh(i\bar{\omega})=M_0(i\bar{\omega})$$

子结构 2 的运动方程，只有两个自由度，$\nu_g^I(t)$和 $\theta^I(t)$。Veletsos 、Wei[32] 和 Luco 、Westman[33] 曾求得均匀半空间或层状半空间上刚性无质量圆形板的动力柔度函数（阻抗函数的倒数）。相应阻抗函数的形式如下：

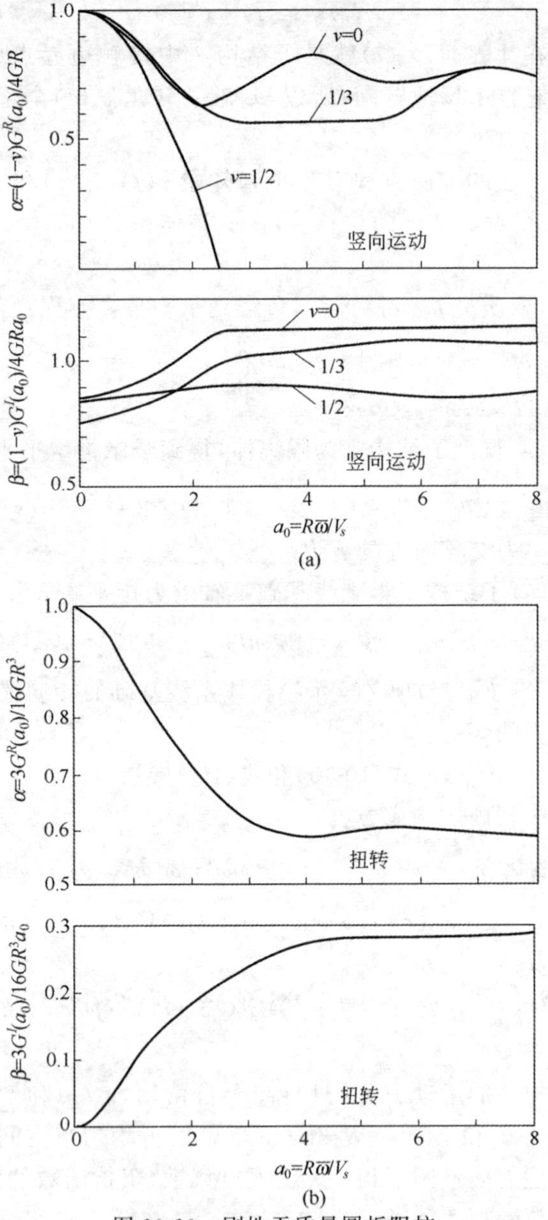

图 10-10　刚性无质量圆板阻抗

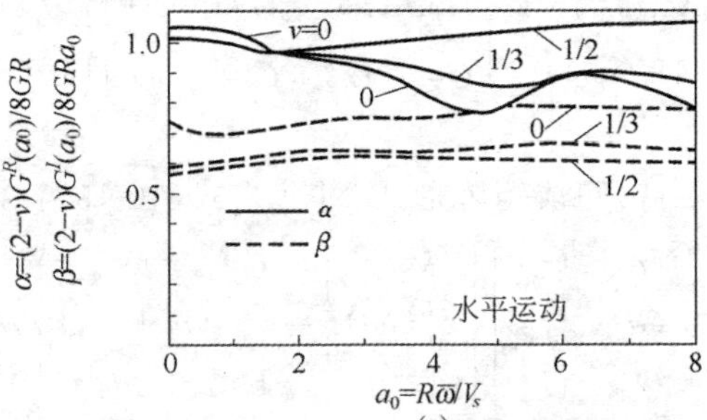

(c)

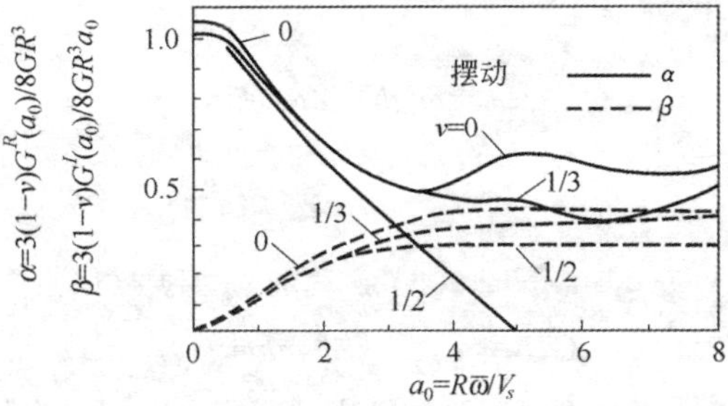

(d)

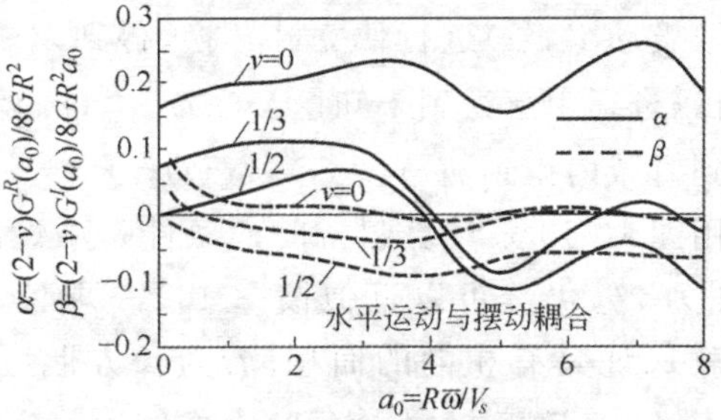

(e)

图 10-10　刚性无质量圆板阻抗(续)

$$G(ia_0)=G^R(a_0)+iG^I(a_0) \qquad (10\text{-}18)$$

上标“R”和“I”表示实部和虚部。a_0 是无量纲频率，$a_0 \equiv R\bar{\omega}/V_s$，$V_s$ 是剪切波速，R 是圆形板的直径。$G^R(a_0)$和 $G^I(a_0)$无量纲形式示于图 10-10。采用阻抗函数，子结构 2 的相互作用在频域内表示为：

$$\begin{Bmatrix} -V_0(i\bar{\omega}) \\ -M_0(i\bar{\omega}) \end{Bmatrix} = \begin{bmatrix} G_{\nu_g^I\nu_g^I}(i\bar{\omega}) & G_{\nu_g^I\theta^I}(i\bar{\omega}) \\ G_{\theta^I\nu_g^I}(i\bar{\omega}) & G_{\theta^I\theta^I}(i\bar{\omega}) \end{bmatrix} \begin{Bmatrix} V_g^I(i\bar{\omega}) \\ \Theta^I(i\bar{\omega}) \end{Bmatrix} \tag{10-19}$$

将式(10-17)写成矩阵形式，并代入式(10-19)：

$$\begin{bmatrix} G_{11} & G_{12} & G_{13} \\ G_{21} & G_{22} & G_{23} \\ G_{31} & G_{32} & G_{33} \end{bmatrix} \begin{Bmatrix} V(i\bar{\omega}) \\ V_g^I(i\bar{\omega}) \\ \Theta^I(i\bar{\omega}) \end{Bmatrix} = \begin{Bmatrix} -m \\ -(m+m_0) \\ -mh \end{Bmatrix} \ddot{V}_g(i\bar{\omega}) \tag{10-20}$$

式中

$$\begin{aligned} G_{11} &= -\bar{\omega}^2 m + 2i\bar{\omega}\omega\xi m + k \\ G_{12} &= G_{21} = -\bar{\omega}^2 m \\ G_{13} &= G_{31} = -\bar{\omega}^2 mh \\ G_{22} &= -\bar{\omega}^2(m+m_0) + G_{\nu_g^I\nu_g^I}(i\bar{\omega}) \\ G_{23} &= G_{32} = -\bar{\omega}^2 mh + G_{\nu_g^I\theta_g^I}(i\bar{\omega}) \\ G_{33} &= -\bar{\omega}^2(mh^2+J+J_0) + G_{\theta^I\theta^I}(i\bar{\omega}) \end{aligned} \tag{10-21}$$

将自由场地地震动 $\ddot{\nu}_g(t)$ 进行傅立叶转换，得到 $\ddot{V}_g(i\bar{\omega})$，这样式(10-20)就可以进行求解得到未知量 $V(i\bar{\omega})$、$V_g^I(i\bar{\omega})$ 和 $\Theta^I(i\bar{\omega})$，然后将其转换到时域内得到 $\nu(t)$、$\nu_g^I(t)$ 和 $\theta(t)$。

直接采用图 10-10 来计算阻抗时的条件是刚性圆板，如果是正方形，尺寸为 $2b$，仍然可以近似按图 10-10 取值，但半径 $R=1.13b$，这样就保证具有相同的面积；若为长方形，尺寸为 $2b_1 \times 2b_2$，如果 b_1 与 b_2 差异较大，不能使用上面的等效方法，可采用有关文献给出的半宽为 b 的无限长条基础。

10.3.4.3　桩-土动力相互作用理论分析模型

桩-土-结构的动力相互作用分析与土-结构动力相互作用分析相似，主要差别在于如何模拟桩在地震中的反应[19]。对桩-土动力相互作用分析的模型有：

(1)动力 Winkler 模型

在桩基动力学中，Winkler 地基梁模型法得到了普遍应用。

这种方法将桩视为至于土层中的梁，将桩周土对桩的动力阻抗用连续分布的相互独立的弹簧和阻尼器代替，在此基础上可进一步考虑土层沿深度方向的非均匀变化甚至土的非线性性质。

该模型的关键就在于确定弹簧的刚度系数和阻尼器的阻尼系数。确定弹簧刚度系数的最重要的方法是利用试验得到的 $p-y$ 曲线求得。Kagawa 和 Kraft[34,35] 经过分析发现，土体的弹簧刚度和阻尼系数可由土体的滞回曲线确定。Gazetas 等[36] 研究了 Winkler 地基参数取值，将土体模拟成 Winkler 地基，它对桩基运动的约束简化为沿桩长连续分布，并与频率相关的切向和法向线性弹簧和阻尼器组成。通过对比 Winkler 地基梁模型与有限元两种方法下的桩顶位移，得到了与频率相关的弹簧刚度系数和阻尼系数的经验表达式：

对于水平受力桩 $k \approx 1.2E_s;c \approx 6a_0^{-1/4}\rho_s V_s d + 2\beta_s \dfrac{k}{\omega}$ (10-22)

对于竖向受力桩 $k \approx 0.6E_s(1+0.5\sqrt{a_0});c \approx a_0^{-1/4}\rho_s V_s d + 2\beta_s \dfrac{k}{\omega}$ (10-23)

式中，k 是弹簧刚度系数；c 为土体阻尼系数；E_s 为土体模量；$a_0 = \omega d/V_s$ 为无量纲频率，ω 为激励荷载的频率；ρ_s 为土体密度；d 为桩的直径；β_s 为土体的阻尼系数；V_s 为剪切波速。

动力 Winkler 模型包括 Matlock 模型、Novak 模型和 Nogami 模型，其中 Matlock 模型、Novak 模型是常规的线性相互作用分析模型。Matlock 模型由一个与激励频率无关的非线性弹簧和线性阻尼器组成，非线性弹簧的刚度系数由 $p-y$ 曲线确定，阻尼器主要考虑辐射阻尼。Novak 模型是基于平面应变假设提出的，仅限于线弹性条件和稳态谐振动的情况，弹簧刚度系数由无限弹性介质中的垂直无限长圆柱的振动公式的解析解求得，地基阻抗被一个与频率相关的复杂弹簧所代替。Nogami 模型多用于桩-土相互作用的非线性分析中，它可视为是前两种模型的组合，这种模型由近场单元和远场单元两部分构成。近场单元由非线性弹簧和代表桩周土质量的集中质量块组成，非弹性弹簧的确定方法与 Matlock 模型相同，即由静态单位荷载传递曲线确定，质量块用来模拟近场区参振土体的惯性效应。远场单元借鉴了 Matlock 模型，由频率无关的弹簧、阻尼器和质量块组成，用来模拟远场土的阻抗。Nogami 模型既能模拟近场土的非线性，也能反应远场的线弹性和动力阻抗效应，但不能反映桩土界面的分离和滑移效应以及土层间的剪切效应。

(2)有限元模型

有限元模型在桩-土动力反应分析中具有重要的地位，它是通过协调单元代表桩与土的连续性，可以描述土体中应力传播波，还可以处理土性的变化和地震动空间变化。有限元法可以考虑土体的非线性、固结时间效应、动力效应、桩的特殊边界条件、桩与土之间的滑移与脱开以及群桩效应等因素对桩基工作状态的影响。在三维有限元分析中，通常将桩离散成实体元或空间梁单元。对于水平荷载作用下的桩，横向弯曲是主要变形特点，通常用空间梁单元模拟。此外，需要设置人工边界(如透射边界)，以考虑辐射阻尼的影响。

(3)集中质量模型

集中质量模型是一种使用较早的计算模型，又称作多质点系模型、明德林(Mindlin)静力模型，以 Penzien 模型[16]为代表。将上部结构和桩基离散为剪切型多质点系，桩基各质点处既有水平位移又有转角。靠近桩体的土与桩体有相同的振动，这部分土体称为有效土体，也被简化为多质点系。远离结构物的地基，近似视为半无限体，它不受结构物存在的影响，其振动以单位面积土柱简化成的多质点系(称为自然地基体系)来描述，只考虑弹性剪切变形。在自然地基与等价体系(有效土-桩-上部结构)之间以水平弹簧相连。分析时首先进行自由场分析，然后将自然地基的反应通过上面提到的水平弹簧传递给结构-有效土体系，用阻尼器模拟动力相互作用过程中的能量耗散。

该模型已用在桥梁、高层房屋、电视塔和海上石油平台[37~42]

等桩基结构体系的动力相互作用分析中。这种方法相对来说比较粗糙,但是应用简单,而且模型体现了动力反应分析中最基本的质量、刚度和阻尼三个因素,物理概念明确,揭示了动力相互作用的主要矛盾,比有限元等较复杂的数值方法计算量要小得多,建立的质量-刚度-阻尼模型的动力平衡方程的解法较为成熟[43]。由于模型中真实的土体不出现,所以,无法考虑土体在地震反应中塑性的发展及土体的多相性等特点。

10.3.5 桩-土-结构动力相互作用的集中质量法

集中质量法将桥梁上部结构多质点体系和桩-土体系的质量联合作为一个整体,来建立整体耦联的地震振动微分方程组进行求解。该模型假定桩侧土是 Winkler 连续介质,以弹性半空间的 Mindlin 解答,或由公路桥涵地基与基础设计规范(JTJ 024-85)给出的 m 法,确定土体动力相互作用的水平刚度系数,将桩-土体系的质量按一定的厚度简化并集中为一系列质点,离散成理想化的参数系统,并用弹簧和阻尼器模拟土介质的动力性质,形成一个包括地下部分的多质点体系。Penzien 方法的优点是可以方便地考虑成层土的非均匀性,非线性和阻尼特性等因素;其计算力学图式中,上下部结构均采用多质点有限元体系,便于直观理解;同时计算比较简便,经过适当的参数调整,该模型可以较好地反映桩的动力性能,因而在桩基桥梁抗震计算的实际工程中应用广泛。

桩-土-结构共同作用的分析模型,在 10.3.4.3 节介绍的桩-土相互作用的多质点系模型的基础上,联合简化为集中质量体系的上部结构即可。其分析方法也分两步,首先是自由场分析(见第 10.3.4.1 节),然后将自由场地震反应通过等价弹簧传递给等价体系(有效土-桩-上部结构),分析模型见图 10-11[44]。

10.3.5.1 自由场分析

(1)运动方程

参照图 10-7,及第 10.3.4.1 介绍的将土体分层,并将质量集中在分界面处,自由地基的运动方程为:

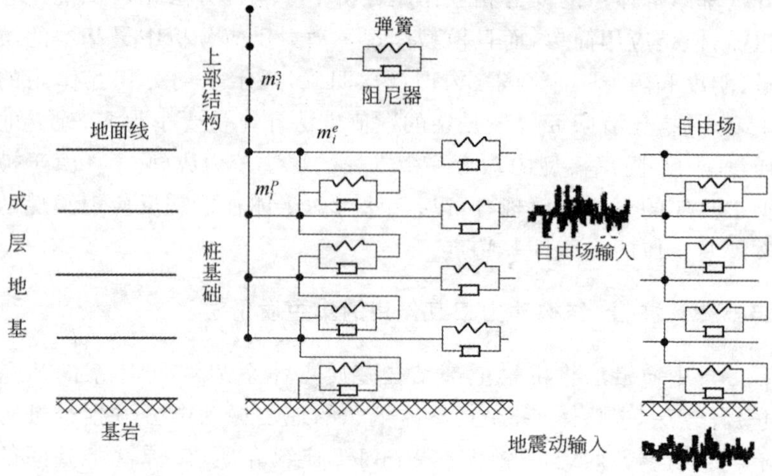

图 10-11　桩-土-结构动力相互作用分析模型

$$[M_f]\{\ddot{u}_f\}+[C_f]\{\dot{u}_f\}+[K_f]\{u_f\}=-[M_f]\{I\}\ddot{u}_g \tag{10-24}$$

式中，$[M_f]$，$[C_f]$和$[K_f]$为自由场的质量、阻尼和刚度矩阵；$\{\ddot{u}_f\}$，$\{\dot{u}_f\}$，$\{u_f\}$分别为自由场的加速度、速度和位移向量；$\{I\}$为单位向量；$\{\ddot{u}_g\}$为基岩地震动加速度。

(2)质量矩阵

由于使用集中质量法，质量矩阵是对角阵，第 i 个质点的集中质量 m_i^f 为第 i 层土的质量一半与第 $i+1$ 土质量一半之和，即：

$$m_i^f=\frac{1}{2}(\rho_i h_i+\rho_{i+1}h_{i+1}) \tag{10-25}$$

式中，ρ_i 为第 i 层土的密度；h_i 第 i 层土的厚度。

(3)刚度矩阵和阻尼矩阵

如何得到模型中的弹簧刚度和阻尼器的阻尼特性，是进行自由场分析的关键，文献[45]参考了文献[46]关于土的水平弹性刚度。

$$K_{ui}^f=K_{vi}^f=\frac{G_i}{h_i} \tag{10-26}$$

土的竖向弹簧刚度：

$$K_{wi}^{f}=\frac{\lambda_i+2G_i}{h_i}=\frac{E_i}{h_i}\left[\frac{\mu_i}{(1+\mu_i)(1-2\mu_i)}+4(1+\mu_i)\right]=\frac{2G_i}{h_i}\left(\frac{1-\mu_i}{1-2\mu_i}\right) \tag{10-27}$$

其中，$\lambda=\frac{E\mu}{(1+\mu)(1-2\mu)}G=\frac{E}{2(1+\mu)}$。

式中，G_i 是第 i 层土的剪切模量；μ_i 是第层土的泊松比；E_i 是第 i 层土的弹性模量。

阻尼矩阵可以参考文献[47]给出的方法，按下式确定。

$$\begin{cases}\alpha_i=\xi_i\omega_i\\ \beta_i=\xi_i/\omega_i\end{cases} \tag{10-28}$$

且有

$$[\alpha_f]=\begin{bmatrix}\alpha_1 & & & \\ & \ddots & & \\ & & \alpha_i & \\ & & & \ddots\end{bmatrix};[\beta_f]=\begin{bmatrix}\beta_1 & & & \\ & \vdots & & \\ & & \beta_i & \\ & & & \vdots\end{bmatrix}$$

其中，ξ_i 是第 i 层土的阻尼比；ω_i 是第 i 层土的基本圆频率，近似等于 $\omega_i=\frac{\pi}{2h}\sqrt{\frac{G_i}{\rho_i}}$。

则阻尼矩阵为：

$$[C_f]=[M_f][\alpha_f]+[K_f][\beta_f] \tag{10-29}$$

土的初始动模量和阻尼的确定，应以试验方法得到。由初始参数计算土的反应得到土的剪切应变，由前面第 10.3.4.1 介绍的双曲线计算模型或 Ramberg-Osgood 模型或由 Seed 经验方法得到地震时土的非线性状态下动剪切模量和阻尼比。

10.3.5.2 桩-土-结构相互作用分析

得到自由场的加速度、速度和位移向量后，将此作为地震动输入，分析等价体系的相互作用。桩-土-结构相互作用的分析，也属于“多支承激励”的结构地震反应分析的范畴[34]，则等价体系的运动方程可写为：

$$[M]\{\ddot{u}\}[C]\{\dot{u}\}+[K]\{u\}=[M_{pe}]\{\ddot{u}_f\}+[C_{pe}]\{\dot{u}'_f\}+[K_{pe}]\{u'_f\} \tag{10-30}$$

式中，$[M]$为等价体系的质量矩阵，$[M]=\begin{bmatrix} M^b & 0 \\ 0 & M^p+M^e \end{bmatrix}$，$M^e$ 为有效土体的质量矩阵，M^p 为桩基质量矩阵，上标$'b'$表示上部结构，$'p'$表示桩基，$'e'$表示有效土体，以下相同；$[K]$为等价体系刚度矩阵，$[K]=\begin{bmatrix} K^b & 0 \\ 0 & K^p+K^e \end{bmatrix}$；$[C]$为等价体系的阻尼矩阵$[C]=\begin{bmatrix} C^b & 0 \\ 0 & C^p+C^e \end{bmatrix}$；$[M_{pe}]=\begin{bmatrix} 0 & 0 \\ 0 & M^p+M^e \end{bmatrix}$；$[K_{pe}]=\begin{bmatrix} 0 & 0 \\ 0 & K^p+K^e \end{bmatrix}$；$[C_{pe}]=\begin{bmatrix} 0 & 0 \\ 0 & C^p+C^e \end{bmatrix}$；$\ddot{u}'_f=\begin{Bmatrix} 0 \\ \ddot{u}_f \end{Bmatrix}$；$\dot{u}'_f=\begin{Bmatrix} 0 \\ \dot{u}_f \end{Bmatrix}$，$\{\dot{u}_f\}=\begin{Bmatrix} 0 \\ u_f \end{Bmatrix}$。

采用集中质量法分析群桩基础时，考虑空间效应较困难，因而将群桩模拟成一根虚拟桩，使虚拟桩的基本力学特性与群桩等效。在求解运动方程时，需要解决以下质量矩阵、刚度矩阵和阻尼矩阵的问题。

(1)有效土体质量

为了计算桩周地基加速度与自然场地加速度之差引起的地基土的惯性力，引入有效土体的质量 M^e，Penzien 用能量原则确定其值，相应于第 i 层土(厚度为 h_i)的等效质量为：

$$M_i^e=\int_{z_0-h_i/2}^{z_0+h_i/2}\int_{-\infty}^{0}\int_{-\infty}^{0}\frac{1}{3}(\Psi_u^2+\Psi_v^2+\Psi_w^2)\rho_i dxdydz \tag{10-31}$$

式中，Ψ_u，Ψ_v，Ψ_w 分别表示群桩中心处单位作用力在土体介质内 x，y，z 方向上产生的位移场，按弹性半空间的 Mindlin 解求得；ρ_i 为土体密度。

(2)水平弹簧刚度

设桩 i 对土作用有 p 的分布荷载，在桩 j 轴线处产生的位移记为 $u_{ij}(z)$，z 是深度，$u_{ij}(z)$的表达式见式(10-32)。则群桩在线荷载下的水平刚度系数为：$K^e(z)=np/u(z)_{average}$，其中，n 为桩根数,$u(z)_{average}$ 为群桩轴线的平均位移,是由本轴及其他轴的分布荷载叠加得到,$u(z)_{average}=\frac{1}{n}\sum_{i=1}^{n}\sum_{j=1}^{n}u_{ij}(z)$。严格来说,Mindlin 解答不能用于水平成层地基,但计算表明点位移的水平分量沿 z 轴方向随着与荷载作用距离的增加衰减较快,这说明只有荷载作用点附近的土层特性对位移的影响较为显著,因此,可以用 $E(z)$ 代替位移表达式中的模量 E,各分层界面上的弹性模量则按土层厚度进行加权平均。

$$u_{ij}(z)=\frac{3p}{8\pi E(z)}\left\{\sinh^{-1}\frac{L+z}{R_{ij}^{1/2}}+\sinh^{-1}\frac{L-z}{R_{ij}^{1/2}}+\frac{1}{R_{ij}}\left[-\frac{2x_{ij}^{2}zL(L+z)}{[R_{ij}+(L+z)]^{3/2}}\right]\right.$$
$$+\frac{4x_{ij}^{2}z^{2}(L+z)}{R_{ij}[R_{ij}+(L+z)^{2}]^{1/2}}+\frac{x_{ij}^{2}(L+z)-2z[y_{ij}^{2}+z(L+z)]}{[R_{ij}+(L+z)^{2}]^{1}/2}$$
$$\left.+\frac{x_{ij}^{2}(L-z)}{[R_{ij}+(L-z)^{2}]^{1/2}}+\frac{2z(R_{ij}y_{ij}^{2}-(x_{ij}^{2}-y_{ij}^{2})z^{2})}{R_{ij}[R_{ij}+z^{2}]^{1/2}}\right\} \tag{10-32}$$

较为简便的方法是采用 Penzien 模型中提供的计算方法或参照我国现行规范中的计算方法得到水平方向土与桩相互作用刚度矩阵。我国规范中的 m 法[48]在计算方法和参数选取方面比 Penzien 的方法要简单和方便,m 法的基本原理也是将桩作为弹性地基梁,按 Winkler 假定求解。但应注意,规范给出的 m 值范围较大,对弹簧刚度的影响也会很大,而且,本身采用静力刚度代替动力刚度也有不妥之处,所以宜根据现场实测值或模型试验值来获得相关参数。由 m 法的假定可以推导得出,某质点处等效水平结点刚度系数为公式(10-33),由此可以得到水平方向土与桩相互作用刚度矩阵,它是一对角阵$[k_h^s]$。

$$k_{h,i}^{s}(z)=\frac{1}{2}[k''_{h,i}(z)h_i+k''_{h,i+1}(z)h_{i+1}] \tag{10-33}$$

$$[k_h^s]=\begin{bmatrix}k_{h1}^{s} & & & \\ & k_{h2}^{s} & & \\ & & \vdots & \\ & & & k_{hm}^{s}\end{bmatrix}$$

文献[43,49]就是采纳了规范的 m 法，并借鉴 Penzien 的方法，用一个质量-弹簧体系来代表桩基础和地基，建立平面和空间杆系的有限元模型(未考虑能量的耗散)，如图 10-12。其中，图(10-12a)是不考虑桩之间的共同作用，适用于桩间距较大，特别是钻孔灌注桩时；当桩间距较小，尤其是打入桩时，采用图(10-12b)，考虑各桩之间的共同作用，从图 10-12 中可以看出，这种共同作用是通过设置二力杆来建立纵横向联系的，二力杆按照等刚度原则模拟桩之间的土。等代土弹簧刚度由土介质的值计算，见式(10-34)。这里，由于等代土弹簧刚度不是桩的横向位移(或土的横向变位)的函数，不存在用有限区域模拟无限区域的问题。

$$k^e = a \cdot b_p \cdot m \cdot z \tag{10-34}$$

式中，a 为土层厚度；b_p 为该土层在垂直于计算模型所在平面的方向上的宽度，按规范取值；m 参数，实测得到。

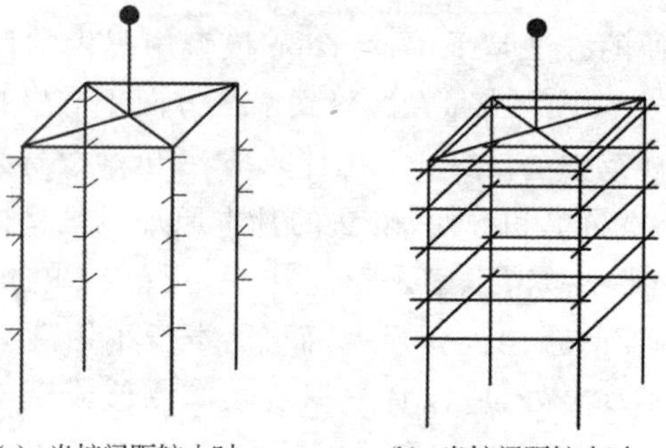

(a) 当桩间距较大时　　(b) 当桩间距较小时

图 10-12　桩基空间模型[25]

如果等待弹簧单元用二力杆表示，弹簧模量 E 取与上部结构主要单元的值，根据刚度相等的原则，二力杆的等效面积为 $F=\dfrac{m \cdot z \cdot a \cdot b_p \cdot l}{E}$，$l$ 为二力杆长度。

(3)竖向刚度的计算[45]

桩与土的竖直相互作用发生在桩与土的交界面处，相互作用的特性是剪切应力，它的大小与土的抗剪强度，桩周摩擦力性质有关。

桩和土相互作用的竖直方向的弹性抗力可由佐藤提出的基本假定得到，佐藤对承受轴向力的桩作出了如下假设：桩周表面的向上的剪应力 τ_x 与该点桩的位移成正比，即 $\tau_x = c_s \cdot \nu_z$，c_s 为桩与周围表面地基的滑移系数（$\mathrm{kg/cm^3}$），ν_s 为该点土与桩的相对位移。

佐藤分析了大量的荷载试验结果，得出 c_s 为 0.3～1.0kg/cm^3。藤田根据试验得出以下关系，为桩的入土深度。

$$c_s = 1.2 \times 10^5 \times l^{-1.5}(\mathrm{kg/cm^3}) \tag{10-35}$$

为求单桩抗力，假设单元内任一点的相对位移 ν_z 是以插值函数 $f_1(\xi) = \frac{1}{2}(1-\xi)$，$f_2(\xi) = \frac{1}{2}(1+\xi)$，所构成的形函数来确定，即

$$\nu_z = [N]\{\nu\} = [f_1(\xi) \quad f_2(\xi)]\begin{Bmatrix} \nu_{zi} \\ \nu_{zj} \end{Bmatrix} = f_1(\xi)\nu_{zi} + f_2(\xi)\nu_{zj} \tag{10-36}$$

其中，$\xi = \dfrac{2[z-(z_i+z_j)/2]}{l}$，$l = z_j - z_i$，$dz = \dfrac{1}{2}d\xi$。

z_i，z_j 是单元两节点 i，j 处的坐标，ν_i，ν_j 分别是单元 i，j 节点处土与桩的竖向相对位移，单元上任意一点上的弹性抗力为：

$$\bar{P} = Uc_s\nu_z\text{，}U\text{ 是桩的周长} \tag{10-37}$$

由有限元的思想可以推导出土对桩的单元等效节点抗力：

$$\{P\}^e = \int_{z_j}^{z_i}[N]^T\bar{P}dz = \frac{Uc_sl}{6}\begin{bmatrix} 2 & 1 \\ 1 & 2 \end{bmatrix}\begin{bmatrix} \nu_{zi} \\ \nu_{zj} \end{bmatrix} = [k'_w]\{\nu_z\}' \tag{10-38}$$

其中，$[k'_w]$是土与桩发生单位竖向位移时所引起的单元弹性抗力；$\{\nu_z\}^e$ 是单元节点处的相对位移值。

组集各个单元的等效节点抗力，可以导出整个场地土对单桩的竖直相互作用抗力，可以用矩阵的形式写为：

$$\{P\} = [k'^s_w]\{\nu_z\} = [k'^s_w][\{\nu'_z\} - \{v^f_z\}] \tag{10-39}$$

$$[k'^s_w] = \begin{bmatrix} k^s_{11} & k^s_{12} & & \\ k^s_{21} & k^s_{22} & k^s_{23} & \\ & \vdots & \vdots & \vdots \\ & & k^s_{i,i-1} & k^s_{i,i} \end{bmatrix}$$

其中，$[k'^s_w]$垂直方向单桩对土的弹簧刚度矩阵；$\{\nu^f_z\}$自然场地土的竖向位移；$\{\nu'_z\}$桩的竖向位移。

对于竖直方向群桩效应，根据现场试验结果所得的曲线，可以得到考虑群桩效应的折减系数 C_0。竖向相互作用刚度矩阵为：

$$[k^s_w]=QC_0[k'^s_w] \tag{10-40}$$

(4)单桩的抗压刚度与承台的抗弯力矩

单桩的抗压刚度是指单位轴向位移时，土的抵抗力，由单桩的抗压刚度引起的对承台的抗力矩，对结构的自振特性影响很大。按照《公路桥涵地基与基础设计规范》(JTJ 024—85)给出方法可以得到单桩抗压刚度。

$$k_p=\frac{N}{\Delta}=\frac{N}{\frac{h+\xi l}{EA}N+\frac{N}{C_0A_0}}=\frac{1}{\frac{h+\xi l}{EA}+\frac{1}{C_0A_0}} \tag{10-41}$$

式中，h 为高出地面的桩长；l 为桩身在地面下的长度；EA 为桩的抗压弹性模量、横截面积；ξ 为考虑桩侧土摩擦阻力的系数；C_0 为桩底平面处的竖向弹性抗力系数；A_0 为桩底处的桩尖面积。

承台的抗弯力矩 $K_{\varphi u}$，$K_{\varphi v}$ 按公式(10-42)和公式(10-43)计算得到。

$$K_{\varphi u}=\sum_{i=1}^{n}x_i^2\cdot k_{pi} \tag{10-42}$$

$$K_{\varphi v}=\sum_{i=1}^{n}y_i^2\cdot k_{pi} \tag{10-43}$$

式中，k_{pi} 为第 i 单桩抗压刚度，按公式(10-41)计算；n 为桩数；x_i 为桩轴线的 X 坐标值；y_i 为桩轴线 Y 的坐标值。

(5)桩的空间分布引起的土对虚拟桩的抗扭能力 $K_{\varphi j}$

假设群桩相对形心轴线有单位转角，土介质产生的对桩的抗力，形心轴线形成抗扭力矩。

$$K_{\varphi j}=\sum_{i=1}^{Q}[(k_i\Delta_i)\cdot l]=\sum[(x_i^2+y_i^2)\cdot k]$$

$$l_i=\sqrt{x_i^2+y_i^2} \tag{10-44}$$

$$\Delta_i = l_i \cdot \varphi = \sqrt{x_i^2 + y_i^2} \cdot 1$$

由于确定 K_i 时有 Winkler 假定成立，因此，土介质的弹性抗扭力矩也可以用对角阵表示，即

$$k_{\varphi w}^s = \begin{bmatrix} k_{\varphi 1}^s & & & \\ & k_{\varphi 2}^s & & \\ & & \vdots & \\ & & & k_{\varphi m}^s \end{bmatrix} \tag{10-45}$$

(6)阻尼系数 C^e 的计算

前面已经提到，等价土的阻尼包括两部分，一是由内部摩擦引起的内阻尼，另外一个是辐射阻尼。前者可以采用 Rayleigh 阻尼理论计算，参考文献[50]提供了辐射阻尼的表达式：

$$C_r^e = 2A_i \sqrt{G_i \rho_i}\left(1 + \frac{3.4}{1 - \nu_i}\right) \tag{10-46}$$

式中，A_i 为相应土层面积；G_i 为土体的剪切模量；ρ_i 为土体密度；ν_i 为土体的泊松比。

此外，文献[51]采用在承台底用六个自由度的弹簧刚度模拟桩土相互作用，也可以得到满意的结果。这六个弹簧刚度为竖向刚度、顺桥向刚度和横桥向抗推刚度、绕竖轴的抗扭刚度和绕两个水平轴的抗弯刚度。计算方法与静力方法相同，只是土的抗力取值比静力大，一般为 $m_{dynamic} = (2 \sim 3) m_{static}$。

10.4 本章小结

考虑桩-土-结构相互作用通常会使结构整体变柔，从而改变结构的抗震性能，研究桩-土-结构动力相互作用是多年来工程界关注的课题之一。虽然这项研究已经经历了较长时间，并在分析方法及试验观测上取得了一些研究成果，但是，目前的方法都比较繁琐，工作量大，不易为工程设计人员掌握，因此，今后一段时期内研究的重点内容应考虑在精确模型分析的基础上发展实用的、简化的计算方法。

参 考 文 献

［1］ Ray W. Clough and Joseph Penzirn. Dynamics of Structures (second edition). McGraw-Hill, Inc., ISBN 0-07-011394-7, 1993.

［2］ 沈聚敏，周锡元，高小旺，刘晶波. 抗震工程学. 北京：中国建筑工业出版社，2000.

［3］ Holzlöhner, U.: Schwingungen des elastischen Halbraum bei Erregung auf einer Rechteckfläche, Ing.-Archiv, 38, 370-379, 1969.

［4］ Luco, J. E. and Westmann, R. A.: Dynamic Response of a Rigid Footing Bonded to an Elastic Half-Space, Journal of Applied Mechanic, Vol. 39, pp. 527-534, 1972.

［5］ Dasgupta, G.: A Numerical Solution of Viscoeslastic Half-Planes, J. of the Eng. Mech. Div., 102, 61-612, 1976.

［6］ Gaul, L.: Zur Berechnung der Vertikal- und Kippschwingungen eines starren Fundamentes auf viskoelastischem Halbraum, Dissertation, TU Hannover, 1976.

［7］ Gazetas, G.: Analysis of Machine Foundations: State of The Art, Soil Dynamic and Earthquake Engineering vol. 2. 1, 2-42, 1983.

［8］ Triantafyllidis, Th.: Analytische Losung des Problems der dynamischen Untergrundkopplung starrer Fundamente, Ph. D. Thesis, Universität Friderica, Karlsruhe, 1984.

［9］ John P. Wolf. Soil-Structure Interaction Analysis in the Time Domain. Prentice-Hall, Inc. Englewood Cliffs, N. J., 1988.

［10］ Lysmer, J. and Kuhlmeyer, R. L.: Finite Dynamic Model for Infinite Media, Journal of Engineering Mechanic 95, pp. 859-877, 1969.

［11］ Underwood, P. and Geers, T. L.: Doubly asymptotic boundary-element analysis of dynamic soil-structure interaction, International Journal of Solids and Structures, Vol. 17, pp. 687-697, 1981.

［12］ Häggblad, B. and Nordgreen, G.: Modeling nonlinear soil-structure interaction using interface elements and absorbing infinite elements, Computer and Structures, Vol. 26, 1987.

［13］ Schäpertöns, B.: über die Wellenausbreitung im Baugrund und deren Einfluöauf das Tragverhalten von flüssigkeitgefüllten Behälter, Berichte aus dem Konstruktiven Ingenieurbau, Technische Universität München, Heft 9, 1996.

［14］ Xiang H and Zhu L. Triple-Girder Model for Dynamic Analysis of Cable-Stayed Bridges, Proceedings, EASEC-4 Seoul, Korea, 1993.

［15］ Gazetas, G. and Mylonakis, G.. "Seismic Soil-Structure Interaction: New Evidence and Emerging Issues". Geotechnical Earthquake Engineering and Soil Dynamics III,ASCE,1998,pp. 1119-1174.

[16] J. Peizien,charles F. Scheffey and Richard A,Parmelee. Seismic Analysis of Bridges on Long Piles. Journal of the ENGINEERING MECHANICS DIVISION,Proceedings of the American Society of Civil Engineers,June,1964.

[17] Idriss,I. M. and H. B. Seed. Seismic Response of Horizontal Soil Layers. Proceedings,American Society of Civil Engineers,Journal of the Soil Mechanics and Foundation Division,Vol. 94,July 1968,pp. 1003-1031.

[18] Streer,V. L. ,E. B. Wylie and F. E. Richart. Soil Motion Computations by Characteristics Method. Preoceedings,American Society of Civil Engineers,Journal of the Geotechnical Engineering Division,Vol. 100,March 1974,pp. 247-263.

[19] 胡聿贤.地震工程学.北京:地震出版社,1988.

[20] Steven L. Kramer (1996). "Geotechnical Earthquake Engineering". Prentice-Hall,Inc. pp. 254-305.

[21] Kagawa,T. and Kraft,L. M. ,Jr.. Seismic Responses of Flexible Pile. J. ASCE, GT8,899-918.

[22] Kovacs,W. D. et al.. Dynamic Moduli and Damping Ratio for a Soft Clay,J. ASCE,SM1. 59-75.

[23] Silver,M. L. and Seed,H. B.. Deformation Characteristics of Sands under Cyclic Loading,J. ASCE,SM8,1081-1098.

[24] Seed,H. B. and Idriss,I. M.. Simplified Procedure for Evaluating Soil Liquefaction Potential. J. ASCE,SM9,1249-1273.

[25] 范立础.桥梁抗震.上海:同济大学出版社,1997.11.

[26] Lysmer,J. ,Kuhlemeyer,R. L. "Finite Model for Infinite Media",Journal of Engineering Mechanics Division,ASCE,V 95,pp. 377-392,1969.

[27] M. Nuray Aydinoglu,"Development of Analytical Techniques in Soil-structure Interaction",Developments in Dynamic Soil-Structure Interaction,Kluwer Academic Publishers,1992.

[28] Kausel,E. ,Local transmitting boundaries,J. Engng. Mech. ,Vol. 114,No. 6, 1011-1027,1988.

[29] Wolf,P. J. ,A comparison of time-domain transmitting boundaries,Earthq. Engng. Struct. Dyn. Vol. 14,655-673,1986.

[30] 熊建国.土-结构动力相互作用问题的新进展.世界地震工程,1992,2.

[31] 肖晓春.地震作用下土-桩-结构动力相互作用的数值模拟.大连理工大学,博士学位论文,2003 年 5 月.

[32] A. S. Veletsos and Y. T. Wei. Lateral and Rocking Vibrations of Footings. Jour. of the Soil Mechanism and Foundations Division,ASCE,Vol. 97,1971.

[33] J. E. Luco and R. A. Westman. Dynamic Response of Circular Footings. Jour. of the Engineering Mechanism Division, ASCE, Vol. 97, (EM5), 1971.

[34] Kagawa, T. and Kraft, L. M., Jr.. Lateral Load-Deflection Relationships of Piles Subjected to Dynamic Loadings. Soils and Fourdations, 1980, Vol. 20, No. 4, 19-36.

[35] Kagawa, T. and Kraft, L. M., Jr.. Seismic Responses of Flexible Pile. J. ASCE, GT8, 899-918.

[36] George Gazetas, Ke Fan, Amir Kaynia. Dynamic Response of Pile Groups with Different Configurations. Soil Dynamics and Earthquake Engineering. 1993(12): 239-257.

[37] J. Peizien. Seismic Analysis of Platform Structure Foundation System. The 7th Annual Offshore Technology Conference, 1975.

[38] 孙利民，张晨南，番龙，范立础. 桥梁桩-土相互作用的集中质量模型及参数的确定. 同济大学学报，2002，30(4)：409-415.

[39] T. J. Ingham, S. Rodriguez, R. Donikian. Seismic Analysis of Bridges with Pile Foundations. Computers and Structures, 1999, 72: 49-62.

[40] Ahn, K. L. Gould. Soil-Pile-Structure Interaction Effects on the Seismic Response of Cooling Tower. Earthquake Engineering and Structure Dynamic, 1989, 18: 593-609.

[41] 严士超，杜一平. 电视塔-桩-土相互作用地震反应分析. 土木工程学报，1991，8，24(3)：71-79.

[42] 王有为，王开顺. 建筑物-桩-土相互作用地震反应分析的研究. 建筑结构学报，1985，3：64-73.

[43] 张建民，张嘎. 土体与结构物动力相互作用的研究进展. 岩石力学与工程学报，2001，5，20(增1)：854-865.

[44] 肖晓春，迟世春，林皋. 水平地震下土-桩-结构相互作用简化分析方法[J]. 哈尔滨工业大学学报. 2003，35(5)：561-564.

[45] 孙建平. 高桩承台桥墩的三维地震反应分析. 兰州铁道学院研究生硕士学位论文，1996.

[46] 首培德，刘曾武，朱境清. 地震波在工程中的应用. 北京：地震出版社，1982.

[47] 王大庆. 集中质量法下桩基桥墩的地震反应分析及固有特性研究. 兰州铁道学院研究生硕士学位论文，1989.

[48] 中华人民共和国交通行业标准. 公路桥涵地基与基础设计规范(JTJ 024-85). 北京：人民交通出版社，1986.

[49] 李国豪. 桥梁结构稳定与振动. 北京：中国铁道出版社，1992.

[50] K. J. Ahn, L. Gould. Interaction Base Isolation System: Finite Element Formulation. Journal of Engineering Mechanics, ASCE. 1992, 10, 118(10): 2048-2058.

[51] 范立础，李建中，王君杰. 高架桥梁抗震设计. 北京：人民交通出版社，2001.

第 11 章　桥梁抗震加固技术

桥梁是“生命线工程”的重要组成部分，通过对国内外地震灾害的研究表明，震区桥梁的损坏坍塌，不仅会阻碍救灾行动，而且影响灾后的恢复工作。即使桥梁本身没有造成任何损伤，但因时空的变迁、规范的更新，也可能造成现役桥梁不能满足最新桥梁抗震规范的要求，降低既有桥梁地震危险性的重要途径是进行抗震加固。考虑到技术难易程度和加固费用，使现役桥梁运营指标完全达到新建桥梁的程度是非常不经济的，因此，一般性桥梁允许中震时出现一定程度的损坏，但是对于那些在震后的紧急救援和震后经济恢复中具有重要地位的桥梁，即生命线工程，要求比较严格，应不发生震害或震后可快速修复后即可使用。本章根据第 2 章桥梁震害资料的研究，参照参考文献[1～3]，围绕支座、桥墩、盖梁和基础四个方面，介绍目前桥梁结构的抗震加固方法和施工技术。参照参考文献[4]，介绍南京长江大桥的抗震加固技术。

11.1　桥梁结构抗震加固的概念

11.1.1　桥梁结构主要震害

根据本书第 2 章的介绍，桥梁震害归纳为以下 5 种：

上部结构坠毁：上部结构自身因直接的地震动力效应而毁坏的现象极为少见，但是因为支承连接件失效或下部结构失效等引起的落梁现象，在破坏性地震中常有发生，其中绝大多数是在顺桥向发生落梁。如我国唐山地震中的滦河大桥、汉沽芦台大桥，美国 Loma Prieta 地震中旧金山-奥克兰海湾大桥，日本阪神地震中 Nishinomiya-Ko 大桥，我国台湾集集地震中 Fengyuan Pi-feng 桥都发生了落梁破坏。

支承连接件破坏：桥梁支座、伸缩缝、剪力键、支承连接件等，被公认为是桥梁结构体系中抗震性能比较薄弱的环节。如我国唐山地震中永定新河上行桥和京山线滦河大桥的活动支座发生倾斜、脱位,支座锚固螺栓被剪断等破坏现象。

盖梁破坏:盖梁的结构形式一般包括两种情况,一种为悬臂结构,另一种为两端刚结于柱的深梁结构。由于盖梁相对来说较短,其破坏形式主要表现为抗剪强度不足或锚固钢筋不能满足抗拉要求引起的锚固端破坏。美国 Loma Prieta 地震中塞普里斯(Cypress)高架桥盖梁和节点处的剪切破坏,是造成高架桥倒塌的主要原因之一。

桥台、桥墩破坏:严重的破坏现象包括墩台的倒塌、断裂和严重的倾斜。对钢筋混凝土桥台和桥墩,破坏现象还包括桥墩轻微开裂,保护层混凝土剥落和纵向钢筋屈曲等。在美国 Loma Prieta 地震和 Northridge 地震中桥墩的破坏最为严重。

基础破坏:扩大基础自身的震害现象极为少见,然而庞大的基础会因为不良的地质条件,而出现沉降、滑移等破坏现象。如日本十胜冲地震、阪神地震中出现了由地质条件不良导致的不均匀沉降和滑移破坏。桩基础承台由于强度和刚度都很大,极少发生破坏,深桩基础偶而会发生一些破坏。桩基础破坏可能出现在桩身任意位置,往往位于地下或水中,不利于震后迅速发现,修复的难度相当大。

11.1.2 国内外抗震加固情况

1971 年 San Fernando 地震使加州 Golder 州际高速公路上的 60 多座桥梁受到损害,用于桥梁修复的费用达到了 1 亿美元。此次地震后,美国加州交通局开始启动桥梁抗震加固计划,该计划包括三个阶段。第一个阶段在伸缩缝和铰处安装拉杆,以防止落梁震害,这种抗震措施成本最低,但是效果非常明显。这一阶段的主要目的是加强上部结构和下部结构的联系,以抵抗竖向加速度,防止上部结构构件从支座上滑落。这一阶段在 1989 年基本完成,对全州公路系统中大约 1 260 座桥梁进行了加固,投资额超过了 5 500 万美元。随着 1987 年 Whittier，1989 年 Loma Prieta 及 1994 年 Northridge 地震中约束措施的失效，加州交通局要求旧桥加固后必须具备与新桥一样的抗震能力。针对近来桥梁震害情况，加固计划的第二阶段是独柱式桥墩的加固，第三阶段是加固多柱式桥墩。后两个阶段几乎是同时进行的，主要方法是提高墩柱的抗弯强度、抗剪强度及延性、提高盖梁、上部结构、基础与桥台的承载能力，提高节点的抗剪强度，投资额达 34 亿美元。

日本是世界上多地震的国家，从 1923 年关东地震后，至今约有 3 000 余座公路桥梁遭受地震灾害，其中倒塌 15 座，使公路桥梁丧失了作为救援通道和输送紧急物资的功能，而且在修复时对交通造成不便，给地区经济带来较大影响。1971 年 San Fernando 地震后，也触发了日本政府对桥梁抗震性能评价的规划，并于 1971 年、1976 年、1979 年、1986 年和 1991 年先后 5 次，完成对公路桥梁地震震害调查，见表 11-1。其中 1971 年和 1976 年的两次调查目的是调查可能发生落梁的桥梁；1979 年和 1986 年的两次调查是为了查明破坏性地震中公路桥防止上部结构落梁的措施、液化影响及钢筋混凝土桥墩的强度。1986 年是出于社会需求的提高而进行的调查，主要是受 1982 年 Urakawa-oki 地震和 1983 年 Nihon-kai-chubu 地震的影响，希望通过调查和加固确保公路交通在地震后的安全性。1995 年阪神大地震之前，上部结构防止落梁的措施一直是桥梁结构的抗震加固的重心，在此之后，日本也开始重视基础和桥墩的抗震加固技术。

我国关于桥梁抗震加固比较典型的是对南京长江大桥的加固，而且相关抗震性能分析和加固技术资料描述得也比较详细。南京长江大桥在 1977～1994 年期间进行了抗震加固，加固了支座、采取了防落梁措施和对可液化砂土进行处理。我国铁道部于 1999 年颁布了《铁路桥梁抗震鉴定与加固了技术规范》，适用范围为梁式桥。

表 11-1　日本公路桥梁抗震性能评估[8]

年份	调查范围	调查内容	桥梁数量(座)		
			调查	需要加固	已经加固
1971	所有高速、国道及其他桥长不小于5 m的桥梁	①损坏程度 ②支承长度	18 000	3 200	1 500
1976	所有高速、国道及其他桥长不小于15 m的桥梁(包括立交桥)	①基础、支座和梁板损坏程度 ②支承长度和防止落梁装置	25 000	7 000	2 500
1979	所有高速、国道、重要的地方公路及其他桥长不小于15 m的桥梁(包括立交桥)	①基础、支座损坏程度 ②防止落梁装置 ③液化影响 ④土和桩的承载能力 ⑤RC桥墩强度 ⑥基础易损性(两个独立沉箱基础之上的RC框架和排架桩)	35 000	16 000	13 000
1986	所有高速、国道、重要的地方公路及其他桥长不小于15 m的桥梁(包括立交桥)	①基础、支座、混凝土梁的损坏程度 ②防止落梁装置 ③液化影响 ④RC桥墩强度(桥墩底部和纵向钢筋截断处) ⑤桩承载能力 ⑥基础易损性(两个独立沉箱基础之上的RC框架和排架桩)	40 000	11 800	8 000
1991	所有高速、国道、重要的地方公路及其他桥长不小于15m的桥梁(包括立交桥)	①基础、支座、混凝土梁的损坏程度 ②防止落梁装置 ③液化影响 ④RC桥墩强度(桥墩和纵向钢筋截断处) ⑤基础易损性(两个独立沉箱基础之上的RC框架和排架桩)	60 000	18 000	7 000(截至1994年)

公路桥梁的抗震加固是依据震害现象而采取相应的抗震加固措施。针对桥梁在地震中的震害类型，目前，国内外桥梁抗震加固主要采取以下技术措施：

(1)防止落梁：在伸缩缝、铰和梁端等上部接缝处采用拉杆、挡块、限位器，连接上下部结构，延长支承长度。

我国《公路工程抗震设计规范》[10]规定了一些防止落梁的措施，如规定最小支承长度；适当加强桥台胸墙，并在梁与梁之间和梁与桥台胸墙之间加装橡胶垫或其他弹性衬垫；对桥面不连续的简支梁(板)桥和吊梁，采用挡块、螺栓连接和钢夹板连接等防止纵横向落梁。对支座的要求上，在Ⅷ度区，不应采用摆柱支座，当采用辊轴支座时，应采取限位措施，在Ⅸ度区，梁桥活动支座应采用竖向限位措施。除上述措施外，我国《公路桥涵养护规范》(JTG H11-2004)补充了固定主梁(板)、将主梁连成整体的措施来防止纵向落梁；对于防止横向落梁，可采用在边主梁外侧浇注钢筋混凝土横向挡块或固定三角形钢支架、也可以用钢拉杆或横隔板加强主梁之间的横向联结；为了防止支座破坏，可设置支座挡块，若是钢支座可将相邻跨径的两支座用钢筋纵向连接加固。

(2)地基、基础加固：防止地基液化可采用更换土壤、增大基础和增加桥墩数量的方法，考虑到杂质的影响可采用土壤表面覆盖的混凝土面层、保护基础的钢板或钢桩，基础抗震加固可采用增大基础、增加桥墩数量和设置侧梁的方法。

我国《公路工程抗震设计规范》[10]中关于建造于软弱黏性土层、液化土层和严重不均匀地层上的桥梁，应采取以下措施：换土或采用砂桩；减轻结构自重、加大基底面积，减少基底偏心；增加基础埋置深度、穿过液化土层；采用桩基础或沉井基础。对于地基的加固方法，《公路桥涵养护规范》[11]给出了水泥灌注法、旋喷灌浆法和硅化法。

(3)下部结构加固：对于下部结构形式可在旧截面周围浇筑新混凝土增加截面、设置钢套管提供约束、设置墙体和增加桥墩数量的方法。到目前为止，用得最多的还是钢套管外包加固，FRP系列复合材料与其他的加固材料相比有施工简便迅速、安全可靠、耐久性好等突出的优点，随着工艺的改进和总体施工成本的下降，FRP系列复合材料在桥梁抗震加固中的应用将越来越广泛。日本在1995年阪神大地震后，对FRP片材用于抗震加固目的的研究和应用急增，目前日本在FRP的实际工程应用研究方面处于世界领先水平，制定了相应的设计和施工指南、手册以及规范建议。

我国《公路桥涵养护规范》[11]对桥墩的抗震加固以增强整体性和稳定性为原则，对于柱式桥墩可在柱之间安装用槽钢或角钢做成的横撑和斜撑，或用钢套管加固；如果桥墩截面偏小，可采用加大桥墩截面或加设套箍来加固；对于多孔长桥，可增设抗震墩。桥台的加固以增强抗滑、抗倾覆及抵御台背的土压力为原则，加固前两项可通过加筑围裙的方法，如果是后填土在地震作用下因土压力变化，危及桥台安全时，应在台背增设挡墙或桥孔，或在台前修筑扶壁、斜撑，也可以将埋置式或一字式桥台改为U形桥台。盖梁和承台的加固可采用钢筋混凝土加大截面，或施加预应力等方法，此外，承台还可用增加厚度的方法提高刚度。

11.2 上部结构抗震加固方法

11.2.1 支座与伸缩缝的加固措施

在过去的地震中，有很多桥梁在支座或伸缩缝处因失去支承而发生破坏，为了防止这种破坏的发生，目前广泛采用在支座或伸缩缝处采用一些连梁加固措施，使桥梁结构联为一体。位于场地峰值加速度不大于0.09g的重要桥梁和位于场地峰值加速度在0.09g～0.19g范围的规则桥梁，可采用在支座和伸缩缝处加固的方法，其费用很低，而且操作简便。

11.2.1.1 限位器

在连接桥梁各部分时，限位装置可用于纵向接缝、横向支座以及竖向运动的约束。

(1)纵向接缝限位器

纵向接缝限位器用于限制接缝处的相对位移，降低在这些部位发生落梁的可能性。在固定支座处,如果锚栓及类似的构造措施不能有效防止上部结构发生落梁时,可以采用纵向限位器来予以加强。

限位器应按弹性设计,每个接缝上最少安装两个对称的限位器,以提供多余约束并减小偏心转动。为了满足正常工作状态下的位移需求,接缝处应提供足够的间距。除非墩帽足够宽,能够防止梁端失去支承,而且上部结构的最大位移不会导致结构严重的破坏,否则,对于墩顶处的接缝,限位器应在上部结构与桥墩之间提供直接的约束力。

(a)设置及构造

理想的限位器应该能抵抗由地震作用引起的力和位移,并将结构构件恢复到地震前的位置,下面介绍设置纵向接缝限位器应注意的问题和纵向限位器的基本构造。

为了减小偏心限位器应该对称设置,并应考虑限位器过早破坏所带来的后果。例如图 11-1 所示的限位器,如果其中的一股拉索过早破坏,由于腹板中配筋率较低,偏心力可能拉裂箱梁腹板,导致结构失去承载能力。同时也应该考虑建造和维修的难度,在箱梁中,放置限位器的数量应尽可能的少。

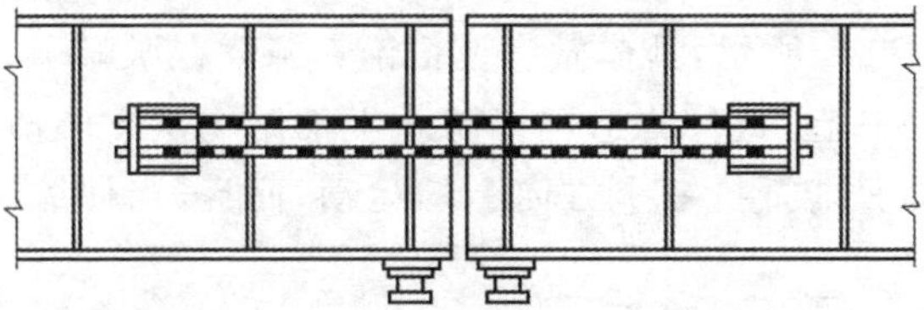

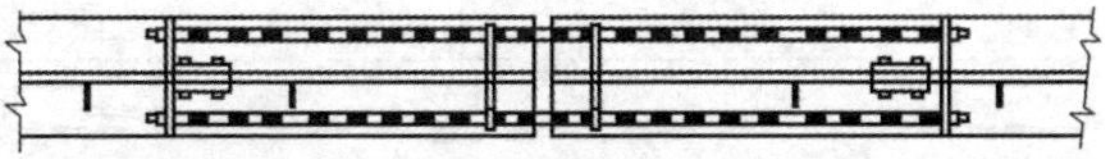

图 11-1　不合理的限位器构造

纵向限位器应沿着主要运动方向设置,如图 11-2 所示,如果桥墩横向刚度大,上部结构将会沿着桥梁的纵向运动,此时,限位器应该按纵向布置。但是在设有横向柔性支撑的斜桥中，上部结构可能发生扭转，在这种情况下，宜按图 11-3 所示，将限位器布置在与伸缩缝垂直的方向上。平行于接缝方向的移动会使限位器受剪，所以这种布置方式仅适用于该方向运动较小的情况。

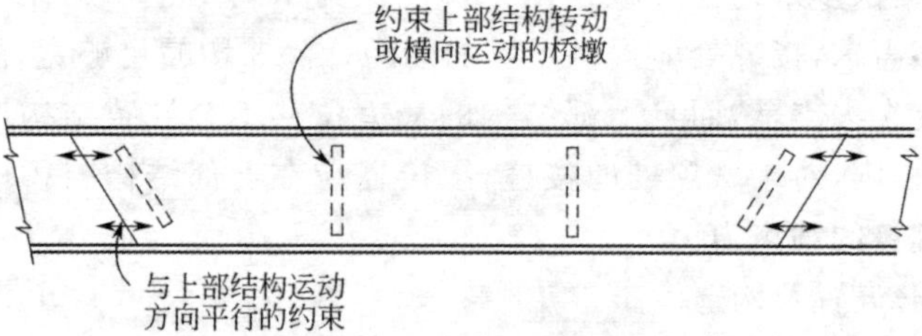

图 11-2 横向刚性支撑时的限位器方向

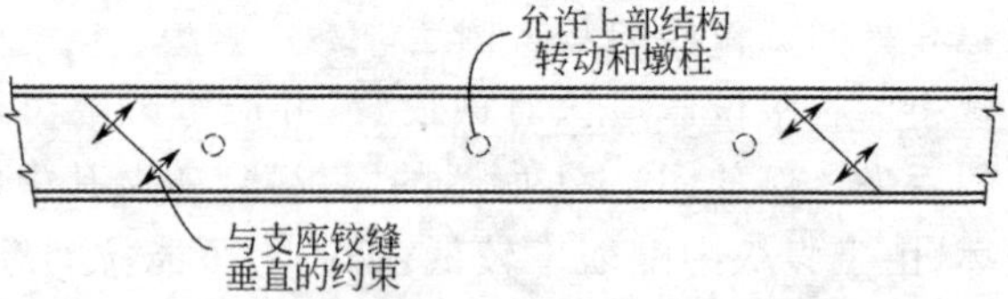

图 11-3 横向柔性支撑时的限位器方向

当在桥墩上设伸缩缝时，伸缩缝处的限位器应对桥墩提供约束力，如图 11-4 所示，具体做法是将钢索缠绕在墩帽上，并与相邻两跨连接在一起，这种构造可以防止上部结构从支座滑落。由于每个限位器只能抵抗一个方向上的运动，而且，当伸缩缝封闭时，

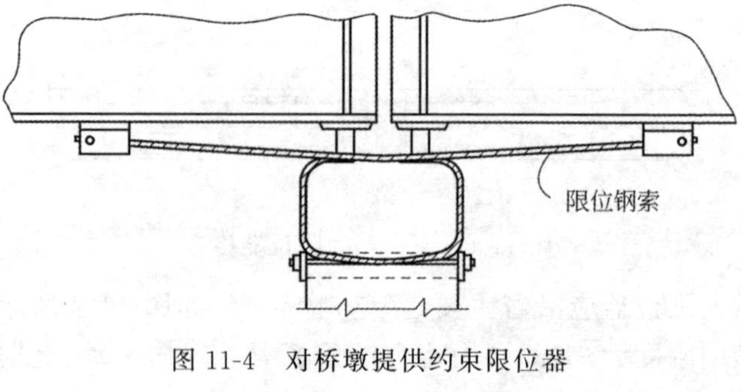

图 11-4 对桥墩提供约束限位器

会将惯性力传递给相邻桥跨，因此要求每个限位器必须能够抵抗两跨的惯性力。图 11-4 和图 11-5 是加固钢梁的构造图，图 11-4 中的限位器与钢梁底板相连接，这种构造不仅可以防止腹板拉裂，还减小了竖向净距。

在符合下列情况时，可按图 11-5 所示方式提供约束力：(a)伸缩缝净宽足够小，可以防止落梁；(b)施加约束会使桥墩负荷过重；(c)其中一跨与墩之间有充分的连接。虽然这种加固方式不能防止摆柱支座的倾覆，但通过墩帽可以阻止落梁。

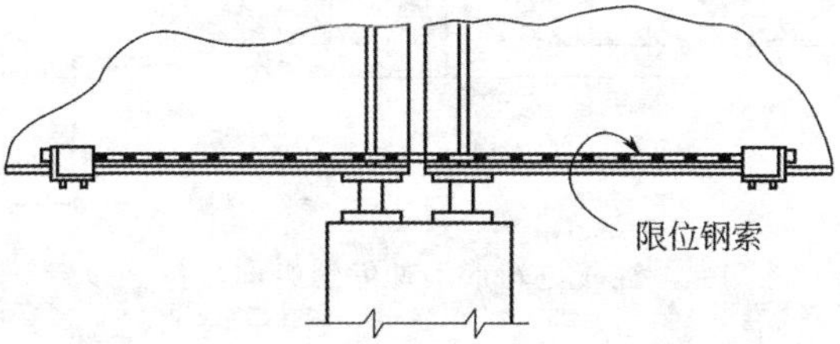

图 11-5　对桥墩不提供约束的限位器

防止伸缩缝产生过大位移最常用的方法是在位移方向上设置钢索和钢筋。这些装置按弹性设计，不能耗散能量。钢索和钢筋限位器允许梁端损坏，但是应控制在可维修范围内，不会使桥跨滑移或落梁。虽然钢索和钢筋并不满足理想限位器的所有标准，但是安装简单，是一种经济的加固方式。由于钢索韧性好，能够适应横向和竖向运动，而且很短的一段钢索就能满足位移要求，所以采用钢索具有明显的经济优势。如果使用钢筋，为了限制钢筋的剪切和弯曲变形，需要设置横向和竖向的限位器。

图 11-6 是混凝土箱形梁跨中伸缩缝处的加固构造，通过设置钢索或钢筋可以阻止伸缩缝张开。为了能够承担限位器传递的荷载，可设置混凝土垫块来增加混凝土横隔板的强度。开口式截面，如“T”型梁截面，横隔板在底边缺少支承，若限位器承受荷载能力较低，可按图 11-7 所示的方法设置限位器。除非桥梁的跨度不大、跨数较少，并且墩帽有足够的宽度可以防止发生落梁，否则，伸缩缝位于排架柱上时，应优先选用这种加固形式。

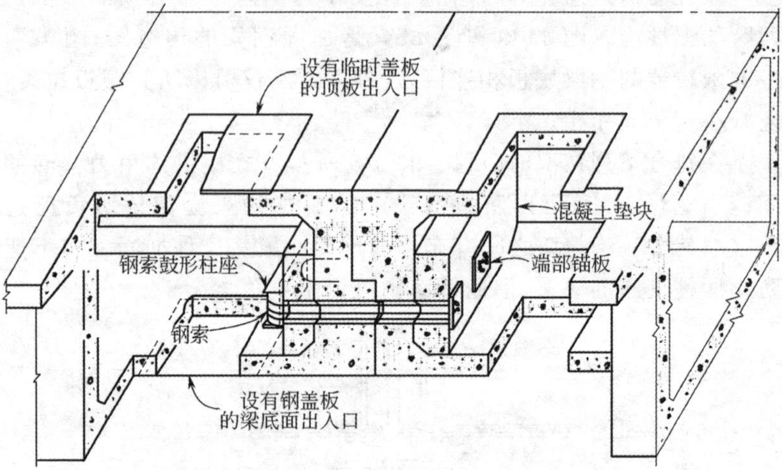

图 11-6　混凝土箱形梁伸缩缝纵向限位器设置

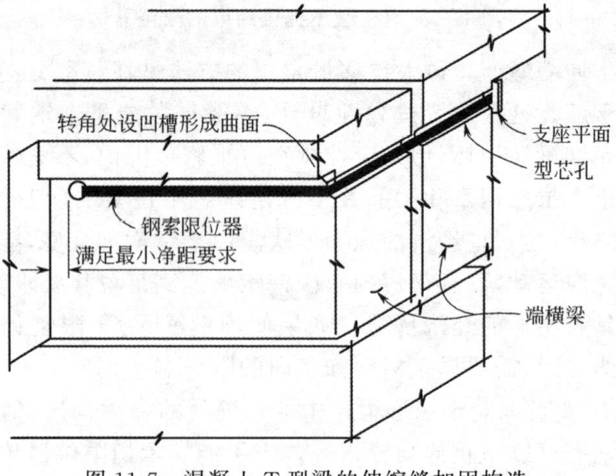

图 11-7　混凝土 T 型梁的伸缩缝加固构造

当横隔板较薄弱时，约束伸缩缝的另一方法是将限位器设置在梁的侧面或者底板处。此时，为了防止对梁端造成损坏，限位器的锚固件应远离伸缩缝，图 11-8 是如何将限位器锚固在混凝土梁顶板上的示意图。

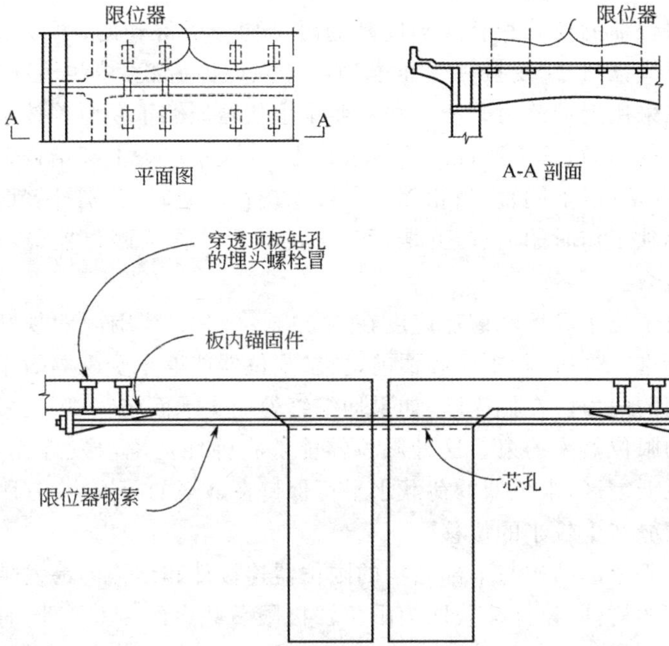

图 11-8　连接在混凝土顶板上的伸缩缝限位器

在实际应用时，可以适当的变化限位器构造。例如，图 11-9 是用于约束悬挂梁的连续钢索。此时，限位器较长，为了能够更有效的限制伸缩缝处的位移，必须增加限位器的数量。采用这种构造形式的锚固费用较低，但是限位器过长。

图 11-9　悬挂梁的限位器加固构造

(b)设计荷载

限位器的荷载和有效刚度是通过结构分析得到的,可以采用弹性反应谱法,用受拉和受压模型确定限位器荷载,某些情况下,也可以采用近似静力分析方法。要求限位器能够承受由等效水平力产生的内力,这里所说的等效水平力,其大小取为上部结构恒载的 0.35 倍(以下同)。当相邻梁段被连接在一起时,分别计算两个梁段单独工作时的荷载,并取两者中的较大者作为限位器最小的设计荷载。

对于位于场地峰值加速度在 $0.09g \sim 0.19g$ 范围内的规则桥梁可不进行分析,在支座倾覆前,要求限位器能够承受由等效水平力产生的内力。在低震区,如果伸缩缝处的支承面较窄,可设置短而刚的限位器来约束。这种限位器能够在弹性范围内发挥作用,如果在低震区,限位器的荷载水平可保持在适当的范围内,其刚性使伸缩缝产生较小的位移。

对于上部结构与下部结构的限位器连接件和结构容易发生脆性破坏的构件,设计荷载取为限位器极限承载力的 125%,同时还要求能够抵抗上部结构的偏心作用,其荷载取为限位器名义极限承载力的 10%。

(2)横向支座限位器

为了防止上部结构从支承部位滑落,在很多情况下必须使用横向限位器。当单片梁下的支座采用高度较高的混凝土基座,而支承面宽度窄而倾斜,或支座与支承面边缘之间横向距离很小时,应采用横向约束防止横向运动造成落梁。

(a)构　造

使用贯穿伸缩缝和填充混凝土的双层超强钢管来提供横向约束,见图 11-10。

(b)设计荷载

横向支座限位器按弹性设计,当墩柱屈服时,附加的作用力将会转移到按弹性设计的构件上。另外,安装横向限位器产生的细微误差,将导致限位器受力不均匀,因此应在弹性分析基础上增加

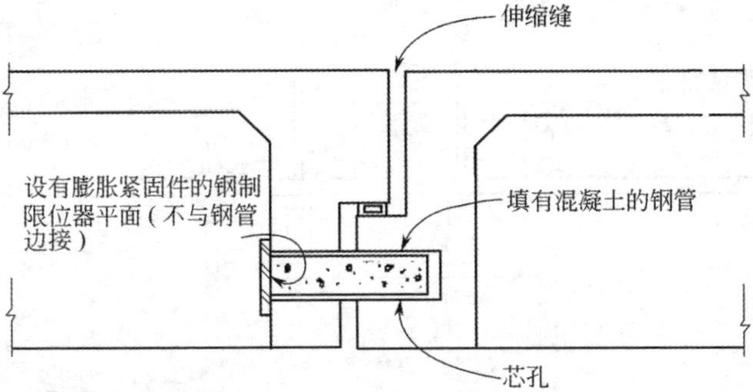

图 11-10　混凝土桥梁的横向限位器加固

25%的荷载。

横向限位器设计荷载最小值与纵向限位器规定的相同,即至少能够承受等效水平力产生的内力,等效水平力取值为上部结构恒载的 0.35 倍。

(3)竖向位移限位器

拉力会造成桥墩的损坏或失稳,可采用竖向固定装置来抵抗不利的拉力。拉力本身不会导致桥梁倒塌,但是有些情况下,如(纵向地震力+0.3 横向地震力)作用下产生的竖向内力超过恒载作用下内力的 50%时,应考虑竖向固定装置,如图 11-11 所示。进行抗震分析时,一般不考虑竖向加速度,如果需要考虑拉力时,则应该输入含有竖向分量的地震动进行分析。

(4)分析方法

因为限位器初始阶段处于松弛状态,只有产生了位移后才参与工作,因此,墩柱和基础保持弹性状态。限位器实质上是只受拉装置,在伸缩缝封闭时是无效的,而且,伸缩缝封闭产生的影响是一个非线性的问题,不能通过简单的方式得到准确的结果。

通常用"受拉模型"和"受压模型"来模拟非线性反应,限位器的荷载及其设计可由等效静力分析来计算。

等效静力分析过程包括以下五个步骤:

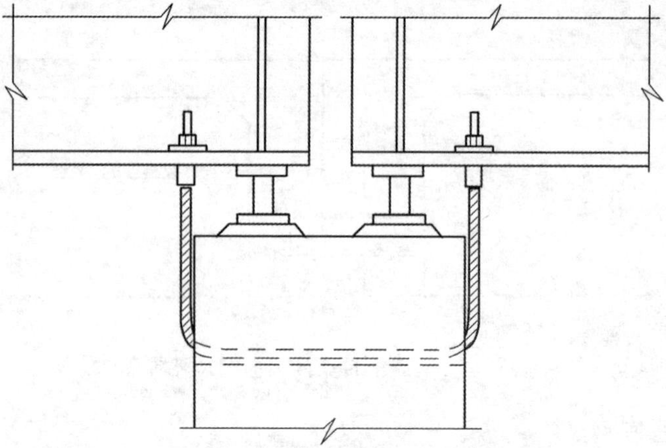

图 11-11　竖向位移限位器加固示意

(a)计算限位器最大容许变形,并将变形限制在伸缩缝宽度范围内,限位器最大容许变形是屈服时限位器的变形与限位器间距两者之和,限位器间距是指温度及非地震作用的其他效应所需的间距。此时,需比较限位器最大容许变形和有效支承宽度,如果限位器最大容许变形大于有效支承宽度,那么就要采取措施来避免地震中发生落梁。

(b)计算上部结构伸缩缝两侧在地震作用下的最大纵向变形,对于曲线桥,则需计算水平地震作用下伸缩缝的宽度。

(c)比较第 1、2 步的变形,确定要采取的措施。如果第 2 步的变形小于第 1 步的变形,则只需很少的限位器。如果需要至少两个独立的钢索限位器,那么要将限位器尽可能靠近结构外表面。如果第 2 步的变形大于第 1 步的变形,为了使加固后两个变形基本相同,就需要设置较多的限位器。

(d)确定限位器的数量。

(e)校核限位器的变形,如果墩柱性能不能符合初始假定,就应立即调整模型,重复以上步骤。如果限位器变形小于第 1 步得到最大容许变形,限位器的数量应适当减少;如果大于最大容许变形，说明限位器数量不够，仍需增加，需重复第 1 步到第 5 步直到限位器最大容许位移大于等于限位器系统的变形。在调整过程中，除了调整限位器数量外，还需调整限位器的间距。

11.2.1.2　支承面的拓宽

如果通过限制位移，不能有效防止桥梁滑移或落梁，可以考虑对支座支承面进行拓宽。当上部结构从支座滑落到其拓宽部分时，支座将受到较大的竖向和水平作用力，如果拓宽部分只有销钉或锚栓锚固在混凝土侧面，将直接影响其可靠性，所以，若拓宽部分设置在桥台处，最好直接支承在基础上，如图 11-12 所示。当不便于将荷载直接传递给基础时，应该考虑使用后张法施工拓宽部分。

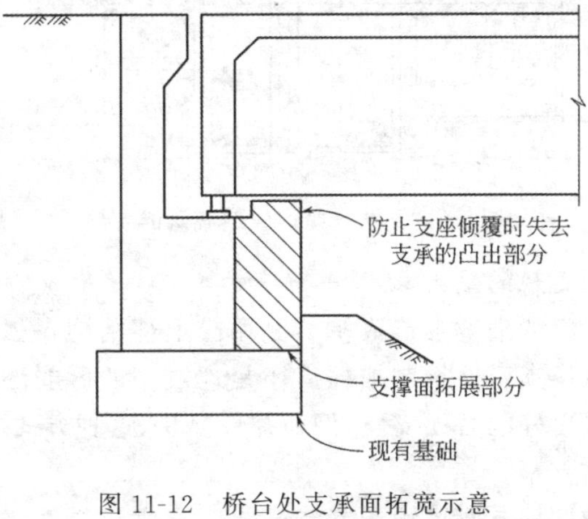

图 11-12　桥台处支承面拓宽示意

拓宽支座支承面时，其宽度应满足最小支承长度要求。最小支承宽度应考虑结构非弹性响应在支座处产生的相对运动、下部结构各部分的独立运动以及由面波的传播而产生的墩柱与桥台之间不同相位的转动。

上部结构滑落时，拓宽部分会受到很大的作用力，为了考虑由此产生的作用力，建议使用两种荷载工况。第一种工况仅考虑竖向力，它等于两倍恒载效应与活载效应最大值之和；第二种工况同时考虑水平荷载和竖向荷载，即恒载与水平荷载作用下的效应组合，其中水平荷载等于恒载效应乘以加速度系数。

对于跨中铰接的部位，当横隔梁承载力太弱或者现有的空间太小而无法采用限位器时，可采用套管提高支承能力，通常直接连接主梁，见图 11-13。

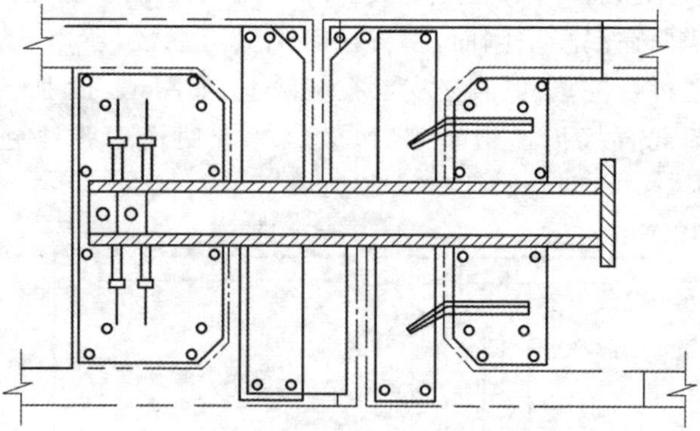

图 11-13　防止跨内铰缝脱落的装置

11.2.1.3　支座的更换

如果支座的失效会造成桥梁倒塌或上部结构丧失使用功能，应该考虑更换支座。钢制摆柱支座是地震中的薄弱环节，应考虑用抗震能力更好的替换支座，例如弹性垫块，这种方式适宜于固定支座和活动支座。

较高的摆柱支座可用预制装配式钢支座或弹性垫块替换，调整装配式钢支座的厚度使其能够保证上部结构标高以及支座处的转动和平动。图 11-14 描述了详细构造。

另外一个置换钢制摆柱支座的方法见图 11-15。此时，用混凝土帽梁调整标高，使设置弹性垫块替换后的标高与原标高相同。由于混凝土帽梁有一定高度，可以提供一个横向剪力键。另外，竖向的限位器可锚固在新的混凝土帽梁中。

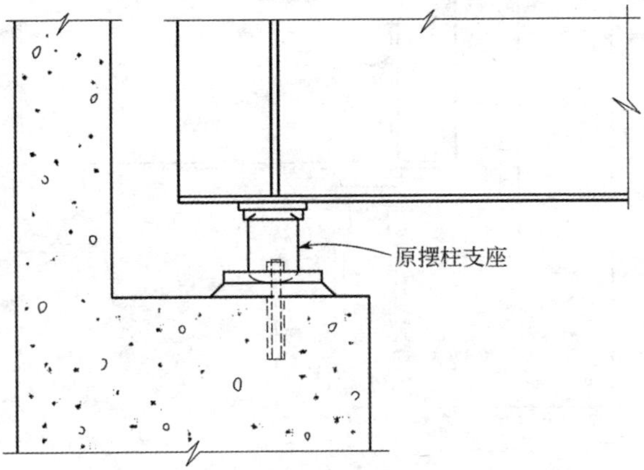

替换前

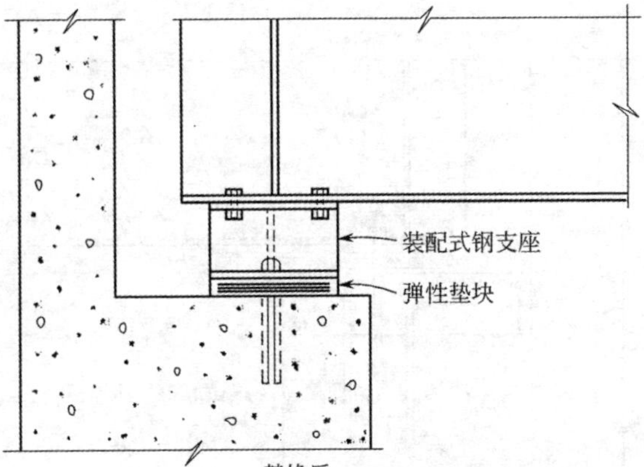

替换后

图 11-14　采用钢制延伸器替换摆柱支座

固定支座宜将现有摆柱支座的基座全部埋置于混凝土中，如图 11-16 所示，它可以防止支座的剪切失效与倾覆破坏，此外，如果跨间与支座相互脱离，混凝土墩帽可防止倒塌。而且，混凝土墩帽可起到抗剪和竖向限位锚固的作用。应该注意的是，对固定和活动支座的更换应尽量采用同一类型，以保持主梁端部转动的协调与对称。

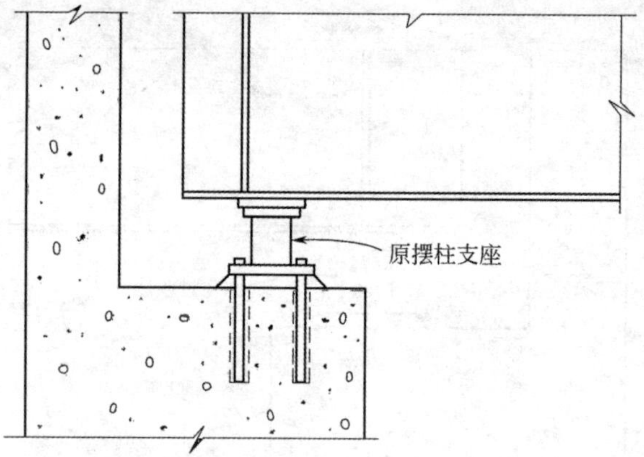

替换前

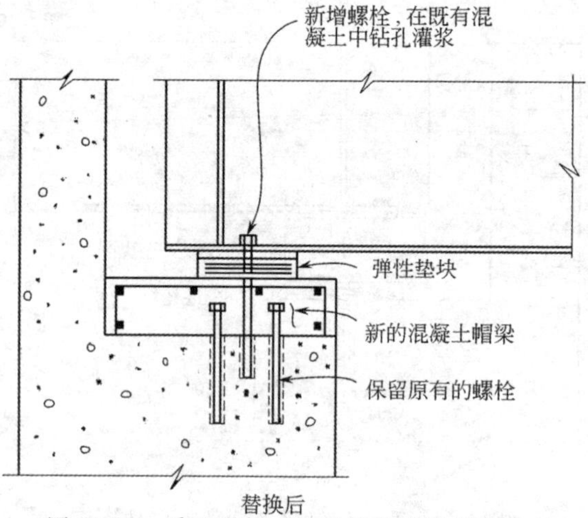

替换后

图 11-15　采用混凝土帽梁替换钢制摆柱支座

11.2.2　上部结构抗弯能力的加固措施

当上部结构抗弯能力不足时需考虑加固措施，一般来说，上部结构加固费用比较高。加固要考虑上部结构达到承载能力时，位移是否超出支承范围，还需要考虑出现塑性铰后，上部结构是否能够承担由此产生的附加力和位移。通常可以通过两种途径加固上

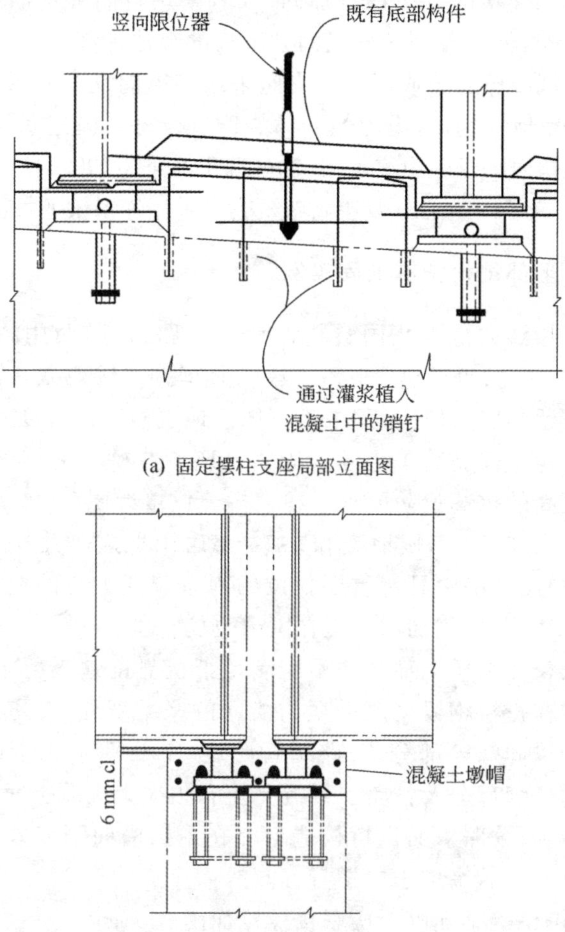

(a) 固定摆柱支座局部立面图

(b) 墩上固定摆柱支座

图 11-16　将固定摆柱支座埋入混凝土的加固方式

部结构，一是提高强度，一是降低荷载。

一种有效提高强度的方法是对上部结构施加外部预应力，这种方法既可以提高正弯矩承载能力又可以提高负弯矩承载能力。通常在上部结构的支承附近会出现局部强度不足，尤其是正弯矩的抵抗能力，可以通过在底板下方设置附加钢筋，并用销栓与原有底板钢筋相连接的方法进行加固,或者采用将高强钢筋一端连接到端部托架,另一端用螺栓锚固到底板的方法加固。

采用低摩擦系数或低阻尼支座来限制纵向反应效果并不是很好。对于整体结构,地震力削弱只能通过设置纵向连系梁来获得,可设置与桥面平行的边连系梁,也可置于其下。1989 年 Loma Prieta 地震后,San Francisco 双层高架桥就是采用连系梁的加固措施。

11.2.3 上部结构抗震加固实例

南京长江大桥为我国自行设计的公路、铁路两用特大桥,于 20 世纪 60 年代初兴建,1968 年建成通车。大桥地处长江中下游中等地震活动区,设计过程中南京地区地震烈度按Ⅵ度考虑,所以在大桥设计中仅验算了连续梁固定支座所在桥墩的抗侧力能力,未考虑更高的抗震设防要求。在大桥建设接近尾声时,受 1966 年邢台地震、1975 年海城地震和 1976 年唐山地震等几次大地震的影响,在国民经济中具有重要地位的南京长江大桥的地震安全性受到了关注,其抗震加固工程在国内也属首例。

南京长江大桥上部结构不能满足抵抗Ⅶ度地震要求的部位,主要集中在正桥钢梁支座上摆与梁间的联系螺栓、支座下摆与墩台联接的锚固螺栓部分、公路引桥跨度 32 m 预应力混凝土梁支座牙板的焊缝部分及铁路引桥混凝土和预应力混凝土简支梁未设防落梁措施、公路双曲拱桥构造上存在主拱横向刚度差和腹拱横向落拱以及台后高填土向桥身方向滑移等。

(1)正桥钢梁支座上摆联接螺栓加固

正桥钢梁支座螺栓及钢梁支座上摆联接螺栓,在Ⅶ度地震时的材料剪应力均已超过允许值,应采取适当加固措施。钢梁支座螺栓的加固是在规格和数量不变的情况下,采用更换联接螺栓材质来解决。即将普通 A3 钢螺栓换成高强度 40Cr 合金钢螺栓,40Cr 钢的设计强度要求不低于 440 MPa。

(2)正桥钢梁支座下摆锚固螺栓加固

按照加固设计原则,选用钢筋混凝土挡块的加固方案,按支座类型和受力大小，挡块加固方案共分四种类型。固定支座采用纵、横向两侧方向增设钢筋混凝土挡块和锚固螺栓，挡块设有钢底板和钢侧板，活动支座仅横向两侧增设钢筋混凝土挡块和锚固螺栓。

3×160 m 连续梁中间固定支座的钢筋混凝土挡块：按照承受3×160 m 一联梁每桁恒载的纵向水平地震力设计。因挡块承受较大的水平地震力，为减少挡块的平面尺寸和锚固数量，将纵向、横向挡块通过 U 型闭合钢壳联成一体，钢壳内侧钢板与支座底板焊牢，保证纵向和横向挡块共同受力。每侧纵、横向挡块内布置Φ36锚栓，锚栓长 890 mm，其中埋入墩帽中的锚固长度 650 mm。支座挡块采用 C30 钢筋混凝土灌筑，直径为 70 mm 的锚栓孔内填充 M40 环氧树脂砂浆。

128 m 简支梁固定支座钢筋混凝土挡块：该挡块分别布置在支座纵、横两侧，每侧纵、横向挡块分别按照承受一孔梁每桁恒载和半孔梁恒载与 50%活载的水平地震力设计。每侧纵、横向挡块内布置Φ36 锚栓，锚栓长度 650 mm，其中埋入墩帽内锚固长度500 mm。支座挡块采用 C30 钢筋混凝土灌筑，直径为 70 mm 的锚栓孔内填充 M40 环氧树脂砂浆。

3×160 m 连续梁中间活动支座的钢筋混凝土挡块：该挡块仅布置在支座横向的两侧，每侧挡块按承受一孔 160 m 梁每桁恒载和 50%活载的水平地震力设计。每侧纵、横向挡块内布置Φ36 锚栓，锚栓长度、钢筋混凝土及环氧树脂砂浆等级与中间固定支座挡块相同。

3×160 m 连续梁和 128 m 简支梁端活动支座钢筋混凝土挡块：该挡块仅布置在支座的横向两侧，每侧按半孔 160 m 或 128 m每桁恒载和 50%活载的水平地震力设计。每侧挡块内布置Φ36锚栓，锚栓长度、钢筋混凝土及环氧树脂砂浆等级与 128 m 简支梁固定支座挡块相同。

(3)铁路引桥 32 m 预应力钢筋混凝土梁防落梁设计

铁路引桥预应力钢筋混凝土梁支座，在Ⅶ度地震烈度下，按照规范规定，桥梁支座的锚栓等应有足够的抗震强度外，应采取防落梁措施，可采用的是梁端纵向联结，横向支挡的方案，并采用钢结构。横向结构设计荷载按照每片梁端每个横挡结构，按承受半孔梁每片恒载和50%活载的水平地震力计算。梁端横隔板根部每个纵联结构按照承受半孔梁每片恒载的水平地震力计算。

横挡设在内片梁两侧，在距桥墩横桥向中心线各200 mm处，从梁底各横穿一根30槽型钢支承梁，内侧横挡角钢直接与两根支承梁连接，外侧横挡角钢则与支承梁伸出的节点板相联。

纵联设在梁端横隔板根部，在横隔板根部的板底下各纵穿两根[16型钢，从型钢两端伸出的节点板再与四根竖向角钢相联。

纵联横挡结构与梁体间用硬垫木隔开，在垫木与梁体之间留有不小于10 mm的空隙。

(4)公路引桥32 m预应力钢筋混凝土梁抗震加固

在Ⅶ度地震烈度情况下，牙板焊缝超过允许值，必须加固。其加固比较简单，活动支座是在原牙板上每侧各加焊一块58 mm×24 mm×340 mm钢板，增加焊缝长度，以满足地震需求。固定支座由于高度较矮，在原牙板处各加焊以一个125 mm×80 mm×10 mm的不等边角钢，长160 mm，角钢上加焊三块118 mm×16 mm加劲板。

公路引桥桥面宽18 m，由10片预应力钢筋混凝土T型梁组成，曲线梁仅在梁端设横隔板，直线梁在梁端和跨中均设有横隔板，通过横隔板把10片T型梁联成一体，且纵向通过路面与梁的连接也联成一体。

(5)公路双曲拱桥上部结构加固

为增强主拱横向刚度，提高整体性，在拱肋之间根据各孔情况，增设25 cm×38 cm横向通长的钢筋混凝土大拉杆。为防止腹拱落拱，在空腹墙盖梁的两侧设置横向挡块。

11.3 桥墩、盖梁和节点的加固方法

11.3.1 混凝土墩的加固方法

从近几年几次地震造成的桥柱损坏情况，归纳桥墩抗震能力

的不足，主要有以下几点原因：纵向钢筋因锚固长度不足，而产生纵向钢筋被抽出的破坏；纵向钢筋的搭接长度不足而产生破坏，或同一断面纵筋搭接率过高，尽管桥墩在搭接面附近弯矩需求变化不大，但在此处由于纵筋搭接过多易形成薄弱面而破坏，纵筋搭接率过高，并且搭接长度不足，会导致突然的纵筋搭接破坏；桥墩因抗剪能力不足或塑性铰产生后的抗剪能力降低，而造成剪力破坏；桥墩因约束力不足，造成延性不足的破坏，原因是当桥墩受地震力位移延性达到 2 或 3 时，混凝土压应变几乎超过未约束混凝土的极限压应变，保护层混凝土剥落，核心混凝土强度不足而被迅速压溃，纵筋因而产生挠曲，强度骤减而无法支撑自重而损坏。

有些加固技术已经经过检验，一些已经应用于实际工程中。桥墩加固技术包括钢套管加固、预应力钢绞线的主动约束、玻璃纤维和环氧复合材料的半主动约束护套、钢筋混凝土护套和带有螺丝扣可以调整张力的特殊环箍。下面简要介绍混凝土墩的加固方法。

11.3.1.1 墩(柱)加固技术

(1)钢套管

这种技术最初应用于圆柱，将两块钢板卷成墩柱的半径，在加固部位留 13～25 mm 的间距，现场焊接竖向焊缝。钢套管和墩(柱)之间的空隙，冲水潮湿后，纯水泥砂浆填充。如果承重构件(承台或梁)发生较大的转动，钢套管可能会充当受压钢筋，为了避免这种情况，要求钢套管和承重构件之间要留 50 mm 的空隙。如果没有预留空隙，抗弯强度会显著增加，同时增加承重构件的弯矩和剪力。

采用钢套管为墩(柱)提供被动约束是非常有效的加固方式，它是由侧向膨胀作用产生的侧向约束应力。在受压区，侧向约束应力是轴向应变的函数；在受拉区，侧向约束应力与箍筋的强度和钢套管的刚度有关。因此，钢套管可以等效成连续的箍筋。

为了能够提供连续的约束作用，推荐使用椭圆钢套管对矩形墩（柱）进行加固，这种加固方式对矩形墩（柱）的抗弯、抗剪性能都有很大的改善，如图 11-17 所示，钢套管和墩（柱）之间的空隙用混凝土浇注。如果用矩形钢套管加固矩形墩（柱），由于只有钢套管侧向弯曲时才能发挥出矩形钢套管的约束作用，即使钢套管刚度很大，也不能达到预期的加固效果。尽管使用矩形钢套管可以提高墩（柱）的抗剪强度，但是一般情况下，在提高墩（柱）抗剪强度的同时也要求有足够的弯曲延性，而矩形钢套管不能提高延性。

图 11-17　采用椭圆钢套管加固的矩形桥墩

在钢筋过早截断的区域，日本使用环氧树脂黏结的薄壁矩形钢套管的加固方法。应用这种方法局部加强柱的抗弯和抗剪能力，以确保非弹性行为只发生在墩（柱）底的塑性铰区。日本 Hanshin 高速路上的部分墩柱采用了包钢加固，在 1995 年日本阪神地震中虽然出现了临界破坏，但是比未包钢混凝土墩的抗震能力增强了许多。钢套管加固桥墩的技术已经广泛地应用于加州，在 1994 年 Northridge 地震期间，约有 50 座经钢套管加固墩的桥梁遭受峰值加速度为 $0.3g$ 的地震动，在这些桥梁中，没有一例因桥墩损伤而需要加固的。

这种加固方案的优缺点如下：

(a)优点：在美国、日本钢材较便宜，施工技术为传统技术，业界易于接受。

(b)缺点：钢套（板）于钢厂施工成形，再以大型拖吊车拖吊至施工现场，搬运作业繁复，且施工时需大型吊车辅助，易阻碍交通，施工费用及交通维持等社会成本高；钢套（板）自重大，在桥梁补强时，每块钢套（板）的最大长度通常为 6～8 m，若补强的长度超过此限值，就需要焊接，焊接质量要求较高；钢套（板）与待修补结构物的界面间隙，需再灌水泥浆，施工质量不易掌握；钢套（板）增加被修补结构的自重，且修补的质量不易检测；钢套（板）易锈蚀，需定期油漆维护；补强钢套（板）若承受压应力，则易因钢套（板）的屈曲，而致掉落。

此外，如果采用了硬化型环氧树脂黏结剂，在使用这种方式补强加固时，必须对所使用的黏结材料在静荷载及活荷载作用下的徐变和疲劳特性有清楚的认识，这是因为：作为交通运输功能的桥梁承受临时活荷载可能导致疲劳破坏；桥梁承受本身自重和桥梁上设备等长期荷载可能导致材料徐变，甚至造成破坏。在施工时还应注意以下细节：

(a)气泡检查：在环氧树脂养护后，钢套（板）所有露出的表面应使用铁锤轻轻敲击来检测孔洞，这些气泡应该是随着环氧树脂的注入而产生的。如果气孔过多，质量就会有问题。钢套（板）与混凝土表面的结合若少于 90%，须完全更换。

(b)正确的工作温度：环氧树脂性能受温度影响很大，温度太冷会增加不必要的养护时间，太热则会影响材料的性质。如果在工作区域内每天的温度超过了所使用材料限制的最高温度，则不得施工。若在低温的天气，工作区域需围绕并用人工方法加热到周围的温度达到 15°；钢套（板）表面的温度不应超过使用该级环氧树脂的最大容许温度。

(2)预应力钢绞线

提高弯曲延性需要的侧限应力主要通过主动压力获得，而不是由混凝土侧向膨胀引起的被动压力。通过张拉预应力钢绞线在墩（柱）上施加约束，可以增强有钢筋搭接的控制截面的弯曲延性，但是是否能够增强抗剪强度还没有被证实。现场施工时，要保证钢绞线端部的可靠锚固和冗余度。

(3)纤维增强复合材料

纤维增强复合材料（FRP）的加固方法逐渐发展起来，它具有质量轻、强度高、弹性好的特点，图 11-18 是采用 FRP 加固的桥墩示例。大多数情况，获得 FRP 的约束为被动约束，随着混凝土膨胀，在 FRP 中产生环向拉力。也有采用主动约束的方法，主动约束是通过外层和墩(柱)之间填入膨胀性水泥砂浆或压力灌注环氧树脂获得的，灌浆压力高达 1.7 MPa。一些学者认为因为合成材料模量较低，所以由于蠕变松弛导致主动压力损失很小，这一点在目前没有达到共识，这也是阻碍其应用发展的问题之一。在墩(柱)的底部等重要的位置，将无应力的复合材料缠绕在主动约束的外层可以得到附加的被动约束，增加整体延性，采用这种加固方法时还要解决安装设备和耐久性的问题。

图 11-18　采用纤维增强复合材料加固的桥墩

采用纤维增强复合材料的加固方法有湿黏法、连续纤维缠绕法和预制壳法。FRP 加固柱最常用的方法是湿黏法，采用单向或双向纤维布，由树脂浸润黏贴包裹于墩(柱)表面，使主纤维方向沿墩(柱)环向。包裹的方式可以完全包裹，也可以用纤维布条带形成连续的螺旋箍或间隔的环箍进行部分包裹。连续纤维缠绕法与湿黏法的加固原理相似，只是将纤维布或条带用连续纤维丝束代替，采用由计算机控制的专用机械缠绕于墩(柱)上。预制壳法是先将纤维布或丝束浸润树脂，在一定控制条件下制成半圆形或半矩形的 FRP 壳，然后在现场对接，也可以将 FRP 壳制成开口的圆环或连续的卷状，在现场展开套于墩(柱)上。这三种方法的优缺点见表 11-2。

不论采用上述那种方法，都需要先将墩(柱)表面进行适当处

表 11-2　FRP 加固方法优缺点比较

加固方法	优　　点	缺　　点
湿黏法	适合于各种柱截面，灵活性大，易于现场操作，不需特殊设备	不易于施工质量控制
连续纤维缠绕法	有利于控制施工质量	对于不同墩(柱)截面的适用性降低，需要特殊设备
预制壳法	最有利于控制施工质量，人工费用小，可用于柱截面的形状变化	对于不同墩(柱)截面的适用性不佳，需考虑预制费用

理，露出坚实的混凝土层，清理干净并保持干燥。在竖向搭接区应保证接头足够牢固，当采用连续缠绕纤维布或丝束时，可将最后一层纤维布或丝束的端部延伸形成足够长的搭接；当采用预制 FRP 壳每层都有竖向接缝时，可用 FRP 条带黏贴于竖向接缝处，或将竖向接缝交错布置。施工时应注意的事项如下：

温度：在低温状况下，底漆及环氧树脂黏度会增加，硬化反应较迟缓，引起硬化反应不良的状况。冬季或寒冷地带，施工条件要慎重对待，气温在 5 ℃以下不可施工。

湿气：水分的存在会阻碍底漆及环氧树脂的黏结。有漏水情形时，先做好止水、导水处理，有可能结露的时候不可施工。

表面不平：表面凹凸或角落部位，黏贴强化纤维时容易浮起。高差应修正在 1 mm 以内，凸角取 $R=20$ mm 以上，凹角用树脂砂浆填补使其平滑。

底漆及环氧树脂的处理：黏度以加温来调整，不可以用有机溶剂来稀释。主剂与硬化剂混合后，应严守有效使用时间，超过使用时间的不可使用。

增强纤维的处理：增强纤维不可随意折叠。剪裁后，$R=30$ mm 以上要卷起或堆栈起来保管。黏贴时，纤维方向(长向)，预留 10 cm 的搭接长度，短向则不用。

施工计划：对于既有结构物的施工，因现场周边的环境因素，材料、工具的搬运，工作架的确保等，需接受管制。因振动或其他因素，施工会受到影响，事先要充分调查后，再做施工计划。

矩形墩(柱)采用湿黏法和连续纤维缠绕法加固时,角部应做倒角处理,这样做不仅可以减少对 FRP 抗拉强度的不利影响,还可以提高约束的有效性。采用预制壳时,可将壳的尺寸加大一些,角部做成圆角,并在壳与墩(柱)之间的缝隙中填入水泥砂浆。

(4)增加截面

在墩(柱)外表面增加一层钢筋混凝土,以护套的形式包围性能不足的圆形或矩形墩(柱),可以提高抗弯能力、延性及抗剪性能。这个方法在新西兰得到发展,日本在一些桥上也采用了这种加固方法。这种方法应用比较简单,但是矩形护套和矩形墩(柱)之间需要大量暗销提供充足的约束,同时需提高基础的抗弯、抗剪性能,以确保塑性铰出现在墩(柱)上。

11.3.1.2 圆形墩(柱)的加固设计标准

(1)墩(柱)底搭接部位的抗弯整体性

评估可能出现裂缝的截面的拉应力可以预测是否会发生搭接破坏。在截面出现裂缝之后,而裂缝不会引起太大的膨胀时,如果侧限压力满足式(11-1)～式(11-3)的要求,可以防止搭接破坏。

$$A_b f_s \leqslant 1.4 f_l \left[\frac{\pi D'}{2n} + 2(d_b + c)\right] l_s \tag{11-1}$$

式中,d_b、A_b 和 f_s 分别代表纵向搭接钢筋的直径、面积和应力;D' 是纵向钢筋中心线距离;n 是纵向钢筋的根数;c 是纵向钢筋的保护层厚度;l_s 是搭接长度;$\frac{\pi D'}{2n} + 2(d_b + c)$ 表示当搭接接头破坏时,环绕一根纵筋的裂缝长度;f_l 是侧限压力,在极限环向膨胀应变 $\varepsilon_d = 0.001$ 时,通过加固措施可以提高,可将方程(11-1)变形后求侧限压力 f_l 的最小值。由于钢筋应力 $f_s = 1.4 f_y$ 意味着钢筋极限强度的增加,因此在极限状态下式(11-2)是合理的,但是,还需要满足搭接长度最小的要求,见式(11-3)。

$$f_l \geqslant \frac{A_b f_y}{\left(\frac{\pi D'}{2n} + 2(d_b + c)\right) l_s} \tag{11-2}$$

$$l_{s,\min} \geqslant \frac{0.25 d_b f_y}{\sqrt{f'_c}} \text{（应力单位：MPa）} \tag{11-3}$$

侧限压力 f_l 与加固方式有关，取墩（柱）隔离体的半圆截面，由平衡条件即可得到钢套管壁厚、预应力钢绞线间距和复合材料套管的厚度的最低要求。

（2）墩（柱）塑性铰的弯曲限制

除了阻止搭接破坏，加固方法还必须保证墩（柱）塑性铰区有足够的延性。即使结构本身抗弯承载能力满足要求，还要求墩（柱）塑性铰区的纵向钢筋不搭接，以满足延性要求。位移延性不仅与几何截面的曲率延性有关，而且与混凝土极限压应变 ε_{cu} 和有效塑性铰长度 l_p 有关。

墩（柱）塑性铰加固的实验表明，由于加固方式的夹紧固定作用，塑性铰长度会缩短，此时塑性铰长度为：

$$l_p = g + 0.044 f_y d_b \tag{11-4}$$

式中，g 是加固截面与危险截面的距离，一般取 50 mm；d_b 是纵筋的直径；f_y 是纵向钢筋屈服强度，单位 MPa。

式（11-4）是检验钢套管加固的混凝土墩（柱）的标准，对于在塑性区内没有钢筋搭接的情况，采用预应力钢绞线或复合材料套管的加固方法，算出的结果偏小。

（a）钢套管

混凝土的极限压应变可以由能量平衡法求出，设钢套管的有效体积配筋率为 $\rho_s = \dfrac{4t}{D}$，则有

$$\varepsilon_{cu} \approx 0.004 + \frac{5.6 t \rho_s f_{yh} \varepsilon_{sm}}{D f'_{cc}} \tag{11-5}$$

约束混凝土强度 f'_{cc} 与侧限压力 f_l 之间的关系可以表示为：

$$f'_{cc} = f'_c \left(-1.254 + 2.254 \sqrt{1 + \frac{7.94 f_l}{f'_c}} - \frac{2 f_l}{f'_c} \right) \tag{11-6}$$

式中，f'_c 为混凝土抗压强度；ε_{sm} 为约束钢筋峰值应力对应的应变。

(b)预应力钢绞线

考虑到与预应力钢和低碳钢应力-应变关系的不同：

$$\varepsilon_{cu}=0.004+\frac{\rho_s f_{pu}\varepsilon_{su}}{f'_{cc}} \tag{11-7}$$

$$\rho_s=\frac{4A_p}{Ds} \tag{11-8}$$

式中，f_{pu} 是预应力钢绞线的极限应力；ε_{su} 是预应力钢绞线的断裂应变；约束混凝土强度 f'_{cc} 在式(11-6)中给出；A_p 为预应力钢绞线面积；D 为截面直径；s 为间距。

(c)复合材料套管

纤维的应力-应变曲线直到破坏，基本上是线性的，所以有：

$$\varepsilon_{cu}=0.004+\frac{0.75\rho_s f_u\varepsilon_u}{f'_{cc}} \tag{11-9}$$

式中，f_u 是套管材料的极限强度；ε_u 是极限应变；f'_{cc}是约束混凝土强度，有效体积配筋率 ρ_s 为：

$$\rho_s=\frac{4(t_a+t_p)}{D} \tag{11-10}$$

式中，t_a、t_p 分别为主动和被动约束套管的厚度；
如果套管的主动和被动约束性能差别很大，那么就应该采用 f_u 和 ε_u 的加权平均值。

(3)抗剪强度

Priestley 和 Seible 提出了抗剪承载力加固的设计方法，将未加固墩(柱)的剪切强度分为三个部分 V_c、V_p 和 V_t。

$$V_n=V_c+V_t+V_p \tag{11-11}$$

式中，V_c 是混凝土提供的剪力(包括骨料咬合、受压区剪力传递、销钉作用)；V_t 是桁架机构的箍筋提供的剪力；V_p 是由于重力、地震力和预应力等轴向压力提供的剪力。

(a)钢套管

类似于环箍或螺旋筋的抗剪机理可以得到提供被动约束的钢套管的抗剪能力。钢套管等效为面积是 A_v 的螺旋钢筋，间距是 $s=A_v/t$，则附加抗剪能力为：

$$V_{sj}=\frac{\pi}{2}tf_{yj}D\cot\theta \tag{11-12}$$

其中，f_{yj} 是钢套管的屈服应力；D 是墩（柱）的直径；t 是钢套管壁厚；θ 是墩（柱）轴线与主斜裂缝之间的夹角，如果在被 30°破坏面包围的墩（柱）长度范围内，纵向钢筋不截断，可以取 $\theta=30°$。

（b）预应力钢绞线

与上面的公式形式相近，附加的剪切强度可以写为：

$$V_{sp}=\frac{\pi}{2}\frac{A_{ps}f_{ps}D}{s}\cot\theta \tag{11-13}$$

f_{ps} 保守地取为损失后的预应力值，但是应该包括附加的被动应力。令 $f_{ps}=0.8f_{pu}$：

$$V_{sp}=\frac{\pi}{2}\frac{A_{ps}D\times 0.8f_{pu}}{s}\cot\theta \tag{11-14}$$

式中，f_{pu} 为预应力钢绞线的极限应力；D 是墩（柱）的直径；s 是预应力钢绞线间距；A_{ps} 是预应力钢绞线的有效面积；θ 是墩（柱）轴线与主斜裂缝之间的夹角。

（c）复合材料套管

与上面的方法相同，墩（柱）增加的抗剪强度为：

$$V_{sp}=\frac{\pi}{2}[(t_aE_a+t_pE_p)\varepsilon_p+T_a]D\cot\theta \tag{11-15}$$

$$T_a=f_aD/2 \tag{11-16}$$

式中，t_a 和 t_p 分别为主动和被动约束套管的厚度；E_a 和 E_p 分别为主动与被动约束套管的弹性模量；D 是墩（柱）的直径；T_a 是由主动压力 f_a 产生的套管单位高度的主动张拉力。在实验中，假设 $\theta=30°$，剪力产生的被动应变允许的最大值 $\varepsilon_p=0.006$。这样加固的墩（柱）具有良好的弯曲延性性能。

（4）墩（柱）的加固范围

抗弯加固范围应该从危险截面到弯矩为最大弯矩 75％的截面，但是不能小于墩（柱）直径。如果搭接区需要附加的约束，约束范围仅限于搭接长度范围内。

如果需要进行抗剪能力的加固，不仅限于塑性铰区域，应该在墩（柱）整个高度范围内进行。

（5）加固方法对墩（柱）刚度的影响

墩(柱)的弹性刚度可能受加固方法及加固范围的影响,如果采用钢套管的加固方法,进行抗弯能力加固时,刚度平均增加10%到15%;进行抗剪能力加固时,刚度平均增加30%。用预应力钢绞线和复合材料套管加固时,可以忽略对墩(柱)刚度的影响。

11.3.1.3　矩形墩(柱)的加固设计标准

目前,只有使用椭圆形钢套管的加固方法经过验证,加固矩形墩(柱)可以沿用上述原理。使用钢套管可以增加弯曲延性,增强剪切强度,可以有效地防止发生搭接破坏。

(1)钢套管

矩形墩(柱)刚度较大,横向延性需求也比较大,可采用椭圆形钢套管进行加固。椭圆形钢套管的曲率是不断变化的,钢套管的曲线方程可以写为:

$$\frac{x^2}{a^2}+\frac{y^2}{b^2}=1 \tag{11-17}$$

主轴方向上的极限半径分别是:

$$R_1=\frac{b^2}{a},R_2=\frac{a^2}{b} \tag{11-18}$$

抗弯整体性和延性能力的设计方程可以采用圆形墩(柱)的计算公式,用受压区的平均半径计算。比较合理的近似方法是在计算方向上取墩(柱)截面的角点半径和椭圆主轴方向的半径的平均值。如图11-19,在 x 方向:

$$R=\frac{R_1+R_2}{2}$$

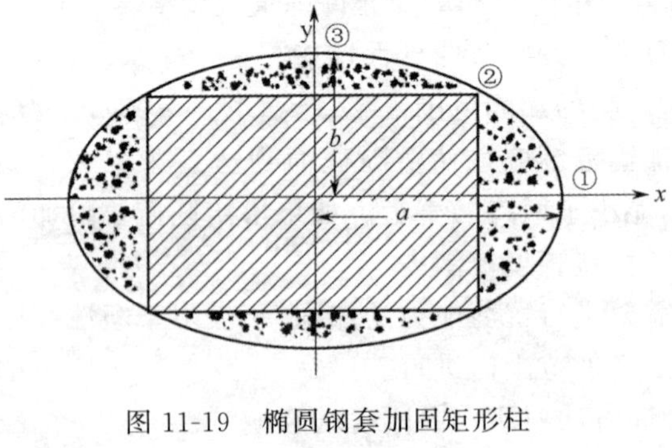

图 11-19　椭圆钢套加固矩形柱

在 y 方向：

$$R=\frac{R_2+R_3}{2}$$

这样可采用圆形墩（柱）的计算公式，只需将 $D=2R$ 代入即可。

在墩（柱）的“弱轴”方向，有效侧限压力比较小，有可能控制整个加固设计。如果平面高宽比较大，平行弱轴方向的约束可能不足，可是，由纵向位移能力评估的结果表明不需要加固，在这种情况下，套管应该依照“强轴”方向（横向）的要求设计。

提高剪切强度也同圆形墩（柱）相似，在“强轴”方向，提高的抗剪强度是：

$$V_{sj}=4taf_{yj}\left[1-\frac{b}{a}+\frac{\pi b}{4a}\right] \tag{11-19a}$$

在“弱轴”方向

$$V_{sj}=4tbf_{yj}\left[1-\frac{a}{b}+\frac{\pi a}{4b}\right] \tag{11-19b}$$

式中，t 为钢套管壁厚；f_{yj} 为钢材屈服应力；a、b 分别为椭圆形钢套管的长半轴和短半轴长度。式(11-19a)和式(11-19b)计算出的只是近似值，在“弱轴”方向，当 $a/b\geqslant1.5$ 时，结果相对保守。

(2)复合材料套管

为了防止纵筋搭接破坏，对矩形墩（柱）加固时，Seible 建议将截面改为椭圆形，用长轴和短轴长度的平均值代替圆形墩（柱）计算公式里的 D 即可。

加固塑性铰区抗弯能力时，在矩形墩（柱）表面直接采用矩形套管，可以提高延性。其配筋率为：

$$\rho_s=2t\left(\frac{b+h}{bh}\right) \tag{11-20}$$

极限压应变为：

$$\varepsilon_{cu}=0.004+\frac{1.25\rho_s f_u\varepsilon_u}{f'_{cc}} \tag{11-21}$$

式中，t 是套管的壁厚；b，h 为矩形截面的宽度和高度；f_u，ε_u 分别为极限应力与应变；f'_{cc}是约束混凝土强度，由式(11-6)给出。矩形套管应用于轴向压力不大于 $0.15f'_{cc}A_g$，纵向配筋率不大于0.03，且剪跨比不大于3的墩(柱)。

用于抗剪强度加固的复合材料套管的最大拉应力限值为 f_u，所对应的拉应变限值足够小，使混凝土骨料咬合作用不发生退化。当采用椭圆形套管时，提高的抗剪强度为：

$$V_{sp}=4taf_u\left[1-\frac{b}{a}+\frac{\pi b}{4a}\right]\cot\theta \tag{11-22a}$$

$$V_{sp}=4tbf_u\left[1-\frac{a}{b}+\frac{\pi a}{4b}\right]\cot\theta \tag{11-22b}$$

式中，a，b 分别为椭圆长半轴和短半轴长度；θ 为主斜裂缝与墩(柱)轴线之间的夹角；f_u 是复合材料的极限应力。

由于复合材料是脆性的，所以直接采用极限应力，这就意味着会产生较大的侧向应变，从而降低了混凝土骨料的咬合作用，这样复合材料套管在负荷过大的情况下可能发生失效，所以，Priestley建议在计算复合材料抗剪贡献时，应变极值取0.004，应力极值为0.004E(E为弹性模量)。

11.3.2 盖梁的加固方法

盖梁相当于桥墩和上部结构之间传递荷载的连接构件。横向地震反应中，多柱式排架上的盖梁将承受弯矩、剪力和节点剪力。纵向地震反应中，盖梁通过支座支承上部结构时不会出现什么问题(见图11-20a)，但是上部结构-盖梁-墩是一个整体时，盖梁还会出现扭转问题(见图11-20b)。1989年的Loma Prieta地震中，盖梁抗震性能不足表现非常严重，这也是所有受损构件中最难加固的部分。

11.3.2.1 抗弯强度和延性

在梁-墩框架中，盖梁的弯曲强度通常比固结在一起的墩(柱)的抗弯强度小。当伸入梁和墩(柱)节点部位的底部钢筋锚固不足时，盖梁正弯矩承载能力就会出现这种情况。为了使塑性铰出现

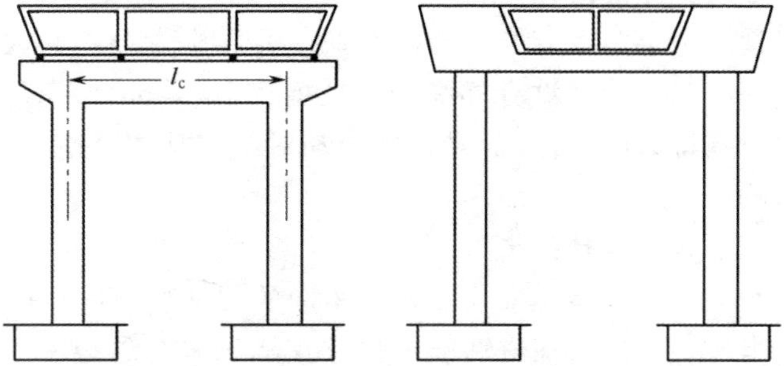

图 11-20 盖梁与上部结构的连接方式

在墩(柱)上,按照"强柱弱梁"的设计原则设计的盖梁,其负弯矩承载能力也会偏低,尤其当上部钢筋过早截断的时候。

一般加固的目标是提高盖梁的抗弯强度,使塑性铰出现在墩(柱)中。有支座支承上部结构的盖梁,可通过在盖梁的两侧加设钢筋混凝土加强块的方法提高抗弯能力。接触面应该凿毛,新旧混凝土应该用销栓连接,销栓最好穿过盖梁。假设加强块受拉钢筋的面积是 A_{sb},在墩(柱)顶支承面的应力已达到屈服值,并且销栓可以将荷载传递给既有的盖梁,为确保共同工作,销栓的面积也是 A_{sb},这里假定摩擦系数 $\mu=1.0$。如图 11-21(a)所示,每个加强块底部是 6 根钢筋,总面积是 A_{sb},这就需要 n 个面积为 A_d 的销栓,$n=A_{sb}/A_d$。这些销栓应该分布在 $h_c l_c/2$ 的区域内,包括从墩(柱)顶面到盖梁中线的盖梁下半部分,见图 11-20(a)、图 11-21(a)。也可以通过体内预应力或体外预应力来提高抗弯性能,见图11-21。

若盖梁和上部结构是一个整体,因为上部结构对盖梁有约束,提高抗弯能力的加固比较困难。此时,加强块可以放置到底部以增强正弯矩的承载能力,将上部混凝土去掉一部分并增设钢筋可以提高负弯矩的承载能力,见图 11-21。在灌浆渡锌的孔道设置体外预应力筋是提高正、负弯矩承载能力较经济的方法。如果有足够的钢筋可以保证盖梁弹性工作,那么预应力筋可以与混凝土全部黏结。在出现塑性铰的地方,预应力筋不应与混凝土黏结,但其周围必须有保护措施。

尽管理论上塑性铰要出现在良好约束的墩(柱)中,但是,即使在盖梁潜在塑性铰区没有详细的延性构造,盖梁也会具有一定的延性。对高桥墩的结构,盖梁塑性转动对结构整体延性几乎不会产生影响。

11.3.2.2　构件剪切强度

图 11-21 所示设置与盖梁高度相同的加强块,可以增强构件的剪切强度。通过增加弯曲受压区高度和调整主斜裂缝的角度,预应力也可以增强抗剪能力。

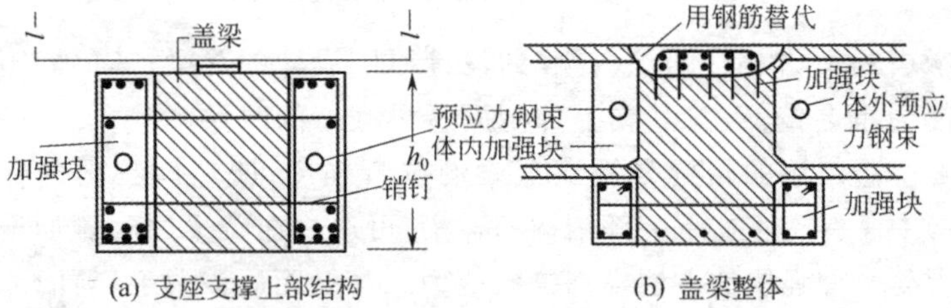

图 11-21　盖梁的抗弯和抗剪加固

11.3.2.3　节点剪切强度

墩(柱)-盖梁之间的节点经常出现抗剪强度不足的情况,1989年 Loma Prieta 地震后,对旧金山双层高架桥的加固使加固的概念得到发展。在节点处需要附加竖向和横向的剪切钢筋,但是,最好的方法是替换节点。替换节点时要去除既有混凝土和设置临时支承,这将改善墩(柱)和盖梁钢筋锚固不足的情况,为了能够保证可靠的性能,可在节点外表面附加钢筋混凝土,如图 11-22 所示。由于外部的附加钢筋提供节点抗剪能力,所以新的混凝土必须和原有的混凝土用销栓连接,利用剪切摩擦传递剪力。如图 11-23所示,新、旧混凝土的交接面在竖向和横向同时受剪切摩擦力,剪力可以利用节点处的平衡条件得到。

横向预应力筋可以减少节点水平抗剪钢筋,并且为传递一部分节点竖向剪力创造良好条件。由于钢板的易弯性使剪切摩擦应

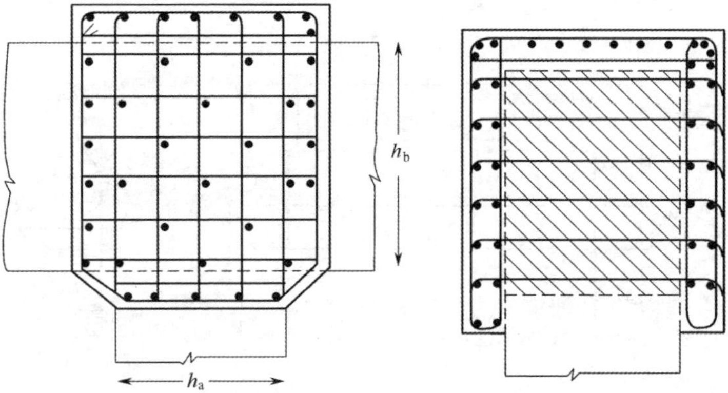

图 11-22　外部混凝土套加固接合点

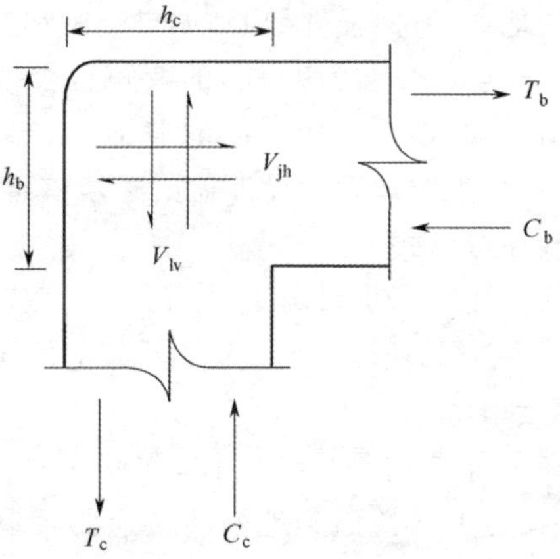

图 11-23　联结处剪力

力集中在销栓或预应力筋的附近，稍远的位置应力很小或者没有，剪力的传递就不是很理想，所以在节点区采用黏贴钢板的方法，增强抗剪强度的作用并不像混凝土那样明显。

11.3.2.4　横向连梁

另一个减轻盖梁破坏的方法是在盖梁下加设联系梁，如图

11-24 所示。

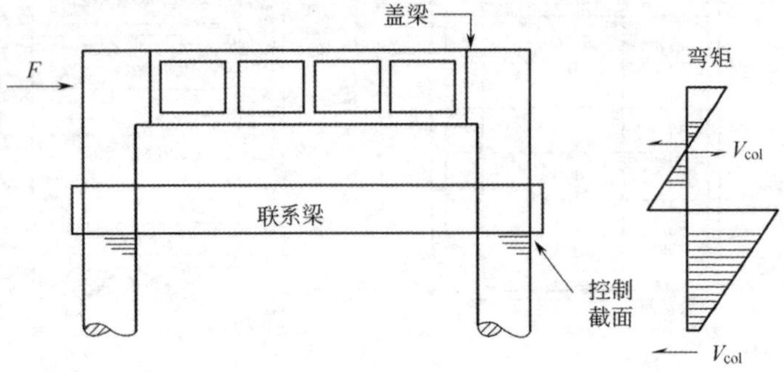

图 11-24　横向加固的联系梁法

联系梁在墩(柱)的周围浇注,所以在联系梁下面又出现了一个控制截面。因为墩(柱)的剪力由连梁下端的墩(柱)截面的(希望出现塑性铰的地方)弯曲强度控制,如果连梁和盖梁之间的距离很小,位于盖梁与连梁之间的墩(柱)的弯矩也会很小。由盖梁节点处的弯矩平衡可知,地震作用引起的盖梁上的荷载会减小到一个很小的值,就不再需要加固。设计盖梁必须依照能力设计准则,确保塑性铰出现在墩(柱)上。

加固高墩时,设置连梁是非常有效的方法。正确选择联系梁的位置不仅可以保护盖梁,还可以大大增加排架的侧向强度和刚度。

11.3.2.5　盖梁扭转

如果盖梁和上部结构是一个整体,如图 11-20(b)所示,在纵向地震作用下,惯性力从桥面到地面的传递路径取决于上部结构的弯曲作用和盖梁将荷载传递给墩(柱)的过程中产生的扭转。在盖梁和上部结构是一个整体的情况下,与墩(柱)纵向塑性力矩相等的盖梁扭矩会明显增加。另外,由于盖梁的扭转刚度,使上部结构分配的扭矩不一致,离墩(柱)近的梁分配的力矩较大,在桥梁轴线附近的梁承受的力矩较小。因为出现裂缝后的盖梁扭转刚度会减小到未出现裂缝时的10%,所以,当盖梁上出现扭转裂缝时,更应该注意这种情况。

1989 年 Loma Prieta 地震后，对旧金山双层高架桥的桥墩加固设计时，在各排架墩(柱)之间设置边梁来减小扭转的影响。如果边梁有足够刚度和强度，盖梁抗扭强度就与上部结构抗弯能力没有任何关系，即使盖梁没有抗扭转能力，也可以得到符合要求的纵向反应。在这种情况下，如果主梁出现塑性铰，将会导致盖梁发生较大的扭转，承载能力也会降低，此时，应该使塑性铰出现在墩(柱)上而不是主梁上。如果采用能力设计方法，使主梁不发生塑性转动，那么盖梁的扭转角度会很小，并与主梁的转动具有一致性。如果盖梁出现扭转裂缝，扭转力矩会减小而不是增加。

因此，盖梁主要承受主梁的重力荷载，依照设计假定参与横向地震反应。它必须把重力荷载引起的剪力和纵向、横向地震反应传递到墩(柱)上。

11.3.3 桥墩抗震加固实例

南京长江大桥公路双曲拱桥的抗震加固始于 1984 年，于 1987 年 11 月完成。南岸公路引桥双曲拱 18 孔，虽然在跨线桥铁路两侧设置了制动墩，但连拱部分仍然超过 6 跨，属多跨长桥。破坏时由于连拱作用位移的积累，容易形成一孔突破影响其他孔。根据地震区的双曲拱桥震害，多跨震害多于单跨，长桥震害多于短桥，故连拱长桥也是不利因素之一。为防止连拱长桥的不利影响，在南岸公路引桥第 5 孔、第 14 孔桥墩间增设 50 cm×110 cm、长的矩形钢筋混凝土底梁。底梁中心距 4 m，每孔 6 根。

1995 年阪神地震后，日本对 29 400 个桥墩进行了加固，加固目的是提高抗剪强度和抗弯强度。经分析后发现，如果增加的抗弯强度低于 1.7 时，就不会导致基础失效，所以对单柱式桥墩采用钢套管进行加固。为了能够控制抗弯强度的增加，在钢套管底部设置锚栓，这样可以通过控制锚栓的直径来控制抗弯强度的提高。钢套管的厚度依据桥墩截面宽高比(纵桥向宽度/横桥向高度)来选择，宽高比不大于 2 时厚度取 9 mm；大于 2 时，厚度取 12 mm，并且设置横向钢筋。锚栓采用 D35(SD295)，间距 250 mm，如图

11-25 所示。墙式桥墩的加固概念与矩形桥墩相同，主要是提高桥

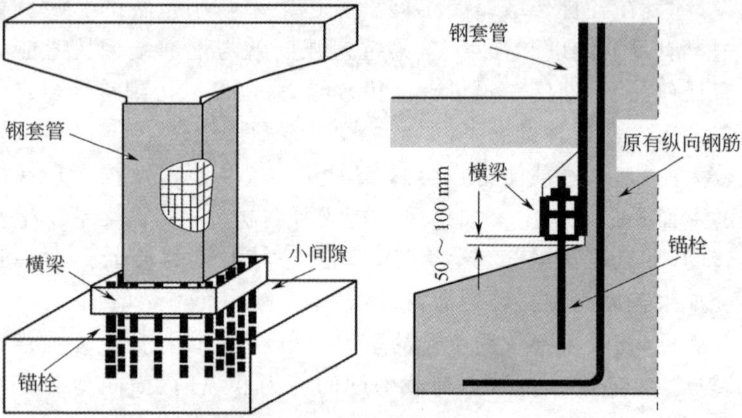

图 11-25　钢套管加固桥墩[5]

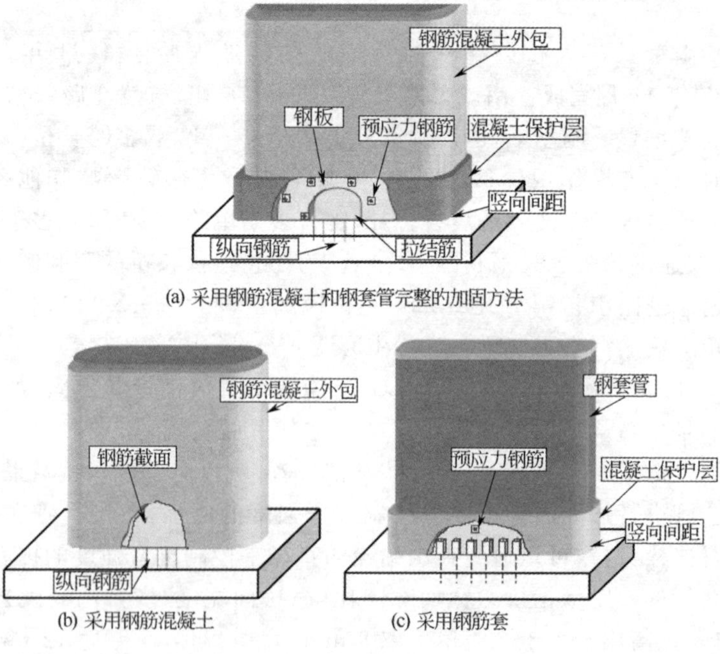

(a) 采用钢筋混凝土和钢套管完整的加固方法

(b) 采用钢筋混凝土　　(c) 采用钢筋套

图 11-26　墙式桥墩的加固[8]

墩的抗弯强度和延性，钢筋切断处的抗弯、抗剪强度也是非常重要的。设置受力钢筋可以提高桥墩的抗弯强度，伸入承台的锚固钢筋可以保证塑性铰出现在墩底，塑性铰区的约束由预应力钢筋或普通钢筋提供，见图 11-26。多柱式桥墩的加固也涉及到强度和延性两个方面，在纵桥向与单柱式桥墩一样，需要提高抗弯强度并适当调整延性，横桥向桥墩的抗剪强度和盖梁的抗剪强度需要增强，图 11-27 为建议采用的加固方法。对于盖梁的加固由于条件限制不能采用外包钢套来实现，所以应考虑新的高性能的材料，如碳纤维等纤维材料。

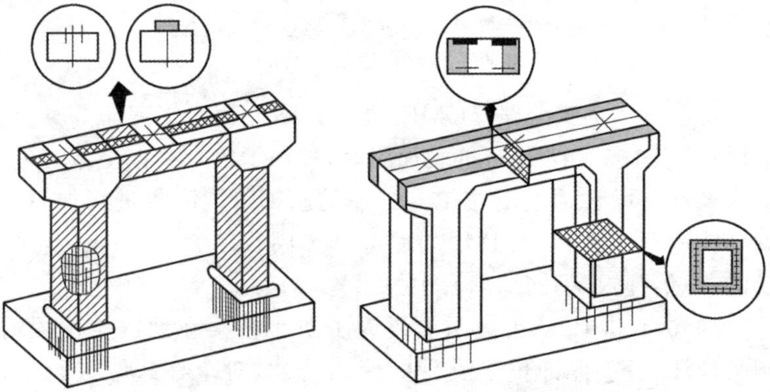

(a) 钢套管加固　　(b) 钢筋混凝土加固

图 11-27　多柱式桥墩的加固[8]

在日本采用复合材料加固桥墩被广泛采用，其中 Tomi 高速公路上 Sakawa-gawa 桥的桥墩采用的是碳纤维加固技术，见图 11-28，Sakawa-gawa 桥是 5 跨连续钢梁桥，由 5 根高度为 42～65 m 的钢筋混凝土空心墩支承，这座桥是按照日本 1964 年的规范进行设计的。从反复加载试验的结构来看，采用碳纤维加固后，桥墩稳定的弯曲能力范围由原来的 3%增加到 5%，也就是说，在遭遇相同地震作用时，加固后的桥墩变形能力、抗弯能力都得到了提高。

(a) 东西边界　　　　(b) 缠绕碳纤维布

图 11-28　碳纤维布加固钢筋混凝土空心墩
（Tomi 高速公路上的 Sakawa-gawa 桥）[6,7]

位于日本国家公路 TOMEi 高速公路上的一座钢筋混凝土框架桥（建于 1968 年）进行抗震加固时，按照抵御 8 级以上地震进行加固设计。墩柱通过灌注 17 cm 厚的新钢筋混凝土进行加固，粗钢筋锚固至承台内，在桥墩的底部其锚固长度为 112 cm（钢筋直径的 35 倍）防止钢筋从承台中拔出。

1986 年和 1990 年美国加州为了防止桥梁在地震中倒塌，控制其破坏程度，保证桥梁震后的使用功能，对单柱式墩进行了加固。加固方案是通过在墩柱外设置钢套管来抵抗剪力，此外提供塑性铰区外的约束，或配置螺旋箍筋。

11.4　基础的加固方法

基础构件包括承台、桩、桥台和沉降板，经济实用的基础构件加固方法现在处于研究、开发和验证阶段。一般来讲，基础构件的分析和设计应该考虑土的强度和所有可能的破坏模式。下面简要介绍基础构件的加固方法。

11.4.1　承　台

在地震作用下，由于承台中具有抗拔能力的顶层钢筋与竖向拉筋的配置不足，使承台的失效多发生在墩(柱)达到极限塑性能力之前。缺少抗拔钢筋将造成承台混凝土的弯曲裂缝或分层剥离，继而引发墩(柱)纵向钢筋的锚固破坏，这对采用桩基的单柱式桥墩是非常危险的。

在桥梁抗震加固中承台的加固费用是最高的，当承台的抗弯强度、抗剪强度、承台与墩(柱)连接处的抗剪强度，墩(柱)钢筋的锚固，桩的承载力以及抗倾覆能力不足时，应对承台进行抗震加固。

11.4.1.1　抗弯强度

因为缺少顶层钢筋，尤其是宽大的承台，距离墩(柱)较远的钢筋几乎不起什么作用，而底部钢筋又不足时，与桩之间有抗拉构件的承台经常出现抗弯能力不足的现象。这种情况下加固承台的方法一般是用销栓连接一层钢筋混凝土以达到增强抗弯能力的目的，如图 11-29 所示。在浇筑混凝土之前，承台表面应预先凿毛，使新、旧混凝土之间的销栓以剪切摩擦的方式传递剪应力。如果希望通过销栓提高承台的抗剪能力，那么销栓还应穿透承台，并适当锚固。

这种加固方式增加了承台高度，也提高了承台抵抗正弯矩的能力。如果承台抗弯能力仍然不能满足要求，可加宽承台，并增设底部钢筋。

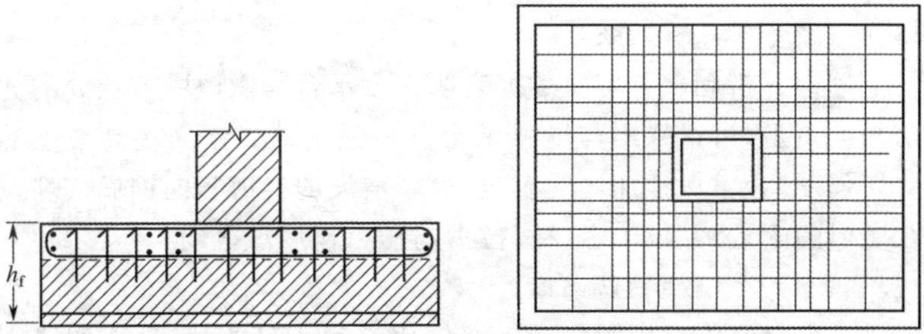

(a) 立面图　　(b) 平面图

图 11-29　承台抗弯强度加固

11.4.1.2 剪切强度

如果承台抗剪强度不足，其加固过程会更加复杂。墩(柱)的压力与基础或桩的支反力之间的剪力可由一个斜压杆来承担，这时，应将底部钢筋做成弯钩，使底部钢筋为斜压杆提供可靠的拉力，如图 11-30 所示。

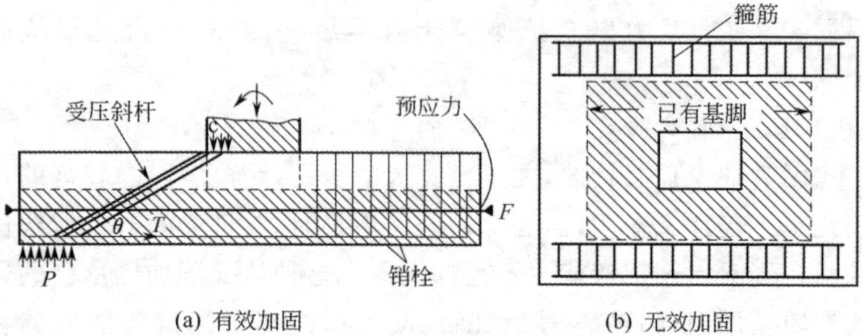

图 11-30 承台抗剪强度加固

如果受压斜杆的角度 $\theta<30^{\circ}$，或者底部受拉钢筋锚固不足，可以通过以下方式提高剪切强度：(a)增加承台厚度，以提高混凝土结构抗剪承载能力。(b)在承台竖向钻孔并锚固竖向钢筋，最好是用预应力筋，这相当于增加抗剪钢筋。(c)同增强抗弯强度一样，在承台纵向钻孔并预加应力，剪切强度也会提高。由于距离墩(柱)太远，在承台加宽的部分放置剪切钢筋未必有效。

11.4.1.3 节点剪切强度

理论分析和部分实验数据表明许多承台与墩(柱)节点处的剪切强度不足，可以采用与增强承台抗剪强度的方法来提高节点的剪切强度，为了保证加固的有效性，新增设的抗剪竖向钢筋应埋设在墩(柱)附近，并位于墩(柱)拉力与压力作用点之间。

11.4.1.4 墩(柱)钢筋锚固

承台处经常发生墩(柱)钢筋锚固长度不足的情况，即使锚固长度满足要求，如果墩(柱)钢筋没有伸至承台底层钢筋处，尤其是没有抗拉能力的扩大基础或桩基承台，连接性能也不一定可靠，如

图 11-31。在这种情况下，墩(柱)钢筋拉力 T_c 与承台内钢筋内力 T_f 之间没有连续性，就有可能同时出现搭接失效和节点剪切破坏。

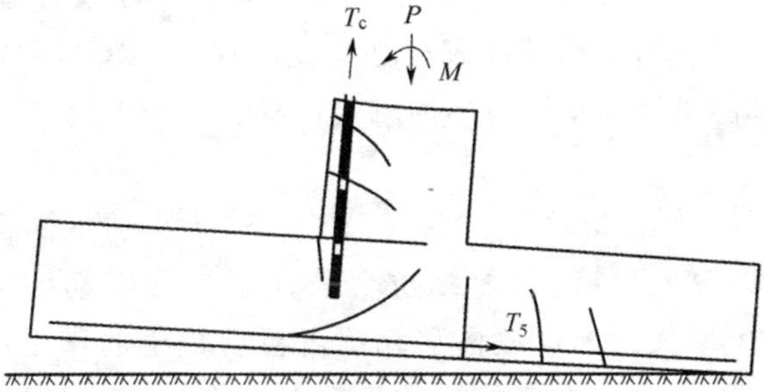

图 11-31　扩大基础的摆动

通过覆盖钢筋混凝土层来增加承台的高度可以提高抗剪承载能力，但不能解决拉力不连续的问题，这样给提高节点抗剪能力增加了难度。但是如果能够提供土层锚杆或抗拔桩使承台宽出墩(柱)的那部分的力矩改变方向，再加上钢筋混凝土覆盖层，应该能取得良好的效果。

11.4.1.5　抗倾覆

扩大基础和桩基承台的翘起不一定是不利的，小于墩(柱)承载能力的倾覆力矩引起的摆动相当于一种减震措施，能够保护墩(柱)和承台免于非弹性作用。但是，如果摆动位移过大或可能发生承台破坏，就必须增强抗倾覆能力。

抗倾覆能力可以采用的方法有：增大承台的平面尺寸、添加抗拔桩(一般与增大承台平面尺寸同时应用)或者使用土层或岩石锚杆的方法。因为桩和承台的不良连接或桩中的受拉钢筋不连续，使既有桩的抗拔能力较弱。需要注意的是，因为从土层锚杆获得较大的主动或被动作用并不容易，需要较大的摆动位移才能提供足够的抗倾覆力，对于高桥墩(柱)，还涉及到稳定性问题。

11.4.1.6　桩

计算表明，桩柱有可能发生弯曲破坏和剪切破坏，也有可能出现墩(柱)底抗剪承载力不足的情况。进行这方面的加固费用很高,比较有效的方法就是修复承台,而且这些部位的破坏引起结构整体失效的可能性很小,所以设计人员应该首先考虑桩的破坏和承台滑移会不会造成整个结构的失效。对于其他承台破坏形式,也建议这样处理,但是设计人员必须能够保证地震过程中或地震后,承台都能继续承受墩(柱)的轴向荷载。

11.4.2 桥 台

除非同时发生液化,否则桥台破坏很少会引起结构整体的破坏。挡土墙式桥台的侧向移动或者桥台填土的作用可能造成桥梁难以通车,对于非常重要的桥梁是不允许的。另外,在桥台应用限位器限制位移可能引起较大的荷载,因此,有时候需要考虑加固桥台。下面就介绍两种可行的加固方式可以减轻桥台破坏的影响。

11.4.2.1 沉降板

当引桥填土沉陷时,采用沉降板可以使桥面和桥台填土保持连续性。沉降板应该与桥台牢固连接,防止脱离而使加固失效。在地震动加速度较大的地区,由于地基失效或桥台破坏引起的引桥填土沉降很大,只有重要的桥梁才建议考虑这种加固方式。为了保证地震后桥台处的连续性,沉降板最小的长度是 3 m,沉降板应该采用钢筋混凝土材料,按照简支梁设计。

桥台与沉降板的连接部位应能抵抗 F_D,即沉降板的恒载乘以沉降板和桥台填土摩擦系数与地震系数之和。

$$F_D=(\mu+A)DL_s \tag{11-23}$$

式中,F_D 是设计荷载,μ 是摩擦系数,A 是地震系数,DL_s 是沉降板恒载。

这种连接方式应该允许自由转动,这样当桥台填土沉降时力矩就不会传递到桥台的背墙。图 11-32 和图 11-33 所示的是曾经采用过的两种沉降板形式。

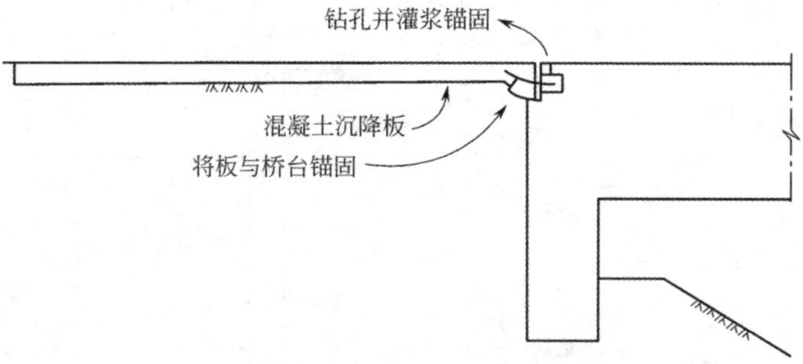

图 11-32　加利福尼亚形式的沉降板

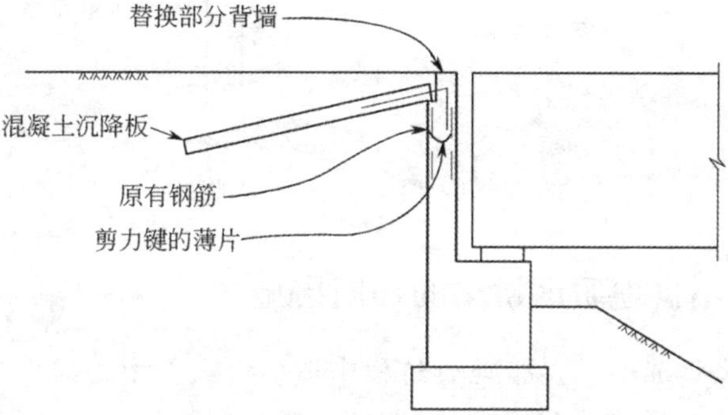

图 11-33　新西兰形式的沉降板

11.4.2.2　土层锚杆和重力式锚杆

如果桥台的水平位移影响桥梁通车，可以通过土层锚杆或重力式锚杆减小或避免桥台的纵向、横向位移。

图 11-34 所示为采用土层锚杆的加固方式，由于地震作用下，回填土将发生移动，锚杆就能够提供足够的距离，使桥台不受位移影响。

重力式锚杆就是上部结构或桥台与锚固物之间的连系杆，锚固物可能是钻孔内浇筑的柱体，或者是桥台后地沟内浇筑的较重的梁，这些连系杆多放置在混凝土地沟内。

两种锚杆的极限承载能力应不小于由上部结构传至桥台的地

震力，也不应低于设计地震作用下桥台背墙后的土压力。

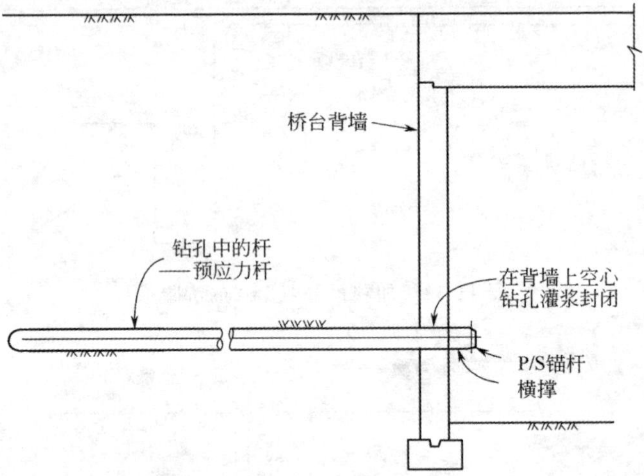

图 11-34　用土层锚杆加固桥台

11.5　不良地质区桥梁的加固措施

不良地质条件是指地震过程中造成巨大作用力或相对位移的因素，比如，横跨或靠近陡峭、不稳定活动断层的场地，以及具有可液化砂土或粉砂的场地，适用于这些不良地质条件的加固措施并不多。

11.5.1　横跨或靠近断层的桥梁

由于断层错动，在相邻桥墩或支点间会产生较大的相对位移，虽然在桥梁的使用寿命期间发生这种现象的概率很低，但评定桥梁加固措施时，应该考虑这种可能性。对桥梁进行加固时，需采取保守的加固设计，尤其是对按位移能力设计的桥梁，对下部结构的加固，应通过塑性铰区的附加约束，达到提供最大承载能力的目的。

采用连续刚构的结构形式，可以降低结构整体倒塌的概率，但是,横跨断层时,它能承受的相对位移是非常有限的。一种可供选择的方法就是将连续的上部结构在每个桥墩和桥台处设弹性支座,这些支座具有所需的变形能力,而且能提供弹性恢复力,如果能预测结构的运动情况,还可设置限位器。需说明的是最近的地震加速仪记录的数据表明靠近断层的地面加速度会超过1.0 g,在这种情况下,宜采用整体浇注结构,如果使用弹性支座,应采用竖向限位器以限制竖向作用的影响。

对于地震这种极端情况,加固的目的是降低桥梁在地震中倒塌的概率,使桥梁失效的可能性降到最低,保证震后应急使用,在完成应急救援任务后,桥梁可能需要拆除或更换。

11.5.2 位于或靠近不稳定边坡的桥梁

大量山区的桥梁都选址在横穿陡坡的山谷中,所以,应该对地震条件下边坡的稳定性作详细的地质勘察和评估。这些勘察涉及对地质地貌的研究,包括专家对航空照片的分析来确定近期地震作用下边坡的运动情况;对材料的测试和大范围钻孔和挖沟调查,检验不稳定层与竖向裂缝。特别应注意排水性,以防止地表水的渗入及孔隙水压的增加。通过去除覆土对边坡进行卸载,专门研究提高边坡安全性的因素。对重要的结构,建议将每座桥台重新设置在远离坡脊的位置,并重新修建两个边跨。对位于边坡上中间的桩帽,较合适的方法是用岩层锚杆或其他技术将它们联系起来。

11.5.3 位于可液化土层上的桥梁

地震中,由于横向扩散引起的液化效应和过大的位移是造成桥梁破坏的主要原因。如果场地可能发生严重的液化效应,对桥梁只进行维修和加固来保证使用功能未必奏效,必须采取固化土壤的方法,减少液化破坏的概率和液化范围。液化区桥梁的加固有两个方面,一是去除或改善可能引起液化的土壤条件;二是提高结构的位移能力,抵抗液化效应或土体运动产生的相对位移。增强结构的承载能力可采用前几节讨论的加固方法。

11.5.3.1　场地的稳定性处理

仅在某些特殊的情况下才对场地的稳定性采取措施,这里提供几种方法可用在桥梁场地稳定性处理方面。这些方法包括:降低地下水位;通过振捣挤密法、振捣置换法或灌浆挤密法促使土体密实;竖向排水系统;设置渗水上覆土层;颗粒式或化学灌浆。

地下水是液化发生的三个必备条件之一,降低地下水位可以消除或减少地下水,该方案的可行性及其造价将取决于场地的情况。尽管井点降水等机械式排水可用在非常重要的桥梁工程中,但是某些重力式降水具有更大的优势。经排水后将使周围土体沉陷,所以在使用这种排水方式时应估计土体沉陷对现有桥梁的影响。

由于液化效应对松散土有一个密实过程,故对土体进行挤密可降低液化的发生,也是一种非常有效的方法。如果使用多孔材料对土体进行挤密置换,还可以提高排水性能。需要注意的是,预先对土体挤密会导致较大的沉陷,应注意保护现有结构防止受损,如果使用灌浆挤密法则可控制沉陷,不过这种方法造价要高一些。

按图 11-35 所示的方式安装一个砂土排水系统,这种方法能提高排水性又不破坏现有结构。在地震中,砂土排水系统能够排水,因而可以防止孔隙水压力的增加,不会降低土的抗剪强度。地震中可能会发生沉陷,但会大大地降低由土体抗剪强度的损失而产生较大横向位移的可能性。

采用多孔覆土或附加荷载也可以降低土体液化的可能,并且这种方法对现有结构的扰动非常小。覆土的存在导致土体颗粒间作用力增加,提高了发生液化的临界孔隙水压。覆土的渗水性不会加剧孔隙水压的累积,采用这种方法时应考虑固结带来的沉降问题。

使用化学或颗粒材料灌浆对增强土的抗剪强度也是一种可行的解决方法,但是,如果设计不合理,这种方法也可能降低土的渗

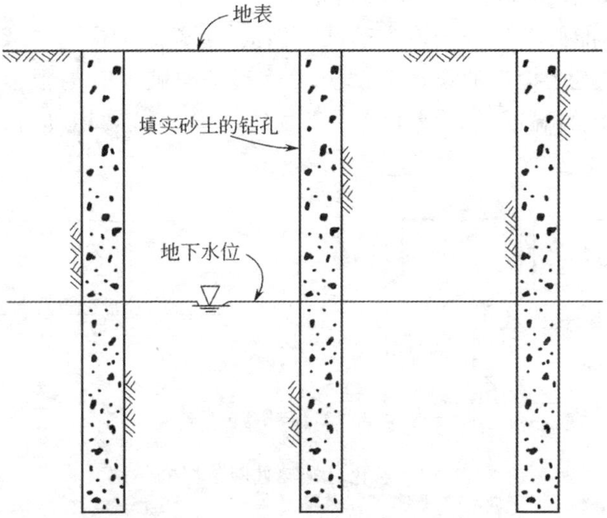

图 11-35　砂土排水系统

水性并加剧孔隙水压的累积。

在实际工程中上述的方法中有一些可能是不合适的，或者从环境保护的角度上是不可接受，甚至在某些情况下具有危害性。因而，在实施上述任何一种处理的方法之前，必须进行详细的方案规划与设计。每一种方法都应该使用相应的土力学理论进行设计，确保设计的有效性以及施工过程不会对现有桥梁造成损坏。

11.5.3.2　结构性能的改善

除了场地的稳定性处理外，通常也要提高结构的性能以改善抵抗各种位移的能力，加固方法取决于结构的形式和易损构件的构造。加固方法一般是使上部结构联结并与排架连接，在某些情况下，需考虑墩（柱）的加固。通常桥台的翘起不会导致倒塌，不是主要的破坏形式，所以采用锚杆提高桥台的稳定性不一定有效，如果要求即刻通车，可使用沉降板。

在支座处应设置纵向限位器，防止上部结构发生落梁。如果排架未与上部结构联系在一起，基础的运动会使支承端偏离支座底部,如图 11-36 所示,这种情形下,宁可选择墩(柱)发生弯曲破坏,也不能使上部结构发生落梁。因此,上部结构应与排架连接在一起,且连接构件的设计荷载至少达到排架破坏时的限值。为了适应正常的温度变化或避免中等地震时墩(柱)破坏,应保证限位器合理间距。

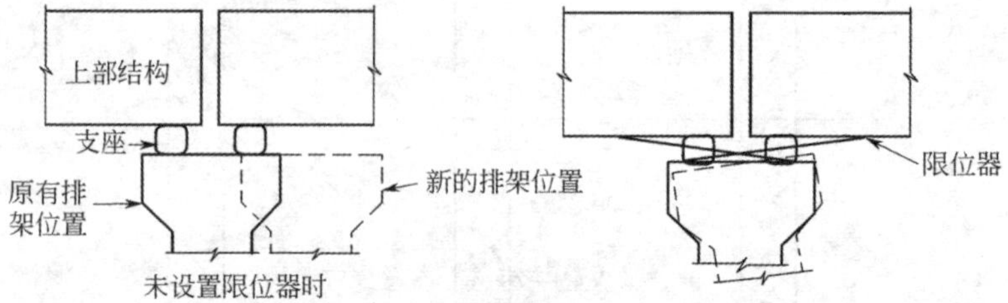

图 11-36　液化时排架处限位器的作用

伸缩缝处横向与竖向限位器能阻止上部结构的屈曲,应与纵向限位器一起使用。当排架上设有伸缩缝时,这些限位器对下部结构应提供约束力。

为了适应大的变形,期望加固的排架墩只发生延性破坏,而不发生脆性破坏。提高结构的刚度可增加延性,使结构周期偏离可液化土层的长周期运动。提高结构刚度可以通过增强基础横向承载能力实现,或者增加墩(柱)间填充墙,甚至增加墩(柱)与基础的数量,这些措施可能费用很高,但对于重要的结构却是值得的。

11.5.4　不良地质区桥梁抗震加固实例

可液化地基加固方法主要有挤密砂桩和振动水冲法,挤密砂桩是用振动荷载在土中成孔灌砂,以形成大直径密实砂桩加固可液化地基的方法。其加固原理是:沉管成孔时对地基产生第一次挤密,而提管灌砂振密时对地基产生第二次挤密,这样形成的挤密砂桩其有效振密范围可达 6 倍桩直径左右,振密作用比挤密作用更显著。在 1978 年日本宫城地震、1983 年日本海地震以及 1995 年日本阪神地震中,采用这种加固方法对油罐等结构物的地基表现出良好的效果。振动水冲法(振冲法)是利用在地基中就地振制的砂石桩快速加固软土地基的方法,该法适合于加固易于液化的砂土及黏粒含量小于10%的粉土地基。对于可液化的砂土,该法的机理是以振冲器为振源,使振冲孔附近一定范围内的土体经受周期性剪应力而产生超孔隙水压力,暂时处于液化状态,土颗粒得到重新排列而加密。

在南京长江大桥的抗震加固中,鉴于该桥引桥地区周围既有建筑物多,可用于施工的场地面积小,如采用振冲法施工,由于振冲孔附近会产生局部液化现象,可能对既有桥墩产生不利影响,因此采用挤密砂桩的方法进行加固。可液化地基加固设计按以下步骤进行:(1)确定加固深度;(2)确定加固宽度;(3)确定加固后的密度:要求加固后土的标准贯入击数、静力触探阻力或波速应达到规范要求的不液化标准。

南京长江大桥南岸34～43号墩地基进行了加固,地基加固深度按《铁路工程抗震设计规范》(TJ111-87)[9]执行,不大于15 m;加固宽度为加固深度的2/3。对南岸公路引桥45～47号桥墩地基也采用打挤密砂的方法对砂土进行加固。

11.6 运用抗震保护系统的加固方法

决定要加固桥梁之后,设计人员有两种方案可供选择,第一种方法就是按照前面的介绍增强构件承载能力,另一种方法是运用地震保护系统降低地震需求。在地震保护系统中,减隔震是目前广泛应用的经济、有效的加固措施。本节解释了减隔震的原理并提供了几种可供选择的设计方法以及保护系统的实现过程。

11.6.1 减隔震原理

将结构从可能引起破坏的地面运动中隔离开并不是新的想法,我国的北京故宫博物院,是明成祖永乐年间(公元1406年)开始建造,工期14年建成的皇宫,其中心向下约5～6 m的地方是煮过的糯米和石灰的混合物,这柔软的有阻尼的糯米层,有显著的阻尼隔震作用。最初,关注的焦点在于隔离面上可能出现不可控制的位移,随着机械能量耗散装置的发展,这个问题已经解决,如果与柔性装置联合使用,能量耗散装置可以通过限制位移和力来控制被隔离结构的动力反应。因此,近年来,减隔震成为桥梁抗震的有效措施。新西兰、日本、意大利和美国的几百座桥梁在抗震设计中都采用了隔震原理和技术。

隔震的主要目的就是延长结构的基本周期,降低地震力,但是地震力的降低必然伴随着结构位移的增大,另外,长周期桥梁在使用荷载下容易发生振动。所以,在延长结构周期的同时,通常使用阻尼装置,这样,既可以控制结构位移,也可以增加刚度。由于降低了地震力,上部结构和基础节约了成本,长期抗震维修费用也得到降低,隔震装置的费用可以得以弥补。

桥梁减隔震系统有三个基本要素:一定的柔度,以延长桥梁周期、降低地震力;阻尼或能量耗散装置,用来减小支承面处的相对位移;一定的刚度,保证结构在低载或使用荷载(如风载或制动力)下正常工作。

11.6.1.1　柔性装置

设置弹性支座不是结构施加柔性装置的唯一措施,但却是应用最广泛、最实用的方法。图 11-37 为内力的加速度反应曲线,随着结构周期的增长,基底剪力随之降低,降低程度主要依赖于地震动的性质和结构的周期。延长结构周期的柔性装置会导致支承

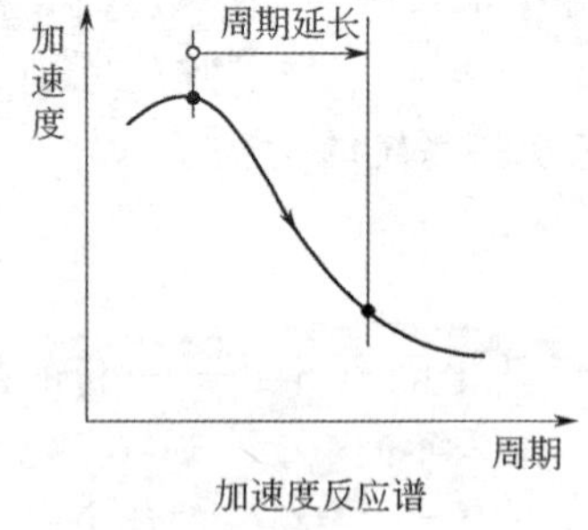

图 11-37　内力反应曲线

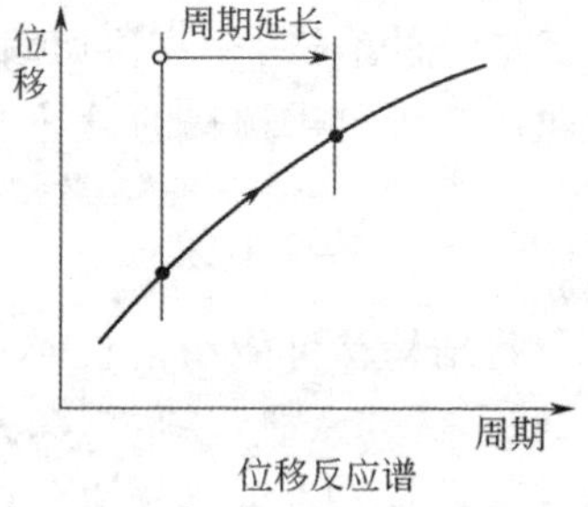

图 11-38　位移反应曲线

面较大的相对位移，图 11-38 是理想的位移反应曲线，描述了随着周期增长位移的变化趋势。

11.6.1.2 耗能装置

如果在设置隔震装置处附加阻尼，可以控制较大的相对位移，

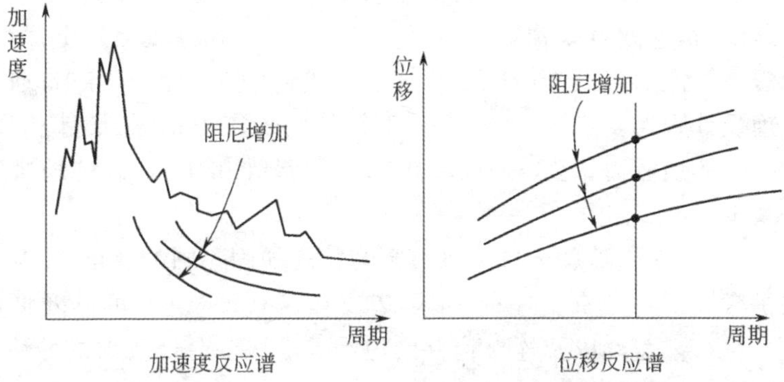

图 11-39 阻尼对反应曲线的影响

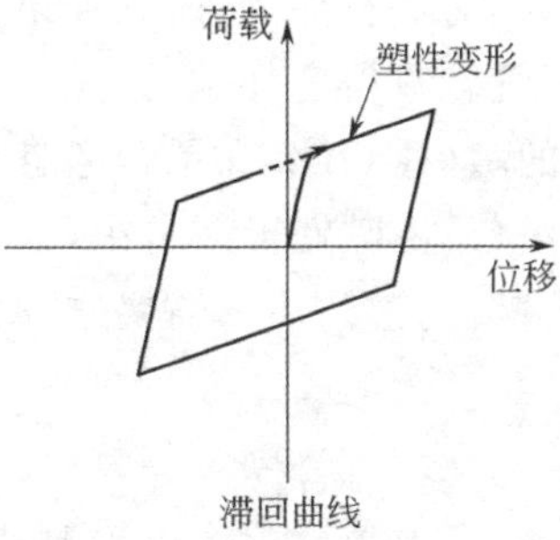

图 11-40 理想的滞回曲线

如图 11-39 所示，滞回阻尼是提供耗能和阻尼最有效的方式。图 11-40 所示的是一个理想的力-位移滞回曲线，滞回环内的面积表示的就是一个循环系统耗散的能量。利用低碳钢的塑性变形或其他能够得到这种性能的机械装置有了很大的发展。低碳钢的扭转、弯曲、受压的性能都经过了检验和分析，并已应用到了桥梁结构中；铅芯橡胶（弹性）支座也发展起来，在中国、新西兰、日本、意大利和美国得到了应用。

11.6.1.3 低水平横向荷载下的刚度

我们期望强震时，结构具有横向柔度，在使用荷载下（如风载或制动力）却不希望结构发生明显的振动，耗能装置能够帮助我们解决这一矛盾，在使用荷载下利用耗能装置自身初始刚度提供刚

性。也有些隔震系统用单独的抗风装置——刚性构件，使其在给定的横向载荷下失效。

11.6.2 设计目的

隔震的目的是延长桥梁的固有周期，使地震需求低于结构的承载能力，这就意味着不再需要抗震加固。隔震系统有以下优点：地震需求能够降低 10%～20%；减少或消除对延性的需求；通过合理设计弹性支座，控制传至下部结构的地震力；与原设计相比，墩（柱）的地震需求至少降低 50%；与原设计相比，基础的地震需求减少 40%以上。

由此可知，隔震装置可以得到与抗震加固相同的效果，尤其是在桥墩或桥台处有支座时，用隔震支座替代原支座，可以降低墩（柱）、承台、盖梁以及连接构件的地震需求。桥台处应预留足够大的间距（相对于温度、徐变设置的间距而言），而且为了适应预计的位移，桥台处的特殊构造也是必不可少的。

隔震系统可使结构构件处于弹性，不需进行加固，所以如果常规方法对墩（柱）和基础无效时，隔震系统就显得更加重要，尤其是有以下情况时：(a)车道靠近不能接近的墩（柱）；(b)在承台旁有重要的公共工程或交通线，不能扰动承台；(c)桥墩处于深水中，或周围环境比较敏感，比如沼泽地或国家公园。另外，震后需要立即使用的结构也应该考虑减隔震。

11.6.3 适合使用隔震系统的桥梁

并不是所有的桥梁都适合采用隔震系统，建造在岩石或者坚硬土层上的桥梁和上部结构刚度很大的短周期桥梁适合使用隔震系统，相反，地基软弱、长周期桥梁很难通过使用隔震系统获得良好的性能，如果要这么做，必须经过仔细分析和试验。

在桥墩和桥台有活动支座的桥梁也适合使用隔震系统，如果原来没有活动支座的，就需要把桥墩切掉一部分，留出空隙安装隔震装置，这种做法给施工造成一定的难度。

11.6.4 桥梁位移

若桥梁的上部结构用隔震支座与墩台隔离，那么它就可以沿水平方向移动。因为桥台处伸缩缝的间距一般小于地震荷载下的位移，所以桥台处必须注意纵向位移，如果不增大间距，在地震时可能会发生碰撞。如果可以保证临时的通车能力，就没有必要防止由此引起的桥台背墙的破坏，也就是说，对旧桥加固时不需增加伸缩缝的间距，在震后修复时，再预留足够的间距。

加固时也可以修建背墙，图 11-41 所示的是其中一种方法，将可卸装置安装于背墙顶部，地震时，可卸装置在保护背墙时如果破坏，就可以很方便的进行更换。地震时仍会发生碰撞，但后果不是很严重。另一种方法就是加大间距，不发生碰撞，这种情况下，就必须加大伸缩缝的宽度，从现场结构反应来看这可能是最理想的解决办法，但不一定是最经济的。

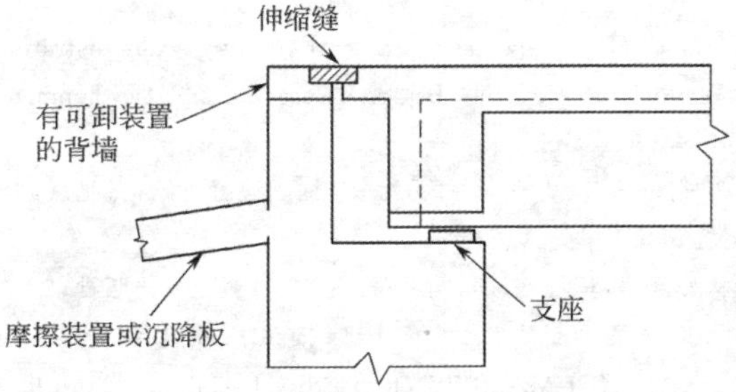

图 11-41　桥台背墙的可卸装置

11.7 本章小结

桥梁结构的抗震加固主要是防止落梁、提高支座抗震能力、提高下部结构抗震性能、提高基础抗震性能和减少地震作用。我国《公路工程抗震设计规范》[10]和《公路桥涵养护规范》[11]中对上部结构和下部结构的抗震加固措施只提出了一些措施，部分提供了构造示意图，作者认为这些内容只是停留在定性的水平，与国外相关规程、手册相比，我国桥梁抗震加固缺少了一些设计、分析、施工技术的内容，使桥梁结构的抗震加固实施起来很不方便。鉴于目前的情况，我们建议在方案的可行性研究阶段就应对结构方案的抗震性能进行科学评价，对于设计时未能考虑的桥梁结构，尤其是将要进行承载能力加固的桥梁，应将抗震加固一同考虑，这样可以降低抗震加固的费用。

本章介绍的桥梁抗震加固技术是目前国内外广泛采用的、成熟的、有效的加固设计、计算方法，这些方法主要以历次大地震后的桥梁支座、桥墩、基础、地基等震害资料经过总结—实践—总结重复的过程而获得的。但是我们也注意到，桥梁抗震加固技术并没有固定的模式，本章介绍这些方法的目的是为提高桥梁抗震性能的加固措施提供一些基本信息，在具体操作时，可根据桥梁结构的实际情况，参考本章的相关内容。

参 考 文 献

[1] US Department of Transportation，Federal Highway Administration. Seismic Retrofitting Manual for Highway Bridges. Research and Development Turner-Fairbank Highway Research Center，1995.

[2] 腾锦光，陈建飞，S. T. 史密斯，林力. FRP 加固混凝土结构. 北京：中国建筑工业出版社，2005.

[3] 李有丰，林安彦. 桥梁检测评估与补强. 北京：机械工业出版社，2003.

[4] 南京长江大桥抗震加固技术. 北京：中国铁道出版社，1998.

[5] Kazuhiko KAWASHIMA. SEISMIC DESIGN AND RETROFIT OF BRIDGES [C]. Twelfth World Conference on Earthquake Engineering (12WCEE) in Auckland，New Zealand，January 30-February 4，2000，pp. 1-20.

[6] Ogata，T. and Osada，K. (1999)，"Seismic Retrofitting of Expressway Bridges，" Cement and Concrete Composites，19，pp185-192，UK.

[7] Osada，K.，Yamaguchi，T. and Ikeda，S. (1999)，"Seismic Performance and the Strengthening of Hollow Circular RC Piers Having Reinforced Cut-off Planes and Variable Wall Thickness，"Concrete Res. and Tech.，10-1，pp. 13-24，Tokyo，Japan.

[8] Shigeki UNJOH. SEISMIC RETROFIT OF HIGHWAY BRIDGES. Journal of Japan Association for Earthquake Engineering，Vol. 4，No. 3 (Special Issue)，2004，pp. 230-248.

[9] 铁路工程抗震设计规范(GBJ111-87).北京:中国计划出版社,1988.
[10] 中华人民共和国交通部标准.公路工程抗震设计规范(JTJ 004-89).北京:人民交通出版社,1990.
[11] 中华人民共和国行业标准.公路桥涵养护规范(JTG H11-2004).北京:人民交通出版社,2004.

第 12 章　桥梁抗震计算可视化

本章先对计算机仿真和科学计算的可视化技术进行简要的介绍，包括计算机仿真的发展和可视化仿真的核心问题，然后结合桥梁抗震领域的特点介绍桥梁抗震软件应当引入的现代软件开发技术，包括面向对象的程序设计、软件构件对象模型、ActiveX Automation 技术以及软件集成技术，在此基础上简要地介绍我们课题组开发的 BAS（桥梁抗震系统软件）系统的前后处理技术及其特点。

12.1　计算机仿真和科学计算的可视化技术

仿真（Simulation）是通过对系统模型的实验去研究一个存在的或设计中的系统[1]。这里的系统包括技术系统，如土木、电气、机械、机电、水力、声学、热学等，也包括社会、经济、生态、生物和管理系统等非技术系统。仿真技术的实质也就是进行建模、实验。现代仿真技术的发展是与控制工程、系统工程、信息处理技术及计算机技术的发展密切相关的。控制工程和系统工程的发展促进了仿真技术的广泛应用，而计算机的出现及计算技术的发展，则为仿真提供了强有力的手段和工具。因此，计算机仿真在仿真中占有越来越重要的地位。

仿真技术得以发展的主要原因是它带来了重大的社会和经济效益。系统仿真的应用大致可分为：对已有系统进行分析时采用仿真技术；对尚未有的系统进行设计时采用仿真技术；在系统运行时，利用仿真模型作为观测器，给用户提供有关系统过去的、现在的、甚至是未来的信息，以便用户实时做出正确的决策；在系统运行前，利用仿真模型作为预测器，向用户提供系统运行起来后，可能产生的现象，以便用户修订计划或决策；利用仿真模型作为训练器，训练系统操纵人员或管理人员。对于工程领域仿真技术可以降低系统的研制成本，可以提高系统实验、调试和训练过程的安全性；对于非工程领域，仿真技术作为研究系统的必要手段，可以尽可能地避免直接实验。

系统仿真一般包括建模、模型实验和结果分析等三个阶段[2]。建立模型是仿真的第一步，也是十分重要的一步。传统仿真技术中，一个仿真系统要首先建立起系统的数学模型——一次仿真模型，然后再改写成适合计算机处理的形式——仿真模型。仿真模型可以说是系统的二次近似模型。建立起仿真模型后，才能书写相应的程序。

仿真基本上是一种通过实验来求解的技术。通过仿真实验要了解系统中变量之间的关系，要观察系统模型变量变化的全过程，此外，为了对仿真模型进行深入研究和结果优化，还必须进行多次运行系统优化等工作，因此，良好的人机交互性是系统仿真的一个重要特性。

仿真技术最早应用于航空航天领域，近年来在机械制造、电气、水力、社会、经济、生态、生物等各个领域都得到了广泛的应用。在土木工程中计算机仿真已经得到广泛的应用，特别是在工程结构分析中的应用。工程结构在各种荷载作用下的反应，其破坏特征和极限承载力是人们所关心的。当结构形式特殊，荷载及材料特性复杂时，人们往往求助于模型试验来测定其受力性能，但模型试验往往受到场地和设备的限制，只能做小比例模型试验，难以完全反映结构的实际情况。若用计算机仿真技术，则可以进行足尺试验，还可以很方便地修改参数。此外，有些结构难于进行直接试验，用计算机模拟仿真就更能体现出优越性，如核反应堆安全壳事故反演分析，汽车高速碰墙的检验试验，地震作用下的构筑物倒塌分析等只有采用计算机模拟仿真，分析才能大量进行。又如在高速荷载作用下，结构反应很快，人们在真实试验中只能观察到最终结果，而不能观察试验的全过程。如果采用计算机模拟仿真试验，则可观察其破坏的全过程，便于破坏机理的研究。对于长期的徐变过程则可在模拟中加快其变化过程，让人们清楚地看到其发展过程。

随着人们对建模方法研究的不断深入及计算机技术的飞速发

展，仿真技术在建模、优化、分析、应用等方面均取得了可喜的成绩，提出了一系列有意义的技术方案，归纳起来有以下几点[2]：

12.1.1 改善建模环境

(1)模块化、结构化建模：所谓结构化建模技术是指：根据不同系统的组成，对系统进行分解，抽象出它们的基本成分及组合关系；确定各种基本成分及其联接的描述形式并开发一种非过程编程语言(模型描述语言)，根据应用领域的不同，建立相应的模型库并使它与模型实验模块有机地结合起来，实际上这是一种参数化建模方式。采用这种技术不仅能使仿真软件直接面向领域工程师，而且能大大缩减建模时间。

(2)图形建模技术：图形建模技术包括利用鼠标或者键盘输入在计算机屏幕上将模型库中已有的系统组件拼合成系统模型。仿真是一个不断往复的过程，判断系统建模技术成功与否，主要在于系统的人机交互功能是否完善、系统界面是否友好等。

(3)建模专家系统：建模专家系统包括智能建模前端和模型验证的专家系统等，这是仿真系统向智能化方向发展的必要步骤。

12.1.2 一体化仿真环境

仿真是一个建模⇒实验⇒分析⇒修改模型⇒再实验⇒再分析……不断反复的过程。为了提高仿真效率，一体化仿真环境将仿真功能软件，如建模软件、实验设计软件、仿真执行软件、结果分析软件等集成起来。一体化是20世纪80年代中期仿真软件系统的一个普遍发展趋势。根据一体化的程度，可以有两个等级的一体化：一是不同功能软件通过一个管理软件利用数据转换接口实现一体化；二是重新划分功能块，建立模型库、参数库、实验框架库，然后通过内部数据库实现一体化。

12.1.3 仿真数据库

仿真数据库是实现一体化的关键之一。由于仿真中所涉及的

“数据”比较复杂，除一般的结构化数据外，还有大量的非结构化数据，如图形、模型、算法及实验框架等。目前比较流行的关系型数据库通常只能管理模型目录、算法目录，而模型与算法本身则另外存放，很难保证数据的一致性。另外一个缺点是，关系数据库查询速度比较慢。因此，开发面向仿真的数据库管理系统的研究工作得到了人们的重视。

12.1.4 动　　画

图形技术在仿真中逐渐显示出它的重要性。图形技术在仿真中的应用主要反映在辅助建模和显示仿真结果（实验过程中和试验后）两个方面。

计算机动画有两种制作方法：关键帧动画和建模动画[3]。关键帧动画是由计算机辅助制作传统动画，仅限于程序动画，只需要提供关键帧画面（称为关键帧），由计算机对关键帧插值获得表现物体动作的中间画面（称为中间帧）。建模动画是将物体的几何形状和空间位置乃至于材质参数化，建立物体的计算机模型，由计算机通过计算来模拟运动过程。建模动画可以用于程序动画，称为参数关键帧动画。

计算机动画有三种基本的显示方法：帧动画、Bitblt 动画和实时动画。

帧动画（frame animation）也称作全屏幕动画或页动画。动画制作程序制作一系列全屏幕图像，并把每幅图像存在一个隔离页缓冲区中。在所有页都初始化后，一个程序中独立的子程序以合适的频率翻动页，从而建立动画。帧动画制作通常是复杂的、充分浓淡表现的、三维实体模型动画的最佳选择。无论三维模型多么复杂，帧动画都可以按照 30 帧/秒的速率翻动。

帧动画的缺点是消耗存储空间换取快速播放。帧动画技术产生最快的动画，但是由于所有的图像都已经事先建立，程序将被限制只能使用那些动画序列中已存在的图像。

Bitblt 动画也称作块图形、软件精灵动画、图形数组动画、快照动画(snapshot)、部分屏幕动画和 bit blitting 等。Bitblt 是 bit boundary block transfer(位块组传送)的缩写。基本原理包含了一块像素点的获取和重显示。在实际使用时,数据在图形适配器上的物理显示内存和主存物理 RAM 之间来回倒动。

Bitblt 适合于小图像的快速播放。Bitblt 动画没有帧动画那么快,但是由于它只是操作屏幕的一小部分,所以占用内存少。该方式同样只能使用事先存好的图像。

实时(real-time)动画也称作实况动画、乒乓动画、隐式页动画、动态页翻转动画,其特点是在动画显示时才绘制图像,而不像帧动画和 Bitblt 动画那样所有图像都在开始动画序列之前绘制并存好。

12.1.5 实现仿真结果分析到建模的自动回馈

目前,绝大多数仿真软件或仿真器都不能提供这种功能,而且需要由用户自己根据仿真计算结果做出决策,并修改模型。当前研究的重点是对离散事件系统如何实现自动回馈,专家系统可能是解决这一问题的途径之一。

12.1.6 基于信息处理的仿真

在传统的仿真软件中,模型最终将用一段程序码表示,执行仿真实验则是将这一段程序代码与其他代码(如算法)联接起来,并加以执行。而在基于信息处理的仿真中,模型是以信息链的形式表示的,并被保存在仿真数据库中,再进行仿真。

可视化仿真(Visual Simulation)是计算机可视化技术和系统建模技术相结合后形成的一种新型仿真技术,其实质是采用图形或图像方式对仿真计算过程的追踪、驾驭和结果的后处理,同时实现仿真软件接口的可视化,具有迅速、高效、直观、形象的建模特点[2],可视化仿真有以下两个核心。

1. 科学计算可视化

目前随着有限元法和计算机软硬件的发展,科学计算的可视化(Visualization in Scientific Computing)技术已经成为分析、研究各种系统，尤其是复杂系统的重要工具，它已广泛地用于工程领域，如土木建筑、机械、航空、航天、电力、冶金、化工、电子等方面。科学计算可视化研究是国际上20世纪80年代末才提出并发展起来的计算机学科的一个新兴分支领域。其任务旨在将计算机进行的大规模科学（工程）计算结果及其产生的庞大而令人一时难以理解的数据信息转换成计算机图形、图像信息，加以静态或动态地显示，从而得到有关计算结果的直观整体概念，及时和正确地理解、把握科学工程计算中的各种现象和结果。科学计算可视化将图形生成技术和图像理解技术结合在一起，它既可理解送入计算机的图像数据，又可从复杂的多维数据中产生图形。它涉及了下列相互独立的几个领域：计算机图形学、图像处理、计算机视觉、计算机辅助设计及交互技术等。

将这一技术应用于工程结构的静、动力形为的研究有着广泛的应用前景和特别重要的意义。对于工程结构而言，科学计算可视化按其功能来说，可以分为三个层次[4]：

（1）结果数据的后处理，也称为事后处理，即对计算资料进行脱机处理，然后用图像显示出来，这一层次的功能对计算机能力的需求相对较低。目前绝大部分知名的计算软件（如Mark、ANSYS、SAP、MIDAS等）均能达到这个层次。

（2）结果数据的实时跟踪处理及显示，也称为跟踪处理，这一层次的功能需要更强的计算能力。很多大型软件现在在尝试着升级到这一层次，但是要做的工作还是很多。而在一些小型的计算软件中，已经部分实现了这一功能，如计算截面特性的Response、Ucfyber等。

（3）结果数据的实时显示及交互处理，也称为驾驭处理，这一层次的功能不仅能对数据进行实时跟踪显示，而且如有必要，还可以交互修改原始数据、边界条件或其他参数，以使计算结果达到观察者的要求。现行计算软件要达到这个境界，在硬件和计算算法上，还有很长的一段路。

2. 可视化建模实现

基于面向对象技术的仿真建模过程图形用户接口（GUI）设计。

桥梁结构的抗震分析过程中既有大量的初始信息需要加工，例如：结构的计算图式、输入的地震波（包括位移波、速度波和加速度波等）、结构的边界条件，支承情况等等；同时也产生大量的结果信息，例如：结构的振型图、反应谱法的计算结果、时程法的计算结果等等。针对桥梁结构进行静、动力性态的仿真研究，无论是从学术价值、还是使用价值都有研究的必要。

结构分析的可视化技术包括标量场的可视化技术和向量场的可视化技术两大类[1]。标量场的可视化方法主要有等值线图、彩色云图、线架曲面图和等值面及切片图，其中以等值线图和彩色云图最为常用；向量场的可视化方法主要是箭头线段表示法。

彩色云图以其更加直观，能够反映更多的信息量等优越性越来越多地用于有限元系统中。其常用的生成算法有以下 3 种：

（1）根据所选物理量，在有限元网格上以不同颜色填充网格，产生既简单又直观的量值分布彩色云图。这种方法简单，但显然比较粗糙，并且不能准确地反映场值分布，图形效果也不理想。

（2）在两等值线之间的区域内填以不同的颜色。这种方法最常用，但是其弱点是要先进行一次等值线算法（等值线生成算法[5]），且需在生成等值线的同时记录相邻等值线的信息及等值线与网格的相交情况，从而形成合理的填充区域。这不仅使程序实现麻烦，而且常常会产生不合理区域（如当在某些区域内数据变化剧烈时）。另外，产生的图形色彩层次分明，效果也不理想。

（3）扫描线算法。该算法用插值法计算出扫描线各点的场量值，并建立场量值与颜色的对应关系，从而产生高质量的彩色云图。文献[1]中描述了该算法在三角形单元中的应用。但是，在常用的有限元分析系统中，四节点四边形单元因其更好的变形特性，使用也更为广泛。

12.2 桥梁抗震软件开发技术

本节先简单地介绍国内外桥梁 CAD 软件的现状，提出桥梁 CAD 软件发展的几个趋势；然后列举在桥梁抗震领域应引进的先进技术：MFC、COM、ActiveX Automation 和数据库等。

12.2.1 国内外桥梁 CAD 现状

国内外桥梁 CAD 软件数不胜数，国外知名软件有英国的 LUSAS Bridge、韩国的 MIDAS/CIVIL、美国的 AASHTOWare Virtis、BRIGADE/Plus、Integer software 等，国内桥梁 CAD 软件主要有交通部公路科学研究院的 GQJS、中交规划院的 QJX、同济的桥梁博士、桥梁通和桥梁大师等。从分析功能上，各个软件侧重不一，有的专注于各种静力计算，有的则广泛涉及静力、动力和稳定等计算，有的只做线性分析，有的则考虑几何、边界和材料等各种非线性因素；在单元类型上，对于设计软件，尤其是国内的设计系统，使用杆件单元（梁单元、桁架单元等）居多，而分析软件，一般都包含了各种单元类型（杆件单元和实体单元等）；在系统的独立性上，大部分软件的图形用户界面和核心计算模块都是自主开发的，部分软件则依附于成熟的商用软件，如 Bridge/Plus 和 ANSYS/CivilFEM 分别使用 ABAQUS 和 ANSYS 的核心计算模块。

相较国内桥梁 CAD 软件，国外产品功能齐全，一般兼具设计和分析两大功能；图形用户界面相对友好，使用方便；偏重设计的软件与各国规范结合紧密，如 MIDAS/Civil 包含了美、中、意等国的桥梁设计规范；与通用 CAD 软件的数据交换较好，不少软件均提供了与 AutoCAD、ProE 等产品进行信息交换的接口；与其他 CAE 软件的信息共享较好，很多产品均可生成通用 CAE 软件的数据文件。

国内产品侧重于设计居多，软件的设计符合中国人的思维习惯，与中国规范结合非常紧密。

纵观国内外桥梁 CAD 软件，其发展的趋势如下：

- 集成化：桥梁结构模型在计算机中进行分析和设计工作，都属于仿真范畴。仿真是一个建模⇒实验⇒分析⇒修改⇒再实验⇒再分析……不断反复的过程。根据各种不同的功能需要,结构在不同情形下会使用各种不同的仿真功能软件。为提高仿真效率,一体化仿真环境将仿真功能软件,如建模软件、设计软件和分析软件等集成是非常必要的。

- 共享化:不同程序之间提供数据接口,实现信息共享。用户只需在一个程序中建模,通过数据接口,即可快速生成其他应用程序的数值模型,从而极大提高生产效率。
- 智能化:很多设计软件现在已经可以根据计算结果,自动完成结构图和施工图的出图工作,如国内的桥梁通软件,用户已经不太需要过多进行这种重复性的繁琐工作,而把精力更多放在设计、分析和结构优化上,充分利用了计算机的优势来弥补人自身的不足。
- 开放化:现在很多国外的软件已经公布了他们软件的很多接口,用户可以通过这些接口进行二次开发来完成自己的需要,如 BRIGADE/Plus、ANSYS/CivilFEM 这两个软件实际上就是在 ABAQUS 和 ANSYS 基础上开发出来的。
- 协同化:在网络技术的支持下,实行工程处理作业。以工程项目为核心,使不同地域的生产"虚拟群体"能及时共享图形库、工程数据库(含材料库)及其他资源。可随时进行超越障碍(空间、系统上)的信息交换。

我们如何利用当前计算机先进技术,如何引入到桥梁 CAD 中,发挥出事半功倍的效果,是从事 CAD 开发和桥梁专业人士关注的焦点,针对桥梁抗震领域,我们在下面的章节中会简单介绍面向对象的程序设计、软件构件对象模型、ActiveX Automation 技术、工程数据库管理系统等技术。

我们自己开发的 BAS 系统尽量使用最先进的技术,以用户需求为中心,紧跟 CAD 软件发展潮流,目前已经具有了较好的前后处理系统和计算功能,我们会以精益求精的精神不断完善 BAS 系统。

12.2.2 面向对象的程序设计

面向对象是一种认知方法,它在 20 世纪 60 年代中期开始发展,90年代开始在程序设计语言、人工智能和数据库等学科得到广泛应用。面向对象方法以研究的基本问题(即对象)为主体,通过隐藏主体自身的信息强调了主体间的相互独立性,通过“继承”反映了主体间的共性,通过“多态”表达不同主体的个性。由于面向对象的方法和人类思维方法非常接近,因而无论是在软件系统设计还是在数据库管理方面,应用面向对象的方法有利于实现问题的抽象、表达和模型化。

面向对象方法已经取代了传统结构化方法成为软件开发的主流。面向对象程序设计(OOP,Object Oriented Programming)集合了结构化程序设计中的一组数据结构和与之相关的一组操作的,即对象(Object)作为一个基本单元。强调了对象间的联系,克服了由于结构化程序以处理基本算法或程序为主所造成地难于控制和管理大型软件项目开发的不足。

只要提到在 Windows 95 、Windows 98、Windows 200、Windows NT 和 WindowsXP 下进行 32 位的应用程序开发,就不能不提到 Visual C++。相比其他的编程工具而言,Visual C++在提供可视化的编程方法的同时,也适用于编写直接对系统进行底层操作的程序,其生成代码的质量也要优于其他的很多开发工具。随 Visual C++所提供的 Microsoft 基础类库(Microsoft Foundation Class Library,简写为 MFC),对 Windows 所用的 Win32 应用程序接口(Win32 Application Programming Interface)进行了十分彻底的封装,可以使用完全的面向对象的方法来进行 Windows 应用程序的开发,从而大大的缩短了应用程序的开发周期,降低了开发成本,也使得 Windows 程序员从大量的重复复杂工作中解救出来,随着对 Visual C++编程的逐步深入,我们会亲自感受到这一点。Visual C++使 Windows 编程不再深奥和晦涩,而是一件有意义并且有趣的事情,而且,我们并没有因为获得这种方便而牺牲应用程序的性能。

Visual C++的核心是 Microsoft 基础类库,即通常所说的 MFC。尽管使用 Visual C++进行编程并不一定使用 MFC,

使用 MFC 也不一定就要使用 Visual C++,Borland C++的新版本也提供了对 MFC 的支持,然而事实上,在很多情况下,我们提到 Visual C++时指的就是 MFC,而提到 MFC 时指的也就是 Visual C++。因此,当你看到关于 Visual C++或是 MFC 的数据时,要知道,在绝大多数情况下,它们都是指同一样东西。

MFC 彻底的封装了 Win32 软件开发工具包(Software Development Kit,即通常所说的 SDK)中的结构、功能,它为编程者提供了一个应用程序框架,这个应用程序框架为编程者完成了很多 Windows 编程中的例行性工作,如管理窗口、菜单和对话框,执行基本的输入和输出、使用集合类来保存数据对象等等,并且,MFC 使得在程序中可以使用很多过去很专业、很复杂的编程课题,如 ActiveX、OLE、本地数据库和开放式数据库互联(Open Database Connectivity,简写为 ODBC)、Windows 套接字和 Internet 应用程序设计等,以及其他的应用程序接口特性,如属性页(也叫卷标对话框)、打印和打印预览、浮动的和可定制的工具条变得更加的容易。

12.2.3 软件构件对象模型

软件构件对象模型和软件重用问题联系在一起。软件重用就是利用已有软件成分来构造新的软件,它可以减少软件开发所需的费用和时间,有力于提高软件的可靠性、可维护性和可持续发展。软件构件是当今发展最快的解决软件重用的先进技术。软件构件解决两个重要问题:一是重用,即构件具有通用的特性,所提供的功能能够满足多领域应用的需求;二是互操作,即不同来源的构件能够相互协调、通讯以便共同完成更复杂的功能。构件软件为软件的社会化开发提供了有力的支持,成为当今软件最重要的优势。

软件构件对象模型,即 Component Object Model(COM),是微软于 20 世纪 90 年代初提出的软件开发构件化标准。按照这一标准开发的软件系统只能支持单一功能的软件包(软件部件、软件构件),可以在支持 COM 的操作系统上,以二进制目标代码的形式被其他软件系统或构件调用,或者调用其他遵从这一标准的软件构件。COM 使软件在目标代码级的集成成为可能。

COM 作为当今最为先进的软件集成复用技术,虽然在 1993 年开始形成,但却是在最近几年硬件和互联网技术飞速发展后才得到整个软件工业普遍重视、发展和广泛引用。目前国外有很多软件商开始生产具有单一功能符合 COM 规范的软件构件,用户在购得这些构件后可以象集成电路一样接插集成到自己开发的软件系统中。

使用这种技术,我们可以把我们的软件开放,可以给用户提供二次开发的接口,如前所述,开放性软件是当今软件世界的趋势。

12.2.4 ActiveX Automation 技术

ActiveX 技术来源于 OLE 技术。OLE 最初是对象链接与嵌入,后来发展成为复合文档技术——使文字、图片、声音、动画和视频等媒体可以共同存在于一个文档中,它们可以由不同的应用程序产生,都可以在该文档中编辑。如果应用程序支持 OLE 文档,则在不同应用程序间的切换由 OLE 自动完成。OLE 技术和其他技术共同作用,从而实现不同应用程序之间的无缝链接。这些技术包括:对象链接与嵌入、在线激活与可视编辑、复合文档、拖放、COM、自动化技术(Automation)。ActiveX 和 OLE 实际上都是基于 COM 的。

Automation 技术允许一个应用程序操作另一个应用程序中实现的对象。操纵程序称为客户,被操纵的程序称为服务器。只要服务器程序提供接口,就可以使任何对象实现自动化。

目前,提供 Automation 服务器功能的软件越来越多,如 AutoCAD、MS Excel、MS Word 等。利用 ActiveX Automation 技术,开发者可以在自己程序中控制和访问在这些软件中实现的对象，从而可以利用这些软件的强大功能为自己的程序服务。

在桥梁抗震分析系统中使用这种技术，可以使数据结果输入到第三方软件中，如 MS Excel，这样用户可以方便地进行编辑并而完成最终的报告。

12.2.5 工程数据库管理系统

经过多年的实践证明，与常规的文件管理系统相比，数据库管理系统具有强大的优越性。在桥梁抗震分析系统中有必要采用核心数据库为支撑，统一存储和管理系统中的所有数据。

对于工程结构分析系统来说，由于需要处理大量的图形、结构特征等信息，其数据管理具有特殊性。目前流行的商用数据库管理系统直接应用于抗震分析系统存在许多困难，必须根据桥梁抗震分析系统的自身特点，量身定做一套工程数据库管理系统。

12.3 BAS 系统总体介绍

BAS(Bridge Aseismic System，桥梁抗震系统研制工作)是西部交通建设科技项目《桥梁抗震性能评价及抗震加固技术研究》中的子课题之一。系统结合科技项目研究，开发了一套可靠、快速、实用、满足规范和指南要求的桥梁抗震计算与抗震性能评价可视化智能软件。系统采用了高效、完美的 CAD 功能，具有强大的图形交互功能。在建模的灵活性、方便性及使用性等均达到桥梁商用软件的水平。

其主要特点如下[6]：

1. 采用了几何建模的概念来进行有限元模型的创建，系统构建了两种方法来进行几何模型的创建：一是用不同的桥梁模板来创建几何模型；二是用人机交互的方法来创建几何模型。

2. 系统可直接从几何模型转化为有限元模型，用户不必一个单元，一个结点的来创建限元模型，提高了建模的效率。

3. 采用了与 AUTOCAD 类似的人机交互建模方式，可直接输入实体的绝对坐标、相对坐标等，极其方便灵活。

4. 系统具有多种选择目标的方式。即单点选择、直线选择、窗口选择、弧线选择等，用户可以使用鼠标在各种选择方式中切换。

5. 系统具有强大的图形编辑功能，支持实体的拷贝、移动、镜像、旋转、延伸、裁剪等功能。

6. 系统提供了一组功能强大的辅助实体功能，包括线、点、曲线、文字、尺寸标注等一些绘图功能。

7. 系统自动打断相交的实体，自动绑定结点，自动进行单元划分，自动生成节点、边界约束条件，而节点之间的主从关系也可根据几何模型自动生成。

8. 系统提供截面自定义功能，自动进行截面特性的计算，包括：截面的面积，惯性距，形心坐标等，并提供了截面与几何杆件和单元的自动绑定功能。

9. 系统自动捕捉实体的端点，中点，交点等，并提供正交绘图模式，以保证实体的准确定位。

10. 几何建模系统支持无限次的撤消（UNDO）及重做（REDO）功能。

11. 系统支持打开几何建模、有限元建模、截面定义和结果显示等不同窗口，可以自由地进行不同窗口之间的实体的复制；也可以直接导入、导出 AutoCAD 的 DWG 文件，与 AutoCAD 形成无缝接口。

12. 支持对不同构件，不同单元的信息查询及修改功能。

13. 系统可生成整个结构的三维面体图、三维线框图，并可对图形进行任意的操作。

14. 系统提供了整体结构的模型数据检查功能。

15. 系统提供地震荷载输入：反应谱输入和加速度时程输入。

16. 系统提供图形打印功能，提供把图形保存为 AUTOCAD 的 DWG 或 DXF 形式及 WINDOWS 的图元文件的功能。

17. 系统根据桥梁抗震分析的要求，提供了弹簧边界约束条件。

18. 系统提供不同分析结果显示，包括位移、内力、动力振型等。

BAS 系统构成总体设计如图 12-1 所示，总共包含了五个功能模块：几何建模、有限元建模、截面定义、计算分析、结果显示。其中几何建模、有限元建模和截面定义三个模块为 BAS 系统的前处理，计算分析模块为系统的核心分析模块，结果显示模块为系统的后处理模块。核心分析模块可进行静力计算、反应谱分析和时程分析，静力计算可输入的荷载为节点荷载，反应谱分析可以输入加速度、速度和位移三种反应谱，时程分析可以输入力、加速度、速度和位移四种时程记录。

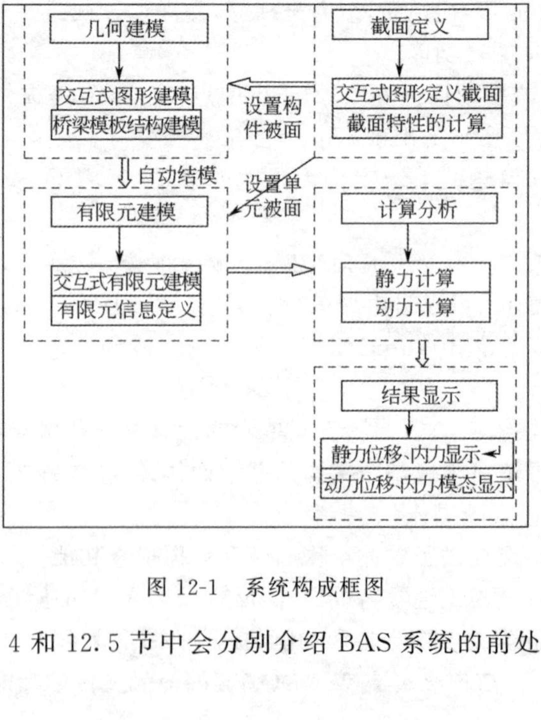

图 12-1　系统构成框图

在 12.4 和 12.5 节中会分别介绍 BAS 系统的前处理和后处理功能。

12.4 BAS 系统前处理介绍

桥梁软件前处理的任务就是以便捷的方式帮助用户建立桥梁有限元模型。要将现实世界的物理模型转换成计算机能够理解的数值模型,至少要输入以下四类信息:几何拓扑信息、物理材料信息、边界条件、荷载信息。

桥梁软件前处理系统应以用户方便使用角度设计,而不应该注重于有限元等力学理论的实现。在 BAS 系统中,我们使用了两种方式进行有限元模型的建立:

1. 先建立桥梁结构的几何模型,再使用梁网格划分器自动生成有限元模型;

2. 直接在有限元建模模块中建立有限元模型。

12.4.1 几何建模生成有限元模型

可以在 BAS 中先生成几何模型,BAS 系统如图 12-2 所示。

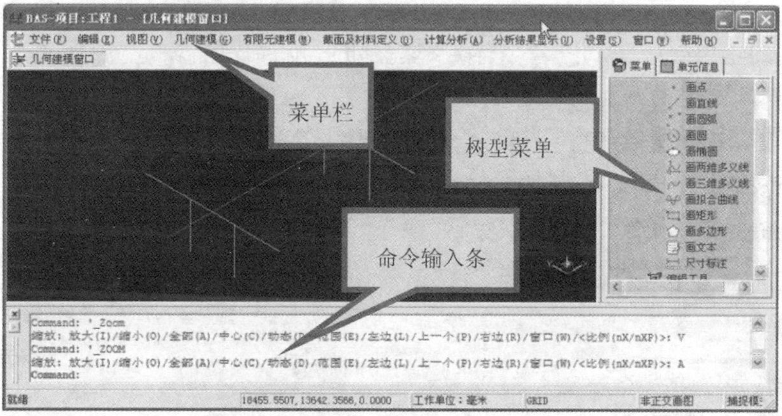

图 12-2 BAS 系统

从图 12-2 可以看到,BAS 系统可以使用菜单、树型菜单和命令输入条来生成几何模型。从树型菜单上面可以看到,用户可以在几何建模窗口画点、直线、圆弧、圆、椭圆、多义线、拟合曲线、矩形、多边形、文本、尺寸标注等常用的绘图命令，通过这些命令，可以建立复杂的桥梁结构几何模型。

除了这些常用的绘图命令之外，在【编辑】菜单中，还有常用的图形编辑命令，如图 12-3 所示。

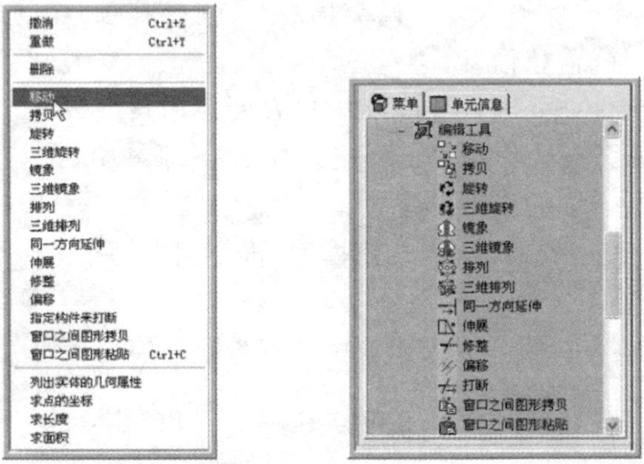

(a) 菜单栏　　(b) 树型菜单

图 12-3　编辑命令

从图 12-3 可以看到，BAS 系统可以进行移动、拷贝、旋转等常见的图形编辑操作。

几何建模的【绘图】命令和【编辑】命令都可以在命令输入条中进行输入，输入的方式与 AutoCAD 类似，以直线命令为例，命令输入条的命令如图 12-4 所示。

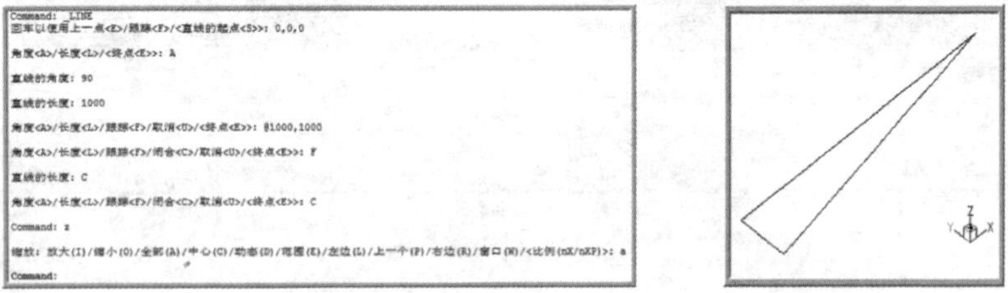

(a) 命令　　(b) 绘图结果

图 12-4　直线命令示意图

综上所述,BAS 系统的几何建模模块采用与 AutoCAD 类似的方式,这对习惯使用 AutoCAD 的工程人员来说非常方便。针对桥梁结构的特点,在 BAS 系统中,还有几种常见桥型的建模助手——桥梁模板,如图 12-5 所示。

通过使用桥梁模板,只需在界面上输入特定桥型的几何参数(如主梁尺寸、支座形式、桥塔尺寸、斜拉索布置等),就可以快速建立复杂的桥梁结构。图 12-6 是使用斜拉桥模板建立的一个斜拉桥几何模型。

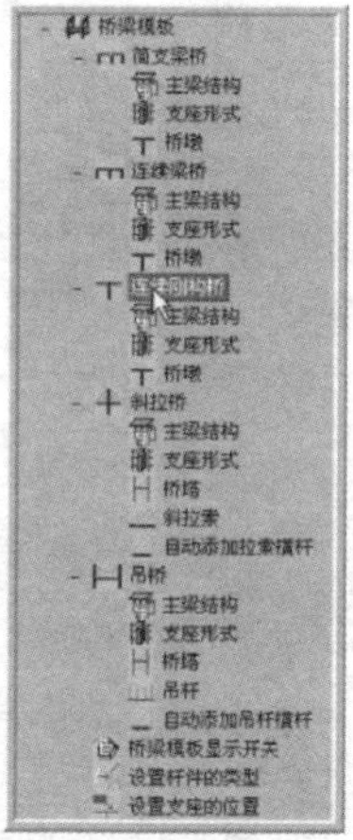

图 12-5　桥梁模板建模方式

图 12-6　斜拉桥模型

BAS 的几何建模模块框架如图 12-7 所示。

12.4.2　直接建立有限元模型

用户也可以在 BAS 系统上直接一个结点一个单元的建立有限元模型。在 BAS 中建立有限元模型,有三种方式可以选择,如图 12-8 所示,分别为菜单栏输入、树型菜单输入和命令条输入。

在有限元建模中,所有命令分为单元创建和单元编辑两组。在目前的 BAS 中可以创建梁单元、桁架单元、弹簧单元、索单元,使用这些杆系单元,基本上可以满足实际工程要求。在单元编辑

图 12-7 几何建模框架

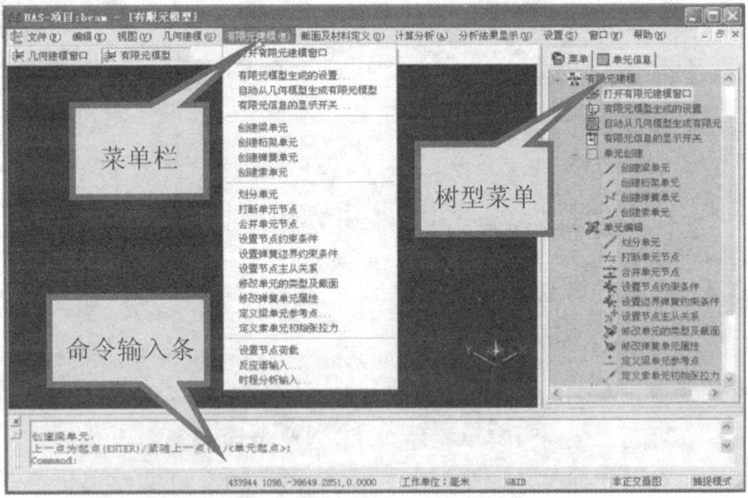

图 12-8 有限元建模方式

组中,可以进行单元的划分、单元结点的打断和合并、节点的约束条件设置、边界弹簧设置、节点的主从关系设置、单元类型设置、单元截面设置、弹簧单元的属性设置、梁单元参考点设置和索单元初始应力设置等。

在 BAS 系统中,在单元创建的时候,实际上只是确定单元的几何位置,而单元的截面属性、材料属性等要在单元编辑中进行设置。BAS 系统的默认坐标系遵循右手法则,单元的局部 x 轴为单元 I、J 结点间的连线,局部 z 轴为整体坐标系中的 z 轴,可以通过设置参考点来定义用户局部坐标系。

在设置节点的约束条件、边界弹簧约束条件、节点主从关系的时候,可以使用鼠标点选、框选两种方式选取所要设置的节点,也可以在命令输入条或【节点的主从约束关系】对话框中输入要设置的节点编号,如图 12-9 所示。在使用这几种选取方式的时候,可以结合视图的放大和缩小等相关命令,查看结构的任意部分。

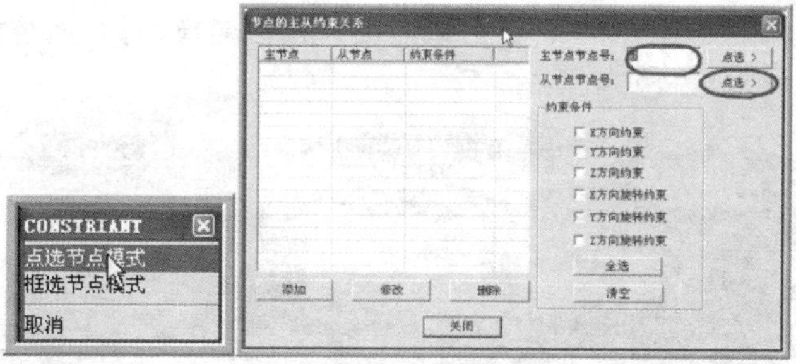

图 12-9　节点选取方式

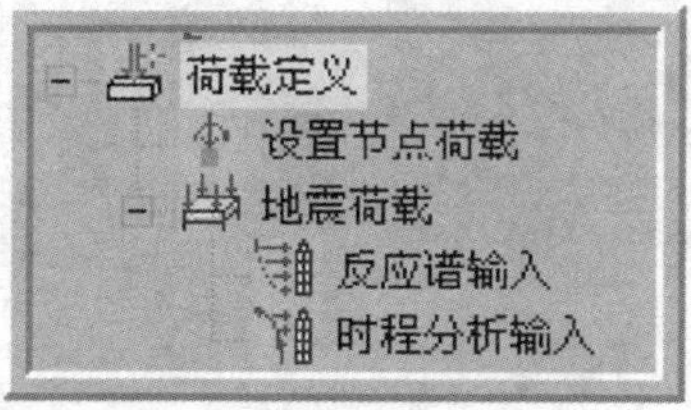

图 12-10　荷载定义

结构的荷载添加也在当前的模块中进行。当前 BAS 系统可以设置的荷载包括节点荷载、反应谱荷载和时程荷载,如图 12-10 所示。BAS 可以输入的反应谱荷载包括:加速度反应谱、速度反应谱和位移反应谱,可以输入的时程记录包括:力的时程记录、加速度时程记录、速度时程记录和位移时程记录。BAS 多样的地震荷载输入,可以满足从设计、施工到研究等不同层次的需要。

BAS 系统有限元建模模块的框架如图 12-11 所示。

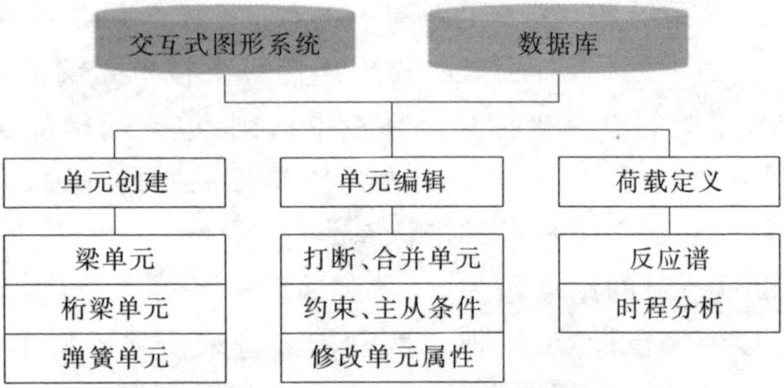

图 12-11　有限元建模框架

12.4.3　建立截面

在 BAS 系统中,截面定义模块与几何建模、有限元建模是分开的,如图 12-12 所示。

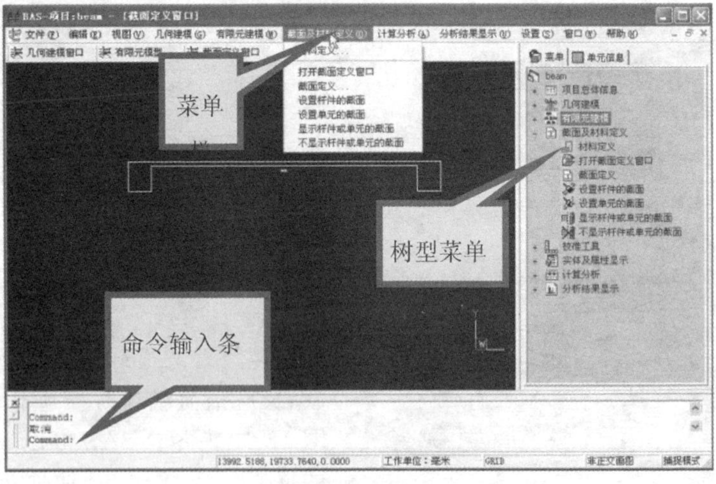

图 12-12　截面定义

在这个模块中，可以使用几何建模中的所有绘图和图形编辑命令，可以在菜单栏上选取命令，也可以在命令输入条上输入命令，所有的操作方式与几何建模模块是完全一样的。当把截面的形状绘制出来以后，使用截面定义命令来定义截面，如图 12-13 所示。

点击该对话框上的【选择实体来创建截面】按钮，可以出现如

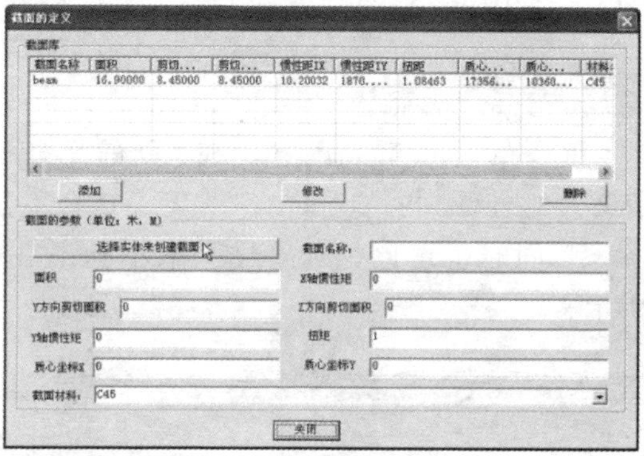

图 12-13　截面定义

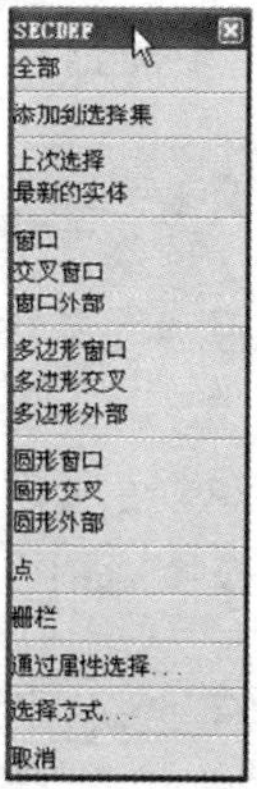

图 12-14　截面选取快捷菜单

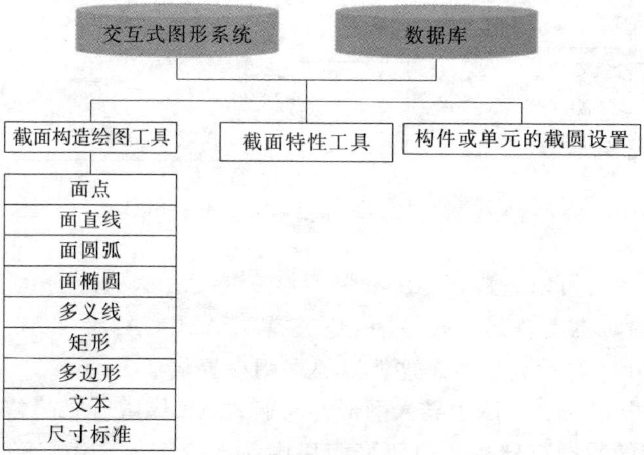

图 12-15　截面定义模块框架

图 12-14 所示的快捷菜单，可以看出，截面的选择方式非常多，包括矩形窗口、交叉窗口、窗口外部、多边形窗口、圆形窗口、点、栅栏和属性选择等。这些选择方式与 AutoCAD 中的实体选择方式一样，在 BAS 中也可以把已经选择的实体添加到选择集中。

选择完截面形状之后，在截面定义模块中，可以自动计算出截面的面积、惯性矩、剪切面积、扭矩、质心坐标等截面特性。

截面模块的框架如图 12-15 所示。

12.4.4 与 AutoCAD 的无缝接合

BAS 系统一个非常重要的特点就是与 AutoCAD 的无缝接合，给工程人员提供了极大的方便，与 AutoCAD 的无缝接合不仅可以方便地输入结构模型，同时也可以把计算结果输出到 AutoCAD 中，如图 12-16 所示。

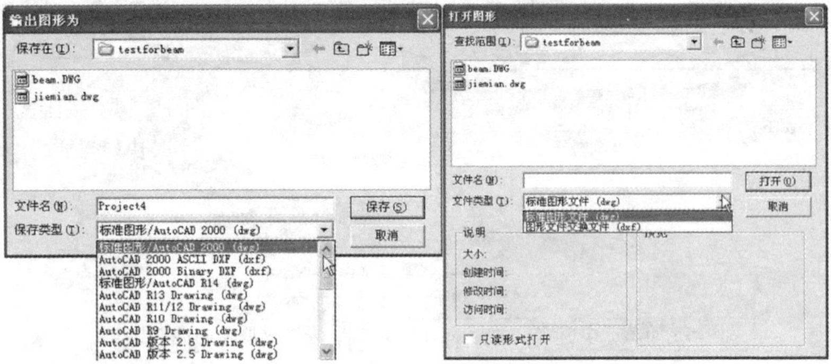

图 12-16 输入和输出 AutoCAD 图形

从图上可以看出，BAS 系统不仅支持 AutoCAD 的 dxf 格式文件，同时也支持其 dwg 文件；它支持从 AutoCAD 2.5 到 AutoCAD 2000 的所有版本。这就给很多用户提供了方便。

当从 AutoCAD 中导入图形的时候，BAS 保留所有的信息，并把所有的数据存储在几何建模模块中。在这个模块中，通过设置杆件的类型来定义桥梁结构的几何模型，如图 12-17 所示。也可以不设置杆件的类型，系统默认为所有的杆件均为梁单元，此时显示的时候使用系统默认的颜色。对于桁架杆来说，如果没有指定它的类型，系统就会根据用户设定的梁单元划分长度进行划分，这样就得不到用户想要的结构。

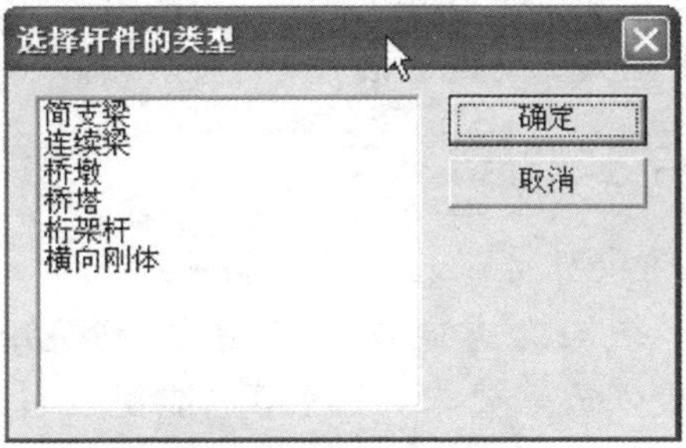

图 12-17　杆件类型设置

当导入的 AutoCAD 文件是结构截面的时候，BAS 系统把所有的数据导入到几何建模模块中，而不会把数据直接导入到截面定义模块中。这时有两种办法来把截面数据导入到截面定义模块中。

(1)使用窗口之间图形拷贝和粘贴

在【编辑】下拉菜单中有这两个命令选项，如图 12-18 所示。

图 12-18　窗口之间的图形拷贝和粘贴

首先在几何建模模块中选取导入的截面，然后选择【窗口之间图形拷贝】或在命令输入条上输入【copyclip】，再选择截面定义模块，在该窗口中选择【窗口之间图形黏贴】命令，截面形状就拷贝到了截面定义模块中。

(2)直接使用【截面定义】命令，选择实体的时候在几何建模窗口中选择要定义的截面实体，在工程运行保存命令之后，该截面信息会自动加入到截面定义模块中。

BAS系统与AutoCAD的无缝接合除了以上介绍的能够导入导出AutoCAD文件之外，还有一点就是与AutoCAD几乎完全一致的建模方式，尤其是在几何建模模块中，在命令输入条上BAS所有的命令输入方式与AutoCAD的完全一致，而BAS的实体选择方式、图形交互方式与AutoCAD也非常相似，这就为习惯使用AutoCAD的工程人员提供了很大的方便。

12.5 BAS后处理介绍

后处理的主要任务是将桥梁分析系统的计算结果，按用户的要求以图形、表格等方式展现给用户，满足用户的查询、组合、排序和报表生成等要求，以便用户能更加直观地了解结构的力学性能。

12.5.1 输出形式

BAS系统提供两种信息输出方式，分别是数值形式和图形形式。

1. 数值形式

数值形式信息输出提供了结构效应的具体数值结果。如图12-19所示，使用【分析结果数值显示】模块快速显示核心数据库中的数据，该模块的左边是一个树型菜单，用户可以根据要显示的内容在该菜单上进行选择。

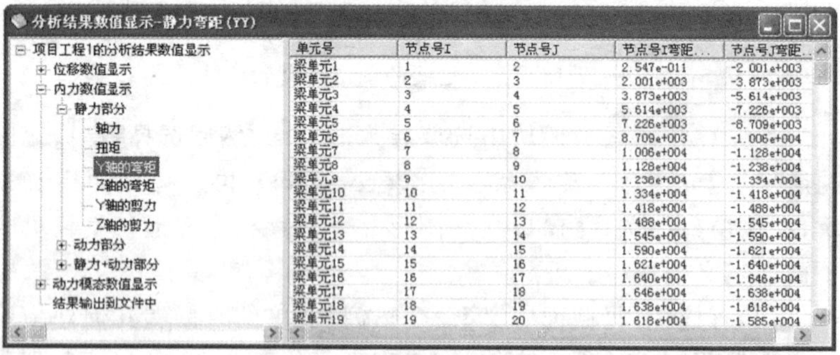

图12-19 分析结果数值显示

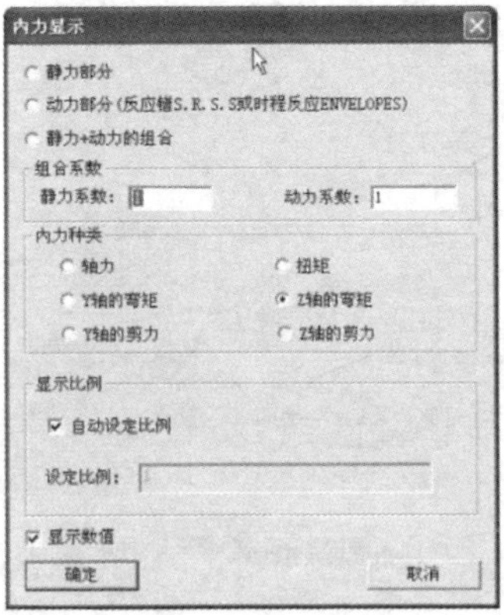

图 12-20　内力图形显示设置

2. 图形形式

图形形式信息输出是将具体数值结果用图形表示,以帮助用户定性和定量地了解结构效应。使用该模块的时候用户可以使用BAS系统与AutoCAD无缝接合的特点,把图形输出到AutoCAD中,这就为用户提供了更广阔的编辑余地。当然用户也可以在BAS系统中直接对结果图形进行编辑。BAS系统可以让用户自定义绘图比例,也可以在图形显示的时候显示数值结果,如图12-20所示。在进行位移显示的时候,可以同时显示变形图和原模型形状。

12.5.2　输出内容

桥梁结构存在多种荷载工况,不同的工况,其内力和变形均不一样,因此在分析结果的整理上也应该满足这种需要。

BAS系统可以显示的信息包括:

- 结构在静力工况下的变形和内力;
- 结构的自振特性,包括自振周期和振型的动画显示;
- 结构在反应谱作用下的变形和内力;
- 结构在时程荷载作用下的位移函数和单元内力函数。

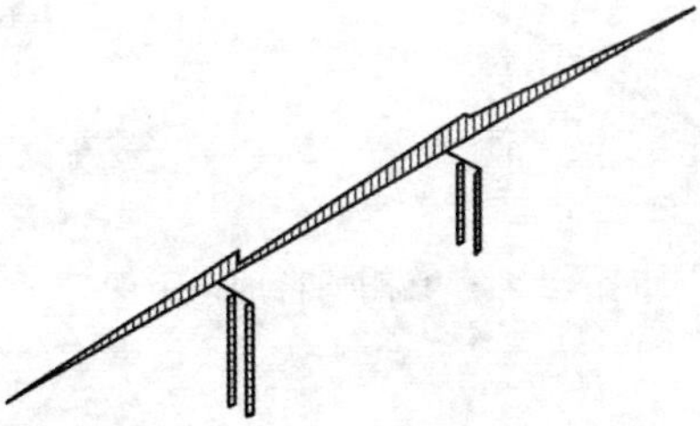

图 12-21　某刚构桥的轴力图

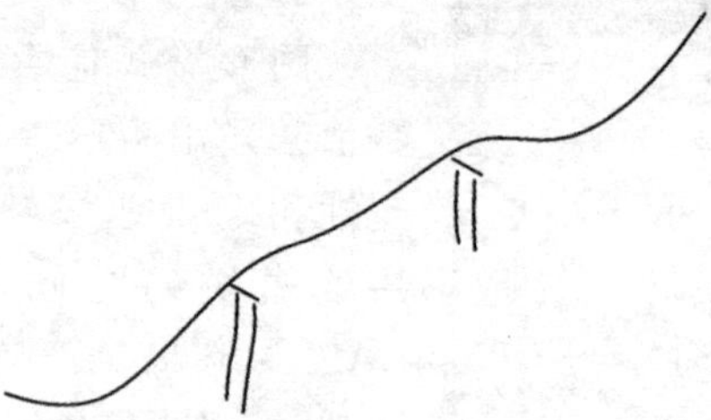

图 12-22　某刚构桥的变形图

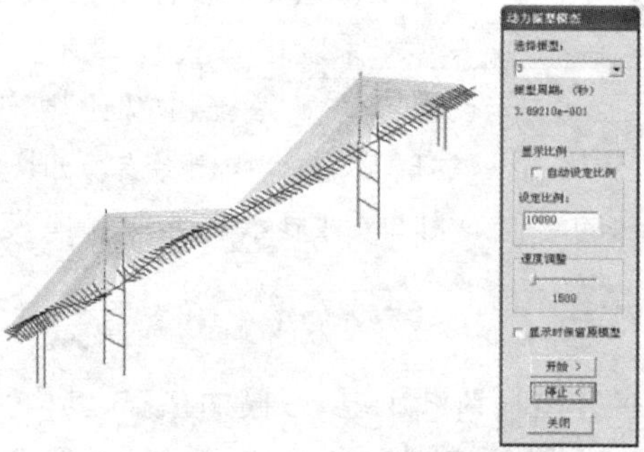

图 12-23　某斜拉桥的振型图

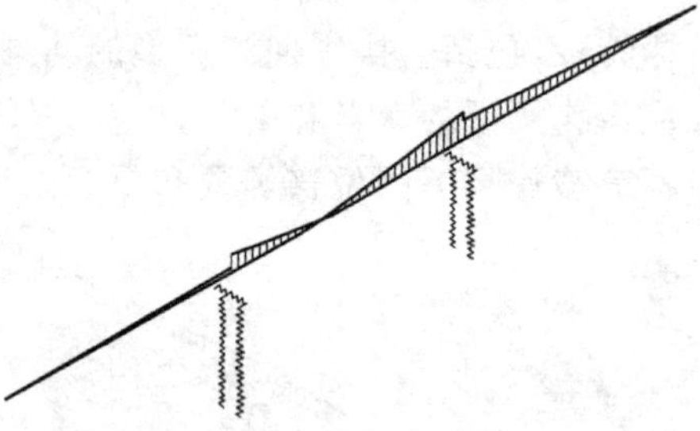

图 12-24　某刚构桥的内力图

12.6　算　例

这里把第 6 章刚构-连续梁桥抗震分析的算例在 BAS 中重新进行

分析,分析结果与 MIDAS 进行比较,如表 12-1、表 12-2、表 12-3 所示。

表 12-1　结构自振特性表(仅列出前 10 阶)

模态序号	周期-Midas(s)	周期-BAS(s)	误差
1	2.074 101	2.065 742	0.40%
2	0.954 323	0.955 471	0.12%
3	0.747 488	0.735 624	1.59%
4	0.634 23	0.635 561	0.21%
5	0.418 611	0.413 78	1.15%
6	0.371 301	0.372 309	0.27%
7	0.355 318	0.349 871	1.53%
8	0.307 98	0.308 671	0.22%
9	0.246 034	0.246 765	0.30%
10	0.242 671	0.241 956	0.29%

表 12-2　纵向地震时控制截面的反应

截面位置		Midas			BAS		
		轴力(kN)	剪力(kN)	弯矩(kN·m)	轴力(kN)	剪力(kN)	弯矩(kN·m)
主墩	1	4 961.25	578.89	7 122.63	4 978	584	7 132
	2	4 786.07	577.53	7 117.91	4 789	582	7 126
	3	10 412.12	1 672.79	17 708.49	10 424	1 675	17 710
	4	10 249.19	1 681.33	17 771.10	10 256	1 686	17 777
主梁	5	917.4	357.42	7 197.36	914	359	7 201
	6	777.76	705.55	18 910.14	782	707	18 916
	7	2 131.14	674.55	17 561.02	2 135	679	17 571
	8	909.42	486.4	19 610.19	911	489	19 617
	9	467.78	165.53	4 172.07	459	169	4 176
	10	1 406.18	419.35	4 765.47	1 408	421	4 769
	11	417.67	377.39	11 080.28	421	379	11 087

表 12-3　横向地震时控制截面的反应

截面位置		Midas			BAS		
		轴力 (kN)	剪力 (kN)	弯矩 (kN·m)	轴力 (kN)	剪力 (kN)	弯矩 (kN·m)
主墩	1	23.48	1 118.82	50 902.57	31	1 119	50 923
	2	14.93	1 172.61	53 606.21	24	1 167	53 613
	3	4.96	2 397.9	88 758.23	14	2 387	88 763
	4	3.27	1 991.56	76 844.25	13	1 997	76 854
主梁	5	14.88	1 054.59	74 926.71	24	1 067	74 936
	6	24.29	1 679.41	76 007.1	35	1 689	76 012
	7	6.71	2 950.33	48 588.9	17	2 967	48 599
	8	17.16	1 722	54 219.67	27	1 745	54 321
	9	12.85	1 416.43	51 711.21	22	1 434	51 823
	10	13.97	1 194.56	66 678.47	23	1 188	66 721
	11	7.85	1 151.48	41 709.42	19	1 168	41 732

从上面三个表格可以看出，在 BAS 中分析得到的结果与 Midas 分析得到的结果误差非常小，说明 BAS 的计算结果是可信的。

12.7　几点体会

本章所述的 BAS 桥梁抗震计算可视化智能系统是在作者多年研究积累的基础上开发完成的，多年的编程过程中有一些心得和体会，谈出来与大家分享。

作者在 20 世纪 80 年代初上大学，1989 年上硕士研究生，当时微机几乎不能做结构分析计算，做结构分析一般要到中型计算机(例如 VAX)上进行，而且当时的结构分析一般是专业人员编制软件进行，那时研究生的大量时间在编程方面。作者认为，研究生将大量时间用于编程非常有必要，而且使作者本人终身受益。这是由于在编制结构分析程序时必须搞清楚结构概念，一般而言程序调通了，概念也就搞清楚了。由于花了大量时间和精力，所以对相关概念的记忆、理解非常深刻；同时，在为以后应用商用软件时奠定了扎实的基础，这是因为所有的结构程序编制的基本思想非常相近。目前，受国外通用商用软件的冲击，国内很多高校和科研院所的工程专业研究生几乎不在编制程序方面花时间，导致很多学生对力学基本概念的理解、记忆都不深刻。因此作者建议：工程专业研究生应该尽量编制一些结构分析程序，最少应编制、调通一个平面桁架分析程序，当然所有的代码要自己编写。

参考文献

[1] 汪成为，高文，王行仁. 灵境(虚拟现实)技术的理论、实现及其应用. 北京：清华大学出版社，1996.

[2] 钟登华，郑家祥，刘东海，张伟波. 可视化仿真技术及其应用. 北京：中国水利水电出版社，2002.

[3] 顾祥林，孙飞飞. 混凝土结构的计算机仿真. 上海：同济大学出版社，2000.

[4] 唐泽圣. 科学计算可视化. 中国计算机用户，1996(3、4)：5-7.

[5] 丁永祥 等. 有限元分析过程中的等值线图生成算法. 模具技术，1994(3)：47-52.

[6] 王克海，韦韩. 桥梁结构抗震可视化智能系统研究. 公路交通科技，2005(8)：115-118.

[7] 武君胜. 有限元分析计算中的可视化技术及实现. 计算机辅助工程，1995，(1)：47-51.

[8] 张勇等. 有限元计算结果的可视化处理. CAD 技术，1995(6)：56-58.

[9] 张跃，张丛哲. 土木工程中虚拟现实技术的发展与展望. 计算机世界(5). D1-D3，1998. 2. 16.

[10] 张丛哲，张跃. 计算机辅助设计(CAD)中虚拟现实技术. 计算机世界(5). 1998. 2. 16.

[11] 张跃，张丛哲. 建筑、结构设计与施工过程的可视化计算. 计算机世界，(5). D7，1998. 2. 16.

[12] 林贤光. 关于国外建筑 CAD 发展状况的思考. 工程设计 CAD 及自动化，1996(4).

[13] 陈清来. 建筑结构的现代设计设计思想和发展，工程设计 CAD 及自动化，1996(4).

[14] 方天培. 建筑设计 CAD 现状及有关问题思考，计算机技术及应用，1995 年(2).

[15] 袁耀明. 从可视化到视算一体化，系统仿真学报，1996(5).

[16] 吴炜煜.工程设计领域计算机应用发展方向与技术对策,工程设计 CAD 及自动化,1995(6).
[17] 雷言清.三维 CAD 与城市规划设计.工程设计 CAD 及自动化,1996(7).
[18] 吴全军.建筑设计 CAD 的系统构成与发展.工程设计 CAD 及自动化,1995(8).
[19] 周晓琪.Virtual Reality 的内涵及所涉及的关键技术.电子科技导报,1996(11).
[20] 吴新垣.灵境技术及其在系统仿真中的应用.系统仿真学报,8(4).
[21] 吴炜煜.建筑领域多媒体应用与发展研究.工程 CAD 及自动化,1995(2).
[22] 汪成为.灵境(虚拟现实)是建立和谐仿真系统的关键技术.系统仿真学报,7(4).
[23] 王维平等.灵境技术及其在仿真中的应用.展望电子学报,1995(4).
[24] 谢春,马兰,彭颖红.有限元计算结果的可视化处理.计算机辅助设计与图形学学报 2000,12:81~84.
[25] 白建军,朱亚平等.OpenGL 三维图形设计与制作.北京:人民邮电出版社,1999.
[26] 范立础.桥梁抗震.上海:同济大学出版社,1997.
[27] 江见鲸,贺小岗.工程结构计算机仿真分析.北京:清华大学出版社,1996.
[28] 王克海.斜拉桥结构基于模态分析的减震控制研究(导师:朱晞教授).北方交通大学博士学位论文,1999.
[29] 王克海.斜拉桥几何非线性地震反应分析(导师:朱晞教授).兰州铁道学院硕士论文,1992.
[30] 王克海.大跨桥梁结构抗震可视化实用技术研究(导师:范立础院士),同济大学博士后出站报告,2001.

第 13 章　桥梁抗震中若干问题的思考与建议

本章将就作者对桥梁抗震中的地震动区划图的思考、桥梁抗震设计理念的思考、地震模拟振动台的思考、关于强震观测的思考、关于小跨径拱桥抗震问题及计算机模拟地震动实验室建设等问题展开论述，供读者参考。

13.1　关于正确认识和使用地震动区划图的思考与建议

地震动区划图是震灾防御的基础，地震动区划图的编制技术是震灾防御的核心技术之一。目前被广泛采用的确定地震动途径有两种：第一种是通过地震烈度的估计，再利用烈度与地震动的对应关系将烈度换算为地震动设计参数，这种是过去广泛使用而现在仍为许多国家和地区使用的途径；第二种是根据过去的强震观测结果，寻求地震动与地震大小、震源特性、传播介质、场地影响的统计规律（称为衰减规律），然后直接用此衰减规律来估计地震动，这种方法主要应用于美国、日本、印度、加拿大等国家。

我国现行的地震动区划图是依据历史记录的地震情况，结合有限的地震地质资料，以 50 年超越概率 10%（相当于地震重现期 475 年）的概率地震危险性分析为基础，并考虑该地区社会重要性及经济条件而确定的，由于地震是偶然、随机的极端事件，可能出现实际发生的地震重现期远大于 475 年的情况，这样实际地震烈度就可能远大于基本烈度，使区划图标示的基本烈度有时与实际发生的地震情况有非常大的出入。2005 年 11 月 26 日江西九江—瑞昌发生 5.7 级地震后，作者开始关注这一问题，表 13-1 列出了 1966～2010 年间在区划图Ⅵ～Ⅶ度区内发生的高于及远高于该烈度的强震实例。汶川地震也是发生在地震区划图所标示的中低烈度区，再次暴露了我国地震动区划图指导抗震设计的局限性。汶川所在地区位于地震多发地带，自有地震记载以来，震中附近200 km范围内发生过 8 次 7 级以上地震，最大的是 1933 年四川茂汶北迭溪 7.5 级地震。根据国家标准《中国地震动峰值加速度区划图(GB 18306—2001)》，汶川地震发生前，四川德阳、阿坝、绵阳等抗震基本烈度为Ⅵ度，这些地区基本烈度对应的峰值加速度为 0.05g，北川、安县、汶川、青川等为Ⅶ度，这些地区基本烈度对应的峰值加速度为 0.1g，而汶川地震时这些地方的最大烈度达到Ⅺ度(实际记录峰值加速度 0.957g)，而也就是说，实际烈度远远大于抗震设防烈度。事实证明在低烈度地区发生强烈地震是有可能的，地震动区划图中的基本烈度具有很大的不确定性，不能说是地震动区划图错了，而是应正确认识和使用地震动区划图。我国地震动区划图提供的地震动参数仅仅是中震水平(50 年超越概率 10%，相当于地震重现期 475 年)，实际发生的地震可能远远超过中震水平，在设计时应对大震(罕遇地震)有所考虑，甚至应考虑极罕遇地震发生后的应对措施和应急措施。从某种意义上讲，地震动区划图提供的是中震烈度的地震动参数，对应的也就是中震设防水平，用乘系数的方式考虑大震(罕遇地震)设防参数，因此，作者认为不能简单地说“几度抗震设防(比如：Ⅶ度设防)”，按照多水准、多阶段的设计，应该是，中震“几度抗震设防(比如：Ⅶ度设防)”，大震就不是这个参数了，大震对应的设防目标也是不一样的。当然小震也不是中震、大震的设防参数，小震的设防目标也是不同于中震、大震的设防目标。设计一座桥梁或结构物不是简单的按几度(按所谓的Ⅵ、Ⅶ、Ⅷ)设计了就万事大吉了，因为地震动区划图只是提供的中震水平的地震动参数，而是，设计者在设计桥梁时，应该明确，对小震、中震、大震分别采用了什么样的设计参数。发生不同强度的地震(小震、中震、大震)时，自己设计的桥梁整体的力学状态如何，桥梁的不同部位、不同构件处于什么样的力学状态或力学行为(强度在什么范围、是否进入延性、达到什么样的延性状态)应该心中有数。发生不同强度的地震(小震、中震、大震)时，哪些部位或构件先损伤，哪些部位或构件后损伤或不损伤，应该心中有数，只有做到这个程度，才可以说对桥梁做过抗震设计，遗憾的是目前我国绝大多数的设计人员还做不到这一点。

表 13-1　Ⅵ～Ⅶ度区度区发生强震实例表

序号	时间	地点	震级	震中烈度
1	1966.03.08	河北邢台	6.5	Ⅷ
2	1966.03.22	河北邢台	7.2	Ⅸ～Ⅹ
3	1969.07.26	广东阳江	6.4	Ⅷ
4	1974.04.22	江苏溧阳	5.4	Ⅶ
5	1979.07.09	江苏溧阳	6.0	Ⅷ
6	1975.02.04	辽宁海城	7.3	Ⅸ
7	1976.07.28	河北唐山	7.8	Ⅺ
8	1981.04.26	内蒙古博克图	5.6	Ⅶ
9	1981.08.13	内蒙古丰镇	5.8	Ⅶ强
10	1982.03.20	新疆布尔津	5.2	Ⅶ弱
11	1986.01.28	广东阳江	5.0	Ⅶ弱
12	1986.02.09	黑龙江龙镇	5.0	Ⅶ
13	1986.03.01	黑龙江北安	5.3	Ⅶ
14	2005.11.26	江西九江	5.7	Ⅶ
15	2008.03.21	新疆于田	7.3	Ⅶ
16	2008.05.12	四川汶川	8.0	Ⅺ
17	2010.04.14	青海玉树	7.1	Ⅸ

我国自20世纪50年代至今，已经完成了4幅全国地震区划图，之前的地震烈度区划图均以震害的宏观描述——地震烈度为依据，而现行的第四代地震动参数区划图则将地震动峰值加速度参数和地震动反应谱特征周期作为指标直接作为设计之用，对应的标准为50年超越概率10%(相当于地震重现期为475年)。我国与美国的地震动区划图的总体思路是相同的，都是以Cornell概率地震危险性分析为基础，代表了世界地震区划研究的先进水平。采用地震反应谱的双参数作为地震动区划图的参数，目前在世界上只有中国和美国采用，可以说两国地震动区划图的编制是先进的。从对比中也可以发现，由于美国规范能提供三种地震重现期的地震动参数，通过计算可以得到任何地震重现期的地震动参数，使实现多水准、多阶段的抗震设计成为可能。而我国只提供了50年超越概率为10%(相当于地震重现期475年)的地震动水准，对我国量大面广的工程结构包括桥梁结构，如果没有地震安

评，小震和大震（罕遇地震）是通过非常粗略的中震参数乘系数的方式来实现的（即：小震的峰值加速度是基本烈度地震动峰值加速度的 1/3，大震的的峰值加速度是基本烈度地震动峰值加速度的的 1.5～2 倍）。

我国前四代区划图编图原则关注的重点在地震科学方面，没有着重考虑地震区划的综合防震减灾作用，特别是没有充分考虑地震动区划图在保障人民生命安全方面所起的作用。关于地震动参数区划图的编制，一些发达国家的惯例是每 5 年左右进行一次小修订，每 10 年左右进行一次大修订，我国已经在 2007 年 7 月启动第五代地震动区划图的编制工作，已于 2012 年完成，将于 2016 年 6 月 1 日开始实施。新一代区划图编制的基本原则将首先考虑以抗倒塌地震动参数作为编图的基准，在新一代区划图中将出现“极罕遇地震”的概念，可直接用于抗倒塌设计。

美国的地震动参数区划开始较早，1978 年即提出以有效峰值加速度（EPA）和有效峰值速度（EPV）两个地震动参数为指标的地震动区划原则，并于 20 世纪 80 年代完成具有概率意义的地震动区划图，目前，最新的地震动区划图为美国地质调查局负责完成的 2002 年版。2002 年版的区划图提供了重现期为 500 年（475）、1000 年（975）和 2500 年（2475）的峰值加速度（PGA）等值线（间隔 0.02g）、以及阻尼比 5%的 0.2s 和 1.0s 的加速度反应谱等值线，并且给出了 0.1s、0.3s、0.5s、1.0s 和 2.0s 周期的加速度谱值，以及标准危险谱和危险性曲线，通过计算可以得到任何地震重现期的地震动参数，且以邮政编码查询地震动参数，其地震动区划图具有良好的操作性。

综上所述，在使用地震动区划图时，我们应该注意到：我国地震动区划图给定的参数是针对中震的，即：50 年超越概率为 10%（相当于地震重现期 475 年）的地震动水准，如果没有地震安评，小震和大震（罕遇地震）是通过非常粗略的中震参数乘系数的方式来实现的。

由于地震是偶发的随机事件、人类对地震的认知还非常肤浅，实际发生的地震可能远远高于设计基本烈度。在桥梁抗震设计时，应根据桥梁的重要性考虑大震（罕遇地震）、甚至极罕遇地震作用下的桥梁结构行为，针对特别重要的桥梁或者生命线上的桥梁应考虑在罕遇地震、极罕遇地震作用下的可通性、可快速修复及抢通性能。

13.2 中小跨径梁桥抗震理念的思考

作者在总结大量桥梁震害、特别是汶川地震桥梁震害的基础上，将中小跨径桥梁的抗震设计理念概括为："'因地制宜选用桥型'、'多道设防、分级耗能'和'一可三易'的理念"，对于采用板式橡胶支座的中小跨径梁桥，在破坏性地震作用下，支座作为保险丝式单元优先损坏，桥墩可出现可修复的损伤或损坏（如塑性铰这样的损伤），桩基不能损伤，这是因为对于采用板式橡胶支座的中小跨径桥梁，支座易于更换，而桩基损伤或损坏的检测、修复非常困难，下面就阐述一下作者的看法。

地震中不同桥型的表现是不同的，不能简单说某种桥型抗震性能好，某种桥型抗震性能差。每一种桥型，都有它的适用条件和适用范围。对于中小跨径桥梁的桥型选择，作者建议：

（1）尽量采用刚度和质量均匀的结构形式；

（2）对于跨越断层带的桥梁，尽量采用简支梁桥体系，避免地震中出现全桥垮塌现象；

（3）对于两岸基础条件良好，特别是两侧边坡不存在潜在地质灾害的情况，建议采用拱桥；

（4）对于连续梁结构，上下部结构之间的构造连接应尽量均匀，以便把地震力均匀分布给各个桥墩，避免某个桥墩出现受力过大而破坏的现象；当连接构造必须采用固定连接时，应对下部结构进行特殊处理，如增加纵筋、加密箍筋等措施；

（5）当选用刚构桥型时，应注意"保险式丝"单元的设计，在便于检测、修复的部位预设结构薄弱位置，以便结构耗散地

震能量,同时便于震后维修修复;

(6)对于无法避免的曲线桥,应尽量使结构的刚度和质量分布均衡,对连接构造和下部结构进行专门设计;

(7)在设计时最好能考虑地震动的传播方向,汶川地震映秀镇的跨河桥震害轻微,而顺河桥全部垮塌,这是一项非常困难的工作。

长期以来,我们遵循“小震不坏、中震可修、大震不倒”的设防思想,具体设计过程中,作者认为:对于桥梁结构,这一设防原则太过宏观,应予以细化,对桥梁结构的不同部位、不同构件,在不同的地震水平作用下,应采用不同的量化力学指标(强度、延性等)。

作者认为:抗震计算主要目的在于弄清地震作用下结构内力分布的规律和趋势,其具体响应值是计算不清楚的,因此设计过程中,应贯彻落实“多道设防,分级耗能”的抗震理念,注意“保险丝式单元”的应用。保险丝式单元是通过自身的破坏或失效来保证桥梁结构整体安全的构件单元。保险丝式单元是保障桥梁安全的第一道防线,就是在桥梁易于检测、便于修复的部位设计为薄弱的耗能部位或构件。在大地震中,桥梁损伤是不可避免的,抗震设计应遵循“一可三易”(可控、易检、易修、易换)的抗震理念,即损伤部位及损伤程度可控,损伤部位易检,损伤构件易修,破坏构件易换。通过合理的地震力传力途径,避免主要承重构件意外受损,或出现难以检修的损伤。对于中小跨径梁桥,作者建议:在发生破坏性地震时,支座作为保险丝式单元优先损坏,桥墩可出现可修复的损伤或损坏,桩基不能损伤。作者认为:从某种意义讲,板式橡胶支座的摩擦滑移也是一种“塑性铰”,只不过目前工程技术人员对这种“塑性铰”力学行为的研究还非常少。可以说,汶川地震一个非常有益的经验是,盖梁顶采用板式橡胶支座的中小跨径桥梁,其支座和挡块的损伤保护了下部结构。

13.3 关于地震模拟振动台试验的思考与建议

我国从 20 世纪 80 年代中期开始,在国内自建和引进了大量地震模拟振动台设备,许多高校和研究机构纷纷购建了振动台系统，到目前为止已建或在建振动台在10个以上。汶川地震后作者一直在思考，汶川地震的震害哪些是我们在振动台上获取到的？我们花费大量的资金建这些振动台是否合理、是否必要？我们的建设是不是低水平的重复建设？建振动台的目的是什么、振动台试验的手段能否达到我们的试验目的？目前的状况能做出多少有价值的振动台试验来？我们做1/50、1/100甚至1/200、1/500的模型试验有什么意义？科学的试验应具备指导工程实践的可重复性，我们的振动台试验能否重现大地震时震害现象？目前振动台的建设管理是否合理？以上这些问题作者认为是值得从事抗震的科研工作者和有关科研管理部门深入思考的问题。

为此建议：国家与其大量购建中小型振动台，进行意义不大的小比例尺的模型试验，不如整合资源，整合现有国内的振动台资源建造1～2个可以进行各类土建结构足尺或大比例尺试验的集大型振动台及台阵系统的地震工程科学综合试验平台，这些资源全国共享、包括试验模型数据等全国共享，做好这项工作难度很大，但意义重大。

13.4 关于获取实桥强震记录的思考与建议

地震动或地面运动，是有震源释放出来的地震波引起地表的地面运动，它是地震与结构抗震之间的桥梁，是工程抗震研究的主要内容，是认识地震动特征和各类工程结构地震反应特性的主要手段，在过去的几十年里，强震动观测在地震工程学与近场地震学发展、地震区划图编制及工程结构抗震设计规范修订等方面发挥了重要的作用。地震工程的任何一项研究，要想具有合理的科学基础，都必须以破坏性地震的地面运动和结构响应记录的资料作为依据。强震获取的地震动与结构响应数据是1∶1的足尺试验数据，非常珍贵。在结构运动方程中(式4-2)，地震动是外因，由于场地条件的多样性、地震发生原因的复杂性，影响地震传播的因素很多，作者认为人类对这个外因还缺少足够的把握，特别是针对桥梁结构开展的强震观测还非常少，为此作者建议结合地震部门的地震中长期预报选择一些典型桥梁，开展实桥强震观测是非常有意义、而且非常重要的一项工作。

虽然强震观测非常重要，但实施起来困难重重，主要表现在：业主积极性普遍不高，这是因为强震监测项目主要是长远的公益性很强的工作，且项目实施所需一定的经费支撑，建设单位积极性普遍不高；项目的实施周期较长，强震监测项目立足于捕捉强震作用下结构的响应行为，而地震的发生偶然性很大，需要在较长时间去等候，无法像一般科研项目一样在2～3年内出成果；监测数据无法得到长期有效的利用，强震监测已在一些公路桥梁上得到应用，由于承担单位分散、缺乏统一的数据管理机制、项目建成后无经济效益，导致部分监测项目建成后即出现荒废的现象。作者2008年12月给交通部有关领导去信，建议开展这项研究，领导非常重视，但由于体制机制方面的原因未能实施。

基于我国桥梁强震监测工作的现状，希望引起有关部门重视，开展这项工作，作者认为这项工作比建振动台意义更加重大。

13.5 关于橡胶支座抗震性能的思考与建议

通过对汶川地震、玉树地震的观察和思考，作者认为中小跨径桥梁的普通橡胶支座在大地震时发挥了"保险丝式单元"的作用，由于支座的震损，传到桥墩和桩基上的地震力大大减少，支座的震损保护了桥墩和桩基础，从这方面讲，这些支座的损坏对桥梁的整体抗震是有利的，需要配套的是挡块和连梁装置的合理设计，以确保支座损坏后不落梁。基于这样的思考，作者认为从汶川地震、玉树地震获得的最大收获是：中小跨径桥梁的板式橡胶支座发挥了良好的隔震耗能作用，为了让板式橡胶支座在发生地震时更好地发挥作用，让支座发挥"保险丝式单元"的作用，实现桥梁抗震的可控状态，作者提出：垫石凹槽分级限位无顶钢板和底钢板的橡胶支座，应用于桥梁结构的隔震耗能，其特征在于橡胶支座底部的支承垫石上设置凹槽，使其在地震作用下产生不同程度的变形和滑动。支座无顶钢板和底钢板橡胶支座，其底部支承垫石上设置凹槽，如图13-1所示。这种支座是在传统叠层橡胶支座或无顶钢板和底钢板的高阻尼支座底部的支承垫石上设置凹槽，防止在运营荷载作用下以及小震时的支座滑移，在中震作用下，支座可以滑移出第一道槽，在大震作用下支座可以滑移出第二道槽，利用橡胶支座的剪切变形和摩擦滑移耗散地震能量、同时防止传到桥墩上过大的地震力，以保证运营安全、同时保证不同水平地震作用下的桥梁不倒塌。这样做的优点是便于震后更换支座，同时控制支座在运营荷载或地震荷载作用下的滑移，在中小跨径梁桥板式橡胶支座的设计方面体现作者提出的“一可三易”(可控、易检、易修、易换)的抗震理念，即支座的损伤可控，支座的损伤容易发现，损伤后容易更换。目前市场上广泛流行的“减隔震支座”、“高阻尼橡胶支座”，作者认为，其减隔震性能、阻尼作用与普通板式橡胶支座比尚待商榷，但橡胶板的隔震耗能作用是共同的特性，建议将目前市场上的“减隔震支座”、“高阻尼橡胶支座”去掉顶钢板和底钢板，在垫石顶设置凹槽，以便于支座损伤后的更换。

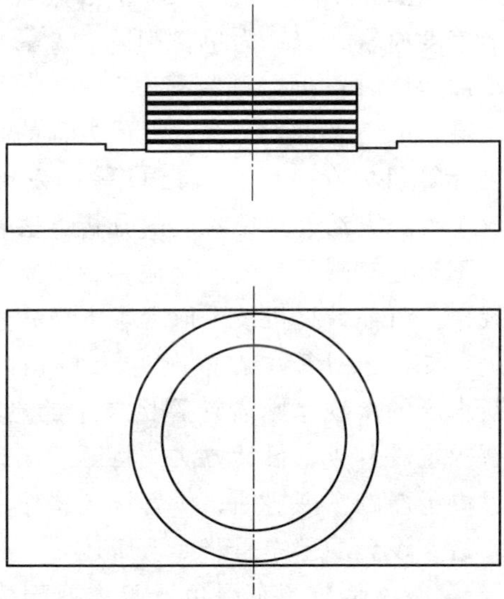

图 13-1　垫石凹槽分级限位无顶钢板和底钢板的橡胶支座

13.6 关于小跨径拱桥抗震问题的思考

我国的历次大地震,不论是唐山地震还是汶川地震,拱脚在坚硬的场地上的小跨径拱桥大多数表现出良好的抗震性能,多数隧道工程也表现出良好的抗震性能,作者认为现有的结构动力学理论在解决上述抗震问题时有一定的局限性,拱脚在坚硬场地上的小跨径拱桥和隧道工程,在地震作用下有一定程度的刚体运动,而我们在做结构动力学有限元分析时没有把握好或者无法把握好这个边界条件,这是值得深入研究的问题。

13.7 关于计算机模拟地震动实验室建设的思路

目前各国普遍采用的结构抗震理论主要是以结构动力学中的结构运动方程(公式 4-2)为基础建立起来的,即:$[M]\{\ddot{x}\}+[C]\{\dot{x}\}+[K]\{x\}=-[M]\{I\}\ddot{x}_g(t)$式中,[$M$] 是质量矩阵;[$C$] 是阻尼矩阵;[$K$] 是结构刚度矩阵;$\{x\}$、$\{\dot{x}\}$ 和 $\{\ddot{x}\}$ 分别为位移、速度和加速度向量;$\{I\}$ 为单位列阵;$\{\ddot{x}_g(t)\}$ 为地震时水平地面运动加速度时程。

基于地震动输入的不确定性,求解上述方程的解析解几乎是不可能的,过去计算机内存、硬盘、CPU 等的发展状况限制了抗震问题的求解规模和方法,桥梁抗震的分析方法基本局限在杆系结构有限元,不论是有限元分析还是振动台试验都是在寻求上述公式的自然规律。目前计算机技术取得了突飞猛进的进展,出现了不少新术语,如:云计算、虚拟现实、并行计算、大数据、数据挖掘等,新术语的出现意味着计算机技术的迅猛发展状况,同时也孕育着新的抗震分析、设计方法即将诞生,这些计算机技术为抗震研究提供了新的发展机遇,作者设想将振动台试验用在计算机上进行,这一设想的基本思路如下所述。

上述方程(4-2)还是按照有限单元基本原理建模求解,将传统的以杆系结构为主的有限元扩展到考虑场地(地质、地理等)条件采用实体单元与桥梁结构采用混合单元(实体、板壳、杆系等）的有限元模型，场地条件的模拟可以是一个指定的区域（一条铁路线、公路线或者是一座城市、一个小区）、甚至设想将来条件成熟了将整个地球进行有限元划分（数字地球），场地上的基础设施可以是单个建筑、也可以基础设施群，作者认为现在的计算机技术可以逐步达到这个目标。在场地条件中可以结合地质勘探、地震安全评价等考虑，甚至模拟地震断裂的产生、地震波的传播，在计算机中模拟地震动的随机过程、模拟地震形成机理，模拟地震波从震源（断裂）发生到地震波在地下到结构的传播过程。桥梁结构的有限元也不局限于杆系有限元，可以将一些局部采用板壳单元、实体单元等。将结构抗震设计与一个区域的防灾减灾规划相结合，形成一个系统工程，将桥梁抗震纳入到一个区域的防灾减灾系统工程中，可用于震前震后预判结构的地震易损性及路网的通行能力，服务于抗震应急预案的制定与救援决策，开发类似于美国联邦公路署开发的 REDARS（Methodology and Software for Seismic Risk Analysis of Highway Systems）系统，并将类似于 REDARS 系统的软件也纳入到防震减灾规划和震后应急决策中。这是一个跨学科、跨专业的研究工作，需要的专业知识涉及到：随机振动、地质学（包括土-结构相互作用等）、地震学、土动力学等，就是将振动台试验放在计算机上完成。计算机模拟地震动实验室的建设所需费用比振动台试验要少的多，用振动台建设的 1/10 甚至 1/100 的费用就可以建成一个功能强大的计算机模拟地震动实验室。作者认为：这项工作比建振动台意义更加重大，将会为结构抗震、防灾减灾领域带来重大突破。

13.8 建议注意国内外规范中混凝土强度的换算关系

应用国外规范时，需注意混凝土强度的换算关系，国外常采用混凝土圆柱体试件来确定混凝土轴心抗压强度。例如美国、日本和欧洲混凝土协会（CEB）系采用直径 ϕ6 in.（152 mm）、高 12 in.（305 mm）的圆柱体标准试件的抗压强度作为轴心抗压强度的指标，记作为 f'_c。而我国《混凝土结构设计规范》规定，以 150 mm×150 mm×300 mm 的棱柱体试件做试验，测得具有 95％保证率的抗压强度，该强度为混凝土轴心抗压强度标准值，即 f_{ck}。两者之间的换算关系如下。

强度等级为 C60 及以下的混凝土，圆柱体抗压强度 f'_c 立方体抗压强度标准值 f_{cuk}之间的关系可按下式计算：

$$f'_c = 0.79 f_{cuk} \tag{13.8.1}$$

轴心抗压强度标准值与立方体抗压强度标准值之间的关系按下式计算：

$$f_{ck} = 0.88\alpha_1\alpha_2 f_{cuk} \tag{13.8.2}$$

其中，α_1 为棱柱体强度与立方体强度之比，强度等级为 C50 及以下的混凝土取 $\alpha_1 = 0.76$，对 C80 取 $\alpha_1 = 0.82$，中间按线性规律变化取值；α_2 为高强度混凝土的脆性折减系数，对 C40 及以下取 $\alpha_2 = 1.00$，对 C80 取 $\alpha_2 = 0.87$，中间按线性规律变化取值。

混凝土轴心抗压强度设计值 f_c 与轴心抗压强度标准值 f_{ck}之间的关系按下式计算：

$$f_c = f_{ck}/1.4 \tag{13.8.3}$$

故混凝土轴心抗压强度设计值 f_c 与圆柱体抗压强度 f'_c 之间的关系为：

$$f_c = \frac{f_{ck}}{1.4} = \frac{0.88\alpha_1\alpha_2 f_{cuk}}{1.4} = \frac{0.88\alpha_1\alpha_2 f'_c}{0.79\times 1.4} = \frac{\alpha_1\alpha_2 f'_c}{1.257} \tag{13.8.4}$$

$$f'_c = 1.257 f_c/(\alpha_1\alpha_2) \tag{13.8.5}$$

13.9 关于在规范中桥梁重要性分类的建议

考虑到桥梁在整个路网中的重要性和在抗震救灾中的作用不同，在满足桥梁安全的前提下，考虑经济性的原则，应该将桥梁分为两大类，即重要桥梁和一般桥梁。重要桥梁是指在地震后应具有运营能力的桥梁，或期望地震后经简单修复便能够通行的桥梁。包括对国民经济和国防影响巨大的桥梁，如运输系统中承担主要网络连接的桥梁、对恢复地区经济非常重要的桥梁；还应包括位于突发事件紧急救援和灾后抢救生命的连接通道上的桥梁，如为医院提供通道的桥梁、承担生命线工程(输电、供水管线等)的桥梁、在突发灾害时需要立即使用的桥梁、地区应急反应预案选定的交叉道上的桥梁、被确定为撤离通道上的桥梁。桥梁的分类不应该依据跨径和桥梁按所属道路等级将其分为 A、B、C、D 四类,定性上说,大跨度、大规模的桥梁、所属道路等级高的桥梁、破坏后修复困难的桥梁往往在路网中承担重要交通功能,也就属于重要性桥梁。除此之外,路网的冗余度也应该作为一项重要性的判定指标。

现行规范中,对于 E1 地震作用,C、D 类桥的重要性系数分别是 0.34 和 0.23,对应的设计地震动的重现期大约分别为 50 年和 25 年;对于 E2 地震作用,C 类桥的重要性系数是 1.0,对应的设计地震动的重现期大约为 475 年(相当于中震水平),D 类桥没有考虑 E2 的地震作用。也就是说,C 类桥最多考虑到中震设防,没有考虑大震(罕遇地震);D 类桥连中震都不设防,仅考虑一个相当于地震重现 25 年的设防水平。通常情况下,规范定义的 C 和 D 类桥跨度不大、桥墩不高,这些桥梁一般不会以抗震因素控制设计。四川汶川、青海玉树、云南鲁甸等地震充分证明我国规范设定 C、D 类桥的抗震性能远远高于规范的设防要求。也就是说,能力需求比相差非常大。

作者认为将桥梁分为 A、B、C、D 四类非常不合理。建议将桥梁分为两大类:即重要桥梁(重大桥梁)和一般桥梁,结合将要实施的《中国地震动参数区划图(GB 18306—2015)》,重要桥梁两级设防水平的重要性系数应分别为 1.0 和 1.7(或 1.9),相当于地震重现期 495 年和 1 975 年(或 2 475 年);一般桥梁两级设防水平的重要性系数应分别为 1.0 和 1.3,相当于地震重现期 495 年和 975 年。《中国地震动参数区划图(GB 18306—2015)》将工程分为重大建设工程和一般建设工程。从与国标相统一的角度讲,也应将桥梁分为重要桥梁(重大桥梁)和一般桥梁。因此建议,取消按所属道路等级将桥梁分类为 A、B、C、D 四类的现行做法。

13.10 关于在规范中统一抗震构造措施的建议

基于地震发生的随机性和不确定性,及在地震低烈度区可能发生大地震甚至特大地震(如唐山地震就是在地震烈度Ⅵ度区发生的),我国地震动区划图提供的地震动参数仅仅是中震水平(地震重现期 475 年),实际发生的地震可能远远超过中震水平,而适当的抗震构造措施可以大大减轻震害,且抗震构造措施费用低廉。为此建议,在桥梁抗震设计时应对大震(罕遇地震)有所考虑,甚至应考虑极罕遇地震发生后的应急应对措施。

人类对地震的认知还非常肤浅,而适当的抗震构造措施费用低廉、又可大大减轻震害,国际上正在取消烈度的提法。为此建议,在桥梁抗震设计和抗震评价时,统一抗震构造措施,或按重要性桥梁与一般性桥梁来确定抗震构造措施,不应再按照烈度划分桥梁抗震构造措施。

13.11 关于地震预警系统及应急避灾场所建设的建议

发生汶川地震这样的大地震时,由于缺乏地震预警系统,公路没有封闭,汽车、行人等还继续向极震区前行。作者认为,如果能够及时预警,可以大大减少人员伤亡。特别是学校等人口密集场所应该吸取教训。建议:重视并开展预警系统和应急避灾场所的建设。

本章参考文献

[1] 魏琏．建筑结构抗震设计[M]. 北京：万国学术出版社，1991.

[2] GB 18306—2001，中国地震动参数区划图[S]. 2001.

[3] 胡聿贤．在抗震规范中不用地震烈度的一个建议[J]. 建筑结构学报，1983，(1)：32-39.

[4] 国家标准化管理委员会．GB 18306—2001《中国地震动参数区划图》国家标准第1号修改单．2008.

[5] 胡聿贤．地震工程学(第二版)[M]. 北京：地震出版社，2006年．

[6] Ian Buckle，Ian Friedland，John Mander，et al. Seismic Retrofitting Manual for Highway Structures：Part1-Bridge [R]. Publication No. FHWA-HRT-06-032，2006.

[7] 高孟潭，卢寿德．关于下一代地震区划图编制原则与关键技术的初步探讨[J]. 震灾防御技术，2006，1(1)：1-6.

[8] 中华人民共和国交通部标准．JTJ 004-89，公路工程抗震设计规范[S]．北京：人民交通出版社，1989年．

[9] 中华人民共和国国家标准 GBJ11-89，建筑抗震设计规范 [S]. 北京：中国建筑工业出版社，1989.

[10] 中华人民共和国交通部推荐标准．JTG/T B02-01-2008，公路桥梁抗震设计细则[S]. 北京：人民交通出版社，2008.

[11] 中华人民共和国国家标准．GB 50111-2006，铁路工程抗震设计规范 [S]. 北京：中国计划出版社，2006.

[12] 王克海，李刚，韦韩等关于抗震设计规范与地震动区划图的有关探讨[J]. 震灾防御技术，2008，3(4)：413-420.

[13] 王克海，李茜，韦韩．汶川地震对我国地震区划图与桥梁抗震设计的启示[J]. 工程力学，2010，27(6)：120-126.

[14] 谢礼立，马玉宏，翟长海．基于性态的抗震设防与设计地震动[M]. 北京：科学出版社，2009.

[15] 刘大海，杨翠如，钟锡根．高层建筑抗震设计[M]. 北京：中国建筑工业出版社，1993.

[16] 王广军编．建筑抗震设计规范手册[S]. 中国建筑科学研究院，1989.

[17] 周献祥．防震减灾工程战略思考[M]. 北京：中国水利水电出版社，2010.

[18] 王克海，李冲．垫石凹槽分级限位无顶钢板和底钢板的橡胶支座[P]. 中国：203878463 U，2014.

[19] 中华人民共和国国家标准．GB 18306—2015. 中国地震动参数区划图[S]. 北京：中国标准出版社，2015.